Edzard Reuter

Schein und Wirklichkeit

Edzard Reuter

Schein und Wirklichkeit

Erinnerungen

Siedler

Inhalt

Dank und Hoffnung

Wer sein Haus baut an der Straße,
Muß die Leute reden lasse.
(Inschrift in Stein am Rhein)

Dieses Buch erzählt von Geschehnissen, an die ich mich nach einem langen beruflichen Leben besonders erinnere. Begleitet wurden sie von privaten Empfindungen und Bindungen, von Glück und Leid, von Schuld und Verfehlungen. Über die eine oder andere unvermeidliche Andeutung hinaus wird davon im folgenden nicht berichtet. Mehr als alles andere gilt dies für den Dank, den ich meiner Frau schulde.

Sie hat mich seit mehr als dreißig Jahren ertragen. In so mancher Stunde hat sie mir geholfen, den Mut nicht zu verlieren und die Zähne zusammenzubeißen – nicht durch wohlfeilen Trost, sondern durch ihre unbeirrbare Nüchternheit, mit der sie immer wieder darauf bestand, den Dingen ins Auge zu schauen. Wenn ich, und das war oft genug der Fall, nicht davon ablassen wollte, mich selbst zu überschätzen, himmelhoch jauchzend vom Boden abzuheben, hat sie darauf bestanden, mich dort einzuordnen, wohin ich gehöre, ein Mensch wie du und ich.

Nicht nur einmal mußte sie erleben, daß ich ihren Rat und ihr Urteil geringgeschätzt habe, obwohl sie sich später als zutreffend erweisen sollten. Mehr als das: Sie hat es auf sich genommen, daß mein Ehrgeiz und mein Egoismus ihre Vorstellungen von einem glücklichen Leben belastet, ja geschädigt haben. Sie hat sich selbst zurückgenommen, obwohl auch sie sich mit fortschreitendem Alter zunehmend bewußt werden mußte, wie begrenzt die zeitliche Spanne ist, die uns Menschen beschieden ist. Was ich ihr wie mir zugemutet habe, schließt das Gefühl ein, in dem Bemühen versagt zu haben, die Last, die uns allen, die wir in diese Welt geworfen sind, angeboren ist, durch Wärme und Verständnis zu erleichtern. Ihre Opfer kann ich durch nichts abgelten.

Dank schulde ich sodann denjenigen, die mir durch ihre kritische Durchsicht des Manuskriptes und ihre vielfältigen Anregungen beharrlich geholfen haben. An Stelle aller nenne ich Wolf Jobst Siedler jr., den Verlagslektor, und meinen Freund, den Berliner Rechtsanwalt Peter Raue. Vor allem aber gilt mein Dank Jutta Frielingsdorf, die mit unbeirrbarer Ruhe, Einfühlung und Geduld meine wirre Handschrift und meine nie endenden Überarbeitungen in ein einigermaßen leserliches Manuskript übertragen hat.

Im Interesse der Lesbarkeit sind manche Kürzungen bei der Wiedergabe von Briefen, Notizen und Reden nicht gesondert gekennzeichnet; der Sinn der Aussagen wird dadurch in keinem Fall berührt.

Meine Hoffnungen richten sich darauf, daß sich der eine oder andere Leser finden möge, der das, was ich zu berichten habe, nicht einfach als den blutlosen Versuch einer wohlfeilen Rechtfertigung von Irrungen und Wirrungen mißversteht. In diesem Sinne wäre ich glücklich, wenn junge Menschen, die am Beginn ihres beruflichen Lebens stehen, hie und da manches davon – und hoffentlich sogar die eine oder andere wertende Schlußfolgerung – nicht als gänzlich unnütze Lektüre empfinden würden. Für sie vor allem habe ich das Buch geschrieben.

Dieses ist meine Wahrheit. Sie schildert Geschehnisse und Geschichten, wie ich sie erlebt habe – oder doch: wie ich mich an sie erinnere. Auf Objektivität erhebt sie schon deswegen keinen Anspruch. Denn was sind schon Erinnerungen, mögen sie sich noch so weitgehend auf authentische Notizen oder gesicherte Zahlen stützen? Wer kann sich dem entziehen, daß die eigene Wahrnehmung, ja die eigene Phantasie die Wiedergabe vermeintlicher Tatsachen trübt? Ist jene kognitive Dissonanz, die immer wieder dazu beiträgt, daß Schein und Wirklichkeit so leicht auseinanderklaffen, überhaupt vermeidbar? Und gilt dies nicht erst recht für Empfehlungen, auch wenn die eigene Erfahrung sie als noch so überzeugend erscheinen lassen mag?

Die Antwort wird zunehmend rätselhaft, je weiter derjenige, der sich auf das Vorhaben einer solchen Niederschrift einläßt, in den Sog drängender Fragen gerät. Ein augenzwinkernder, vielleicht auch tröstlicher Rat steht im »Kophtischen Lied«:

»Lasset Gelehrte sich zanken und streiten,
streng und bedächtig die Lehrer auch sein!
Alle die Weisesten aller der Zeiten,
lächeln und winken und stimmen mit ein:
Töricht, auf Besserung der Toren zu bauen!
Kinder der Klugheit, o habet die Narren
Eben zu Narren auch, wie sichs gehört.«

Kaum weniger kann sich womöglich ein Autor wie ich dem Verdacht entziehen, den Gottfried Benn einmal niedergeschrieben hat (»O' Nacht«):

»... Das Haar wird grau, die Jahre flieh'n,
Ich muß, ich muß im Überschwange
Noch einmal vorm Vergängnis blühn.«

Sehr viel nachdenklicher hat sich Elie Wiesel in einem Vortrag, den er 1996 im Wissenschaftskolleg zu Berlin gehalten hat, solchen Fragen genähert, indem er darauf aufmerksam machte, daß das Problem, Erinnerung in Sprache zu übersetzen, wohl letzten Endes unlösbar ist: Anders als Geschichtsschreibung sei Erinnerung nicht denkbar ohne subjektive Wertung, und deswegen müsse der Versuch, eigenes Erleben für andere verständlich zu machen, ohne Hoffnung auf Erfolg bleiben.

Besonders gilt das womöglich dann, wenn es um ein Vorhaben geht, das auf die grundlegende Umgestaltung eines riesengroßen, tief in alten und bewährten Traditionen wurzelnden Wirtschaftsunternehmens zielte. Geschichte schildert und wertet eine Kette, eine Abfolge von Handlungen, kann jedoch nur selten die Aufgabe leisten, die ethischen Maßstäbe nachzuvollziehen, die ihnen zugrunde lagen. Und doch könnte sich bei sorgfältigem Hinsehen herausstellen, daß das Scheitern solcher Vorhaben womöglich weniger in verfehltem praktischem Handeln als im späteren Verlust der anfänglichen Wertvorstellungen begründet liegen mag – unvorhersehbar und doch sehr real.

Darum, daß beides, Handeln und Ethos, nicht allzuweit auseinanderklaffen, habe ich mich immer wieder neu gemüht. Zu mehr hat meine Zeit und wohl auch meine Kraft nicht gereicht. Geblieben ist die Hoffnung, daß der zu Boden gefallene Stab eines Tages doch noch von dem einen oder der anderen wieder aufgenommen wird. Dann wäre alles nicht vergebens gewesen, und getrost könnte ich Hans Sahl folgen:

»Ich gehe langsam aus der Zeit heraus
in eine Zukunft jenseits aller Sterne,
und was ich war und bin und immer bleiben werde,
geht mit mir ohne Ungeduld und Eile,
als wär' ich nie gewesen oder kaum.«

Edzard Reuter *Stuttgart, im Oktober 1997*

Der Preis ist hoch, den zu zahlen hat, wer sich zu einem aktiven Leben in Wirtschaft oder Politik, wer sich zur Suche nach Verantwortung und Erfolg entschließt. Zu Anfang des Weges ahnt man nicht, daß er allzuoft in Regionen führen wird, in denen die Gefährdung, ja der Verlust persönlicher Bindungen, sogar der grundlegenden Fähigkeit dazu, droht. Ohne sie aber kann der Mensch, von Natur einsam wie er ist, nicht wahrhaft existieren.

Woran liegt das? Es mag mit dem Sog zusammenhängen, dem niemand entrinnen kann, der sich auf Abenteuer und Wagnis, der sich auf ein handelndes Leben einläßt. Selbst die Befreiung von täglichen beruflichen Zwängen, selbst das nahende Ende der Lebensspanne können das kaum mehr ändern. Man spürt mit jeder Faser seines Wesens, daß es Zeit wäre innezuhalten, daß der Steinerne Gast mahnt, und doch gelingt es nicht, vom Rücken des Tigers, auf den man sich eines vergangenen Tages geschwungen hat, herunterzuspringen.

Du sitzt im Flugzeug, auf langer Strecke durch die Nacht, verlassen von der Gnade des Schlafes. Daheim waren Landtagswahlen. Du schaltest dein Bordfernsehen ein, begierig nach Resultaten. Statt dessen verkündet eine Magazinsendung mit dem Unterton unumstößlicher Wahrheit, du seist in dem Unternehmen, für das du so lange gearbeitet hast, gescheitert, hättest nicht nur sechs Milliarden Mark in den Sand gesetzt, sondern zudem, ganz allein du, mehr als 50 000 Arbeitsplätze vernichtet. Ähnliches, wenn auch nicht immer gleich dumm und unverfroren, hat sich vielerorts herumgesprochen, zur Freude mancher, die dir vor nicht allzu langer Zeit nach dem Mund geredet, die sich gar als deine Freunde angepriesen haben. Du wirst, offen oder versteckt, angeglotzt, die Leute tuscheln dir nach. Vieles geht dir durch den Kopf, sehr Persönliches, das schmerzt, aber auch der wehmütig-quälende Gedanke, ob denn derartiger Schmutz, von miesen Schreiberlingen in die Welt gesetzt und von unzähligen Schwätzern in allen Kreisen, Etagen und Quartieren weiterkolportiert, vor der Geschichte Bestand haben wird oder ob sie dir statt dessen irgendwann einmal Fairneß gewähren könnte.

Doch war das schon je anders? Ist es denjenigen, denen Handeln, nicht Unterlassen auferlegt war und die versucht haben, ihrer Pflicht verantwortlich nachzukommen, je besser ergangen? Du greifst nach einem Büchlein des Freundes, der auch dein Verleger ist, liest von verlorener Geschichte in Brandenburg, in Preußen, in Schlesien. Deine Gedanken gehen zurück zu den Anfängen, zu den Eindrücken, zu den Hoffnungen, zu den Absichten, zu den Erfahrungen deines Lebens: Wie war das alles, wie ist es entstanden, wie ist es gekommen, wie ist es verlaufen? In glücklichen Augenblicken magst du aus solchem Sinnen Ruhe und Gelassenheit finden – der Preis freilich bleibt …

I.

Politiker und Populisten

Joachim Zahn war heiterer Stimmung an jenem Abend. Es mag um 1970 gewesen sein oder wenig davor. Wir standen in seinem Büro im zehnten Stock des Verwaltungshochhauses in Stuttgart-Untertürkheim, der Zentrale der Daimler-Benz AG. Die übliche Flut von drastischen Beschimpfungen, die er seiner sich wehrlos duckenden Umgebung regelmäßig zuzudenken beliebte, schien abgeebbt, vielleicht, weil die ständige Abwechslung des Tages zwischen aufputschenden und beruhigenden Medikamenten, die er seiner Schreibtischschublade oder seinem silbernen Döschen zu entnehmen pflegte, sich inzwischen zur abendlichen Abklärung ausgeglichen hatte. Ich, sein engster Mitarbeiter, den er seit einer bereinigenden Auseinandersetzung von solchen Verunglimpfungen ausnahm, war mit ihm allein.

Sein politisches Lieblingsthema in jenen Jahren lautete Willy Brandt, und das fiel ihm auch jetzt wieder ein. »E.R.«, sagte er mit pfiffiger Miene und in seinem entfernt nach Wuppertal klingenden Tonfall, »kennen Sie den schon? Ein Amerikaner, ein Russe und ein Deutscher prahlen um die Wette, wer von ihnen der fähigsten Nation angehöre. Sagt der Amerikaner: ›Wir haben einen Menschen eingefroren, ihn später wieder aufgetaut und als ersten Astronauten auf den Mond befördert.‹ ›Das ist doch gar nichts‹, antwortet der Russe, ›wir haben in der Wüste Gobi ein Skelett entdeckt, es wieder zusammengesetzt, und jetzt ist es Weltmeister im Eiskunstlauf geworden.‹ Doch der Deutsche übertrumpft sie alle beide mit Leichtigkeit: ›Das imponiert mir nicht im geringsten: Wir haben ein kleines Arschloch aus Norwegen geholt und gleich zum Bundeskanzler gemacht!‹«

Natürlich wollte der Herr Professor, wie er sich, nicht anders als später mein Freund Werner Niefer, gern titulieren ließ, mich wieder einmal hänseln, denn er kannte mein enges persönliches Verhältnis zu dem Mann, den zumindest unterschwellig als Vaterlandsverräter zu denunzieren damals in vielen einschlägigen Kreisen zum guten Ton gehörte. Einschlägige Kreise: dazu zählte die überwiegende Mehrzahl derer, die 1968 in Wolfsburg zu Ehren des verstorbenen Volkswagen-Chefs zusammengekommen waren, um einen Nachruf des Aufsichtsratsvorsitzenden Rust zu hören, dem in offensichtlich lebendiger Erinnerung an die eigene Vergangenheit ein hübscher Versprecher unterlief: »Seine Laufbahn begann Heinrich Nordhoff 1933 bei Adolf..., äh, Adam Opel« – und einschlägige Kreise: dazu zählten auch die meisten Herren aus dem Unternehmerlager, die anläßlich der vorgezogenen Bundestagswahl 1972 ihre »Sorge um Deutschland«, nämlich vor einer Wiederwahl jenes Mannes und jener Koalition, die »mehr Demokratie wagen« wollten, der erhofften Wählermeinung in riesigen Zeitungsanzeigen ans Herz legten. Zum guten Ton gehörte es, nicht nur vom »Kanzler der Richtlinienlosigkeit« zu sprechen, sondern den Nobelpreis auf dem ersten Vokal, den Namen des österreichischen Bundeskanzlers als Kre-isky zu artikulieren.

1969, kurz nach der Amtsübernahme durch die sozialliberale Koalition in Bonn, fiel mir zufällig ein Papier in die Hände, das ich seitdem aufbewahrt habe. Es berichtet von einem Zusammentreffen des CSU-Vorsitzenden und bayerischen Ministerpräsidenten Franz-Josef Strauß mit zwei Großaktionären von Daimler-Benz, Friedrich Karl Flick und Herbert Quandt, sowie einigen Herren aus deren Entourage, darunter Eberhard von Kuenheim, der von mir hochgeschätzte spätere BMW-Chef, und Joachim Zahn. Nachdem die Ursachen für die Wahlschlappe der CDU/CSU in der vorausgegangenen Bundestagswahl kurz gestreift waren, kam man schnell zur Sache, nämlich den wahren Zielen der Sozialdemokraten. Herbert Wehner, darüber bestand nahtloses Einvernehmen, war derjenige, der dahinterstand, diese Partei vermittels des Godesberger Programms als »sozial orientierte Volkspartei« zu tarnen; in Wirklichkeit gehe es ihm jedoch um nichts anderes, als »zu den Grundsätzen einer marxistisch-sozialistischen Partei zurückzukehren«, zumal die SPD bis zur nächsten Wahl »den Staatsapparat unter ihre Kontrolle gebracht haben wird«. Hinzu kam nach Auffassung von Strauß, daß die F.D.P. als der kleinere Koalitionspartner »von Linksgerichteten und Anarchisten völlig unterwandert ist«; innenpolitisch werde sich die SPD wohl zunächst zurückhalten, um dann, sollte sie »1973 an der Macht bleiben«, »rücksichtslos« vorzugehen, während die gegenwärtige Regierung auf außenpolitischem Gebiet »vor nichts zurückzuschrecken« scheine (wobei Strauß – selbstverständlich widerspruchslos – flugs eine mögliche Anerkennung der Oder-Neiße-Linie als »Landesverrat« bezeichnete).

Nachdem man sich eingehend mit den Möglichkeiten befaßt hatte, »vernünftige Männer« wie den Bundesbankpräsidenten Karl Klasen oder Finanzminister Alex Möller gegen eher verdächtige Regierungsmitglieder wie Wirtschaftsminister Karl Schiller in der Steuer- und Gesellschaftspolitik zu unterstützen, endete man schließlich bei der von Quandt nachdrücklich hervorgehobenen »Notwendigkeit, die Publikationsmittel in den Griff zu bekommen«; Franz-Josef Strauß wollte sich »besonders des Bayerischen Rundfunks annehmen, ...wo man jetzt endlich beginnt, seitens der CSU eine systematische Personalpolitik zu betreiben«.

Dies war die Stimmungslage, die weite Teile der deutschen Wirtschaft (aus dem geschilderten Gespräch entstand übrigens in der Folge der »Freundeskreis Franz-Josef Strauß«, der sich regelmäßig zum Gedankenaustausch mit dem großen Meister über ähnlich grundlegende Fragen zu treffen pflegte) in einer Zeit kennzeichnete, als sich maßgebliche Mitglieder des Aufsichtsrates mit dem Gedanken anzufreunden begannen, mir Mitverantwortung in der Führungsspitze des Hauses Daimler-Benz zu übertragen. Sie war das Ergebnis einer Nachkriegsgeschichte, die dadurch geprägt war, daß Wiederaufbau, Wohlstand und soziale Sicherheit Vorrang hatten vor jeder Art von geistiger Auseinandersetzung über die Ziele und Werte eines modernen Gemeinwesens im 20. Jahrhundert. Ermöglicht wurde all dies durch die fraglose Einbettung in die übergeordneten Interessen der westlichen Partnerländer im Rahmen der gemeinsamen Gegenwehr gegen die tödliche Bedrohung durch das stalinistisch-kommunistische Regime jenseits des Eisernen Vorhangs, jene unausweichliche Notwendigkeit, die zugleich so bequem als Totschlagsargument gegen jeglichen Ansatz verwendet werden konnte, die seit 1945 gewachsenen Strukturen wenn schon nicht grundsätzlich, so doch in ihren Ausuferungen wenigstens in Frage zu stellen.

Keiner, der es nicht selbst erlebt hat, kann sich vorstellen, wie sehr weite Teile Deutschlands zerstört, ja verwüstet waren, als meine Eltern und ich im November 1946 aus der Türkei, in der wir zwölf Jahre als Emigranten gelebt hatten, zurückkehrten. Wie heute steht mir der Hauptbahnhof in Hannover vor Augen, in den um die Mittagszeit der alliierte, für »normale« Deutsche selbstverständlich verbotene Zug einlief, den wir in Paris, vom Kriegsgeschehen unberührt und längst wieder bunt vom friedlichen Treiben der Menschen, bestiegen hatten, ausgestattet mit vielen Stempeln der Militärbehörden auf einem Reisepapier der englischen Regierung. Der Wind pfiff eisig über den Bahnsteig, als wir unser Gepäck ausluden. Niemand war da, uns zu empfangen. Das Telegramm, um dessen Übersendung ich im Morgengrauen auf der ersten deutschen Station, in Aachen, einen Bahnhofsbeamten gebeten hatte, war natürlich nicht beim Parteivorstand der SPD, wo wir erwartet wurden, eingetroffen, sicherlich weil der gute Mann vor Freude über die Gabe, die ich ihm in meiner gutgläubigen Unerfahrenheit in die Hand gedrückt hatte – eine ganze Schachtel türkischer Zigaretten anstelle des damals »handelsüblichen« halben Glimmstengels – sich flugs auf den schwarzen Markt anstatt zum Telegrafenticker begeben hatte.

Mit Hilfe eines Trägers schleppten wir drei mühselig unsere Habe die Treppe hinunter, geradewegs in die Hölle. Denn hier, in der Unterführung unter den Bahnsteigen, lagen und standen sie dicht an dicht, die ersten Deutschen, die uns nach so langer Zeit wieder begegneten: ausgemergelt, in Lumpen gekleidet, ohne Unterkunft und Ziel, alles bei sich, was sie noch ihr Eigen nennen durften. Dieser Anblick, dieser Schock hat mein weiteres Leben geprägt, die Erfahrung, was Leid und Hoffnungslosigkeit aus Menschen machen können, aber auch die Stärke und die Zähigkeit, die ihnen eignet, wenn die Umstände ihnen alles abverlangen. Jedesmal wenn ich diese Unterführung, längst modernisiert und vor Geschäftigkeit übersprudelnd, wiedersehe, läuft es mir, ob ich will oder nicht, kalt über den Rücken. Und nur wer dies gesehen, dies erlebt hat, kann auch verstehen, warum alle Energien der Deutschen in den ersten Nachkriegsjahren auf nichts anderes gerichtet waren als auf den primitivsten Bedarf an Essen, an Kleidung, an Wohnung und an Wärme.

Draußen vor dem Bahnhof konnte meine Mutter ihre Tränen nicht mehr halten. Kein Gebäude, das noch einigermaßen intakt war. Staub und Trümmer, alles grau in grau, dazwischen die eine oder andere mühsam dahinkriechende Straßenbahn, überfüllt mit Menschen, die fehlenden Fensterscheiben mit Pappe vernagelt. Dies war die Stadt, in der sie geboren, in der sie aufgewachsen war und in die sie nun, aus einem in Frieden lebenden Land kommend, mitten hineingeworfen wurde. Ich erinnere mich nicht mehr, wie wir den Weg in die Odeonstraße, den Sitz des Parteivorstandes, gefunden haben, aber ich meine, daß es schließlich gelang, uns über ein öffentliches Telefon zu melden, und man uns dann mit einem Auto abholte.

Natürlich nicht überall, aber in weiten Teilen Deutschlands sah es damals ähnlich aus, zumindest in den größeren Städten. Die Flüchtlinge aus dem Osten, vertrieben aus verständlicher Rache oder geflohen vor den herannahenden russischen Armeen, die Ausgebombten, die Hungernden und die Frierenden kämpften im Sinne des Wortes um das nackte Überleben. Zum Nachdenken über die Ursachen war da wenig Zeit; nur ein einsames Genie wie Wolfgang Borchert konnte seine Verzweiflung über den Verfall aller menschlichen Werte, die er im Krieg und danach erlebt hatte, niederschreiben und damit formen. Demokratie, das war etwas, was die westlichen Besatzungsmächte importiert hatten, ganz schön ja, weil es nicht mehr mit der Unterdrückung durch einen drakonischen Staatsapparat einherging, aber doch etwas, was man lieber denen überließ, die sich freiwillig für die damit verbundene Verantwortung meldeten – Idealisten, wie man meinte, oder Gestrige aus der Weimarer Zeit, die die bösen zwölf Jahre so oder so überlebt hatten.

Vergessen auch haben die meisten, wie hart in jenen Jahren der Kampf nicht nur um Nahrung oder Wohnung, sondern um Arbeitsplätze war. Die Flüchtlinge waren nicht nur zwangsweise einquartiert und fielen denjenigen zur Last und auf die Nerven, die meinten, in ihren Wohnungen hätten sie keine Fremden zu dulden; sie stahlen auch Arbeit weg. Haß und Mißgunst prägten den Umgang der Menschen untereinander. Heute rümpft man gern die Nase darüber, daß die Sehnsucht nach materiellem Wohlstand, nach Wiederherstellung bürgerlicher Lebensumstände die ersten zwanzig Jahre der Nachkriegszeit geprägt hätten. Das trifft zwar im großen und ganzen zu, hat für mich aber noch nie einen Makel bedeutet. Solidarität, die Bereitschaft zum Teilen mit dem, der es nötiger hat als man selbst, gehört nun einmal nicht zu den Eigenschaften, die den Menschen auszeichnen, wenn er weder durch Gesetz noch durch Erziehung dazu angehalten wird – eine Erkenntnis, die sich nach der Wiedervereinigung der beiden Teile Deutschlands im Jahre 1990, wenn auch unter ganz anderen Umständen, wiederholen sollte, zumal die Bundesregierung offensichtlich keinerlei Vorstellung von den damit verbundenen wirtschaftlichen Lasten hatte und es daher versäumte, dem ganzen Volk, im Osten wie im Westen, reinen Wein einzuschenken.

Gewiß gab es auch damals junge Menschen, die den Blick nach vorn richten wollten, die sich nach Zielen sehnten, die nicht nur mit Heller und Pfennig zu bemessen waren. Gewiß gab es auch Ältere, die aus den Erfahrungen der Diktatur und des Krieges, aus dem schrecklichen Erkennen des Völkermordes und der Judenvernichtung gelernt hatten, daß bürgerlicher Wohlstand und Bildung keine ausreichenden Sicherheiten sind, um würdiges Leben in einer Gemeinschaft zu gewährleisten. Doch die große Mehrzahl der Deutschen hatte beschlossen, die Sorge um das gemeine Wohl anderen zu überlassen, selbst aber die Zähne zusammenzubeißen und sich ohne besondere Rücksicht auf den Nachbarn der Arbeit für eine bessere Zukunft in Wohlstand hinzugeben, von der eigenen Wohnung oder gar dem »Häuschen mit Garten«, vom Auto und von der Urlaubsreise, zunächst einmal an die Adria, zu träumen.

Ein riesiger Schritt auf dieses Ziel hin war die Währungsreform. Von einem Team hochqualifizierter britischer und vor allem amerikanischer Experten unter Mitwirkung von Ludwig Erhard, dem für Wirtschafts- und Finanzfragen zuständigen Mitglied des Wirtschaftsrates der beiden Besatzungszonen, unter strenger (und erfolgreicher) Geheimhaltung vorbereitet, wurde sie am 20. Juni 1948 verkündet. Verklärte Erinnerung gaukelt heute freilich vor, dieses Ereignis hätte von einem Tag zum anderen den entscheidenden Einschnitt, die Wende zum wirtschaftlichen Aufschwung in den drei westlichen Besatzungszonen gebracht. Das war keineswegs der Fall. Zwar füllten sich die Schaufenster, der vorher allenthalben übliche Tauschhandel am schwarzen Markt brach zusammen, Waren aller Art – von den Lebensmitteln über die Kleidung bis zum Heizmaterial – gab es wieder gegen wertbeständiges Geld, die Deutsche Mark. Gleichwohl änderte dies alles nichts daran, daß die Arbeitslosigkeit noch einmal drastisch zunahm, daß Arm und Reich so furchtbar auseinanderklafften wie seit vielen Jahrzehnten nicht mehr, zumindest seit der schrecklichen Inflation der zwanziger Jahre und ihren Folgen. Manche konnten sich wieder alles, viele sich aber gar nichts leisten. Noch im November 1948 riefen die Gewerkschaften zu einem zweitägigen, wenn auch erfolglosen Generalstreik auf, um dieser Wirtschaftspolitik ein Ende zu bereiten.

Trotzdem: Geschichtlich trifft es zweifellos zu, daß die Währungsreform am Anfang einer beispiellosen Erfolgsgeschichte der Deutschen stand, des später in der ganzen Welt bewunderten »Wirtschaftswunders«. Im wesentlichen war es darauf zurückzuführen, daß sie vom ersten Tage an verbunden war mit einem weiteren Einschnitt, der – sogar unter teilweiser Umgehung der alliierten Autoritäten – allein dem Mut und der Entschlossenheit Erhards zu verdanken war, nämlich der Freigabe der Preise, begleitet von ersten drastischen Schritten zur Abschaffung der Bewirtschaftungsmaßnahmen: dem Beginn der Marktwirtschaft.

Vorausgegangen war ein erbitterter Streit zwischen Erhard, damals noch nicht einmal Mitglied der CDU und keineswegs ganz vorbehaltlos von anderen liberalen Mitgliedern des Zweizonen-Wirtschaftsrates unterstützt, und den beiden sozialdemokratischen Wortführern für Wirtschaftsfragen, Viktor Agartz und Erik Nölting. Die einen, Sozialisten reinsten Wassers, kämpften für strenge Bewirtschaftung, für Reglementierung der Preise, für Arbeitsbeschaffungsmaßnahmen und für Verstaatlichung, der andere für das genaue Gegenteil: den Rückzug des Staates aus weiten Teilen der Wirtschaft, für das Vertrauen in die Kräfte des Marktes und des Wettbewerbs, für die Initiative privater Unternehmen.

Die ersten massiven Erfolge der Erhardschen Politik hatten sich bereits in einem deutlichen Rückgang der Arbeitslosigkeit, in der Stabilität der neuen Währung, auf die man allenthalben vertraute, in einer Zunahme der Einkommen und sogar in einem zaghaften Anwachsen der Spartätigkeit niedergeschlagen, als 1949 die Bundesrepublik formell gegründet wurde und im September die ersten bundesweiten Wahlen im freien Teil Deutschlands stattfanden. Meinungsforschung hatte damals noch nicht denselben Rang wie heute; es dürfte jedoch nicht falsch sein, den knappen Sieg der bürgerlichen Parteien, an der Spitze die CDU/CSU, über die SPD nicht so sehr als einen Sieg von Konrad Adenauer über Kurt Schumacher als vielmehr einen Sieg derer zu interpretieren, die voller Zuversicht weiter auf den erkennbaren materiellen Errungenschaften seit Einführung der Marktwirtschaft aufbauen wollten. Es war der Sieg des Konzepts von Ludwig Erhard über die staatswirtschaftlichen Vorstellungen seiner sozialistischen Kontrahenten. Dieser Sieg bildete das Fundament einer langjährigen Periode der bürgerlichen Restauration, aber auch der entschlossenen Einbindung der jungen Bundesrepublik in das westliche Wertesystem unter der fünfzehnjährigen Kanzlerschaft von Konrad Adenauer. Keines von beiden war, will man fair sein, ohne das andere vorstellbar.

Die Deutschen wollten ihre Ruhe, nicht mehr. Dem hatten die Oppositionsparteien, voran die SPD, erstarrt in braver Biederkeit und fassungslos vor den Erfolgen des wirtschaftlichen Aufschwungs, nichts entgegenzusetzen. »Keine Experimente« reichte als Wahlkampfmotto aus, um Konrad Adenauer mehrfach eine unangefochtene Wiederwahl zu sichern; notfalls konnten bösartige Hinweise auf angebliche Gemeinsamkeiten der SPD als der anderen großen Volkspartei mit den Moskauer Kommunisten nachgeschoben werden, um die CDU/CSU und ihre langjährigen Partner, die Freien Demokraten, an der Regierung zu halten. Zwar gab es hie und da dramatisch klingende innenpolitische Auseinandersetzungen, etwa um die Wiederbewaffnung oder um einzelne sozialpolitische Ziele, aber im großen und ganzen waren das Land und seine Menschen geprägt durch die Wiederherstellung alles dessen, was man durch den Krieg verloren hatte: bürgerliche Anpassung an das, was sich geziemte, und Anerkennung durch die anderen Völker des Westens. Dazu trugen Innen- wie Außenpolitik der Bundesregierung in unübertrefflich geschickter Weise bei.

Die politische und militärische Einbettung in das westliche Bündnissystem, die für ihn Vorrang vor allen anderen nationalen Interessen hatte, gehört zu den großen geschichtlichen Vermächtnissen Konrad Adenauers, allerdings auch seine bedingungslose, im übertragenen Sinne an die Zeiten des Wiener Kongresses erinnernde Unterdrückung jeglicher Versuchungen, an den tradierten Grundzügen der bürgerlichen Gesellschaft zu rütteln. Nach wenigen Jahren war alles domestiziert, auch die Gewerkschaften und die Universitäten, überall Konsens, keine Auseinandersetzung, die unter die Haut ging und damit womöglich der neu heranwachsenden Generation und dem ganzen Land gutgetan hätte. Das traditionelle deutsche Berufsbeamtentum – an der Spitze Staatssekretär Globke als leuchtendes Beispiel dafür, daß eine »Bewältigung der Vergangenheit« (wie man damals das Nachdenken über Ursachen und Auswirkungen der Nazibarbarei nannte) keine wirkliche Chance hatte – besetzte schnell wieder die Schaltstellen des Staates und gewährleistete, daß dort alles wie gewohnt funktionierte: leise, effizient und ganz im Dienste einer Politik der Bewahrung. So konnte es kaum verwundern, daß die etablierte Bürokratie des Bonner Auswärtigen Amtes schon 1951 wieder einflußreich genug war, um zu erreichen, daß einer der skrupellosesten Organisatoren der SS-Herrschaft, Werner Best, in Dänemark freigelassen wurde und fortan daheim ungestraft an der Eingliederung seiner früheren Kollegen in die neue Republik mitwirken konnte.

Die Sehnsucht nach Bürgerlichkeit wurde durch eine Ausrichtung der Marktwirtschaft begleitet und gestützt, die Ludwig Erhard und sein wichtigster Berater, Alfred Müller-Armack, mit dem Beiwort »sozial« kennzeichneten. »Soziale Marktwirtschaft« wurde bald in der ganzen westlichen Welt als jenes Markenzeichen bekannt, das hinter dem deutschen Wirtschaftswunder stand und dieses, zusammen mit der angeblich besonderen deutschen Tüchtigkeit, erklärte. In der Tat gelang es, politische Rahmenbedingungen zu gewährleisten, die ein Ausufern des marktwirtschaftlichen und privatkapitalistischen Wirtschaftssystems in Richtung auf eine Ausbeutung der arbeitenden Menschen verhinderten, ohne doch die Wettbewerbsfähigkeit der ewig klagenden Unternehmen über Gebühr einzuschränken. Wie weiland Preußen in den Zeiten von Friedrich Wilhelm I. und seinem Sohn Friedrich dem Großen hatte die junge Republik zudem das geschichtliche Glück, auf der Woge des Zeitgeistes, dieses Mal auf dem Höhepunkt der Ära industrieller Hochmechanisierung, zu schwimmen und dabei von Grund auf neu beginnen zu können.

Konrad Adenauer, wie sein späterer Nachfolger Helmut Kohl sicher nicht mit einem herausragenden Verständnis für wirtschaftliche Zusammenhänge gesegnet, gehörte dabei durchaus zu denjenigen, die sich auch durch vertraute persönliche Ratgeber wie die Bankiers Robert Pferdmenges oder Hermann Josef Abs nicht davon abbringen ließen, Gesetze, beispielsweise für die staatliche Rentenversicherung oder die Mitbestimmung der Arbeitnehmer im Betrieb, durchzusetzen, die darauf zielten, den Bürgern Sicherheit für ihr Leben und ihren Arbeitsplatz zu geben. Eine blühende Entwicklung der Wirtschaft, ein beispielloser Erfolg beim Export deutscher Güter und – eben – zunehmender Wohlstand waren die Folge, weniger dagegen der Mut, den Teufeln der eigenen Geschichte in die grinsende Fratze zu sehen …

Rückblickend wollen heute manche die Ursache für diese Entwicklung weniger in der Sehnsucht der Menschen nach Normalität als in einer gezielten Unterdrückung jeglicher Ansätze zur Neubesinnung durch jene angeblichen Protagonisten des Antikommunismus sehen, die sich rigoros gegen alle wirklichen oder vermeintlichen kommunistischen Versuchungen zur Wehr zu setzen pflegten. Dabei wird übersehen, daß die intellektuell ohnehin eher kärglichen Denkanstöße von links überwiegend nicht von freiheitlich und demokratisch eingestellten Kritikern der bürgerlichen Restauration stammten, sondern von den ebenso brutalen wie totalitären Interessen stalinistischer Provenienz getragen waren.

Immerhin war es 1968 soweit, daß sich die inzwischen herangewachsene Generation der in der ersten Nachkriegszeit Geborenen, Studenten zumeist, die Einstellung ihrer Eltern nicht mehr gefallen ließen. Aufmüpfigkeit der Jungen gegen die Alten gab und gibt es überall. Doch dies war mehr: Man wollte mit der einseitig auf Mehrung ihres Wohlstandes gerichteten Beckmesserei und mit der heuchlerischen Verdrängung der Nazizeit nichts mehr zu tun haben. Es gab, angeregt und ausgelöst durch eine ähnliche Welle von Verachtung für alles Überkommene in den USA und in Frankreich, für das Verhalten der tragenden Schichten der Gesellschaft, ob in der Politik, in den Kirchen, in den Hochschulen, eine Kette von Protesten, die sich schließlich zu einer nahezu revolutionären Bewegung weiterentwickelte.

Heute ist das kaum noch vorstellbar, und ich selbst habe es auch damals nicht allzu ernst genommen, jedenfalls in keiner Weise für gefährlich gehalten. Im Gegenteil: Zu Anfang haben mich, wie viele andere, eher der Witz und der Einfallsreichtum amüsiert, mit denen die in der Tat vermoderte Einstellung vieler Professoren an den Universitäten lächerlich gemacht wurde, ganz und gar zu Recht, wie mich meine eigenen Erfahrungen beim Studium in Göttingen und an der Freien Universität Berlin gelehrt hatten. »Unter den Talaren Muff von tausend Jahren« – konnte man geistreicher und mit mehr Zivilcourage deutlich machen, was das Klima an den Hochschulen, die gespreizte Würde der Ordinarienwelt damals prägte, konnte man die obrigkeitshörigen Bürger drastischer und geistreicher aufschrecken?

Nicht viel anders ging es mir mit jener – jedenfalls von außen gesehen – fröhlichen Provokation, die sich im lockeren Umgang der Geschlechter zeigte. Die schon 1961 eingeführte Pille hatte die jungen Menschen das erste Mal in der Geschichte von der Furcht befreit, ungewollt Kinder zu bekommen, wenn sie sich körperlich liebten, was dann zwar zu flotten Sprüchen – »Wer zweimal mit der gleichen pennt, gehört schon zum Establishment« – Anlaß gab, nicht jedoch zur Durchsetzung der von den 68ern theoretisch so hoch gehaltenen weiblichen Gleichberechtigung. Endlich begann auch ein weiteres gesellschaftliches Tabu, die gleichgeschlechtliche

Liebe, an Bedeutung zu verlieren, und endlich wurde damit begonnen, die eigene Geschichte aufzuarbeiten. Die gleichzeitig an den Hochschulen um sich greifende Seuche, Soziologie als Krönung aller Wissenschaften zu verstehen, schien ob aller dieser mir durchaus fortschrittlich erscheinenden Entwicklungen eher wert, beschmunzelt als besonders ernstgenommen zu werden.

Das wurde schon ein wenig anders, wenn man sich das krause Gerede der Wortführer anhörte. Viele von ihnen mögen auf ihre Art intelligent und hochbelesen gewesen sein. Borniert in ihrer sozialistischen Dogmatik befangen, waren sie dennoch abstrakte Theoretiker, die sich anmaßten, besser als die Menschen selbst zu wissen, was für die Menschheit gut und richtig sei. Rudi Dutschke mit seiner Fistelstimme, dessen Auftreten keine Gegenargumente zuließ und der jeden, der ihn in Frage stellte, mit einem Gewitter unverständlicher pseudophilosophischer, pseudosoziologischer und pseudopolitischer Satzgebilde zuzudecken pflegte, stand als Beispiel für eine ganze Zahl anderer, die ihre geistigen Lehrer, von Georg Lukács über Herbert Marcuse und Max Horkheimer bis zu Ernst Bloch, bald in einen straßenrevolutionären Jargon zu übersetzen begannen. Zusammen mit der Fähigkeit, ihre studentischen Anhänger zu Demonstrationen und Protestaktionen zu organisieren, erlernten sie die Kunst der politischen Erpressung, indem sie die Universitäten und die dort tätigen Lehrer mit einer Mischung aus zunächst passiver Gewalt und geistigem Druck gleichschalteten. Trotzdem begleitete ich damals die meisten dieser Entwicklungen eher mit ungläubigem Kopfschütteln als mit wirklichem Entsetzen. Das blieb auch noch so, als im Mai 1968 die Aktionen der Pariser Studenten gegen die Polizei über die Fernsehschirme flimmerten. Ihren Anführer, den damals »Roter Dany« genannten Daniel Cohn-Bendit, sollte ich mehr als zwanzig Jahre später als weiterhin engagierten und unangepaßten, aber inzwischen in eindrucksvoller Weise an Reformen und nicht mehr für eine Revolution arbeitenden Mann kennenlernen. Eher beunruhigt war ich dann allerdings, als anläßlich des Besuches des Schahs von Persien in Berlin die »Jubelperser« auf die protestierenden Studenten losgingen und am Abend Benno Ohnesorg tot war, erschossen von einem Polizisten.

Jetzt erst begann ich aufzuwachen und zu begreifen, daß es einigen Anführern dieser Bewegung nicht um einen häufig sogar sympathischen und längst überfälligen Protest, sondern tatsächlich um den revolutionären Umsturz der demokratischen Gesellschaftsordnung der Bundesrepublik ging. Vermutlich hing meine anfängliche Neigung, dies alles nicht sonderlich ernst zu nehmen, auch damit zusammen, daß ich das Ausmaß der Empörung, das dahinterstand, kaum zu begreifen vermochte. Nach der Erfahrung, daß die Amerikaner Anfang der fünfziger Jahre im Koreakrieg erneut die Hauptlast der Verteidigung des entscheidenden westlichen Grundwertes, der Freiheit, zu übernehmen bereit gewesen waren, habe ich wohl vor allem den immer grausamer werdenden Krieg in Vietnam viel zu unkritisch gesehen, davon überzeugt, daß es dort, wie im Krieg gegen die Hitlerbarbarei, wie während der Berliner Blockade und wie eben in Korea allein um die Verteidigung gegen diktatorische Aggression ging. Erst viel, viel später, Mitte der neunziger Jahre, habe ich bei Reisen nach Vietnam begreifen gelernt, wie schrecklich die Folgen sein können, wenn westliche politische Führung, mag sie noch so zweifelsfrei demokratisch begründet sein, sich wehrlos in die Hände von Militärs begibt, die keine Rücksicht und kein Maß kennen, wie schlimm es aber auch sein kann, wenn die maßgeblichen demokratischen Politiker, die solche Exzesse zulassen, nicht über die geschichtlichen Kenntnisse verfügen, die erforderlich sind, um die Situation in fremden Ländern und Gesellschaftsordnungen wirklich beurteilen zu können.

Jedenfalls wurde mir angesichts der inzwischen zur ständigen Tagesordnung gewordenen gewaltsamen Angriffe der studentischen Demonstranten gegen die Polizei, ihrer rauschhaft skandierten »Ho-Ho-Ho-Tschi-Minh«-Rufe, die Gefahr erst wirklich bewußt, als die Gewalt gegen Sachen – mir als Beweis mangelnder Argumente und wegen des offenbaren Rechtsbruchs zuwider – umzuschlagen begann in die Diskussion, ob nicht auch Gewalt gegen Personen »zulässig« sein sollte, als also die Baader-Meinhof-Gruppe sich formierte und begann, Teile der ursprünglichen Studentenorganisation APO in eine bewaffnete und vor Mord nicht zurückschreckende Untergrundbewegung umzuwandeln. Gewiß, auch ich war von Anfang an auf der Welle der Restauration mitgeschwommen, denn sie bedeutete für mich Frieden, Nahrung, Wohnungen, Schulen, Arbeitsplätze, aber ebenso gewiß war auch für mich vieles an dieser Entwicklung abstoßend geworden, vor allem jene damit einhergehende biedermännische Heuchelei, die weite Teile der Gesellschaft, der Eltern, der Kirche, der Politiker und überhaupt der »Eliten« kennzeichnete. Aber das alles rechtfertigte eben keine Revolution, die auf die Grundsätze der gerade eben unter so großen Mühen und Opfern errungenen freiheitlich-demokratischen Ordnung zielte.

Was ist bei mir von alledem übriggeblieben?

Einmal das Entsetzen, wozu geistige Hybris – oder Krankheit – fähig ist, wenn sie einzelne Menschen und durch sie ganze Gruppen beherrscht. Die vielen unschuldigen Opfer des RAF-Terrors, darunter vor allem zwei Menschen, die mir besonders nahegestanden haben, Hanns Martin Schleyer und Alfred Herrhausen, bezeugen eindeutig genug, daß kein Gesellschaftssystem, das die Würde und die Freiheit des einzelnen Menschen bewahren will, ungesetzliche Gewalt als Mittel der Auseinandersetzung hinnehmen darf. »Wehret den Anfängen«: das ist und bleibt eine Lehre, die hoffentlich niemals in Vergessenheit geraten wird, genauso wie die weise Erkenntnis des irischen Politikers J.P. Curran, der schon Ende des 18. Jahrhunderts daran erinnert hat, daß ewige Wachsamkeit, »eternal vigilance«, der Preis der Freiheit ist.

Zum anderen die Erkenntnis, daß kein Gesellschaftssystem überleben kann, das allzulange die Anpassungszwänge übersieht, die übermächtig werden können, wenn äußere Umstände das Gewohnte in Frage stellen und es deswegen in Gefahr gerät, den einzelnen Menschen nicht mehr ein materiell und geistig freies, würdiges Leben gewährleisten zu können. Ständige Bereitschaft und Fähigkeit zur rechtzeitigen Reform sind ein Lebenselement der Demokratie. Das gilt heute, unter dem Druck der Globalisierung aller weltpolitischen und weltwirtschaftlichen Zusammenhänge, nicht anders als damals.

Und schließlich die Verwunderung, wie wenig Spuren die Bestrebungen der 68er Generation letzten Endes in unserer Gesellschaft hinterlassen haben. Der vielberufene »Marsch durch die Institutionen«, von Rudi Dutschke zu einem Zeitpunkt verkündet, als die Aufrufe zur gewaltsamen Revolution gescheitert waren, ist inzwischen darin geendet, daß die damaligen Marschierer als saturierte Bürger das fortsetzen, wogegen sie in jenen Jahren angerannt sind: Beharren auf gesichertem Wohlstand und zähem Widerstand gegen jede Einschränkung ihrer hergebrachten Ansprüche. Die einzige Errungenschaft mag die inzwischen verbesserte Chancengleichheit der Frauen sein, und doch ist auch sie bei weitem noch nicht gesichert. Überhaupt bleibt die Frage offen, ob die erreichten Fortschritte ernsthaft in irgendeinem Zusammenhang mit den damaligen Zielen stehen oder eher auf ganz und gar andere Ursachen – etwa geänderte Rahmenbedingungen, beispielsweise technologischer Natur, verbunden mit geänderten Anforderungen an die einzelnen – zurückzuführen sind. In der Politik sind es freilich die Angehörigen jener Generation, die inzwischen allenthalben führende Rollen spielen.

Die »Enkelgeneration« prägt heutzutage nicht nur die SPD, sondern weite Teile aller großen Parteien, nicht zuletzt auch der CDU/CSU oder der »Grünen«. Bei den Sozialdemokraten erfreut sie sich einer besonderen Rolle, seit Willy Brandt sie entdeckt und, mehr als einmal allzu unkritisch, gefördert hat. Das ist wenig verwunderlich, war er doch schon seit seiner Wahl zum Parteivorsitzenden Anfang 1964, vor allem aber seit seiner Zeit als Außenminister in der Regierung Kiesinger und besonders seit seiner 1969 erfolgten Wahl zum Bundeskanzler der Hoffnungsträger all jener geworden, die, wie es in der ersten Regierungserklärung hieß, dem Land auf allen gesellschaftlichen Ebenen, nicht nur im Staat, neue demokratische Impulse bescheren wollten. Nachdem die Versuche der Opposition unter der Führung von Rainer Barzel, die knappe Mehrheit der Regierungsparteien auszuhöhlen, im April 1972 mit dem Mißtrauensvotum gegen Brandt gescheitert waren, brachte die emotionsgeladene Wahl im darauffolgenden November eine rauschende Bestätigung dafür, daß die Regierung für alles das, was sie innen- und außenpolitisch als dringend überfälliges Reformwerk verstand, Unterstützung in der Bevölkerung fand.

Die Kreise der Wirtschaft änderten ihre innere Einstellung, ihr Mißtrauen gegen die nun so sicher im Sattel sitzende Bundesregierung nicht. Aber sie begannen sich anzupassen. Anfang 1973 wurde ich durch den damaligen Majordomus von Friedrich Karl Flick, Günther-Max Paefgen, inständig gebeten, ein Privatissimum beider Herren mit Bundeskanzler Brandt zu vermitteln. Es fand bald darauf im Kanzlerbungalow in Bonn statt, jenem noblen Gebäude, das der Architekt Sep Ruf als Dienstwohnung entworfen hatte, das aber dem eher biederen Geschmack von Ludwig Erhard zuwider war und seither für vertrauliche Zusammentreffen in intimem Kreise genutzt wurde. Brandt erschien im Kreise einer kleinen Zahl von Begleitern und entfaltete im Verlauf des Abends allen Charme, dessen er fähig war, wenn seine Stimmung es zuließ. Er blendete mit Ausführungen zur wirtschaftlichen Lage und erläuterte ausführlich seine Einschätzung der außenpolitischen Situation. Flick sagte, außer einigen Floskeln, gar nichts, sondern war nur hingerissen. Der Abend endete mit der gemeinsamen Abfahrt der drei Besucher, gekrönt von dem nicht nur erstaunten, sondern vorbehaltlos bewundernden Kommentar des Mannes, der sich als stramm konservativer Wahrer einzig richtiger Standpunkte, sprich: Interessen, wähnte, über seinen Eindruck des »Vaterlandsverräters« Brandt: »Welch ein großartiger Staatsmann!« So weit her war es mit dem selbständigen politischen Urteil eines angeblichen »Kapitäns der Wirtschaft«, und das blieb bis heute kein Einzelfall ...

Nach dem Versuch, 1975 sein knapp 45prozentiges Aktienpaket bei Daimler-Benz an das persische Kaiserhaus zu verkaufen, und der Intervention durch die Deutsche Bank, die dies in laufender Konsultation mit dem damaligen Bundeskanzler Helmut Schmidt erfolgreich verhinderte, verschwand Flick in Bedeutungslosigkeit. Nicht so Willy Brandt, der als prägende Persönlichkeit in die deutsche und westliche Nachkriegsgeschichte eingegangen ist.

Ich kannte ihn damals schon lange, seit der Zeit, als er 1947 aus der norwegischen Emigration über Hannover nach Berlin gekommen war. Im Verlauf der Jahre, die uns manches Mal über längere Zeiten auseinanderrissen, dann aber auch wieder zusammenführten, habe ich ihn regelmäßig als einen Mann erlebt, dem sein Wesen unvorhersehbare Höhen und Tiefen, innerlich wie äußerlich, bescherte: strahlend, witzig, voller Charme, Wärme und Selbstbewußtsein das eine, brütend in sich gekehrt, abweisend, an sich verzweifelnd das andere Mal.

Über die Umstände seiner Rückkehr nach Deutschland ist damals wie später viel spekuliert und noch mehr geschmiert worden, von sensationsgierigen Journalisten bis hin zu übelsten politischen Gegnern. In Wahrheit war Willy Brandt wohl zeit seines Lebens ein Zerrissener, voll von Facetten des Denkens, des Handelns, der Persönlichkeit, gezeichnet durch schwere Erlebnisse seiner jungen Jahre, durch seine uneheliche Abstammung und sicher auch durch sein norddeutsches Temperament. Stets schwankte er zwischen Sehnsucht nach Wärme und Geborgenheit auf der einen, nach Abenteuer und Leichtsinn auf der anderen Seite. Dieser tiefe Widerspruch seines Wesens prägte von Anfang an auch sein Verhältnis zu meinem Vater bis zu dessen Tod im September 1953.

Die beiden haben sich in Zehlendorf, im Haus von Annedore Leber, der Witwe des Anfang 1945 hingerichteten Widerstandskämpfers und früheren Reichstagskollegen Ernst Reuters, Julius

Leber, kennengelernt. Willy Brandt, während seiner politischen Jugendtage in Lübeck Julius Leber besonders nahestehend, war noch Presseattaché der norwegischen Militärmission, norwegischer Staatsangehöriger und hieß offiziell Herbert Frahm. Er war jung verheiratet mit seiner zweiten Frau Rut, die er in der Emigration kennengelernt hatte. Anders als meine Eltern hatten sich die beiden nicht von vornherein und schon gar nicht vorbehaltlos für eine endgültige Rückkehr nach Deutschland entschieden. Vielmehr hatte Willy Brandt zunächst geschwankt, ob er eine ihm angebotene Aufgabe im norwegischen auswärtigen Dienst übernehmen sollte, ehe er nach Berlin kam, auch dort freilich in einen sicheren Hort. Der versprach dem jungen Paar, das gerade sein erstes Kind erwartete, Annehmlichkeiten des Lebens, die für die Deutschen damals alles andere als selbstverständlich waren: eine großzügige, schön gelegene Wohnung, später gar ein Haus am Halensee, Nahrung, Kleidung und Zigaretten ohne Einschränkungen, ein Auto mit Fahrer.

Daß meine Eltern einen solchen Lebensstil, den sie als Ausdruck einer ihnen fremden Einstellung verstanden, nach außen zurückhaltend, im Familienkreis aber doch erkennbar mißbilligten, mein Vater eher achselzuckend, meine Mutter entschiedener, hatte wahrscheinlich nicht so sehr mit dem Altersunterschied als mit ihrem anderen Herkommen, ihrer Erziehung und ihrem Lebensweg zu tun. Eine gewisse innere Distanz zum Stil der beiden Brandts blieb, gerechtfertigt oder nicht, über die Jahre: zu Rut mehr wegen der Eleganz ihres Auftretens, die ganz und gar ihrer herben persönlichen Art, wohl viel stärker geprägt durch Hemmungen als durch Arroganz, widersprach, zu Willy wegen seiner Neigung, politische Sandkastenspiele der schweren Bürde täglicher Verantwortung vorzuziehen.

Im Herbst 1948, nach dem Beginn der Blockade und der Errichtung der Luftbrücke, wurde Brandt schließlich wieder als Deutscher eingebürgert und übernahm die Leitung des Verbindungsbüros des SPD-Parteivorstandes in Berlin. Vorausgegangen waren Spannungen auch mit Kurt Schumacher, dem sein langes Zögern nicht geheuer erschien. Trotzdem waren viele in Berlin überzeugt, daß Willy Brandt die Rolle eines Horchpostens und Aufpassers des Parteivorsitzenden zugedacht war, der mißtrauisch alle angeblichen oder wirklichen Bestrebungen seiner Berliner Parteifreunde, an der Spitze Ernst Reuter, nach politischer Unabhängigkeit und selbständigem Handeln verfolgte. Vermutlich war die Aufgabenstellung damit anfangs auch richtig beschrieben, doch es kam anders: Mein Vater und Brandt trafen sich schnell auf einer gleichen Linie, schnell hat sich der Jüngere dem Älteren als dessen Ziehsohn angeschlossen, und bald sollte sich herausstellen, daß beider Vorstellungen keineswegs nahtlos identisch waren mit den Ideen und Wünschen Kurt Schumachers.

In den folgenden Jahren war ich immer wieder unmittelbarer Zeuge dieses engen politischen Verhältnisses. Unsere eigentliche persönliche Beziehung hingegen geht erst auf die Zeit kurz nach dem Tode Ernst Reuters zurück.

Bei meiner Mutter und mir tauchte damals ein englischer Verleger, André Deutsch, auf. Er war überzeugt, mit einem möglichst bald erscheinenden Buch über den Mann, der in der westlichen Welt, vor allem aber bei den englischsprachigen Völkern, als mutige Führungspersönlichkeit ungewöhnlich bekannt, ja populär war, hohe Auflagen erzielen zu können. Nach dem Vorbild eines erfolgreichen Bandes über die politischen und persönlichen Beziehungen zwischen dem kurz vor Kriegsende verstorbenen amerikanischen Präsidenten Franklin D. Roosevelt und dessen Berater Harry Hopkins schwebte ihm, unter dem Arbeitstitel »The Reuter Papers«, als Konzept eine Veröffentlichung von Akten und Dokumenten vor, die jeweils erzählend zu einem Lebensbild meines Vaters verknüpft werden sollten. Uns beiden leuchtete das ein, zumal auch ich von jenem Buch von Robert Sherwood fasziniert gewesen war, und wir versprachen, über einen möglichen Autor nachzudenken. Damit begann eine lange Geschichte voller Mühen und Enttäuschungen.

Unzählige Namen wurden erwogen, mit befreundeten Ratgebern besprochen, wieder verworfen. Schließlich blieb Theodor Plievier, der in vielerlei Hinsicht bemerkenswerte Autor einer Reihe zeitgenössischer, auf Dokumentation gestützter Romane. Er war auch interessiert, doch bald hatten meine Mutter und ich das deutliche Gefühl, daß seine angeschlagene Gesundheit den Kraftakt einer solchen Biographie nicht aushalten würde. Überdies bestätigte sich eine Vermutung, die ich dem Verleger von Anfang an entgegengehalten hatte: Weder die zugänglichen staatlichen Archive noch unsere eigenen Bestände enthielten auch nur in einem entfernt ausreichenden Umfang Akten, Niederschriften, Briefe oder sonstige Dokumente, die sich zur Schilderung des Lebenslaufes von Ernst Reuter, in dem die politische Geschichte der Deutschen in diesem

Jahrhundert wie im Brennspiegel bündelte, verbinden ließen. Was blieb, war ein Kompromiß, auf den wir uns schließlich einigten, meine Mutter und ich eher zögernd, André Deutsch zwar schon mit erkennbarer Enttäuschung über den entstandenen Zeitverlust, aber immer noch voller Zuversicht. Diese gründete nicht zuletzt in dem Autorenpaar, das eine dennoch soweit wie möglich dokumentarische Biographie verfassen sollte: Willy Brandt und Richard Löwenthal.

Beide waren erfahrene Schriftsteller. Brandt hatte vor und während der Nazizeit regelmäßig geschrieben und publiziert, »Rix« Löwenthal war nicht nur der hochangesehene Autor eines während seiner Emigration in England unter dem Pseudonym Paul Sering erschienenen Buches, das sich unter dem Titel »Jenseits des Kapitalismus« mit sozialdemokratischen Zukunftskonzepten für die Nachkriegszeit befaßte, sondern auch außenpolitischer Redakteur des liberalen Wochenblattes »Observer« und innerlich zurück auf dem Weg nach Deutschland. Sie einigten sich mehr oder minder bald auf eine Arbeitsteilung, wonach bestimmte Lebensabschnitte meines Vaters durch den einen, andere durch den anderen bearbeitet und geschrieben werden sollten. Als Mitarbeiter, dem vor allem die Dokumentation obliegen sollte, wurde ein angehender amerikanischer Historiker, Harold Hurwitz, der in Berlin lebte, gewonnen.

Doch die Zeit verstrich, und das Projekt kam nicht recht voran. Es bestätigte sich, daß Aufzeichnungen über das politische Wirken Ernst Reuters in der Nachkriegszeit entweder bei den Besatzungsmächten nicht zugänglich oder angesichts seiner Neigung, mit Ausnahme offizieller Regierungserklärungen kaum je vorbereitete Reden zu verlesen oder schriftliche Stellungnahmen zu verfassen, nicht vorhanden waren. Zudem benötigte Hurwitz, ohnehin nicht durch besonders diszipliniertes Arbeiten ausgezeichnet, Monate und Monate, um Zeitzeugen hinterherzujagen und seine Gespräche mit ihnen aufzuschreiben. Beide Autoren fanden trotz ihrer persönlichen und politischen Vertrautheit nur mit großen Abständen Zeit, sich untereinander sorgfältig abzustimmen, während ihre unterschiedliche intellektuelle und schriftstellerisch-stilistische Natur zu spürbar anwachsenden Spannungen führte. Der Verleger hingegen bekam die ersten Leseproben und war erkennbar entsetzt: Erwartet hatte er trotz aller Hemmnisse ein flüssig lesbares, womöglich sogar ein sensationsträchtiges Buch – heraus kam ein zwar in den von Löwenthal verfaßten Teilen blitzgescheites und politisch brillantes, aber im übrigen eher schwerfälliges und trockenes Traktat.

In diesen beiden Jahren war ich immer wieder mit Willy Brandt zusammen. Wenn er, pfeifeschmauchend, dazu in Laune war, diskutierten wir gemeinsam mit Hurwitz den Fortschritt des Textes, überlegten und bedachten weitere noch nicht ausgeschöpfte Quellen, versuchten stilistische Annäherungen und Glättungen zwischen den beiden Textteilen. Dazwischen sprachen wir über alles, was uns um uns herum interessierte, lachten über die Witze, die Willy, wie so viele Politiker, mit Vorliebe und Talent zum besten zu geben pflegte. Und wir teilten die Enttäuschung, die aus der langsam heraufkriechenden Erkenntnis wuchs, daß das gemeinsame Vorhaben mißlingen würde. Sie war endgültig, als der englische Verleger faktisch den Vertrag aufkündigte und auf die Publizierung des Buches verzichtete. Der Scherbenhaufen blieb nicht nur bei uns, sondern auch bei dem Münchener Verleger Helmut Kindler, der die deutschsprachigen Verlagsrechte erworben und das Buch bereits angekündigt hatte.

Die Zusammenkunft mit Kindler in seiner damals schon hochherrschaftlichen Villa ist mir als meine erste Begegnung mit einem in Ton und Auftreten knallharten kapitalistischen Unternehmer in Erinnerung geblieben. Immerhin führte sie schließlich zu dem Kompromiß, das Buch der beiden Autoren zusammen mit einem ergänzenden Bildband zu veröffentlichen. Es erschien 1957 und wurde, zumal längst neue Entwicklungen und Personen im Mittelpunkt der Zeitgeschichte standen, zu dem erwarteten Mißerfolg. Als Trost blieb, daß der Verleger zwar die Verfilmungsrechte nicht aufzugeben bereit gewesen war, daß sich aber die Befürchtungen meiner Mutter und auch von mir, irgend jemand werde daraus ein schlimmes Filmepos fabrizieren, gleichfalls nicht bewahrheiteten.

Bald nach dem Erscheinen des Buches wurde Willy Brandt als Nachfolger von Otto Suhr Regierender Bürgermeister von Berlin. Ich selbst machte meine ersten beruflichen Schritte, während er versuchte, die seit der Aufhebung der Blockade mehr oder minder eingefrorene und wirtschaftlich wie sozial schwierige Situation der Stadt durch persönliche Präsenz in den westlichen Hauptstädten, durch Kontakte mit internationalen Politikern, durch innerparteiliche Initiativen in der SPD und durch vielfältiges Auftreten in den Zentren der Bundesrepublik, aber auch durch verstärkte kulturelle

Verbindungen wenigstens aufzuhellen. Doch Berlin war eben längst nicht mehr jene europäische Metropole der Weimarer Zeit, sondern eine abgeschnittene Insel im kommunistischen Meer. Überhaupt scheint es mir – mögen auch manche noch so elegisch von einer zeitgerechten Wiederbelebung träumen – mehr als zweifelhaft, ob Salons nach der Art des 19. Jahrhunderts heute noch vorstellbar sind, Orte, an denen sich, wie bei Rahel Varnhagen in Berlin, Vertreter des Geistes, der Wissenschaften und der Kultur zu fruchtbarem Gespräch begegnen und womöglich, ähnlich wie damals in Paris, schließlich auch politischen Einfluß erlangen konnten. Immerhin hat Willy Brandt in jenen Jahren, wie auch später John F. Kennedy in Washington, versucht, den so lange versandeten Gedankenaustausch zwischen Politikern und Vertretern des kulturellen Lebens, vor allem mit Schriftstellern (von Ludwig Erhard später als »Pinscher« bezeichnet) wiederzubeleben, wenn auch sicherlich nicht ganz ohne den Hintergedanken, auf diese Weise Unterstützung für seine politischen Ziele zu mobilisieren. Er hat dies fortgesetzt, als er 1969 Bundeskanzler geworden war, und er hat es nachgerade zelebriert, als wir Gäste eines großen Sommerfestes waren, zu dem 1973 nach Bonn eingeladen wurde.

Alle waren sie aus diesem Anlaß gekommen, alle sonnten sie sich in der neugewonnenen Nähe zu den Regierenden, alle meinten sie, nun endlich ernst genommen zu werden, dazuzugehören, und alle drängten sie in das Zelt, in dem Willy Brandt zusammen mit Rut (die ihr gemeinsames Leben später in einem so noblen Buch beschrieben hat und die mir längst als ebenso bescheidene wie warmherzige Frau ans Herz gewachsen war) neben Mildred und Walter Scheel hofhielten. Doch wie alle Jahrmärkte der Eitelkeiten hatte auch dieser einen doppelten Boden. Der große Entwurf einer Gesellschaft, in der die Intellektuellen nicht mehr draußen vor der Tür standen: gewiß – seine Umsetzung in die Wirklichkeit jedoch, die so viele wohlbedachte und auch schwierige Schritte erfordert hätte: das, wie sich in den kommenden Jahren erweisen sollte, schon weniger. Nichts anderes galt, wenn auch in einem sehr übertragenen Sinne, für die Ost- oder besser Entspannungspolitik der sozialliberalen Koalition, eines der am heißesten umstrittenen politischen Schlachtfelder der deutschen Nachkriegsgeschichte, zu Anfang innerhalb und außerhalb des Landes von tiefem Mißtrauen begleitet, am Ende der Schlüssel zur Wiedervereinigung der beiden Teile Deutschlands, jenem Ereignis, das ich bis heute als den in politischer Hinsicht glücklichsten Augenblick meines Lebens empfinde.

Tatsächlich hat diese Ostpolitik, in vorsichtiger Form bereits vor dem Regierungswechsel 1969 durch eine Reihe informeller Kontakte von Vertretern aller wesentlichen im Bundestag vertretenen Parteien ebenso wie durch vorsichtige Fühlungnahmen der vorangegangenen Regierung der großen Koalition unter Kurt-Georg Kiesinger vorbereitet, im Laufe der folgenden Jahre, wie sollte es auch anders sein, vielerlei Wandlungen durchgemacht. Bibliotheken sind inzwischen darüber vollgeschrieben worden, von dem nach meinem Eindruck allzu kritischen und womöglich auch ein wenig einseitigen Rückblick von Timothy Garton Ash bis zu den faszinierenden und doch hie und da durch erkennbare Subjektivität gekennzeichneten Erinnerungen Egon Bahrs, der einer der entscheidenden Akteure war. Ich selbst habe diese Politik der Entspannung zwischen den beiden großen politischen Blöcken, meiner Mutter bis zu ihrem Tode im Jahre 1974 als Nachgiebigkeit gegenüber den kommunistischen Despoten zutiefst suspekt, von Anfang an aus einer Fülle von Gründen für unausweichlich gehalten, freilich nicht in allen ihren Ausprägungen, und dies zumal in den achtziger Jahren, als mir quer durch die deutschen Parteien wie durch weite Teile der Wirtschaft eine aus Bequemlichkeit, Anpassung und Geschäftssinn geborene, ins Leichtfertige gehende Vernachlässigung des eigentlichen Zieles Oberhand zu gewinnen schien: der Wiedergewinnung demokratischer Freiheit für die diktatorisch unterjochten Menschen im Osten Deutschlands und Europas.

Auch mit Egon Bahr haben sich meine beruflichen und politischen Wege immer wieder gekreuzt, seitdem er Anfang der sechziger Jahre als Pressechef von Willy Brandt im Rathaus Schöneberg aufgetaucht war. Unbeschadet aller persönlichen Anfeindungen, deren Mittelpunkt er vor allem in der ersten Phase der sozialliberalen Koalition war und teilweise bis heute geblieben ist, habe ich immer wieder seine große analytische Brillanz und seine intellektuelle Überzeugungskraft bestätigt gefunden. Dabei lag und liegt seine beeindruckende Stärke, trotz der nahezu epochemachenden Wirkung seiner berühmten, »Wandel durch Annäherung« überschriebenen Tutzinger Rede aus dem Jahr 1963, nicht so sehr in seinem öffentlichen Auftreten, genausowenig, wie er je der Kraft eines Amtes bedurfte, um Einfluß auszuüben. Egon Bahr gehört vielmehr zu denjenigen, die manchen Beobachtern schon deswegen verdächtig erscheinen, weil sie am liebsten im Hintergrund wirken. Obwohl er zweifellos entscheidend dazu beigetragen hat, daß 1970 das Moskauer Abkommen zustande gekommen ist und anschließend die Verhandlungen über die Verträge mit Warschau und Prag, das Viermächteabkommen über Berlin und der Grundlagenvertrag mit der DDR erfolgreich zum Abschluß gebracht werden konnten, hat er sich stets eher als Planer, Berater und Akteur im Hintergrund denn als öffentlich Handelnder wohl gefühlt, als einer, der die intellektuellen Fäden für die Stars auf der Bühne spann. Willy Brandt, mit wenigen Ausnahmen eher geschichtsmächtigen Visionen als dem Bohren dicker Bretter zugetan, war dabei sein idealer Partner. Freilich schließt eine solche symbiotische Beziehung die Gefahr mit ein, daß das spekulative, übrigens auch bei vielen anderen bedeutenden Politikern wie etwa Henry Kissinger so beliebte Gedankenspiel politischer Analysen und angeblich verläßlicher Hintergrundkontakte nicht in jedem Fall auch zu richtigen, sondern, was die Einschätzung der Absichten und der Spielräume politischer Gegenspieler angeht, eben auch zu verfehlten Schlußfolgerungen führen kann.

Was unter dem Begriff der Entspannungspolitik konkret zu verstehen sei, wie ihre Umsetzung in Handlungen und Vereinbarungen aussehen sollte, war unter den beteiligten Nationen des freiheitlichen Lagers angesichts ihrer unterschiedlichen Interessen verständlicherweise immer umstritten. Das galt für die Zeit von der Mitte der sechziger bis zur Mitte der siebziger Jahre nicht anders als für die späteren Wandlungen, die schließlich mit dem Zusammenbruch des von der UdSSR dominierten kommunistischen Regimes endeten. So hat mir Willy Brandt 1975, etwa ein Jahr nach seinem Rücktritt als Bundeskanzler, erzählt, Egon Bahr habe bei Herbert Wehner, dessen Vorstellungen wohl von Anfang an auf einen stabilen und dauerhaften Ausgleich zwischen den beiden weltpolitischen Machtblöcken hinausliefen, als »Deutschnationaler« gegolten, wobei »der Onkel« auch ihm selbst unterstellt habe, daß beide mit ihrer Politik die Kommunisten in Wirklichkeit »austricksen« wollten – und er fügte (nahezu wörtlich) hinzu, daß sie das »in der Tat bezweckt hätten, aber eben mit langem Atem«.

Anders ausgedrückt, ging es Willy Brandt und Egon Bahr zusammen mit ihrem intellektuell vielleicht nicht gleichermaßen anspruchsvollen, aber dennoch entschlußfreudigen Koalitionspartner

Walter Scheel bei der Konzipierung ihrer (vor allem von den amerikanischen Verbündeten stets mit nicht unerheblichem Mißtrauen begleiteten) Version von Entspannungspolitik im wesentlichen darum, durch Minderung des als Ergebnis der bisherigen westlichen »Politik der Stärke« entstandenen Außendrucks und durch Einfrieren des Status quo Raum für innere Entwicklungen im Ostblock zu schaffen. Diese mußten sich, davon war man überzeugt, im weiteren Verlauf der Geschichte irgendwann in einem Aufbrechen der gewachsenen Nachkriegsstrukturen auswirken und sollten in der Zwischenzeit den Menschen jenseits des Eisernen Vorhanges soviel wie möglich persönliche Erleichterung schaffen. Helmut Schmidt, damals als Nachfolger Willy Brandts Bundeskanzler, hat mir diese Grundkonzeption 1976 freilich sehr viel nüchterner und pragmatischer erläutert: Der Begriff der Entspannungspolitik sei zwar von Anfang an schillernd gewesen, doch nun, nach der Konferenz von Helsinki und dem ersten SALT-Abkommen, bestehe grundsätzliches, wenn auch unausgesprochenes Einvernehmen zwischen den beiden großen Machtblöcken, überall dort, wo militärisches und wirtschaftliches Gleichgewicht erreicht sei, den beiderseitigen Aufwand zu dessen Erhaltung soweit wie möglich einzufrieren oder gar gleichgewichtig abzubauen, während überall dort, wie etwa in Angola, wo dieser Zustand noch nicht gegeben sei, der Wettlauf um Dominanz weitergehen werde und müsse.

Diese unterschiedlichen Interpretationen waren für die jeweiligen Personen, beides untadelige deutsche Patrioten, charakteristisch: hie Willy Brandt, der Mann der Gesten, des symbolischen Kniefalles am Mahnmal für das Warschauer Ghetto, dort Helmut Schmidt, der Mann der harten und notfalls auch rücksichtslosen Wahrung westlicher und deutscher Interessen, Architekt des zwar nicht mehr während seiner Regierungszeit zustande gekommenen, aber doch vor allem von ihm konzipierten Doppelbeschlusses der NATO, der schließlich eine so wesentliche Weiche für den Zusammenbruch der UdSSR stellen sollte. Doch nichts ändert sich dadurch an der Tatsache, daß ohne den Mut von Willy Brandt und Egon Bahr jene Politik nicht eingeleitet worden wäre, von der Valentin Falin, lange Zeit Deutschlandexperte im Moskauer Auswärtigen Amt wie im Zentralkomitee der KPdSU und russischer Botschafter in Bonn, gesagt haben soll, daß es ohne sie keinen Gorbatschow, ohne Gorbatschow keine Wiedervereinigung Deutschlands gegeben hätte.

Während seiner Regierungszeit als Bundeskanzler habe ich Willy Brandt zwei- oder dreimal unter vier Augen im Palais Schaumburg gesehen. Regelmäßig pflegte er den Gast, ohne jeden Pomp des Amtsträgers, mit großer persönlicher Wärme zu begrüßen und zu verabschieden. Das schließt nicht aus, daß mir auch bei diesen Gelegenheiten wieder eine Eigenheit auffiel, die ich schon bei früheren Begegnungen beobachtet hatte: Er konnte es offensichtlich nicht ertragen, wenn man ihn, ganz und gar absichtslos, persönlich berührte, etwa indem man versuchte, ihm freundschaftlich auf den Arm zu klopfen, sondern er pflegte solche körperlichen Annäherungen durch fast erschrecktes Zurückzucken abzuwehren, als hätte er instinktiv Angst davor. Und zumindest das eine Mal erschütterte mich noch ein anderes Verhalten zutiefst: als er sich nach kurzer Zeit in seine eigenen Gedanken fallenließ, um bis zum Abschied mit abwesendem Blick aus dem Fenster zu stieren, ohne auf die Anmerkungen und Berichte des Besuchers mit mehr als einem gelegentlichen »Ja?« zu reagieren. Ich hatte ihn wohl während einer seiner depressiven Phasen angetroffen, die ihm, zusammen mit seinen alkoholischen Neigungen, über Strecken seines Lebensweges so schwer zu schaffen machten. Mein alter Kumpel aus Universitätstagen, Horst Ehmke, damals Minister im Bundeskanzleramt, pflegte, wie es heißt, in seiner für ihn charakteristischen saloppen Art davon zu sprechen, daß »Willy seine Grippe nimmt«, wenn dieser in solchen Fällen ohne Benachrichtigung seines Büros einfach zu Hause blieb, um sich seiner Schwermut hinzugeben.

Bei einem früheren Zusammentreffen hatte Willy Brandt mit erkennbarer Traurigkeit davon erzählt, daß er nach seiner ersten Kanzlerkandidatur bei den Bundestagswahlen 1961 und seiner darauffolgenden Rückkehr nach Berlin eine schwere gesundheitliche Krise durchgemacht und dem Tod ins Antlitz geschaut habe. Er fuhr fort, ganz offen von seinem Verhältnis zu den wichtigsten anderen Führungspersönlichkeiten unserer Partei, zu Fritz Erler, dem Vorsitzenden der SPD-Fraktion im Bundestag, und zu Herbert Wehner zu sprechen. Den ersteren erwähnte er mit persönlicher Hochachtung, den letzteren hingegen mit jener mehr als deutlichen Abneigung und dem persönlichen Mißtrauen, die beide während der ganzen Zeit ihres politischen Wirkens miteinander verbanden und die schließlich 1974 vor allem auf Initiative von Herbert Wehner zum Sturz Willy Brandts als Bundeskanzler führten.

Dazwischen hatten sie sich freilich über eine gewisse Wegstrecke hinweg verbündet, unter anderem, um ihren wie auch immer gearteten Ambitionen an der Führungsspitze der SPD gegenüber Fritz Erler und dem eher farblosen Nachfolger von Kurt Schumacher im Parteivorsitz, Erich Ollenhauer, Gewicht zu verschaffen. Das hat Willy Brandt allerdings erst später, 1975, offen bestätigt.

Ich wußte, daß Wehner und er sich schon bald nach Kriegsende in Hamburg kennengelernt hatten und sich vom ersten Augenblick an instinktiv nicht mochten. Doch dann seien sie sich, so hatte mir Brandt früher erzählt, Anfang 1961 anläßlich einer gemeinsamen Schlafwagenfahrt nach Bonn persönlich nähergekommen. Wehner habe ihm empfohlen, Ollenhauer so bald wie möglich »aus den Angeln zu heben«; am Ende des anschließenden Gedankenaustausches seien sie sich jedoch darin einig gewesen, daß die Zeit damals noch nicht reif war, den menschlich allseitig respektierten und verdienstvollen Parteivorsitzenden einfach »beiseite zu schieben«, wohl aber politisch zwingend, andere »tragfähige Lösungen« zu finden – gemeint war offensichtlich das dann auch in die Tat umgesetzte Konzept, Willy Brandt in der Bundestagswahl desselben Jahres anstelle Ollenhauers (oder Erlers) als Kanzlerkandidaten der SPD auf den Schild zu heben.

Was Herbert Wehner, jener in so tragischer Weise in die Hoffnungen wie in die Verirrungen des 20. Jahrhunderts verstrickte Mann, in den Jahren seines maßgeblichen politischen Wirkens während der Nachkriegszeit wirklich gewollt hat, wird womöglich immer im unklaren bleiben. Das gilt nicht, wenn von seinen grundsätzlichen Zielen die Rede ist, denn für mich steht außer Frage, daß all jene Unterstellungen, bei den schon erwähnten Kreisen der Politik und der Wirtschaft über lange Strecken in Mode, durch nichts als gezielte Bösartigkeit und bodenlose Dummheit gekennzeichnet waren. Wohl aber ist es mehr als verständlich, wenn immer wieder über die konkreten Inhalte seiner jeweiligen politischen Absichten gerätselt wurde und wird. In vielerlei Hinsicht erscheinen sie so widersprüchlich, daß ich die Frage für gerechtfertigt halte, ob dahinter überhaupt eine zielstrebige Strategie stand oder ob darin in Wirklichkeit, abgesehen von seinem beinharten Bestreben, seiner Partei die Teilhabe an der politischen Macht zu gewährleisten, sich nicht eine große Sprunghaftigkeit seines Temperaments, positiver ausgedrückt: der Vorrang taktischen Verhaltens in tagespolitischen Auseinandersetzungen niederschlug.

Das harte Ringen um die deutschen Interessen, nicht zuletzt im

Bereich der Entspannungspolitik, hat Wehner jedenfalls während der Regierungszeit von Bundeskanzler Helmut Schmidt, also von 1974 bis 1982, mit der von ihm geleiteten Bundestagsfraktion der SPD tatkräftig und verläßlich unterstützt, was sicherlich von der Gesamtpartei unter der Führung von Willy Brandt keineswegs vorbehaltlos gesagt werden kann. Was bleibt, ist, daß sie alle, die in den zwanzig Jahren zwischen 1969 und 1989 politische Führungsverantwortung trugen, in einem jeweils unterschiedlichen Umfeld und jeweils in ihrer eigenen Weise entscheidend zur Wiedervereinigung der beiden Teile Deutschlands beigetragen haben: an der Spitze Willy Brandt, Helmut Schmidt und Helmut Kohl, Hans-Dietrich Genscher und Walter Scheel, aber eben auch Männer wie Herbert Wehner und Egon Bahr, nicht anders als später Wolfgang Schäuble und Rudolf Seiters.

Die Vollendung fiel zwischen dem Herbst der Jahre 1989 und 1990 schließlich Kohl und Genscher zu. Wie dramatisch sich die Ereignisse in dieser Zeit überschlugen, wer oder was sie wirklich vorantrieb, wird die spätere Geschichtsschreibung zu klären haben. Wir alle, die wir es erlebt haben, werden den Fall der Berliner Mauer am 9. November 1989 nie vergessen, nicht anders als die Geschehnisse, die dem vorausgingen. Ich selbst werde aber auch nicht vergessen, mit welcher Überraschung über das, was geschehen war, sich alle Beteiligten erst anschließend daranmachten, abzuwägen, welche Konsequenzen daraus zu ziehen waren. Das Zehn-Punkte-Programm, das die Bundesregierung ohne vorherige Konsultation mit den westlichen Partnern, insbesondere Frankreich, Ende November 1989 im Bundestag bekanntgab, zielte noch sehr eindeutig auf eine behutsame Annäherung zwischen den beiden weiterbestehenden deutschen Staaten, und ich gehe davon aus, daß Helmut Kohl und Hans-Dietrich Genscher dies damals für genauso realistisch hielten, wie ich es in zwei Reden, zu denen ich Ende 1989 von der Berliner Pressekonferenz und Anfang 1990 durch die Industrie- und Handelskammer der Stadt Hamburg eingeladen worden war, unterstellt habe.

Es war dies die Zeit, als in der DDR noch keine freien Wahlen stattgefunden hatten und die dortige Regierung durch Hans Modrow geführt wurde, einen Mann, von dessen Aufrichtigkeit als deutscher Patriot ich bis heute unverändert überzeugt bin, auch wenn er durch politische Gegner wie Otto Graf Lambsdorff in der diesem eigenen gutsherrlichen Art herablassend als »persönlich rechtschaffener Mann« abqualifiziert wurde. Ähnlich, wie es nach dem Zusammenbruch des deutschen Kaiserreiches Ende 1918 der Führungsspitze der SPD ergangen war, bestand sein Problem vor allem darin, durch sein Herkommen und seine Einbindungen daran gehindert zu sein, die Zwänge der eingetretenen Situation nüchtern zu erkennen und in der Konsequenz nicht entschlossen genug mit den Trümmern eines todgeweihten Systems aufzuräumen.

Nachdem die ersten freien Wahlen in der DDR im April zur Neubildung einer CDU-geführten Regierung unter Lothar de Maizière geführt hatten, überstürzten sich die Ereignisse. Die im Sommer durchgeführte Währungsumstellung auf die D-Mark führte schließlich zur formellen Wiedervereinigung beider deutscher Staaten, die am 3. Oktober 1990 in Berlin feierlich vollzogen wurde. Am Vorabend fand in der Staatsoper Unter den Linden die letzte offizielle Veranstaltung der DDR statt; ihr folgte eine Feier vor dem Reichstag.

Daimler-Benz hatte zu einem Fest in das Hotel Intercontinental eingeladen. Im Kreise von Gästen aus dem In- und Ausland wurde auf die Mitternacht zu gefeiert, wobei Alkohol und Partygeschwätz die Würde des Anlasses in den Hintergrund zu drängen drohten. Die Unterhaltungskapelle spielte laut, Stimmengewirr und Gläsergeklirr übertönten die laufende Fernsehübertragung. Es bedurfte meines mehr als energischen und von einigem erstaunten Geraune begleiteten Eingreifens, um sicherzustellen, daß die Nationalhymne, das Deutschlandlied, Gehör finden konnte, um die ich den Trompeter gebeten hatte. Derjenige, der mich danach mit Tränen in den Augen umarmte und den Deutschen Glück für ihre Zukunft wünschte, war allein ein schwarzhäutiger Freund aus Washington, Vernon Jordan. Seit der Wahl von Präsident Bill Clinton ist er einer der politisch einflußreichsten Männer in der amerikanischen Hauptstadt, einer, der mich immer wieder durch seine natürliche Würde und durch seine menschliche Wärme beeindruckt hat, so, wenn er seine farbigen Mitbürger ohne falsche Emphase mit »My brother« anzureden pflegt.

Der Rest des Abends und der Nacht sorgte für eine fortdauernd gelöste Stimmung. Zusammen mit einer Reihe von Freunden und von Mitarbeitern aus dem Hause Daimler-Benz feierten wir in der Lobby des Hotels Kempinski am Kurfürstendamm weiter, als ich bemerkte, daß in einem benachbarten Teil der Halle Bundeskanzler Kohl eingetroffen war, der den Abend im Kreise seiner engen

Mitarbeiter ausklingen ließ. Kurz darauf verschwand Matthias Kleinert, mein vertrauter Ratgeber, aus unserer Mitte. Ich machte mir Sorgen, denn entgegen seiner sonstigen Gewohnheit hatte er Alkohol getrunken und befand sich in einem leicht angeschlagenen Zustand. Als ich mich auf die Suche machte, fand ich ihn nebenan – auf dem Schoß von Juliane Weber, der persönlichen Referentin und Chefsekretärin des Kanzlers. Ich gesellte mich dazu, nur um zu erleben, wie Kleinert nach kurzer Zeit mit lallender Zunge die wohlgelaunten Erzählungen Kohls unterbrach und ausrief: »Kanzler, halt mal den Mund – jetzt rede ich.« Herzliches Gelächter war die Folge, alle, an der Spitze der Mann, auf dessen Fahne die Geschichte das Verdienst der deutschen Wiedervereinigung geschrieben hat, ließen sich in jene Dankbarkeit und Freude fallen, die in den folgenden Jahren unter den Deutschen so schnell wieder in Vergessenheit geraten sollte.

Die offizielle Vereinigungsfeier am 3. Oktober 1990 im Gebäude der Berliner Philharmonie verlief in einer dem Anlaß angemessenen, weder aufgesetzt noch übertrieben wirkenden Würde. Gestört wurde sie lediglich durch einen Vorgang, den viele Zuschauer am Fernsehschirm anscheinend kaum wahrgenommen haben. Mitten in der im Programm vorgesehenen Rednerfolge trat nämlich ein bieder gekleideter Herr, in der Hand eine abgegriffene Aktentasche, ans Mikrophon. Den aufmerksam zuhörenden Festgästen dankte er für die ihm eingeräumte Gelegenheit, als einfacher Mann aus dem Volk seine Gedanken vorzutragen. Während die meisten Anwesenden noch an eine gutgelungene Überraschung zu glauben schienen, begann er, die Vorzüge des Raumes Hannover als Weinanbaugebiet zu preisen. Erst in diesem Augenblick erhob sich Bundesinnenminister Schäuble, um Sicherheitsbeamte in den Saal zu holen, die den ungerufenen Festredner mit sanfter Gewalt vom Podium drängten. Hinterher stellte sich heraus, daß es dem Herrn aus Hannover gelungen war, zusammen mit seiner Aktentasche ohne Überprüfung in das Gebäude und in den Saal zu gelangen. Undenkbar, was hätte passieren können, wenn die versammelten Repräsentanten des deutschen Staates zusammen mit den hohen ausländischen Gästen nicht zu Zeugen harmloser Verwirrung, sondern Opfer eines Attentäters geworden wären …

Für mich bedeuteten diese Tage weit mehr als die Erfüllung eines Traumes, sie bewegten mich tief. Mein Weg führte mehr als einmal auf den Waldfriedhof in Zehlendorf, auf dem der Grabstein an meine Eltern erinnert. Für beide gilt das Wort, das Bundespräsident Theodor Heuss im Herbst 1953 anläßlich der Trauerfeier vor dem Rathaus Schöneberg auf Ernst Reuter geprägt hatte: »Er hat diesem Tag entgegengelebt, er ist diesem Tag entgegengestorben.« Und mir fiel immer wieder sein Schlußsatz ein: »Der Tag wird kommen! Und wenn dieser Tag gekommen sein wird, wandert jener Mann aus Dresden und diese Frau aus Rostock, aus Halle und aus Magdeburg, an das Grab nach Zehlendorf, legt eine Blume nieder, eine Nelke, eine Rose, eine Aster, und sagt: Dank, Dank ...!« Mit meinen Worten habe ich das Gefühl jener Tage am Ende einer Ansprache ausgedrückt, die ich 1992 anläßlich einer Veranstaltung der Bundestagsfraktion der SPD im Reichstag unter lauter Zustimmung von Helmut Schmidt, auf dessen persönliche Freundschaft ich inzwischen stolz sein konnte, vorgetragen habe: »Mir hat die deutsche Einheit mein Vaterland wiedergegeben.«

Berlin war für mich seit der Rückkehr aus der Emigration immer das eigentliche politische Symbol dafür geblieben, daß die deutsche Wiedervereinigung trotz aller Veränderungen in Europa und in der Welt unverzichtbares Ziel unseres Volkes bleiben muß. Ich bin zwar im Februar 1928 dort geboren worden, habe danach aber nur als Kind wenige Jahre in Berlin gelebt, bevor mich das Geschehen in der Stadt und ihre Menschen zwischen 1947 und 1962 ganz unmittelbar, in der Folgezeit immer wieder mittelbar prägen konnten.

Kurz vor Weihnachten 1946 kehrten wir, aus Hannover kommend, nach Berlin zurück. Es war ein eiskalter Winter. Der Zug, mit dem wir acht Stunden lang durch die Nacht nach Osten fuhren, war trotz der Außentemperatur von minus 15 Grad Celsius nicht geheizt, die Wagen der Holzklasse waren hoffnungslos überfüllt. In Berlin angekommen, wurde uns in Tempelhof eine Zweizimmerwohnung zugewiesen. Der Ofen zog nicht, so daß die mühsam glimmenden Briketts weit mehr Rauch als Wärme verbreiteten; die meisten Fenster waren mit Pappe vernagelt. Wir schliefen in unseren Mänteln, an vernünftiges Arbeiten war für meinen Vater, der als Stadtrat für Verkehr und Versorgungsbetriebe in den Magistrat gewählt worden war, nicht zu denken. Mich befiel eine üble, sich auf weite Teile des Körpers ausdehnende, wahrscheinlich durch Ernährungsmangel verstärkte Hautkrankheit. Um so glücklicher waren wir, als wir kurz darauf in das zwar laute, aber vom Krieg nur wenig zerstörte Gästehaus der Technischen Universität, die Taberna Academica in der Hardenbergstraße, umziehen konnten.

Meine intensivsten Erinnerungen an die politischen Ereignisse im Berlin der Nachkriegszeit gehen auf diese ersten Tage des Jahres 1947 zurück. Genau wie später die Blockade und die Luftbrücke oder die darauffolgenden mühseligen Verhandlungen des Senats unter der Führung von Ernst Reuter mit der Bundesregierung über die Eingliederung der deutschen Hauptstadt in das politische, wirtschaftliche und soziale System der neuen Bundesrepublik Deutschland habe ich viele dieser Entwicklungen nicht nur als Zeuge von außen, sondern auch in ihrer Entstehung und ihren Zusammenhängen aus der Nähe miterlebt. Sie haben meine innere Einstellung zum Leben, meine Überzeugung und mein Verständnis von der Verantwortung gegenüber den Mitmenschen, ohnehin durch die Jugend in meinem Elternhaus vorgeformt, entscheidend beeinflußt.

Im Januar schrieb ich meinem Jugendfreund Matthias Neumark, dem Sohn des hochangesehenen späteren Nestors der deutschen Finanzwissenschaft, Fritz Neumark, nach Istanbul: »Ich gehe zu jeder Sitzung des Stadtparlaments und lerne eine Menge neuer Menschen kennen ... Es gibt schon wieder eine Unmenge Tageszeitungen aller Richtungen, von denen nur manche, (so) der SED-Vorwärts, nicht allzusehr gekauft werden. Die Auseinandersetzungen zwischen den Parteien sind sehr interessant, besonders die angewandten Methoden. Aber wenn man sieht, was (für) ein gesundes Verständnis die Berliner für alle Fragen haben, dann freut man sich und weiß, daß es mit den Chancen des Faschismus, welcher Richtung er nun gerade sei, ein für allemal aus ist. Wenn man uns nur einmal freie Hand ließe, wie schnell würde eine Demokratie zustande kommen, die auf festen Füßen stände ... Es ist ja klar, daß die weniger Einsichtigen unter der Jugend einer Staatsform noch ablehnend gegenüberstehen, die ihnen nur schwere Arbeit und wenig Vergnügen versprechen kann und auch nicht solche zügigen Irrlehren wie die des Nazismus zur Verfügung hat. An den Universitäten bildet sich jedoch ein immer größerer Kreis fähiger und verständnisvoller Menschen heran.« Und weiter: »Sicher wirst Du gerne wissen wollen, ob ich es bereue, hierhergekommen zu sein. Ich kann Dir darauf ganz klar und eindeutig mit Nein antworten ... (Die) materiellen Dinge sind ja so nebensächlich. Man spürt auf Schritt und Tritt, daß man hierhergehört und gebraucht wird. Hier hat man wirklich eine Lebensaufgabe, wie man sie in keinem anderen Land der Welt haben wird. Daher müssen alle so schnell wie möglich zurückkommen. Jetzt, in den Zeiten der Not, wird man ihr Opfer anerkennen und sie, die kommen, mit offenen Armen aufnehmen. Nachher aber ist es zu spät ... Man muß sich nur bewußt sein, daß man hierherkommt nicht als großer Lehrmeister, sondern als jemand, der mit eigenen Händen mithelfen will.«

Abgesehen von dem Schlußsatz, der nach der deutschen Wiedervereinigung vielleicht von einer größeren Zahl derjenigen hätte beachtet werden sollen, die aus den alten Bundesländern in den Osten unseres Landes kamen, zeichnet sich in diesen Zeilen bereits sehr deutlich, wenn auch wegen der Gefahr der Briefzensur bewußt vorsichtig formuliert, die sich verschärfende Auseinandersetzung mit den kommunistischen Helfershelfern der russischen Besatzungsmacht ab. Sie sollte in den folgenden Monaten und Jahren das politische Geschick Berlins bestimmen. Mich selbst beschäftigte in gleichem Maße das Bemühen, so bald wie möglich mit meinem Studium zu beginnen.

Die Reife für das Abitur hatte ich schon 1944 in der Türkei erlangt. Ich konnte die Prüfung jedoch nicht mehr ablegen, weil das einzige dafür in Frage kommende Institut, die Deutsche Schule in Istanbul, ihre Pforten wegen des Abbruchs der offiziellen Beziehungen unseres Gastlandes mit dem Deutschen Reich Ende 1944 schließen mußte. Mein erstes Bestreben in Berlin war daher darauf gerichtet, ohne den Zeitverlust, den das Ablegen des Abiturs als externer Schüler bedeutet hätte, eine damals mögliche Sonderzulassung an die Humboldt-Universität zu bekommen. Die Bewerbung an das Hauptschulamt des Magistrats ging noch im Januar 1947 mit entsprechenden Unterlagen heraus. Man stellte mir daraufhin tatsächlich eine Genehmigung in Aussicht, jedoch unter der (anscheinend üblichen) Bedingung, meine politisch-demokratische Verläßlichkeit nachzuweisen. Der geforderte Aufsatz verleitete mich freilich zu Ausführungen über die demokratische Qualifikation des kommunistischen Systems, die offensichtlich keinen Beifall bei den Adressaten fanden. Trotz einer Intervention meines Vaters bei Paul Wandel, der im damaligen Hochschulwesen der sowjetisch besetzten Zone eine entscheidende Rolle spielte und den er aus gemeinsamer politischer Vergangenheit kannte, wurde meine Bewerbung abgelehnt. Ich mußte meine Ungeduld zügeln und den Weg eines Sonderlehrganges gehen, der Ostern 1947 für Heimkehrer aus dem Krieg, die kein ordnungsgemäßes Abitur mehr hatten ablegen können, bevor sie zur Wehrmacht eingezogen wurden, an der Paulsen-Schule in Steglitz begann und mit dem erfolgreichen Bestehen der Prüfung im folgenden Oktober endete.

Ohne diese Erfahrung hätte ich mich allerdings nicht so bald und so nahtlos in die Mentalität und die Verhaltensweise der zu meiner Generation gehörenden Mitbürger einfühlen können. Sie waren es gewohnt, zu gehorchen, ja zu ducken, denn sie hatten gelernt, in einem Umfeld zu überleben, in dem ein einziger Fehler tödliche Folgen haben konnte. Sie waren verwundet worden, hatten Gliedmaßen verloren, Teile ihrer Familien eingebüßt, Altersgenossen und Freunde sterben sehen. Ihr Ziel war ganz einfach, endlich in Ruhe zu leben. Dafür zu kämpfen, sich der eigenen Haut zu wehren, sich durchzusetzen, notfalls zu Lasten anderer, das hatten sie gelernt – anders als ich. Im Unterschied zu ihnen hatte ich auch keine Ahnung, keine Erfahrung, was es hieß zu »organisieren«. Weder wußte ich um den Tauschwert von Waren, von Zigaretten, Butter oder Schmuck, noch von den Vorteilen, nicht aufzumucken gegen das, was »von oben« vorgegeben wurde. Von diesen Menschen, meinen Mitschülern, lernte ich, was es heißt, Kompromisse einzugehen, wo es leicht gewesen wäre, hehre ethische Werte als absolut und unverletzbar auszugeben, was es heißt, sich zu behaupten, ohne andere zu vernichten. Denn keine von ihnen, keiner von ihnen hatte das inzwischen mehr im Sinn. Beigetragen dazu haben die Mitglieder des Lehrkörpers an der Paulsen-Schule, an deren Ernsthaftigkeit und menschliches Einfühlungsvermögen ich mit großem Respekt zurückdenke.

Während der Monate zuvor lebte ich, noch viele andere Briefe aus dieser Zeit belegen es, in einem wahren Rausch des Erlebens und des Aufnehmens. Wie heute steht mir das erste Konzert des Berliner Philharmonischen Orchesters mit Marjorie Lawrence als Solistin vor Augen, das ich mit meinen Eltern im Januar 1947 im Titania-Palast in Steglitz hörte. Am Pult stand ein sehr junger Mann, dessen Faszination mich bis zu seinem Lebensende nicht verlassen hat und den ich für einen der bedeutendsten Dirigenten unserer Zeit halte: Sergiu Celibidache. Daß er sich auf die Rolle eines Gastdirigenten und weiterhin hochgeschätzten Orchestererziehers beschränken mußte, als Wilhelm Furtwängler nach seiner Entnazifizierung wieder Chefdirigent wurde, habe ich noch verstanden. Als bitter und ungerecht hingegen empfand ich nach dem Tod Furtwänglers die Entscheidung des Orchesters, nicht Celibidache, sondern Herbert von Karajan zu dessen Nachfolger zu wählen.

Neben der Musik, den Konzerten und den Opern, vor allem den Inszenierungen von Walter Felsenstein, an die ich mich erinnere, war es vor allem das Theater, das mich begeisterte und mitriß: Jürgen Fehling wurde für mich, gipfelnd in seiner im Januar 1948 herausgekommenen Aufführung der »Fliegen« von Jean-Paul Sartre im Hebbel-Theater, zu einem Magier, dessen geniale und zugleich gefährliche Fähigkeit, seine Bühneninterpreten, an der Spitze seine Lebensgefährtin Joana Maria Gorvin, jeweils wie eine menschliche Knetmasse in seine Konzepte einzupassen, mich immer wieder faszinierte.

Doch über alledem stand das politische Erleben. Es hatte mich seit den frühesten Tagen begleitet, an die ich mich bewußt erinnere, seit der Zeit, als wir 1931, nach der Wahl von Ernst Reuter zum Oberbürgermeister von Magdeburg, von Berlin dorthin umgezogen waren. Zuerst war das noch eine ganz und gar ungestörte Kindheit des Spieles und der lernenden Ungezwungenheit unter den Fittichen einer liebevollen und doch nicht verhätschelnden Mutter. Nicht lange, denn bald begannen die Todeswehen der Weimarer Republik, die auch an Magdeburg nicht vorübergingen. Entfernt verspüre ich noch, daß Sorge und Anspannung des Vaters in seine Dienstvilla einzogen, erinnere ich mich, wie sich die Eltern unter dem Eindruck einer schmutzigen Kampagne, die von den Rechtsparteien zusammen mit den Nazis vor dem Hintergrund der Arbeitslosigkeit gegen sie in Szene gesetzt wurde, zum Umzug in eine Etagenwohnung entschlossen. Seitdem, nicht erst seit heute, weiß ich, wie sehr persönliche Denunziation schmerzen kann, gegen die, mag sie noch so ungerechtfertigt sein, Gegenwehr nicht möglich ist, jedenfalls dann nicht, wenn es einem der Anstand verbietet, zu den gleichen Mitteln zu greifen. Sehr bald sollten die Erlebnisse auch so nahe an mich selbst herankommen, daß sie mir noch bis ins einzelne vor Augen stehen.

*

Der Junge, der im Frühjahr 1933 zusammen mit seinen Gefährten auf dem Gehsteig der Straße spielte, war noch ein Kind, fünf Jahre alt, blond, hellhäutig, ein wenig schmächtig gebaut. Sie liefen an einem hohen Holzzaun entlang, der eine Baugrube schützte. Daran hingen bunte Plakate. An einem von ihnen stand eine Ecke ab, hing als Zipfel in der Luft. Du dachtest dir gar nichts dabei, als du im Vorbeilaufen daran zogest, um es noch ein wenig mehr abzureißen. Die nach dir kommenden Kameraden taten das gleiche.

Kurze Zeit nachdem du wieder zu Hause warst, klingelte es. Vor der Tür ein Polizist in Uniform. Du wurdest gerufen. Auf die mit ernster Miene vorgetragene Unterstellung, du hättest absichtlich ein Wahlplakat der NSDAP beschädigt, konntest du, schlotternd vor der dir in früherer Kindheit erzieherisch beigebrachten Autorität des Staates, nur leugnen. Bald verschwand der Mann, der sicher kaum anderes als eine ihm auferlegte Pflicht absolviert hatte, nicht ohne die Mutter vor Wiederholungen zu warnen, einen verzweifelt heulenden Jungen zurücklassend.

Wenige Wochen danach sollte es schlimmer kommen. Zwar wußte der Sohn, daß der Vater schon im März von SA-Männern aus seinem Büro als Oberbürgermeister hinausgeworfen und anschließend beurlaubt worden war, nicht aber davon, daß er bald darauf im Landtag von Sachsen durch einen der Nazi-Anführer niedergeschlagen wurde. Die Abholung durch zwei sich offensichtlich für ihre Aufgabe schämende Beamte in Uniform in das Polizeigefängnis von Magedeburg im Juni hast du dann selber miterlebt, ohne dir in deiner Verängstigung vorstellen zu können, warum man deiner Mutter und dir den geliebten Vater wegnimmt.

Es sollte eine lange Trennung werden. Im Sommer wurde Ernst Reuter in das Konzentrationslager Lichtenburg überführt. Erst Anfang 1934 kam er wieder, ausgemergelt, doch frohen Mutes, getragen von einer Unzahl heimlicher, aber um so herzlicherer Zeichen der Verbundenheit aus allen Kreisen der Bevölkerung. Hanna Reuter und mit ihr der Sohn spürten, daß neues Unheil die Folge sein könnte.

So war es. Du schliefst noch, als es im Juni frühmorgens klingelte. Die Mutter weckte dich, damit du dich von deinem Vater verabschieden konntest, dem sie in aller Eile ein kleines Köfferchen gepackt hatte, das er schon in der Hand hielt. Und du weißt noch wie heute, wie du zusammen mit der Mutter vom Fenster aus zusehen mußtest, als der Vater von den zwei lederbekleideten Herren, die ihn abgeholt hatten, in eine davonfahrende Limousine geschoben wurde. Anders als beim ersten Mal weintest du bitterlich, denn du ahntest, daß man ihm Übles antun würde. Todesangst ist für ein Kind etwas Fremdes. Das war es auch für dich, doch dumpfe, hilflose Angst, was mit deinem Vater geschehen werde, die hattest du in der Zwischenzeit kennengelernt, und sie saß dir bei diesem Anblick tief im Nacken.

Was Ernst Reuter auf der Lichtenburg widerfahren ist, hat er dem Sohn nie erzählt. Im einzelnen hast du es erst aus den Berichten von Mitgefangenen nach dem Tode des Vaters erfahren. Erst damals hast du auch gehört, mit welcher unbeugsamen Würde er die grausamen Erniedrigungen über sich ergehen ließ, die man ihm zugedacht hatte. Die einzige, die alles wußte, war deine Mutter. Deren nie nachlassendes Bemühen, den Vater wieder freizubekommen, ja, vorm Tode zu retten, hast du mitverfolgt, als sie an Freunde im Ausland, Quaker vornehmlich, um Hilfe schrieb, als sie ohne Rücksicht auf eigene Gefährdung versuchte, bei den neuen Machthabern in Berlin zu intervenieren, wobei sie vor geschickter Drohung nicht zurückschreckte. So kam dein Vater schließlich Anfang September 1934 wieder frei. Doch nun mußtet ihr, wenn eine erneute Verhaftung vermieden werden sollte, so schnell wie möglich Magdeburg verlassen. Der Weg führte zur Großmutter, der Mutter deiner Mutter, nach Hannover. Das Schicksal hatte deine Eltern zu einem auf alle Zeit durch die Politik geprägten Paar zusammengeschweißt. Sie sollten es bis zum Tode deines Vaters bleiben. Politik wurde damit auch zu einem Bestandteil deines eigenen Lebens.

Zu Ostern 1934 warst du eingeschult worden. Die Mutter begleitete dich. Im Arm hattest du deine Schultüte, auf dem Rücken – stolzgeschwellt – deinen neuen Tornister, deine Wangen glühten vor freudiger Erwartung. Doch der Empfang in der Schule war eisig. Ein kalt daherschauender Klassenlehrer wies dir einen Platz in der letzten Reihe zu, hinter dir blickte von der Wand herunter jener schnurrbärtige Mann, der für das Leid des Vaters verantwortlich war. Am nächsten Tag warst du, jetzt weiter vorn eingereiht, ganz allein in dieser neuen Umgebung, gabst irgendeine kindliche, angeblich den Unterricht störende Äußerung von dir, und schon traf dich eine Strafe, die du, ungerecht wie sie war, als fürchterliche Demütigung empfandest: Nachsitzen. Ein kleines Mädchen aus der Klasse geleitete den schluchzenden Jungen nach Hause, wo die Mutter ihm klarzumachen versuchte, daß nicht er versagt habe, sondern daß er in die Hand eines gemeinen und bösen Mannes gefallen sei und keine andere Wahl habe, als sich zukünftig gehorsam und widerspruchslos gefallen zu lassen, was man ihm auferlege.

Bald darauf hatte der (angebliche) Röhm-Putsch stattgefunden. Die braunen Horden mordeten sich untereinander, aber auch Außenstehende, die Hitler im Weg gestanden hatten. Die Zeitungen und der Rundfunk brachten die offiziellen Meldungen. Du bekamst mit, daß etwas Dramatisches vor sich ging, daß die Eltern erregt waren, sich mit ihren Freunden trafen, daß die offenbar bei manchen aufkeimenden Hoffnungen, die Reichswehr werde eingreifen, um die rechtsstaatliche Ordnung wiederherzustellen, sich als Illusion erwiesen. Vater wie Mutter hatten von Anfang an zu denjenigen gehört, die wußten, daß das Naziregime lange Zeit andauern und zum Schluß in einen neuen Weltkrieg münden werde. Und eingeprägt hat sich dir ihre Überzeugung, daß kein deutscher General genügend Zivilcourage aufbringen würde, um gegen die Interessen der Wehrmacht an einer Wiederbewaffnung zu handeln, indem sie den Mann, dessen diktatorisches Bestreben längst unübersehbar zutage lag, entmachteten.

Für dein kindliches Empfinden bedeutete der Wechsel nach Hannover zunächst nichts als Erleichterung. Zu verdanken war das einem gütigen Klassenlehrer, der es binnen wenigen Tagen verstand, dem verängstigten Jungen sein natürliches Selbstvertrauen, seine Freude am Lernen und seine Offenheit für andere Menschen wiederzugeben. Er hieß Friedrich Bödecker und hat später, in der Zwischenzeit durch keinerlei nazistische Versuchungen korrumpiert, als begnadeter Pädagoge bleibende Spuren im Bildungswesen der Bundesrepublik hinterlassen. Doch dieses Aufatmen konnte nicht die Spannung überdecken, unter der die Eltern standen. Deine Mutter erzählte dir, daß ihnen die Möglichkeit einer erneuten Verhaftung Ernst Reuters angedeutet worden sei. Auch das Kind spürte, daß dies einer endgültigen Katastrophe gleichgekommen wäre. So mußtest du dich damit abfinden, daß der Vater eines Morgens verreist war. Wenige Tage später, es war im Januar 1935, eröffnete dir die Mutter, daß er in London sei. Du erinnerst dich, wie lange dir trotz der Ablenkung durch die Schule und deine Spielkameraden die Trennung vorkam, bis es endlich hieß, er habe nun eine Anstellung in der Hauptstadt der Türkei, in Ankara, gefunden und wir würden ihm bald dahin nachreisen.

Die Aufregungen der Reisevorbereitung, die sich anschlossen, waren groß. Für Hanna Reuter bedeuteten sie, dafür zu sorgen, daß unser gesamtes Hab und Gut verpackt und auf den Weg gebracht wurde, und es bedeutete das Abenteuer, sich auf ein völlig neues, uns allen unbekanntes und unvorstellbares Leben einzulassen. Für dich bedeuteten sie eine große Reise mit der Eisenbahn, dem Orientexpreß, sie bedeuteten aber auch zum ersten Mal das bewußte Er-

Die Kinderjahre prägen das Leben jedes Menschen. Für mich sind die frühen Erfahrungen in der türkischen Emigration unvergessen geblieben. Ich war sieben Jahre, als meine Eltern und ich in die Türkei kamen, und erst als Achtzehnjähriger kehrte ich in das Land meiner Geburt und Zugehörigkeit zurück. Mein Interesse für die Probleme der Integration unserer türkischen Mitbürger und meine Sympathie für die Millionen von vorübergehenden oder dauernden türkischen »Immigranten« in Deutschland gehen auf diese Jahre zurück.

leben des Abschiednehmens von Freunden, des Herausgerissenwerdens aus einer Umgebung, in der du dich so wohl gefühlt hattest, und sie bedeuteten den Aufbruch in einen Abschnitt deines Lebens, der dir eine zweite Heimat, die Türkei, schenken sollte.

*

Ernst Reuter, der politische Emigrant, hat während unseres nahezu zwölfjährigen Aufenthaltes in der Türkei stets für staatliche Stellen gearbeitet, sei es als Sachverständiger, sei es als Hochschullehrer. Politische Tätigkeit war ihm vertraglich untersagt. Dennoch war die Zeit unserer Emigration geprägt durch zutiefst politische Umstände und Ereignisse, denen sich meine Eltern weder entziehen konnten noch wollten. Im Gegenteil: trotz unseres nach außen in ungestörter bürgerlicher Ruhe verlaufenden Lebens wußten sie und mit ihnen der heranwachsende Sohn zu jeder Sekunde, daß ihr Schicksal untrennbar mit der politischen Entwicklung um sie herum verknüpft war.

Nach einer viertägigen Fahrt mit dem Orient-Express über Wien, Laibach (Ljubliana), Belgrad und Sofia waren meine Mutter und ich im Sommer 1935 in Istanbul angekommen. Nach einer weiteren Schlafwagennacht erreichten wir Ankara. Am Stadtrand bezogen wir unser erstes Quartier, das freilich wesentlich komfortabler war als die Unterkünfte auf diesem Bild.

Das begann mit der Aufenthaltserlaubnis, die zumindest in den ersten Jahren davon abhing, daß uns die deutsche Staatsangehörigkeit erhalten blieb. Die Pässe liefen 1937 ab. Die Sorge, daß sie nicht verlängert würden, war groß, und die inzwischen geöffneten deutschen Archive bestätigen, daß die Gestapo tatsächlich verschiedentlich versucht hat, unsere Ausbürgerung zu betreiben. Um so größer war jeweils die Erleichterung, als die Pässe zuerst für drei Jahre und dann ab 1940 jährlich verlängert wurden, vermutlich auf Initiative des deutschen Botschafters, des früheren Reichskanzlers und Steigbügelhalters von Adolf Hitler, Franz von Papen, der wohl bestrebt war, sich auf diese Weise eines von mehreren Alibis für die Nachkriegszeit zu beschaffen.

Dies war allerdings ein zwar lebenswichtiger, aber eher nebensächlicher Teil des politischen Erlebens der Eltern während der Zeit ihrer Emigration. Weit bedrückender war die Ohnmacht, den Machtzuwachs des Hitlerregimes und seinen folgenden Verfall in der Katastrophe des großen Krieges ohne jede Einflußmöglichkeit hilflos verfolgen zu müssen. Nach dem Zusammenbruch Frankreichs und der Niederlage in der Schlacht um England wendeten sich die deutsche Wehrmacht und ihre Verbündeten nach Süden und nach Osten. Noch bevor wir voller Entsetzen am Rundfunkempfänger eine »Sondermeldung aus dem Führerhauptquartier« nach der anderen anhören mußten, die entgegen allen Erwartungen in Rußland Erfolg um Erfolg meldeten, waren die deutschen Truppen atemberaubend schnell auf dem Balkan vorgedrungen. Nach der Eroberung Bulgariens standen sie bald an der türkischen Grenze. Das hieß für uns, aus der Türkei weiter ins Unbekannte fliehen zu müssen, falls unser Gastland dem Drängen aus Berlin nicht widerstehen könnte, sich dem Krieg Deutschlands gegen die westlichen Alliierten anzuschließen. Dank einer beispielhaft mutigen und geschickten Politik der türkischen Regierung unter der Führung von Ismet Inönü geschah das zwar nicht, aber woher konnten, woher sollten die Eltern wissen, ob dieser hinhaltende Widerstand bis zuletzt durchzuhalten sein würde?

Dann wendete sich das Blatt. Feldmarschall Erwin Rommel und seine Armeen mußten sich aus Nordafrika zurückziehen, die Tragödie von Stalingrad brachte die Wende des Krieges in Rußland, der 20. Juli 1944 setzte ein geschichtliches Fanal dafür, daß Menschenwürde und Ehrgefühl in Deutschland ihre Heimat behalten hatten. Inzwischen hatte sich längst die Unruhe von Ernst

Reuter belebt, trotz des ihm auferlegten Politikverbotes zum Fall des verbrecherischen Regimes beizutragen, mehr als das: sich für die Rückkehr vorzubereiten, um vor der Weltöffentlichkeit dafür einzutreten, daß das Volk der Deutschen trotz der schrecklichen Verbrechen, die in seinem Namen geschahen, ein Recht darauf hatte, seinen Platz in der Gemeinschaft der Freien einzunehmen.

Das alles habe ich täglich miterlebt. Ein solches Wort vermag freilich nicht entfernt zu beschreiben, was in dem heranwachsenden Jüngling tatsächlich vorging. Dies war kein Elternpaar, das den gängigen Vorstellungen einer bürgerlichen Welt entsprach, auch wenn der äußere Anschein, ihr Lebenszuschnitt, wohl als gutbürgerlich bezeichnet werden konnte. Es waren zwei Menschen, deren ganzes Sehnen auf das Schicksal ihres Landes gerichtet war, denen die politischen Entwicklungen um sie herum alles bedeuteten. Den Sohn ließen sie in jedem Augenblick daran teilhaben, nicht nur beim Abhören aller zugänglichen Rundfunkmeldungen und der Kommentare, vor allem der BBC, sondern auch an den Diskussionen, an der Abwägung der Schlußfolgerungen, die sich daraus ergaben. Das schloß Briefe und Niederschriften ein, die der Vater dem Sohn in die zweifingrig betriebene Schreibmaschine zu diktieren pflegte. An einige davon erinnere ich mich besonders.

So schrieb Ernst Reuter 1942 an Carl Goerdeler, den früheren Leipziger Oberbürgermeister, um ihm anläßlich des Todes seines älteren Sohnes, der gefallen war, zu kondolieren. Goerdeler war kurz vor Ausbruch des Krieges in Ankara gewesen und hatte anscheinend gegenüber Ernst Reuter Pläne und Absichten des Widerstandes angedeutet. Jedenfalls erinnere ich mich, wie der Vater zu Hause berichtete, daß er dem Besucher, der später im Zusammenhang mit den Ereignissen des 20. Juli 1944 sein Leben lassen mußte, seine Skepsis nicht verhehlt habe, ob man sich bei solchen Vorhaben wirklich auf Militärs verlassen könne. Jetzt schrieb er an Goerdeler: »Unser Schicksal ist ... ein gemeinsames und wird ... immer ein gemeinsames bleiben. Die gemeinsame Liebe zu dem Land, für das wir ein Leben lang gearbeitet ... haben, ist das Band, das alle verbindet, die seiner Zukunft dienen zu können glauben.«

Ein anderes, mich damals besonders bewegendes Vorhaben war ein Briefwechsel zwischen Ernst Reuter und Thomas Mann. Auch hier erlebte ich unmittelbar, wie sehr sich der Vater um Formulierungen bemühte, die den Dichter als denjenigen Exildeutschen, der in der westlichen Welt am bekanntesten war, überzeugen sollten,

Dies war kein Elternpaar, das den gängigen Vorstellungen einer bürgerlichen Welt entsprach, auch wenn der äußere Anschein, ihr Lebenszuschnitt, wohl als gut bürgerlich bezeichnet werden konnte.
Meine Eltern waren zwei Menschen, deren ganzes Sehnen sich auf das Schicksal ihres Landes richtete, so daß die politische Entwicklung Deutschlands während der Nazizeit ihnen alles bedeutete.

eine politische Führungsrolle zu übernehmen. Wer hätte auch der Öffentlichkeit innerhalb und außerhalb Deutschlands überzeugender klarmachen können, daß nach dem Zusammenbruch des Naziregimes deutsche Patrioten zur Verfügung stehen würden, die in der Lage seien, ihr Land in die Gemeinschaft freier und demokratischer Völker zurückzuführen? An die Enttäuschung meiner Eltern, die mit der lauwarmen Absage einherging, erinnere ich mich wie heute.

Und schließlich die Versuche Ernst Reuters, zusammen mit gleichgesinnten Emigranten in der Türkei einen »Deutschen Freiheitsbund« zu schaffen, der, in ähnliche Richtung wie die Briefe an Thomas Mann zielend, den Zusammenbruch der verhaßten Herrschaft in der Heimat beschleunigen könnte. Schemenhaft tauchen in diesem Zusammenhang Namen wie Gerhard Kessler, Alexander Rüstow und Hans Wilbrandt aus dem Gedächtnis auf, weniger genau allerdings als die Erinnerung an die redaktionelle Arbeit an einem Papier, das die Gruppe 1943 unter dem Titel »Was soll werden?« verfaßte. Gedacht war daran, den Text über alliierte Rundfunksender nach Deutschland ausstrahlen zu lassen. Auch daraus wurde nichts, trotz der Bemühungen von Richard Gnade, einem amerikanischen Botschaftsangehörigen, formal für humanitäre Fragen zuständig, wie viele Diplomaten seines Landes aber vermutlich für den Geheimdienst arbeitend; meine Eltern fühlten sich ihm fast freundschaftlich verbunden, nachdem er die Ärzte meines Vaters während einer lebensbedrohenden Infektion mit dem damals noch nicht im Handel befindlichen Penicillin versorgt hatte.

Es folgte die Kapitulation Deutschlands am 8. Mai 1945. Und es folgte eine der für die Eltern schlimmsten Zeiten während ihrer Emigration. Sie waren mit dem auch in Phasen der Enttäuschung nie angezweifelten Ziel aus Deutschland geflohen, in die Heimat zurückzukehren, sobald das verbrecherische Regime untergegangen sein würde. Anders als viele unserer jüdischen Mitbürger, anders auch als die russischen Emigranten, die ihr Land nach den Revolutionen der Jahre 1917 und 1918 verlassen mußten, hatte sie nie das quälende Gefühl eines endgültigen Verlustes geplagt, sondern immer nur die drängende Ungeduld, endlich heimkehren zu können. Dabei haben sie zu keinem Zeitpunkt irgendwelchen Verlockungen nach billigen Kompromissen nachgegeben, im Unterschied etwa zu dem bekannten Rundfunksprecher und Regisseur Alfred Braun, der es vor Heimweh nicht in der türki-

Mein Vater war der ruhende Mittelpunkt der Familie, rührend besorgt um meine Mutter, ohne die er kaum denkbar war. Ich sehe ihn in seinem Sessel vor mir, ein Buch in der Hand, Theodor Fontane, Thomas Mann oder die Bibel im griechischen Text. Den »Trost der Philosophie« von Boëtius haben wir ihm in den Sarg mitgegeben.

schen Emigration aushielt und kurz vor 1939 nach Deutschland zurückkehrte, um sich später sogar als Kriegsberichterstatter korrumpieren zu lassen. Mein Vater verachtete ihn dafür, kaum mehr allerdings als seinen alten Reichstagskollegen und Parteifreund Fritz Baade, in der Nachkriegszeit langjähriger Präsident des Instituts für Weltwirtschaft in Kiel, der ihm 1935 zwar die Arbeitsmöglichkeit in der Türkei vermittelt, später aber trotz seiner jüdischen Ehefrau offizielle Beziehungen zur deutschen Botschaft in Ankara aufgenommen hatte.

Diese Sehnsucht wurde jetzt auf eine lange, für die Eltern schreckliche Geduldsprobe gestellt. Sie hatten gehofft, unmittelbar nach dem Zusammenbruch des Naziregimes zurückkehren zu können. Davon konnte jedoch keine Rede sein, denn alle noch so verzweifelten Versuche, die amerikanische oder englische Regierung zu einer entsprechenden Erlaubnis zu veranlassen, fruchteten nichts. Viele Jahre später sollte sich herausstellen, daß vor allem die Amerikaner unter dem Einfluß der Kreise um Finanzminister Henry Morgenthau die Rückkehr qualifizierter Emigranten nach Deutschland bewußt verhindern wollten. So dauerte es mehr als fünfzehn Monate, bis es im September 1946 endlich gelang, von der damaligen englischen Labour-Regierung die erforderlichen Reisepapiere, einschließlich einer Einreiseerlaubnis in die britisch besetzte Zone, zu erlangen.

Auch das war freilich noch nicht alles; denn nachdem die Möbel und die Bücher in einen Reisecontainer, Lift genannt, verpackt und wir per Schiff aus Istanbul zur Reise über Marseille aufgebrochen waren, erlebten wir in Paris, der vermeintlich letzten Station vor der Heimkehr, eine böse Überraschung. Der dortige Vertreter der britischen Militärregierung in Deutschland, ein im Rang mittelhoher Offizier, befand, daß ihm von einer Einreiseerlaubnis nichts bekannt sei und ihn irgendwelche Papiere der zivilen Regierung in London in keiner Weise interessierten. Eine schlimme Zeit hektischer Bemühungen um Auswege folgte. Sie dauerte über zwei Wochen und zehrte die letzten Ersparnisse der Eltern auf, die sich daraufhin bei Freunden verschulden mußten.

Erst eine massive Intervention von Ernest Bevin, dem englischen Außenminister, und seinem Staatsminister Philip Noel Baker führte dann schließlich doch noch dazu, daß die halsstarrigen Militärs zur Räson gebracht wurden. Eines Abends im November konnten wir endlich als Passagiere des alliierten Militärzuges nach Hannover

Auch im Exil hat Ernst Reuter jeden Tag dem Vaterland entgegengefiebert. Während des Krieges hatte er Thomas Mann in Briefen vergeblich beschworen, seinen Platz im Kreise derer einzunehmen, die den geistigen Neuaufbau des Landes in die Wege leiten wollten; er blieb in Kalifornien, und als er später nach Europa zurückkehrte, war es die Schweiz und nicht Deutschland. Im November 1946 war es endlich soweit, daß wir heimkehren konnten. In aufgeregter Erwartung saßen wir umgekehrte Auswanderer auf dem Deck des Schiffes, das uns durchs Mittelmeer nach Marseille führte. Kurz vor Weihnachten kamen wir schließlich über Paris und Hannover in Berlin an.

aufbrechen. In Berlin war inzwischen Otto Ostrowski als Kandidat der SPD zum Oberbürgermeister gewählt worden. Schon Anfang 1947, kurz nach unserer Rückkehr, wurde den demokratisch eingestellten Parteien allerdings zunehmend klar, daß sie damit eine falsche, eine gefährliche Entscheidung getroffen hatten.

Die Auseinandersetzung zwischen der Sowjetunion und ihren bisherigen westlichen Alliierten um die politische Dominanz in der Mitte Europas und damit in Deutschland war längst im Gange. In Berlin wie in der ganzen sowjetischen Besatzungszone hatte sie ihren ersten Höhepunkt in dem Versuch gefunden, die SPD mit der KPD zur SED zu verschmelzen. Das führte dazu, daß sich die Berliner Bevölkerung in den im Oktober 1946 abgehaltenen

Wahlen mit nahezu der Hälfte aller abgegebenen Stimmen für die SPD entschied, deren Mitglieder diese Zwangsvereinigung abgelehnt hatten.

Trotzdem mußte die SED an der Allparteienkoalition beteiligt werden, die den neuen Magistrat bildete. Mit massiver Unterstützung der von ihr gesteuerten Presseorgane bereitete sie Ernst Reuter, dem verhaßten früheren Generalsekretär der deutschen Kommunisten, der die Partei 1921 aus Protest gegen deren Abhängigkeit von sowjetischen Interessen verlassen hatte, einen entsprechenden Empfang. Er reagierte, indem er mit der ganzen Wucht seiner Persönlichkeit vom ersten Tage an für die Freiheit seines Volkes von jeglicher ausländischer Bevormundung zu kämpfen begann. Um welchen Preis auch immer, nicht noch einmal sollten die Deutschen Opfer einer barbarischen, die Rechte des einzelnen mißachtenden Diktatur werden, vielmehr in Würde und Selbstbestimmung an der Gemeinschaft freier Völker teilhaben können.

Das schlug sich nieder in seinem täglichen Handeln, in dem Versuch, im Rahmen des ihm im Magistrat übertragenen Verantwortungsbereiches die Versorgung der Bevölkerung mit Strom und mit Verkehrsmitteln aufrechtzuerhalten und schrittweise zu verbessern. Vor allem aber schlug es sich in dem zunehmenden Gewicht nieder, das Ernst Reuter als politischer Führungspersönlichkeit innerhalb und außerhalb der SPD zufiel. Zwei große Reden, deren Entstehung ich begleiten konnte, weil der Vater mir wiederum weite Teile davon in die Schreibmaschine diktierte, stehen mir besonders vor Augen. Die eine, im März 1947 im Admiralspalast vor einer sozialdemokratischen Funktionärskonferenz gehalten, plädierte für die Einbindung der Deutschen in eine Gemeinschaft freier europäischer Völker, vor allem für ein enges Verhältnis zu Frankreich und Polen; die andere, eine Grundsatzrede vor einem in der Taberna Academica im April stattfindenden Parteitag der Berliner SPD, behandelte die Notwendigkeit, die frühere Arbeiterpartei künftig als eine Volkspartei auszurichten, die auf der Grundlage eines freiheitlichen und auf soziale Gerechtigkeit zielenden Wertesystems jenseits ihrer traditionellen sozialistischen Ausrichtung breite Schichten der Bevölkerung ansprechen sollte.

Der stürmische Beifall, mit dem beide Reden aufgenommen wurden, klingt noch heute in mir nach, die Bewegung, mitzuerleben, wie dem Vater nicht nur Anerkennung, sondern tiefes Vertrauen entgegenströmte. Um so größer dann die Überraschung, daß die

Delegierten ihn bei der anschließenden Wahl nur knapp und an letzter Stelle in den Parteivorstand wählten. Er war eben zeit seines Lebens, obwohl überzeugter Sozialdemokrat, kein Mann der Partei im engeren Sinne des Wortes, und für mich selbst war dies das erste von vielen weiteren Erlebnissen, die mir vor Augen führten, wie fragwürdig es sein kann, von parteipolitischen Entscheidungsmechanismen abhängig zu sein.

Die Familie hatte bald das Glück, im Ithweg in Zehlendorf ein kleines Haus zugewiesen zu bekommen, in dem wir uns einrichten konnten und wo der Vater abends Ruhe fand. Die politischen Ereignisse hingegen begannen sich bald zu überschlagen. Oft genug war ich unmittelbar dabei, nicht zuletzt im Büro Ernst Reuters und anläßlich von Sitzungen der Stadtverordnetenversammlung in der in Ostberlin gelegenen Parochialstraße. Das hatte auch damit zu tun, daß meine Mutter und ich – heute würde man das wahrscheinlich als unerhörtes und unzulässiges Privileg von Familienangehörigen eines Regierungsmitglieds denunzieren – berechtigt waren, unsere Hungerrationen der Lebensmittelkarte V durch Teilnahme am Mittagstisch der Magistratsmitglieder aufzubessern.

Die SED versuchte ihr als Ergebnis der Wahl geschwächtes politisches Gewicht dadurch zu stärken, daß sie hinhaltenden Widerstand gegen die Aufgabe von Positionen leistete, die ihr vorher durch einseitige Maßnahmen der sowjetischen Militäradministration übertragen worden waren. Oberbürgermeister Ostrowski ließ sich auf Kompromisse ein und verlor das Vertrauen der demokratischen Parteien. Ende April 1947 wurde er abgewählt. Die im Juni erfolgte Wahl von Ernst Reuter zum Nachfolger kennzeichnete den Beginn einer Auseinandersetzung zwischen den Russen und ihren früheren westlichen Alliierten, die ihren Höhepunkt in der Blockade der Jahre 1948/49 finden sollte: Wegen eines sowjetischen Vetos konnten sich weder die Berliner Kommandanten noch anschließend der Alliierte Kontrollrat für Deutschland auf eine Bestätigung der Wahl einigen. Louise Schröder nahm fortan die Verantwortung als amtierende Oberbürgermeisterin wahr. Ihr Vertreter war der Christdemokrat Ferdinand Friedensburg.

Die politische Führung der Stadt lag jedoch, Tag um Tag klarer für die Öffentlichkeit sichtbar, in den Händen von Ernst Reuter. Unterstützt von Persönlichkeiten wie dem Stadtverordnetenvorsteher und späteren Nachfolger als Regierender Bürgermeister, Otto Suhr, dem SPD-Vorsitzenden Franz Neumann, CDU-Politikern wie

Jakob Kaiser und Ernst Lemmer sowie dem Vorsitzenden der Liberaldemokraten, Carl-Hubert Schwennicke, war er derjenige, der den Freiheitskampf der Berliner gegen die zunehmenden sowjetischen Unterdrückungsversuche organisierte und leitete. Das hört sich im Rückblick, wie alle Geschichte, einfach an. In Wirklichkeit bedeutete es nicht nur eine unvorstellbare geistige und körperliche Anstrengung, sondern auch unmittelbare persönliche Gefahr.

Sie wurde anläßlich einer Sitzung des Stadtparlamentes im Juni 1948 erstmals handgreiflich, als ein von der SED organisierter, als »Arbeiterdelegation« getarnter Pöbeltrupp gewaltsam in den Saal eindrang, um die Abgeordneten mit Drohgebärden zu einem Abstimmungsverhalten zu zwingen, das dem politischen Willen der demokratischen Fraktionen zuwiderlief. Es war eine Szene ähnlich den Geschehnissen im Reichstag vor der Machtergreifung der Nazis, und sie fand ihre schlimme Fortsetzung darin, daß bei dem folgenden Handgemenge auf der Straße die jüdische SPD-Abgeordnete Jeanette Wolff, die wie durch ein Wunder den vorangegangenen Holocaust überlebt hatte, tätlich angegriffen und verletzt wurde.

Vorangegangen war ein Jahr voller politischer Spannungen und dramatischer Geschehnisse. Die Sowjets, die inzwischen durch brutalen Druck Finnland gefügig gemacht und die Tschechoslowakei ihrem Machtbereich einverleibt hatten, setzten immer mehr dazu an, den westlichen Alliierten, die erkennbar zögerten und unsicher waren, auch Berlin zu entreißen, jene Insel inmitten ihrer Besatzungszone, in der sie ohne Rücksicht auf den Willen der deutschen Bevölkerung schalteten und walteten. Für die demokratische Führungsspitze der Stadt, vor allen anderen für Ernst Reuter, bedeutete dies den aufzehrenden Kampf an drei Fronten: Widerstand gegen das sich immer sichtbarer auf schiere Macht stützende Vorgehen der Sowjets und mit ihnen der SED; das oft genug an einen Ritt über den Bodensee erinnernde Bemühen, die westlichen Alliierten zur Unnachgiebigkeit zu bewegen; und nicht zuletzt die täglich neue Aufgabe, die Bevölkerung davon zu überzeugen, daß opferbereiter Kampf um Freiheit und Demokratie allemal mehr lohne als Nachgeben gegenüber noch so verlockenden Sirenentönen einer neuen Diktatur. Der Höhepunkt dieser Auseinandersetzung sollte bald folgen und den Vater vollends zu einer geschichtlichen Figur werden lassen, ohne deren Einfluß und Wirken womöglich die deutsche und damit die europäische Nachkriegsgeschichte anders verlaufen wäre.

Ich hatte im Wintersemester 1947/48 begonnen, an der Humboldt-Universität Mathematik und Theoretische Physik zu studieren. Es war die Erfüllung eines Traumes, den ich jahrelang in der Türkei geträumt hatte, als ich mich auf einen Lebensweg vorbereitete, von dem ich sicher war, daß er immer tiefer in das Abenteuer hineinführen würde, hinter dem Walten der Natur die kristalline Schönheit mathematischer Gesetzmäßigkeiten entdecken zu dürfen. Jetzt war es soweit. Doch der Funke mochte nicht recht zünden. Das lag bestimmt nicht an den hervorragenden Lehrern, die in dem ehrwürdigen, verhältnismäßig wenig zerstörten Gebäude der Alma Mater Unter den Linden ihre Vorlesungen hielten. Teilweise mag es damit zu tun gehabt haben, daß mir der Stoff, den sie vortrugen, nicht allzu neu war, denn offensichtlich war ich bei meinen Vorbereitungen in Ankara schon weiter gediehen, als es den damaligen Anforderungen des deutschen Abiturs entsprach. Zum anderen hing es sicherlich damit zusammen, daß ich inzwischen draußen in Zehlendorf einen Sportverein, die Zehlendorfer Wespen, gefunden hatte, wo ich wieder mit Begeisterung Tennis spielen und neue Freundschaften aufbauen konnte. Vor allem aber hing mein eingeschränktes Engagement für das Studium mit dem politischen Geschehen zusammen, dem ich mich weder entziehen konnte noch wollte.

Berlin und seine Bevölkerung wurden täglich mehr zum Mittelpunkt einer Krise in den Beziehungen zwischen den Siegermächten des Weltkrieges. In der Stadt selbst konnte niemand wissen, ob sie erneut in den Fängen einer grausamen Diktatur oder in der Sicherung von Freiheit und Demokratie enden würde, eingeschlossen die schreckliche Gefahr einer neuen kriegerischen Auseinandersetzung. Noch zögerten die westlichen Alliierten, der Berliner Bevölkerung vorbehaltlos Schutz vor stalinistischer Brutalität zu bieten, noch schwankten sie, ob die Menschenrechte einer kleinen Zahl ehemaliger Kriegsgegner es lohnten, sich mit den bisherigen Verbündeten im Osten anzulegen. Die Zugehörigkeit der Deutschen zum westlichen Lager der Freiheit erscheint heute selbstverständlich. Damals war sie es nicht. In Berlin, nirgendwo sonst, sind die Weichen dafür gestellt worden, daß sich unser Land längst wieder erhobenen Hauptes als gleichberechtigtes Mitglied im Kreise der demokratischen Nationen fühlen darf. Der Schlüssel dazu war die Bereitschaft der Berliner, so bald nach dem Ende des auch für sie fürchterlichen Weltkrieges noch einmal unüberschaubare Entbehrungen auf sich zu nehmen, um ihre Freiheit zu erzwingen und zu sichern.

Während mehrere Konferenzen der Siegermächte erfolglos um Lösungen stritten, die eine einheitliche Verwaltung des besetzten Reiches und vergleichbare demokratische Strukturen in allen vier Besatzungszonen einschließlich Berlins gewährleisten sollten, während die USA 1947 den Marshallplan, jenes einzigartige wirtschaftliche Hilfsprogramm zur Wiederbelebung der darniederliegenden europäischen Wirtschaft, ins Leben riefen, während die westlichen Alliierten, wenn auch nicht ohne interne Meinungsverschiedenheiten, beginnend mit der großen Stuttgarter Rede des amerikanischen Außenministers James F. Byrnes im September 1946, den Deutschen Schritt um Schritt politische Freiheit eröffneten, schufen die Sowjets Fakten, indem sie alle Versuche unterdrückten, sich ihrem Willen entgegenzustellen. Täglich verschwanden Menschen spurlos in den Kerkern, wurden verschleppt und hingemordet. Ein Klima der Unmenschlichkeit sollte Zustimmung zur stalinistischen Variante des Sozialismus sichern, wo Argumente und Leistung nicht ausreichten. Neben Politikern und Journalisten traf es nicht zuletzt auch die Berliner Universität, an der mehrere Kommilitonen brutaler politischer Repression im Sinne des Wortes zum Opfer fielen.

Anläßlich der Hundertjahrfeier der Revolution sprach Ernst Reuter am 18. März 1948 auf einer Massenversammlung vor der Reichstagsruine offen und deutlich davon, daß sich »die Flut am eisernen Willen der Berliner brechen« werde, weil diese entschlossen seien, »alle zusammen wie ein Mann« ihre Freiheit zu verteidigen. Wenig später legten die Sowjets den Alliierten Kontrollrat lahm und begannen, den Interzonenverkehr zwischen den westlichen Besatzungszonen und Berlin, aber auch die alliierten Militärzüge gezielt zu schikanieren. Dies war das Vorspiel für die im Juni über die Westsektoren von Berlin verhängte Blockade und die Luftbrücke, mit der die westlichen Siegermächte ihren Teil der Stadt nahezu ein ganzes Jahr lang mit dem Nötigsten versorgen sollten. Ausgelöst wurden diese Ereignisse durch Auseinandersetzungen über die Einbeziehung Berlins in eines der beiden neuen Währungssysteme, die DM (West) oder die Mark (Ost).

Nur wenige haben zunächst begriffen, daß es dabei um alles oder nichts ging. Ich erinnere mich an viele abendliche Berichte des Vaters, die deutlich machten, wie sehr ihn die Sorge darüber verbrannte, ob und wie es gelingen könne, die politisch Verantwortlichen davon zu überzeugen, daß es eben nicht um eine technische Frage ging, deren Entscheidung man sogenannten Experten überlassen durfte.

Mein späteres Leben hat mich gelehrt, daß Kompromisse immer wieder unvermeidlich sind, sich oft genug sogar als die bessere Lösung erweisen. Dagegen werden vermeintlich harte oder gar rücksichtslose Entscheidungen zwar gern in den Medien beklatscht, enden aber, weil sie zumeist durch kaum mehr als die Sucht zur Selbstdarstellung von Politikern oder Unternehmern bestimmt sind, nicht selten im Fiasko. Dennoch gibt es Situationen, in denen Kompromisse tödlich sein können. Das ist regelmäßig der Fall, wenn ein schwächerer Partner in einer für ihn lebenswichtigen Frage einem stärkeren gegenübersteht. Jedes Nachgeben führt dann zum sicheren Untergang. So war es beim Streit um die Währung, die in den von den Westmächten besetzten Sektoren Berlins gelten sollte, nachdem die Russen in ihrem Sektor per Dekret die Ostmark als gesetzliches Zahlungsmittel eingeführt und versucht hatten, diese Regelung auf die westlichen Teile der Stadt auszudehnen. Nach Überzeugung der sozialdemokratischen Parteiführung, vor allem von Ernst Reuter und Gustav Klingelhöfer, dem in der ersten Nachkriegszeit kommunistischen Verlockungen zunächst nicht ganz abholden Stadtrat für Wirtschaft, hätte Nachgeben unweigerlich bedeutet, das wirtschaftliche und damit letztlich auch das politische Schicksal der Stadt sowjetischer Willkür auszuliefern.

Freilich wurde diese Auffassung von maßgeblichen Vertretern der westlichen Alliierten, aber auch von nicht wenigen Berliner Politikern, an der Spitze Ferdinand Friedensburg, nur eingeschränkt geteilt. Sie plädierten für eine von der Alliierten Kommandantur zu kontrollierende »Bärenmark«, denn sie meinten, durch einen solchen Kompromiß, der Berlin zu einem währungspolitischen Sondergebiet gemacht hätte, könne die Einheit der Stadt gerettet werden. Daß es den Sowjets in Wirklichkeit längst darum ging, sich ganz Berlin einzuverleiben, wurde ihnen erst klar, als diese die Zonengrenzen sperrten und an jenem 23. Juni 1948 die sogenannten »Arbeiterdelegationen« versuchten, die Stadtverordnetenversammlung gewaltsam zur Übernahme der sowjetischen Währungsdekrete und zur Ablehnung der westlichen Gegenbefehle zu zwingen. Erst jetzt hatten alle endgültig erkannt, daß es mit der Währung um die politische Macht ging.

Für mich blieb es eine geschichtliche Lektion, die mir angesichts der oft genug durch reine Fachargumente, nicht zuletzt von Angehörigen der Bundesbank, geprägten Auseinandersetzungen über die Einführung einer einheitlichen europäischen Währung, des Euro, Anfang der neunziger Jahre immer wieder in den Sinn kam – denn auch dieses Mal wollten zunächst nur wenige begreifen, daß ohne einen solchen Schritt die für die Zukunft unseres Kontinents lebenswichtige politische Zusammenführung der Europäischen Union nicht gelingen kann.

Unmittelbar danach begann das stolze Abenteuer der Luftbrücke. Der amerikanische Militärgouverneur, General Lucius D. Clay, setzte das Vorhaben, dessen Ausgang anfänglich mehr als ungewiß schien, in Washington gegen erhebliche Bedenken hochrangiger Berater bei Präsident Harry S. Truman durch. Ernst Reuter hatte ihm vorher versichert, daß die Berliner nicht zögern würden, auch um den Preis größter Entbehrungen für die Erhaltung ihrer Freiheit einzustehen. Nur drei Jahre nach dem Ende des Weltkrieges kennzeichnete dies den Beginn einer atemberaubenden Entwicklung, die den Deutschen den Respekt der demokratischen Völker zurückgewinnen und ein besonderes, hoffentlich andauerndes Verhältnis der Freundschaft mit den Amerikanern begründen sollte. Sie wurde möglich, weil die drei demokratischen Parteien Berlins nicht zauderten und weil sie in Ernst Reuter eine Persönlichkeit gefunden hatten, die nach innen wie nach außen in so glaubhafter Weise moralische wie sachliche Überzeugungskraft ausstrahlte.

Das heißt nicht, daß seine Führungsrolle zu jeder Zeit unangetastet blieb. Besonders galt dies für seine eigene Partei, die SPD. Franz Neumann, der Berliner Parteivorsitzende, der durch seinen Mut und seine Entschlossenheit entscheidend dazu beigetragen hatte, daß die Zwangsvereinigung der KPD und SPD zur SED in Berlin gescheitert war, stand regelmäßig vornean, wenn es darum ging, politische Positionen von Ernst Reuter in Frage zu stellen. Einen Höhepunkt erreichten diese Auseinandersetzungen nach dem Ende der Blockade, als mein Vater nach dem Scheitern der Bemühungen, bei den westlichen Alliierten die im Grundgesetz vorgesehene Aufnahme Westberlins in die Bundesrepublik Deutschland durchzusetzen, mit allen Kräften versuchte, die automatische Geltung der durch Bundestag und Bundesrat beschlossenen Gesetze in der Stadt zu erreichen, während die SPD aus sehr kurzsichtigen parteipolitischen Gründen Schwierigkeiten um Schwierigkeiten auftürmte. Ich habe die zupackende Berliner Arbeiterjovialität von Franz Neumann, der Kurt Schumacher wohl nicht zuletzt deshalb besonders nahestand, immer gemocht, doch ich erinnere mich deutlich, wie sehr mein Vater unter seiner hemdsärmeligen Art und seiner mangelnden Bereitschaft litt, spezifische Eigeninteressen gegenüber dem gemeinen Wohl zurückzustellen. Nach seinem Tode bedurfte es noch einiger Jahre entschlossener politischer Kleinarbeit, bis es Willy Brandt, der in allen diesen Fragen klar auf der Seite von Ernst Reuter gestanden hatte, gelang, Franz Neumann den Vorsitz der Berliner SPD zu entringen.

Ende Juni 1948 hatten die ersten Dakotas begonnen, die Stadt aus der Luft zu versorgen. Es sollte bald eine Armada amerikanischer, englischer und französischer Flugzeuge werden, die in Tempelhof, in Tegel, in Gatow und auf der Havel landeten. Ich werde nie vergessen, wie es auf dem Höhepunkt auch nachts bei gleißendem Scheinwerferlicht in Tempelhof zuging, als der Betrieb auf beiden Start- und Landebahnen im Rhythmus von zwei Minuten ablief, am Boden unterstützt von endlosen Kolonnen von Lastwagen. Die Berliner mögen zunächst gezweifelt haben, wie lange dies alles durchzuhalten sei, und sich gefragt haben, welches die Konsequenzen eines Scheiterns sein könnten. Nicht nur einmal habe ich selbst mit Freunden in Zehlendorf darüber diskutiert, was mit uns allen in einem solchen Fall geschehen werde. Doch bald waren diese Sorgen, ja diese Ängste vorüber. Die »Rosinenbomber« konnten zwar nicht verhindern, daß viele der aus dem Krieg übriggebliebenen Bäume als Heizmaterial abgeholzt werden mußten, aber die Berliner erkannten bald, daß ihre Grundversorgung gesichert war.

Unterstützt durch eine Gilde mutiger junger Journalisten (wie Peter Schultze, Sammy Drechsel, Jürgen Graf, Gerhard Loewenthal und Lothar Loewe), entstand trotz des harten und entbehrungsreichen Winters 1948/49 eine großartige Stimmung der Zuversicht und des Selbstvertrauens. Sie kennzeichnete das zunehmende Bewußtsein der Bevölkerung, einen entscheidenden Beitrag zur moralischen und politischen Rehabilitierung der Deutschen zu leisten.

In den westlichen Besatzungszonen stieß dies keineswegs auf ungeteiltes Verständnis. So auch in Göttingen, wo ich, an der Humboldt-Universität nicht mehr geduldet, mein Studium im Wintersemester 1948/49 fortsetzte und wo mich die teils abstrakt-theoretisch begründete, teils bürgerlich-feige Distanziertheit vieler Studenten und Professoren tief erregte. In einem Beitrag für die in Berlin erscheinende, von Otto H. Hess redigierte freiheitliche Studentenzeitschrift »Colloquium« schrieb ich damals: »In vielen Kreisen Westdeutschlands baut man immer noch fleißig an den Brücken von Ost nach West … Sicherlich gibt es manch einen, der für die Verbreitung der Idee des Ausgleichs um jeden Preis gut bezahlt wird; sehr viele mehr sind es aber, die diese Idee immer noch aus idealistischer Überzeugung vertreten – ohne sich freilich über den Enderfolg im klaren zu sein … Viele Kreise Westdeutschlands glauben, aus den Erfahrungen der Vergangenheit schließen zu können, daß echte Demokratie in Deutschland nicht möglich sei. Zu ihnen gehört der ›konsequente Sozialismus‹ einiger ›Linkssozialisten‹ … Die ›Göttinger Universitäts-Zeitung‹ ist in letzter Zeit stark unter den Einfluß von jungen Leuten geraten, die den Sowjet-Kommunismus nicht am eigenen Leib erlebt haben, dafür aber das, was man in Westdeutschland Demokratie nennt. Daher scheint ihnen in bedauernswertem Maße der Sinn für Proportionen zu fehlen. Offenbar können viele Menschen den Wert der Freiheit nicht erkennen, ehe sie sie einmal verloren haben … Sagen wir ihnen nur, daß wir hier in Berlin nicht gegen unsere Landsleute in der Ostzone, sondern stellvertretend für sie stehen …«

Zu Beginn der Blockade war die Einstellung der westlichen Alliierten gegenüber der sowjetischen Politik genausowenig einheitlich gefestigt, wie das innerhalb der westdeutschen Parteienlandschaft der Fall war. Nicht zuletzt die Pariser Regierung vertrat eine eher auf Kompromisse zielende Politik, was allerdings den französischen Kommandanten in Berlin, General Jean Ganeval, nicht hinderte, unter dem großen Beifall der Bevölkerung einen den Flugverkehr störenden russischen Sendemast kurzerhand sprengen zu lassen. 1949 fanden diese Meinungsunterschiede ihren Niederschlag in einer scharfen Kontroverse zwischen Ernst Reuter und dem französischen Hochkommissar, André François-Poncet; mit dessen Sohn Jean François-Poncet, während der Präsidentschaft von Valéry Giscard d'Estaing Außenminister in der Regierung von Raymond Barre, verbindet mich seit langem ein herzliches persönliches Verständnis und das gemeinsame Bemühen um die weitere Festigung des deutsch-französischen Verhältnisses als Voraussetzung für eine fortschreitende politische Einigung Europas.

Die allgemeine Labilität kam in vielfältigen geheimen Kontakten

Am 9. September 1948 versammelten sich rund 300000 Menschen vor dem Reichstag, um den berühmten, seitdem immer wieder gesendeten Appell von Ernst Reuter zu hören: »Ihr Völker der Welt: Ihr Völker in Amerika, in England, in Frankreich und Italien! Schaut auf diese Stadt und erkennt, daß ihr diese Stadt und dieses Volk nicht preisgeben dürft, nicht preisgeben könnt...!« (Rechts: der Berliner SPD-Vorsitzende Franz Neumann.)

der westlichen Alliierten mit den Russen zum Ausdruck, über die die Berliner Führung nie im einzelnen unterrichtet war. Sie hatte sich noch keineswegs zu einer klaren Entschiedenheit zugunsten der Freiheit Berlins gewandelt, als die Sowjets am 6. September 1948 die Stadtverordnetenversammlung in der Parochialstraße durch SED-Abordnungen besetzen ließen und so die Spaltung der Stadt endgültig machten. Deswegen war es alles andere als nur eine Demonstration gegenüber den Sowjets, sondern durchaus ein Versuch, die westlichen Alliierten auf eine eindeutige Haltung festzuzwingen, als sich am 9. September rund 300 000 Menschen vor dem Reichstag versammelten, um jenen berühmten, seitdem immer wieder gesendeten Appell von Ernst Reuter zu hören: »Heute ist der Tag, wo das Volk von Berlin seine Stimme erhebt ... Ihr Völker der Welt: Ihr Völker in Amerika, in England, in Frankreich und Italien!

Schaut auf diese Stadt und erkennt, daß Ihr diese Stadt und dieses Volk nicht preisgeben dürft, nicht preisgeben könnt ...«

*

Wie schon ein paar Wochen zuvor im Wedding und bei fast allen in den nächsten Jahren folgenden Kundgebungen standest du zusammen mit Hanna Reuter ganz nahe neben der Rednertribüne. Ungläubig hattest du beobachtet, wie sich der riesige Platz mit Menschen füllte, bis das Meer von Köpfen, das sich um die Treppe vor der Reichstagsruine drängte, unübersehbar wurde. Neumann, Friedensburg, Suhr und der junge, viel zu früh verstorbene Ostberliner SPD-Politiker Joachim Lipschitz hatten eindrucksvoll und überzeugend zu der Menge gesprochen, die diszipliniert und ohne Hysterie den Rednern zuhörte. Nichts erinnerte an jene Massenappelle aus den Zeiten der braunen Barbarei oder an die befohlene Begeisterung bei den Vorbeimärschen vor dem Kreml. Dies war die freiwillige Versammlung freier Menschen, die der Welt demonstrieren wollten, wofür sie einstehen. Die Reihe war an deinem Vater, und Unruhe war in dir, was er denn jetzt noch, nach den anderen, Besonderes sagen könne.

Im Unterschied zu den Veranstaltungen zuvor hatte er kein ausgearbeitetes Manuskript, sondern nur einen kleinen Zettel mit Stichworten. Das sollte fortan bei ihm zur Regel werden: die Kraft der freien Rede, die den Zuhörern jene einzigartige Mischung zwischen klaren, einfach formulierten Gedanken und der Spontaneität des Gefühls zu vermitteln wußte. An diesem Tage wurde zum ersten Mal jenes Phänomen Wirklichkeit, das du später unzählige Male als immer neues Wunder empfinden solltest, jene Gabe Ernst Reuters, unterschiedlichste Menschen zu den unterschiedlichsten Themen mit einer Überzeugungskraft anzusprechen, die Herz und Verstand gleichermaßen erreichte, ohne ihren Geist zu vernebeln. So auch jetzt. Vom ersten Satz an zogen seine Worte, vorgetragen mit der ihm eigenen Intensität, die zugleich Ruhe und Zuversicht ausstrahlte, die Hunderttausende in ihren Bann. Am Ende zweifelte niemand, daß man diesem Mann vertrauen konnte, weil sein Wollen und sein Können nicht auf eigenen Ehrgeiz, sondern auf die Erringung und Erhaltung eines menschenwürdigen Daseins für alle gerichtet waren. Tränen der Rührung standen dir am Ende seiner Rede in den Augen, denn dies war der Mensch, für den du in den Jahren deines bisherigen Lebens Zutrauen und Liebe, noch nie aber staunende Bewunderung empfunden hattest. Was war er für ein Vater?

Heerscharen von Medienvertretern sind später in dich gedrungen, um herauszufinden, ob du nicht vielleicht doch durch zwanghafte Federn angetrieben wurdest, die ihre Wurzeln – soviel Pseudopsychologie hat sich jeder angelesen – in einer übermächtigen Vaterpersönlichkeit haben. Du mußtest sie alle enttäuschen. Daran hat sich bis heute nichts geändert, da du vor einem Blatt Papier sitzt und zurückdenkst.

Ein einzigartiges Geschenk, das dir das Schicksal zugedacht hat, war die Jugend mit deinen Eltern in der Türkei. Anders als unter normalen Lebensumständen war dein Vater über weite Strecken des Tages zu Hause bei der Familie. So hast du ständig gespürt, daß und wie die Eltern sich gegenseitig stützten, konntest erleben, wie sie ihre Interessen, ihre Sorgen und ihre Freuden untereinander und mit dir teilten. So unterschiedlich ihr Temperament gewesen sein mag, so sehr ergänzten sie sich, weil ihre grundsätzliche Einstellung zu anderen Menschen und zur Gesellschaft identisch war. Beide waren sie tolerant und gerecht, ohne sich zu drücken, wenn sie etwas nicht dulden wollten, und so wußte der Sohn zu jeder Stunde, daß er sich auf die Eltern verlassen konnte, so wie auch sie sich aufeinander verließen.

Das geschah ohne Riten und ohne Pathos. Keiner von beiden hatte es nötig, dem Kind oder dem Heranwachsenden etwas vorzuspielen. Der Vater genoß in der Familie ganz natürliche, ganz selbstverständliche Autorität, nicht weil er versuchte, einer Rolle gerecht zu werden, sondern weil alle seine Persönlichkeit respektierten, seine tief im Bürgertum des 19. Jahrhunderts wurzelnde humanistische Bildung, das erlittene Leid, das ihn nie dazu verführt hatte, in seinen Überzeugungen von Gerechtigkeit und Anstand, in seinem Sorgen darum, daß allen Menschen die gleichen Chancen gebühren, schwankend zu werden. Wahrhaft warmherzig wurde das alles noch durch seinen gelassenen und ruhigen Humor, der so schön in seinen Augen ablesbar war und stets die Relativierung der eigenen Person und ihrer Bedeutung einschloß. Zugleich durften wir über ihn lachen, über die Körperfülle des »Dicken«, wie er genannt wurde, über die Unbeirrbarkeit, mit der er darauf bestand, mit dem Fahrrad zur Arbeit zu fahren, wann immer die Witterung dies zuließ. Nicht weniger menschlich war es, wenn er aus Jähzorn die Fassung verlor, seinen »Tobsuchtsanfall«, wie es die Mutter nannte, bekam, regelmäßig etwa aus Anlaß des Jahrestages der türkischen Revolution, weil er zu dem festlichen Empfang im Frack erscheinen mußte und Schwierigkeiten hatte, sich die Schleife zu binden. Alles das bedeutete keinen Abstrich, im Gegenteil, es machte einen Menschen liebenswert und vertraut, von dem man täglich neu wußte, daß man mit ihm durch ein gleiches Schicksal verbunden war. Auch dann, wenn es, vor allem in frühpubertärer Zeit, Augenblicke gegeben haben mag, in denen du dich, zum Beispiel wegen der Art ihrer Kleidung, für die Eltern schämtest: Du kannst dich nicht daran erinnern, daß du in deiner Jugend je etwas anderes für sie empfunden hättest als Wärme und Geborgenheit und oft genug Stolz auf den Vater.

Dieser Stolz bewegte dich auch an jenem denkwürdigen Tag, als Ernst Reuter seine Rede beendet hatte. Alle Anwesenden spürten, daß er mit seinen einfachen, eindringlichen Worten Geschichte auf den Punkt gebracht hatte und damit endgültig als der demokratische Führer der Stadt legitimiert war. Du weißt wohl, welchen Vorhaltungen du dich mit einer solchen Formulierung in einer Zeit plebiszitären Demokratieverständnisses und populistischer Unverbindlichkeit von Politikern und Parteien aussetzt. Dennoch: Es war so, und das war gut, denn sonst wären die Dinge anders verlaufen, als es zum Wohle der Berliner und der Deutschen geschehen ist.

Die Verantwortung, die damit auf seinen Schultern lastete, hat Ernst Reuter weit intensiver gespürt, als man sich das von außen vorzustellen vermag. Sie war mit einem Ausmaß an psychischer und physischer Anstrengung verbunden, das auch einen Mann an die Grenzen gebracht hätte, der nicht, wie er, ein langes Leben voller Anspannung und Leid hinter sich hatte. Zumindest auf drei Ebenen hatte er Herkulesarbeit zu leisten: bei der Verwaltung einer Kommune, bei der Geltendmachung der Berliner Interessen gegenüber den Alliierten und bei der Durchsetzung der Notwendigkeit, die Stadt und ihre Bevölkerung untrennbar in das politische Geschehen Westdeutschlands, später der Bundesrepublik, einzubetten. Keine dieser Aufgaben gelang ohne herbe Rückschläge, jede von ihnen erforderte fast rund um die Uhr den ganzen Einsatz der eigenen Person. Gelungen wäre das Vorhaben nicht, wenn nicht dahinter eine unbeirrbare Vision gestanden hätte: die Vision von der Kraft und der Würde freier Menschen.

Du selbst hast nicht nur immer wieder dann daran zurückgedacht, wenn sich die selbsternannten Tiefenpsychologen für dein

Seelenheil interessierten, sondern auch wenn man dir vorhielt, du seist in deiner eigenen beruflichen Verantwortung ein Visionär gewesen, der seinen Nachfolgern nichts als ungelöste Probleme hinterlassen habe. Du hast dabei Kraft in dem Vorbild deines Vaters gefunden, der dich gelehrt hat, daß nicht der flüchtige Augenblick des eitlen Tagesgeschehens, sondern nur das zähe Ringen um den richtigen Weg vor der Geschichte zählt. Das mag auch damit zu tun haben, daß du dich als Gabe deines Elternhauses nie als Produkt einer durch die elektronischen Medien geprägten Einstellung verstanden hast, sondern als einer, der sich bewußt geblieben ist, welche innere Ruhe, Gelassenheit und Würde dir ein Buch, eine Oper, ein Theaterstück oder ein Gespräch schenken können.

*

Drei Tage zuvor war die Stadtverordnetenversammlung, die in der Parochialstraße nicht mehr frei und ungestört tagen konnte, in den Westen der Stadt umgezogen. Meine Mutter und ich begleiteten Ernst Reuter in seinem Dienstwagen, einem VW-Käfer, auf der Fahrt zum Sitzungssaal in der Taberna Academica, dem provisorischen neuen Sitz der Berliner Volksvertretung. Die sowjetische Militärverwaltung und die SED ließen nun endgültig die Masken fallen und beseitigten die letzten Reste der (formal weiterbestehenden) gemeinsamen Verantwortung der vier Siegermächte für das ganze Berlin. Kurz vor der durch das Parlament für den 5. Dezember 1948 angesetzten Neuwahl wurde ein getrennter Magistrat für den sowjetisch besetzten Sektor »gewählt«. Damit war die Stadt endgültig gespalten. Bei den Wahlen im freien Teil Berlins erhielt die SPD mehr als 64 Prozent der abgegebenen Stimmen. Ernst Reuter konnte fortan auch offiziell sein Amt als Oberbürgermeister, später, nach Inkrafttreten der neuen Verfassung, als Regierender Bürgermeister ausüben.

Hin- und Rückreisen zwischen Göttingen, wo ich studierte, und Berlin waren im Blockadewinter schwierig und daher selten. Sie setzten die Erlaubnis voraus, in einem der kohletransportierenden Flugzeuge der Luftbrücke mitgenommen zu werden. Zweimal gelang mir das, wobei man regelmäßig auf stoffbezogenen Behelfssitzen an der Längsseite untergebracht war, während sich in der Mitte die staubigen Säcke stapelten. Start und Landung im Westen fanden auf abgelegenen Militärflugplätzen statt, in meinem Fall in der Nähe von Hannover und Hamburg. Die Weiterreise von dort zum Zielort glich einer mittleren Odyssee. Das alles bewirkte, daß ich zwei weitere entscheidende politische Weichenstellungen, an denen Ernst Reuter in dieser Zeit maßgeblich beteiligt war, nur gleichsam aus der Ferne mitverfolgen konnte, auch wenn ich sie aus mündlichen Schilderungen der Eltern genau kenne: zum einen die Gründung der Freien Universität und zum anderen die politischen Auseinandersetzungen zwischen den demokratischen Parteien und ihren gewählten Vertretern, den Ministerpräsidenten der Länder, sowie den westlichen Besatzungsmächten über die Schaffung eines neuen Staatsgebildes im Westen.

Die Bestrebungen zur Gründung einer freien Universität in den Westsektoren Berlins gingen schon auf das Frühjahr 1948 zurück. Eine große Zahl von Studenten der Humboldt-Universität, an der Spitze Otto Stolz und Otto H. Hess, hatte mehrfach gegen den kommunistischen Terror protestiert. Zuletzt hatte in der Ruine des Hotels Esplanade am Potsdamer Platz eine große Demonstration stattgefunden. Ich war dabeigewesen, als die Studenten die demokratischen Parteien aufforderten, ihnen durch die Gründung einer neuen Hochschule ein Studium in Freiheit zu gewährleisten.

Die folgenden Monate sollten einen weiteren Grundstein für das besondere Verhältnis legen, das die Berliner seit dieser Zeit mit den Amerikanern verbindet: Mit entschlossener Hilfe von amerikanischer Seite, an der Spitze die Ford Foundation, gelang es dem unter dem Vorsitz von Ernst Reuter tagenden Gründungsausschuß, alle Voraussetzungen dafür zu schaffen, daß die Freie Universität mit Friedrich Meinecke, dem Nestor der deutschen Geschichtswissenschaft, als Rektor Anfang Dezember 1948 im Rahmen einer bewegenden Feier im Titania-Palast, die ich während der Weihnachtsferien miterlebte, offiziell ins Leben gerufen werden konnte. Zusammen mit der später gegen größte Widerstände durchgesetzten Rückführung der während des Krieges ausgelagerten Kunstgegenstände der Stiftung Preußischer Kulturbesitz nach Berlin war dies eines der beiden Ereignisse, die meinen Vater in diesen Jahren mit der größten Befriedigung, ja einem Gefühl des Glücks erfüllten. Der Weg, den die neue Universität, die er bis zu seinem Tod als sein Kind empfand, später gehen sollte, hätte ihn vermutlich eher traurig gestimmt ...

Weit komplizierter lagen die politischen Zusammenhänge, die schließlich zur Gründung der Bundesrepublik Deutschland führen sollten.

Vorbehaltlos stand Kurt Schumacher auf der Seite von Ernst Reuter, wenn es um die Einbeziehung Berlins in die neue Bundesrepublik oder zumindest in deren Gesetzessystem ging.
Das Bild zeigt ihn (zweiter von rechts) anläßlich eines Besuches in Berlin im Jahre 1948 zusammen mit Ernst Reuter, Paul Löbe, Luise Schröder und Franz Neumann.

Ich erinnere mich noch gut an die Erregung von Ernst Reuter darüber, daß sich die Berliner demokratischen Parteien einschließlich maßgeblicher Vertreter der SPD nicht auf eine grundsätzliche Zustimmung der Stadt einigen konnten, als die westlichen Militärgouverneure im Juli 1948 den Ministerpräsidenten der Länder den Auftrag erteilen wollten, die Verfassung für einen westdeutschen Staat auszuarbeiten. Louise Schröder, jene wunderbare, warmherzige Frau, die in den vorangegangenen Monaten als amtierende Oberbürgermeisterin so viel für Berlin getan hatte, besaß ihrem ganzen Naturell nach nicht den Willen und die Stärke zu einer klaren Position, als sie zu einer ersten Beratung nach Koblenz eingeladen war. Vielmehr hielt sie sich mit einer eindeutigen Stellungnahme zurück, weil sie wußte, daß Teile der politischen Parteien fürchteten, ein solcher Schritt werde die Spaltung Deutschlands und damit Berlins weiter vertiefen. Ernst Reuter und Jakob Kaiser vertraten genau die gegenteilige Auffassung. Sie waren davon überzeugt, daß Kompromisse nichts fruchten würden, sondern daß ein handlungsfähiger westdeutscher Staat unter Einbeziehung der freien Teile Berlins Voraussetzung dafür sei, den ungebrochenen sowjetischen Eroberungsdrang aufzuhalten.

Eine weitere Konferenz der Ministerpräsidenten folgte. Erneut stand das gemeinsame Verhalten gegenüber den westlichen Alliierten auf des Messers Schneide. Doch dieses Mal wurde Berlin durch Ernst Reuter vertreten. Er konnte sich auf kein ausdrückliches Mandat des Magistrats oder gar der Stadtverordnetenversammlung stützen. Dennoch brachten die Autorität seiner Person und die Entschiedenheit seiner Argumentation die Wende. Wohl wandte auch er sich dagegen, auf der Grundlage einer endgültigen Verfassung ein in sich geschlossenes neues Staatsgebilde zu schaffen. Klar und unmißverständlich plädierte er jedoch dafür, daß die politische und wirtschaftliche Konsolidierung im Westen eine elementare Voraussetzung für die Stärkung des freien Teils Berlins und für eine spätere Wiedervereinigung bilden müsse. Damit war den Zauderern endgültig das Wasser abgegraben, der Parlamentarische Rat konnte mit seiner Arbeit am Grundgesetz beginnen. Zugleich zeichnete sich in diesem Zusammenhang immer deutlicher das Aufkommen von politischen Spannungen zwischen Ernst Reuter und dem Vorsitzenden der SPD, Kurt Schumacher, ab, von denen ich weiß, wie stark sie den Vater zusätzlich belasteten.

Beide waren durch menschlichen Respekt und gleichgerichtete Überzeugungen miteinander verbunden. Das habe ich bei Besuchen von Kurt Schumacher in Berlin, vor allem in der Zeit vor Beginn der Blockade, mehrfach unmittelbar erlebt. Sie sprachen auf gleicher intellektueller Ebene und mit der Achtung vor dem beiderseitigen persönlichen Erleben miteinander. Später pflegte Schumacher Männer wie Ernst Reuter, Wilhelm Kaisen oder Max Brauer gern ironisch als »Provinzfürsten« zu bezeichnen, doch Herablassung irgendeiner Art war damit nie verbunden. Er war ein Mann, dem unter der Naziherrschaft Unsägliches zugefügt worden und der trotzdem von menschlichem Mitgefühl gegenüber den Unterprivilegierten und sozial Schwachen geprägt war. Ich habe ihn vom ersten Augenblick an bewundert, obwohl mir die schneidende Stimme und die Art seiner Argumentation, mit der er bei öffentlichen Auftritten seine politischen Gegner zu bedenken pflegte, alles andere als sympathisch waren. Die Rechthaberei und die Neigung, mit den Mitteln innerparteilicher Disziplinierung zu arbeiten, die ihn in der Folgezeit, sicher auch unter dem Einfluß schwerer Krankheiten und als Ergebnis der Abschirmung durch seine beflissene Umgebung, kennzeichneten, habe ich dann allerdings nicht mehr verstanden. Ernst Reuter gegenüber wurden sie womöglich noch durch ein gewisses Eifersuchtsgefühl verstärkt.

Vorbehaltlos stand Kurt Schumacher auf der Seite meines Vaters, wenn es um die Einbeziehung Berlins in die neue Bundesrepublik oder zumindest in deren Gesetzessystem ging. Die Spannungen bezogen sich vielmehr auf das Verhältnis zu den westlichen Alliierten, vor allem in den beiden Fragenkomplexen der Organisationsstruktur des neuen provisorischen Staatswesens und seiner Wiederbewaffnung im Rahmen des westlichen Verteidigungspaktes, der NATO.

Im Gegensatz zu den Amerikanern und Franzosen, die für eine deutlich föderale Struktur plädierten, bestand Kurt Schumacher auf einer starken Zentralgewalt, und er setzte sich schließlich mit seinen Vorstellungen weitgehend durch, während Ernst Reuter, dem zuallererst das Zustandekommen eines Grundgesetzes als Voraussetzung für eine Festigung der westlichen Position gegenüber den Sowjets am Herzen lag, für eine zumindest taktische Nachgiebigkeit eintrat. Bei den innerparteilichen Auseinandersetzungen über die Schaffung einer neuen Bundeswehr behielt er hingegen, zusammen mit Persönlichkeiten wie Wilhelm Kaisen, zum Schluß mit dem Argument die Oberhand, daß ein demokratischer Staat ohne die Fähigkeit und den Willen, sich zu verteidigen, undenkbar sei; im übrigen dürfe die SPD nicht abseits stehen, wenn die neue Bundesrepublik sich eigene Verteidigungsstreitkräfte schaffe. Diese Meinungsverschiedenheiten schlossen allerdings nicht aus, daß Ernst Reuter tief erschüttert war, als Kurt Schumacher im August 1952 überraschend starb.

Ende April/Anfang Mai 1949 einigten sich die westlichen Alliierten mit den Sowjets, die Blockade am 12. Mai aufzuheben. Ich war seit dem Semesterende zurück in Berlin, um mein Studium an der Freien Universität fortzusetzen. Mein Vater hatte schon vorher in deutlichen Andeutungen von dem Fortschritt der Verhandlungen gesprochen. Nun war es soweit. Die Stadt jubelte, die ersten Lastwagen, die auf dem Landweg kamen, wurden begeistert begrüßt, die Piloten der Luftbrücke gefeiert, die Opfer geehrt. Ich war dabei,

Das Verhältnis zwischen Konrad Adenauer und Ernst Reuter war durch erkennbare persönliche Distanziertheit gekennzeichnet. Zwar billigte mein Vater die Politik der Integration Deutschlands in die westliche Gemeinschaft, die der Kanzler seit der Gründung der Bundesrepublik entschlossen betrieb. Daneben blieb aber eine Spur von Mißtrauen, ob die deutsche Wiedervereinigung und – zusammen damit – die Behauptung gegen die kommunistische Bedrohung Berlins den gleichen Rang für Adenauer hatten. Die Spannungen, die zeitweise auch das Verhältnis von Ernst Reuter zur Zentrale der SPD in Hannover prägten, standen damit nicht im Zusammenhang. Mich selbst hat mein Vater 1953 dem Bundeskanzler vorgestellt.

ohne zu ahnen, welche Sorgen und Schwierigkeiten Ernst Reuter während der nächsten vier Jahre umtreiben würden. Es ging darum, Berlin, das sich so erfolgreich aus dem Würgegriff schierer Gewalt befreit hatte, nun vor dem langsamen wirtschaftlichen Dahinsiechen zu bewahren, eine Gefahr, die womöglich nicht geringer, jedoch weit weniger spektakulär war und daher angesichts der vielen anderen Probleme, die die junge Bundesrepublik beschäftigen mußten, leicht in Vergessenheit geraten konnte. Diese Sisyphusarbeit, verbunden mit der Sorge um den innerparteilichen Zustand der SPD sowie die mangelnde Übereinstimmung der großen politischen Parteien in grundlegenden Fragen der deutschen außenpolitischen Interessen, war es, die nach meiner Überzeugung schließlich dazu geführt hat, daß sein Herz die Last nicht mehr tragen konnte und am Ende versagte.

Die neue Bundesregierung, an der Spitze Bundeskanzler Konrad Adenauer, richtete von Anfang an alle Bestrebungen auf eine zügige Einordnung Deutschlands in das westliche Bündnissystem. Diese Politik, damals Westintegration genannt, wurde von Ernst Reuter befürwortet und unterstützt. Nicht jedoch jener Preis, den manche offenbar zu zahlen bereit waren: die Zurückstellung der Wiedervereinigung. Zu einer solchen Politik, die nach seiner Überzeugung über einstimmenden Zielen zwischen Adenauer und der französischen Regierung entsprach, gehörte auch, der Einbindung Berlins in das Gesetzessystem der Bundesrepublik ebensowenig Priorität einzuräumen wie der wirtschaftlichen Unterstützung der isolierten Stadt.

So kam die Führung Berlins in eine außerordentlich schwierige Lage, zumal die internen Auseinandersetzungen in der Berliner SPD über diesen Fragenkomplex bald auch nach außen deutlich wurden. Nur mit amerikanischer und britischer Hilfe gelang es immer wieder, entsprechenden Druck auf die Bundesregierung auszuüben, und sicher war in diesen Jahren der Kontakt Ernst Reuters zu dem amerikanischen Hochkommissar John J. McCloy (dem ich später in New York als Chairman der Chase Manhattan Bank wiederbegegnen sollte und der für mich bis heute als politisch engagierter Unternehmer vorbildlich geblieben ist) sowie zu dessen britischem Kollegen, General Brian Robertson, enger und vertrauensvoller als zu Konrad Adenauer (dem ich 1953 anläßlich einer Opernaufführung in Berlin vorgestellt wurde und der mir auftrug, ich solle »gut auf den Vater aufpassen, den wir noch brauchen«).

Wie hart diese Zeit war, hatte ich schon bei den Verhandlungen erlebt, zu denen Ernst Reuter mich im Herbst 1949 nach Bonn mitnahm. Es ging um die grundsätzliche Gestaltung der wirtschaftlichen und haushaltsrechtlichen Beziehungen zwischen Bonn und Berlin. Zur Berliner Delegation, die in der provisorischen Hauptstadt vor allem mit Vertretern des Finanzministeriums, an der Spitze Bundesminister Fritz Schäffer, verhandelte, gehörten Persönlichkeiten wie die Berliner Senatoren Paul Hertz, dem ich mich genau wie seiner Familie eng verbunden gefühlt habe, Friedrich Haas und Günter Klein, der damalige Vorsitzende der Industrie- und Handelskammer und Chef der AEG, Baurat Friedrich Spennrath sowie der Verwaltungsratsvorsitzende der Berliner Zentralbank, Friedrich Ernst. Mein Vater hat mich wohl vor allem mitgenommen, damit der junge, politisch so interessierte Student der Jurisprudenz (ich hatte inzwischen das Fach gewechselt) das Geschehen in der Hauptstadt und das Klima solcher Verhandlungen unmittelbar kennenlernen konnte. Das erreichte er auch, nicht zuletzt anläßlich meiner ersten Bundestagssitzung, als ich fasziniert den Diskussionsbeiträgen, unter anderem des kommunistischen Fraktionsvorsitzenden Max Reimann, zuhörte, die unter der eher hilflosen Leitung des damaligen Parlamentspräsidenten Erich Köhler stattfanden. Neigungen, mein weiteres Leben vorbehaltlos und voraussetzungslos der Politik zu widmen, haben diese Erlebnisse freilich nicht gestärkt. Die zunehmende Intensität der juristischen Ausbildung und wachsendes Interesse an wirtschaftlichen Zusammenhängen trugen dazu bei. Da ich weiterhin zu Hause bei den Eltern wohnte, blieb es dennoch dabei, daß ich dem politischen Geschehen und seinen Wertungen durch Ernst Reuter eng auf der Spur bleiben konnte.

Vor allem sollte es einige Zeit später zu einem Ereignis kommen, das mir unvergessen bleibt, obwohl ich nur wenig davon unmittelbar miterlebt habe: der 16. und 17. Juni 1953. Am ersten Tag saß ich im Amtsgericht Moabit, meiner Referendarstation, als ein Kollege aufgeregt in das Arbeitszimmer stürzte und fragte, ob ich schon gehört hätte, daß es im Ostsektor offenbar Unruhen gebe. Fortan hingen wir am Radio, um die laufenden Reportagen zu hören, die von den Protesten der Bauarbeiter und der Reaktion der SED-Funktionäre berichteten. Ein genaues Bild konnte sich allerdings niemand machen, weil sich die Ereignisse ebenso spontan wie widersprüchlich entwickelten. Angesichts der bekannten Gefahren, die im sowjetisch besetzten Teil der Stadt für Leib und Leben politisch unliebsamer Besucher bestanden, kam aber auch keiner von uns auf die Idee, sich an den Ort des Geschehens zu begeben. So schnell wie möglich fuhr ich nach Hause, um mich mit meiner Mutter zu beraten.

Der Vater befand sich auf dem Flug nach Wien, wo er sich mit österreichischen Politikern treffen und auf einer Veranstaltung sprechen sollte. Wir beide waren mehr als aufgeregt, denn wir hätten ihm gerne von unseren Eindrücken berichtet und ihm geraten, seine Reise abzubrechen und so schnell wie möglich zurückzukehren. Das gelang nicht. Es blieb nichts anderes übrig, als der weiteren Dinge zu harren. Erst zwei Tage später sollten wir dann von ihm erfahren, daß Ernst Reuter bereits bei den ersten Nachrichten, die er am 16. Juni hörte, versucht hatte, umgehend nach Berlin zurückzufliegen, was ihm aber trotz mehrfacher Interventionen bei allen erreichbaren amerikanischen Stellen nicht gelungen war. Heute mag dies unvorstellbar erscheinen, aber es waren eben noch Zeiten eines durch Militärbehörden geregelten Flugverkehrs. Unwiderlegt bleibt bis heute mein Eindruck, daß irgendwelche Stellen es vorzogen, Ernst Reuter in einer so kritischen, möglicherweise sogar explosiven Situation außerhalb der Stadt zu wissen.

Das Geschehen am 17. Juni, der offene Aufruhr auf dem Potsdamer Platz, das Eingreifen der sowjetischen Truppen in Berlin und in weiten Teilen der östlichen Besatzungszone – all dies ist bekannt. Ich habe den ganzen Tag über am RIAS gehangen, die Verzweiflung der Reporter gehört, als der Aufstand der Menschen gewaltsam gebrochen wurde und Todesruhe einkehrte. Ernst Reuter, erst am Abend mit einer Linienmaschine der Air France über München in seine Stadt zurückgekehrt, blieb am nächsten Tag nichts anderes, als seiner Trauer, aber auch seiner Zuversicht in einer Ansprache Ausdruck zu geben. Hinterher haben einige Beobachter und Kommentatoren vermutet, daß die Dinge anders verlaufen wären, wenn er in diesen Tagen in Berlin gewesen wäre und hätte eingreifen können. Dagegen hatte ich zum ersten Mal den Eindruck, daß auch er in gewissem Sinne ratlos war, ob von westlicher Seite mehr hätte getan werden können, als, wie es tatsächlich geschehen ist, machtlos zuzuschauen.

Später hat mein Vater immer wieder mit deutlichem Stolz hervorgehoben, daß dies ein spontaner Aufstand deutscher Arbeiter gewesen sei. Damit ist aber auch gesagt, daß es keine vorgeplante Führung, keine vorbereitete Organisation gab, schon gar nicht unter der Regie des amerikanischen Geheimdienstes, wie es später von einigen Autoren – darunter dem mir von jeher ob seiner traumtänzerischen Eitelkeit suspekten Stefan Heym – so infam behauptet oder zumindest angedeutet wurde. Wie die Geschichte aller durch zufällige Ereignisse ausgelösten Volkserhebungen zeigt, kann man sie nicht von außen steuern, kann man nichts tun, wenn sie brutal niedergeschlagen werden. Darüber war sich wohl auch mein Vater bei seiner Rückkehr klar. Es blieb ihm nicht viel mehr, als in den Ereignissen einen unwiderruflichen Beweis für seine tiefe Überzeugung zu sehen, daß sich die Deutschen in der sowjetisch besetzten Zone nie mit der Unterdrückung abfinden und weiter nach einer Wiedervereinigung in Freiheit streben würden. Mir selbst stand der mutige Protestmarsch der Henningsdorfer Stahlarbeiter jener Tage sofort in der Erinnerung, als ich 1991 zum ersten Mal wieder das alte Stammwerk der AEG im Norden Berlins besuchen konnte, das inzwischen zum Daimler-Benz-Konzern gehörte.

Noch eine weitere Empfindung ist mir aus jenen Tagen geblieben: die innere Wut über die Leichtfertigkeit, mit der man heutzutage die damals für Westberlin, für die Bundesrepublik und für die gesamte westliche Welt verantwortlichen Politiker mit einem Unterton der Herablassung als »kalte Krieger« zu denunzieren beliebt. In Wirklichkeit haben diejenigen, die darum kämpften, daß die Gemeinschaft der Demokraten der sowjetischen Aggression mit allen Mitteln widerstehen müsse, jegliche geschichtliche Rechtfertigung auf ihrer Seite. Trotz aller Versuche, dies zu leugnen oder doch zu bagatellisieren, bleibt es eine Tatsache, daß die russischen Kommunisten zumindest zu Lebzeiten Stalins an allen ihnen zugänglichen Stellen der Welt auf eine weitere Ausdehnung ihres Imperiums drangen, und vielfältig erwiesen ist, daß sie sich zu Friedfertigkeit immer nur dann bequemten, wenn ihnen klar und entschlossen begegnet wurde. Noch so gescheit daherkommende Analysen, um so mehr, wenn sie aus dem warmen Sessel der Studierstube stammen, können daran nichts ändern. Dazu zähle ich auch jene arrogante These von Alfred Grosser, man habe die Bevölkerung der damaligen Ostzone offenen Auges ins Unglück laufen lassen, anstatt sie rechtzeitig mit den (angeblichen) machtpolitischen Realitäten vertraut zu machen.

Nein, die Verzweiflung und der Drang der Menschen nach Freiheit waren und sind Realitäten, denen sich niemand entgegenstellen darf, der demokratische Verantwortung trägt. Engelszungen der Vernunft oder von Hoffnungen getragene Nachgiebigkeit waren zudem keine Argumente, die die kommunistischen Machthaber respektierten, und jeder, der heute aus der bequemen Entfernung zurückliegender Geschichte beide Kontrahenten, die Vertreter von Freiheit und Demokratie wie die sowjetische Führung, sozusagen gleichermaßen für diese Auseinandersetzung verantwortlich machen will, gibt sich billiger intellektueller Spielerei hin. So mag es zwar von akademischen Interesse sein, welchen Anteil die CIA am Zustandekommen des von Melvin J. Lasky organisierten »Kongresse für kulturelle Freiheit« hatte, der 1950 in Berlin

Die Familie hatte das Glück, am Ithweg in Zehlendorf bald ein kleines Haus zugewiesen zu bekommen, in dem wir uns einrichteten und in dem der Vater abends Ruhe fand. Ernst Reuter war damals schon der gefeierte Bürgermeister der umkämpften Stadt. Später zogen die Eltern in die Bülowstraße in Zehlendorf-West. Welche Popularität Ernst Reuter genoß, sollte bald der Trauerzug zeigen, den die Bevölkerung zum Zehlendorfer Waldfriedhof bildete.
Die Photographie zeigt die Eltern und mich 1953, dem Todesjahr meines Vaters, mit der Schäferhündin »Senta« im Garten des Hauses in der Bülowstraße.

stattfand und dessen Debatten ich mit großer innerer Spannung verfolgte – geschichtlich wichtig war allein die Wirkung, die von dieser Versammlung einer großen Zahl bedeutender Literaten der Zeit, darunter Arthur Koestler, Ignazio Silone, Jules Romains und Bertrand Russell, für die Stärkung des Kampfes Berlins um seine Freiheit ausging, die auch damals noch alles andere als endgültig gesichert war.

Der Tod Ernst Reuters am 29. September 1953 kam plötzlich und unerwartet. Nach einem Leben voller Mut und voller Hingabe war er schon vorher erkennbar müde geworden. Zwar hatte ihn eine Neuinszenierung der »Götterdämmerung« durch Heinz Tietjen an der Städtischen Oper noch einmal aufgerichtet und beglückt, doch der Ausgang der kurz zuvor stattgefundenen Bundestagswahl hatte ihn, der auf ein wesentlich besseres Abschneiden der SPD gehofft und womöglich auch an die Übernahme außenpolitischer Führungsverantwortung in der Bundesregierung gedacht hatte, tief enttäuscht. Am Vormittag rief mich meine Mutter an. Sie bat, ich solle doch so bald wie möglich im Elternhaus in der Bülowstraße in Zehlendorf-West vorbeischauen, der Vater habe in der Nacht einen Herzanfall erlitten.

Nach meiner Heirat im Jahre 1952 wohnte ich ganz in der Nähe. Als ich kam, saß mein Vater, bekleidet mit Pyjama und Morgenmantel, neben seinem Bett im Schlafzimmer. Er sagte nicht viel, erwähnte nur vorangegangene Schmerzen und meinte, daß es schon bessergehe. Betreut wurde er inzwischen von dem Internisten an der Freien Universität, Professor Hans von Kress, der meiner Mutter und mir bei dem anschließenden Imbiß erläuterte, man könne im Augenblick nicht viel mehr tun als abwarten, gefährlich sei es nur, wenn ein zweiter Anfall auftreten sollte; dafür gebe es aber keine erkennbaren Anzeichen. Ahnungslos verabschiedete ich mich, weil ich am Nachmittag zum Tennis verabredet war. Von dort holte mich gegen Abend meine Frau mit der Nachricht, ich möge sofort kommen, der Vater sei tot. Ich rannte los, um meine Mutter zu finden, die verstört betend neben dem Toten auf dem Bett lag. Wer sie benachrichtigt hat, weiß ich nicht mehr, aber es dauerte nicht lange, bis die erschreckten und erschütterten Freunde aus der Parteiführung der SPD eintrafen. Der Rundfunk brachte bald darauf die Meldung. Und dann geschah etwas, was die ganze freie Welt anrühren sollte: Innerhalb kürzester Zeit erstrahlten die Fenster in der Stadt vom Licht unzähliger Kerzen. Es war jene Geste der Erinnerung und der Mahnung für die noch nicht heimgekehrten Kriegsgefangenen, um die Ernst Reuter die Berliner anläßlich des vorangegangenen Weihnachtsfestes gebeten hatte und die sie jetzt spontan für ihn wiederholten.

Ob er nach neueren medizinischen Erkenntnissen so hätte sterben müssen, ist eine müßige Frage. Damals benannte man Herzmuskelschwäche als Todesursache; heute würde man wohl eher von Infarkt reden und sicherlich die Verlegung auf eine hochmoderne Intensivstation für selbstverständlich halten.

Eine unglaubliche Demonstration von Erschütterung und Trauer prägte die folgenden Tage. Ich fand allenfalls in wenigen Augenblicken zu mir selbst, denn ich mußte meiner Mutter zur Seite stehen, die nur nach außen Haltung zu zeigen vermochte, und ich mußte dem Pressechef des Senats, unserem Freund Hans E. Hirschfeld, dabei helfen, mit den Verantwortlichen den Ablauf der Trauerfeierlichkeiten festzulegen. Sie fanden ihren Höhepunkt in der Überführung des Sarges durch die Parteifreunde zum Platz am Knie, der seitdem den Namen Ernst Reuters trägt und wo neben Willy Brandt auch Erich Ollenhauer und Franz Neumann im Namen der SPD Abschied nahmen, der folgenden Aufbahrung vor dem Rathaus Schöneberg, als Zigtausende am Sarg vorbeidefilierten und Blumen niederlegten, der Trauerfeier am 3. Oktober, auf der Otto Suhr und Theodor Heuss ihre unvergeßlichen Reden hielten, und schließlich der von Hunderttausenden gesäumten Fahrt zum Waldfriedhof in Zehlendorf. Als Abschluß der offiziellen Feierlichkeiten spielten dort die Kapellen der drei alliierten Besatzungsmächte zusammen mit der Kapelle der Berliner Polizei zum ersten Mal das Deutschlandlied; die folgende Beisetzung fand in einem kleinen Kreis von Freunden statt, Georg Rohde las den 126. Psalm: »Wenn der Herr die Gefangenen Zions erlösen wird ...«

Das Leben ging weiter. Hanna Reuter hat den Verlust nie verwunden, sie grämte und verzehrte sich bis zu ihrem Unfalltod im Jahre 1974. In der Stadt wurde die Koalition der drei demokratischen Parteien beendet, die bisher das politische Geschehen der Nachkriegszeit bestimmt hatte. Walther Schreiber übernahm das Amt des Regierenden Bürgermeisters in einer CDU/F.D.P.-Regierung. Das wäre um ein Haar schon zu Lebzeiten Ernst Reuters geschehen, als die SPD im Dezember 1950 ihre absolute Mehrheit verloren und Schreiber bei der folgenden Wahl des Regierenden Bürgermeisters im Abgeordnetenhaus gegen meinen Vater kandidiert hatte. Doch anscheinend stimmten einige Abgeordnete des bürgerlichen Lagers gegen Schreiber, so daß beide Kandidaten die gleiche Stimmenzahl erhielten; daraufhin einigten sich die Parteien auf eine Fortsetzung der bisherigen Koalition unter der Führung von Ernst Reuter. Die große Ernsthaftigkeit, mit der Walther Schreiber in den Gesprächen mit meinem Vater diese Lösung akzeptierte und anschließend selbst vorschlug, war für mich eine bleibende Lehre in angewandter Demokratie.

Inzwischen liegt auch Willy Brandt auf dem Waldfriedhof begraben, unmittelbar neben dem Grab meiner Eltern. Nach einem langen und geschichtsmächtigen Leben ist er zu der Gemeinsamkeit der Berliner Tage zurückgekehrt. Für mich war es bewegend, zu dem kleinen Kreis von Freunden zu gehören, die ihn anläßlich der Trauerfeier bis an sein Grab begleiten durften, und nicht minder bewegend, bei einem Besuch in ihrem Haus in Unkel am Rhein von seiner Witwe zu hören, wie sehr er sich zeit seines Lebens Ernst Reuter verbunden gefühlt hat, den er als Vorbild an Menschlichkeit, Anstand und politischer Willensstärke empfand, obwohl beide ihrem Alter und Herkommen nach, aber auch in vielen Facetten der Lebensauffassung doch so grundverschiedene Menschen waren.

Erinnern kann ich mich in diesem Zusammenhang an eine tiefgehende Verstimmung, die mein Vater gegenüber dem Jüngeren empfand. Er, der von der Bedeutung konkreter kommunalpolitischer Erfahrung für jeden überzeugt war, der später breitere politische Führungsverantwortung tragen will, hatte Willy Brandt angeboten, in der letzten von ihm gebildeten Regierung das Innenressort zu übernehmen. Dieser hatte nach einigem Nachdenken mit der Begründung abgelehnt, er könne seine allgemeinen Beziehungen und Verbindungen besser im Interesse Berlins nutzen als in einer solchen Aufgabe. Mein Vater verstand das als Beweis von Bequemlichkeit, als Flucht vor konkreter Verantwortung. Die Enttäuschung blieb bis an sein Lebensende.

Womöglich kennzeichnet diese Episode klarer als alles andere die fundamentalen Unterschiede zwischen beiden Männern: Ernst Reuter, der in seinen grundsätzlichen Überzeugungen und Visionen bis zum Letzten kämpfende, doch immer auf die pragmatischen Möglichkeiten der Durchsetzung erpichte, sich selbst ironisierende und relativierende Humanist, Willy Brandt, der nicht minder grundsätzlich überzeugte, doch ungern in die Mühen des Tagesgeschäftes herabsteigende Mensch, der die Höhen des politischen Glasperlenspieles liebte und zuweilen so stark unter seinen Stimmungen zu leiden hatte, daß die Versuchung nicht fernliegen mag, ihn zumindest in dieser Hinsicht in die Nähe einer neurotischen Persönlichkeit wie Otto von Bismarck zu stellen.

*

»Politik ist Schicksal«, soll Napoleon in Erfurt ausgerufen haben. Seit der Wahl des Berufes, zu der du dich bald nach dem Tode deines Vaters entschlossen hast, hat sie dich nur noch von ferne begleitet, hat deinen Weg aber in der Zwischenzeit immer wieder berührt und am Ende deiner Laufbahn wieder eingeholt. Lange

Willy Brandt war wohl zeit seines Lebens ein Zerrissener, voll von Facetten des Denkens, des Handelns, der Persönlichkeit, gezeichnet durch schwere Erlebnisse seiner jungen Jahre. Stets schwankte er zwischen Sehnsucht nach Wärme und Geborgenheit auf der einen, nach Abenteuer und Leichtsinn auf der anderen Seite. Dieser tiefe Widerspruch seines Wesens prägte von Anfang an auch sein Verhältnis zu meinem Vater. Das Bild zeigt ihn zusammen mit Hanna Reuter.

hast du geschwankt. Du warst schon Ende 1946 der SPD beigetreten, gehörst ihr auch heute noch an, weil du trotz der vielfachen Versuchungen der folgenden Jahre, sie wegen sachlicher und personeller Beschlüsse, die dir kaum tragbar erschienen, zu verlassen, von den Werten und Zielen überzeugt geblieben bist, die sie (hoffentlich) immer prägen werden: die Überzeugung von der Kraft menschlicher Vernunft im Sinne der Aufklärung, Chancengleichheit für alle, Solidarität der Wohlhabenden mit den Bedürftigen und Toleranz gegenüber Andersdenkenden.

Ein kurzes Gastspiel bei den Jungsozialisten, deren Berliner Organisation damals der spätere Regierende Bürgermeister Klaus Schütz vorstand, lehrte dich staunen, wie leicht es manchen fiel, aus dem Stegreif in perfekter Diktion über Dinge zu sprechen, von denen sie nicht das geringste verstanden. Es führte zu ersten Zweifeln, ob Politik eines Tages dein Beruf werden könnte. Bald sollten sie überwiegen, als du täglich miterleben mußtest, wie schwer es dem Vater trotz seiner lebenslangen Erfahrungen fiel, sich mit den unsinnigsten Argumenten aus der eigenen Partei auseinanderzusetzen, verlangten sie ihm doch Kräfte ab, die er für seine eigentliche Verantwortung an der politischen Spitze Berlins so dringend benötigte. Bis heute ist nachvollziehbar geblieben, daß Ernst Reuter für die SPD nie einer ihrer Parteimänner, sondern immer einer war, der patriotischen Interessen Vorrang vor parteipolitischen zu geben pflegte.

Aus diesen Beobachtungen folgte für dich, daß du dich nie den Einbindungen eines politischen Lebensweges ausliefern dürftest, bevor du dir nicht persönliche Unabhängigkeit erarbeitet hättest, die es dir ermöglichen würde, dich jederzeit zu verweigern, wenn parteipolitische Gesichtspunkte dir etwas abverlangen sollten, was du nicht billigen könntest.

Das hast du schon kurz nach dem Tod Ernst Reuters gegenüber Willy Brandt klargestellt, als er dich fragte, ob du nicht Parteiaufgaben übernehmen wolltest. Du hast es durchgehalten, als du 1956, nach der blutigen Niederschlagung des Aufstandes gegen die kommunistische Diktatur in Ungarn, in empörte Versuchung geraten bist, dein Leben fortan doch dem politischen Kampf zu widmen. 1963, zwei Jahre nach dem Bau der Mauer, hast du diesem Drang widerstanden, als du miterlebt hast, wie Hanna Reuter anläßlich einer Protestversammlung vor dem Schöneberger Rathaus versuchte, die empörten Massen durch eine nicht eingeplante Rede zu beruhigen, während Willy Brandt, der sich vorher gleichfalls vergeblich bemüht hatte, dies schließlich in letzter Minute durch sein geistesgegenwärtiges Verhalten bei dem anschließenden Marsch der Demonstranten zur Sektorengrenze gelang. Und der Zwiespalt stand dir erneut vor Augen, als du mit Tränen des Glücks in den Augen am Abend in Bonn vom Ausgang der dramatischen Abstimmung im Bundestag hörtest, der im Juni 1991 beschlossen hatte, die Hauptstadt der Deutschen endlich wieder nach Berlin zu verlegen.

Berührungspunkte hatte es auch in der Zwischenzeit immer wieder gegeben. Dazu zählte dein gescheiterter Versuch, 1964 mit Unterstützung deiner Partei als Programmdirektor zum ZDF zu gehen. Dazu zählten mehr oder minder offizielle Initiativen, dich zur Übernahme politischer Ämter zu überreden: 1981, als man dir vorschlug, gegen Manfred Rommel als Oberbürgermeister von Stuttgart zu kandidieren, 1983, als dir der Berliner SPD-Vorsitzende Peter Ulrich im Auftrag von Willy Brandt und 1984 nochmals Hans-Jochen Vogel die Spitzenkandidatur in Berlin antrugen, 1985, als Willy Brandt dich in Begleitung von Egon Bahr zuhause in Stuttgart besuchte, um zu fragen, ob du dir vorstellen könntest, bei dem 1987 anstehenden Bundestagswahlkampf zusammen mit Hans-Jochen Vogel und ihm selbst dem voraussichtlichen Kanzlerkandidaten Johannes Rau als Leitfigur zur Verfügung zu stehen, und schließlich 1994, als Rudolf Scharping dich bat, seiner Wahlkampfmannschaft für den Bundestagswahlkampf anzugehören. Zunehmend wurde dir aus diesen Anlässen klar, daß deine damalige Reaktion auf die Frage Willy Brandts nach dem künftigen Berufsweg allenfalls zum Teil fair gewesen war, denn immer mehr verstandest du, daß politische Führungsverantwortung, wie du sie dir in allen diesen Fällen durchaus zugetraut hast und die dich manches Mal sogar beträchtlich reizte, heute nicht mehr vorstellbar ist, sofern man nicht zumindest über eine ausreichend starke Hausmacht in der eigenen Partei verfügt. Dieser Umstand spielte auch eine wesentliche Rolle, als Äußerungen, die du im Sommer 1994 in einem Interview mit dem »Spiegel« gemacht hast, durch deine eigene Schuld in der Öffentlichkeit so falsch interpretiert wurden.

Gegenüber Rudolf Scharping hattest du kurz vorher argumentiert, du könntest nicht in seiner Wahlkampfmannschaft mitwirken, weil du deine Aufgaben bei Daimler-Benz nicht vorzeitig verlassen könntest. Zugesagt hattest du ihm allerdings, im Falle seines

Wahlsieges für das Außenministerium zur Verfügung zu stehen, weil du davon überzeugt seist, daß im Zeitalter der wirtschaftlichen Globalisierung entsprechender Sachverstand unverzichtbar sei, und weil dir in einem solchen Fall ein Nachfolger vorschwebe, der kurzfristig in der Lage sei, die Führung von Daimler-Benz zu übernehmen. Bald darauf warst du von maßgeblichen Vertretern beider großen Parteien, der CDU wie der SPD, vertraulich angesprochen worden, ob du bei einem von vielen erwarteten Ausgang der gleichfalls bevorstehenden Wahlen in Berlin, der zwar eine große Koalition notwendig gemacht, die Einigung auf einen der aus der Stadt stammenden Kandidaten wegen eines etwa gleich starken Gewichts beider Parteien aber ausgeschlossen hätte, als Regierender Bürgermeister zur Verfügung stehen könntest. Um allen Beteiligten nochmals die schwierige Position zwischen deiner grundsätzlichen politischen Einstellung und der Problematik einer auslaufenden beruflichen Verantwortung bei Daimler-Benz zu verdeutlichen, hast du dem »Spiegel« gesagt, du würdest dich nicht von vornherein verweigern, wenn man mit dir sprechen wolle, einem Wahlkampf aber könntest du dich nicht stellen. Das führte zu viel Häme, wurde dir doch unterstellt, du wolltest dich, was natürlich nie der Fall war, den Grundregeln der Demokratie entziehen.

Damit hatte sich jedenfalls der Kreis geschlossen: In Berlin war dein aus dem Elternhaus gewachsenes Gefühl für politische Verantwortung während der ersten Nachkriegsjahre zur Faszination geworden, und von Berlin ging die letzte Versuchung deines Lebens aus, ihr nachzugeben. Das ist kein Zufall, denn mit dieser Stadt verbindet dich mehr als deine Geburt oder mehr als die fünfzehn Jahre deines Lebens, die du dort verbracht hast. Viele Unternehmen erwarten heute von ihrem Führungspersonal, daß es sich an jeder beliebigen Stelle der Welt ansiedeln läßt und dort sofort zurechtfindet. Auch du gehörst zu denjenigen, die gelernt haben, sich in fremde Mentalitäten und Kulturen einzufühlen. Das hat dich aber nie jene Wurzeln vergessen lassen, die dich mit der Heimat verbinden. In deiner Jugend war es die Türkei. Dein Beruf hat dich in Stuttgart und im Süden Deutschlands heimisch werden lassen, wo deine privaten Freunde leben. Im letzten Kern aber hast du immer einen Ort als deine eigentliche Heimat empfunden, weil du nirgendwo sonst einen Menschenschlag gefunden hast, der dir so nahe ist: Berlin.

*

Es war kurz vor Weihnachten 1972, als ich in Begleitung von Joachim Zahn, meinem Chef, zu einem Gespräch mit dem Vorsitzenden des Aufsichtsrates der Daimler-Benz AG, Franz Heinrich Ulrich, nach Düsseldorf gebeten wurde. Zunächst wurden einige aktuelle geschäftliche Angelegenheiten erörtert. Dann wandte sich Ulrich, der zugleich Vorstandssprecher der Deutschen Bank war, an mich, um mir zu eröffnen, daß er dem Aufsichtsrat alsbald vorschlagen wolle, mich zum stellvertretenden Mitglied des Vorstandes zu berufen. Mir war das nicht neu, denn hinter den Kulissen war es schon seit längerem darum gegangen. Trotzdem fühlte ich mich zufrieden, einen wichtigen weiteren Abschnitt meiner beruflichen Laufbahn bei Daimler-Benz erreicht zu haben.

Ulrich hingegen fuhr fort, er bitte um Verständnis, daß er vom Aufsichtsratspräsidium, dem neben ihm selbst noch je ein Vertreter der beiden anderen Großaktionäre, der Häuser Flick und Quandt, angehörten, beauftragt worden sei, mir zunächst eine Frage zu stellen. Sie betreffe meine grundsätzliche gesellschaftspolitische Einstellung. Selbstverständlich hätten alle Beteiligten vorbehaltlosen Respekt vor abweichenden politischen Tagesauffassungen, doch andererseits könne niemand erwarten, daß die Eigentümer jemanden in den Vorstand berufen würden, der die Prinzipien des Unternehmertums oder der freien Marktwirtschaft grundsätzlich ablehne.

Für einen Augenblick wollte ich aufstehen und den Raum verlassen, denn eine derartige Unterstellung hatte ich selbst in meinen kühnsten Träumen nicht für möglich gehalten. Dann fiel mir etwas Besseres ein, das ich unmittelbar nach dem Gespräch in einer Notiz festgehalten habe: »Ich habe Herrn Ulrich gedankt, daß er diese Fragen so offen und direkt anschneide. Um so mehr könne ich wohl darauf hinweisen, daß die Familie, deren Namen ich trage, möglicherweise weit mehr für die Erhaltung unserer freiheitlichen Grundordnung getan habe als mancher, der ständig davon rede.« Ich hatte durchaus damit gerechnet, daß Ulrich diese Replik als Provokation auffassen und die Unterredung mit einem Eklat enden würde. Das war nicht der Fall. Vielmehr bedankte er sich »für meine klare Stellungnahme«, indem er hinzufügte, daß er ohnehin, wie ich sicher wisse, von mir »nichts anderes erwartet habe«. Damit war die Angelegenheit erledigt, und ich wurde tatsächlich im März 1973 in den Vorstand berufen.

Mein weiterer beruflicher Weg hat Begegnungen mit unzähligen führenden Politikern mit sich gebracht: von François Mitterrand, Hosni Mubarak, Richard von Weizsäcker, Li Peng, Felipe Gonzales und Henry Kissinger über Edouard Balladur, Michel Rocard, Mauno Koivisto, Bruno Kreisky, Franz Vranitzky, Karl Schiller, Edith Cresson, Lee Kuan Yew, Michail Gorbatschow, Boris Jelzin, Viktor Tschernomyrdin, Carl Bildt, dem vietnamesischen Kommunistenchef Do Muoi oder Jacques Delors (dessen Mut, dessen Beharrlichkeit und dessen moralischer Integrität das werdende Europa so viel verdankt) bis hin zu den deutschen Ministerpräsidenten und der Mehrheit aller Minister der verschiedenen Bundesregierungen. Ausnahmslos hatte ich dabei das Gefühl, auf keine ganz und gar fremden Einstellungen oder Überlegungen zu stoßen, denn die politischen Mechanismen unterscheiden sich natürlich im einzelnen, je nach Interessenlage, Struktur, Geschichte und Kultur der Völker, doch in ihren Grundzügen sind die Denkvorgänge und Reaktionen zumindest ähnlich. Eine grundlegende Entwicklung ist mir allerdings immer wieder aufgefallen, seitdem sich mein Lebensweg von dem unmittelbaren politischen Geschehen entfernt hatte: Unter dem Einfluß der modernen Medien unterscheiden sich die Verantwortlichen zunehmend darin, ob sie das gemeine Wohl über enge eigene Interessen zu stellen vermögen oder ob sie dem Volk nach dem vermeintlichen Maul reden, um ihre weitere Teilhabe an der Macht zu sichern.

Gewiß mag eingewendet werden, daß vor allem wir Deutschen konfliktscheu und autoritätsgläubig seien, daß wir unter einem gefährlichen Bedürfnis nach Harmonie leiden, uns nach Führungspersönlichkeiten sehnen, die über dem Parteienstreit stehen. Das ist jedoch nicht gemeint, wenn ich von ernsthaften Politikern auf der einen, von Populisten auf der anderen Seite rede. Denn ich habe sie alle kennengelernt: diejenigen, die, mögen sie noch so geschickte und erfahrene Parteipolitiker sein, trotzdem zum Schluß zu einer sachlichen Meinung stehen, und diejenigen, die ihr Fähnlein ausschließlich nach dem letzten Stand der Meinungsumfragen hängen. Dabei weiß ich wohl, daß demokratische Führung sich nicht darauf beschränken kann und darf, Entscheidungen im stillen Kämmerlein auszubrüten und sie auf Biegen und Brechen durchzusetzen. Doch genauso bin ich davon überzeugt, daß Feigheit und Opportunismus Eigenschaften sind, die das demokratische System als Ganzes schneller als gedacht in Verruf bringen können.

Wollte ich alle Populisten aufzählen, die mir begegnet sind, würde der Rahmen dieses Buches schnell gesprengt sein. Nahezu ausnahmslos zählen diejenigen dazu, die sich in den großen Parteien der Bundesrepublik zu Seilschaften zusammengefunden haben, um ihre jeweiligen Karrieren zu fördern. Politik ist bei ihnen ganz und gar einseitig zu einem Beruf wie jeder andere entartet, von der Berufung zur Politik kaum noch eine Spur zu finden. Wir Deutschen können unter diesen Umständen von Glück sagen, daß bis auf den heutigen Tag immer wieder Persönlichkeiten zur Verfügung standen, die im richtigen Augenblick wußten, was das gemeine Wohl erfordert, und sich danach richteten, an der Spitze die drei Bundeskanzler, die während der Zeit meines beruflichen Lebens Führungsverantwortung für unser Land getragen haben: Willy Brandt, Helmut Schmidt und Helmut Kohl.

Dabei sind mir nicht nur Willy Brandt, sondern auch seine beiden Nachfolger im Laufe der Jahre politisch und menschlich vertraut geworden. Alle hatten sie ihre Durchhänger, in denen sie ausgezehrt schienen, müde des Amtes. Die Zufälle der Geschichte haben sie unterschiedlich behandelt, und ihr Verhältnis zu den Parteien, aus denen sie hervorgegangen sind, war kaum vergleichbar: Willy Brandt, der Liebling, der Sonnengott seiner Partei bis zum Schluß, obwohl das Ausmaß seiner Liberalität gegenüber der Generation der 68er, selbst wenn es bedenkenswertes parteipolitisches Kalkül eingeschlossen haben mag, im Ergebnis durchaus fragwürdige Folgen gezeitigt hat; Helmut Schmidt, der Mann, der zu jeder Zeit spüren ließ, daß er nicht bereit ist, eigenen Sachverstand und Führungswillen gegenüber Fraktionen oder Personen der Partei zurückzustellen, und der deswegen, ähnlich wie Ernst Reuter, nie im eigentlichen Sinne ein Mann der Partei war; Helmut Kohl, der Meister in der Disziplinierung einer großen Volkspartei, souveräner Jongleur im Umgang mit Kirchturmsinteressen, unanfechtbarer Meister beim Aufspüren und rechtzeitigen Unschädlichmachen innerparteilicher Revolten.

Alle waren oder sind sie einzigartige Persönlichkeiten, denen eines gemein ist: ihr Patriotismus. Das Wort von Gustav Heinemann, er liebe nicht sein Volk, sondern seine Frau, mag dank seiner klugen Ironie beeindrucken. Für mich bleibt es dennoch nicht mehr als ein Aperçu, denn das Wohl des eigenen Volkes anzustreben mag in Liebe oder in Verantwortungsbewußtsein begründet liegen, einen grundlegenden Unterschied vermag ich nicht zu erkennen.

Niemand kann sagen, ob Ernst Reuter, hätte er länger gelebt, nach dem Tode Kurt Schumachers als Gegenspieler Konrad Adenauers eine bestimmende Rolle in der Bundesrepublik hätte spielen können. Die Erfahrungen seines Lebens und das unvergleichliche Format seiner Persönlichkeit hätten wohl dafür gesprochen. Eingewendet werden mag, daß er in mancher Hinsicht als »Volksmann« im Sinne der Revolutionszeit von 1848 verstanden werden kann. Ähnlich hat ihn Fritz R. Aleman 1953 in einem Nachruf in der Zeitschrift »Der Monat« als »Türmer« bezeichnet, als einen Mann, der jenseits regierungsamtlicher oder parteipolitischer Einbindungen die unmittelbare Ansprache der einfachen Menschen bevorzugte. Dagegen mag die abfällige Einschätzung solcher Politiker durch Jacob Burckhardt stehen (dessen hochemotionale Abneigung gegen alles politische Geschehen in seinem, dem 19. Jahrhundert ohnehin nicht unbedingt für Objektivität des Urteils spricht). Ich meine hingegen, daß ein derartiges Verständnis der Persönlichkeit von Ernst Reuter einer Einengung nahekäme, die feuilletonistisch hübsch klingt und doch verkennt, daß ihm Zähigkeit und Durchsetzungswillen eigen waren, die freilich weniger im parteilichen Machtspiel als in Auseinandersetzungen über die richtige Sachpolitik zum Ausdruck kamen.

Hinzu kam sein Gefühl für Anstand, Würde und Moral, das er in so einfachen Worten glaubhaft machen konnte. Während der Berliner Zeit fand es seinen Niederschlag in einigen bewegenden, nachgerade aus ihm heraussprudelnden Reden, so anläßlich der zehnten Wiederkehr des Warschauer Ghetto-Aufstandes und vor allem in der Ansprache zur Erinnerung an den 20. Juli 1944, die er kurz vor seinem Tode hielt: »Unter uns sind viele, die im Konzentrationslager genauso wie diese, die hier gestorben sind, dem Tode ins Antlitz geschaut haben und die in der Stunde, in der sie nicht wußten, ob sie am Leben bleiben würden, ihr Leben an sich selbst vorüberziehen ließen und sich fragten: Habe ich recht gehandelt, habe ich gut gehandelt, habe ich, so schwach ich auch sein mag, das Gute gewollt, und kann ich, wenn ich von dieser Erde scheiden muß, mit gutem Gewissen scheiden? Kann ich meinen Kindern das Erbe hinterlassen, daß sie dem nachstreben mögen, was mir selber vorgeschwebt hat, und kann ich meinem eigenen Volk, für das zu sprechen mir ein gütiges Geschick die Möglichkeit gegeben hat, gegenüber sagen: Ich scheide mit reinen Händen von euch, übernehmt das, was wir gewollt, was wir getan, was wir geschaffen haben, was unvergänglich sein wird im Gange der Geschichte, übernehmt das in eure eigenen Hände?«

Einem Mann mit vergleichbarer Ausstrahlung wie Ernst Reuter sollte ich in meinem weiteren Leben nur noch einmal begegnen: Nelson Mandela, den ich kurz vor dem Ende meiner Laufbahn bei Daimler-Benz im November 1994 in Pretoria kennengelernt habe.

II.

Unternehmer und Unterlasser

Im November 1955 hatte ich meine Ausbildung mit dem 2. Juristischen Staatsexamen abgeschlossen. Das einzige, was ich, bekräftigt durch die Referendarzeit, wußte, war, daß ich nicht Richter oder Staatsanwalt, Sachbearbeiter in einer Rechtsabteilung oder Karrierebeamter werden wollte. Vielmehr hoffte ich, eine Aufgabe in einem Unternehmen der privaten Wirtschaft zu bekommen, mit der Aussicht, eines Tages an unternehmerisch gestaltenden Entscheidungen beteiligt zu sein. Genaue Vorstellungen davon hatte ich nicht, aber ein solcher Weg schien mir vergleichbar mit der Politik, ohne in die damit verbundenen Abhängigkeiten zu führen. Um so glücklicher war ich, als sich gegen Ende des Jahres mein Wunsch tatsächlich zu erfüllen schien. Es handelte sich zudem genau um das Unternehmen, das wie kein anderes meine kühnsten Träume verkörperte: Daimler-Benz. Freilich sollte dies nicht der letzte Fall in meinem Leben bleiben, in dem Hoffnungen zunächst enttäuscht wurden, um erst später, bei einem zweiten oder gar dritten Anlauf, Realität zu werden.

Lothar Hennies, der Leiter der Berliner Verkaufsniederlassung, den ich noch zu Lebzeiten meines Vaters bei einer Vorführfahrt des neuen Mercedes 170 S im Schwarzwald kennengelernt hatte und dem ich viele Jahre später als Vorstandsvorsitzendem des Nutzfahrzeugherstellers Büssing wiederbegegnen sollte, vermittelte meine Bewerbung nach Stuttgart. Im Juli 1956 wurde ich zu einem Vorstellungsgespräch bei dem dortigen Personalchef eingeladen. Es war Hanns Martin Schleyer. Im Anschluß an die Besichtigung des berühmten Museums, noch nicht in dem späteren Neubau, sondern bescheiden in einer abgelegenen Ecke des Stammwerkes in Untertürkheim untergebracht, bei der mich nicht nur meine Jugendträume, die berühmten Silberpfeile, sondern ebensosehr die stilistisch so eleganten Personenwagen der Vorkriegszeit gefangennahmen, konnte ich ihm in seinem Büro meine Vorstellungen und

Wünsche darlegen. Ohne sich daran zu stoßen, wie vage sie waren, zeigte er großes Verständnis. Im Verlauf des anschließenden Mittagessens im Kasino der leitenden Angestellten (er erwähnte lächelnd, daß sie früher als »Beamte« bezeichnet worden waren und sich zum Teil auch heute noch dafür hielten) gewann ich bald den Eindruck, daß mein Gesprächspartner ein offener, trotz seiner konservativen Grundeinstellung zugleich liberal wie sozial denkender Mann war. Die gegenseitige Sympathie, die an diesem Tag aufkeimte, sollte sich später vertiefen. Schleyer verabschiedete mich mit der Zusage, er sei sicher, daß er einen befriedigenden Platz für mich finden werde; meine Frau und ich könnten uns auf einen baldigen Umzug von Berlin nach Stuttgart einstellen. Wir verabredeten, daß er die erforderlichen Fragen schnellstens mit seinen Vorgesetzten klären und mir dann einen Anstellungsvertrag zusenden werde.

Daraus wurde nichts. Mein Erstaunen, meine Enttäuschung waren groß, als ich nach Monaten ungeduldigen Wartens plötzlich eine nichtssagend formulierte Absage erhielt, verbunden mit persönlichem Bedauern. Mehr als sieben Jahre sollte es dauern, bis mir Hanns Martin Schleyer wieder begegnete, bis mich mein beruflicher Lebensweg doch noch zum Ziel meiner Wünsche, zu Daimler-Benz, führte, in jenes Kasino, in dem ich weitere neun Jahre zu Mittag essen würde, inmitten von Kollegen, auf die nicht selten zutraf, was Julius Leber laut Brigitte Seebacher-Brandt 1933 über Karrierechancen in der SPD gesagt haben soll: »Nur wer ... weder nach oben noch nach unten anstieß, der wurde hereingelassen. Gute geistige Mittelmäßigkeit und einexerzierte Routine beherrschten weit und breit das Feld, und die Macht der Instanzen sorgte dafür, daß der Weg nach oben sich nur auf diesem Felde öffnete.« Selbst inzwischen zum Vorstandsmitglied aufgerückt, schenkte mir Schleyer erst damals, Ende 1963, reinen Wein ein, wonach politische Erwägungen für die frühere Absage maßgeblich gewesen seien.

Um die Mitte der fünfziger Jahre war die Aktionärsstruktur bei Daimler-Benz labil geworden. Friedrich Flick hatte die Öffentlichkeit mit der Mitteilung überrascht, daß er eine Sperrminorität von mehr als 25 Prozent der Aktien erworben habe. Daraufhin setzten unter Führung der Deutschen Bank, die bis dahin nach alter Tradition als einziger Großaktionär eine vergleichbare Beteiligung hielt, hektische Bestrebungen ein, um zu verhindern, daß Flick seinen Anteil auf eine Mehrheit aufstocken könnte. Im Ergebnis führte dies zu einem Kompromiß: Die beiden Großaktionäre einigten sich mit dem dritten größeren Anteilseigner, den Brüdern Herbert und Harald Quandt, auf die gemeinsame Wahrnehmung ihrer Interessen. Ob er – abgesehen von der zeitweisen Existenz einer gemeinsamen Zwischenholding für Teile der Beteiligungen an Daimler-Benz – je schriftlich festgehalten wurde, weiß ich nicht.

Immerhin waren in den folgenden Jahren immer wieder Bestrebungen der Deutschen Bank und des Hauses Quandt erkennbar, durch gemeinsames Verhalten einseitige Einflußnahmen der Flick-Gruppe auf das Unternehmen zu unterbinden. Unverändert blieb nur das Vorrecht der Bank, den jeweiligen Aufsichtsratsvorsitzenden zu stellen. Als ich 1956 vorsprach, waren wohl die Konsequenzen aus dieser Entwicklung für den Vorstand des Unternehmens noch nicht klar genug. Niemand wollte sich ohne Not mit dem, wie er genannt wurde, »alten Herrn« Friedrich Flick anlegen, dessen wirkliche Absichten und Einstellungen weitgehend undurchsichtig schienen. In dieser Situation sei es, wie Schleyer berichtete, nicht opportun erschienen, einen »Roten« wie mich, noch dazu Träger eines so bekannten Namens, ins Haus zu holen.

Die Überraschung der Herren mag allerdings groß gewesen sein, als das Haus Flick, nachdem sich der damalige Vorstandsvorsitzende Fritz Koenecke, vom Unfalltod seines Sohnes schwer getroffen, 1961 zurückgezogen hatte, zu seinem Nachfolger einen österreichischen Industriellen, Walter Hitzinger, vorschlug, der zwar während der Nazizeit die Hermann-Göring-Werke in Linz geleitet hatte, aber nach Kriegsende, aus welchen Gründen auch immer, der Sozialistischen Partei Österreichs, der SPÖ, beigetreten war.

Die Vorgänge im Zusammenhang mit der Aktionärsstruktur von Daimler-Benz hatte ich schon vorher aus der Froschperspektive kennengelernt. Meine Mutter erbte 1953 eine einzige Aktie des Unternehmens im Nennwert von 1000 Mark. Auf deren Erwerb, zum Kurs von 150 Prozent, war Ernst Reuter besonders stolz gewesen, denn er gehörte zu denjenigen, die sich zeit ihres Lebens für Mercedes-Fahrzeuge begeisterten. Ich wurde gebeten, fortan diese Vermögensanlage zusammen mit der Depotbank zu betreuen. Der Kurs war auf 400 Prozent gestiegen, als ich zu unserer Filiale der Deutschen Bank gebeten wurde, wo man mich auf den Kurssprung aufmerksam machte und zum Verkauf riet. Natürlich folgte ich dem Rat, der damit begründet wurde, daß die bekannten Bemühungen des Hauses Flick, eine Mehrheit bei Daimler-Benz zusammenzukaufen, bald in sich zusammenfallen würden. Ich war stolz, für meine Mutter einen Betrag von 4000 Mark erlöst zu haben. Doch zu unser beider Verwunderung kletterte der Börsenkurs nach kurzer Pause weiter in steile Höhen, um zum Schluß einen Spitzenwert von über 10 000 Prozent – das hätte einem Betrag von 100000 Mark entsprochen – zu erreichen. Ähnliche Erfahrungen mit der Verläßlichkeit professioneller Kursprognosen aller Art sollte ich später noch mehrfach sammeln dürfen ...

Alle sonstigen Versuche, Ansatzpunkte für den mir vorschwebenden beruflichen Lebensweg zu finden, waren schon vor den Stuttgarter Hoffnungen fehlgeschlagen. An meinen Zeugnissen kann das kaum gelegen haben. Eher hat es wohl mit meinen womöglich ungewöhnlichen Vorstellungen oder aber meinem nicht nur für Daimler-Benz, sondern auch für andere Adressen verdächtigen Herkommen zu tun gehabt. Selbst sogenannte Beziehungen, wie etwa die Bitte um Beratung durch Friedrich Ernst, den freundlichen und zuvorkommenden Bankier, oder Friedrich Spennrath, den jovialen Unternehmer, die beide meinen Vater zu seinen Lebzeiten ihrer höchsten Achtung versichert hatten, fruchteten nichts: Bei keiner Geschäftsbank oder Versicherung fand sich eine Stellung für einen Anfänger wie mich, und der noch in Berlin residierende Vorstandsvorsitzende von Telefunken, Hans Heyne, der sich, wie damals üblich, Generaldirektor nannte und auch so auftrat, beschränkte sich auf den verwunderten Hinweis, daß in einem Industrieunternehmen außerhalb der Rechtsabteilung für einen Juristen keine sinnvollen Möglichkeiten vorstellbar seien. So mußte ich die Zeit mit der Weiterführung einer Stelle als Korrekturassistent, die ich 1953 am Lehrstuhl für Öffentliches Recht der Freien Universität bekommen hatte, überbrücken und mich, umgetrieben von Unruhe über meine berufliche Zukunft, weiter gedulden. Nachdem ich vorsorglich meine Zulassung als Rechtsanwalt beantragt hatte (ohne allerdings diesen Beruf jemals ernsthaft auszuüben), kam mir schließlich Anfang 1957 ein Stellenangebot der Universum Film AG, genannt UFA, in einer Tageszeitung zu Hilfe.

Zwar ging es um eine Anstellung als Leiter der Berliner Rechtsabteilung des Unternehmens, das seinen Hauptsitz in Düsseldorf hatte. Doch schon das Inserat erweckte den Eindruck, daß sich daraus ein breiterer Verantwortungsbereich entwickeln könnte. Das Einstellungsgespräch mit dem Chefsyndikus und Vorstandsmitglied, Herbert Neudeck, verlief erfolgreich, auch wenn ich mir eine ebenso unverzügliche wie unmißverständliche Abmahnung einhandelte, weil ich, in der Tat eine kaum entschuldbare Ungehörigkeit eines jungen Mannes, das Zimmer, in dem die Besprechung stattfand, mit einer brennenden Zigarette in der Hand betreten hatte. Immerhin wurde ich sogleich auch dem für den Berliner Atelierbetrieb verantwortlichen Vorstandsmitglied, Helmut Meyer, und dem für das Rechnungswesen zuständigen Prokuristen Herbert Stapf vorgestellt. Bald darauf erhielt ich den Anstellungsvertrag, mit einem Anfangsgehalt von monatlich 1050 Mark, und konnte am 1. Mai 1957 mit der Arbeit beginnen. Über alle Höhen und Tiefen hinweg sollte ich in keiner späteren Phase meines Lebens mehr lernen als in den folgenden fünf Jahren bei der UFA – über betriebswirtschaftliche Zusammenhänge wie über die Bedeutung klarer Unternehmensstrategien, vor allem aber über Menschen: die Kunden am Markt, diejenigen, die an dem Entstehen der Produkte mitzuwirken hatten, und nicht zuletzt über die Träger der Entscheidungen bis hin zu den Anteilseignern. Vor allem aber über die Verhaltensweisen von Bankenvertretern …

Zunächst war ich nun allerdings in einer Rechtsabteilung gelandet, wo ich mich mit kaum etwas anderem als Mahnbefehlen befassen mußte. Ich starb vor Langeweile, vor der mich nur die Vertiefung des kaufmännischen Grundwissens rettete, das ich mir während des Studiums angeeignet hatte. Zumal sich bald auch Kompetenzstreitigkeiten mit der Düsseldorfer Zentrale einstellten, begann ich von Tag zu Tag mehr daran zu zweifeln, ob es wirklich der Weisheit letzter Schluß gewesen war, mich in Göttingen zum Studienwechsel von der Mathematik und Theoretischen Physik zur Jurisprudenz überreden zu lassen.

Das war das Werk von Horst Ehmke, dem späteren Bundesminister und führenden SPD-Politiker, gewesen, mit dem ich zusammen im Fridtjof-Nansen-Studentenwohnheim wohnte. Freilich hatte die für ihn charakteristisch bleibende Mischung aus schnodderiger Ausdrucksweise und sachlicher Ernsthaftigkeit dabei leichtes Spiel, denn ich befand mich in einer durchaus schwierigen, um nicht zu sagen kritischen Phase meiner persönlichen Entwicklung. Zum ersten Mal war ich herausgerissen aus der Geborgenheit des Elternhauses, mußte mich auf wildfremde Menschen einstellen und zugleich um die Dinge des täglichen Lebens, mit Ausnahme der Ernährung, selbst kümmern. Mein Zimmer teilte ich mit einem Kommilitonen, der sich von mir dadurch unterschied, daß er tatsächlich ein höchstbegabter Mathematiker war: Obwohl auch ich in den Übungen, die wir an der Universität zu schreiben hatten, fast ausnahmslos hervorragende Noten erhielt, merkte ich bald den Unterschied, der darin bestand, daß ich mich gleichsam Schritt um Schritt über alle nur denkbaren Umwege zur richtigen Lösung des gestellten Problems durcharbeiten mußte, während er mit größter Brillanz einen geraden Weg aufzuzeigen pflegte: eine deprimierende Erfahrung, die vermutlich nur verstehen kann, wer sich selbst intensiv mit den Geheimnissen der höheren Mathematik befaßt hat.

Hinzu kam, daß ich, vielleicht mit Ausnahme des Rektors Ludwig Raiser, der öfter in unserem Studentenheim vorbeikam, keinen ernsthaften Kontakt zu den Professoren fand, mehr als das, daß mich die bürgerlich-konservative Atmosphäre, die auf Göttingen wie Mehltau lastete, bedrückte, ja abstieß.

In einem Beitrag für das »Colloquium« in Berlin schrieb ich damals: »Man sollte sich über Professoren und ihre politischen Ansichten nicht allzusehr aufregen. Daß sie oft recht weltfremd sind, ist ein Allgemeinplatz. Wenn aber eine ganze Stadt, in der ein Großteil des deutschen akademischen Nachwuchses ausgebildet wird, aus Menschen dieser Art besteht, dann sollte man nicht verkennen, daß Gefahr im Verzug ist. Göttingen mit seiner Georgia Augusta, durch keine Fliegerbombe getroffen und durch keine Kriegseinflüsse verwüstet, ist zum Studium solcher Verhältnisse wie geschaffen ... Man meine beileibe nicht, daß man sich dort überhaupt nicht mit Politik befaßt. O nein. Man tut das sogar mit viel Worten und scharfem Geist ... Zum Beispiel wird einem da vorgehalten, eigentlich sei es doch ein großer Fehler der Parteien in Berlin, sich derart stark gegen den Kommunismus zu erklären ... Aber ich will beileibe nicht zu weit gehen: Da gibt es eine Menge Leute, die einem versichern, wie sehr sie die Berliner und ihren Freiheitskampf schätzen und achten. Folgert man aber daraus, daß Magnifizenz zur Eröffnung der Freien Universität nach Berlin fahren werde, so hat man falsch geraten. Denn man darf doch auf keinen Fall den Bruch mit den Ostzonen-Universitäten provozieren, abgesehen davon, daß die Freie Universität eine Kampfuniversität ohne die Tradition der Humboldt-Universität ist ... Wenn sich der Berliner Besucher schließlich ein wenig erholen will und durch die alten Straßen der Stadt bummelt, so kann er sich neben den prallvollen Schaufenstern auch noch rasch an frisch mit Schwarz-Weiß-Rot bekränzten Kriegsdenkmälern und Plakaten mit der Inschrift: ›Wählt nationale Kandidaten‹ erfreuen ... Kommt es so weit, daß der Geist Göttingens sich in der neuen Akademiker-Generation festsetzt, dann ade mit allen Zukunftshoffnungen ...«

Fast bis in diese Zeit hinein hat wohl auch Richard von Weizsäcker in Göttingen studiert. In seinen Erinnerungen schwelgt er davon ebenso warmherzig wie beeindruckend. Um so mehr kommt es mir im Rückblick vor, als hätten wir in einer anderen Stadt, an einer anderen Universität gelebt. Gewiß sind meine eigenen Erfahrungen und Erlebnisse, verglichen mit den seinen, sehr viel kürzer und oberflächlicher gewesen. Womöglich waren sie zudem getrübt durch jene besondere Phase meiner persönlichen Entwicklung. Und doch meine ich bis heute, daß in der kurzen Spanne des Winterhalbjahres 1948/49 an der Georgia Augusta eine Eigenheit deutlich geworden sein mag, die das geistige Leben der deutschen Universitäten lange genug geprägt hat: der Gegensatz zwischen der Idylle der Studierstubendispute auf der einen, der nüchternen, Zivilcourage erfordernden Abwägung politischer Realitäten auf der anderen Seite.

Vor allem aber stürzte mich damals die Lektüre des Hölderlinschen Hyperion zeitweise in eine tiefe Stimmung der Mutlosigkeit, des Zweifels am Sinn des Lebens, fast der Depression. Noch war die Begeisterung in mir lebendig, die etwa die Dichtung von Robert Browning in jugendlich-pubertärer Zeit in Ankara erweckt hatte; noch empfand ich nicht jenes Mißtrauen, das inzwischen mein Verhältnis zu fast allen Erscheinungsformen des schwärmerischen Idealismus oder der deutschen und englischen Romantik kennzeichnet, zu Äußerungen entsagungsvoller Liebe, nebelhafter Wehmut oder trauriger Todessehnsucht, seien sie literarischer oder musikalischer Natur; noch hatte ich an mir selbst nichts von jenem zähen Mühen um den richtigen Weg erfahren, das jede Phase des ernsthaften Lebens dem Menschen abverlangt. Trotzdem beherrschte in diesem trüben Winter 1948/49 eine unbestimmte Ahnung mein Gemüt, erinnernd an Rilkes Blick auf den Torso Apolls: »Du mußt dein Leben ändern.«

Horst Ehmke war mir zum ersten Mal bei einem Leseabend von Erich Kästner aufgefallen. Kaum hatte dieser geendet, meldete sich von der Balustrade im großen Saal des Studentenheimes seine Stimme, die mit allen Kennzeichen rhetorischer Meisterschaft und ohne erkennbaren Respekt eine provokativ kritische Frage formulierte. Das beeindruckte mich nicht zuletzt deswegen, weil es mich seit langem wurmte, selber viel zu schüchtern zu sein, um ähnliches zu wagen. Wir lernten uns näher kennen, und ich begann, ihm meine Sorgen und Probleme anzudeuten. Das Ergebnis war mein Studienwechsel, für den er neben sachlichen Argumenten vor allem damit plädierte, daß eine Ausbildung als theoretischer Physiker zwangsläufig alle Türen für eine spätere politische Tätigkeit zuschlagen müsse. Daß mein Jugendtraum, eines Tages als Nobelpreisträger in die Annalen der Wissenschaft einzugehen, ohnehin zerronnen war, trug sicherlich zu dieser Entscheidung bei.

Meine Eltern, die mich immer den Weg gehen ließen, den ich selbst für richtig hielt, akzeptierten sie voller Verständnis. Rückblickend bin ich freilich nicht sicher, ob es für einen unerfahrenen jungen Menschen ausnahmslos vorteilhaft sein muß, ganz und gar sich selbst überlassen zu bleiben, ohne guten Rat, der notfalls auch ungefragt angeboten wird. Trotzdem habe ich es nie als Manko empfunden, daß meine Eltern zu keiner Zeit versucht haben, meine Vorstellungen und Wünsche ernsthaft in eine andere Richtung zu beeinflussen.

Die Blockade ging zu Ende, die Freie Universität war gegründet. Frohen Mutes konnte ich endlich nach Berlin zurückkehren. Nur eine Kleinigkeit war noch zu erledigen: Ich mußte eine Aufnahmeprüfung an der neuen Alma mater bestehen, die sich nicht mit vorangegangenen Zeugnissen zufriedengab. Es ging um Fragen der Allgemeinbildung, und kein Zweifel trübte mein Selbstbewußtsein, als ich den Prüfungsraum betrat. Ein wenig verwirrt war ich lediglich dadurch, daß keiner der Prüfer, die wegen der Kälte in ihren Mänteln an einem langen Holztisch saßen, meinen Gruß erwiderte. Ich wurde gebeten, wie ein armer Sünder auf einem Stuhl Platz zu nehmen, und schon traf mich die erste Frage nach dem Baujahr der Hagia Sophia. Nun war es noch nie meine Stärke, anstelle der mir ungleich wichtiger erscheinenden Kenntnis geschichtlicher Zusammenhänge aus dem Gedächtnis nackte Zahlen herunterzubeten. Ich begann zu stottern, und das verstärkte sich, als auch das Entstehungsjahr des Corpus iuris civilis nicht in mein Gedächtnis kommen wollte. Als ich schließlich die Meereshöhe von La Paz nicht nennen konnte, war die Tortur zu Ende, ich aber durchgefallen. Trotz der Lächerlichkeit des Vorfalls schämte ich mich zu Tode, ohne daß mir ein Ausweg einfiel. Schließlich bat ich den AStA-Vorsitzenden Helmut Coper, den ich von den Protestveranstaltungen der Studenten an der Humboldt-Universität her kannte und der zu den Herausgebern des »Colloquiums« gehörte, um Hilfe. Entgegen den strengen Regeln gab man mir eine neue Chance, und im Sommersemester 1949 durfte ich tatsächlich mit dem Jurastudium beginnen. Es sollte mir viele intellektuelle Herausforderungen, unterschiedlich eindrucksvolle akademische Lehrer und eine Fülle unbeschwerten studentischen Spaßes bescheren.

Zu den bemerkenswerten Professoren gehörten Ulrich von Lübtow, der wegen der Trockenheit seiner Vorlesungen wenig beliebt war, mich aber überzeugend an die in ihrer Logik so bestechenden römisch-rechtlichen Wurzeln unserer Rechtsordnung heranzuführen vermochte, und Wilhelm Wengler, ein bekannt eigenwilliger Mann, der die Brillanz des internationalen Privatrechts wie kein anderer herauszuarbeiten verstand. Vor allem aber ragen Martin Draht und Ernst Hirsch aus meiner Erinnerung hervor, der erste, weil er mich, auf der Grundlage des bis heute einzigartig gebliebenen Lehrbuches von Ernst Forsthoff, für das Verwaltungsrecht einzunehmen wußte, der zweite, weil er, den ich schon aus der Emigration in die Türkei kannte, es mit ungewöhnlicher sachlicher Autorität und seiner in sich ruhenden Persönlichkeit verstand, die Studenten zum kritischen Mitdenken zu erziehen. Im Seminar bei Draht schrieb ich eine hochgelobte Arbeit über die stalinistische Verfassung der UdSSR, was freilich nicht ausreichte, um später, während meiner Tätigkeit bei der UFA, erfolgreich bei ihm zu promovieren. Das handels- und gesellschaftsrechtliche Seminar von Hirsch führte mich zu einem Problem, das die Geschichte der Bundesrepublik bis hin zu einem Grundsatzurteil des Bundesverfassungsgerichts begleiten sollte und das nach meiner Überzeugung bis heute von vielen, vor allem von denjenigen, die versuchen, die Unternehmen einseitig auf Aktionärsinteressen festzulegen, nicht begriffen worden ist: das Verhältnis von Eigentümerrechten auf der einen, den Mitbestimmungsrechten der Belegschaft auf der anderen Seite und die sich daraus ergebende Konsequenz, daß ein Wirtschaftsunternehmen mehr ist als die Summe der Vermögenswerte, die darin gebunden sind.

Weniger eindrucksvoll waren andere Professoren. Zu ihnen zählte Leonhard Auerbach, der vor allem über Zivilprozeßordnung las. Das lag nur teilweise an seinen pädagogischen Fähigkeiten, sondern eher an der unpolitischen Tumbheit seiner Ansichten, die er zum besten zu geben pflegte. So löste er eines Tages einen Sturm von trampelnder Zustimmung aus, als er, die »männliche und aufrechte Haltung« eines wilhelminischen Staatsdieners lobend, mit der »oft nur zu ängstlichen Haltung, die heutzutage bei vielen Beamten beobachtet werden kann«, verglich, um hinzuzufügen, daß ihm der »damalige liberale Obrigkeitsstaat mit solchen Beamten« eigentlich sympathischer als die heutige Staatsordnung sei. Wortwörtlich bekannte er, er habe sich »bedeutend wohler als in der heutigen Demokratie gefühlt«. Daraufhin schrieb ich, mit Kopie an den Dekan, es sei »doch wohl eine der vornehmsten Aufgaben (der) Freien Universität, daran mitzuwirken, daß in der jungen Akademikergeneration ... ein echtes demokratisches Lebensgefühl lebendig wird« und »daher Äußerungen wie die Ihrige besser unterbleiben« sollten. »Der Beifall, den Sie fanden«, fügte ich hinzu, »ist ein sicheres Zeichen dafür, ein wie langer Weg noch zurückzulegen ist, ehe die Demokratie in den Studenten von heute sichere Hüter gefunden« hat. Die Folge war eine beleidigte Aufforderung, meine Darstellung zurückzunehmen und den Dekan davon in Kenntnis zu setzen, was ich nicht tat. Übungsscheine von diesem Lehrer brauchte ich allerdings nicht.

Sonderlich angestrengt habe ich mich beim eigentlichen Studium an der Universität kaum. Ich hatte das Gefühl, den Vorlesungen, die ich regelmäßig besuchte, ohne Schwierigkeiten folgen zu können, und die Ergebnisse der Übungsarbeiten, die wir zu schreiben hatten, gaben keinen Anlaß zu Befürchtungen. So blieb Zeit genug, sich dem Tennis und dem Skatspielen zu widmen und allerhand Feste zu feiern. Die waren zwar nicht mehr ganz so wild und ausgelassen wie die berühmten Faschingsfeiern der Nachkriegs- und Blockadejahre an der Hochschule der Künste, wie der auf vergnügliche Provokation gerichtete Umzug bis zum Kurfürstendamm, zu dem sich die Studenten hinter einem ein wenig abnormen Koch namens Kuny zusammengeschart hatten, oder wie die Jazzabende und -nächte in der »Eierschale«. Doch waren jetzt ungebrochene Fröhlichkeit und Lebensfreude an die Stelle makabrer Ausgelassenheit getreten. Man hatte wieder Lust am Leben, das man genießen, das aber einige von uns auch über ihre rein persönlichen Interessen hinaus gestalten wollten. Dafür, daß man das Erste Staatsexamen bestand, sorgte im übrigen ein Repetitor namens Dreyer, dessen unnachahmlich pralles und drastisches pädagogisches Talent nicht nur in meiner Erinnerung lebendig geblieben ist.

Denke ich an meine Kommilitonen zurück, scheint es mir freilich alles in allem doch so, daß ich durch meine Jugend in der Türkei gegenüber denjenigen bevorteilt war, die sich vieles an allgemeiner Bildung erst noch erarbeiten mußten, bis hin zu der Fähigkeit, überhaupt selbständig Bücher zu lesen.

*

Nach einer viertägigen Fahrt mit dem Orientexpreß über Wien, Ljubljana, Belgrad und Sofia waren deine Mutter und du in jenem Sommer 1935 in Istanbul angekommen. Die Reise war für den Jungen aufregend gewesen: das Erlebnis eines ganzen eigenen Abteils im Schlafwagen des berühmten Zuges, die Menschen in den anderen Waggons, ungewohnt gekleidet, fremde Sprachen schnatternd, oft genug begleitet von allerhand Geflügel und sonstigem Getier. Alles wurde jedoch von der nervösen Spannung der Mutter überlagert, die dem Wiedersehen mit ihrem Mann entgegenfieberte und zugleich so unsicher war, was euch erwartete. Um so größer die Freude und Erleichterung, als euch der Vater auf dem Bahnhof in Istanbul in die Arme schloß. Seine ersten Worte waren voller Zuversicht, daß ihr in der Türkei eine gute Chance haben würdet, die Hitlerzeit gesund und ungefährdet hinter euch zu bringen. Vor Augen steht dir noch heute die anschließende, selbst für ein Kind berauschend eindrucksvolle Passage auf einem der kleinen Schiffe, die die Stadtteile von Istanbul miteinander verbinden, zur gegenüberliegenden Küste, wo ihr in einem Vorort übernachtetet, um bald weiter nach Ankara zu fahren. Der Rundblick über die Kuppeln der Moscheen, die Minarette und die Dächer des Topkapi-Palastes, darunter das blaue Wasser des Marmara-Meeres, ist seitdem eine der schönsten Städteansichten geblieben, die du kennst. Es war freilich nur der Anfang eines geschichtlichen und kulturellen Erlebens, das sich im Laufe der folgenden Jahre ständig vertiefen und dich auf immer formen sollte.

*

Nach einer weiteren Schlafwagennacht (wie oft noch sollte ich in den kommenden elf Jahren mit dem »Anadolu-Expreß«, übrigens gern auch als Umschreibung einer heftigen Darmverstimmung verwendet, zwischen beiden Städten hin- und herpendeln!) dann also Ankara. Inzwischen zählt die Hauptstadt der Türkei, von Kemal Atatürk 1923 dazu bestimmt, mehr als drei Millionen Einwohner. Als wir ankamen, war sie noch ein Provinznest, in dem kaum mehr als 100 000 Menschen lebten, eine auf 800 Meter Höhe gelegene Ansiedlung mitten im anatolischen Hochland, in den Wintermonaten oft von bitterer Kälte heimgesucht, im Sommer von sengender Hitze und himmelverdunkelnden Staubstürmen. Die Stadt hatte eine bis in Urzeiten zurückliegende Geschichte. Von ihr wollten allerdings, jedenfalls soweit sie auch bei größtem Bemühen nicht als Teil der eigentlichen türkischen Vergangenheit dieses an großen Kulturen so reichen Landes interpretiert werden konnte, die wenigsten offiziell etwas wissen, vielleicht mit Ausnahme des einen oder anderen emigrierten deutschen Hochschullehrers. Inzwischen kann diese unerhört vielfältige, bei weitem noch nicht umfassend erforschte Geschichte in dem eindrucksvollen Museum der kleinasiatischen Kulturen wenigstens einigermaßen nachempfunden, zumindest erahnt werden.

Die Altstadt, die sich um einen der früheren Burghügel herumschmiegte, kümmerte ärmlich vor sich hin, während das moderne Leben sich auf den neugebauten Teil Ankaras konzentrierte. Er war auf beiden Seiten einer langen Straßenachse, des Atatürk-Boulevard, angelegt und erstreckte sich von dem eigentlichen Geschäftszentrum, dessen zentralen Platz ein Reiterstandbild des Staatsgründers schmückte, über viele Kilometer bis in die klimatisch bevorzugten Hügel des Stadtteiles Cankaya, vorbei an Botschaftsgebäuden und gekrönt vom Präsidentenpalast. Dazwischen lag die Universität, später der Neubau eines Opernhauses, es schlossen sich die Wohnviertel der Begüterten an und nicht zuletzt das Regierungsviertel, städtebaulich gestaltet von dem österreichischen Architekten Clemens Holzmeister, der auch einige der Ministerien entworfen hatte. Alles in allem war Ankara eine Stadt und doch ein Dorf.

Grünes Land gab es nur, wo Bäume und Sträucher von Menschen gepflanzt und gepflegt wurden, Akazien am Straßenrand, zumeist ergänzt von Springbrunnen in der einen oder anderen öffentlichen Parkanlage. Unmittelbar am Rand der Stadt begann die Steppe, nur im Frühling für wenige kurze Wochen durch zartes Grün verschönt, das sich bald in Gelb und Braun, die Farbtöne der verdorrten Disteln und des ausgetrockneten Lehmbodens, wandeln sollte. Als unsere erste Wohnung hatte der Vater eine Etage in einem Zweifamilienhaus gemietet, das, obwohl im modernen Teil der Stadt gelegen, noch keinen befestigten Straßenzugang hatte. Von einem Garten war außer der ihn eingrenzenden Mauer nichts zu sehen, nur verbrannte und tief aufgerissene, staubige Erde ringsum, die sich bei einem der wolkenbruchartig niederprasselnden Regengüsse in ein reißendes Strombett zu verwandeln pflegte. Für die Mutter und das deutsche Hausmädchen, das wir mitgebracht hatten, eine deprimierende Zeit, bis sie sich einigermaßen zurechtgefunden und sich ihre ersten dürftigen Kenntnisse der Sprache (meine Mutter sollte sie nie auch nur einigermaßen lernen) angeeignet hatten.

Dem Sohn fiel alles viel leichter, denn er fand im Haus und der Umgebung bald gleichaltrige türkische Spielkameraden. Verständigungsprobleme gab es kaum, dafür aber die Begegnung mit einer neuen Welt. Wenn die Geflügelherde vorbeigetrieben, ein Huhn oder ein Truthahn ausgesucht und ihm von dem Verkäufer, der beide Flügel mit den Füßen auf dem Boden festklemmte, über einer kleinen Grube die Gurgel durchgeschnitten wurde, schauderte es ihn, doch nicht minder war er fasziniert, wenn das geköpfte Tier dann noch einige Zeit flügelschlagend umherlief, bevor es leblos zusammenbrach. Bald darauf mußten wir das erste Mal umziehen, weil der Hausbesitzer den Mietvertrag gekündigt hatte.

*

Schon während du darangehst, deine Erinnerungen an die Jahre in der Türkei aus dem Gedächtnis heraufzuholen, beginnst du zu stutzen. Wo keine Notizen oder Briefe weiterhelfen, merkst du bald, daß kaum mehr als eine Ahnung geblieben ist, wie die Zeiten wirklich abgelaufen sind. Nur weniges kannst du am Kalender nachvollziehen, bei manchem, was dir klar und bildhaft vor Augen zu stehen schien, stellt sich heraus, daß es in ganz anderem Zusammenhang stattgefunden hat. Was dir heute kurz vorkommt, vielleicht hat es sich über Jahre erstreckt; woran du dich als langen Zeitraum zu erinnern vermeinst, womöglich hat es sich während weniger Wochen ereignet. Ginge es um Geschehnisse deines beruflichen Lebens, so würdest du akribisch nachforschen, Unterlagen prüfen, Zeugen befragen. Hier hilft dir das nicht weiter. So ist es nun einmal mit den Abschnitten des Daseins, die sich nicht mit Hilfe von Datenmaterial wiederbeleben lassen, und das ist gut so.

Leben bemißt sich nicht allein nach dem Uhrzeiger, dem Kalender, den Schriftstücken, sondern danach, was wir empfinden, was wir lernen, was uns beeindruckt, was uns prägt. Eine flüchtige Sekunde des Glücks oder Strecken der Enttäuschung, des Vertrauens, des Gestaltens, der Freundschaft, alles das ersetzt zwar nicht das genaue Datum, die präzise Einordnung in die äußeren Abläufe um einen herum, und doch mag es für die Wahrhaftigkeit des Erinnerns um ein Vielfaches wichtiger sein. Dies aber ist es, wonach du suchst, wenn du zurückdenkst an die Jahre.

*

Unsere nächste Bleibe lag nicht weit entfernt. Es war eine komfortable Etagenwohnung in einem Neubau, nun schon an einer befestigten Straße. Die Einrichtung hielt die Erinnerung an die Heimat lebendig, das Wohnzimmer zwar aus dunklem Holz, aber im Stil des Bauhauses noch in Berlin von Tischlerhand gefertigt, der ovale, ausziehbare Eßtisch mit den dunkelrot gepolsterten Stühlen. Daß die Möbel im Elternschlafzimmer zerlegbar waren, sollte sich bald als besonders vorteilhaft erweisen, denn so konnte die Wirksamkeit der Schwefelschwaden, mit denen meine Mutter und ich den Raum in regelmäßigen Abständen vom Wanzenbefall befreien mußten, wesentlich gesteigert werden. Erst Jahre später, bei meinem ersten Ausflug zum Skifahren auf den Uludag bei Bursa, auf der Durchreise in Istanbul, sollte ich allerdings während der Übernachtung in einem türkischen Hotel erfahren, was es wirklich heißt, wenn Wanzen in der Nacht wie Regen von der Zimmerdecke auf das schlafende Opfer herunterfallen ...

Hier, in der neuen Wohnung, ging es um andere, sehr kindliche Betätigungen, und doch um den Anfang einer Zuneigung zum Sport, die mich nie mehr loslassen sollte. Im Hof begannen meine Spielkameraden und ich, uns im Weitsprung und Hochsprung zu messen oder, gestützt auf eine grobe, eigentlich zum Bau von Zäunen gedachte Stange, uns im Stabhochsprung zu versuchen. Vor allem aber packte mich das Fußballspiel, und ich bekam Ärger mit der Mutter, weil ich mich an einem kalten Tag unerlaubt meiner langen Wollstrümpfe entledigte, um in kurzen Hosen, dafür aber mit einem wunderschönen weinroten Pullover bekleidet, meinem deutschen Torwartidol nachzueifern, das ich aus dem regelmäßig verschlungenen »Reichssportblatt« so genau kannte.

Sehr viel später kann es nicht gewesen sein, als ich zum ersten Mal Bekanntschaft mit jenem Lampenfieber machte, das mir auch heute noch fast den Atem zu verschlagen pflegt, bevor ich mit meinem Pferd in den Springparcours einreite und sich die Spannung in aufmerksame Ruhe auflöst. Meine Mutter, seit ihrer Jugend für

Theater begeistert, inszenierte eines der Kasperlestücke des dafür bekannten Autors Franz Graf Pocci. Ähnlich wie bei der »Entführung aus dem Serail« ging es um eine reizende europäische Prinzessin, die von einem ernsten, aber keineswegs grausamen Sultan in seinem Palast festgehalten wird, bevor der schlaue Kasper sie gegen den Widerstand eines bösen Wächters befreit. Kulissen und Kostüme waren selbst gemacht, das Publikum stellten die befreundeten deutschen Emigrantenfamilien. Ich spielte, wie sollte es bei dieser Regisseurin auch anders sein, die »männliche« Hauptrolle, den freundlich-naiven und doch pfiffig-zielstrebigen Kasper, konnte vor dem ersten Auftritt kein Wort herausbringen und war hinterher, als die Zuschauer Beifall klatschten, vor Erleichterung und Stolz halb von Sinnen.

Vergleichbar war die Spannung, wenn ich meinen Vater sonntags zum Pferderennen begleiten und mit ihm zusammen Wetten abschließen durfte. Er hatte offenbar zeit seines Lebens eine Neigung zum Glücksspiel, ist ihr aber, wie ich, nie über Gebühr verfallen (es sei denn, man wollte spätere Versuchungen meiner Jugendjahre in Ankara, beim Pokerspielen sogar begehrte Stücke meiner Kleidung einzusetzen, so interpretieren). Vielmehr waren die Nachmittage auf der Rennbahn eher eine Schule der inneren Beherrschung, die sich bewährt hat, wann immer mich in meinem Leben unerfüllbare Wünsche bedrängen sollten. Und schließlich prägte mir ein Ereignis dieser Zeit bleibenden Respekt ein: Eines Tages saß ich am Bordsteinrand, als ein drohendes, beängstigendes Donnergrollen einsetzte, kurz darauf die Straße anfing, auf und nieder zu schwanken, um sich schließlich unmittelbar vor mir mit einem tiefen Riß zu spalten. Oben in der Wohnung war das Chaos ausgebrochen, die großen Bücherregale umgestürzt, Geschirr zerschlagen, doch meiner Mutter nichts geschehen. Ich wußte nun für immer, wie wenig Menschenhand trotz aller Segnungen der Technik gegen solche Urgewalten der Natur ausrichten kann.

Bald war ein weiterer Umzug fällig, dieses Mal in das oberste Stockwerk eines Dreifamilienhauses. Es lag wunderschön, am Besiedlungsrand eines Hügels, der durch ein Wasserdepot gekrönt und mit einem Park von Akazienbäumen bepflanzt war. Heute steht in der unmittelbaren Umgebung der ebenso monumentale wie architektonisch scheußliche Neubau einer Moschee, das Viertel ringsum hat jede Intimität verloren. Damals war es ruhig, grün und luftig. Nicht weit entfernt wohnten andere deutsche Familien: gegenüber der Chirurg Eduard Melchior, der meinen Vater später am Knie operieren sollte, mit seinen Kindern, ganz in der Nähe mit seinen Eltern und der Tante Olga, die so wunderbaren Kuchen backen konnte, mein Freund Karl-Ernst Zimmer, dem ich bis heute eng verbunden geblieben bin, und die Fahrt mit dem Fahrrad den Berg hinab zu meiner Lehrerin dauerte kaum mehr als zehn Minuten. Meine Schwester aus der ersten Ehe meines Vaters war inzwischen aus Deutschland zu uns gekommen, um während der Kriegsjahre bei uns zu bleiben, ihr Bruder, der in England studierte, konnte uns noch kurz vor Ausbruch des Krieges für wenige Wochen dort besuchen.

Wir alle fühlten uns hier wohl. Ich genoß den Umgang mit unserem geliebten Hund Jupp, dem frechen Foxterrier, der einer großen Mischlingshündin nachgefolgt war, und mit den Katzen, was nicht ausschloß, daß ich auch eher distanzierte Beobachtungsgelüste entwickelte. So meinte ich nachweisen zu können, wie sehr die Intelligenz von Hunden durch diejenige der Katzen überboten wird, und lernte zugleich, die Katzen rücklings von unserem Balkon zu werfen, um begeistert zuzuschauen, wie geschmeidig sie sich in der Luft zu drehen und auf allen vieren zu landen vermochten. Entdeckt habe ich auch die Faszination chemischer Reaktionen: beim Experimentieren mit selbstgemischtem Schwarzpulver bewirkte die ungewollt ausgelöste Stichflamme, daß die Platte des linoleumbezogenen Tisches in meinem Kinderzimmer, nicht gerade zur Freude meiner Mutter, nahezu durchglühte.

Die bleibendste Erinnerung waren jedoch die Nächte, die ich, auf dem sommerwarmen Boden liegend, bewaffnet mit einem Feldstecher, beim Betrachten des funkelnden Sternenhimmels verbrachte. Sprachlose Ehrfurcht vor den Geheimnissen des Weltalls und der Schönheit dieses Anblicks vermischten sich, wechselten sich ab. Als Krönung empfand ich regelmäßig das ferne, unerreichbare Flimmern des Andromeda-Nebels, heute in Deutschland angesichts der Luftverhältnisse und stets störender Lichteinflüsse selbst mit dem Teleskop, dessen stolzer Besitzer ich seit meinem 60. Geburtstag bin, nur noch schwer auffindbar.

Der Krieg brach aus, wir mußten uns einschränken, die Suche nach einer anderen Bleibe führte in einen neuangelegten Vorort, in ein Einfamilienhaus in Bahceli Evler, »den Häusern mit Garten«. Die Gärten mußten allerdings auch hier erst angelegt werden. Zusammen mit den Eltern bemühte ich mich darum, wenn auch mit wechselndem Erfolg, denn der Boden und die Bewässerungsmöglichkeiten ließen zwar den Anbau von allerhand Gemüse, vor allem Bohnen, Tomaten und Zucchini, zu, kaum aber das Gedeihen von Blumen. Hinzu kam, daß Jupp sein Revier mit Vorliebe dafür benutzte, um wild bellend fremde Katzen auf die Akazien oder über die Mauer zu hetzen, was nicht gerade zur erfolgreichen Pflege des Gartens beitrug. Zugleich ließ mir die Vielfalt meiner sonstigen Interessen kaum genügend Zeit für allzu geduldiges gärtnerisches Mühen.

Zentrum der neuen Siedlung waren zwei Tennisplätze mit einem feudalen Clubhaus. In der wärmeren Jahreszeit, vom Frühling bis in den Herbst, verbrachte ich dort große Teile meiner Freizeit. Tennis entwickelte sich zu einer Leidenschaft, hinter der über lange Strecken alles andere zurücktrat. Ich lernte es bald recht gut, nahm an Turnieren teil und war stolz wie ein Spanier auf die ersten größeren Erfolge im Einzel und im Doppel, im gemischten Doppel mit meiner Partnerin Destine Masar, einem reizenden jungen Mädchen, das von einem türkisch-deutschen Elternpaar abstammte, bei den Herren zusammen mit Bekir Arpag, dem Sohn eines früheren Botschafters in Berlin. Beide gehören zu den wenigen Jugendfreunden aus jenen Jahren, mit denen mich bis heute vertraute Freundschaft verbindet. Gemeinsam traten wir bald in den zentralen Tennisverein von Ankara ein, wo die Wettbewerbe stattfanden und wo wir ernsthaft trainieren konnten. Doch Tanz, Jazzmusik, Kartenspiel und schüchterner Flirt, das blieben die Attraktionen unseres Clubhauses draußen vor der Stadt.

Ganz in der Nähe des Stadions des 19. Mai (benannt nach einem türkischen Gedenktag), auf dessen Gelände der große Verein angesiedelt war, hatte die Luftwaffe einen auch für das allgemeine Publikum zugänglichen, 50 Meter hohen Fallschirmturm gebaut. An einem angelartigen Ausleger hing der Schirm, in den man von einer kleinen Plattform im freien Fall über die Länge der Schnüre hineinspringen mußte, damit das Körpergewicht das Gerät an einem Seil zum Erdboden ziehen konnte. Eines Tages, ich weiß nicht, wieso, fand ich mich zusammen mit einem anderen Jungen und zwei Mädchen hoch oben auf jener Plattform wieder, und wie üblich wurde mir schwindlig (eine Eigenschaft, die ich bis heute nicht verloren habe). Plötzlich hörte ich meinen Bekannten rufen, er sei ein »brave Jugoslavian boy«. Sogleich ließ er sich anschnallen und verschwand unter den bewundernden Blicken der jungen Damen ins Leere. Wollte ich nicht als elender Versager dastehen, blieb mir nichts anderes übrig, als es ihm gleichzutun. Noch heute erinnere ich mich, wie mir die Knie zusammensackten, als die Geländertür sich öffnete. Immerhin schaffte ich es und wurde dann während vieler Monate zum Dauerkunden, der es bald lernte, in aufrechter Haltung abzuspringen, und riesig stolz war, eines Tages sogar eingeladen zu werden, an einer Nachtübung teilzunehmen, bei der man im Sinne des Wortes ins dunkle Nichts zu springen hatte. Jahrzehnte später sollte mir das alles wieder ins Gedächtnis kommen, als ich, mit einem Tandemspringer verbunden, erleben durfte, wie es ist, in 3500 Metern Höhe aus einem Flugzeug zu springen und abzuwarten, bis sich nach einer Ewigkeit, 40 Sekunden im freien Fall, endlich der Fallschirm öffnet.

Neben alledem stand unverändert das Basteln auf der Tagesordnung. Früher, als ich noch kleiner war, hatte ich mit unterschiedlichem Erfolg versucht, aus Holz, Gips und Blei Modelle von Kriegsschiffen zu bauen, für die mir Abbildungen in »Weyer's Taschenbuch der Kriegsmarinen« als Vorlage dienten. Jetzt konzentrierte sich meine Begeisterung auf Modellflugzeuge. Wieder ging die Anregung von der türkischen Luftwaffe aus, die in der Stadt ein kleines Geschäft unterhielt, in dem man die benötigten Utensilien für Segel- oder propellergetriebene (Antriebskraft war ein aufgedrehtes Gummiband) Flugzeuge kaufen konnte, Balsaholz für das Gerüst, Papier zum Bespannen, einen Spezialleim zum Kleben. Die Scham, eines Tages beim Klauen einer kleinen Leimtube ertappt und dafür bloßgestellt worden zu sein, habe ich bis heute nicht vergessen.

Und schließlich das Kino. Staunenden Unglauben rufe ich noch immer hervor, wenn ich Fragen, woher mein gutes Englisch stamme, damit beantworte, das Kino sei daran schuld. Die Filme, fast ausnahmslos westlichen Ursprungs, wurden nämlich grundsätzlich in der Originalsprache, mit türkischen Untertiteln, gezeigt. Da es sich weit überwiegend um Produktionen aus Hollywood handelte und ich zusammen mit meinen Freunden ungezählte Stunden im Kino verbrachte, war diese Sucht eine ideale Lehrmeisterin für eine Sprache, die mir ohnehin im Schulunterricht intensiv beigebracht wurde und deren Kenntnis sich durch die ständige Lektüre englischer Literatur vertiefte. Begonnen hatte das schon in der früheren Wohnung, von wo aus es mit dem Fahrrad nicht weit war bis zu einem Kinogebäude, das am Platz des Roten

Halbmondes (der türkischen Rote-Kreuz-Organisation) lag. Hier, in unserer Siedlung, gab es dagegen ein Gartenkino, in dem die Filme unter dem meist pechschwarzen, sterneflimmernden Nachthimmel in einer Atmosphäre liefen, nach deren gelöster Ungezwungenheit ich mich bis heute zurücksehne. Vor allem »Sun Valley Serenade«, ein belangloser Unterhaltungsfilm mit Sonja Henie und dem Orchester Glenn Miller, den Bekir und ich unzählige Male ansahen, brachte unsere aufkommende und andauernde Begeisterung für das Skifahren erst richtig zum Durchbruch. Erst kürzlich hörte ich – und kann es kaum glauben –, daß der Streifen angeblich zu den Lieblingsfilmen sowohl von Hitler als auch von Stalin gehört haben soll!

Ankara war inzwischen schon sichtbar und spürbar gewachsen. Zwar lag »Bahceli Evler« noch durch kilometerweites Steppenland vom Stadtrand getrennt (heute ist es längst Teil der Stadt), doch jenseits des Atatürk-Boulevards waren neue Viertel entstanden. Genau wie das moderne Musikkonservatorium mit seinem Konzertsaal gehörte auch die neue Hochschule für Politikwissenschaften dazu, an der mein Vater Kommunalwissenschaften lehrte. Überallhin gab es Busverbindungen. Sie wurden, wie schon seit unserer Ankunft, überwiegend durch Fahrzeuge russischer Provenienz bedient, die sich durch einfachste Wartung – zumeist reichte ein Schlag mit dem Hammer als Reparatur aus – auszeichneten und deswegen nur selten ausfielen, während sich eine Flotte deutscher Busse, ich glaube von Büssing, als viel zu anspruchsvoll herausstellte und nur selten betriebsbereit war. Ich war ständiger Kunde auf unserer Linie, während der Vater am liebsten mit dem Fahrrad zu seinen Vorlesungen in die Universität fuhr, Knickerbocker an den Beinen und auf dem Kopf die Baskenmütze: ein für normale türkische Vorstellungen unmöglicher Aufzug, der dennoch den Respekt nicht beeinträchtigte, den ihm seine Kollegen und vor allem seine Schüler bis weit über seinen Tod hinaus entgegenbrachten.

Überhaupt die Eltern. Unmerklich hatte sich im Verlauf der Jahre ihr gesellschaftlicher Umgang mit den anderen deutschen Emigrantenfamilien geändert. Meine Erinnerung an die Anfänge ist geprägt davon, daß die Erwachsenen regelmäßig zu organisierten Veranstaltungen zusammenkamen, bei denen der jeweilige Gastgeber über ein Thema seines Interesses referierte und man anschließend, gestärkt durch Kaffee, Tee, Säfte, Kuchen und belegte Häppchen, diskutierte. Groß war meine Aufregung gewesen, als ich das erste Mal meinem Vater zuhören und anschließend beim Servieren helfen durfte. Eine besondere Art des Zusammenkommens sollte sich als nächstes entwickeln: die Graeca, ein Kreis von humanistisch gebildeten Menschen, in dem griechische Texte gelesen und interpretiert wurden; sie stand unter der Leitung von Georg Rohde, dem Altphilologen und späteren Rektor der Freien Universität Berlin, einem der feinsinnigsten und liebenswertesten Männer, die ich je kennengelernt habe. Wieder eine andere Gruppe, an der mein Vater mit gleicher Begeisterung teilnahm, bildeten die Skatspieler, unter ihnen vor allem der Dirigent Ernst Praetorius und der Assyriologe Benno Landsberger, die mit großer Ausdauer bis in die Nachtstunden hinein zusammenzusitzen pflegten.

Ohne daß all dies ersatzlos einschlief, hatten sich aber inzwischen neue Schwerpunkte entwickelt. Die Kinder waren größer geworden, und so wurden während der trockenen Jahreszeit nun öfter einmal Ausflüge in die Umgebung organisiert. Das war ein mühseliges Unterfangen, denn die Armseligkeit der Vegetation und die glühende Hitze machten Wanderungen, wie man sie in Deutschland kennt, nicht gerade zu einem herausragenden Vergnügen. Trotzdem gelang es immer wieder, auch grüne Fleckchen zu finden, sei es am Atatürk-Stausee, der Ankara mit Trinkwasser versorgte, sei es in der Gegend des freilich weit entfernt liegenden Kizil Irmak, dem Halys der Alten (wie oft sollte mir später, besonders anläßlich der Entschlüsse und Handlungen mancher vielbejubelter Tatmenschen, der doppelsinnige Orakelspruch aus Delphi, dort von den Eltern gelernt, wieder in den Sinn kommen, der dem strahlenden Herrscher Kroisus prophezeit hatte, er werde ein großes Reich zerstören, wenn er den Fluß überschreite!). Uns allen machten diese von meinem Vater mit seiner Rolleicord festgehaltenen Exkursionen einen Heidenspaß, am meisten die Begegnungen mit den anatolischen Bauern und das Erlebnis ihrer Gastfreundschaft, die spontane Einladung zum Tee oder zum Ritt auf ihrem Esel, ein Tier, das mir seitdem so lieb geworden ist. Jeder dieser Ausflüge brachte immer wieder neue Erlebnisse mit sich. Jene Vielfalt von Fauna und Flora, wie sie uns im westlichen Teil Europas so beglückend beschieden ist, konnte ich dabei allerdings nicht kennenlernen; erst viel später und mühselig genug wurden mir daheim in Deutschland die Augen und Ohren dafür geöffnet.

Trotz des Fehlens natürlicher Wasseransammlungen in Ankara habe ich dagegen frühzeitig gelernt, mich wie ein Fisch im Wasser

Unsere dritte Wohnung lag wunderschön am Besiedlungsrand eines Hügels, der durch ein Wasserdepot gekrönt und mit einem Park von Akazienbäumen bepflanzt war. Hier war auch der Schauplatz meiner vielfältigen »naturwissenschaftlichen« Experimente.

zu tummeln. Eine halbe Stunde Fußmarsch durch die Steppe entfernt lag, als Mittelpunkt eines ländlichen Musterbetriebes, der gleichfalls den Namen des Staatsgründers trug, eine öffentliche Badeanstalt mit einem großen Schwimmbecken und einem Sprungturm. Ob zusammen mit den Eltern, ob allein mit Freunden habe ich während der Sommerferien regelmäßig viele Stunden und Tage dort verbracht. Bald hatte ich alle gängigen Schwimmarten gelernt, freute mich daran, schneller zu sein als die anderen, ertrug es mit Gelassenheit, wenn türkische Kinder mich mit ihrem Spottvers bedachten: »Gelb seine Haare, blau die Augen, Beine wie ein Storch.« Und ich lernte, einigermaßen gut von Brett und Turm zu springen. Der erste Versuch vom Zehnmeterturm war zwar wieder einmal eine reine Mutprobe, die »Kerze« gelang nur mäßig. Doch irgendwann kam ich unter die Fittiche eines kalifornischen Fliegerleutnants, dessen Maschine während des Krieges notgelandet und der daraufhin interniert worden war, mit der Freiheit, seine Tage im

Schwimmbad zu verbringen. Er lehrte mich den richtigen Absprung vom Dreimeterbrett, unter seiner Aufsicht gelangen mir bescheidene Salti und Schrauben. Es war eine erste Krönung meiner leidenschaftlichen Liebe zum Wasser, die mich schon seit den ersten Sommerferien in Istanbul gepackt hatte.

Im Austausch mit Matthias, der zu uns nach Ankara kam, wenn seine Eltern für längere Zeit verreisten, war ich in Istanbul regelmäßig bei der Familie Neumark zu Gast. Sie lebten in Kadiköy, einem auf der asiatischen Seite gelegenen Vorort der Stadt, damals idyllisch und wohlhabend, heute Teil einer brodelnden Großstadt, die sich längst über alle Grenzen städtebaulicher Überschaubarkeit hinaus ins Uferlose ausgedehnt hat. Nicht weit entfernt wohnte Alexander Rüstow mit seiner Familie, hochgeschätzter und vertrauter Gesprächspartner meines Vaters vor allem in politischen und volkswirtschaftlichen Fragen. Mir ist er in Erinnerung geblieben als ein Mann, der umfassende humanistische Bildung ausstrahlte und den Eltern oft genug Anlaß gab, von seinen Thesen zur Entstehung neuer Kulturen aus der, wie er es nannte, »Überlagerung« der tradierten Kulturen eroberter Völker durch diejenigen der Eroberer zu erzählen, ein Vorgang, für den die anatolische Halbinsel so überreichliches Argumentationsmaterial liefern konnte; sein Hauptwerk »Ortsbestimmung der Gegenwart« ist bis heute ein einzigartiges Kompendium gelehrten Wissens eines akademischen Lehrers geblieben, der ökonomische und soziologische Ansätze mit politischer Leidenschaft zu verbinden wußte. An Wilhelm Röpke, den anderen bedeutenden Nationalökonomen liberaler Prägung, der vor Kriegsausbruch für einige Jahre gleichfalls in Kadiköy lebte, dann aber in die Schweiz weiterwanderte, vermag ich mich hingegen kaum mehr als vage zu erinnern, wohl allerdings an das Lächeln meiner Mutter über seine besondere Eitelkeit. Fritz Neumark jedoch, diesem ungewöhnlich feinsinnigen und noblen, gleichfalls hochgebildeten Mann, habe ich mich bis zu seinem Tode verbunden gefühlt, nicht anders als meinem Lehrer Ernst Hirsch. Der Beitrag, den beide aus tiefer innerer Verpflichtung heraus für die bleibende Festigung des Verhältnisses zwischen beiden Völkern geleistet haben, wird hoffentlich in Deutschland genauso unvergessen bleiben, wie dies in der Türkei der Fall ist.

Jeden Morgen marschierten wir Kinder von der Wohnung der Neumarks zur Badeanstalt am Meer, um erst am Nachmittag zurückzukommen. Schwimmen, Tauchen, Springen füllten den Tag

Das Bild erweckt den Eindruck, als würde die Familie beim Picknick wie in einem deutschen Wald zusammensitzen. So etwas gab es jedoch in der Umgebung Ankaras nicht: sie war durch Steppenboden gekennzeichnet, der nur an ganz wenigen Stellen von kleinen Wasserläufen oder gar frischem Grün unterbrochen war. Links im Bild meine Schwester Hella.

aus, dazwischen ergötzten wir uns an Maiskolben, die in großen Tonnen gekocht und mit Salz angeboten wurden, und an den türkischen Sesambrezeln, die, wenn sie frisch und noch warm sind, so herrlich schmecken. Ab und an wurde die Idylle durch einen Tagesausflug an den Bosporus unterbrochen, der gleichfalls nicht ohne ein Bad im Meer abzulaufen pflegte. Noch heute beeindruckt die Meerenge durch ihre Schönheit, nicht zuletzt die Architektur der alten Holzhäuser an den Ufern, doch als Folge des regen Verkehrs großer Transportschiffe und ihrer Signaltöne, aber auch der neuen Brückenbauten ist die Ruhe einer damals durch moderne Technik kaum beeinträchtigten Natur dahin, der träumende Blick verbaut, der oft genug den Gedanken an ein Märchen aufkommen ließ. Dennoch gab es auch in jenen Jahren manches Mal ein Bild, dessen drohende Umrisse freilich durch eher operettenhafte Anklänge aufgelockert wurden: wenn das alte Schlachtschiff »Goeben«, eine Hinterlassenschaft der deutschen kaiserlichen Kriegsmarine aus dem Ersten Weltkrieg und nun unter dem Namen

»Yavuz« als Flaggschiff der türkischen Flotte dienend, mitten im Bosporus lag, um die Macht unseres Gastlandes zu demonstrieren und damit Feinde abzuschrecken ...

Ausflüge auf die weit vor Istanbul im Marmarameer gelegenen, lieblichen Prinzeninseln hatten dagegen, auch wenn sie nur einen Tag dauerten, schon den Charakter einer kleinen Urlaubsreise. Man tauchte dort ein in eine Idylle der Besinnlichkeit, war umgeben von üppiger Vegetation und einer zwitschernden Vogelwelt, fühlte sich fernab allen Getriebes einer Großstadt, das Istanbul auch damals schon deutlich genug von der bäurischen Ruhe Anatoliens unterschied, und meinte manches Mal, unversehens in einem verwunschenen Ferienort des südlicheren Europa aufgewacht zu sein.

Die traumhaft schönen, grünbewachsenen Küsten der südwestlichen Türkei kannte ich damals noch nicht, durften wir uns doch, mit Ausnahme weniger Dienstreisen meines Vaters, während der mehr als elf Jahre unseres Aufenthaltes nie ernsthaft über die Grenzen der für uns offenen Städte hinausbewegen; alles andere war mehr oder minder ausnahmslos militärisches Sperrgebiet. Erst viel später in meinem Leben konnte ich die herrlichen Schönheiten der türkischen Landschaften, genau wie die Schätze ihrer Geschichte, kennenlernen. Vieles fehlt mir bis heute. Einzige Ausnahme blieb damals eine Urlaubsreise zusammen mit den Eltern auf einem Schiff entlang der Küste des Schwarzen Meeres bis fast zur russischen Grenze, nach Trabzon, von der mir vor allem das im Menschengewimmel fast verschwindende Hauptdeck und die Beladevorgänge in Erinnerung geblieben sind, bei denen Schafe und Ziegen, eingepfercht in ein großes Netz, zu ihren jeweiligen Besitzern auf das Schiff gehievt wurden.

Zwei andere Reisen führten uns vor Ausbruch des Krieges nach Europa. Noch heute würde ich, wie mir scheint, den kleinen Ort Bled in Slowenien, an einem wunderschönen See gelegen, wiedererkennen, wo ich mich so gern im Wasser und auf der hölzernen Badeinsel getummelt habe, und noch heute steht mir die Badekleidung der Eltern vor Augen, vor allem der einteilige Anzug meines Vaters, an dem einer der beiden Schulterträger herabhing, noch heute verspüre ich aber auch ihre Wehmut, so nahe an der geliebten Heimat zu sein, ohne zurückkehren zu können.

Mehr noch als diese Ferienreise hat sich ein 1936 vorangegangenes Erlebnis meinem Wesen eingeprägt: Athen, wo wir, unterge-

Auch im Exil gab es Urlaub. Dazu gehörten Reisen entlang der nördlichen Küste des Schwarzen Meeres, nach Slowenien und nach Athen. Das Bild zeigt die Familie in Bled, Slowenien, mit meinem Vater in seinem verrutschten einteiligen Badeanzug. Währenddessen bereitete sich Hitler-Deutschland auf seine Eroberungsfeldzüge vor.

bracht in einer kleinen Pension, drei Wochen an der Bucht von Eleusis verbrachten, auch sie inzwischen längst vom brodelnden Chaos der Stadt aufgesogen. Ich war ein kleiner Junge von acht Jahren, und doch hat diese kurze Zeit mein Gefühl für Licht und einfache Linien als Inbegriff vollendeter Schönheit so sehr bestimmt, daß sich meine besondere Neigung zu jener Richtung moderner Kunst darin wiedergefunden hat, die in den letzten Jahren zum Mittelpunkt unserer privaten Sammlung geworden ist. Alles andere überragte das Wunder der Akropolis, deren Architektur, an der Spitze der Parthenon-Tempel der Pallas Athene und das Erechtheion, bis heute für mich Zeugnis menschlicher Schöpfungskraft geblieben ist, die nirgendwo auf der Welt ihresgleichen hat.

Zugleich und verknüpft mit dieser Erfahrung von Schönheit ergriff mich nicht minder das damals noch sehr kindliche Erschauern, die Stätten der Geschichte, von denen ich im Unterricht lernte, Salamis und Marathon, nun selbst sehen und erleben zu können, sozusagen vor Ort nachzuvollziehen, was sich in den Perserkriegen ereignet, aber auch, was das politische Geschehen in Athen über die

Athen war 1936 noch nicht mit der heutigen Millionenstadt vergleichbar. Es ging geruhsam zu, niemand ahnte, daß die Akropolis eines Tages erst deutsche Paraden sehen, dann zum überlaufenen Ziel unzähliger Touristen aus aller Welt werden sollte.

Jahrhunderte hinweg bewegt hatte. Noch konnte ich die einzigartige Würde der Grabrede des Perikles auf die gefallenen Athener, die mein Vater so gerne rezitierte, nur oberflächlich begreifen; erst viel später habe ich gelernt, sie geziemend zu relativieren. Sei es, wie es will: Seit jenem ersten Aufenthalt in Athen ist der Inhalt dieser Rede für mich zum bleibenden Ausdruck von Verantwortungsbewußtsein und Vaterlandsliebe geworden, den ich nie mehr vergessen habe. Viel zu viele Jahre sollte es leider dauern, bis ich, lange nach dem Ende des Krieges, endlich auch den Peloponnes, bis ich Olympia mit seinem Stadion und den steinernen Anlagen, bis ich das einzigartige Delphi mit seinem Wagenlenker, hoch über dem heiteren Silbergrün der Olivenhaine am Golf von Patras, kennenlernen durfte.

Die Meldung vom Ausbruch des Krieges traf uns wie ein Donnerschlag. Nicht anders als Goethe beim Empfang der Nachricht vom Tode Winckelmanns erinnere ich mich bis heute genau, wo dies geschah: mitten auf dem großen Platz zwischen der Hagia Sophia und der Sultan-Achmed-Moschee in Istanbul. Trotzdem teilte sich für mich auch danach der Sommer unverändert zwischen Ankara und Istanbul auf. Wir hatten besonderes Glück, daß wir, im Unterschied zu anderen Emigranten, nach dem späteren Abbruch der Beziehungen zwischen der Türkei und Deutschland nicht in einer der dafür bestimmten anatolischen Provinzstädte interniert wurden. Um so länger kam uns die Wartezeit vor, bis wir Anfang November 1946 den Dampfer »Ege« zur Reise in Richtung Marseille besteigen konnten, der uns, mit der Zwischenstation in Paris, endlich nach Deutschland zurückführen sollte. Es war ein Abschied voller Wehmut, denn ich wußte, daß damit ein entscheidender Abschnitt meines Lebens zu Ende ging, und so rannen mir auch die Tränen, als der Dampfer die Silhouette von Istanbul in der Abenddämmerung hinter sich ließ: Es war der Abschied von meiner Jugend, es war der Abschied von den türkischen Menschen.

Inzwischen scheint der Blick auf dieses Land vielfältig getrübt. Manche setzen es gleich mit islamischer Rückständigkeit, mit langen Mänteln und schleiertragenden Frauen, mit der Unterdrückung von Minderheiten, mit Koranschulen, mit Folter und Rechtlosigkeit, mit kriegerischen Drohungen gegen friedliche Nachbarn. In Wirklichkeit ist es bis heute das Land Atatürks geblieben, des »Vaters der Türken«, ein Volk, das zu Europa gehören will und kann, wenn es nicht kurzsichtig in eine andere Richtung gestoßen wird. Dabei war Kemal Atatürk sicher ein Diktator. Er hatte jedoch erkannt, daß sich die Türkei dem modernen Westen zuwenden und öffnen muß, wenn das Land eines Tages in der Lage sein sollte, in Frieden, Wohlstand und politischer Freiheit zu leben. Ein ländlich-bäurisch geprägtes, in weiten Teilen aus Analphabeten bestehendes Volk vor dem Hintergrund einer verwahrlosten und korrupten Bürokratie, Erblast der über die Jahrhunderte verrotteten Osmanenherrschaft, ohne vorhandenes Bildungssystem auf einen solchen Weg zu bringen hätte mit den klassischen Mitteln westlicher Demokratie niemals gelingen können.

Der an ein Wunder grenzende Erfolg des in Südafrika nun endlich durchgesetzten Systems des »One man, one vote« ist schon deswegen nicht als Gegenbeweis geeignet, weil er auf völlig anderen Voraussetzungen beruht. Die Türkei stand nach dem Ende des Ersten Weltkrieges vor der Alternative, entweder im Elend eines halbkolonialen Schicksals zu versinken oder ein Regime hinzunehmen, das den Zugang zu Bildung und Chancengerechtigkeit für alle eröffnet. Daß die zweite Lösung gelang, war sicher nicht allein, aber doch ganz überwiegend das Werk jenes Mannes, eines der wenigen Beispiele unseres Jahrhunderts dafür, daß das Füllhorn der Geschichte, zwar selten genug, aber eben hie und da doch, aufgeklärte Diktatoren bereithalten kann.

Niemand wird ernsthaft beschönigen wollen, daß es in der Regierungszeit von Kemal Atatürk, also zwischen 1925 und 1938, bestimmt nicht ohne seine Kenntnis auch brutale Machtausübung, einschließlich Folter und Mord, gab, wenn sein Wollen auf ernsthaften politischen Widerstand traf. Genausowenig wird man übersehen dürfen, daß soziale Ungerechtigkeit oder korrupter Postenschacher keineswegs von einem Tag zum anderen der Vergangenheit angehörten. Daß der Staatschef gern und ausgiebig dem Alkohol zuzusprechen pflegte, war zudem während unserer Zeit in Ankara Tagesgespräch. Doch all das ändert nicht das geringste daran, daß sein großes Vorhaben, das Volk der Türken im Verlauf einer einzigen Generation von nahezu mittelalterlicher Unmündigkeit mitten ins 20. Jahrhundert zu befördern, in entscheidendem Ausmaß gelungen ist, nicht zuletzt mit der unvergessenen Hilfe der deutschen Hochschullehrer und Berater, die er zu diesem Zweck ins Land gerufen hat.

Gewiß ist Geschichte nie zu Ende, auch nicht die der Türken. Besonders heute mag sie sich erneut einer kritischen Phase, erneut einem Scheideweg nähern; er schließt die Gefahr ein, daß die Ausuferungen eines maßlosen Kapitalismus zur Entrechtung der sozial Schwachen führen und diese in die Arme religiöser Fanatiker treiben könnten. Dennoch bin ich überzeugt, daß die großen Lehren Atatürks, die Trennung zwischen Staat und Religion auf der einen, aufgeklärte Bildung und gleiche Chancen für alle auf der anderen Seite, sich gegenüber allen Anfeindungen der Zeit behaupten werden: Sie haben in diesem politisch so ungemein begabten Volk Wurzeln geschlagen, die nicht mehr beseitigt werden können. Mögen alle diejenigen, die in Europa politische und wirtschaftliche Verantwortung tragen und die oft genug immer noch dazu neigen, die Übergänge und Probleme der Türkei als gleichsam peripher zu vernachlässigen, sich dieser Zusammenhänge bewußt bleiben. Sie könnten es sonst bereuen.

*

Natürlich war die Zeit in der Türkei durch weit mehr geprägt als nur durch die begleitende Wahrnehmung des elterlichen Umfeldes oder durch unbeschwerte Freizeitvergnügen. Den Schwerpunkt, den Kern dieser Jahre bildete deine Schulausbildung. Sie war ein Geschenk deines Schicksals, und dieses Glück trägt einen Namen: Es heißt Doris (offiziell hieß sie sogar Leyla) Kudret Erkönen, allgemein als Frau Kudret bekannt.

Sie war eine aus Augsburg stammende deutsche Studienrätin, hatte Mathematik, Physik, Germanistik und Französisch studiert und dann einen türkischen Ministerialbeamten geheiratet, mit dem sie in Ankara lebte. Von unserer Ankunft, von der ersten Türkischstunde bis zur Abiturreife, zu der sie dich schon 1944, in deinem 16. Lebensjahr, hinführen sollte, verdankst du deine gesamten Schulkenntnisse ausschließlich dieser einen Frau. Sie war ein Phänomen, denn ihr Unterricht erstreckte sich von Deutsch über Geschichte, Mathematik, die Naturwissenschaften bis hin zu Latein, Englisch und Französisch. Zusammen mit einer je nach dem betreffenden Lehrfach wechselnden Zahl einigermaßen gleichaltriger Emigrantenkinder, zumeist drei oder vier, saßest du zu Hause bei ihr um einen runden Tisch und schriebst, in der Stenographie, die sie euch gleichfalls beibrachte, das mit, was sie vortrug. Bis heute hast du einige der Schulhefte aufbewahrt, in die du daheim den Lehrstoff in Langschrift zu übertragen hattest. Eine bessere, wenn auch aufwendige Methode des Einprägens konnte es nicht geben, zumal sie die Aufzeichnungen von Zeit zu Zeit auch noch durchzusehen pflegte. An der Strenge ihres Auftrittes, an ihrer Erwartung steter Disziplin bestand nie Zweifel, genausowenig wie daran, daß sie euch vom ersten Tage an als eigenständige Menschen zu behandeln wußte. So entstand eine Atmosphäre, die bewirkt hat, daß du das Lernen nie, auch nicht während der Pubertät, als unwillkommene Fron empfunden hast, vielmehr immer als Freude, deinen Wissensdrang befriedigen und dich dabei mit deinen männlichen, später auch weiblichen Kameraden messen zu können.

Es versteht sich von selbst, daß du nach dieser Zeit weitergelernt hast, an der Universität, dein ganzes Leben lang: Doch dieser zierlichen rothaarigen Frau, zusammen mit der Atmosphäre deines Elternhauses, verdankst du viel mehr, nicht nur den Grundstock deines Wissens, sondern die Lust am Lernen genau wie die Neugier, die dazugehört. Gestorben ist sie, hoch in ihren neunziger Jahren, erst ganz vor kurzem; bis zum Schluß hat sie noch deutsche Kinder in fremden Sprachen unterrichtet. Du hast sie nie vergessen, zumal dir in Ankara neben ihr nur noch zwei andere Lehrer über eine jeweils kurz bemessene Strecke zur Seite standen: dein Vater für Erdkunde, Eugen Merzbacher für höhere Mathematik und theoretische Physik.

Die Karten der Erde, Stielers Handatlas überhaupt, vom Großvater übernommener und bis heute wohlbehüteter Besitz, mit ihrer braunen und grünen Gliederung der Formationen, der Darstellung der Ozeane und der Wasserläufe, hatten von früh an große Anziehungskraft auf dich ausgeübt, gern hast du dich damit beschäftigt, sie zu kopieren und auszumalen. Als du zwölf oder dreizehn Jahre alt warst, bot dein Vater an, euch über die vertieften Zusammenhänge der Geographie zu unterrichten. Zuerst hattest du ein wenig Sorge, ob er wohl bei deinen Freunden als Erzieher respektiert würde, ob er so etwas überhaupt könne. Er konnte es meisterlich. Von Anfang an sprach er mit uns über Geopolitik und ihre ökonomischen Hintergründe, führte uns in erdgeschichtliches Grundwissen ein (die Faszination, die von Wegeners Theorie der Kontinentalverschiebungen ausging, habe ich bis heute nicht vergessen). An keiner Stelle war dies freilich verbunden mit den heute verbreiteten politiktheoretischen oder soziologisierenden Behauptungen, die so gern mit wissenschaftlichem Anspruch daherkommen, in Wirklichkeit aber auf ideologischen Spekulationen beruhen, kaum anders als die mancherorts besonders beliebten, aus allenfalls unzureichend gesicherten Annahmen abgeleiteten völkerpsychologischen Theorien. Sein Unterricht beschränkte sich vielmehr auf erdkundliche, ökonomische und historische Fakten, bei deren Diskussion er uns als junge Erwachsene behandelte, deren Mitdenken er erwartete und förderte. Oft hast du dich später gefragt, ob wohl seine faszinierende Wirkung auf Auditorien unterschiedlichster Zusammensetzung, aber auch auf seine politischen Gesprächspartner nicht zuletzt in diesem pädagogischen Talent begründet lag.

Eugen Merzbacher stammte aus einer der anderen Emigrantenfamilien. Einige Jahre älter als du, sollte Mathematik später zu seinem Beruf in den USA werden. Er half dir weiter, als du deine Schulausbildung bei Frau Kudret abgeschlossen hattest und, ungewiß, wann der Krieg zu Ende gehen und ihr nach Deutschland zurückkehren würdet, damit begonnen hast, dich auf ein Stipendium an der Universität Cambridge vorzubereiten (wo auch dein Bruder studiert hatte). Auch an Eugen, der deine Begeisterung für Differentialgleichungen 2. Grades, für die Matrix- und Vektorenrechnung, für theoretische Statik und Dynamik, für die Grundelemente der Thermodynamik so erfolgreich stärkte, erinnerst du dich bis heute, nicht anders als an die Arbeit mit englischen Lehrbüchern, die dein Bruder dir schickte, vor allem an die aufregenden Schriften von Arthur Eddington, dem großartigen Naturwissenschaftler, über die Entstehung und die Ausdehnung des Weltalls sowie über seine naturphilosophischen und wissenschaftstheoretischen Ansätze, aber auch an das Studium der mikrophysikalischen Theorien von Schrödinger und Dirac. Erloschen ist inzwischen deine Fähigkeit, die weiten Fortschritte dieser Wissenschaften im einzelnen zu verstehen, geblieben sind die Faszination und das Interesse daran.

*

Um ein Haar hätte mich die Mathematik bei der UFA, bei der ich nun gelandet war, wieder eingeholt. Ihr Chef, der Vorstandsvorsitzende, hieß Arno Hauke. Noch vor meinem offiziellen Einstellungsgespräch hatte er mich persönlich begutachtet und offensichtlich menschlich für geeignet befunden, nach einer gewissen Anlernzeit in sein inneres Führungsteam aufzurücken. Er war groß gewachsen, stämmig gebaut und füllte einen Raum mit seiner Persönlichkeit, sobald er ihn betrat. Sein Handschlag war fest, er schaute einem in die Augen, seine Sprache war klar und er wirkte entschlossen. Im verschluderten heutigen Jargon würde er als »Macher« bezeichnet, bewundert als einer, der nicht lange zögert, sondern ohne Rücksicht handelt, wo es erforderlich ist. Zudem hatte er sich erfolgreich den Ruf verschafft, mit seinen Mitarbeitern hart, aber gerecht umzugehen: Legendär war sein drastisch formulierter Ausspruch, wer sich mit einer der Elevinnen des Nachwuchsstudios der UFA einlasse, fliege sofort (was ihn nicht davon abhielt, eine der jungen Schauspielerinnen, die bei uns drehten, zu heiraten). Hätte es damals schon die Bataillone gegeben, die sich viele Unternehmer heutzutage zulegen, um sich »verkaufen« zu lassen, er wäre bald einer derjenigen geworden, die von den Medien hochgejubelt werden (nicht ohne den Hintergedanken, bei erster Gelegenheit die eigene Macht zu demonstrieren, indem man ihn wieder »abschießt«).

Jedenfalls schien Arno Hauke ein Liebling der Götter. Auch ich mochte ihn gern. Die Heldenverehrung, mit der manche ihn geradezu anbeteten, blieb mir allerdings fremd. Zu ihr gehörte die Behauptung, er beschäftige sich nachts, weil er nur wenige Stunden schlafen könne, mit der mathematischen Berechnung optischer Linsen. Die Meisterschaft seiner betriebswirtschaftlichen Kenntnisse freilich schien auch mir unbezweifelbar. Bei den Hauptaktionären, vor allem dem Vorstand der Deutschen Bank, galt er als Prototyp eines modernen, tatkräftigen und erfolgreichen Unternehmers. So lange jedenfalls, bis sich Mitte 1960 herausstellte, daß Arno Hauke in Wirklichkeit ein Hochstapler war, der weder das Abitur abgelegt noch studiert hatte. Doch als man entdeckte, daß forsches Auftreten nicht eine tragfähige unternehmerische Strategie ersetzt, war es schon zu spät und die UFA praktisch pleite. Das mag freilich auch im nachhinein keinen sonderlich harten Vorwurf rechtfertigen, denn in der Aufbauzeit der fünfziger und sechziger Jahre reichte es womöglich in der Regel aus, tatkräftig nach vorn zu marschieren, während es sich inzwischen doch wohl eher empfiehlt, sorgfältig zu bedenken, welche Konsequenzen eine veritable Zeitenwende, wie wir sie durchleben, für das eigene Unternehmen auf die Dauer haben könnte – zum Beispiel, ob marktübliche Profitabilität ausreicht, um sicherzustellen, daß man sich von Wettbewerbern unterscheidet, die mit dem Schwerpunkt ihrer Aktivitäten in anderen Teilen der Welt zu Hause sind.

Trotz allem: bei der UFA habe ich im wahrsten Sinne des Wortes meine unternehmerischen Lehrjahre durchgemacht. Das hing damit zusammen, daß mir nach kurzer Zeit die Möglichkeit gegeben wurde, in die Produktionsabteilung zu wechseln, um in unmittelbarer Zuordnung zum Chef dieses Bereiches, Kurt Hahne, »administrative Aufgaben« zu übernehmen. In Wirklichkeit war ich sein Assistent, der dafür zu sorgen hatte, daß der Bereich nicht im organisatorischen Chaos versank. Angefangen von der Entwicklung klar abgegrenzter Kostenpläne über die Grundregeln der Finanzierung bis hin zur Ausarbeitung rechtlich einwandfreier Musterverträge mit den beteiligten Künstlern, den Atelierbetrieben und der für die Vermarktung verantwortlichen Verleihfirma, bedurfte es dafür nicht nur einer soliden Kenntnis der Abläufe beim Entstehen eines Spielfilmes, sondern auch der Erfahrung im Umgang mit dem an der Herstellung beteiligten künstlerischen, kaufmännischen und technischen Personal. All dies konnte ich nun in täglicher unmittelbarer Arbeit lernen, nicht selten beneidet von Kollegen aus dem zentralen Rechnungswesen oder dem Personalbereich, die fernab vom eigentlichen Geschehen ihrer Schreibstubentätigkeit nachgehen mußten: eine frühe Lehre, an die ich mich auf meinem weiteren Berufsweg immer wieder erinnert habe, wenn es darum ging, die nachträgliche Besserwisserei derjenigen, die nicht an den eigentlichen Entscheidungen beteiligt sein können, auf ein mögliches Mindestmaß zu beschränken.

Bald jedenfalls begann Hahne, mich auch zu Gesprächen und Verhandlungen hinzuzuziehen, die am Anfang eines neuen Filmprojektes stehen, mit den Drehbuchautoren und Regisseuren auf der einen, den Vertretern des Verleihs auf der anderen Seite. Er hatte damals im Gefüge der UFA eine mächtige Position, bei der ihm der Vorstand, dem er als Prokurist unterstand, weitgehend freie Hand ließ. Dabei war er nicht nur für die Filme verantwortlich, die wir selbst herstellten, sondern genauso für die Auftragsproduktionen, die unabhängige Produzenten wie Kurt Ulrich oder Artur Brauner für uns drehten und die alle zusammen das Vertriebsprogramm unserer unabhängig geführten Tochterfirma, der UFA Filmverleih GmbH, bildeten (um teilweise in den Kinotheatern einer weiteren Konzerngesellschaft, der UFA Filmtheater GmbH, gezeigt zu werden). Schritt für Schritt lernte ich auf diese Weise die Mechanismen unternehmerischer Entscheidungsfindung kennen, vor allem aber die grundlegende Bedeutung des Marktes für den wirtschaftlichen Erfolg eines Produktes. Bei dessen Beurteilung, konkreter: bei der Einschätzung, wie ein neuer Film vom Publikum, sprich: den Käufern, aufgenommen würde, pflegte man sich ganz auf das eigene Gefühl zu verlassen; die heute allenthalben – nicht nur in der Unterhaltungsindustrie – genutzten Instrumente professioneller Marktforschung waren noch weitgehend unbekannt.

Als Konsequenz konnte man sich, wie inzwischen noch immer, selbst dann irren, wenn man interessierte Außenstehende, beispielsweise Bankiers aus dem Aufsichtsrat, für die Begutachtung von Probeaufnahmen oder an anderen Entscheidungen in der Hoffnung beteiligte, sich auf diese Weise abzusichern. So erging es auch Hahne, der eines Tages für den wiederholten Mißerfolg einer ganzen Reihe von Filmprojekten verantwortlich gemacht und durch den Chef des Hauses vor die Tür gesetzt wurde. Ich empfand das als ungerecht, zumal ich ihn trotz seiner cholerischen Undiszipliniertheit gern gemocht hatte, akzeptierte es aber innerlich um so mehr, als mir das Niveau seiner Programmentscheidungen in der Tat gegen den Strich gegangen war; zudem konnten mich die rauhen Umgangsformen von Hauke gegenüber anderen Menschen, damals wie später in weiten Kreisen als Kennzeichen unternehmerischer Qualifikation verstanden, nur noch wenig überraschen.

Nachfolger als Produktionschef wurde Kurt Rupli, den sehr viel ernsthaftere künstlerische Sensibilität auszeichnete und mit dem ich mich insofern auch ungleich besser verstand. Ich selbst wurde bei dieser Gelegenheit hochoffiziell zum administrativen Leiter der Filmproduktion befördert. Davon war ich mehr als angetan, als sich eines Tages abrupt die Tür zu meinem in einem feudalen Neubau gegenüber dem Tempelhofer Ateliergebäude gelegenen, ebenso großzügig wie modern eingerichteten Büro öffnete und Hauke hereinstürmte, einige Mitglieder des Aufsichtsrates im Gefolge. Ich ahnte nicht im geringsten, worum es ging, als er mich mit seiner dröhnenden Stimme als »Herr Direktor« ansprach. Auf seine Frage, was ich gerade täte, antwortete ich im gleichen Tonfall und mit der Anrede »Herr Generaldirektor«, die ich auch früher schon, ohne daß er das als unangemessene Ironie empfand, verwendet hatte. An den Mienen der Anwesenden war sogleich abzulesen, daß ich mit meiner spontanen Reaktion offenbar danebenlag: Als Denkzettel wurde meine dem Aufsichtsrat zur Beschlußfassung vorgeschlagene Ernennung zum Prokuristen bis zur nächsten Sitzung vertagt.

Das änderte nichts an der Befriedigung, mit der mich meine vertiefte Verantwortung erfüllte, die mich immer stärker in die künstlerische Gestaltung des Gesamtprogrammes und damit auch in einzelne Filmprojekte hereinzog. Doch nach quälender Krankheit starb Rupli bald darauf. Über Monate stand ich allein, hatte die laufenden Produktionen zu betreuen und mußte, durch Entscheidungen des verbliebenen Rumpfvorstandes kaum getragen, ein neues Programm konzipieren. Offiziell nahm ich die Aufgabe eines amtierenden Produktionschefs wahr, bis ich eines Tages unterrichtet wurde, daß der Regisseur Paul Verhoeven neben mir als administrativem Leiter zum neuen künstlerischen Leiter der UFA-Filmproduktion berufen worden sei. Obwohl er ein gebildeter und einfühlsamer Mann war, von dem mich in Programmfragen kaum etwas unterschied, entwickelte sich daraus schnell ein nervenzehrender Zuständigkeitsstreit, der erste meines beruflichen Lebens. Es war eine Erfahrung, die sich später wiederholen sollte.

Man hatte Verhoeven offensichtlich zugesagt, daß ich ihm unterstellt sei, mich aber darüber im unklaren gelassen, was ich nicht hinnehmen wollte. Möglicherweise gehörte so etwas zu den (bis heute verbreiteten) Führungsmethoden der neuberufenen Vorstandsmitglieder, an der Spitze der Hamburger Filmunternehmer Theo Osterwind. Dessen Firma war von der Deutschen Bank übernommen und mit der UFA fusioniert worden. Auch diese Hoffnung auf einen erfolgreichen Neubeginn erwies sich allerdings als verfehlt. Zwar dümpelte das neue Unternehmen noch eine geraume Zeit dahin, wobei man angesichts der nicht enden wollenden Reihe von Mißerfolgen versuchte, die Filmproduktion, bei der man den sich gegen Ende der fünfziger Jahre ändernden Publikumsgeschmack verschlafen hatte, zurückzufahren und durch erhöhtes Engagement im Bereich des Fernsehens zu ersetzen.

Zu diesem Zweck kam ein angeblicher Fachmann, Hubertus von Blücher-Corell, ins Haus, mit dem ich fortan zusammenarbeitete. Es war die Zeit, als die Bundesregierung auf Betreiben von Konrad Adenauer mit inoffizieller, aber kaum verhüllter Unterstützung der Deutschen Bank den Plan konzipierte, neben der ARD, der Arbeitsgemeinschaft der Rundfunkanstalten Deutschlands, eine unter unmittelbar staatlichem Einfluß stehende zweite Fernsehanstalt ins Leben zu rufen, ein Vorhaben, das schließlich durch das Bundesverfassungsgericht unterbunden wurde und danach zur Gründung des unabhängigen ZDF, des Zweiten Deutschen Fernsehens, führte. Für mich bereitete diese Phase meinen Wechsel in das Haus Bertelsmann vor, der Anfang 1962 stattfand.

Zufällig hatte ich Gerhard Henschel kennengelernt, der für Bertelsmann ein damals so bezeichnetes »Verlegerfernsehen« vorbereitete und nach dem möglichen Interesse der UFA an einer Mitarbeit gefragt hatte. Er war ein enger Vertrauter von Reinhard Mohn, dem Chef des Hauses, zu dessen bewährten Führungsprinzipien eine möglichst ungefilterte persönliche Verbindung zu seinen leitenden Mitarbeitern gehörte. Entsprechend begeistert war ich, als ich zu einem Gespräch nach Gütersloh gebeten wurde und Mohn, ganz und gar formlos mit einer Lederjacke bekleidet und selbst am Steuer seines Autos sitzend, mich abholte, um bei sich zu Hause mit mir zu sprechen. Wir fanden Gefallen aneinander. Er umriß seine unternehmerische Idee, das ZDF zu veranlassen, auf den Aufbau eigener Produktionskapazitäten zu verzichten und statt dessen sein Programm von einer kleinen Zahl von Zulieferanten einzukaufen. Dazu sollte in erster Linie die von ihm initiierte Gruppe unterschiedlichster Verleger gehören. Ich war von dieser Konzeption so angetan, daß ich offensichtlich kaum noch genau hinhörte, als er von einer in Gründung befindlichen Gemeinschaftsfirma sprach, mir deren kaufmännische Geschäftsführung in Aussicht stellte (ich verstand: zusagte) und eine Lebensstellung im Bereich des Hauses Bertelsmann erwähnte.

Vor diesem Gespräch war ich keineswegs überzeugt davon, nach dem Scheitern der UFA erneut in ein Unternehmen dieser Branche wechseln und noch dazu von Berlin nach München umziehen zu wollen – jetzt war ich es. Bald darauf erhielt ich meinen Anstellungsvertrag, und voller Zuversicht gingen wir Anfang 1962 nach München, mieteten ein teures, gerade noch erschwingliches Haus am Waldrand von Neuried. Zusammen mit dem mir bei der UFA ans Herz gewachsenen Dramaturgen und Schriftsteller Hartmut Grund meldete ich mich in der Herzog-Wilhelm-Straße zur Arbeit. Es war ein in jeder Hinsicht denkwürdiger Neubeginn, der kaum ein Jahr später im Fiasko enden sollte.

Ich fand eine nahezu vollständige Redaktion für die Herstellung von Fernsehspiel-, Unterhaltungs- und Dokumentarproduktionen samt dazugehörigem kaufmännischem Stab vor. Sie gehörten einer Firma an, die sich Bertelsmann Fernsehproduktion GmbH nannte. Was ich dort sollte, wußte offenbar niemand genau, schon gar nicht die Geschäftsführer der Gesellschaft. In einer Ecke des Großraumbüros hatte man mir eine Enklave zugedacht, die durch eine Stellwand abgetrennt war. Neben mir saß Gerhard Henschel, der im Unterschied zu mir wenigstens die dortigen Akteure kannte und zudem im Ruf stand, ein enger Vertrauter des obersten Chefs zu sein. Ich ging also daran, mich soweit wie möglich vorzustellen, was zum Teil nicht ganz einfach war, weil einige der Anwesenden ihren besonderen Rang dadurch unterstrichen, daß man sich trotz des Blickkontaktes im Großraum zunächst bei ihren Sekretärinnen anmelden mußte, um einen Termin zu erhalten. Immerhin gelang es mir auf diese Weise, Kontakte zu knüpfen und herauszufinden, daß sich die Verlegergruppe offenbar auf die Aufgabe konzentrieren sollte, dem ZDF das Programmangebot der Mitgliedsfirmen, darunter die Bertelsmann Fernsehproduktion als wichtigste, in gebündelter Form, sozusagen als Gesamtpaket, zu verkaufen. Abgesehen davon, daß die Mohnsche Firma daneben über einen eigenen Vertrieb verfügte und die übrigen Mitglieder der Gruppe kaum über bescheidenste Ansätze einer eigenen Produktion hinausgekommen waren, wußte die Anstalt selbst allerdings von ihrem Glück nur aus der Zeitung.

Bald darauf bekamen Henschel und ich, zusammen mit einigen wenigen Mitarbeitern, Büros in einem anderen Stockwerk desselben Gebäudes. Obwohl sich die Gesellschaft, für die wir verantwortlich sein sollten, immer noch erst in Gründung befand (formal sollte diese nie vollzogen werden), machten wir uns an die Arbeit, indem wir versuchten, mit dem neuen Intendanten des ZDF, Karl Holzamer, und seinem Programmdirektor Ulrich Grahlmann, ernsthaft ins Gespräch zu kommen. Außer Höflichkeitskontakten mit Grahlmann kam dabei nicht das geringste heraus, denn die Anstalt ging als erstes daran, genau das Gegenteil dessen zu tun, was wir vorschlugen: Sie baute sich so schnell wie möglich eigene Produktionskapazitäten auf. Mohn selbst, der regelmäßig in München auftauchte, begann kalte Füße zu bekommen; dabei wurde er wohl nicht zuletzt auch von Manfred Köhnlechner gedrängt, seinem damaligen Finanzchef, der ursprünglich als Steuerrechtsexperte aus dem Bundesfinanzministerium zu Bertelsmann gekommen war und sich dort erhebliche Verdienste erworben hatte.

Von unseren Mißerfolgen enttäuscht, beschloß Reinhard Mohn schließlich, die Dinge in die eigene Hand zu nehmen. Er vereinbarte einen Termin bei Grahlmann, den er zusammen mit Henschel und mir wahrnahm. Diese Begegnung löste einen Bruch unserer Beziehungen aus, der uns am Ende vor das Arbeitsgericht führen sollte. Entsprechend meiner Verantwortung für die gesamte Gruppe versuchte ich nämlich erneut, unserem Gesprächspartner mit logisch begründeten Argumenten die Vorteile unseres Angebotes, hohe Wirtschaftlichkeit und Flexibilität, vor Augen zu führen. Mohn hingegen hatte sich längst von seinem eigenen Gruppenkonzept verabschiedet, ohne uns beiden dies auch nur mit einem Sterbenswörtchen angedeutet zu haben. Entsprechend konzentrierte sich seine Taktik darauf, in kompromißbereiter Manier zum Rückzug zu blasen, um wenigstens die Interessen seiner eigenen Firma zu wahren, sprich: seine hohen Vorabinvestitionen zu retten. Im Endergebnis mißlang auch dies, wofür er anscheinend vor allem mich als Schuldigen ausgemacht hatte. Die Verlegergruppe zerfiel in ihre Bestandteile, Henschel und ich zogen zusammen mit der gleichfalls dem Untergang geweihten Bertelsmann Fernsehproduktion in einen Münchner Vorort um.

Natürlich hatte ich längst begonnen, mir um meine persönliche Zukunft Sorgen zu machen, zumal man meinem Drängen, mir unter Einhaltung der ursprünglichen Zusage einer Lebensstellung im Hause Bertelsmann eine adäquate anderweitige Aufgabe anzubieten, nicht nachkam, sondern versuchte, mich mit einer nebulösen Vertriebsverantwortung für die Fernsehgesellschaft abzufinden. Von den wechselnden und unter sich zerstrittenen Geschäftsführern wurde ich soweit wie möglich gemieden. Da ich kaum etwas zu tun hatte, vertrieb ich mir die Zeit mit dem Verfassen irgendwelcher konzeptioneller Gutachten. Zugleich schrieb ich an Gott und die Welt, um eine anderweitige Stellung zu finden, bewarb mich auf alle möglichen Annoncen. Der Schriftwechsel füllte bald ganze Aktenordner, eine Hoffnung nach der anderen zerschlug sich. Dazu zählte vor allem auch eine Anstellung im Hause Springer, auf die ich fest gerechnet hatte.

Der Verleger hatte mich mit größter Zuvorkommenheit in seinem Büro in Hamburg empfangen, mich zum Essen eingeladen und anschließend persönlich zu seinem Justitiar begleitet, um diesen zu beauftragen, die Einzelheiten meiner geplanten Mitarbeit bei dem ihm vorschwebenden behutsamen Eintritt in das Fernsehgeschäft zu vereinbaren. Monatelang blieb ich daraufhin, trotz mehrfachen Drängens, ohne weitere Nachricht, um am Ende eine Absage ohne Begründung zu bekommen. Statt dessen traf sich Köhnlechner mit mir, um über die Modalitäten meines Ausscheidens aus dem Hause Bertelsmann zu verhandeln. Wir konnten uns nicht einigen, weil er nicht bereit war, mir eine Abfindung zuzubilligen, die mir wenigstens für eine gewisse Übergangszeit finanzielle Sicherheit gegeben hätte. Es bedurfte mehrerer Termine vor dem Gericht, einschließlich der Vernehmung von Mohn und Köhnlechner als Zeugen, bis schließlich ein für mich einigermaßen akzeptabler Kompromiß gefunden wurde.

Geblieben ist mir aus der Zeit bei Bertelsmann vor allem die durch spätere Beobachtungen wiederholt bestätigte Lehre, wie zwiespältig es ist, sich als innerlich unabhängiger Mensch auf eine enge Zusammenarbeit mit Privatunternehmern einzulassen. Sie sind ihr eigener Herr auch in dem Sinne, daß sie aus rational nicht nachvollziehbaren Gründen von einem Tag zum anderen ihre Meinung ändern können. Verläßlichkeit als Grundlage für gegenseitiges Vertrauen zählt dann wenig. In Aktiengesellschaften, die nicht von einem einzelnen Großaktionär beherrscht werden, mag es andere Nachteile geben: Persönliche Abhängigkeiten vergleichbarer Art finden sich dort selten. Reinhard Mohn war ein solcher Unternehmer. Noch Jahre später wurde ihm sein väterlich-jovialer Umgang mit jüngeren Mitarbeitern rühmend nachgesagt. Dafür waren nicht nur Mutproben oder Albereien kennzeichnend, die wohl manches Mal eher an pubertären Blödsinn erinnerten, sondern auch die Bereitschaft, ihnen die volle Verantwortung für einen ganzen Geschäftsbereich zu überlassen. Aber wehe, die Gunst der persönlichen Zuneigung erlosch, aus welchen Gründen auch immer. So bleibt zwar die Großartigkeit seines unternehmerischen Lebenswerkes unbestreitbar, doch nicht wenige haben dafür bezahlen müssen.

*

In dieser Zeit hast du gelernt, was es heißt, arbeitslos zu sein, Angst um deine zukünftige Existenz zu haben. Es blieb dir kaum mehr als ein halbes Jahr, um neues Auskommen zu finden, mit dem du deine Familie ernähren konntest. Tag für Tag verging, nichts fand sich. In deiner Verzweiflung wandtest du dich auch an Menschen, von denen du annahmst, sie könnten dir angesichts deines Herkommens und deiner Parteizugehörigkeit helfen. Alex Möller, der spätere Bundesfinanzminister, damals Vorstandsvorsitzender der Karlsruher Lebensversicherung, empfing dich in seinem pompösen Büro, wartete hinter seinem Schreibtisch, während du den Raum bis hin zu ihm durchschreiten mußtest, begleitet von seinem bellenden Hündchen. Doch er interessierte sich nur für Interna des ZDF, dessen Verwaltungsrat er wohl angehörte; anzubieten hatte er dir nichts. Enger ist dein Verhältnis zu ihm erst Jahre später geworden, als du längst in den Vorstand bei Daimler-Benz aufgerückt warst.

Nicht unähnlich verlief ein Zusammentreffen mit Herbert Wehner in Bonn. Ganz ruhig stellte er zunächst einige Fragen in Zusammenhang mit Ulrich Grahlmann, der, für dich nicht unerwartet, inzwischen in persönliche Unregelmäßigkeiten verstrickt war. Für die SPD, die ihn für das ZDF benannt hatte, mußte das politisch durchaus unliebsam sein. Als du jedoch deinen Gesprächspartner, der sich im übrigen, im Unterschied zu Willy Brandt, regelmäßig um einen guten persönlichen Kontakt zu deiner Mutter bemühte, nicht mit besonderen Detailkenntnissen erfreuen konntest, brüllte er plötzlich mit der Frage los, was du eigentlich von ihm wolltest und wozu du ihm seine Zeit stehlen würdest. Ob seiner Ungezogenheit mehr entsetzt als verschüchtert, hast du dich daraufhin sehr schnell verabschiedet, wenn auch nicht ohne Verwunderung, was

Joachim Zahn, damals noch Finanzvorstand, später Vorstandsvorsitzender von Daimler-Benz, hat mir seit 1964 den Weg in den Konzern geebnet. Hanns Martin Schleyer hatte mich ihm empfohlen. Gleich bei unserer ersten Begegnung schilderte er mir mein zukünftiges Aufgabenfeld so verlockend, daß ich leichten Herzens eine spürbare Minderung meines bisherigen Einkommens in Kauf nahm. Bis zu meiner Berufung in den Vorstand im Jahre 1973 war er mein unmittelbarer Chef, von dem ich außergewöhnlich viel gelernt habe.
Das Bild zeigt Joachim Zahn mit seinem Assistenten Hans Burchardt von Harling und mir im September 1970 in Echterdingen.

es eigentlich mit der so oft berufenen persönlichen Solidarität von Sozialdemokraten tatsächlich auf sich haben möge.

Die Rettung kam in buchstäblich letzter Minute, im Herbst 1963. Unter den vielen anderen hattest du auch an Hanns Martin Schleyer geschrieben, ihn an eure einige Jahre zurückliegende erste Begegnung erinnert. Er antwortete prompt und stellte ein Zusammentreffen mit seinem Kollegen Joachim Zahn in Aussicht. Tatsächlich erhieltest du bald darauf die Aufforderung, dich zu einer bestimmten Uhrzeit im Hotel Bayerischer Hof in München einzufinden, wo der Finanzchef von Daimler-Benz dich kennenlernen wollte. Als du dich pünktlich dort einfandest, geschah gar nichts. Auch nach mehr als einer Stunde Wartezeit war von Zahn keine Spur. Gerade als du, in einer Mischung aus Wut und Enttäuschung, gehen wolltest, kam er, zog dich, als wäre nichts gewesen, in eine Sitzecke und begann ohne Unterbrechung zu reden. Er erklärte, daß die Zahl der Beteiligungsgesellschaften des Unternehmens immer mehr angewachsen sei und er dringend ein Kontroll- und Überwachungssystem brauche, das sicherstelle, daß seine Kollegen nicht mit Hilfe solcher Konstruktionen an ihm vorbei ihre jeweiligen Interessen verfolgen konnten; gleichzeitig müsse die Firma zukünftig im In- und Ausland verstärkt von den steuerlichen und finanzierungstechnischen Gestaltungsmöglichkeiten bei Tochtergesellschaften Gebrauch machen.

Du verstandest zwar kaum, worum es eigentlich ging, hattest aber den Eindruck, daß sich hier endlich jener Einstieg in unternehmerische Entscheidungen eines der maßgeblichen deutschen Industrieunternehmen ergeben könnte, den du eigentlich von Anfang an angestrebt hattest. Das galt um so mehr, als Zahn beiläufig erwähnte, er habe auf die ihm vorschwebende Aufgabe bereits den einen oder anderen Mitarbeiter »angesetzt«, diese seien jedoch »alles keine Löwen«. Der bittere Tropfen, daß du eine spürbare Minderung deines bisherigen Einkommens hinnehmen mußtest, fiel dir unter diesen Umständen nicht allzu schwer. Du sagtest zu, dein künftiger Chef verabschiedete sich mit der Zusage, du würdest in Kürze von der Personalabteilung einen Anstellungsvertrag erhalten.

Wieder geschah gar nichts. Über Wochen hinweg kam keine Nachricht aus Stuttgart. Du warst verzweifelt, genau wie deine Mutter in Berlin, die dieses ganze böse Jahr mit dir durchlitten hatte. Ohne dein Wissen wandte sie sich um Hilfe an den Stuttgarter Oberbürgermeister Arnulf Klett sowie an Fritz Eberhard, den Intendanten des Süddeutschen Rundfunks, die sie seit den Lebzeiten ihres Mannes gut kannte. Und siehe da, bald darauf kam der ersehnte Brief mit dem Vertragsentwurf und der Aufforderung, zur Besprechung der noch offenen Einzelheiten nach Untertürkheim zu kommen. So groß deine Freude, so intensiv war nun dein Schreck, daß deine künftigen Vorgesetzten den Eindruck haben könnten, man versuche, sie unter Druck zu setzen. Doch die Reaktion von Schleyer auf deinen Entschuldigungsbrief zeigte, daß dies nicht der Fall, die Bearbeitung der Angelegenheit vielmehr in den bürokratischen Mühlen hängengeblieben war. Die letzte Hürde war überwunden, als der verwundert dreinschauende Pförtner am Tor dich tatsächlich einließ, obwohl du einen Citroën und keinen Mercedes fuhrst. Nach Gesprächen mit Werner Lechner, dem damaligen Assistenten von Schleyer, später dein langjähriger Kollege und Mitarbeiter, graue Eminenz des Unternehmens in allen Angelegenheiten der leitenden Führungskräfte und bis zu seiner Pensionierung Chef unserer größten Auslandsbeteiligung, der Mercedes-Benz do Brasil, sowie mit Richard Osswald, deinem späteren Vorstandskollegen, war alles klar. Am 1. März 1964 konntest du deine Arbeit in Stuttgart aufnehmen.

*

Mit mir zusammen begann Peter Fritzsche seinen Dienst. Gleich beim ersten Kennenlernen wurde uns klar, daß wir für genau dieselbe Aufgabe eingestellt worden waren. Kaum geringer war unser Erstaunen, als wir feststellten, daß sowohl Bodo Kirschner als auch Gerhard Bott, später als Fernsehautor und -produzent bekannt geworden, beide als Juristen im Stabsbereich des Finanzchefs tätig, davon überzeugt waren, daß sie selbst zuständig und wir beiden Neuen überflüssig seien (es handelte sich wohl um die »Löwen«, von denen Zahn gesprochen hatte). Trotzdem vergingen die ersten Wochen in froher Erwartung des Kommenden. Man machte uns, auch durch Besuche in einigen Werken, so gut es ging mit dem Unternehmen und seinen Produkten vertraut, und anläßlich eines zweiwöchigen Seminars im Ausbildungszentrum, dem »Lämmerbuckel« auf der Schwäbischen Alb, schloß ich erste Bekanntschaften, von denen die eine sich zu einer andauernden privaten Freundschaft entwickelte.

Dann begann der Ernst des Lebens: Fritzsche und ich wurden, zwar weit entfernt vom Büro unseres Chefs, in ein gemeinsames Zimmer gesetzt, bekamen aber eine Sekretärin zugeteilt und warteten zuversichtlich auf Arbeit. Doch davon keine Spur. Auch Interventionen bei Henning von Kürten, dem Assistenten von Zahn, später gleichfalls mein Mitarbeiter, fruchteten nicht das geringste. Wir langweilten uns zu Tode, verbrachten Stunden damit, »Schiffe versenken« zu spielen. Meine einzige Abwechslung war eine Audienz beim Vorstandsvorsitzenden Walter Hitzinger, der auf den Titel »Baurat h.c.« Wert legte und sich mit »Herr Generaldirektor« anreden ließ. Er war derjenige, den die Bekannten meiner Mutter auf mich angesprochen hatten und der mich nun kommen ließ, um mich persönlich kennenzulernen. Viel konnte ich mir davon nicht versprechen, denn jeder wußte, daß keine der maßgeblichen Führungspersonen ihn noch ernst nahm. In der Tat hatte er sich in der kurzen Zeit seiner Zugehörigkeit zu Daimler-Benz längst überall und gründlich lächerlich gemacht, unzählige Witze und Anekdoten gingen über ihn um. Nur Erwin Rothansl, sein liebenswürdiger österreichischer Assistent, den ich später hoch schätzenlernte, und seine Sekretärin hielten noch treu zu ihm.

Jovial empfing mich Hitzinger in seinem Büro im 13. Stock des Verwaltungshochhauses, das mir damals als Krönung aller denkbaren Träume vorkam und das ich 23 Jahre später selbst beziehen sollte. Er erkundigte sich, wo ich untergekommen sei, und schloß das Gespräch mit der Anmerkung, er sei einverstanden, daß ich, wie er sagte, »in der Gruppe Zahn« arbeite; er bitte darum, ihm zukünftig hie und da zu berichten, was es »dort Neues« gebe. Von diesem Angebot habe ich allerdings nie Gebrauch gemacht, sondern bin dem »Herrn Generaldirektor« erst wieder begegnet, als der Vorstand 1975 sein jüngstes Mitglied beauftragte, das Unternehmen beim »Leichenschmaus« nach der Beisetzung in Linz zu vertreten.

Peter Fritzsche verlor die Geduld und begann, sich außerhalb des Hauses nach einer anderen Aufgabe umzusehen (was ihm auch nach einiger Zeit gelang). Mir war dieser Weg vor dem Hintergrund meiner vorangegangenen Erfahrungen versperrt. Und eines Tages wurde meine Geduld doch noch belohnt. Erni Krause, die treue, durch keine Beschimpfung zu erschütternde Sekretärin von Zahn, bestellte mich zur Rücksprache beim Chef. Natürlich fand ich mich pünktlich zu der angegebenen Nachmittagsstunde ein, mußte allerdings zwei Stunden warten, bis ich vorgelassen wurde. Bei Zahn saßen Rolf Reuter, der Chefsyndikus, und von Kürten. Mir wurde eröffnet, daß mir nun eine große Chance geboten werde, mich zu beweisen. Es gehe im wesentlichen darum, ein in der Nachbarschaft gelegenes Grundstück aus dem Besitz der Oberhausener Gutehoffnungshütte zu erwerben, das sich hervorragend für die angestrebte Erweiterung unseres Stammwerkes Untertürkheim eigne; mein Namensvetter werde das Projekt betreuen.

Damit wurden mir einige Unterlagen in die Hand gedrückt, und ich erhielt den Auftrag, so schnell wie möglich ein Erwerbskonzept zu entwickeln. Aufgeregt stürzte ich zurück in unser Zimmer, wo mein Kollege noch gespannt auf mich wartete. Doch schon beim ersten Durchblättern entdeckte ich, daß es sich keineswegs um einen einfachen Grundstückskauf, sondern um den in jeder Hinsicht komplizierten Erwerb eines ganzen Unternehmens, der altehrwürdigen Maschinenfabrik Esslingen, handelte. Verunsichert und verwirrt kam ich nach Hause, um meiner Lebensgefährtin – mit der ich seit dem Umzug nach Stuttgart zusammenlebte und die 1972 meine zweite Frau wurde – zu berichten, daß mir eine Aufgabe übertragen worden sei, von der ich, abgesehen von meinen juristischen Vorkenntnissen, nicht die geringste Ahnung hatte.

Natürlich war mir klar, auf welches Glatteis ich mich begab. Zudem erfuhr ich kurz darauf, daß nicht nur die Lust an einer peinvollen Probe dafür maßgeblich gewesen war, mir diese Aufgabe zu übertragen. Die Überlastung von Zahn selbst und seiner engeren Mitarbeiter mit einem ungleich wichtigeren und komplizierteren Vorhaben spielte eine zumindest gleichgewichtige Rolle. Es ging dabei um einen in der zweiten Jahreshälfte 1964 unter offensichtlich nicht unerheblichem Druck des Hauses Flick durchgeführten Ringtausch, der im Ergebnis zur vollen Übernahme des Werkes Düsseldorf durch Daimler-Benz auf der einen, auf der anderen Seite aber zur Übertragung der Mehrheitsbeteiligung unseres Hauses an der Neckarsulmer Firma Auto Union auf die Volkswagenwerk AG führte.

Jedenfalls setzte ich nun meinen ganzen Ehrgeiz daran, nicht unterzugehen. Ich paukte mir die Prinzipien der Bewertung von Unternehmen ein, machte mich mit betriebswirtschaftlichen Planungsrechnungen und den steuerlichen Folgen von Firmenübernahmen vertraut und studierte die einschlägigen Bestimmungen der Betriebsverfassung, insbesondere den Umfang der Mitwirkungsrechte der Belegschaftsvertretungen. Gleichzeitig versuchte ich soweit wie möglich die technischen Voraussetzungen zu klären, verfügte doch der Übernahmekandidat über ein laufendes Produktprogramm mit den dafür benötigten Einrichtungen, das sich von Lokomotiven über Kessel aller Art bis zu Hubstaplern erstreckte und nicht zuletzt eine uralte, aber in vollem Betrieb befindliche Gießerei umfaßte. Zu meinem nicht geringen Erstaunen mußte ich im übrigen bald herausfinden, daß der für das Werk Untertürkheim zuständige Vorstandskollege von Zahn, Wilhelm Künkele, von der Idee der Übernahme anfänglich keineswegs begeistert schien, weil er sich offenbar davon nichts anderes als unübersehbare Schwierigkeiten versprach. Rückblickend sollte sich freilich das von Zahn nach Gesprächen mit dem damaligen Chef der Gutehoffnungshütte, Dietrich Wilhelm von Menges, in Gang gesetzte Vorhaben als Segen für das Unternehmen erweisen, denn es handelte sich tatsächlich um die einzige nennenswerte Grundstücksreserve, die im Neckartal für die später so dringend erforderliche Erweiterung des Werkes Untertürkheim noch zur Verfügung stand. Für mich ging es aber eben bei aller prophetischen Voraussicht des Chefs um weit mehr als den einfachen Erwerb eines Grundstücks.

Der erste Schritt gelang. Nach einigen Wochen hatte ich eine Vorstandsvorlage fertig, die ich mit Stolz bis heute aufbewahrt habe. Sie umfaßte alle wesentlichen Bestandteile eines Übernahmekonzeptes und wurde, von Zahn eingebracht, vom Vorstand in dem Sinne verabschiedet, daß konkrete Verhandlungen mit dem Eigentümer aufgenommen werden konnten. Auf beiden Seiten wurden Arbeitsgruppen eingesetzt, die die offenen Einzelheiten für eine Entscheidung auf oberster Ebene aufbereiten sollten. Die Federführung auf unserer Seite wurde mir übertragen. Wir machten gute Fortschritte, so daß Zahn und von Menges ein abschließendes Treffen vereinbaren konnten, das in Frankfurt stattfand.

Die Arbeitsgruppen saßen im Sitzungssaal des Hotels Wiesbadener Hof zusammen, als die beiden Chefs, die alle Vorschläge abgehakt hatten, sich zurückzogen, um den endgültigen Übernahmepreis für die Aktien der Maschinenfabrik Esslingen unter vier Augen auszuhandeln. Nach geraumer Zeit kamen sie in aufgeräumter Stimmung zurück. Leutselig forderte Zahn uns auf, wir sollten raten, auf was man sich geeinigt habe. Vorlaut rutschte mir die Zahl 218 heraus. Das war der Kurs, der genau in der Mitte der von mir intern vorgeschlagenen Spannbreite lag. Im selben Augenblick merkte ich, was ich angerichtet hatte: Beiden Herren war die Schau ihres Erfolges gestohlen, die Spannung war heraus, die Stimmung dahin, sie konnten nur noch bestätigen, daß ich den Punkt getroffen hatte. Mit eingezogenem Kopf trottete ich in mein Hotel, nachdem mich Zahn vor der Tür beiseite genommen hatte, um mich gebührlich zu beschimpfen und mir klarzumachen, welch kleiner, unbedeutender Wicht sich eine solche Unverschämtheit herausgenommen habe.

Daß er es ernst meinte, merkte ich bald: Die Strafe folgte auf dem Fuße. Nach der feierlichen Unterzeichnung der Verträge gingen nämlich die Probleme erst richtig los, war doch die Zielsetzung der Übernahme eben nicht eine Weiterführung des vorhandenen

Produktprogramms der Maschinenfabrik Esslingen, sondern ein schrittweises Freimachen der vorhandenen Anlagen für unsere eigene Produktion. Das klingt einfach, brachte jedoch schwerwiegende Probleme mit sich. Ein realistisches Konzept für den Auslauf oder den Verkauf von Programmteilen mußte nahtlos mit der Planung und Umsetzung der erforderlichen Investitionen für die Modernisierung der gesamten Fabrik einhergehen. Vor allem aber konnte eine solche Umstellung nicht ohne Einbeziehung der Belegschaft und ihrer Vertretungen gelingen. Dies alles sicherzustellen war die Aufgabe, die mir nun, zusammen mit dem von Daimler-Benz neu eingesetzten Vorstandsmitglied des Unternehmens, Werner F. Jessen, auch er später für längere Zeit Chef der Mercedes-Benz do Brasil, übertragen wurde. Sie erforderte Kompromisse nach allen Seiten, nicht zuletzt mit den Betriebsräten. Und da Kompromisse bekanntlich immer angreifbar sind, nutzte Joachim Zahn die erstbeste Gelegenheit, mich zur Ordnung zu rufen, als ich irgendeine Lösung besprochen hatte, die mit ihm nicht abgestimmt war. Das geschah während eines längeren Telefonats, in dessen Verlauf er mich der Unfähigkeit bezichtigte und mir zwar nicht ausdrücklich, aber doch unmißverständlich nahelegte, mir eine andere Aufgabe zu suchen. Da ich trotz aller bitteren Erfahrungen nicht die Absicht hatte, mich so wie seine anderen unmittelbaren Mitarbeiter persönlich und charakterlich umbiegen zu lassen, zog ich daraus die Konsequenzen und machte mich auf den Weg.

Zufällig ergab sich, daß um die gleiche Zeit die Position von Ulrich Grahlmann beim ZDF unhaltbar geworden war. Nach seinem Rücktritt fiel es wieder der SPD zu, einen Nachfolger als Programmdirektor und stellvertretenden Intendanten zu benennen. Obwohl ich mir ursprünglich einmal geschworen hatte, nie als Angestellter einer öffentlichen Institution zu arbeiten, schien mir nun jede Lösung besser, als weiter einem Mann ausgeliefert zu sein, der nach meinem Eindruck die elementarsten Grundregeln eines menschenwürdigen Umgangs mißachtete. Ich streckte also meine Fühler aus und bewarb mich schließlich bei einem parteiinternen Gremium, das unter der Leitung des Mainzer Oberbürgermeisters Jockel Fuchs einen Nachfolgevorschlag machen sollte. Dieser hatte sich allerdings, wie ich bald erfahren sollte, innerlich schon längst auf einen anderen Kandidaten festgelegt. Willy Brandt, damals bereits Parteivorsitzender, und Egon Bahr, sein engster Mitarbeiter in Berlin, setzten sich zwar in höflicher Form, aber ohne wirkliches unmittelbares Engagement für mich ein. Meine Vorstellung vor dem Auswahlgremium soll, wie ich im Anschluß daran hörte, erheblichen Eindruck bei den Teilnehmern hinterlassen haben, doch Fuchs blieb bei seinem Vorschlag, dem auch gefolgt wurde.

Ich war also durchgefallen. Trotzdem sollte sich der Vorgang als glückliche Fügung erweisen. Einer instinktiven Eingebung folgend hatte ich nämlich gegenüber Zahn unter Bezug auf seine telefonische Empfehlung in eher beiläufiger Form erwähnt, daß ich mich in Gesprächen über einen möglichen Wechsel zum ZDF, und zwar als stellvertretender Intendant, befände, und ihn um seinen Rat gebeten. Offensichtlich überzeugte ihn dies davon, daß er es bei mir wohl doch mit einem Mitarbeiter zu tun hatte, der ein wenig anders war als die anderen. Vielleicht schreckten ihn allerdings auch nur meine vermeintlich intimen politischen Beziehungen oder gar der mögliche Eindruck bei seinen Kollegen, daß jemand ihm den Bettel hinwerfen könnte. Jedenfalls äußerte er nicht nur, daß er es begrüßen würde, wenn ich meine Arbeit in seinem Bereich fortsetzte, sondern behandelte mich fortan auch ohne einen einzigen Rückfall als vollgültigen Menschen. Dieses Vorkommnis sollte sich als eigentlicher Beginn einer jahrelangen, zwar keineswegs reibungslosen, aber doch alles in allem fruchtbaren Zusammenarbeit herausstellen, in deren Verlauf ich vornehmlich in finanzwirtschaftlicher und steuerrechtlicher Hinsicht unendlich viel von Joachim Zahn gelernt habe.

1965, nach dem Ausscheiden von Hitzinger, war er zum Sprecher des Vorstandes bestellt worden. Zwar wurmte es ihn mächtig, daß damit jedenfalls formell eine geringere Autorität als mit der Position eines Vorsitzenden verbunden war, doch der Aufsichtsrat unter Vorsitz von Hermann Josef Abs wollte sich zu einer solchen Einstufung bis auf weiteres nicht entschließen. Gewollt oder ungewollt trug dies dazu bei, daß sich die seit langem schwelende Rivalität zwischen Joachim Zahn und Hanns Martin Schleyer in den folgenden Jahren immer mehr verschärfte, um erst 1971, nach dem Wechsel von Abs zu Franz Heinrich Ulrich, mit der Bestellung von Zahn zum Vorstandsvorsitzenden und der anschließenden Verlagerung der eigentlichen Tätigkeit Schleyers zur Bundesvereinigung der Arbeitgeberverbände, später auch zum Bundesverband der Deutschen Industrie, aufgelöst zu werden.

Ich selbst habe das alles hautnah miterlebt, über weite Strecken im Rahmen von Projektaufgaben, an denen beide Kontrahenten beteiligt waren. Neben der Betreuung der Maschinenfabrik Esslingen, die besonders intensive und zum Schluß erfolgreiche Verhandlungen mit der Quandt-Gruppe über die Abgabe der Hubstaplerproduktion einschloß, war ich, wenn auch eher am Rande, an der Übernahme des Nutzfahrzeugherstellers Hanomag-Henschel beteiligt, für die Zahn eine steuerlich elegante Lösung fand, deren Meriten, obwohl sie so ungewöhnlich nun auch wieder nicht waren, er ohne Unterlaß gegenüber jedermann, vor allem gegenüber den Großaktionären, hervorzuheben pflegte; Schleyer hingegen, dessen unternehmerische Neigung schon damals eher den Nutzfahrzeugen als den Personenwagen des Hauses galt, beharrte darauf, daß die von meinem Chef empfohlene Lösung, die gleichen Produkte unter zwei verschiedenen Markenzeichen, Mercedes-Benz und Hanomag-Henschel, und über zwei getrennte Vertriebsorganisationen zu verkaufen, unweigerlich scheitern müsse (was sich bald als zutreffend herausstellen sollte).

Ein Paar ungleicherer Persönlichkeiten, geistig wie körperlich, kann man sich kaum vorstellen: Zahn war zierlich gebaut, ständig in Bewegung, sprunghaft im Ausdruck seiner Gedanken. Schleyer, untersetzt und massig, bewegte sich eher bedächtig, sprach ruhig und argumentierte in logisch aufeinanderfolgenden Schritten. Der eine wirkte sensibel und empfindlich, war belesen in weiten Bereichen der Geschichte und Literatur, warf mit Zitaten von den Klassikern bis zu Wilhelm Busch um sich, der andere bevorzugte das spontane Gespräch und den persönlichen Kontakt, verließ sich auf sein Verständnis vom gesunden Menschenverstand und erweckte den Eindruck bulliger Dickfelligkeit. Diesen Unterschieden entsprach, daß Zahn seine Akten stets genau kannte, Schleyer sie allenfalls oberflächlich gelesen hatte. Obwohl ihre Familien miteinander verkehrten und sie beide nach außen stets die Form wahrten, konnten sie ihr gegenseitiges Mißtrauen nie verhehlen. Das war mehr als verständlich, wußten sie doch voneinander sehr genau, daß auf die Dauer für sie beide nebeneinander kein Platz im Vorstand war: Jeder von ihnen strebte für sich allein die Führung an.

Lag also der Grund für ihre Rivalität letztlich an ihren unverträglichen Persönlichkeiten, an der Neigung zu Vorsicht und Verschlagenheit auf der einen, zu leichtfertiger Vertrauensseligkeit auf der anderen Seite, so kamen andere Umstände hinzu, die den schon lange schwelenden Konflikt schließlich auf eine endgültige Klärung hintreiben sollten. Für Außenstehende schien dabei eine grundlegende unternehmerische Frage im Vordergrund zu stehen: In Wirklichkeit war sie jedoch nichts anderes als Ausdruck und Ergebnis der Labilität, die das machtpolitische Gleichgewicht innerhalb des Aktionärskreises kennzeichnete.

Als größter Einzelaktionär verfügte das Haus Flick über einen Anteil von etwa 45 Prozent am Grundkapital, die Deutsche Bank über rund 28 Prozent und die Quandt-Gruppe über eine Beteiligung in der Größenordnung von knapp 15 Prozent. Unter Berücksichtigung der Depotstimmen von Kleinaktionären, die regelmäßig durch die Deutsche Bank vertreten wurden, bedeutete dies, daß die Flick-Gruppe in der Hauptversammlung über keine Mehrheit verfügte, während sie, genau wie die Bank, dank ihrer sogenannten Sperrminorität alle grundlegenden Beschlüsse verhindern konnte, die nach Gesetz oder Satzung einer Dreiviertelmehrheit bedurften. Letzten Endes waren also die Großaktionäre aufeinander angewiesen, zumal es, wie gesagt, wohl auch entsprechende Vereinbarungen zwischen ihnen gab. Dies schloß jedoch interne Meinungsverschiedenheiten innerhalb der drei Häuser keineswegs aus.

Ganz besonders galt das für das Haus Flick. Nach der Trennung von seinem ältesten Sohn Otto Ernst hatte der Firmengründer Friedrich Flick Mitte der sechziger Jahre das Unternehmen mit den darin liegenden Beteiligungen seinem zweiten Sohn Friedrich Karl hinterlassen. Anfänglich noch gebremst durch die beiden älteren Hausmeier, Konrad Kaletsch und Otto A. Friedrich, ging bald darauf ein interner Machtkampf um den maßgeblichen Einfluß auf den Erben los. Kontrahenten waren Eberhard von Brauchitsch auf der einen, Günther-Max Paefgen auf der anderen Seite. Auf sie stützten sich jeweils Schleyer und Zahn, um auf ihrem Wege an die Spitze von Daimler-Benz die Unterstützung von »F. K.«, wie er genannt wurde, zu erlangen.

Über lange Strecken schien es, als hätte Hanns Martin Schleyer die besseren Chancen. Er konnte sich auf ein vertrauensvolles Verhältnis zu Eberhard von Brauchitsch verlassen, den mit Joachim Zahn eine kaum verhohlene gegenseitige Abneigung verband. Zudem war es beiden mit Unterstützung von Kaletsch und Friedrich gelungen, mit Ulrich Raue einen zielstrebigen Unternehmer in den Vorstand von Daimler-Benz zu holen, dem die Zuständigkeit für die Nutzfahrzeuge übertragen wurde. Seine hemdsärmelige Robustheit gegenüber jedermann unterschied Raue schnell von allen denjenigen seiner Kollegen, die sich innerhalb des Hauses nach oben gearbeitet hatten und denen die Wahrung der Traditionen wichtiger war als alle anderen unternehmerischen Entscheidungskriterien. Mit von Brauchitsch und Schleyer teilte er die Überzeugung, daß Daimler-Benz, sollte es keine Möglichkeit finden, sein Pkw-Programm unter einer zusätzlichen Marke neben Mercedes-Benz auf die Massenmärkte auszuweiten, sich auf den Ausbau seiner Führungsposition bei den Nutzfahrzeugen konzentrieren müsse – mit der Folge, daß die Personenkraftwagen in absehbarer Zukunft nur noch die Rolle eines Nischenangebotes am obersten Ende des Marktes, etwa vergleichbar der Marke Rolls Royce, spielen könnten. Genau dagegen aber kämpfte Zahn, der nicht müde wurde, innerhalb der Deutschen Bank und bei Herbert Quandt, später bei dem Aufsichtsratsmitglied Herbert Pavel als dem Vertreter der Quandt-Gruppe, die Gefahren eines solchen möglicherweise durch das Haus Flick getragenen Konzepts an die Wand zu malen; zusammen mit Paefgen versuchte er gleichzeitig, dem Flick-Erben drastisch die Risiken vor Augen zu führen, die dieser Weg für die Werthaltigkeit seines Aktienpaketes und damit für sein Vermögen mit sich bringen könnte.

Die Auseinandersetzung wogte gegen Ende der sechziger Jahre lange hin und her. Der Erfolg schien Schleyer fast sicher, als ihm Mitte 1968 neben dem Personalressort die Zuständigkeit für eine Aufgabe übertragen wurde, die sich Unternehmensplanung nannte. Fragen der Marktplanung, der Betriebswirtschaft, der Finanzierung, der Produktentwicklung und der Produktion waren zwar davon ausgenommen, blieben also bei den Vertriebsressorts, beim Finanzchef, beim Entwicklungsbereich und bei den Chefs der Produktionswerke, doch die Planung aller Investitionen sollte fortan in seiner Verantwortung liegen.

Das ganze Haus meinte zu wissen, was die Glocke geschlagen hatte, als Schleyer sich zu diesem Zwecke neben seinem Personaldirektor Richard Osswald noch sieben weitere neu geschaffene Direktionsstellen (genannt »Direktoren im Hause«, eine Position, die im schwäbischen Umfeld des Unternehmens traditionell tiefste Ehrfurcht auszulösen pflegte) zuordnete und alle Welt, auch er selbst, nur noch vom »Achter mit Steuermann« zu sprechen begann. Während eines unserer mehrfach in ebenso offener wie vertrauensvoller Weise geführten Gespräche hat er mir selbst damals klipp und klar gesagt, daß dieser »Achter« seine neue Vorstandsmannschaft bilden solle, wenn er demnächst zum Vorsitzenden berufen werde.

Als Loyalitätskonflikt im Verhältnis zu meinem Vorgesetzten Zahn habe ich solche Vertraulichkeiten nie empfunden, weil ich angesichts der vorangegangenen Erfahrungen sicher war, umgekehrt auf keinen Fall auf dessen Selbstlosigkeit mir gegenüber zählen zu können. Hinzu kam, daß sich die Hoffnungen von Hanns Martin Schleyer schon sehr bald als leer herausstellen sollten. Kurz vorher kulminierten sie allerdings in einem beispiellosen Ereignis, das Zahn spürbar den Atem zu verschlagen schien: Es mag im Frühjahr 1969 (oder 1970) gewesen sein, als Schleyer anläßlich der Bilanzpressekonferenz, die trotz Anwesenheit aller Vorstandsmitglieder traditionell ausschließlich durch Beiträge des Sprechers und Finanzchefs bestritten wurde, sich auf eine offensichtlich bestellte Journalistenfrage zu Wort meldete und in langen Ausführungen das künftige Unternehmenskonzept von Daimler-Benz darlegte. Bis heute weiß ich nicht, ob dies eine Flucht nach vorn war oder ob er die Realitäten nicht wahrnehmen wollte, denn inzwischen war der Wind im Hause Flick zugunsten von Paefgen umgeschlagen, mit der Folge, daß die Waage sich nun schnell auf die Seite von Zahn senkte. Endgültig deutlich wurde das bei einer Besprechung des sogenannten Aktionärskreises, die Ende 1970 unter dem Vorsitz von Franz Heinrich Ulrich im Hause der Deutschen Bank in Frankfurt stattfand und bei der es um die Investitionen der nächsten drei Jahre ging.

Schleyer und Raue wußten genau, wie erfolgreich es Zahn inzwischen gelungen war, Ulrich davon zu überzeugen, daß sich das Unternehmen die vorgesehenen Ausgaben nicht leisten könne, ohne finanziell ins Schlingern zu geraten. Ohne Vorbehalt unterstützt wurde der Aufsichtsratsvorsitzende durch Pavel, der, genau wie alle anderen Beteiligten, das Interesse der Hauptaktionäre darin sah, die eigenen Taschen verschlossen zu halten, der Firma also auf keinen Fall zusätzliches Kapital zuzuführen. Das erschien offenbar auch Friedrich Karl Flick überzeugend. Über diese Situation sollte nun gesprochen werden. Eine Lösung war dringend gefragt.

Um so überraschter war ich, als sich an jenem Morgen die Tür des Sitzungszimmers, in dem alle anderen schon warteten, öffnete, um Kaletsch und Friedrich, gefolgt von Schleyer und Raue einzulassen. Bis auf Raue trugen alle jene Fahne vor sich her, die eine mit schwerem Rotwein und Genever durchzechte Nacht kennzuzeichnen pflegt. Entsprechend fiel der Verlauf des Gespräches aus.

Nachdem Ulrich eingehend und in dem ihm eigenen schneidend-juristischen Tonfall seine Ablehnung der vorliegenden Planung begründet hatte, waren keine vernünftigen Gegenargumente zu vernehmen. Zahn selbst brauchte kaum etwas zu sagen, fiel allerdings aus allen Wolken, als der Techniker Raue plötzlich und unerwartet eine wohldurchdachte betriebswirtschaftliche Analyse vortrug, die auf dem einfachen, aber damals offensichtlich allen übrigen Anwesenden neuen Gesichtspunkt beruhte, daß Investitionen keineswegs allein nach ihren Auswirkungen auf die Kassenlage eines Unternehmens, sondern in erster Linie nach ihren Folgen für die Rentabilität beurteilt werden müßten. Es blieb nichts anderes übrig, als die endgültige Entscheidung bis zu einer Überprüfung der vorgetragenen Zahlen durch das Finanzressort zu vertagen. Doch der Ausgang war klar: Zahn hatte gesiegt.

Ich selbst war damals längst zum Leiter des Hauptsekretariats aufgestiegen. Auch daran waren sowohl Joachim Zahn als auch Hanns Martin Schleyer wesentlich beteiligt. Erwin Rothansl hatte 1967 eine andere Aufgabe im Vertrieb übernommen. Es mußte ein Nachfolger gefunden werden, der beiden genehm und für die übrigen Vorstandsmitglieder akzeptabel war. Ich war im Urlaub, als mich ein persönlicher Brief von Zahn mit der Nachricht erreichte, er habe mich vorgeschlagen und hoffe auf eine baldige positive Entscheidung. Das war bezeichnend für ihn, denn frohe Botschaften dieser Art pflegte er gern mit der Erinnerung zu versehen, wem der Empfänger sie verdankt; Beispiele ähnlicher Art sollte er mir nach meiner späteren Berufung in den Vorstand noch öfter liefern. Ich mußte allerdings auch schon aus diesem ersten Anlaß ein wenig schmunzeln, denn es war Schleyer, der mich vor meiner Abreise nach Tunesien gefragt hatte, ob ich an der Aufgabe interessiert sei. Bedenken hatte es im übrigen bei einem Teil der Vorstandsmitglieder wegen meines politischen Rufes tatsächlich gegeben, einschließlich der Befürchtung, ich könne womöglich die mir zugänglichen Geschäftsgeheimnisse an »die Roten« weitergeben. Doch diese Bedenken waren anscheinend einigermaßen zerstreut worden, so daß ich meinen neuen Verantwortungsbereich zum 1. Januar 1968 übernehmen konnte.

Die folgenden fünf Jahre waren meine letzte Lehrzeit auf dem Weg in das Führungsgremium. Sie hatte im wesentlichen drei Schwerpunkte: die gestaltende Mitwirkung an unternehmerisch bedeutsamen Projekten, die Anpassung der grundlegenden Strukturen des Hauses an die sich ändernden Anforderungen des Wettbewerbs und die organisatorische Straffung der Unternehmensführung durch den Vorstand.

In zwei der wichtigsten Fragenkomplexe, zu denen ich beizutragen hatte, spielten gleichfalls die unterschiedlichen Interessen der Großaktionäre oder doch ihr Bestreben herein, das zwischen ihnen bestehende Machtgleichgewicht nicht stören zu lassen. Einer davon wurde so vertraulich behandelt, daß innerhalb des Vorstandes nur Zahn und Schleyer die näheren Einzelheiten kannten (was nicht ausschloß, daß auch sie sich von Fall zu Fall um Geheimhaltung vor dem anderen bemühten). Es ging um nicht mehr und nicht weniger als die Zusammenführung von Daimler-Benz und Volkswagen unter dem Dach eines einheitlichen Unternehmens.

Von wem der Gedanke ursprünglich ausgegangen war, weiß ich nicht. Da er intern mit Nachdruck von Hanns Martin Schleyer vertreten wurde, nahm ich aber aufgrund aller mir zugänglichen Indizien an, daß er aus dem Hause Flick und dort vor allem von Eberhard von Brauchitsch stammte. Dafür sprach allein schon die Logik der unternehmerischen Grundeinstellung, denn ein solcher Zusammenschluß hätte Daimler-Benz mit einem Schlag aus dem Dilemma seiner Nischensituation auf dem Gebiet der Personenkraftwagen befreit und Zugang zu einem gefächerten Programmangebot für die gesamte Breite der Märkte eröffnet; angesichts seiner bisherigen Position als weltweiter Marktführer auf dem Nutzfahrzeuggebiet wäre unserem Haus damit der Weg zu einem unschlagbar starken internationalen Automobilunternehmen geebnet worden.

Doch eine solche Rechnung war ohne den Wirt gemacht: Er trug den Namen der beiden anderen Großaktionäre auf der einen, und derjenigen, die bei einer solchen Lösung um ihre Machtpositionen innerhalb der Unternehmen fürchten mußten, auf der anderen Seite. Diese Koalition sollte sich als übermächtig erweisen. Mit Rücksicht auf die damaligen Machtverhältnisse im Hause Flick ging Joachim Zahn dabei zu Anfang äußerst vorsichtig vor, gab sich sogar den Anschein, als wolle er zu einem positiven Ergebnis beitragen. In Wirklichkeit nutzte er jede Gelegenheit, die Deutsche Bank und die Quandt-Gruppe vor der Interessenslage von Flick zu warnen, dem es natürlich darum ging, sich als einziger Großaktionär eine Sperrminorität von mehr als 25 Prozent an dem vereinigten Unternehmen zu sichern. Gleichzeitig setzte Zahn alle Hebel in Bewegung, um innerhalb des Hauses Flick Befürchtungen zu erwecken, daß die VW-Seite auf einer Bewertung beider Unternehmen bestehen werde, die jedenfalls ohne Zuzahlung erheblicher Geldbeträge (dort gefürchtet wie vom Teufel das Weihwasser) eine solche Sperrminorität keineswegs zulassen würde.

Mir selbst, der ich von meinem Chef beauftragt worden war, die Angelegenheit, wie er zu sagen pflegte, »zu bearbeiten«, leuchtete die industrielle Logik des Vorhabens so sehr ein, daß ich mich anfänglich mit großer Begeisterung daranmachte. Erst später merkte ich, daß nicht eigentlich die Interessen des Unternehmens, bei dem ich angestellt war, sondern diejenigen Dritter auf dem Spiel standen, mit der Folge, daß noch so überzeugende Wege zum Ziel es nicht einmal wert waren, ernsthaft in Betracht gezogen zu werden. Ich stürzte mich also zunächst in die Arbeit, um ein vor allem rechtlich und steuerlich, aber auch marktpolitisch, vertrieblich und vor allem organisatorisch überzeugendes Konzept zu entwickeln.

Mein Gesprächspartner auf der VW-Seite hieß Gerhard Prinz, der auf Vorschlag von Kurt Lotz, dem Nachfolger von Heinrich Nordhoff als Vorstandsvorsitzender, kurz zuvor in den dortigen Vorstand berufen worden war. Bei einem vertraulichen Besuch in seinem Privathaus in Wolfsburg einigten wir uns schnell auf die Grundzüge eines Papiers, das ich mitgebracht hatte. Doch bei diesem Gespräch fiel mir bereits eine gewisse Zurückhaltung auf, die mir in einem merkwürdigen Gegensatz zu der unverändert zum Ausdruck gebrachten Unterstützung des Projekts zu stehen schien. Noch nachdenklicher wurde ich, als die Bewertungsüberlegungen, die auf unserer Seite durch den gleichfalls eingeweihten Leiter der Betriebswirtschaft, Heinz Mucheyer, durchgeführt wurden, ergaben, daß Daimler-Benz doppelt soviel wert sei wie Volkswagen, während die Gegenseite zu dem genau gegenteiligen Wertansatz kam.

Nachdem ich von Prinz über Wochen hinweg nichts mehr gehört hatte, die negativen Andeutungen von Zahn dagegen immer deutlicher wurden, dämmerte es mir zunehmend, daß es wenig Sinn hatte, in einer solchen Konstellation der verschiedensten Interessengegensätze nach sachlich gerechtfertigten Lösungen zu suchen. Dies bestätigte sich endgültig, als Joachim Zahn zum Schluß das von uns so genannte »Umklappmodell« erfand, das in seiner Skurrilität einmalig blieb. Indem er ins Feld führte, daß die von ihm grundsätzlich unterstützte Lösung einer Zusammenführung beider

Unternehmen kurzfristig nicht realisierbar sei, schlug er vor, einer beiden Häusern zu gleichen Teilen gehörenden Tochtergesellschaft auf dem Wege von Kapitalerhöhungen jährlich aus dem Gewinn einen gleich hohen Betrag zuzuführen, und zwar so lange, bis das auf diese Weise angesammelte Kapital ausreichen würde, um den Aktionären der Muttergesellschaften deren Aktien abzukaufen.

Jedenfalls gelang es Zahn durch seine glänzende Verzögerungstaktik, das Ende eines Projekts herbeizuführen, das eigentlich dazu ausersehen war, den Höhepunkt einer vorausgegangenen Wegstrecke der Zusammenarbeit zwischen Daimler-Benz und Volkswagen zu bilden. Zu ihr hatte ursprünglich eine vertragliche Vereinbarung gehört, gegenseitig die traditionellen Marktbereiche beider Unternehmen zu respektieren; zumindest ebenso wichtig erschien die etwas später erfolgte Gründung der Deutschen Automobil GmbH, der die Aufgabe zufallen sollte, bei dem von beiden Vorständen erwarteten Durchbruch des Elektroantriebs die gemeinsamen Interessen gegenüber der Elektroindustrie zu wahren, möglicherweise durch eigene Entwicklung und Produktion der benötigten Antriebselemente (als einer ihrer Geschäftsführer habe ich in der Folgezeit ihr Siechtum zur reinen Abteilung für Batterieforschung begleitet).

Allein über Fortgang und Ende dieses kühnen Vorhabens wäre mit Leichtigkeit ein Buch zu füllen. Das gilt noch viel mehr für das zweite große Projekt, bei dem es um eine weitreichende Zusammenarbeit mit der UdSSR auf dem Gebiet der Nutzfahrzeuge ging.

Die russische Regierung, voran die Staatliche Planungsbehörde und das Automobilministerium, wollte an einem Nebenfluß der oberen Wolga, der Kama, ein hochmodernes Kombinat für die Herstellung von Lastkraftwagen errichten. Zu diesem Zweck wurde, wie üblich, 1969 eine Reihe internationaler Unternehmen auf eine mögliche Kooperation angesprochen, darunter auch Daimler-Benz. Vor dem Hintergrund der Entspannungspolitik, die sich seit Ende der sechziger Jahre unter der sozialliberalen Koalition in Bonn, darüber hinaus aber weltweit abzeichnete, sah der Vorstand darin eine nie wiederkehrende Chance, sich Zutritt zu dem immens großen russischen Markt zu verschaffen.

Zwar gab es bei einigen Mitgliedern gewisse Vorbehalte, so vor allem bei Rolf Staelin, dem Chef des Inlandvertriebs, der jede Zusammenarbeit mit dem kommunistischen Lager grundsätzlich ablehnte, sowie bei Otto Jacob, dem Einkaufschef, der aus anderen

Gründen, aber mit ähnlichem Ergebnis in den Kommunisten Todfeinde sah, die auf nichts anderes als die Vernichtung der Deutschen aus waren. Solche Bedenken fielen allerdings anfänglich wenig ins Gewicht, denn Zahn und Schleyer befürworteten das Vorhaben übereinstimmend, wenn auch aus unterschiedlichen Motiven und mit nicht weniger unterschiedlichen Zielsetzungen. Man einigte sich darauf, der russischen Seite gemeinsam mit einer der anderen deutschen Herstellerfirmen, der MAN, ein Angebot zu machen.

Monate, ja Jahre der nervenzehrenden Verhandlungen folgten, begleitet von internen Auseinandersetzungen. Die Russen, die anfänglich auch mit anderen europäischen und amerikanischen Interessenten gesprochen hatten, versuchten nicht nur zu erreichen, daß ihnen die modernsten, bei den Partnern selbst erst im Entwicklungsstadium befindlichen Produkte zur Verfügung gestellt würden, sondern forderten auch das Recht, mit diesen Produkten auf den Weltmärkten außerhalb der UdSSR uneingeschränkt als Wettbewerber auftreten zu können. Das führte zu erheblichen Spannungen zwischen den deutschen Partnern, denn die Märkte außerhalb der Bundesrepublik waren für die MAN wesentlich weniger wichtig als für Daimler-Benz.

Aber auch die russische Seite hatte offenbar ihre eigenen Probleme, gab es doch eine Fraktion, die an der Lizenznahme für einen deutschen Motor nicht wirklich interessiert war, weil man viel lieber ein selbstentwickeltes Aggregat – unsere Techniker nannten es mit eher verächtlichem Unterton »Ferrari-Diesel« – produzieren wollte. Vor allem jedoch, und daran sollte das ganze Vorhaben zum Schluß scheitern, bestand die russische Seite darauf, daß ihre Vertragspartner das zur Diskussion stehende Industrialisierungsprojekt als Generalunternehmer durchführen sollten, mit voller Haftung für die Einhaltung aller zeitlichen, organisatorischen, technischen und kostenmäßigen Vorgaben; gleichzeitig weigerte sie sich, eine in harter Währung zu zahlende Stücklizenz, also die Zahlung eines bestimmten Betrages für jedes herzustellende Fahrzeug, zu akzeptieren. Als Ersatz bot sie eine Pauschalsumme, deren Höhe bald Gegenstand einer endlosen Feilscherei wurde. Hinzu kam die Vorstellung, daß die Kreditfinanzierung der für die Durchführung des Projekts benötigten Anlagen (es ging um eine Größenordnung von mehr als drei Milliarden Mark) ausschließlich durch die deutsche Seite sichergestellt werden müsse, was sowohl der Bundesregierung als auch der Deutschen Bank zunächst, wenn auch nicht über die ganze Wegstrecke der Verhandlungen, als utopisch und deshalb indiskutabel erschien.

Joachim Zahn versuchte sein Bestes, um bei den russischen Verhandlungspartnern, voran dem Automobilminister Tarasow, dem erkennbar an einem erfolgreichen Abschluß gelegen war, der aber ebenso offensichtlich mit internen Schwierigkeiten zu kämpfen hatte, den Eindruck zu erwecken, als setze vor allem er sich für tragfähige Kompromisse ein. Bei mir verfestigte sich allerdings immer stärker der Eindruck, daß er, angesichts einer offensichtlich zurückhaltenden Einstellung nicht nur der Deutschen Bank und der Quandt-Gruppe, sondern zunehmend auch im Hause Flick, in erster Linie einen Ausweg suchte, bei dem ein Scheitern nicht ihm zur Last gelegt werden konnte. Er war nämlich fest davon überzeugt, in einem solchen Falle vom KGB auf eine »Schwarze Liste« gesetzt zu werden, wovor er sich mehr als deutlich fürchtete.

Hanns Martin Schleyer hingegen, der von Anfang an darauf gedrungen hatte, sich auf keine Gespräche über eine Generalunternehmerschaft einzulassen, versuchte, die internen Auffassungsunterschiede auf der russischen Seite durch politische Kontakte, die er mit dem sowjetischen Botschafter in Ostberlin, Genadij Abrassimow, auf streng vertraulicher Grundlage und ohne detaillierte Kenntnis von Zahn pflegte, zugunsten eines Zustandekommens des Projekts auszuräumen. Unterstützt wurde er dabei von seinem Freund Heinz Schmidt, der in der zweiten Hälfte der sechziger Jahre auf Druck des Hauses Flick als Leiter eines Ressorts für Öffentlichkeitsarbeit in den Vorstand von Daimler-Benz berufen worden war und der sich das Gelingen des Projekts um nahezu jeden Preis auf seine Fahne geschrieben hatte.

Mir selbst war auch bei diesem Projekt die Aufgabe zugefallen, die vielfältigen hausinternen Gesichtspunkte und Abwägungen zu koordinieren und einen einigermaßen überschaubaren Ablauf der Verhandlungen zu gewährleisten. Dies schloß eine laufende Abstimmung mit der Bundesregierung, vor allem mit Bundesminister Egon Bahr, sowie die Teilnahme an einer Delegationsreise nach Moskau ein, die unter der Leitung von Schleyer stattfand, sich allerdings neben zähflüssigen Verhandlungen auf ein riesiges Saufgelage in der Moskwitsch-Fabrik beschränkte und uns eher einem Abbruch als einem Erfolg näher brachte. Endlose Vermittlungsbemühungen auf beiden Seiten folgten, in die ein obskurer Vermittler namens Saar-Demichel ebenso eingeschaltet war wie Dscherman Gwischiani, der weltläufige Vizepräsident des »Staatskomitees für Wissenschaft und Technik« und Schwiegersohn von Ministerpräsident Alexej Kossygin. Zeitweise schlossen sie eine Internationalisierung des Gesamtprojekts unter Einbeziehung des französischen Staatsunternehmens Renault, später die Beschränkung auf eine reine Motorenproduktion ein.

Das Ende kam schließlich mehr oder minder abrupt, als Otto Jacob verlangte, unsere Forderung, die von den Russen ohnehin als völlig indiskutabel bezeichnet worden war, nachträglich um einen nahezu dreistelligen Millionenbetrag zur Abgeltung entsprechender Ansprüche der beteiligten deutschen Zulieferfirmen, an der Spitze das Haus Bosch, zu erhöhen. Zum Entsetzen von Zahn, der Jacob in seiner Auseinandersetzung mit Schleyer immer zu seinen Verbündeten zählen konnte, brach die russische Seite daraufhin Anfang 1971 die Verhandlungen endgültig ab und ließ meinen Chef mit der Überzeugung zurück, nun endgültig um sein Leben fürchten zu müssen.

Vergessen war dies erst, als die folgenden Bemühungen, in Moskau guten Wind zu machen, Erfolg zeigten und Zahn einige Jahre später von Leonid Breschnew im Kreml empfangen und mit einem scheußlichen, dafür aber um so größeren Bild beschenkt wurde, das fortan im Vorraum vor seinem Büro im Untertürkheimer Hochhaus hing und voller Stolz jedem wichtigen Besucher präsentiert zu werden pflegte. Schleyer mußte angesichts der zwischenzeitlichen internen Entwicklungen im Hause Flick die Fahne streichen, Schmidt sich den stärkeren Bataillonen beugen. Otto Jacob hingegen erfreute mich später, als ich schon dem Vorstand angehörte, mit einem erneuten Beweis für den Tiefgang seiner Abwägungen, als er seine Überzeugung, daß ein erneuter kriegerischer Raubzug der Sowjetunion unmittelbar bevorstehe, in allem Ernst mit der streng vertraulichen Nachricht belegte, die Russen seien dabei, in der Schweiz massiv alle für Soldatenstiefel geeigneten Schnürsenkel aufzukaufen …

Damals hatte Joachim Zahn seinen Wettkampf mit Hanns Martin Schleyer längst endgültig gewonnen. Das war geschehen, nachdem Eberhard von Brauchitsch als Generalbevollmächtigter zu Axel Springer gewechselt war und die Gunst seines Patrons Günther-Max Paefgen überlassen hatte. Anders als sein Vorgänger Hermann Josef Abs bevorzugte Ulrich seinem ganzen Naturell nach klare Verhältnisse, worin er von seinen Assistenten Carl-Ludwig von Boehm-Bezing, heute Vorstandsmitglied der Deutschen Bank, und Axel Osenberg bestärkt wurde. Von ihm stammt der Ausspruch, daß es sich bei dem Vorstand von Daimler-Benz um »eine gemischte Raubtiergruppe ohne Dompteur« handele. Damit traf er den Kern der Dinge.

Geirrt hat er sich freilich in der Annahme, daß die endgültige Entscheidung der Führungsfrage zugunsten von Joachim Zahn eine Änderung herbeiführen werde: Der neue Vorsitzende führte den Vorstand nicht anders als bisher, indem er vor allem sorgsam darauf erpicht war, das Entstehen von gegen ihn gerichteten Koalitionen im Keim zu ersticken, dafür aber Unverträglichkeiten zwischen Kollegen zu fördern, wo es ihm nützlich schien. Mir selbst blieb nichts anderes, als daraus das Beste zu machen, ohne mich über ein vertretbares Maß hinaus charakterlich zu verbiegen.

Von größter Bedeutung für die Zukunft waren unsere Überlegungen und Untersuchungen über eine sinnvolle Anpassung der gewachsenen Strukturen des Unternehmens an die neuen Herausforderungen des Wettbewerbs. Wie immer in solchen Fällen – ich sollte das fünfzehn Jahre später mit noch ungleich größerer Wucht erleben – stimmten alle Beteiligten, an der Spitze die Vorstandsmitglieder, zwar grundsätzlich überein, daß wir Wege finden mußten, die ein schnelleres Reagieren auf den Markt gewährleisten und gleichzeitig zur Eindämmung der rapide anwachsenden Kostenbelastungen beitragen würden. Doch wenn es darum ging, eigene Machtbefugnisse aufzugeben, war jeder schnell mit dem Nachweis zur Stelle, es werde alles zusammenbrechen.

Im Kern ging es um das Problem, daß das Unternehmen zu groß geworden war, um mit der traditionellen Führungsstruktur der Automobilindustrie weiterleben zu können. Diese war dadurch charakterisiert, daß jede der benötigten Funktionen, von der Entwicklung über die Produktion und den Vertrieb bis hin zu den Finanzen und dem Personalwesen, jeweils einem eigenen Vorstandsressort zugeordnet war. Wegen der Ausrichtung sowohl auf Personenwagen als auch auf Nutzfahrzeuge führte das bei Daimler-Benz teilweise nochmals zu einer Doppelung, mit der Folge, daß sich, unter Berücksichtigung weiterer eher zufällig zustande gekommener Aufsplitterungen, der Vorstand zeitweise aus bis zu dreizehn Mitgliedern zusammensetzte, die entsprechend den Bestimmungen des Aktiengesetzes das Unternehmen in gemeinsamer Verantwortung zu führen hatten.

Diese Situation zog immer unerträglichere Folgen nach sich, denn die Ressorts schotteten sich soweit wie möglich gegeneinander ab. So pflegte der Entwicklungsbereich auch weiterhin neue Produkte zu entwickeln, ohne den Vertrieb ernsthaft danach zu fragen, ob bei den Kunden überhaupt ein entsprechender Bedarf vorhanden war; so pflegte die Produktion regelmäßig erst zu einem sehr späten Zeitpunkt die Unmöglichkeit zu entdecken, solche Produkte überhaupt, vor allem aber mit der erforderlichen Qualität, herstellen zu können; und schließlich mußten alle gemeinsam in letzter Minute zur Kenntnis nehmen, daß angesichts der die Erwartungen übersteigenden Kosten deutlich höhere Marktpreise unvermeidlich sein würden. Die Konsequenz davon war, daß niemand eine eindeutige Verantwortung trug, jeder konnte ohne Schwierigkeiten bei den anderen die Schuld festmachen, wenn etwas schiefging. Einen nicht geringen Anteil daran hatten die Ingenieure, die angesichts früherer Erfolge davon überzeugt waren, sich jedes Ausmaß interner Eifersüchteleien leisten zu können – kaum weniger freilich als die Kaufleute, die bestrebt waren, ihre Macht dadurch zu sichern, daß sie sämtliche Informationen über die entstehenden Kosten so lange wie nur möglich für sich behielten.

Zusammen mit der Beratungsfirma Booz, Allen & Hamilton machten wir uns also daran, nach Lösungen zu suchen, die eine einschneidende Verbesserung bewirken sollten. Dabei war dem Chef des Beraterteams, Jürgen Peddinghaus, den beiden Mitarbeitern von Ulrich sowie Werner Lechner und mir von Anfang an klar, daß es nach Lage der Dinge hoffnungslos wäre, eine Radikallösung anzustreben, wie sie damals in Mode war; sie hätte dazu geführt, das Haus in zwei (oder sogar mehrere) sogenannte »Divisions« aufzuteilen, also Bereiche, die unabhängig voneinander jeweils in voller eigener Verantwortung geführt werden. Das hatte vor seiner Entmachtung auch Schleyer nicht vorgeschwebt. Im Ergebnis beschränkten wir uns auf den Vorschlag, zunächst für die Nutzfahrzeuge eine eigenständige Geschäftsleitung zu bilden, die den Vorstand von allen denjenigen Entscheidungen entlasten sollte, die nicht von grundlegender strategischer Bedeutung für das Gesamtunternehmen waren.

Nach nervenzehrendem Gerangel wurden die Grundzüge dieses Konzeptes schließlich akzeptiert. Als Rudiment einer an ihren Erfolgen tatsächlich meßbaren Verantwortungseinheit entstand die »Geschäftsbereichsleitung Nutzfahrzeuge«, nicht ohne sich sogleich in interne Kleinkriege von so weltbewegendem Gewicht wie der Klärung der Frage zu begeben, ob die Entwicklungsabteilung für Omnibusse ohne Schaden für das Unternehmen von Mannheim nach Stuttgart verlagert und dort mit der übrigen Nutzfahrzeugentwicklung zusammengefaßt werden könne oder nicht. Eine ähnliche Bereichslösung, wie wir sie auch für die Personenkraftwagen vorgeschlagen hatten, wurde im übrigen vertagt, bis ausreichende Erfahrungen bei den Nutzfahrzeugen vorlagen. Das sollte lange, allzu lange dauern.

Wesentlich erfolgreicher waren wir, Ulrich und Zahn von der Notwendigkeit zu überzeugen, endlich eine koordinierende Gesamtplanung für das Unternehmen aufzubauen. Ihr Fehlen hatte sich bei den Auseinandersetzungen, ob man sich ein bestimmtes Investitionsvolumen leisten könne oder nicht, deutlich bestätigt, denn Schleyer und seinen Mitarbeitern war es nicht gelungen, ein Instrumentarium zu entwickeln, das auch nur entfernt den Namen einer integrierten, also alle Einzelfunktionen zusammenfassenden Unternehmensplanung verdient hätte.

Mit intensiver Unterstützung der Beratungsfirma machte ich mich nach der Entscheidung des Machtkampfes an der Spitze daran, Ansätze zu entwickeln, die es ermöglichen sollten, die Konsequenzen von Produktentscheidungen über einen Zeitraum von jeweils fünf Jahren hinweg transparent zu machen, und zwar unter Einschluß von Alternativen. Weit davon entfernt, alle Bereiche des Hauses, an der Spitze den Entwicklungs- und den Materialbereich, von der Nützlichkeit eines solchen Weges überzeugt und zu aktiver Mitwirkung bewogen zu haben, waren wir schon kurz nach meiner 1973 erfolgten Berufung in den Vorstand in der Lage, Vorstand und Aufsichtsrat erstmals eine Gesamtplanung der Daimler-Benz AG bis zum Jahre 1977 vorzulegen. Zunächst stieß sie auf ungläubiges Staunen. Trotzdem wurde dieser Ansatz bald zur ständigen Übung und hat zumindest dazu beigetragen, daß nach einigen Jahren der Gewöhnung die Reibungsverluste aufgrund interner Konflikte spürbar zurückgingen (was freilich auch mit einem Wechsel von Personen zusammenhängen sollte). Wichtige Schützenhilfe hat dabei mein für die Koordination der technischen Planung zuständiger Kollege Fritz Binder geleistet, dessen Ressort mir nach seinem tragischen Unfalltod 1976 – inzwischen war ich ordentliches Vorstandsmitglied – zusätzlich übertragen wurde.

Vorangegangen war eine Straffung der Arbeit des Vorstandes, die ich nach meiner Bestellung zum Leiter des Hauptsekretariats in Angriff genommen hatte. Vordergründig ging es dabei um sehr banale Dinge. So war es vorher üblich, daß die Protokolle der Vorstandssitzungen über Wochen auf sich warten ließen. In der Zwischenzeit wußten die einzelnen Bereiche allenfalls vom Hörensagen, was der Vorstand beschlossen hatte; zumindest mußten sie sich mit den Interpretationen ihrer jeweils zuständigen Vorgesetzten zufriedengeben. Kurzerhand führte ich ein, daß unmittelbar nach dem Ende der Sitzungen eine Liste von sogenannten »Veranlassungen« an die einzelnen Vorstandssekretariate herausging, in der nicht nur der Inhalt der Beschlüsse, sondern auch festgehalten war, welches Ressort was zu veranlassen habe. Dies geschah, ohne Zahn zu fragen. Zu meinem Erstaunen legte er mir keine Steine in den Weg, denn er hatte wohl eingesehen, daß das bisherige Chaos nicht andauern durfte.

Schwieriger war es mit den eigentlichen Protokollen, denn es gehörte zu den Usancen der Sitzungen, zwar eine Tagesordnung zu haben, an die sich jedoch niemand hielt; vielmehr wurde, ganz der sprunghaften Art von Zahn entsprechend, in der Regel über alle Punkte gleichzeitig und durcheinander gesprochen. Als Protokollführer lernte ich bei dieser Gelegenheit erst recht, für meine stenographischen Kenntnisse dankbar zu sein: Sie ermöglichten es, die Diskussionen hinterher nach Art eines Puzzlespieles so zu ordnen, daß der Anschein eines geordneten Gedankenaustausches, einschließlich der in den »Veranlassungen« schon vorweggenommenen Ergebnisse, entstand. Allerdings bedurfte auch das jeweils einiger Tage harter Arbeit, die immerhin nicht umsonst war, weil sie mich dazu zwang, mich mit höchster Intensität mit den jeweiligen sachlichen Zusammenhängen zu befassen und auf diese Weise die Probleme des Unternehmens umfassend kennenzulernen.

*

Wenn du die Notizen aus der Zeit nachliest, die deiner Berufung zum stellvertretenden Vorstandsmitglied für Unternehmensplanung und Organisation durch den Aufsichtsrat mit Wirkung vom 9. März 1973 vorausging, schüttelt es dich noch heute. Das bezieht sich auf die internen Vorkommnisse im Ressort von Zahn, der mit seiner Bestellung zum Vorsitzenden zunächst auch die Planungsaufgaben von Hanns Martin Schleyer übernommen hatte. Es bezieht sich aber vor allem auf jene erneute Durchdringung von sachlichen mit machtpolitischen Überlegungen auf der Seite der Großaktionäre, die für das Haus Daimler-Benz so charakteristisch waren und die über lange Jahre hinweg eine Unternehmensstrategie verhindert hatten, die nicht ausschließlich an kurzsichtigen und kurzfristigen Interessen ausgerichtet war.

Innerhalb des Vorstandsbereiches ging es darum, daß dein Chef, ohne dich über Gebühr vor den Kopf zu stoßen, alles unternahm, um durch ein möglichst hohes Maß von Unklarheit eine Aufsplitterung deiner Verantwortlichkeiten zu erreichen. Damit mußtest und konntest du letzten Endes leben. Weit schwieriger war das Tauziehen, das deiner Berufung vorausging und das an die Grenzen der persönlichen Erträglichkeit führte.

Peddinghaus hatte dafür zwar gemeinsam mit von Boehm-Bezing und Osenberg bei Ulrich den Boden vorbereitet, doch trotz seiner grundsätzlichen Unterstützung jonglierte Zahn offensichtlich auch bei dieser Gelegenheit wieder, um zunächst zu erfahren, welche Meinung den Großaktionären »genehm« sei, bevor er sich unmißverständlich festlegte. Paefgen hatte sich anscheinend in mehreren Gesprächen mit dir davon überzeugt, daß du kein aktives Mitglied der APO warst. Doch nun kam plötzlich ein ganz neuer Gesichtspunkt hinzu: Schleyer war zwar formal noch Personalchef, aber es war klar, daß man auf die Dauer nicht mit der Bereitschaft der Arbeitnehmervertreter im Aufsichtsrat rechnen konnte, die Vakanz, die durch seine Konzentration auf die Führung der beiden Unternehmensverbände entstand, einfach hinzunehmen. Als möglicher Nachfolger stand sein Direktor Richard Osswald vor der Tür, dem alle Beteiligten (einschließlich Schleyer selbst) mißtrauten. So kam man auf die grandiose Idee zu überlegen, ob man dir nicht anstelle eines neu zu schaffenden Planungsressorts lieber das Personalressort übertragen solle.

Als du dich auf die Hinterbeine gestellt und allen Beteiligten klargemacht hast, daß du eine solche Lösung auf keinen Fall akzeptieren würdest, war man offenbar ratlos. Wie üblich schob man die Angelegenheit zunächst einmal vor sich hin. Ein Ausweg fand sich erst, als du angeboten hast, die Abwesenheitsvertretung von Schleyer zu übernehmen, jedoch mit dem ausdrücklichen Zusatz, daß seine volle Ressortverantwortlichkeit dadurch nicht berührt werden dürfe. Im Ergebnis mußte Richard Osswald bis 1977, bis zur Ermordung Hanns Martin Schleyers, warten, ehe man sich in neuer Konstellation doch noch entschloß, ihn in den Vorstand aufzunehmen. Du hingegen spürst noch heute ein Gefühl der Befriedigung, daß du dich damals nicht hast korrumpieren lassen, denn auf nichts anderes liefen all diese Überlegungen und Versuche hinaus.

Die Notwendigkeit, den Aktionären eine angemessene Verzinsung des von ihnen zur Verfügung gestellten Kapitals zu sichern, hat von jeher für dich untrennbar zur erfolgreichen Führung eines Unternehmens gehört, nicht dagegen die Mitwirkung an Versuchen, Aktienbesitz zu nutzen, um eigenen Interessen Vorrang vor denjenigen des Unternehmens, nicht zuletzt der darin beschäftigten Menschen, zu verschaffen.

*

Die folgenden Jahre, bis zur Pensionierung von Joachim Zahn Ende 1979, waren mit kraftraubender, oft genug auch hektischer Tätigkeit erfüllt. Immer wieder stieß der Aufbau einer wirkungsvollen Unternehmensplanung und des dafür benötigten Instrumentariums, wie ich sie mir vorstellte, auf Widerstände der klassischen Vorstandsressorts, teilweise sogar auf Befürchtungen von Ulrich, ich könne mir zu große Machtbefugnisse »anmaßen«.

Zwar konnte niemand ernstlich behaupten, daß wir uns Entscheidungsbefugnisse anmaßten, die anderen zustanden; ungewohnt und natürlich auch ungeliebt blieb jedoch zunächst, daß durch unsere Arbeit, vor allem durch unser bohrendes Drängen auf Transparenz, immer wieder deutlich wurde, in welchem Ausmaß die funktionalen Maßnahmen eben doch letzten Endes nicht auf das betreffende Ressort und damit die Verantwortung des zuständigen Vorstandskollegen beschränkt blieben, sondern auf alle anderen Bereiche und damit auf das ganze Unternehmen ausstrahlten. Noch weit geringer war die Begeisterung, wenn mein engster Mitarbeiter Peter Hans Keilbach und ich darauf bestanden, daß jeweils Alternativen dargestellt wurden, sie notfalls gar selbst entwickelten, um auf diese Weise verläßliche Grundlagen für unternehmerische Entscheidungen des Gesamtvorstandes zu schaffen. Besonders schwer fiel dies gegenüber dem Vertrieb auf der einen, dem Entwicklungsbereich auf der anderen Seite. Obwohl die Zahl der Fehleinschätzungen Legion war (was niemanden überraschen kann, der weiß, wie schwierig es ist, das Verhalten von Marktteilnehmern auch nur über kurze Zeiträume hinweg verläßlich vorauszusagen), sträubte sich der Vertrieb immer wieder, sich ernsthaft mit den Konsequenzen zu befassen, die sich ergeben könnten, wenn die angenommenen Absatzstückzahlen aus welchen Gründen auch immer entweder nicht erreicht oder deutlich übertroffen werden sollten, während die Entwicklung aus alter Tradition in der Wagenburg saß und darauf bestand, daß sie allein wisse, was für die Kunden richtig sei (vor meiner Zeit soll es regelmäßig so gewesen sein, daß Fritz Nallinger, der Entwicklungschef, seinen Vorstandskollegen ein neues Pkw-Projekt erst dann vorzustellen pflegte, wenn das Fahrzeug fix und fertig vor der Tür stand).

Doch auch mit dem Finanzressort, dessen Weiterführung Zahn sich neben dem Vorsitz gesichert hatte, gab es gehörige Schwierigkeiten. Wohl hatte Mucheyer damit begonnen, mit der Betriebsergebnisrechnung ein hochmodernes, außerhalb des Hauses von vielen beneidetes internes Steuerungsinstrument zu entwickeln, das nach dem damaligen Stand aussagefähiger war als die sonst übliche Ableitung von Erfolgszahlen aus dem externen Rechnungswesen eines Unternehmens. Aber auch hier beharrte man zunächst hartnäckig darauf, die entsprechenden Daten vor den anderen Bereichen streng geheimzuhalten, also als Machtmittel zu verwenden. Ein funktionierendes Controlling, das unverzichtbar alle Betroffenen einbeziehen muß, die für das Entstehen von Kosten und die Erzielung von Erlösen unmittelbar verantwortlich sind, war auf diese Weise nicht möglich; zugleich wurde damit indirekt auch die Vorlage einer allseits akzeptierten Planungsrechnung, die gleichfalls ohne Transparenz nicht auskommen kann, verhindert.

Noch mehr galt das für die eigentlichen Finanzen, die Joachim Zahn als sein ganz persönliches Hebelwerk benutzte, um seine Kollegen zu domestizieren, indem er sie über die tatsächlich vorhandenen Geldmittel soweit wie möglich im unklaren ließ. Insofern kam mir allerdings zu Hilfe, daß der zuständige Finanzdirektor Karl Pater eher bereit war, mit mir an einem Strang zu ziehen; das betraf nicht zuletzt meine Bestrebungen, Zahn (und auch Ulrich) davon zu überzeugen, daß die flüssigen Mittel eines Unternehmens auf die Dauer nicht einfach durch die Kürzung von Investitionen, die der Markt erzwingt, geschont werden können, sondern daß erst eine betriebswirtschaftlich sinnvolle Struktur, einschließlich der Umwidmung von Kapazitäten oder der Abgabe unrentabler Geschäftsfelder (es ging vor allem um die geländegängigen Unimog-Fahrzeuge und die Mannheimer Omnibusse), zu dauerhaft tragfähigen Lösungen führen kann.

Und schließlich stellte sich die koordinierende Verantwortung für die Planung der ausländischen Beteiligungsgesellschaften – besonders von neuen Projekten, die sie in Angriff nehmen wollten – als Zankapfel mit dem Finanzressort heraus. Diesem Bereich, für den er mich ja ursprünglich zu Daimler-Benz geholt hatte, galt die besondere Vorliebe von Zahn, seitdem er dem Haus Ende der fünfziger Jahre die Mehrheit an der Mercedes-Benz do Brasil gesichert hatte. Theoretisch sollte sich der bei ihm zuständige Direktor, der später zusammen mit Fritz Binder verunglückte Karl-Heinz Eisenmenger, auf die Verwaltung der Gesellschaften beschränken, während meinem Mitarbeiter Günter Welsch die Koordination neuer Projekte oblag. Doch in der Praxis hielt sich niemand im Finanzressort an eine solche Selbstbeschränkung. Nach seiner Berufung zum Nachfolger von Zahn setzte Gerhard Prinz die aus meiner Sicht höchst unglückliche Politik fort, die Beteiligungsgesellschaften vom übrigen Unternehmensgeschehen getrennt zu halten und 1982 dafür sogar ein eigenes Vorstandsressort einzurichten, das mit seinem engen Vertrauten Gerhard Liener besetzt wurde.

Immerhin bot mir die gefundene Lösung fortan genügend Möglichkeiten, mich noch eingehender als bisher mit dem Geschehen auf unseren wichtigsten Auslandsmärkten vertraut zu machen und die Tätigkeitsbereiche von Daimler-Benz im Rahmen einzelner Projekte – wie etwa der sich über Jahre erstreckenden Verhandlungen mit dem staatlichen spanischen Industrieinstitut INI über eine Regelung der Führungsverantwortlichkeit für die gemeinsam gehaltene dortige Beteiligungsgesellschaft – oder durch Informationsreisen in allen Teilen der Welt von Grund auf kennenzulernen.

*

Wie alle anderen bist auch du bei solchen Reisen zumeist atemlos von einer Besichtigung, von einer Verhandlung zur nächsten gehetzt, um nach einem zumeist feucht-fröhlich-üppigen Essen abends todmüde ins Bett zu sinken. Trotzdem hast du dir, wo es eben ging, Mühe gegeben, dich jeweils mit ein wenig mehr als dem zu beschäftigen, was die unmittelbaren geschäftlichen Interessen anging. Während sich fast alle Kollegen (innerhalb und außerhalb des Unternehmens) im Flugzeug – und mit Sicherheit auch vorher – auf das Studium von Akten und Zahlenkolonnen zu beschränken pflegten, hast du regelmäßig versucht, über Geschichte und Kultur des Landes zu lesen, dich mit Beispielen aus seiner Literatur vertraut zu machen, seine Zusammenhänge zu verstehen. Du hast darauf bestanden, Menschen kennenzulernen, die andere Auffassungen als die jeweils Mächtigen vertreten. Oft genug hat es dabei manchem Mitarbeiter in Südafrika oder Brasilien Genugtuung bereitet, nicht nur offizielle Gespräche auf höchster Ebene zu vermitteln, sondern oppositionelle Gesprächspartner ausfindig zu machen, von Kardinal Arntz bis zu Helen Suzman, mit denen du dich an verschwiegenen Orten treffen konntest; anderen haben ob solcher Wünsche sicher die Haare zu Berge gestanden.

Auch derartige Eskapaden konnten freilich nur wenig daran ändern, daß dich das Gefühl mehr oder minder großer Oberflächlichkeit nur selten ganz losgelassen hat. Besuche in fremden Ländern, zumal wenn die Menschen durch andere Kulturen geprägt sind, werden regelmäßig durch eine gewisse Touristenmentalität eingefärbt. Das ist ganz und gar unvermeidlich, wenn man nicht von dort stammt und dort aufgewachsen ist. Es gilt selbst für diejenigen, die meinen, sich gut vorbereitet zu haben, und mit beschaulicher Gelassenheit, nicht der Hektik des Geschäftsmannes, in sich aufzunehmen versuchen, was ihnen begegnet. Im Zeitalter der elektronischen Kommunikation werden die damit verbundenen Gefahren nicht geringer, eher werden sie noch zunehmen. Wenn du dir selbst gegenüber ehrlich bleibst, weißt du, daß der Fremde, ob in Indien, ob in China oder in Afrika, nie wirklich begreifen kann, daß er allenfalls der Versuchung zu widerstehen vermag, nur sich selbst zu bespiegeln: In Persien etwa, als einem beliebigen Beispiel, begegnet dir eine uralte Kultur voller Berührungen, Überschneidungen, Ähnlichkeiten mit deiner eigenen europäischen Herkunft, und doch unterscheidet sie sich weit mehr von ihr als weite Teile des durch den großen Ozean von Europa getrennten Südamerika.

Scheint da womöglich die alte philosophische Grundfrage durch, die dich so oft in deinem Leben umgetrieben hat, wenn du über dein Verhältnis zu einzelnen anderen Menschen nachdachtest: Wie überhaupt kannst du begreifen, mehr als das, was überhaupt kannst du in deiner Beschränktheit und in deinem Bestimmtsein wirklich wahrnehmen? Bis heute suchst du nach der Antwort.

*

Während dieser Jahre entwickelte sich die Ertragssituation des Hauses in eine Richtung, die alles zu bestätigen schien, was der entmachtete, aber an den Vorstandssitzungen regelmäßig weiter teilnehmende Hanns Martin Schleyer erwartet hatte. Das hing mit den beiden Ölkrisen zusammen, die in den siebziger Jahren zu einem explosionsartigen Anstieg der Preise und damit zu einem entsprechenden Einnahmezuwachs der erdölerzeugenden Länder führten. Für die Automobilhersteller hatte das zwei Folgen: Der Treibstoff wurde drastisch teurer, was ein Absinken der Nachfrage nach großen Personenkraftwagen nach sich zog, die zudem in manchen Ländern, vor allem in den USA, mit einer Strafsteuer belegt wurden; zugleich konnten sich die zu neuem Reichtum gelangten Länder plötzlich zu hohen Preisen den Ankauf von Nutzfahrzeugen leisten, die sie für ihren Aufbau dringend benötigten.

Bei Daimler-Benz wirkte sich das alles in einer erheblichen Verbesserung des vorher negativen Betriebsergebnisses aus dem Nutzfahrzeugbereich aus, dessen Gewinn bald das Niveau des Personenkraftwagenbereichs deutlich überholte. Zudem beschränkten sich die ständig rückläufigen Erträge bei den Pkws immer mehr auf die wenigen Märkte, in denen der Wechselkurs gegenüber der Deutschen Mark noch auskömmliche Preise ermöglichte. Das galt vor allem für die USA.

Es mußte also etwas geschehen, was über die Gestaltung des Tagesgeschäfts hinaus die Qualität einer unternehmerischen Entscheidung erforderte. Formell dauerte es trotzdem noch bis 1979, ernsthaft sogar bis zum Anfang der achtziger Jahre, bevor das Haus die Kraft fand, sein traditionelles Personenkraftwagenprogramm von zwei auf künftig drei Fahrzeugreihen zu erweitern. An der mehr als besorgniserregenden Konzentration der Ertragskraft auf die große S-Klasse und auf einen einzigen Markt, die USA, sollte sich freilich dadurch zunächst nichts ändern.

Immerhin erwies sich an diesem Beispiel mehr als deutlich, wie weit das Unternehmen in den siebziger Jahren davon entfernt war, sich zu grundlegenden Weichenstellungen entscheiden, zumindest aber solche in die Tat umsetzen zu können. Nicht zuletzt hing das wohl mit der Tradition zusammen, nach Art eines Eichhörnchens umfassende finanzielle Vorsorge für alle nur denkbaren Risiken zu treffen und dafür Mittel zu horten, anstatt rechtzeitig unternehmerisch zu handeln. Nach heutigem Verständnis bewirkte diese Einstellung zwar eine erfreuliche Zunahme des sogenannten »Shareholder value«, also des sich im Börsenkurs niederschlagenden Unternehmenswertes aus der Sicht der Aktionäre, doch wäre Mercedes-Benz längst von der Bildfläche verschwunden, hätte sich nicht in buchstäblich letzter Minute doch noch der Mut zu einer unternehmerischen Entscheidung gefunden, von der von vornherein klar war, daß sie nur langfristig zur Wiederherstellung der alten Ertragskraft beitragen konnte.

Damit eng zusammen hing eine andere Weichenstellung, die während dieser Zeit Gegenstand eines zähen Ringens war.

Das Werk Sindelfingen, in dem die Endmontage aller Personenkraftwagen stattfand, hatte mit seinen etwa 40 000 Mitarbeitern – es war damit die größte vergleichbare Fabrik der Welt – eine Dimension erreicht, die sowohl technisch als auch personalpolitisch kaum noch zu beherrschen war. Andererseits waren die Märkte vor allem in Westeuropa noch keineswegs gesättigt, die Nachfrage nahm, wenn auch langsam, weiter zu. Eine Entscheidung schien dringlich, entweder das Werk trotz allem weiter auszubauen oder einen zusätzlichen Standort auszuwählen. Im Verlauf endloser Diskussionen, die sich oft genug nur im Kreise drehten, waren sich alle Vorstandsmitglieder grundsätzlich einig, daß die zweite Lösung richtig sei. Das hinderte den zuständigen Produktionschef, Wilhelm (genannt »Wilo«) Langheck, für den der weltweite Ruf unserer Personenkraftwagen untrennbar mit dem Standort Schwaben und dem Namen Sindelfingen verknüpft war, nicht daran, Jahr für Jahr Ausbaumaßnahmen zu erfinden, die er selbst als »Anschuhen« bezeichnete und die im Ergebnis die an sich beschlossene Standortentscheidung immer weiter in die Zukunft hinausschoben. Zahn, der ihn zu seinen persönlichen Verbündeten im Vorstand zählte, zielte dagegen darauf, das Werk Bremen, in dem seit der Übernahme von Hanomag-Henschel mit geringem wirtschaftlichem Erfolg leichte Nutzfahrzeuge hergestellt wurden, für die Montage von Personenkraftwagen umzuwidmen, sah sich jedoch vor großen Schwierigkeiten, sich gegen den ausnahmsweise gemeinsamen Widerstand von Langheck und Raue, der für Bremen zuständig war, durchzusetzen.

Mit seinem vollen Wissen und seiner (angeblichen) Unterstützung nahm ich daraufhin einen Faden auf, der uns eher zufällig in die Hände geraten war. Gerhard Prinz, seit 1974 als Nachfolger von Otto Jacob mein Kollege im Vorstand (was anfänglich auf den Widerstand der Arbeitnehmervertreter gestoßen war, weil sie befürchteten, daß ihm anstelle von Schleyer das Personalressort übertragen werden solle), machte Zahn und mich darauf aufmerksam, daß sich Volkswagen vom Werk Neckarsulm der Auto-Union trennen wollte. Zusammen mit der Technischen Planung entwickelten wir ein Konzept, das auf frühere Überlegungen aufbaute, ein vorhandenes Werk von Klöckner-Humboldt-Deutz in Ulm als sogenanntes »Satellitenwerk« an Sindelfingen anzuhängen. Es lief darauf hinaus, zunächst in Neckarsulm das vorhandene Audi-Programm weiterzuführen, parallel dazu jedoch schrittweise eine Montage von Mercedes-Benz-Pkws aufzubauen, um nach einem Zeitraum von etwa fünf Jahren bei einer vollen Übernahme durch uns zu enden.

Mit Friedrich Thomée, dem Finanzchef von VW, hatte ich mich bereits bis ins einzelne auf für uns ungewöhnlich günstige Konditionen geeinigt, als Zahn unsere Kollegen Wilhelm Langheck und Hans Scherenberg, den Entwicklungschef, mit dem Argument mobilisierte, der vorgesehene Übergangszeitraum würde dazu führen, daß unser gesamtes Know-how, auf dem unser Qualitätsvorsprung in der Fertigung beruhte, kostenlos an den Partner abfließe. Das war zwar reine Spekulation, aber gerade als solche unwiderlegbar und daher schlagend, obwohl es in Wirklichkeit um nichts anderes als engstirnige Interessen ging.

Schleyer, der mich anfänglich ermutigt hatte, fühlte sich offensichtlich zu schwach, zu helfen, Raue, der mich noch telefonisch vor einschlägigen Intrigen des Vorstandsvorsitzenden – wonach es mir nur darum gehe, mich »bei den Roten zu profilieren« (gemeint waren wohl die Betriebsräte) – gewarnt hatte, war todkrank, und Prinz tat nicht nur so, als hätte er mit der Angelegenheit nie etwas zu tun gehabt, sondern sprach sich jetzt vehement dagegen aus. So konnte Joachim Zahn triumphierend feststellen, daß meine entsprechende Vorlage mit 8:1 Stimmen »durchgefallen« sei.

Eine der ablehnenden Stimmen stammte von Werner Niefer. Als Nachfolger von Langheck war er seit 1976 mein Kollege; kurz darauf übernahm er auch das Ressort von Raue. Es blieb das einzige Mal, daß wir während unserer Zugehörigkeit zum Vorstand grundlegend unterschiedlicher Auffassung waren. Bitter war der Vorgang trotzdem für mich in hohem Maße. Die nachträgliche Betrachtung zeigt, daß dieser ungewöhnlich begabte Mann, der später mein Freund werden sollte, wohl im Recht war: Zusätzliche Kapazitäten im Inland, ob für die Montage von Personenkraftwagen oder Nutzfahrzeugen (wie sie Anfang der neunziger Jahre dann in Rastatt realisiert wurden), hätten damals unseren Bedarf überstiegen.

Niefer richtete seine Überlegungen vielmehr darauf, in Bremen zunächst mit der Montage von sogenannten Kombis zu beginnen, die dazu gedacht waren, unser Pkw-Programm zum ersten Mal zu erweitern und die Stückzahlen in sehr überschaubarem Umfang zu erhöhen. Schritt für Schritt sollten gleichzeitig die Transporterfahrzeuge nach Düsseldorf verlagert werden, um die dort vorhandenen Kapazitäten besser auszulasten. Allerdings hätte sich auch diese Alternative betriebswirtschaftlich nie überzeugend rechtfertigen lassen, wenn Bremen nicht später noch zusätzlich die Montage der neuen Fahrzeugreihe 190, der Kompaktklasse, aufgenommen hätte, zu der sich Zahn während seiner Amtszeit nie mit voller Überzeugung entschließen konnte. Immerhin war dieser Ansatz von Werner Niefer die Grundlage dafür, nun endlich eine interne Bereinigung unserer Werke und Kapazitäten zwischen den beiden großen Fahrzeugbereichen in Angriff nehmen zu können, um die ich mich schon seit 1972 ohne nennenswerten Erfolg bemüht hatte: die sogenannte langfristige Produktionsordnung.

Wenn ein unternehmerischer Entscheidungsprozeß dieser Jahre sich vor allen anderen durch besonders langes Abwägen aller Umstände, durch immer erneutes Hinausschieben einer endgültigen Festlegung auszeichnete, dann war es in der Tat die Programmerweiterung bei den Pkws. Auch darüber wäre leicht ein Buch zu füllen. Unzweifelhaft war diese Entscheidung mit einem hohen Risiko verbunden, denn die Frage mußte offenbleiben, wie der Markt auf eine bis dahin für Mercedes-Benz untypische, preislich deutlich unter dem traditionellen Fahrzeugprogramm angesiedelte Modellreihe reagieren würde. Theoretisch hätte dadurch sogar der durch den Stern auf der Kühlerhaube repräsentierte Mehrwert, den die Kunden für das mit der Marke verbundene Prestige bezahlten, aufs Spiel gesetzt werden können.

Genau an dieser Stelle setzte denn auch alles Zaudern ein, indem die Überlegungen darauf gerichtet wurden, nur eine möglichst kleine Stückzahl der neuen Reihe auf den Markt zu bringen. Als Möglichkeit für eine solche, nicht gerade von Selbstbewußtsein geprägte Lösung bot sich eine Beschränkung auf den nordamerikanischen Markt an, wo es die auf Reduzierung des Benzinverbrauchs abzielende Gesetzgebung erlaubte, den Mehrverbrauch größerer Fahrzeuge eines Herstellers, der einen festgelegten Durchschnitt überstieg, durch den Minderverbrauch seiner kleineren Modelle auszugleichen. Dafür hätte nach unseren Planungen ein jährliches Volumen von etwa 30 000 Einheiten der Kompaktklasse ausgereicht. Dem stand freilich entgegen, daß es sich betriebswirtschaftlich als ganz und gar unmöglich erwies, eine so geringe Stückzahl zu auch nur einigermaßen erträglichen Kosten herzustellen. Hinzu kam, daß der inzwischen von Heinz Hoppe geleitete Vertrieb die Gefahr eines massiven Verlustes von Glaubwürdigkeit ins Feld führte, der zu erwarten sei, wenn die neue Fahrzeugreihe den Kunden außerhalb der USA einfach vorenthalten würde. Dies galt um so mehr, als der Entwicklungsbereich bereits Mitte der siebziger Jahre ein erstes Konzept vorgestellt hatte, von dem man sich, sofern der Preis vertretbar war, einen hervorragenden Nachfrageerfolg versprechen konnte.

In der Folge setzte eine wahrhaft homerische Auseinandersetzung über die endgültig vorzusehende Kapazitätsauslegung ein, an der alle maßgeblichen Protagonisten beteiligt waren. Sie schloß Gerhard Prinz ein, der nun, nachdem er schon für den Erwerb der amerikanischen Firma Euclid und damit für einen ersten Schritt zur grundlegenden Verbreiterung unseres Produktangebotes verantwortlich gezeichnet hatte, von Zahn mit dem erkennbaren Ziel an der Entscheidungsfindung beteiligt wurde, sich gegenüber den Großaktionären unternehmerisch profilieren zu können.

Seit 1975 hatte sich unsere Aktionärsstruktur grundlegend geändert. Nach dem weitgehenden Ausscheiden der Flick-Gruppe hatte die neugegründete Firma Mercedes-Automobil-Holding, an der wiederum je zur Hälfte Kleinaktionäre und eine größere Gruppe institutioneller Anleger beteiligt waren, knapp über 25 Prozent des ursprünglich dem Schah von Persien zugedachten Paketes übernommen; den überwiegenden Rest (bis auf einen Bestand von 10 Prozent, der noch bis gegen Ende der achtziger Jahre von Flick gehalten wurde) plazierte die Deutsche Bank schrittweise an der Börse. Auch die Quandt-Gruppe war kurz vorher durch Verkauf ihrer Beteiligung von knapp unter 14 Prozent an Kuwait, das nun von der Dresdner Bank vertreten wurde, als Aktionär ausgeschieden.

Das Vertretungsgremium der Großaktionäre setzte sich seitdem aus Wilfried Guth als Nachfolger des seit 1976 pensionierten Ulrich im Vorsitz des Aufsichtsrates und als Sprecher der Deutschen Bank, seinem Vorstandskollegen Alfred Herrhausen sowie Günter Hartmann als Vertreter der Holdinggesellschaft zusammen und stand damit unter starkem Einfluß der Deutschen Bank. Obgleich auch damals schon das heute deutlicher denn je gewordene Problem erkennbar war, daß Bankvertreter, auch wenn sie dies nicht gern wahrhaben wollen, sich oft genug aus Zeitmangel kaum die erforderlichen Sachkenntnisse für die Zusammenhänge eines Industrieunternehmens erarbeiten können, unterschied sich doch dieser Zustand wohltuend von der bis dahin vorherrschenden Vermengung zwischen den Eigeninteressen der Großaktionäre (die Quandt-Gruppe war beispielsweise neben Daimler-Benz mehrheitlich bei unserem Hauptkonkurrenten BMW beteiligt) und den Belangen des Unternehmens.

Dieses Aktionärsgremium wurde jetzt mehrfach mit den Fragen der neuen Baureihe, insbesondere der dafür einzurichtenden Kapazität befaßt. Zahn hielt sich mit verbindlichen Vorschlägen zurück, während Prinz die Baureihe, gegen die er sich bis dahin immer wieder grundsätzlich gewehrt hatte, wörtlich als »notwendiges Übel« bezeichnete und vage für eine möglichst an der untersten Grenze liegende Auslegung plädierte. Nachdem Niefer und ich inzwischen mit Hoppe darin übereinstimmten, daß eine eigenständige Programmergänzung unverzichtbar war und unter uns schon aus Kostengründen eine Stückzahl von jährlich mindestens 120 000 Einheiten, mit einer schnell realisierbaren Erhöhung auf 160 000 Einheiten, zwingend, aber auch durchaus vertretbar schien, blieb es mir überlassen, diese Gesichtspunkte vorzutragen und den Standpunkt zu vertreten, daß als Alternative sonst nur noch der wirtschaftlich unsinnige Ausweg bliebe, sich auf die allein für die USA benötigten 30 000 Einheiten zu beschränken.

Im Ergebnis wurde Mitte 1979 der Ausweg gewählt, das Projekt zwar grundsätzlich freizugeben, die endgültige Entscheidung über die Kapazitätsauslegung aber bis auf weiteres offenzulassen; sie fiel erst, nachdem Gerhard Prinz am 1. Januar 1980 den Vorstandsvorsitz übernommen hatte.

*

Über die Charaktereigenschaften von Joachim Zahn und die Spuren, die sie bei Daimler-Benz hinterlassen haben, hast du dein eigenes Urteil. Seine unternehmerischen Qualitäten hingegen müssen eines Tages unter objektiveren Maßstäben beurteilt werden, als sie dir zur Verfügung stehen. Dies gilt um so mehr, als hier nur von einem allerdings nicht unwichtigen Ausschnitt aus seiner Tätigkeit bei Daimler-Benz die Rede sein konnte.

Zweifellos kommt ihm das Verdienst zu, sich schon 1973, also frühzeitig, mit der Frage befaßt zu haben, ob das Unternehmen nicht gut beraten sein könnte, die erfolgreichen Zeiten der Automobilindustrie rechtzeitig zu nutzen, um sich auf anderen Gebieten neue Ertragsmöglichkeiten zu sichern. Der Begriff der Diversifikation war ihm keineswegs fremd. Er rang darum in verschiedenen Richtungen: regional durch seine erfolgreiche Initiative, die amerikanische und weite Teile der europäischen Vertriebsorganisation in die eigenen Hände von Daimler-Benz zu bekommen, horizontal Anfang der siebziger Jahre durch Überlegungen, die auf ein gemeinsames Engagement mit Siemens auf dem Gebiet der Datenverarbeitung oder auf eine Mitwirkung an der überfälligen Neustrukturierung der deutschen Werkzeugmaschinenindustrie zielten. Noch weitere Beispiele wären zu nennen, nicht zuletzt das 1975 von Zahn und Hoppe aus unwiderstehlichem Geltungsbedürfnis geborene Unterfangen, zusammen mit dem persischen Kaiserhaus eine vollgültige Produktionsbasis von Mercedes-Pkw im Iran aufzubauen und dafür sogar eine Einbringung der deutschen Werke in ein gemeinsames Unternehmen in Betracht zu ziehen, oder die vielfältigen Initiativen zur Errichtung von Nutzfahrzeugwerken in Entwicklungsländern. Bei alledem hatte er durchaus ein Gespür für erste Entwicklungen in Richtung auf eine Globalisierung der Automobilindustrie, die zu begreifen vielen maßgeblichen Mitarbeitern bis tief in die neunziger Jahre, als es fast schon zu spät geworden war, so schwerfiel, die sie im Gegenteil nicht wahrhaben wollten, indem sie den Kopf in den Sand steckten: Noch bis zu deinem Ausscheiden hat das Unternehmen darunter immer wieder zu leiden gehabt.

In diesem Sinne wird es der Wirtschaftsgeschichte nicht leichtfallen, klar zwischen Schwarz und Weiß zu unterscheiden und die unternehmerische Tätigkeit von Joachim Zahn verläßlich einzuordnen. Bezeichnend für diese Schwierigkeit mag die intensive persönliche Abneigung gewesen sein, die ihn mit Hermann Josef Abs verband, der sich zeitweise fast einen Spaß daraus zu machen pflegte, ihn durch herablassende Ironie persönlich zu demütigen, weil ihn seine Art, sich überall Hintertüren offenzuhalten, mit erkennbarer Verächtlichkeit erfüllte (»Herr Zahn, Sie müssen nicht denken, daß ich schlafe«, ließ er einmal verlauten, als dieser demonstrativ seinen Vortrag unterbrach, weil Abs die Augen geschlossen hatte, »ich warte nur darauf, daß Sie Ihre wie immer viel zu umständlichen Darlegungen endlich mit einer verständlichen Schlußfolgerung abschließen«).

Überhaupt könnte der Grat schmal sein, der sich als Maßstab für eine wertende Unterscheidung eignet. Nur allein das Gehabe, sich durch bedenkenloses Handeln von der Blässe entscheidungsschwacher Intellektueller unterscheiden zu wollen, reicht dafür mit Sicherheit nicht aus. Wenn Menschen, denen hohe Verantwortung zugefallen ist, sich entweder zum Handeln oder zum Abwarten zu entschließen haben, fällt vielleicht zum Schluß vor allem ihre innere Motivation ins Gewicht. Manche drängt es nur deswegen zur Tat, weil ein unkontrollierbarer innerer Zwang sie antreibt, weil sie, zumeist ganz unbewußt, vor ihrer inneren Langeweile fliehen müssen, weil sie, wie weiland Kaiser Nero, anderes Glück nicht kennen – oder gar, weil ihre geistige Substanz nicht ausreicht, um die Bedeutung einer sorgfältig durchdachten Strategie vom kurzfristig angelegten Rat ihrer Imageberater unterscheiden zu können. Andere streben nur die Mehrung ihrer Macht, ihres Vermögens oder beides an. Wieder andere dagegen sind begnadet genug, empfinden zu können, welche Verantwortung denjenigen auferlegt ist, die zum Gestalten aufgerufen sind, dazu, Bestehendes zu verändern.

Wo das nicht der Fall ist, wird sich regelmäßig herausstellen, wie flüchtig selbst der großartigste Glanz vermeintlicher Erfolge sein kann. Wie leicht ist es doch, etwas zu zerstören, wie schwer dagegen, Neues zu schaffen. Einfühlsamkeit, Bildung, ethische Werte werden dafür auch zukünftig unerläßlich bleiben. Das setzt mehr als nur oberflächliche Kenntnisse der Geschichte voraus, es erfordert Gespür für Bedeutung und Einfluß von Kulturen genauso wie die Fähigkeit zum Nachdenken über die Bedingtheit der Menschen. Trotz des angeblich oder wirklich angebrochenen Zeitalters der schnellebigen Medien werden Sachbücher, Abenteuerromane, Illustrierte, Magazine und Talkshows wohl auch in Zukunft nicht ersetzen können, was besinnliches Lesen von Literatur, was das Bedenken unserer Beschränktheit, was Demut vor Schönheit oder Leid uns zu schenken vermögen. Noch hat Bill Gates nicht über Johannes Gutenberg gesiegt.

*

III.

Kapitalisten und Kuponschneider

Auch in der vermeintlich so nüchternen Welt der Wirtschaft gibt es eigenartige Moden, oft genug verbunden mit merkwürdigen Mißverständnissen. Gottlieb Daimler und Carl Benz – die sich angeblich nie persönlich kennengelernt haben, obwohl sie, der eine in Stuttgart, der andere in Mannheim, so nahe beieinander lebten und arbeiteten – haben ihre Unternehmen, genau wie ihr anderer Nachbar Robert Bosch, zur gleichen Zeit, Ende des 19. Jahrhunderts, gegründet. Seitdem hat es unzählige Höhen und Tiefen gegeben, vor allem jene mißliche Lage Mitte der zwanziger Jahre, als nur mit Hilfe der Deutschen Bank Rettung in letzter Minute gelang: die Zusammenführung beider Häuser zur heutigen Daimler-Benz AG.

Während dieser langen Wegstrecke ist nie jemand auf den Gedanken gekommen, daß es sich um etwas anderes als ein kapitalistisches Unternehmen handelt. Auch ich nicht. Ein solches Unternehmen aber kann nur bestehen, wenn es in der Lage ist und bleibt, seinen Aktionären sowohl Wertzuwachs als auch eine attraktive Verzinsung des Kapitals zu sichern. In der Nachkriegszeit, als die drei Großaktionäre das Geschehen beherrschten, galt das nicht anders als während der Zeit danach, als der anfänglich besondere Einfluß der Deutschen Bank schrittweise auf die heutige Beteiligung von weniger als 25 Prozent zurückgeführt wurde.

Diese Notwendigkeit ist von jedem der zu dieser Zeit tätigen Vorstandsvorsitzenden gesehen worden. In Zusammenhang mit unternehmerischen Entscheidungen, die ausnahmslos dazu dienen sollten, die zukünftige Wettbewerbsfähigkeit zu sichern, mußte lediglich in manchen Perioden größerer Wert auf eine im langfristigen Durchschnitt zufriedenstellende Rendite gelegt werden, in anderen konnten kurzfristig realisierbare Gewinne im Vordergrund stehen. Als Bedieninstrument reiner Kuponschneider hat sich Daimler-Benz in den mehr als dreißig Jahren meiner Mitarbeit, von 1964 bis 1995, nie verstanden. Das war nicht anders, nachdem Gerhard Prinz zum Vorstandsvorsitzenden bestellt worden war: Der modischen Meinung, daß ein Unternehmen zu nichts anderem da sei, als Profit zu erzeugen, ist auch er nie aufgesessen.

Über seine Überlegungen für die Nachfolge von Joachim Zahn hat Wilfried Guth zum ersten Mal im Januar 1979 mit mir gesprochen. Einleitend stellte er (die folgenden Zitate aus meiner Notiz sind nur an wenigen Stellen sprachlich geglättet) klar, daß eine »Verlängerung Zahn, die ihm vor einiger Zeit durch Ulrich nahegelegt worden sei, aus seiner Sicht ausscheidet«. Weiterhin habe er die »von Zahn, aber auch von anderer Seite sehr intensiv ins Gespräch gebrachte Kandidatur Herrhausen endgültig verworfen; eine Kandidatur Niefer habe er gleichfalls ad acta gelegt«. Die Entscheidung liege also zwischen Gerhard Prinz und mir.

Nach einer lobenden Erwähnung meiner menschlichen Eigenschaften und meines »analytischen Sachverstandes« meinte er dann, er wolle sich im Augenblick noch nicht festlegen, neige aber eher dazu, dem Aufsichtsrat die Bestellung von Prinz vorzuschlagen, weil dieser sich im Gegensatz zu mir während seiner Tätigkeit bei Audi NSU bereits konkrete unternehmerische Meriten erworben habe (mein »Rivale« hatte vor seinem Wechsel zu Daimler-Benz für kurze Zeit den Vorstandsvorsitz bei der Tochtergesellschaft von Volkswagen inne und dort kontroverse Diskussionen in der Hauptversammlung erfolgreich bewältigt).

Da ich innerlich längst auf eine solche Entwicklung eingestellt war, fiel es mir leicht zu erwidern, daß mich diese Ausführungen wenig überraschen würden, zumal mir »Zahn immer wieder sehr dezidiert erklärt habe, in Wirklichkeit würde für die Deutsche Bank meine Kandidatur gar nicht (ernsthaft) zur Diskussion stehen«; dabei hätten, »wie mir wohl bekannt sei, auch die vielfältigen Unterstellungen und Anwürfe bezüglich ›des roten Reuter‹ sicherlich eine gewisse Rolle gespielt«.

Diese Bemerkung nahm Guth zum Anlaß zu beteuern, er sei zwar in der Tat von »Krethi und Plethi« darauf angesprochen worden, »habe diese Leute aber regelmäßig davongejagt; er könnte sich nämlich morgens nicht im Spiegel ins Gesicht sehen, wenn der Gesichtspunkt, die Deutsche Bank wolle doch nicht ernsthaft einen ›Roten‹ zum Chef von Daimler-Benz machen, für ihn irgendeine Relevanz hätte« (wobei er nicht vergaß, sein persönliches Verhältnis zu Bundeskanzler Helmut Schmidt hervorzuheben, den er »bewundere«). Nachdem er noch darauf hingewiesen hatte, daß die

Arbeitnehmerseite im Aufsichtsrat anscheinend meiner Berufung den Vorzug gebe, endete das Gespräch mit meiner Klarstellung, ich stünde für eine etwaige Stichwahl nicht zur Verfügung und sei im übrigen bereit, eine Entscheidung für Prinz zu akzeptieren.

Tatsächlich hatten mir seit Monaten, wenn nicht seit Jahren wohlmeinende Ratgeber immer wieder einreden wollen, daß ich mir gute Chancen ausrechnen könne. Sie argumentierten, aufgrund meiner bisherigen Tätigkeit kennte ich nicht nur das Unternehmen, sondern auch die für die Sicherung seiner Zukunft erforderlichen Strategien besser als jeder andere, und verwiesen auf meine politischen Erfahrungen und Verbindungen, die zunehmend und selbst für den Fall eines Regierungswechsels in Bonn an Gewicht gewinnen würden. Das entsprach mehr oder minder einer blumigen Vermutung, die der »Spiegel« schon 1976 zum besten gegeben hatte.

Ich hörte so etwas natürlich nicht ungern, schmeichelte es doch meinem Selbstbewußtsein. Wirklich geglaubt habe ich es nie, selbst dann nicht, als man mir hinterbrachte, daß Franz Heinrich Ulrich, inzwischen als Aufsichtsratsvorsitzender der Deutschen Bank zwar nicht ganz ohne Einfluß, aber doch mehr oder minder auf dem Altenteil, angeblich unüberwindliche Vorbehalte gegen Gerhard Prinz habe. Dazu waren allein schon die Andeutungen und das Verhalten von Joachim Zahn viel zu unmißverständlich. Auch er war sich zwar offensichtlich lange genug im unklaren, auf welchen der verschiedenen Kandidaten die Wahl von Guth schließlich fallen werde, denn sein Rat schien schon deswegen kaum gefragt, weil niemand ihm die erforderliche Selbstlosigkeit unterstellte. Zweifel daran, daß meine Kandidatur nicht ernsthaft zur Diskussion stehe, befielen ihn aber wohl wirklich zu keiner Zeit, und an dieser grundsätzlichen Einstellung hatte er mit Sicherheit zumindest in dem Sinne Anteil, daß er von vornherein nicht daran gedacht hatte, sich mit den stärkeren Bataillonen anzulegen; eher bewog ihn schon die Hoffnung, eine Verlängerung der eigenen Amtszeit angetragen zu bekommen, eben weil Alfred Herrhausen zwar diskret, aber unübersehbar seinen Hut in den Ring geworfen hatte.

Herrhausen hatte sich wohl bereits Hoffnungen gemacht, als die Nachfolge von Franz Heinrich Ulrich als Sprecher der Deutschen Bank zur Diskussion stand. Nachdem sich seine Kollegen für eine Doppellösung mit Guth und Friedrich Wilhelm Christians entschieden hatten, drängte es ihn zu neuen Horizonten. Als Aufsichtsratsmitglied ohnehin an unseren strategischen Diskussionen beteiligt, lag es nahe, dabei an Daimler-Benz zu denken, zumal seine inneren Neigungen zeit seines Lebens zwischen seinen Bankaufgaben und einer Führungsrolle in der Industrie gespalten waren. Aus vielen späteren Gesprächen mit ihm weiß ich, wie sehr es ihn damals gekränkt hat, daß sein Interesse nicht auf spontane Gegenliebe im Vorstand von Daimler-Benz gestoßen war. In der Tat war er anscheinend naiv genug anzunehmen, daß er schon allein deswegen mit Jubel begrüßt würde, weil er sich zutraute, unser Haus erfolgreich zu führen. Doch das trauten sich sowohl Prinz als auch ich mir nicht weniger zu, und daran haben wir beide keinen Zweifel gelassen.

Nicht anders war es mit jener noch weit überraschenderen Kandidatur, die offensichtlich irgendwann durch Zahn ins Spiel gebracht worden war, ohne von irgend jemandem sonderlich ernst genommen zu werden: Werner Niefer, von dem sich trotz seiner unbestreitbaren Talente niemand auf Anhieb vorstellen konnte, daß er geeignet wäre, das Haus Daimler-Benz in einem schwieriger werdenden Umfeld angemessen nach außen zu vertreten. So teilte mir denn Wilfried Guth in einem weiteren Gespräch Ende Februar mit, daß das Los nun endgültig auf Gerhard Prinz gefallen sei und die Arbeitnehmervertreter dem zustimmen würden.

Die Atmosphäre, die dieses erneute Gespräch kennzeichnete, war wesentlich entspannter als bei unserem ersten Zusammentreffen. Guth war erkennbar erleichtert, daß ich ihm nicht den Bettel vor die Füße geworfen hatte. Der Verlauf der Unterredung ist mir im übrigen auch ohne Rückgriff auf meine Niederschrift so gut in Erinnerung geblieben, weil sie in ihrem wesentlichen Teil von einer Wiederholung derselben Argumente getragen war, die innerlich bei mir nichts als Verachtung hervorriefen, zumal sie wiederum mit dem Anstrich von Ernsthaftigkeit vorgetragen wurden: Vor allem erneuerte Guth ganz und gar ungefragt seine Versicherung, meine Parteizugehörigkeit habe keinerlei Rolle gespielt. Im übrigen stimmte er widerspruchslos meinem Vorhalt zu, daß es vielleicht angebracht gewesen wäre, sowohl mit Prinz als auch mit mir zunächst über die möglicherweise unterschiedlich beurteilten Inhalte des künftigen unternehmerischen Konzeptes für Daimler-Benz zu beraten, bevor er sich endgültig festlegte; ein wesentliches Versäumnis sah er darin freilich nicht.

*

Du weißt genau, daß deine politische Einstellung, vor allem aber deine öffentlich bekannte und nie geleugnete Mitgliedschaft in der SPD, trotz dieser liebenswürdigen Beteuerungen sehr wohl eine Rolle gespielt haben. Natürlich nicht offiziell, gar »zu Protokoll«, ist darüber in einer Fülle von Einzelgesprächen im Vorstand der Deutschen Bank ebenso wie mit bewährten auswärtigen Beratern gesprochen worden. Als ein Beispiel von vielen hast du sehr konkrete Anhaltspunkte, daß Hans L. Merkle, der Chef des Hauses Bosch, nach den möglichen Auswirkungen einer zu deinen Gunsten getroffenen Entscheidung auf das Verhalten der Kunden von Daimler-Benz befragt wurde, daß mit ihm die möglicherweise zu erwartenden Nachgiebigkeiten gerade eines »rechten« Sozialdemokraten gegenüber Forderungen der Gewerkschaften abgewogen wurden. Doch genau so sicher bist du, daß solche Gesichtspunkte tatsächlich zum Schluß nicht wirklich entscheidend waren.

Das gilt um kein Jota weniger hinsichtlich der angeblich besseren unternehmerischen Qualifikation deines Kontrahenten, und genauso belanglos war das angeblich einhellige Votum deiner Vorstandskollegen, das Guth ergänzend ins Feld führte, als der Aufsichtsrat Ende April 1979 seinen formalen Beschluß faßte, denn sie hatten natürlich, einzeln befragt, keinerlei Anlaß, sich gegen die erkennbare Neigung des Aufsichtsratsvorsitzenden auszusprechen.

Nein, wirklich entscheidend war etwas ganz anderes, als Kriterium durchaus legitim: Du kamst aus einer anderen gesellschaftlichen Sphäre, hattest womöglich in den vergangenen Jahren unterschwellig den Eindruck hinterlassen, ähnlich wie dein Vater, den Lenin einmal ausdrücklich so bezeichnet haben soll, »zu unabhängig« zu sein, während Gerhard Prinz seinem Herkommen und seinem Verhalten nach rundum zu jenen Kreisen »dazugehörte«, die in der Bundesrepublik wirtschaftliche Verantwortung zu tragen pflegten.

Er stammte nun einmal aus einer angesehenen konservativen Familie, hatte ein mittelständisches rheinisches Unternehmen geerbt. Zusammen mit seiner Frau ließ er keine private Einladung aus, führte in Stuttgart ein gastliches Haus, in dem sich die Granden der Republik zur standesgemäßen Beköstigung, zur angeregten Plauderei über die Dinge des Lebens zusammenfanden. Auf den Festspielen dieser Welt, vor allem in Salzburg, war er ständig zu sehen, im »Goldenen Hirschen« dinierend, wohlgefällig über Karajans Stabführung parlierend; alpenländische Verkleidung war selbstverständlich, wenn er an Stammtischen oder Jagdausflügen im Österreichischen teilnahm.

Das alles hast du stets gemieden, deine innere Abscheu hat man sicherlich instinktiv wahrgenommen. Bereut hast du das nie, auch damals nicht, als die Entscheidung fiel. Du hast sie im übrigen akzeptiert, weil du keinen Zweifel daran hattest, daß Gerhard Prinz intellektuell und als Persönlichkeit genügend Voraussetzungen dafür mitbrachte, das Unternehmen, dem du dich unverändert verbunden fühltest, erfolgreich leiten zu können. Allerdings haben dich die Hintergründe der Entscheidung, von deren Gewicht du bis heute überzeugt bist, veranlaßt, fortan deine eigene Handschrift nach innen wie nach außen deutlicher zu schreiben, als das bis dahin der Fall gewesen war.

*

Ende 1979 war ich eingeladen worden, anläßlich des zehnjährigen Jubiläums des Internationalen Management-Symposiums an der Hochschule in St. Gallen einen Vortrag zu halten. Ich wußte, daß es sich um eine bemerkenswerte Veranstaltung handelte, zumal ich mich lebhaft an die Vorhaltungen erinnern konnte, die Joachim Zahn einige Jahre zuvor seinen Mitarbeitern gemacht hatte, weil sein eigener Vortrag wohl nicht besonders erfolgreich angekommen war. Ein Vorgespräch mit Wolfgang Schürer, dem rührigen Vertreter der studentischen Organisatoren, bestätigte mir den Reiz, den es haben könnte, vor jungen Menschen über die Einbettung moderner Großunternehmen in ihr politisches und soziales Umfeld und die sich daraus ergebenden Verantwortlichkeiten zu sprechen. Dieses Thema hatte Hans Ulrich, den international hoch angesehenen Inhaber eines Lehrstuhls, schon seit langem beschäftigt, und er war der Initiator des Symposiums, an dem neben den Studenten regelmäßig Vertreter aus der Politik und von wichtigen Wirtschaftsunternehmen teilnahmen. Ich hatte also zugesagt, im Mai 1980 über »Die Grenzen des Marktes« zu sprechen.

Fritjof Mietsch, der über mehr als ein Jahrzehnt eng mit mir bei der Vorbereitung von Reden und Aufsätzen zusammenarbeiten sollte und dem ich, weit über solche Anlässe hinaus, für unzählige Hinweise und Anregungen dankbar geblieben bin, hatte damals neu bei uns begonnen. Er konnte mir also zwar einiges Material zusammenstellen, das Manuskript aber mußte ich allein verfassen. Um so größer war meine Aufregung, als ich mich schließlich auf

Gerhard Prinz, der Anfang 1980 Joachim Zahn als Vorstandsvorsitzender von Daimler-Benz nachgefolgt war, gehörte jenen Kreisen an, die in der Bundesrepublik üblicherweise wirtschaftliche Verantwortung trugen. Ich habe regelmäßig gefehlt, wenn man in alpenländischer Verkleidung im Österreichischen beisammensaß; intellektuell und als Persönlichkeit brachte Prinz alle Voraussetzungen mit, den Konzern erfolgreich leiten zu können.
Am 70. Geburtstag von Otto Jacob, im Hintergrund Gerhard Prinz, 1976.

den Weg nach St. Gallen machte, zu meinem ersten öffentlichen Vortrag, noch dazu vor einem bekannt kritischen Auditorium. Henning von Kürten, der mich begleitete, fand den vorbereiteten Text zwar gut, hatte aber ein ungutes Gefühl angesichts der mehrfachen Hinweise auf die in der westlichen Gesellschaft vorherrschende Heuchelei. Seine Ahnung sollte nicht täuschen.

Der Saal war überfüllt; es hatte sich wohl herumgesprochen, daß es sich bei dem Vortragenden um ein eigenwilliges Unikum handele. Man hörte mir gespannt zu, nach meinem Aperçu, man könne »ein Unternehmen nicht christlich oder sozialdemokratisch, sondern nur gut oder schlecht führen«, gab es am Schluß großen Beifall. Weit größer noch war das Echo in den Medien.

In der Tat hatte ich gesagt, »nur derjenige verdient in unserer

Zeit die Qualifikation des Unternehmers, der wirklich verstanden hat, daß unsere Verantwortung für die Umwelt eben nicht eine von Politikern auferlegte Fessel, unsere Verantwortung für die Arbeitsplätze eben nicht eine durch die Gewerkschaften aufgezwungene Belastung ist, sondern daß beides als eigenständige, als originäre Mitverantwortung und damit als Aufgabe, als Herausforderung angenommen werden muß«. Diese Einbindungen hatte ich mit Beispielen belegt und ihre Verdrängung eben als Heuchelei bezeichnet, genauso wie die von vielen Seiten dogmatisch wiederholte Behauptung, die Preise für industrielle Produkte seien in unserer heutigen Gesellschaftsordnung ausschließlich durch das Gesetz von Angebot und Nachfrage bestimmt.

Trotz eines ganz und gar unmißverständlichen Bekenntnisses zum marktwirtschaftlichen System und zur unternehmerischen Leistungsfähigkeit waren es vor allem diese Anmerkungen, die von vielen Vertretern der deutschen Wirtschaft als Sakrileg empfunden wurden. Besonders galt das für meinen skeptischen Hinweis auf die Preismechanismen, obwohl doch selbst bei flüchtiger Lektüre klar sein mußte, was ich gemeint hatte: daß ein durch den Staat nicht mehr nach außen abgeschirmter Wettbewerbsdruck möglicherweise unseren »sozialen Wohlstand und damit auch ... (die) politische Stabilität« in Frage stellen könnte.

Diese damals als reine Zustandsbeschreibung gemeinte Behauptung mag sich inzwischen angesichts der Globalisierung allen Geschehens und der weitgehend auf einem so elenden Niveau geführten Diskussionen über Inhalt und Rang des sogenannten »Shareholder value« als eine eher prophetische Formulierung erwiesen haben. Damals führte sie zu bemerkenswerten Reaktionen. Die erste und für mich bedeutsamste stammte von Wilfried Guth. In ebenso freundlicher wie unmißverständlicher Art erteilte er mir telefonisch einen Rüffel. Dabei bezog er sich nicht zuletzt auf mögliche Reaktionen unserer Kunden und riet dazu, Äußerungen ähnlicher Art vorher mit meinen Kollegen abzustimmen. Bei aller Bereitschaft, künftig seine Hinweise in Betracht zu ziehen, betonte ich demgegenüber, daß ich mir in Angelegenheiten, die sich in keiner Weise unmittelbar auf Daimler-Benz beziehen, nicht den Mund verbieten lassen würde.

Wenige Tage später war dasselbe Thema Gegenstand eines in fast freundschaftlicher Atmosphäre geführten Gespräches mit Gerhard Prinz. Wir sagten uns gegenseitig zu, Äußerungen mit gesellschaftspolitischem Bezug vorher miteinander zu beraten, um uns auf keinen Fall »auseinanderdividieren« zu lassen. Daß es Daimler-Benz gut zu Gesicht stehen werde, wenn die Vorstandsmitglieder in Fragen, die sich nicht unmittelbar auf das Unternehmen beziehen, auch öffentlich unterschiedliche Meinungen äußern, blieb ausdrücklich unbestritten.

Dieses Vertrauen sollte nicht lange anhalten. Ohne vorherige Ankündigung oder gar Abstimmung mit mir ließ Prinz bald darauf im Vorstand über ein Papier beschließen, das einem klaren Maulkorb gleichkam. Es besagte, daß »Äußerungen in der Öffentlichkeit, die das Unternehmensinteresse berühren oder als dieses Interesse berührend aufgefaßt werden können, nach Zeit und Ort, Zweck und wesentlichem Inhalt vorher mit dem Vorstandsvorsitzenden ... einvernehmlich abzustimmen (sind), (wobei) von dieser Regelung insbesondere Aussagen geschäftspolitischen und wirtschaftspolitischen Inhalts erfaßt (sind)«.

Obwohl mich solche Mittel der Unternehmensführung anwiderten, blieb mir nichts anderes übrig, als dem Beschluß zuzustimmen; allerdings wies ich darauf hin, daß »es das Recht geben (müsse), sich als Bürger dieses Staates zu allgemein interessierenden Fragen äußern zu können ... Wenngleich im Zweifel nur eine Unterordnung unter das Unternehmensinteresse in Betracht komme, sollte man wissen, daß es diese Freiheitsgrenze gibt und geben müsse«. Das sollte sich noch erweisen, zumal es bei der Kontroverse, die inzwischen auch zum Gegenstand vielfältiger interner Diskussionen von Vorstandskollegen und im Kreis der Mitarbeiter geworden war, keineswegs nur um eine sachliche Auseinandersetzung, sondern genauso um persönliche Eitelkeiten ging.

Treu und brav gab ich Prinz fortan meine Vortragstexte zur Durchsicht, nur um bald zu merken, daß er kaum je etwas an einzelnen Formulierungen, viel mehr jedoch daran auszusetzen hatte, daß ich als Redner anscheinend stärker gefragt war als er selbst. Der Höhepunkt war erreicht, als ich 1982 von dem Journalisten Georg Heller zu einem im Dritten Programm des Südwestfunks ausgestrahlten Fernsehgespräch unter dem Titel »Wortwechsel« eingeladen wurde; Prinz hatte dem ausdrücklich zugestimmt. Ich selbst fand zwar die Sendung eher langweilig. Trotzdem wurde sie in zwei anschließenden Vorstandssitzungen zu einem wahren Scherbengericht aufgebauscht, an dem sich neben dem Vorsitzenden vor allem Richard Osswald, mit dem ich alle von mir vermuteten Fragenkomplexe personalpolitischer Natur vorher abgestimmt hatte, in fast unflätiger Art und Weise beteiligte. Für jeden auch nur einigermaßen objektiven Beobachter mußte klar sein, daß es sich wirklich nur noch um persönliche Eifersüchteleien handelte, mit dem Ergebnis, daß Gerhard Prinz offensichtlich ernsthaft begonnen hatte, sich Gedanken darüber zu machen, wie er mich loswerden könne.

So habe ich Anhaltspunkte für die Vermutung, daß er an einer Initiative nicht unbeteiligt war, die um diese Zeit durch ein Aufsichtsratsmitglied der Lufthansa an mich herangetragen wurde und die mich veranlassen sollte, für die Mitte 1983 anstehende Nachfolge des bisherigen Vorstandsvorsitzenden Herbert Culmann zur Verfügung zu stehen. Zwar ist mir bis zum Ende meiner beruflichen Tätigkeit nie ganz jene Fähigkeit zugewachsen, von der Bundeskanzler Helmut Kohl in einem Interview gesagt haben soll, er »höre (einen) Intriganten schon, wenn er die Laubsäge einspannt«, doch darauf fiel ich denn doch nicht herein; ein im Anschluß an die Auseinandersetzungen im Vorstand mit Wilfried Guth mündlich und schriftlich geführter Meinungsaustausch ergab zudem, daß jedenfalls er nicht so weit gehen wollte, sich an derartigen Bestrebungen zu beteiligen.

*

Damals hast du dich, genau wie oft davor und danach, gefragt, warum du eigentlich nie ernsthaft in Versuchung geraten bist, das Haus Daimler-Benz zu verlassen, um andere Aufgaben zu übernehmen.

Die Lufthansa war und ist ja doch ein Unternehmen mit einer großen Geschichte, mit reizvollen Produkten, mit interessanten Märkten, mit einer eigenständigen Kultur – ein Unternehmen also, für das es sich gelohnt hätte, begeistert zu arbeiten. Nichts anderes galt für die übrigen Unternehmen, die irgendwann einmal an dich herangetreten sind, als du noch jung genug für einen Wechsel warst. So hat dir 1974 der damalige Staatssekretär im Bundesfinanzministerium und spätere Präsident der Bundesbank, Karl-Otto Pöhl, in Abstimmung mit Bundesminister Hans Apel und in Kenntnis von Franz Heinrich Ulrich ganz offiziell die Frage gestellt, ob du bereit sein könntest, die Nachfolge von Rudolf Leiding als Vorstandsvorsitzender von Volkswagen zu übernehmen. Bundeskanzler Helmut Schmidt hat dich ein halbes Jahr später gefragt, ob es für dich vorstellbar wäre, in den Vorstand der VEBA einzutreten, um nach einigen Jahren Rudolf von Bennigsen-Foerder im Vorsitz nachzufolgen, ein Versuch, der sich kurz vor der endgültigen Entscheidung über die Nachfolge von Joachim Zahn wiederholen sollte, als dich Bennigsen, mit dem dich inzwischen ein vertrauensvolles persönliches Verhältnis verband, in ausdrücklicher Abstimmung mit seinem Aufsichtsratsvorsitzenden Günter Vogelsang, der unverändert auch dem Aufsichtsrat von Daimler-Benz zugehörte, mit einem ganz ähnlichen Anliegen ansprach.

In gleicher Richtung gab es noch eine Reihe weiterer Angebote. Regelmäßig hast du dazu nein gesagt. War es, weil dir das Risiko eines Wechsels zu groß war? Warst du zu träge, erneut dein Umfeld zu ändern, nach Düsseldorf oder gar nach Wolfsburg umzuziehen? Hast du unbewußt gehofft, daß sich unerwartete Entwicklungen ergeben könnten, die dir doch noch den Weg an die Spitze von Daimler-Benz eröffnen? Oder hat dich vielleicht eine ganz eigene Art von Ehrgeiz getrieben, darauf gerichtet, dir selbst zu zeigen, daß du die Zähne zusammenbeißen, mit widrigen Entscheidungen fertig werden und trotz allem die dir zugedachte Aufgabe erfolgreich erfüllen kannst, ohne dich innerlich korrumpieren zu lassen?

Hinnahme von Schicksal, Zähigkeit, Selbstvertrauen und Stolz: vielleicht hat dir dein Leben eine für dich eigentümliche Mischung dieser Eigenschaften zugedacht. Eine Antwort weißt du nicht.

*

Nach der Auseinandersetzung um das Fernsehgespräch entspannte sich das Verhältnis zwischen Prinz und mir spürbar. Zugleich wandelte sich das politische und ökonomische Umfeld. Die Freien Demokraten wechselten im Herbst 1982 die Seiten, die neue christdemokratisch-liberale Koalition unter Helmut Kohl folgte der sozialliberalen Bundesregierung nach. Als Folge der allgemein gedrückten wirtschaftlichen Situation, aber auch des drastischen Abfalls der in den vorangegangenen Jahren mehr als erfreulichen Nachfrage nach Nutzfahrzeugen aus dem Nahen Osten war uns intern klar, daß unser Haus auf eine schwierige Entwicklung zusteuerte. Nach außen wurde das zwar noch nicht erkennbar, aber offensichtlich stimmten Prinz und Guth überein, daß vor diesem Hintergrund ein Eklat mit dem Finanzchef – sei es wegen des Eindrucks, man schicke aus politischer Gefälligkeit ein nicht unbekanntes Mitglied der SPD in die Wüste, sei es wegen der Befürchtung, in der Öffentlichkeit könne ein Zusammenhang mit der wirtschaftlichen Lage des Hauses gesucht werden – wenn irgend möglich vermieden werden mußte. Jedenfalls begann sich zwischen Gerhard Prinz und mir jetzt neues Vertrauen zu entwickeln. Es ging freilich nicht über die Grenzen einer nüchtern-sachlichen Zusammenarbeit hinaus. Dazu waren wir wohl in unserem Herkommen und unserer Denkweise zu verschieden, zumal ich nie mit seiner Art zurechtkam, im persönlichen Gespräch mit unbewegter Miene die Auffassung seines Gegenübers zu erfragen, ohne sich je erkennbar auf einen eigenen Standpunkt festzulegen. Das störte mich um so mehr, als vorbehaltlose Offenheit zwischen dem Vorstandsvorsitzenden und seinem für das Finanzwesen verantwortlichen Kollegen gerade in schwierigen Zeiten für die erfolgreiche Führung eines Unternehmens unerläßlich ist.

In der Tat hatte mir der Aufsichtsrat anläßlich des Wechsels an der Spitze die Leitung des Ressorts übertragen, das Joachim Zahn bis dahin in Personalunion wahrgenommen hatte und das ich fortan in »Finanz- und Betriebswirtschaft« umbenannte. Dem war ein gehöriger Streit vorausgegangen.

Ich war stolz darauf, seit meiner Zugehörigkeit zum Vorstand eine Unternehmensplanung aufgebaut zu haben, die sich zumindest in Deutschland vor niemandem zu verstecken brauchte. Nun, während der im Verlauf des Jahres 1979 geführten Gespräche, wurde mir zugemutet, dieses Instrument an den künftigen Vorstandsvorsitzenden abzugeben. Ich sträubte mich, indem ich darauf hinwies, daß zumindest zwischen der betriebswirtschaftlichen Steuerung des Unternehmens, dem Controlling, und der Planung des operativen Geschehens ein untrennbarer Zusammenhang bestehe, ich mir also zwar im äußersten Fall vorstellen könne, die Federführung für die strategischen Planungsüberlegungen an den Vorsitzenden abzugeben, die Zusammenführung der operativen Planung aber in den Händen des für die Betriebswirtschaft und die Finanzen verantwortlichen Vorstandsmitgliedes liegen müsse.

Nach wochenlangen Diskussionen hatten wir schließlich gemeinsam ein von Prinz selbst formuliertes Papier unterschrieben. Vor Beginn einer Besprechung der wichtigsten Aktionärsvertreter im Aufsichtsrat übergab er es, entgegen einer ausdrücklichen Verabredung, ohne mein Beisein an Guth, wobei ich von fern beobachten konnte, daß er offensichtlich dazu Erläuterungen abgab. Das Ergebnis der Besprechung, an der auch Joachim Zahn als noch amtierender Vorstandsvorsitzender teilnahm, konnte kaum überraschen. »Während der Vorstand auf das Ende (der) internen Besprechung wartete«, so heißt es in meiner persönlichen Notiz, »sagte mir Osswald, Zahn (habe) soeben Breitschwerdt und ihm gesagt, sie müßten ihm sehr dankbar sein, denn er habe in letzter Minute gerade noch verhindern können, daß sie beide, ebenso wie Niefer, zukünftig zu ›Vorstandsmitgliedern zweiten Ranges degradiert‹ würden«.

Ganz in diesem Sinne eröffnete Guth anschließend Prinz und mir in mehr als lapidarer Form, die Aktionärsvertreter seien »ebenso einhellig wie spontan der Auffassung, daß (unser) Vorschlag untragbar sei und deswegen nicht akzeptiert werden könne«. Leider hatte ich diesen Vorgang aus meinem Gedächtnis verdrängt, als ich mich viele Jahre später erneut darauf verlassen habe, daß ein Vorstandkollege zu einer getroffenen Vereinbarung stehen werde, über die schließlich Dritte zu entscheiden haben.

Damals ging es freilich auch um die eigentümliche Beziehung zwischen Wilfried Guth und Gerhard Prinz. Der Vorsitzende des Aufsichtsrates war harte Auseinandersetzungen nicht gewohnt. Als kultivierter Mann, der lange bei der Weltbank in Washington gearbeitet hatte, stand er bei weiten Teilen der sozialliberalen Bundesregierung, an der Spitze Helmut Schmidt, in hohem Ansehen als erfahrener und weltoffender Bankier. Seine familiären Bindungen an Ludwig Erhard trugen dazu bei, daß ihm, bei aller marktwirtschaftlichen Überzeugung, Verständnis für soziale Gesichtspunkte nachgesagt wurde. Nun hatte er sich zugunsten seines Kandidaten entschieden, und das verführte ihn dazu, innere Souveränität mit kompromißlosem Handeln zu verwechseln. Anders war die maskenhafte Schroffheit seines Auftretens nicht zu erklären. Zum Schluß endete das damit, daß er Gerhard Prinz vor und noch mehr nach dessen Tod nachgerade anbetete.

Wo Hermann Josef Abs und Franz Heinrich Ulrich stets bemüht gewesen waren, Joachim Zahn mit kritischer Distanz zu begleiten, mußte man jedenfalls immer mehr den Eindruck bekommen, daß der Aufsichtsratsvorsitzende fortan den Vorsitzenden des Vorstands vielleicht noch mit taktischem Rat, nicht mehr jedoch als sachkundiger Partner kontroverser Diskussionen begleitete. Dieses Verhältnis hat sich erst in der Nachfolge von Wilfried Guth vorübergehend wieder geändert, als Alfred Herrhausen den Vorsitz im Aufsichtsrat führte.

Gleichgeblieben hingegen ist der Stil, mit dem während dieser Zeitspanne der Wechsel in den Spitzenpositionen des Vorstandes jedenfalls nach außen vollzogen wurde. Zwar muß ich Äußerungen von Joachim Zahn entnehmen, daß er Gerhard Prinz später gehaßt hat. Das mag damit zusammenhängen, daß seine Hoffnungen (oder die ihm gegebenen Zusagen?) nicht in Erfüllung gingen, auch nach seiner Pensionierung unmittelbar an der Arbeit des Vorstandes beteiligt zu bleiben. Nach außen wurde jedoch davon nichts erkennbar, Prinz bemühte sich, jeden Eindruck zu vermeiden, daß nun endlich die unter seinem Vorgänger unterlassenen Entscheidungen nachgeholt würden.

Nicht anders war es, als Werner Breitschwerdt auf Gerhard Prinz nachfolgte, und nicht anders habe ich selbst mich später bemüht, billiger Kritik an meinem Vorgänger entgegenzuwirken. Angesichts des zunehmenden Appetits der Medien, Schuldige ausfindig zu machen, um sie an den Pranger zu stellen, kann das heute vielleicht nicht mehr ausnahmslos so gut gelingen: Trotzdem gibt es genügend Beispiele dafür, daß es eigentlich unverändert zum selbstverständlichen Anstand gehören sollte, sich bei einem solchen Wachwechsel nicht auf billige Lippenbekenntnisse zu beschränken, geschweige denn, hinterrücks dazu beizutragen, daß der Vorgänger zum Ziel schmutziger Kampagnen gemacht wird.

Die Versuchung dazu hätte auch damals womöglich schon deswegen nahegelegen, weil der Wechsel der Zeiten nun tatsächlich grundlegende unternehmerische Weichenstellungen unvermeidlich machte. Die so lange hinausgeschobene endgültige Entscheidung über eine neue Pkw-Reihe gehörte in vorderer Linie dazu. Dabei kann auch im Rückblick nicht der geringste Zweifel bestehen, daß Vorsicht am Platze war (auch wenn die Kompaktklasse zu einem Markterfolg geworden ist, ohne den Mercedes-Benz heute längst in seiner Existenz als international wettbewerbsfähiger Hersteller von Personenkraftwagen gefährdet wäre). Ein Mißerfolg hätte, wären die Kapazitäten und damit die Investitionen zu hoch ausgelegt worden, existenzbedrohende Folgen nach sich ziehen können. Paradoxerweise hätte dies aber auch umgekehrt der Fall sein können: Ein zu großer Markterfolg hätte womöglich dazu geführt, daß der Absatz der darüber angesiedelten Mittelklasse, die immerhin spürbar zum wirtschaftlichen Gesamterfolg des Unternehmens beitrug, über Gebühr beeinträchtigt worden wäre.

Neben der angestrebten Stückzahl kam also dem preislichen Abstand zwischen den beiden Fahrzeugklassen größte Bedeutung zu; die dafür vorhandenen Spielräume hingen wiederum von den erreichbaren Kostenstrukturen ab, mußte die neue Reihe doch jedenfalls den Erwartungen der Kunden an einen »echten Mercedes« entsprechen. Das alles aber änderte nichts daran, daß irgendwann einmal der Sprung ins kalte Wasser gewagt werden mußte.

Die technische Konzeption für die neuen Personenkraftwagen war im wesentlichen fertig, seit Werner Breitschwerdt 1977 die Leitung des Entwicklungsressorts übernommen und dafür gesorgt hatte, daß die unter seinem Vorgänger Hans Scherenberg begonnenen Vorarbeiten zu einem überzeugenden Ende gebracht wurden. Vorausgegangen waren jahrelange Versuche, das Wagnis einer eigenen zusätzlichen Fahrzeugreihe durch eine mögliche Zusammenarbeit mit anderen Herstellern zu verringern.

Auf Initiative von Joachim Zahn hatte ich selbst darüber mit den verantwortlichen Kollegen der Firmen Fiat und Renault verhandelt, Hoppe und Prinz hatten mit einer mir anfänglich unverständlichen Begeisterung sogar Gespräche mit den japanischen Herstellern Honda und Subaru geführt. Doch all das hatte nichts gefruchtet: Wir mußten uns, ob wir wollten oder nicht, nun endlich zu einer unternehmerischen Entscheidung durchringen, deren Risiken beträchtlich waren. Zahn hatte sie über eine Wegstrecke von mehr als einem halben Jahrzehnt immer wieder vorangetrieben, sich aber nie endgültig aufraffen können.

Das fiel jetzt Gerhard Prinz zu, der zwar auf die volle Unterstützung von Heinz Hoppe (dessen großes Talent als begeisterungsfähiger Vertriebschef ich inzwischen hoch schätzengelernt hatte), von Werner Niefer und von mir rechnen konnte, aber als Vorsitzender eine herausragende Verantwortung zu tragen hatte. Lange genug hatte er sich gegen eine solche neue Baureihe gewehrt; jetzt, Mitte 1980, brachte er den Mut auf, den sich erkennbar ändernden Anforderungen des Marktes zu folgen und grünes Licht zu geben, nicht nur für den Produktionsbeginn als solchen, sondern auch für eine während der früheren Diskussionen unvorstellbar hohe Kapazitätsauslegung. Wir richteten jetzt unsere Planung auf eine jährliche Stückzahl von 240 000 Fahrzeugen aus, eine Zahl, die Joachim Zahn noch ein Jahr vorher als äußerstes, erst nach vielen Jahren zu erreichendes Ziel vorgeschwebt hatte. Mercedes-Benz konnte damit als Hersteller von Personenkraftwagen über das früher als Höchstgrenze diskutierte Gesamtvolumen von etwa 350 000 Fahrzeugen hinaus in eine gänzlich neue Dimension vorstoßen: 1987 sollte tatsächlich eine Jahresproduktion von nahezu 600 000 Einheiten erreicht werden. Ohne die Umwidmung von Bremen zum zweiten Montagewerk neben Sindelfingen, die in den siebziger Jahren gleichfalls so lange umstritten war, wäre dies nie möglich gewesen.

Nachträglich erwies sich dabei auch, wie richtig ein kleiner Husarenstreich gewesen war, den Fritz Binder und ich schon 1975 unternommen hatten. Sowohl Zahn als auch »Wilo« Langheck waren damals entsetzt, als ihnen bewußt wurde, daß wir unserem Werk in Berlin Aufgaben im Rahmen der Pkw-Produktion zugeordnet hatten, für die es keine Ausweichkapazitäten in den übrigen Werken gab. Wir waren nämlich zu der Überzeugung gelangt, daß die allgemeine politische Entwicklung inzwischen das Risiko einer Unterbrechung der Transportverbindungen nach Berlin, also eine Wiederholung der Blockade, ausgeschaltet hatte. Die beiden Kollegen trauten den Sowjets hingegen unverändert alles zu. Immerhin fügten sie sich schließlich doch unseren Argumenten, so daß das Werk in Marienfelde seitdem am Erfolg des Unternehmens teilnehmen konnte. Auch dazu hat Werner Niefer, der diesen Weg später entschlossen fortsetzte, entscheidend beigetragen.

Überhaupt war er bis zu seinem Tode derjenige, der mit großem Optimismus auf einen steten weiteren Ausbau unserer Produktion von Personenkraftwagen setzte. Bevor wir die noch von ihm mit vorbereitete, vor allem aber von seinem Nachfolger Helmut Werner vorangetriebene weitere Verbreiterung der Angebotspalette endgültig beschlossen hatten, konnte ich selbst dem manches Mal allzu hochfliegenden Optimismus von Niefer allerdings nur in Maßen folgen, besonders, als er mich gegen Ende der achtziger Jahre davon überzeugen wollte, daß die Nachfrage nach unseren Fahrzeugen im Rahmen des bisherigen Programmangebotes in überschaubarer Zukunft auf eine jährliche Größenordnung von über 700 000 Einheiten anwachsen werde. Seiner Reaktion auf meine skeptische Zurückhaltung entnahm ich sogleich, daß es sich dabei nicht nur, wie er vorgab, um theoretische Sandkastenspiele handelte: Bald stellte sich heraus, daß er sich bereits auf detaillierte Gespräche mit dem baden-württembergischen Ministerpräsidenten Lothar Späth über die Ansiedlung eines vollgültigen weiteren Montagewerkes in Rastatt eingelassen hatte. So war es zeit seines Lebens nicht einfach, seinen Tatendrang auf ein vertretbares Maß zu begrenzen; doch auch in diesem Fall sollte unsere vertrauensvolle Zusammenarbeit schließlich zu einer vertretbaren Lösung führen.

Über die angeblich grundlegend verschiedene Einstellung von Unternehmern auf der einen, Managern auf der anderen Seite ist von mehr oder minder berufener Seite weidlich philosophiert worden. So wurde mir zum Beispiel im Verlauf der späteren Auseinandersetzungen mit der Familie Dornier immer wieder an den Kopf geworfen, angestellte Vorstandsmitglieder einer Aktiengesellschaft seien im Gegensatz zu selbständigen, also privaten Unternehmern Bürokraten, die ohne eigene Kreativität stets nur abgesicherte Wege gehen würden.

Ich halte das für ein dummes Pauschalurteil. Es gibt in aller Welt genügend angestellte Manager, die in leichtfertiger Überschätzung ihrer intuitiven Gaben, also aus dem hohlen Bauch heraus kurzfristig lohnend erscheinende Entscheidungen treffen, um erst viel später erkennen zu müssen, daß sie irreparablen Schaden angerichtet haben. Umgekehrt kenne ich genauso viele Privatunternehmer, die bei allem Einfallsreichtum vorsichtig genug sind, auch die Sicherung ihrer Arbeitsplätze zu bedenken, bevor sie sich auf wagemutige Entscheidungen festlegen; zu ihnen gehören Freunde wie Carl-Fritz Bardusch oder Rudi Häussler, die sich nie ins Scheinwerferlicht gedrängt haben und doch auf eine beeindruckende Lebensleistung stolz sein können.

Die so oder so mit jeder unternehmerischen Entscheidung verbundene Verantwortung stand mir zum Beispiel lebhaft vor Augen, als unsere Kollegen im Vorstand 1994 Gelegenheit hatten, mit ersten Prototypen des später »Smart« genannten Fahrzeuges, das wir gemeinsam mit dem Schweizer Unternehmer Nikolaus Hayek entwickeln und bauen wollten, probezufahren: Einzelne von ihnen waren sich, ohne ausreichend nachgedacht zu haben, ebenso spontan wie von Zweifeln ungetrübt sicher, daß diese neue Baureihe entgegen der zwischen Helmut Werner und mir verabredeten vorsichtigen Lösung unbedingt unter der Marke Mercedes-Benz und mit dem Stern auf der Haube verkauft werden müsse.

Richtig bleibt also einzig und allein, daß ein Privatunternehmer bei grundlegenden Fehleinschätzungen regelmäßig zumindest mit Teilen seines Vermögens haftet, der angestellte Manager dagegen in einem solchen Fall lediglich seinen Posten verliert. Doch in Wirklichkeit ist auch das weitgehend ein Scheinargument, denn im Gegensatz zum privaten Eigentümer ist das Vorstandsmitglied einer Aktiengesellschaft, und sei es der Vorsitzende, nicht in der Lage, alleinherrschaftlich zu entscheiden: Er muß, soweit sie nicht zu Befehlsempfängern degradiert sind, zunächst seine Kollegen überzeugen und schließlich die Zustimmung seines Aufsichtsrates, wenn nicht sogar seiner Hauptversammlung einholen. Problematisch könnte also die Abgrenzung erst dann werden, wenn dem angestellten Management, etwa auf dem Wege über Aktienoptionen, Bezüge zufließen sollten, die möglicherweise sogar die Grenzen einer für Privatunternehmer regelmäßig erreichbare Höhe weit überschreiten.

War Werner Niefer einer, der es in der Regel akzeptierte, wenn ich seinem überschäumenden Optimismus und seinem Tatendrang Grenzen der Vorsicht und der Bedachtsamkeit entgegensetzte, so war Gerhard Prinz durchaus ein Mann, den die Fähigkeit auszeichnete, nach gebührender Abwägung seinen Kollegen wagemutige Entscheidungen vorzuschlagen. Die neue Baureihe – wir nannten sie »Kompaktklasse« – erschien 1982 auf dem Markt. Über einige Wochen hinweg gab es zunächst im Inland großes Zittern, weil die Kunden offenbar Schwierigkeiten hatten, sich an den »kleinen Mercedes« zu gewöhnen. Stilistische Korrekturen mußten nachgeschoben werden, doch dann war der Durchbruch da, die Nachfrage stieg steil an, das Vorhaben wurde zum Erfolg. Wer allerdings auf eine sofortige hohe Rendite auf das eingesetzte Kapital und eine schnelle Steigerung des »Shareholder value« des Unternehmens gerechnet hätte, wäre enttäuscht worden. Bis zur Erreichung dieses Zieles sollten noch Jahre vergehen, doch ohne diese Geduld hätten wir uns längst aus der Zahl der international führenden Personenkraftwagenhersteller verabschieden müssen.

Joachim Zahn machte mir freilich noch nach dem Tode von Prinz Vorwürfe, weil ich öffentlich von einem Erfolg der Kompaktklasse gesprochen habe. Im Gegenteil hat er bis in die jüngste Vergangenheit behauptet, sein Nachfolger hätte, genau wie ich, das von ihm hinterlassene Erbe vertan. Auch wenn journalistische und sonstige Kolporteure so etwas ständig weiter nachplappern, könnte man sich demgegenüber daran erinnern, daß Daimler-Benz bei seiner Pensionierung, also Ende 1979, eine Nettoliquidität von knapp 3 Milliarden Mark in der Kasse hatte; bis Ende 1984 war der Betrag auf nahezu 8,5 Milliarden, bis Ende 1987, dem Jahr, in dem ich den Vorstandsvorsitz übernommen habe, auf fast 15 Milliarden

Mark angestiegen. Zugleich verdoppelten sich die in unseren Bilanzen aus versteuerten Gewinnen angesammelten Reserven. Der Börsenwert des Unternehmens lag bei der Berufung von Zahn zum Vorstandsvorsitzenden etwa bei 5 Milliarden Mark, um bis zu seiner Pensionierung gerade auf etwas über 6,5 Milliarden anzusteigen; Ende 1983, kurz nach dem Tode von Gerhard Prinz, lag er bei 22 Milliarden, 1986 bei mehr als 52 Milliarden (um nach dem Börsencrash Ende 1987 vorübergehend wieder auf knapp 25 Milliarden Mark abzusinken). Ganz so schlecht ist also in dieser Zeit von Gerhard Prinz und Werner Breitschwerdt als Vorstandsvorsitzenden sowie von mir als verantwortlichem Finanzchef wohl doch nicht gewirtschaftet worden.

Das schließt freilich nicht aus, daß uns die Entwicklung des Ergebnisses größte Sorge machte. In den nach außen publizierten Zahlen kam dies allenfalls sehr oberflächlich zum Ausdruck. Trotzdem wurde Gerhard Prinz und mir zunehmend klar, daß neues unternehmerisches Handeln angezeigt war, wenn wir nicht tatenlos zusehen wollten, wie unsere Firma in ernste Schwierigkeiten geriet. Auch ohne langwierige strategische Grundsatzdiskussionen stimmten wir darin überein, daß es um zwei wesentliche Stoßrichtungen gehen mußte: um eine organische Verbreiterung unseres traditionellen Produktangebotes mit dem Ziel, neue Kundenkreise zu erschließen und damit das im Wettbewerb unverzichtbare Wachstum zu erreichen, sowie eine konsequente Überprüfung unserer gewachsenen Kostenstrukturen, um am Markt preislich weiter mithalten zu können.

Den zweiten Fragenkomplex überließ Prinz im wesentlichen mir, den ersten schrieb er sich selbst auf die Fahne. Dabei stützte er sich maßgeblich auf Gerhard Liener, der für die Beteiligungen verantwortlich war und neben Werner Breitschwerdt sowie Bernd Gottschalk, damals auf Direktionsebene Leiter der Öffentlichkeitsarbeit, zu seinen engsten Vertrauten zählte.

Die Berufung von Liener in den Vorstand hatte Prinz 1982 durchgesetzt. Für uns alle unvorhersehbar, sollte sich das im Rückblick als eine der gefährlichsten Fehlentscheidungen erweisen, die wir getroffen haben. Sie hat ein tragisches Ende gefunden. Unser neuer Kollege verfügte über breite internationale Erfahrungen, sprach fließend mehrere Sprachen, konnte umgänglich und überzeugend auftreten. Erst viel später habe ich erfahren, daß er schon Mitte der siebziger Jahre, nach der Rückkehr von einer schwierigen Aufgabe in der Geschäftsführung einer gemeinsam mit Volkswagen und dem INI gehaltenen Beteiligungsgesellschaft in Spanien, wegen ernster psychischer Probleme hatte Urlaub nehmen müssen. Bis zu seinem Freitod im Jahre 1995 sollte sich das zu einem steten Wechsel zwischen Phasen hektischer Betriebsamkeit und solchen eines offensichtlichen Desinteresses an allen Dingen um ihn herum entwickeln.

Ich selbst bin mir erst Anfang der neunziger Jahre ernsthaft darüber klargeworden, daß es sich bei einigen seiner kaum mehr nachvollziehbaren geschäftlichen Verhaltensweisen um Auswirkungen einer schweren Krankheit handelte. Von meiner entsprechenden Vermutung habe ich so schnell und so unmißverständlich wie möglich Hilmar Kopper unterrichtet, der zu dieser Zeit dem Aufsichtsrat vorsaß. Dieser schob allerdings die auch von ihm als unerläßlich bezeichneten Konsequenzen allzulange vor sich her; nachdem es sich zwangsläufig nur um persönliche, nicht durch ärztliche Aussagen bestätigte Vermutungen handeln konnte, mag dieses Zögern freilich bis zu einem gewissen Maße verständlich gewesen sein.

Als Gerhard Liener schließlich 1994 nahegelegt wurde, zum selben Zeitpunkt wie ich aus dem Vorstand auszuscheiden, war es zu spät: Der offensichtlich von dem einen oder anderen Beteiligten gewählte Weg, sich ihm gegenüber auf meine Urheberschaft zu berufen, führte zu einer haßerfüllten Reaktion, die sich das »Manager-Magazin« schamlos zunutze machen sollte. Es veröffentlichte ein aus Lieners Feder stammendes Pamphlet, in dem er gegen mich gerichtete Behauptungen, die in keinem einzigen Fall auch nur im entferntesten zutrafen, mit haarsträubenden persönlichen Anwürfen zusammenführte; ungeklärt ist bis heute, ob er das Papier dem Blatt unmittelbar oder mittelbar zugänglich gemacht hat oder ob andere, von denen ich weiß, daß sie vorher davon Kenntnis hatten, ohne sein Zutun dafür gesorgt haben.

Nicht nur in der Öffentlichkeit, sondern auch hinter vorgehaltener Hand wurde daraufhin in den einschlägigen Kreisen in widerlicher Weise über mich getuschelt, wobei sich Hilmar Kopper nicht einmal dazu durchringen konnte, dem Aufsichtsrat von Daimler-Benz, dem er vorsaß und dem ich damals noch angehörte, wenigstens die Abgabe einer Ehrenerklärung vorzuschlagen. Gerhard Liener jedoch wurde fortan gesellschaftlich geschnitten: Er hatte gegen den Komment verstoßen und »das eigene Nest beschmutzt«. Offenbar verzweifelt, schied er aus dem Leben. Diejenigen, die seine Situation ausgenutzt haben, sind vermutlich kaum je auf die Idee gekommen, sich deswegen irgendwelche Vorwürfe zu machen – eine solche Einstellung gehört wohl zu ihrem Verständnis von journalistischem Ethos ...

Das lange und intensive Ringen um die richtige Strategie für die Personenkraftwagen hatte während der siebziger Jahre keineswegs etwa zu einer Vernachlässigung der Nutzfahrzeuge geführt. Dieser Bereich erwirtschaftete etwa die Hälfte unseres Umsatzes, ein eher noch größerer Teil der Belegschaft war dort beschäftigt. Die Zunahme der Nachfrage aus den erdölerzeugenden Ländern wirkte sich in der schon erwähnten Verbesserung der bis dahin gänzlich unzureichenden Ergebnisse aus dem laufenden Geschäft aus. Sie war so bemerkenswert, daß wir begonnen hatten, genau wie bei den Personenkraftwagen über eine Verbreiterung unseres Produktangebotes nachzudenken und entsprechende Planungen einzuleiten.

Zwar verfügten wir, mit Ausnahme der allein für den Nahverkehr geeigneten leichten Fahrzeuge, über Lastkraftwagen aller Art zum Transport von Gütern auf der Straße, hatten Omnibusse, die traditionellen Unimog und sogar Traktoren für besondere landwirtschaftliche Anwendungen im Programm. Keiner unserer internationalen Wettbewerber übertraf diese Breite, was sich, trotz ihrer vielfältigen anderweitigen Schwächen, positiv auf die Leistungsfähigkeit unserer weltweiten Vertriebsorganisation auswirkte. Trotzdem war unübersehbar, daß wir uns nicht auf eine Fortsetzung der vorübergehend guten Zeiten verlassen durften, sondern rechtzeitig an zusätzliche Produkte und damit an zusätzliche Wachstumsmöglichkeiten denken mußten.

Ganz auf der Linie unserer traditionellen Vorsicht dachten wir dabei zunächst an Märkte, die an unser vorhandenes Fahrzeugangebot angrenzten. Da wir von jeher einige Hersteller von Landmaschinen, vor allem von Mähdreschern, mit unseren Motoren belieferten, lag es nahe, solche Geräte in Betracht zu ziehen. Zugleich schien es uns angesichts des scharfen Wettbewerbes, der überall herrschte, von vornherein ausgeschlossen, auf die eigene Entwicklung derartiger Produkte zu setzen: Alle Erfahrungen hatten gezeigt, daß unsere Ingenieure nicht über die Voraussetzungen verfügten, technische Perfektion mit erträglichen Herstellungskosten in Einklang zu bringen.

Deswegen begannen wir nach Firmen Ausschau zu halten, die

sich für eine Übernahme eignen könnten. Trotz verschiedentlicher Kontakte mit in- und ausländischen Partnern, so etwa mit der Firma Claas in Harsewinkel, kamen wir jedoch nicht recht voran. Aus der Sicht der Unternehmensplanung hatten wir daher unseren Blick auf ein weiteres Randgebiet gelenkt, das vor allem Prinz in seiner damaligen Eigenschaft als für den Einkauf verantwortlicher Materialchef besonders erfolgversprechend schien: schwere Grubenfahrzeuge für den Tagebau.

Zumindest für ihn lag der Grund so sehr auf der Hand, daß es kaum einer näheren Begründung, geschweige denn einer vertieften Analyse bedurfte: Angesichts der explosionsartig gestiegenen Ölpreise war jedermann davon überzeugt, daß sich der bis dahin viel zu kostspielige Abbau von Ölschiefer zu einem gewinnträchtigen Geschäft entwickeln würde. Die dahinterstehende Fehleinschätzung, daß das Kartell der erdölerzeugenden Länder stark genug sei, auch bei einer drastisch sinkenden Nachfrage die Preise hoch zu halten, blieb zwar bei den internen Diskussionen im Vorstand nicht unbestritten, setzte sich aber schließlich durch. Eine Unzahl internationaler Anleger sollte das in der Folge ihren Einsatz, manche sogar ihre Existenz kosten, uns trug es kaum mehr als ein blaues Auge ein.

Hans Scherenberg, der langjährige Entwicklungschef, hatte eines Tages in seiner Verzweiflung den fast schon wieder liebenswürdigen Vorschlag unterbreitet, mit utopisch geringem Aufwand eine eigene Baureihe solcher Grubenfahrzeuge zu entwickeln; da niemand dies auch nur im entferntesten für realistisch hielt, gab der Vorstand Gerhard Prinz grünes Licht, Verhandlungen zur Übernahme der von ihm als geeignet identifizierten amerikanischen Firma Euclid mit Sitz in Cleveland, Ohio, aufzunehmen.

Nicht zuletzt ging dies auf eine Empfehlung von Heinz Hoppe zurück, der vor seiner Berufung zum Vertriebschef lange in den USA gearbeitet hatte. Seit dieser Zeit war er gut mit dem Chef der früheren Nutzfahrzeugfirma White, zu der Euclid gehörte, bekannt, mit Semon (»Bunky«) Knudsen, der vorher »zweiter Mann« bei Ford gewesen war und von dessen hemdsärmeligem Auftreten Prinz bald gleichfalls mehr als angetan schien. Die Gespräche verliefen erfolgreich, so daß wir 1977 mit großen Erwartungen an die Einbeziehung unserer ersten wirklichen Neuakquisition außerhalb Deutschlands in unser Konzerngefüge herangehen konnten (bis dahin hatten wir immer nur Partner übernommen, die unsere traditionellen Produkte herstellten oder verkauften).

Prinz, dem folgerichtig die Federführung für die Betreuung übertragen wurde, stürzte sich mit Begeisterung auf diese zusätzliche Aufgabe, zumal sie seiner Neigung entgegenkam, sich verstärkt um die entwicklungstechnische Gestaltung von Fahrzeugen zu kümmern; unleugbar hatten die riesigen Maschinen mit ihren weit übermannshohen Rädern, saß man hoch oben in der Fahrerkabine als Kommandant über diese wahrhaften Kraftpakete, einen besonderen sinnlichen Reiz, der manches Mal die Nüchternheit des Urteils beeinträchtigen konnte. Jedenfalls waren wir alle gemeinsam der Überzeugung, daß es sich um einen Erwerb handelte, der in idealer Weise die gewünscht behutsame, nicht mit übermäßigen Risiken belastete Erweiterung unserer Angebotspalette ermöglichen würde; gleichzeitig versprachen wir uns wichtige Erfahrungen mit der Führung eines durch und durch amerikanischen Unternehmens, nicht zuletzt auf dem Gebiet moderner Managementmethoden.

Diese Erwartung sollte sich erfüllen, wenn auch nicht so, wie wir uns das vorgestellt hatten. Schon bald mußten wir feststellen, daß der blendende erste Eindruck, den amerikanische Kandidaten für unternehmerische Spitzenpositionen regelmäßig zu machen pflegen, täuschen kann. Von Monat zu Monat deutlicher wurde auch, daß unsere Annahme, der Markt für solche Fahrzeuge werde rapide wachsen, genausowenig zutraf wie die Einschätzung, daß die Produkte von Euclid einen erheblichen Vorsprung vor dem Konkurrenzangebot, vor allem der japanischen Hersteller, hätten. Trotz aller Bemühungen, die internationale Vertriebsorganisation von Mercedes einzuschalten, gelang es auch Peter E. Rupp, einem früheren Mitarbeiter von Volkswagen, den Prinz zu Euclid geholt hatte, nicht, eine verläßliche Wende herbeizuführen. Weitere Versuche richteten sich anschließend auf die Entwicklung neuer Fahrzeuge und auf die Neuordnung der Produktionsstrukturen in den USA und Kanada. Jürgen E. Schrempp, bis dahin für uns in Südafrika tätig, wurde mit diesem Auftrag in die USA versetzt, während Rupp die Leitung der inzwischen gleichfalls von uns übernommenen Lastwagenfirma Freightliner übernahm. Doch alles fruchtete nichts: Auf Vorschlag von Gerhard Prinz mußten wir uns 1983 entschließen, unsere Erwerbung wieder abzugeben. Mit dem Verkauf von Euclid an die Firma Clark fand die Episode kurz nach seinem Tod ihren endgültigen Abschluß.

Vorausgegangen waren erneute Ansätze von Prinz und Liener,

unsere Angebotspalette von Nutzfahrzeugen auf das Gebiet der Landmaschinen auszudehnen. Dazu gehörten Gespräche mit Karsten Detlev Rohwedder, dem Chef von Hoesch und früheren Staatssekretär im Bundeswirtschaftsministerium, der nach der deutschen Wiedervereinigung als Präsident der Treuhandanstalt von Terroristen ermordet wurde; konkret ging es dabei um einen möglichen Erwerb der Firma Orenstein & Koppel. Weiterhin nahmen die beiden Kollegen Kontakte mit Horst-Dieter Esch auf, der sich damals unter Beteiligung von General Motors eine Gruppe von unterschiedlichsten Firmen zusammengekauft hatte und bis zur Eröffnung staatsanwaltschaftlicher Ermittlungsverfahren von vielen Kreisen als unternehmerisches Wunderkind gehätschelt wurde.

All diese Verhandlungen gingen weitgehend an mir vorbei, zumal sie zu keinen konkreten Ergebnissen führten. Das änderte sich erst, als die Übernahme des amerikanischen Lastkraftwagenherstellers Freightliner mit Sitz in Portland, Oregon, spruchreif wurde. Auch hierüber hatte Prinz unter Einschaltung von Liener und Rupp wohl schon längere Zeit mit Raymond O'Brien verhandelt, dem Chef des Transportunternehmens Freightways, dem die Firma gehörte. Gegen Ende des Jahres 1980 war die Angelegenheit akut geworden, und angesichts ihrer Dimension hatte Wilfried Guth anscheinend Prinz geraten, vielleicht doch besser den Finanzchef des Hauses mit einzuschalten.

Zwischen Weihnachten und Neujahr flogen wir nach New York, um uns für abschließende Verhandlungen mit O'Brien zu treffen. Vorher hatte ich gerade noch Zeit, mir gemeinsam mit meinen Mitarbeitern ein erstes oberflächliches Bild über das vorliegende Zahlenmaterial zu machen. Schon dieser vorläufige Eindruck überzeugte uns davon, daß es noch eine Fülle klärungsbedürftiger Fragen gab; sie bezogen sich vor allem auf die bisherige Ertragslage und die künftig zu erwartenden Absatzzahlen (wobei es nicht ungewöhnlich schien, daß der Verkäufer von mehr als optimistischen Angaben ausging).

Es blieb mir nichts anderes, als Prinz und Liener anläßlich unserer Vorbesprechung im Hotel klarzumachen, daß ich ohne sorgfältige weitere Überprüfung den ihnen vorschwebenden Kaufbedingungen nicht zustimmen könne. Während der hitzigen Verhandlung am nächsten Tag mußte O'Brien einsehen, daß all seine Versuche, Prinz und mich unter Druck zu setzen, nichts fruchteten. Ohne Ergebnis flogen wir zurück.

Die vereinbarte Denkpause sollte nicht lange andauern. Anfang Januar 1981 klingelte eines Nachts bei mir das Telefon, Prinz bat mich, ihn am nächsten Morgen mit der Concorde nach New York zu begleiten, um weiterzuverhandeln. Auf die erstaunte Frage, woher wir jetzt noch die Tickets bekommen sollten, erzählte er stolz, er habe sie soeben telefonisch über unsere Filiale in San Francisco bestellt, die angesichts des Zeitunterschiedes noch geöffnet sei; sie würden für uns bereitliegen. Also machten wir uns erneut auf den Weg.

Neben der Vorbereitung kam mir während des dreieinhalbstündigen Fluges ein Erlebnis in den Sinn, das mein Gedächtnis begleitet, sooft ich den Atlantik in diesem französisch-englischen Wunderwerk moderner Pioniertechnik überquere: Zwischen Dakar und Rio de Janeiro – damals flog die Concorde noch von Paris nach Brasilien – gab es, siebzehn Kilometer über dem Ozean, plötzlich einen lauten Knall, ein Steward rannte von hinten nach vorn, sprang mit einem Satz über den Bedienungswagen, der gerade den Mittelgang blockierte, verschwand im Cockpit, während sich das Flugzeug in Flugrichtung ein wenig seitwärts verschob und der Geschwindigkeitsmesser, groß sichtbar an der Kabinenwand angebracht, einen schnellen Abfall von der bis dahin mehr als doppelten Schallgeschwindigkeit anzeigte. Bevor der Kommandant ansagte, daß ein Triebwerk ausgefallen, jedoch zu irgendwelchen Befürchtungen kein Anlaß sei, schien alles wie gelähmt – bis ich hörte, wie Bodo Kirschner, der hinter uns saß, seinen Kopfhörer abnahm, um seinem Nachbarn mit lächelnd-ironischem Ton zu bedeuten: »Kanal 8, Requiem von Mozart.«

Jedenfalls landeten wir auch dieses Mal heil in New York, und nachdem O'Brien sogar eine heute in vergleichbaren Fällen längst übliche Überprüfung der uns vorgelegten Zahlen durch einen neutralen Sachverständigen akzeptiert hatte (was Prinz und Liener bis dahin als kleinliche Forderung des Finanzbereiches erschienen war), konnten wir den endgültigen Abschluß begießen.

*

Ist es nicht merkwürdig? Du versuchst dich davor zu hüten, daß dir dein Bericht über nüchterne geschäftliche Vorgänge nicht hoffnungslos davonläuft. Solltest du also nicht lieber darauf verzichten zu erwähnen, wie sehr es dir auffiel, daß deine beiden Kollegen, kaum hatten sie ihre Hotelzimmer betreten, ans Telefon stürzten, um mit irgendwelchen belanglosen Gesprächspartnern irgendwelche belanglosen Dinge zu erörtern? Ist es vielleicht doch mehr als ein zufälliges Kennzeichen moderner Technik, wenn der Gebrauch von Handys zu einer offenbar unkontrollierbaren Seuche wird? Lohnt es sich wirklich, darüber nachzusinnen, welchen suchtartigen Reiz das Reisen und die Übernachtung in Luxushotels immer wieder auf manche Menschen auszuüben scheinen, wie sehr sie als Aufputschmittel zu wirken vermögen, mit allen darin liegenden Gefühlen der Lust, aber auch den Gefahren, die sich daraus ergeben mögen? Auf einmal, während du solche Zusammenhänge erwägst, schweifen deine Gedanken in eine ganz andere Richtung, beginnen um New York zu kreisen, jene Metropole, die dich seit so vielen Jahren immer wieder angezogen hat und die dir doch bis heute fremd geblieben ist. Woran mag diese Faszination, woran mag ihr Geheimnis liegen?

Ein Bogen, der nie benutzt wird, verliert seine Kraft. Doch die Saite muß vorzeitig reißen, bleibt sie ohne Unterlaß gespannt. Auch dich mahnt deine Natur, daß du dich von Zeit zu Zeit loslassen mußt. Dann zieht es dich in die Ruhe der Landschaft, die dich daran erinnert, wie unwichtig du bist angesichts der Wunder dieser Erde. Einsam aufragende Berge in den Alpen, das Matterhorn mit der eisigen Schönheit seiner Nordflanke drohen dich womöglich zu erdrücken, doch in ihrer beklemmenden Wucht lassen sie keine Gedanken an ehrgeizige Menschenziele mehr zu; die Gemsen, die dir bei Skiwanderungen zuschauen, gemahnen dich, daß auch dein Leben endlich ist. Wenn die Böen in die Segel eures Bootes peitschen, vergißt du schnell, daß du je Herr über irgend etwas sein könntest, das in die Ewigkeit reicht. Die Geschichte der Alten steht dir auf den Kykladen, in Delos, an der Mittelmeerküste der Türkei vor Augen, und du weißt, daß du nichts bist als ein winziges Glied in einer langen Kette. Der Bodensee und der Hegau nehmen dich gefangen, für Stunden kannst du dich fallenlassen in jene Atmosphäre, die durch die alemannischen Völker bis heute geprägt bleibt. In Ostfriesland erinnern dich die Fleete und der blaue Himmel mit seinen ziehenden Wolken an deine Vorfahren, in der Mark Brandenburg, in Mecklenburg, auf das Oderbruch blickend, träumst du zurück zu den großen Preußen, zu den Moltkes, Yorcks und Hardenbergs, hie und da auch zu dem verschwendungssüchtigen Pückler. Ohne Landschaften, ihre Menschen, ihre Kultur kannst du nicht atmen, nicht einkehren, nicht zu dir finden.

Doch ohne Städte, ohne Metropolen kannst du nicht leben. New York, sagt man, sei nicht Amerika, Paris nicht Frankreich, London nicht England, Berlin nicht Deutschland. Das weißt auch du. Doch trifft diese alte Erkenntnis noch immer die ganze Wahrheit? Grenzen sich nicht heute rund um die Erde die Metropolen immer mehr aus den Ländern heraus, in denen sie liegen, werden, sei es als Geschwüre, sei es als Schmelztiegel, immer deutlicher zu eigenständigen Akteuren der Geschichte, längst schon jenseits der tradierten Nationen zu den wirklichen Trägern der Globalisierung, zumindest in dem Sinn, daß sich die unaufhaltsam scheinenden Folgen dieses Prozesses dort wie im Brennspiegel niederschlagen?

Ist das womöglich der Grund, warum der Verlust aller kulturellen Eigenheiten unübersehbar den Verlust unserer Fähigkeit nach sich zieht, Städte so zu gestalten, daß sie humanen Maßstäben genügen? Gewiß hat Bombay noch seinen englischen Stadtkern, Shanghai läßt immer noch etwas davon erahnen. Doch wo hat, vom Kaiserpalast abgesehen, Tokio heute noch seine Mitte, wo Beijing, wo Djakarta, São Paulo, wo das atemberaubende Rio de Janeiro? Ist nicht in Mexico City unübersehbar, daß alle Bestrebungen, dem historischen Viertel in der explodierend wuchernden Stadt seinen Platz zu sichern, zum Scheitern verdammt sind? Nicht mehr die hauptstädtische Aufgabe des Regierungssitzes, geschweige denn einer Residenz bestimmt allenthalben das Bild. So erwecken auch in Europa allzu viele Kämpfe den Eindruck, daß es die letzten sein könnten: der Louvre und La Défense, die neue Mitte Berlins. Wer weiß, woran das mehr liegen mag – an den Folgen der Globalisierung und den dahinterstehenden Technologien des beginnenden 21. Jahrhunderts oder daran, daß die demokratischen Staatswesen zunehmend verlernen, Grenzen zu setzen und ordnend zu gestalten. Manhattan überall, großartig, aber ohne menschlich faßbare Handschrift, erdrückend, ja mordend zu jeder Sekunde …

Und doch fühlst du dich dort wohl, in New York wie in den anderen Metropolen der Welt. So paradox es scheinen mag: Es ist nicht gewollte Gestaltung, die diesen Städten Ruhe und Mitte gibt, sondern das pulsierende Leben, das uferlos zu zerfließen scheint und sich doch, wie nach einem Regenguß, immer wieder in ihren Quartieren zu neuer Kreativität zusammenfindet. Für dich war das Nebeneinander der Nationalitäten und ihrer Kulturen, Chinatown, Little Italy, die East Side mit ihren russischen Immigranten im unteren, den deutschen im oberen Teil, Greenwich Village, war sogar das Nebeneinander von Reich in Midtown und Arm in der Bronx immer ein Lebenselixier. Du hast erlebt, wie die Künstler weiterzogen, von Soho über die East Side nach Queens, hast die großen Galeristen, an der Spitze Leo Castelli, kennengelernt, die Fabrik von Andy Warhol, hast die Wege von Gesine Cresspahl nachvollzogen, die Redaktion der ehrwürdigen »Tante Times« besucht, hast versucht, dich in die Empfindungen der Einwanderer von Ellis Island zu versetzen.

Und deswegen weißt du ganz sicher, daß New York immer seine Sogkraft behalten wird, mögen seine Einwohner, wie damals in den Zeiten der Prohibition, auch von Zeit zu Zeit in Hysterie verfallen, neuerdings etwa in den Glauben, daß alle diejenigen, die wagen, sich eine Zigarette anzustecken, sogleich zu verbannen sind, könnten sie doch alles um sich herum mit Krebs verseuchen. Nicht anders wird das mit Berlin sein: Auch hier wird unaufhaltsam Neues entstehen, am Prenzlauer Berg, im Scheunenviertel, am Potsdamer Platz, auch wenn die goldenen zwanziger Jahre nicht wiederkehren. Die Metropolen dieser Welt sind wie unsere Zeit: hektisch, schnell, leichtfertig, voller Gefahren – und doch Symbole der ewigen Erneuerung, des Kommens und Gehens der Menschen auf dieser Erde.

*

Kaum waren wir zurück, konnte ich Joachim Zahn nicht entgehen. Aufgeregt nahm er mich beiseite, um mir einzureden, wir müßten so schnell wie möglich eine »Teilwertberichtigung« auf die neuerworbene Beteiligung vornehmen. Dies wäre ein Buchungsvorgang gewesen, der es ermöglicht hätte, einen großen Teil des Erwerbspreises für Freightliner von unseren steuerlichen Gewinnen abzusetzen. Zulässig wäre dies allerdings nur dann gewesen, wenn wir uns mit stichhaltigen Argumenten auf den Standpunkt gestellt hätten, daß unsere Akquisition über längere Strecken hinweg nichts als Verluste einfahren werde. Abgesehen davon, daß niemand von einer solchen Erwartung ausging, wäre das natürlich auf eine massive Desavouierung des Vorstandsvorsitzenden hinausgelaufen; unser neues Aufsichtsratsmitglied Zahn – er war diesem Gremium nach seiner Pensionierung zugewählt worden – hätte dies offensichtlich nicht ungern gesehen.

Freightliner sollte uns bis zu meinem Ausscheiden noch einige Sorgen bescheren; alles in allem aber ist der Erwerb zu einem großen Erfolg geworden. Heute ist das Unternehmen Marktführer in den USA und Kanada im Bereich der schweren Lastkraftwagen und schickt sich, neben einer gelungenen Ausweitung seiner Angebotspalette, zusammen mit der Penske-Gruppe als Partner an, diesen wichtigen Markt für Mercedes-Benz-Motoren zu erschließen. Zugleich gelingt es zunehmend, mit den eigenen Fahrzeugen in interessanten Exportländern Fuß zu fassen. Im Durchschnitt der Jahre konnte das eingesetzte Kapital vernünftig verzinst und der Wert des Unternehmens mehr als zufriedenstellend gesteigert werden.

Entscheidend hat dazu beigetragen, daß es dem Management in Portland, darunter meinem späteren Kollegen und Chef der AEG, Ernst E. Stöckl, sowie seinen Nachfolgern Dieter Zetsche und James Hebe erfolgreich gelungen ist, die Versuche der Stuttgarter Zentrale, unmittelbar in das dortige Geschehen einzugreifen, in Grenzen zu halten. Eine auf die kurzfristige Steigerung des »Shareholder value« bedachte Betrachtungsweise hätte allerdings in der Zwischenzeit mehrfach dazu führen müssen, uns so schnell wie möglich wieder von dieser Beteiligung zu trennen. Investmentbanken hätten daran ihre reine Freude gehabt. Eine solche Einstellung war uns freilich damals noch fremd, anders als in den USA und Großbritannien, wo sie inzwischen vor allem unter dem Druck professioneller Geldanleger populär zu werden begann.

Das Ergebnis ist heute weltweit zu besichtigen: Es sind Konzerne, deren einzelne Bereiche durch nichts anderes als eine gemeinsame Dachgesellschaft miteinander verknüpft sind und die deswegen ohne Schaden für das Gesamtunternehmen, oft sogar zum Vorteil der Aktionäre, jeden Tag an andere Interessenten verkauft werden können. Ein eigenständiges, unverwechselbares Wesen, mit dem sich vor allem auch die Mitarbeiter innerlich identifizieren können, geht freilich solchen Unternehmen zwangsläufig ab.

Als Musterbeispiel dafür mag die Firma General Electric dienen, die sich unter der Leitung meines alten Bekannten und vertrauensvollen Gesprächspartners »Jack« Welch von einem durchgehend auf moderne Technologie setzenden Unternehmen zu einem seelenlosen Kramladen entwickelt hat, unter dessen Dach vom traditionellen Hersteller von Flugtriebwerken über eine der bedeutendsten Finanzierungsgesellschaften der Welt bis zur Fernsehanstalt alles versammelt ist, was die Kasse der Eigentümer klingeln und das

Einkommenskonto der Manager anwachsen läßt. Als wir seinem Konkurrenzunternehmen Pratt & Whitney als Partner den Vorzug vor General Electric gaben, hat mir Jack einmal am Telefon mit dem für ihn, wenn er erregt war, charakteristischen Stottern angedroht, daß er mich »umbringen« wolle (»I will kill you«); diese Absicht sollte er allerdings bald wieder aufgeben.

Ich hatte ihn 1986 das erste Mal zusammen mit seinem Alter ego, Paolo Fresco, bei mir im Büro kennengelernt. Damals sprach und dachte er über seine Unternehmensstrategie noch ganz anders: Wie so viele Menschen, die im Lichte des öffentlichen Interesses stehen, kann auch er sich vermutlich nur schwer dem Klischee des Mediengeschwätzes entziehen, das anschließend von vielen Bewunderern nachgebetet wird. So entstehen Moden, deren Gefährlichkeit oft erst deutlich wird, wenn es zu spät ist, wenn ihretwegen langfristig angelegte Konzeptionen, sei es mutwillig, sei es fahrlässig, zerstört worden sind.

Was die Kostenstrukturen des Unternehmens angeht, waren wir uns schon in den siebziger Jahren im Planungsbereich bewußt geworden, daß sie ebenso dringend wie spürbar verbessert werden mußten, wenn Daimler-Benz seine Wettbewerbsfähigkeit nicht aufs Spiel setzen wollte. Das betraf die Gemeinkosten, also den ausufernden Aufwand vor allem für die Verwaltung, verursacht durch ständig anwachsende Mitarbeiterscharen, die sich in der Zentrale, den Werken und den Außenstellen mit Stabsaufgaben beschäftigten. Noch viel mehr aber handelte es sich um den riesigen Block der eigentlichen Produktionskosten für unsere Fahrzeuge.

Dieses Problem war mir schon 1974 so drängend erschienen, daß ich es zum Gegenstand einer grundsätzlichen Erörterung machen wollte. Davon hatte mir allerdings Zahn dringend abgeraten, weil eine solche Initiative einen unmittelbaren Eingriff in die bis dahin sakrosankte Verantwortlichkeit unserer Kollegen für ihre jeweiligen Aufgabenbereiche bedeutet hätte; er hatte insofern durchaus recht, als bereits die leiseste Erwähnung solcher Überlegungen automatisch zu nachgerade wütenden Reaktionen aus der Entwicklung und der Produktion, ganz besonders aber aus dem Personalwesen und aus dem Einkauf führte.

Obwohl inzwischen jedermann klargeworden sein mußte, daß uns die internationale Konkurrenz keineswegs nur bei den Nutzfahrzeugen, sondern genauso im Bereich der Personenkraftwagen immer näher auf die Fersen rückte, gelang es jedoch auch Anfang der achtziger Jahre weder Prinz – der meine Einschätzung teilte – noch mir, dieses Thema ernsthaft voranzubringen. Vielmehr mußten wir uns zunächst auf die Gemeinkosten beschränken, in der Hoffnung, in einem zweiten Schritt dann doch noch die unmittelbar für unsere Produkte anfallenden Kosten anzugehen.

Beraten von der Firma McKinsey entwickelten wir zu diesem Zweck eine auf unsere spezifischen Belange zugeschnittene Vorgehensweise, die wir als »Optimierung der Gemeinkosten (OGK)« bezeichneten. Ein Aufschrei ging gleich zu Anfang durch die Lande, als ich ein Einsparungsvolumen von jährlich einer Milliarde als Ziel bezeichnete; noch heute sehe ich den erschreckten Gesichtsausdruck von Manfred Gentz, der Richard Osswald als Personalchef nachgefolgt war, als er davon das erste Mal hörte. Die Betriebsräte setzten einen Sturm der »spontanen« Empörung in Gang, um schließlich zu erreichen, daß um des lieben Friedens willen eine Betriebsvereinbarung unterzeichnet wurde, die ausschloß, daß in diesem Zusammenhang irgendwelche Kündigungen ausgesprochen würden.

Jahre später, als die Arbeit an dem Projekt abgeschlossen und ihre Ergebnisse umgesetzt waren, sollte sich herausstellen, daß wir mit unserer Zielsetzung eher noch zu vorsichtig gewesen waren. Das Verdienst an diesem Erfolg kommt vor allem der Zähigkeit einiger meiner Mitarbeiter auf der Ebene unterhalb des Vorstandes zu: Josef Bergamaschi, Manfred Remmel und Rolf Hanssen, die sich als Leiter des zentralen Controlling nacheinander den Staffelstab in die Hand gaben, Horst Zimmer und Adolf-Heinz Fritz als kaufmännischen Leitern der Geschäftsbereiche Nutzfahrzeuge und Personenkraftwagen sowie Konrad Straub, zuletzt Leiter der Revision.

Rückblickend müssen einem die damaligen Auseinandersetzungen fast lächerlich vorkommen, nachdem sich inzwischen bei Mercedes-Benz denn doch gegen alle Widerstände die Überzeugung durchgesetzt hat, daß bei den unmittelbar für die Herstellung der Produkte anfallenden Kosten Reserven schlummerten, die diese Größenordnung von Einsparungen an Gemeinkosten um ein Vielfaches überstiegen. Im Ergebnis hat sich herausgestellt, daß sie sich allein bei den Personenkraftwagen auf jährlich weit mehr als sechs Milliarden Mark beliefen.

Wie es der ursprünglich von Werner Niefer ausgegangenen, später unter der Leitung von Helmut Werner und des für den Pkw-Bereich verantwortlichen Vorstandsmitgliedes von Mercedes-Benz, Jürgen Hubbert, fortgesetzten Initiative schließlich gelungen ist, die Widerstände gegen die Hebung dieser Reserven zu überwinden, erklärt sich auf doppelte Weise: einmal damit, daß nun endlich die nahezu vollständige Verantwortung für das betriebliche Ergebnis den beiden Geschäftsbereichen zugeordnet werden konnte, und zum anderen durch den Mut, von vonherein verbindliche Kostenziele für die Entwicklung und Herstellung neuer Produkte zu setzen. Gegen beides gab es unverändert Querschüsse aus den klassischen zentralen Ressorts, bevor auch sie sich der Einsicht fügten, daß es mit den überkommenen Verhaltensweisen und Strukturen ein Ende haben mußte, wenn wir nicht untergehen wollten. Im Innersten wußten wir nämlich alle seit langem, was die Stunde geschlagen hatte, auch wenn wir die Japaner lächerlich machten, die auf den Automobilausstellungen Einzelheiten anderer Fahrzeuge abfotografierten, oder wenn wir über Volvo mit seinem Modell der Gruppenarbeit die Nase rümpften. Zum Handeln konnten wir uns, die wir damals keine brutalen »Macher« in unseren Reihen hatten, aber eben nur in allerletzter Minute durchringen.

Tatsächlich hatte uns (und nicht nur uns) die in der Nachkriegszeit gewachsene, in den achtziger Jahren auf ihrem Höhepunkt angelangte Mentalität des Kompromisses um jeden Preis, die stellenweise fast schon den Charakter einer Kumpanei zwischen den Tarifvertragsparteien – innerbetrieblich auch zwischen den Betriebsräten und manchen Vertretern der Personalbereiche – annahm, in die Nähe des Abgrundes geführt: Die medienwirksame Schlacht vor den Augen der Kameras war wichtiger geworden als die Sicherung der Wettbewerbsfähigkeit und damit der Arbeitsplätze. Beide, die Arbeitgeber nicht weniger als die Gewerkschaften und die Betriebsräte, hatten dazu in gleicher Weise beigetragen, keine der Krähen hackte der anderen ein Auge aus. Es waren jene achtziger Jahre, für die der neue Bundeskanzler Helmut Kohl und die seine Regierung tragenden Parteien eine »geistig-moralische Wende« angekündigt hatten.

Das Gegenteil ist geschehen. Gewiß war seine Regierung am Ende, als Helmut Schmidt im Herbst 1982 durch den Bundestag abgewählt wurde. Das lag jedoch weniger am Kanzler als an den beiden Parteien, die seit 1969 als Koalitionspartner zusammengearbeitet hatten, den Sozialdemokraten und der F.D.P. Dabei hatte der selbst von vielen Mitgliedern der eigenen Partei als schnöder Verrat empfundene Wechsel der von Hans-Dietrich Genscher geführten Liberalen zur CDU einen leicht verständlichen Grund: Seit den früheren Erfahrungen der sechziger Jahre scheute man die Bänke der Opposition wie der Teufel das Weihwasser, die weitere Teilhabe an der Regierungsmacht rechtfertigte nahezu jedes politische Manöver, mochte es auch noch so anrüchig erscheinen.

Mir selbst ist allerdings bis heute wenig einsichtig geblieben, warum es sich bei dem Wechsel der F.D.P. um eine Frage der politischen Moral gehandelt haben sollte, denn in einer Parteiendemokratie scheint es mir selbstverständlich, jeweils dem eigenen Überleben Vorrang einzuräumen, sofern es sich nicht gerade um grundlegende Fragen des Gemeinwesens handelt. Davon aber konnte nun wahrlich nicht die Rede sein, als der damalige Bundeswirtschaftsminister Otto Graf Lambsdorff mit der ihm von jeher eigenen Überheblichkeit damit begann, den Regierungschef bewußt in eine Lage zu treiben, die dieser gegenüber seiner eigenen Partei unmöglich durchhalten konnte.

Die eigentlichen Sprengsätze für die sozialliberale Koalition hatte allerdings die SPD selbst gelegt. In die Geschichte der Bundesrepublik, womöglich sogar des ganzen 20. Jahrhunderts deutscher Politik, ist dieser Vorgang längst als einzigartiges Beispiel dafür eingegangen, wie jemand aus Todessehnsucht Selbstmord begehen kann. Aus heutiger Sicht könnte es, wenn nicht doch noch eines Tages ein Wunder geschieht, der Anfang vom Ende dieser stolzen Partei gewesen sein.

Helmut Schmidt war ein in der ganzen Welt anerkannter Staatsmann. Gewiß, in Frankreich und auch in England gab es immer wieder vereinzelte Stimmen, die sein Auftreten und seinen manchmal ruppigen Ton als Verhalten eines typischen deutschen Feldwebels auslegten. Doch im großen und ganzen respektierte jedermann sein ökonomisches Wissen, mit dem er den Beziehungen der westlichen Länder neuen Inhalt gab, nicht minder als das nie verheimlichte Selbstvertrauen, mit dem er deutsche Interessen vertrat, ohne je die Gemeinsamkeit der demokratischen Länder in ihrer Auseinandersetzung mit der UdSSR und ihren Satelliten in Frage zu stellen. Auch wenn seine Regierungszeit nicht durch epochale Ereignisse wie den Kniefall Willy Brandts in Warschau oder den Fall der Berliner Mauer gekennzeichnet war, wird die Geschichte ihm möglicherweise eines Tages den Rang des bedeutendsten Kanzlers der Nachkriegszeit zusprechen.

Das hat seine Partei nicht davon abgehalten, ihn zu stürzen, und daran hatten nicht nur griesgrämige Träumer wie Erhard Eppler, sondern auch bedenkenlose Leichtfüße wie Oskar Lafontaine ihren Anteil. Dessen bösartigen Vorwurf, bei den ethischen Maßstäben von Helmut Schmidt, vor allem seiner Hochschätzung von Pflichtbewußtsein und Disziplin, handele es sich um Sekundärtugenden, mit denen man »auch ein KZ führen« könne, werde ich nicht vergessen – zumal er aus rein polemischen Motiven von jemandem kam, der offensichtlich in seinem Leben noch nie wirklich erfahren hatte, welche Last es bedeuten kann, Verantwortung für das Gemeinwesen zu tragen.

Was mit der »geistig-moralischen Wende« gemeint war, hat vermutlich keiner ihrer Betreiber, schon gar nicht Helmut Kohl selbst, genau gewußt. Bald genug sollte sich herausstellen, daß dahinter kaum mehr als ein vages Gefühl steckte, eine unartikulierte Ahnung, daß sich die in der Gesellschaft der Bundesrepublik vorherrschende Mentalität grundlegend ändern müsse.

Doch mehr als eine vorübergehende Konsolidierung des Haushalts und eine Rückführung der Staatsquote – beides war der sozialliberalen Bundesregierung aus dem Griff geraten – gelang der Regierung Kohl nicht. Bald ging alles weiter wie zuvor. Die achtziger Jahre entwickelten sich immer mehr zu einem Jahrzehnt, in dem sich die politische Führung des Landes, ähnlich wie am Ende der Regierungszeit von Ludwig Erhard, auf gutgemeinte innenpolitische Appelle beschränkte, während das in der Bevölkerung verbreitete Anspruchsdenken fröhliche Urständ feierte. Die schwere Rezession des Jahres 1982 ging schnell vorüber, die Binnennachfrage belebte sich und der Export florierte. Niemand schien sich ernsthaft darüber zu sorgen, wie wohl die Welt um uns herum in dem schon an die Tür klopfenden 21. Jahrhundert aussehen würde.

Wenn einzelne Unternehmer wie ich versuchten, warnend darauf hinzuweisen, daß eine rapide ansteigende Zahl neuer Wettbewerber aus nahen und fernen Ländern ins Haus stünden, die sich ihr niedriges Kostenniveau zusammen mit den sich unaufhaltsam über die ganze Welt ausbreitenden technischen Fähigkeiten zunutze machen und damit in naher Zukunft unsere Arbeitsplätze gefährden könnten, wurden sie regelmäßig nicht nur von den Gewerkschaften, sondern auch von nahezu allen politisch Verantwortlichen als berufsmäßige Miesmacher gescholten, oft sogar verlacht. So verging keine Begegnung mit Helmut Kohl, ohne daß er mich mit der

Ein Leben lang blieb ich der Sozialdemokratie verbunden. Das hat mich nie an dem Bemühen gehindert, über die Grenzen meiner Partei hinaus zu sehen. Manche Beobachter waren dennoch überrascht, daß mich stets ein Verhältnis wechselseitigen Vertrauens mit Helmut Kohl verband; er hatte das Glück, im richtigen Augenblick der Geschichte die Geschicke deutscher Politik zu leiten.

fröhlich lachenden Frage begrüßte, wie schlecht es denn neuerdings der »armen Daimler-Benz AG« gehe.

Es war die Ära jener großen konservativen Welle, die um die westliche Welt ging, als Revolution angekündigt und doch bald zum konzeptionslosen Dahinwursteln verkümmert, die Ära von Ronald Reagan, der die USA zu neuen Ufern führen wollte und zum Schluß, abgesehen von der erfolgreichen Wiederbelebung des nach dem vietnamesischen Fiasko daniederliegenden amerikanischen Selbstbewußtseins, seinem Land nicht nur den größten Schuldenberg der Welt, sondern auch einen gesellschaftspolitischen Trümmerhaufen hinterlassen hatte.

Eines Tages wird es womöglich fast als hinterlistiger Witz der Geschichte erscheinen, daß dieses Jahrzehnt, das mit dem Zusammenbruch des kommunistischen Weltsystems enden sollte, zugleich die Voraussetzungen für eine Krise der freiheitlichen, demokratischen und marktwirtschaftlichen Wertvorstellungen des Westens geschaffen hat, deren Auswirkungen vor allem für die europäischen Völker bis heute von den wenigsten verstanden werden: Die digitalisierte Telekommunikation und die sich mit ihrer Hilfe wie ein Buschfeuer ausbreitende weltweite Vernetzung – sei es bei der Verbreitung technischen Wissens und Könnens, sei es beim sekundenschnellen Transport unvorstellbar großer Geldmengen rund um den Globus – machen jegliche Abkapselung unmöglich und bewirken, daß diametral unterschiedliche Sozialsysteme im Osten wie im Westen, im Norden wie im Süden brutal aufeinanderstoßen. Immer weniger arbeiten, dafür immer mehr verdienen – das war in ganz Westeuropa, vor allem aber in Deutschland, die Devise jener Zeit.

Heute gilt es bereits als sozialpolitisches Verbrechen, wenn noch so zaghaft versucht wird, diese Fehler der achtziger Jahre rückgängig zu machen, und nur schwer ist der Eindruck zu vermeiden, unsere Gesellschaft sei inzwischen so unbeweglich geworden, daß sie lieber sehenden Auges auf den Abgrund zuläuft, als die Notwendigkeit anzuerkennen, das sozialstaatliche Element der Marktwirtschaft den wirklich bedürftigen Teilen des Volkes vorzubehalten. Dabei geht es wohl weniger um die Frau und den Mann auf der Straße, die in der Regel viel klüger sind, als populistische Politiker sich das vorstellen können; vielmehr geht es um die anonyme Masse all jener unzähligen Funktionäre, die in Verbänden, Gewerkschaften und allen möglichen anderen Institutionen beinhart um ihre Interessen kämpfen. Als Folge davon wird es bald zu einer Überlebensfrage zumindest der europäischen Demokratien werden, ob es ihnen rechtzeitig gelingt, ihre sozialstaatlichen Strukturen von Grund auf zu reformieren, ohne dabei ihre Kultur zu zerstören: Sie nämlich ist das Geheimnis und zugleich die Wurzel, aus der Europa über viele Jahrhunderte hinweg, vor allem aber in der Neuzeit immer wieder die geistige Kraft gewonnen hat, auch aus den hoffnungslosesten Krisen wie Phönix aus der Asche neu zu erstehen.

Helmut Schmidt war ein Staatsmann, der diese Zusammenhänge früh verstanden und, wenn auch zum Schluß erfolglos, versucht hat, seine Partei und mit ihr die deutschen Wähler ungeschminkt darauf einzustellen. Nach ihm wurde viel darüber geredet, nie jedoch ernsthaft gehandelt.

Viel klarer sind dagegen während der achtziger Jahre die außenpolitischen Aufgaben der westlichen Nationen gesehen und vorangebracht worden. Nach dem Doppelbeschluß der NATO, von

Die vielen Begegnungen mit Helmut Schmidt waren regelmäßig gekennzeichnet durch sachliche Präzision und schnörkellos disziplinierte Gesprächsführung, immer wieder ergänzt durch neugieriges Hinterfragen weitergehender Zusammenhänge durch den Kanzler. Nie fiel es mir schwer zu verstehen, warum Schmidt so belastende Meinungsverschiedenheiten mit seiner Partei hatte, während Kohl über die langen Jahre seines Vorsitzes hinweg zum unangreifbaren Meister der CDU werden konnte.

Schmidt gegen massive Widerstände der »Enkelgeneration« seiner Partei konzipiert und schließlich von Kohl durchgesetzt, hat die konsequente westliche Politik, von Ronald Reagan und seiner Administration geführt und von den europäischen Mitgliedern der Allianz mitgetragen, zweifellos entscheidenden Anteil daran gehabt, daß die UdSSR seit der Amtsübernahme durch Michail Gorbatschow die Realität anerkennen und den Wettlauf der Nachkriegszeit endgültig aufgeben mußte.

Während dieser Zeit ist die außenpolitische Statur von Helmut Kohl so gewachsen, daß er heute in der ganzen Welt als führender Staatsmann anerkannt wird. Dieser Respekt ist hochverdient, und ich teile ihn vorbehaltlos. Es ist also keine billige Herabsetzung, wenn mir trotzdem an seinem Beispiel vor Augen steht, wie sehr bei der Beurteilung einer persönlichen Lebensleistung, die über den privaten Bereich hinauszielt, die Zufälligkeiten der geschichtlichen Umstände eine entscheidende Rolle spielen. Anders als mancher seiner Vorgänger hatte Helmut Kohl das Glück – man mag sagen: die Fortune –, im richtigen Augenblick der Geschichte Bundeskanzler zu sein. An seinem historischen Rang ändert das nichts.

Dabei gestehe ich, daß meine vergleichende Wertung der beiden Bundeskanzler, die während meiner verantwortlichen Tätigkeit für Daimler-Benz die deutsche Politik geleitet haben und denen ich in dieser Eigenschaft oft genug, im größeren Kreis oder unter vier Augen, begegnet bin, durchaus auch von persönlichen Neigungen, wenngleich keineswegs durch parteipolitische Präferenzen geprägt ist.

Die beruflichen Begegnungen mit Helmut Schmidt zeichneten sich regelmäßig durch sachliche Präzision und schnörkellos-disziplinierte Gesprächsführung aus, immer wieder ergänzt um neugieriges Hinterfragen von weitergehenden Zusammenhängen durch den Kanzler. Helmut Kohl hingegen liebte es, solche Anlässe mit menschlicher Wärme zu durchweben, ließ es, je komplizierter die Angelegenheit, um so weniger aus, von seiner Jugend, seinen Arbeitserfahrungen bei der BASF in Ludwigshafen, seinen gerade wieder aufgefrischten Beziehungen mit alten Anglerfreunden am Rhein zu erzählen. Auf diese Weise verstand er es meisterhaft, dem Besucher ein Gefühl der Ungezwungenheit zu geben, und in der Tat ist er bis heute ein Mann geblieben, der um sich herum keinen Pomp nötig hat. So fiel es mir nie schwer zu verstehen, warum Schmidt derartig belastende Meinungsverschiedenheiten mit seiner Partei hatte, während Kohl, dem man nur in die Augen sehen mußte, um jeglichen Zweifel daran zu verlieren, daß er jeden Gegner rücksichtslos vernichten würde, über die langen Jahre seines Vorsitzes hinweg zum unangreifbaren Meister der CDU werden konnte. Bei den Reisen, auf denen ich beide begleiten konnte, habe ich allerdings gelernt, daß solche Stärken und Schwächen regelmäßig auch ihre Kehrseiten haben.

Bundeskanzler Schmidt hatte mich 1978 eingeladen, ihn nach Tokio und Singapur zu begleiten. Im Unterschied zu heute, wo die Zahl der sogenannten »besonderen Gäste« bei solchen Staatsbesuchen auf ein Vielfaches angewachsen ist, waren es drei Kollegen aus der Wirtschaft und ein Gewerkschaftsvertreter, die in der damaligen Luftwaffen-Boeing 707 mitflogen. Das führte dazu, daß alle Mitglieder der Delegation sich während der Flüge um den Kanzler

1978 lud mich Bundeskanzler Schmidt ein, ihn nach Tokio und Singapur zu begleiten. Im Unterschied zu heute, wo die Zahl der sogenannten »besonderen Gäste« bei solchen Staatsbesuchen auf ein Vielfaches angewachsen ist, waren es drei Kollegen aus der Wirtschaft und ein Gewerkschaftsvertreter, die in der Luftwaffen-Boeing 707 mitflogen. Es herrschte eine ganz und gar ungezwungene Atmosphäre; wir alle fühlten uns als Mitglieder einer Mannschaft.

versammeln konnten, um mit ihm in offener Diskussion die anstehenden Fragen zu erörtern und über diejenigen Gespräche unterrichtet zu werden, an denen wir nicht teilgenommen hatten. Es herrschte eine ganz und gar ungezwungene Atmosphäre, alle Beteiligten fühlten sich als Mitglieder einer Mannschaft (meine später erneuerte Bekanntschaft mit dem damaligen Regierungschef von Singapur, Lee Kuan Yew, geht übrigens auf diese Reise zurück).

Ganz anders die Begleitung von Bundeskanzler Kohl. Mit ihm und seiner Delegation war ich 1993 in der Volksrepublik China, in Beijing und Kanton (Guangzhou). Inzwischen gehörte es zum üblichen Dekorum einer solchen Reise, der geneigten Öffentlichkeit vorzugaukeln, daß der Regierungschef bei dieser Gelegenheit höchstpersönlich den deutschen Wirtschaftsunternehmen zu Aufträgen in Milliardenhöhe verhelfe. Natürlich war das vollendeter Unsinn, denn sofern überhaupt rechtsverbindliche Verträge (und nicht nur unverbindliche Absichtserklärungen) unterschrieben wurden, waren sie in oft jahrelangen Verhandlungen vorbereitet worden.

Doch anscheinend konnte Helmut Kohl der Versuchung nur schwer widerstehen, sich selbst und den gläubigen Medienvertretern einzureden, daß er eben doch der eigentliche Spiritus rector sei. Am Schluß der Reise, auf der Fahrt im Eisenbahnzug von Kanton nach Hongkong, nahm das ein Ausmaß an, das mir wahrhaft grotesk vorkam: Von der Anspannung der hinter ihm liegenden, teilweise schwierigen Gespräche befreit, versammelte der Kanzler die ganze Schar seiner Begleiter aus der Wirtschaft, die er bis dahin, abgesehen von wenigen Einzelaudienzen in seiner abgetrennten Raumflucht im Flugzeug, kaum eines ernsthaften Wortes gewürdigt hatte, und klärte sie mit dem ganzen historischen Tiefsinn, dessen er fähig ist, darüber auf, daß nun endlich, ähnlich wie seinerzeit in der Gründerphase der Bundesrepublik, im chinesischen Boden »deutsche Eichen gepflanzt« seien, die bei geziemender Pflege durch die Unternehmen in einigen Jahren reiche Ernte für das deutsche Volk abwerfen würden. Seinem Amtsvorgänger wäre solche Lyrik weder je in den Sinn noch über die Lippen gekommen ...

Bei aller hellwachen Intelligenz, bei aller Meisterschaft, seine Machtposition zu sichern, leitet Kohl seine Kraft wohl letzten Endes doch aus dem Instinkt ab, während Schmidt, sensibel und empfindsam, wie er trotzdem in vielerlei Hinsicht ist, sich als Kanzler stets auf die Nüchternheit seines Verstandes verließ. Den einen verführten seine Eigenschaften oft genug zu Urteilen, deren Berechtigung man bezweifeln mag, weil sie mit einer Genauigkeit daherkamen, die in Wirklichkeit auch nur durch den Instinkt begründbar war: So meinte Helmut Schmidt schon 1990 ganz präzise zu wissen, daß die Umstellung der kommunistischen Kommandowirtschaft in der UdSSR auf ein System der freien Marktwirtschaft mindestens fünfzig Jahre dauern werde. Bei dem anderen führten Versuche, sich auf das Abenteuer ökonomischer Vorhersagen einzulassen, zu grotesken Fehleinschätzungen: So kann ich nicht vergessen, wie mir Helmut Kohl, als ich ihn in einem unter vier Augen geführten Gespräch auf die zu erwartenden Lasten der Wiedervereinigung für die deutsche Volkswirtschaft ansprach, mit einer wegwerfenden Handbewegung erwiderte, wieder einmal sei ich ein Opfer krämerischen Kleinmuts, nach drei, allerhöchstens nach fünf

Jahren werde das drastisch ansteigende Steueraufkommen dafür gesorgt haben, daß dieser Aufwand vergessen sei. Hans-Dietrich Genscher hat damals mir gegenüber mit großer Verve genau die gleiche Meinung vertreten.

In diesem Zusammenhang wird die Geschichtsschreibung eines Tages zu klären haben, ob die Festlegung des Umtauschkurses zwischen den beiden deutschen Währungen das Ergebnis einer wirklich sorgfältigen Abwägung aller Für und Wider gewesen oder im Grunde genommen aus dem hohlen Bauch des politischen Instinktes getroffen worden ist.

Mit seinen für ihn charakteristischen Eigenschaften hat Kohl mich oft genug an Hanns Martin Schleyer erinnert, dem freilich das untrügliche Gespür des Kanzlers für Macht und deren Erhalt abging. Auch er verließ sich in kritischen Fragen auf seine Eingebung. Das galt besonders bei Tarifabschlüssen, die er bis in den Anfang der siebziger Jahre hinein als Vorsitzender des Verbandes der nordwürttembergisch-badischen Metallarbeitgeber auszuhandeln hatte. Auf den Rat der Experten verließ er sich regelmäßig nur in Grenzen; wenn es hart auf hart ging, sagte ihm sein Instinkt, was den Mitgliedsfirmen auf der einen, seinen Kontrahenten auf der anderen Seite gerade noch zumutbar war. Hatte er sich entschieden, wußten die Partner, daß er sich an die getroffenen Vereinbarungen hielt, selbst wenn sie zunächst nur durch Handschlag besiegelt waren.

Über die langen Jahre seiner Tätigkeit war daraus ein enges Vertrauensverhältnis zu den beiden bedeutenden Gewerkschaftsführern Otto Brenner, dem Vorsitzenden der IG-Metall, und Ernst Bleicher, dem Stuttgarter Bezirksleiter, entstanden. Das schloß freilich nicht aus, daß sich Schleyer, ähnlich seinem Nachfolger Heinz Dürr, aus der Sicht seiner Mitgliedsfirmen das eine oder andere Mal über den Tisch ziehen ließ, wenn ihn die Ungeduld übermannte, zu einer Lösung zu kommen. Nüchterne Abwägung hätte ihn womöglich auch später, als er längst Präsident der Bundesvereinigung der deutschen Arbeitgeberverbände war, davon abhalten können, gegen das durch die sozialliberale Regierungskoalition verabschiedete, 1976 in Kraft getretene neue Gesetz, mit dem die paritätische Mitbestimmung eingeführt wurde, das Bundesverfassungsgericht anzurufen. Dieser Schritt trug ihm, der inzwischen in Personalunion zugleich Präsident des Bundesverbandes der deutschen Industrie geworden war, nicht nur den tiefgehenden Vertrauensverlust seiner bisherigen Gesprächspartner auf der Gewerkschaftsseite, sondern 1979 auch ein höchstrichterliches Urteil ein, dessen sorgfältige Beachtung bis heute unverändert lohnt, selbst wenn es in mancher öffentlichen Diskussion über die Rolle des Eigentums in Wirtschaftsunternehmen vergessen zu sein scheint.

Anfang September 1977, an einem Freitag, saß ich das letzte Mal in unserem Kasino mit Hanns Martin Schleyer beim Mittagessen zusammen. Ein wenig enttäuscht erzählte er mir, daß er seinem Ziel, die beiden großen Verbände miteinander zu verschmelzen, bisher nicht ernsthaft näher gekommen sei, weil es ihm nicht gelinge, den hinhaltenden Widerstand der Funktionäre zu überwinden. Das Gespräch führte uns in persönliche Bereiche: Wieder einmal hatte er seine so oft wiederholte Absicht durchbrochen, mit dem Rauchen aufzuhören, meinte aber, ich solle mir keine Sorge machen, eines Tages werde er sicher aus ganz anderen Gründen als infolge seines Zigarettenkonsums sterben.

Am folgenden Montag hatten die Mörderbanden der RAF seinen Fahrer und drei seiner Sicherheitsbegleiter erschossen, er selbst war in den Händen der Terroristen. Aufgeregt rief Joachim Zahn an, um mich zu unterrichten. Am Nachmittag des nächsten Tages, nach einer Vorstandssitzung, berieten wir miteinander, wie er sich verhalten solle. Der Bundeskanzler hatte Zahn bitten lassen, am Abend zu einer Besprechung nach Bonn zu kommen, um die mögliche Reaktion der Bundesregierung auf die zu erwartenden Forderungen zu erörtern und abzustimmen. Erst langsam wurde mir klar, daß eine Zusage zwar selbstverständlich, aber auch mit der Frage verbunden war, welche Verantwortung man mit der Teilnahme an einer solchen Abwägung auf sich nahm. Denn es lag auf der Hand, daß es um Leben und Tod ging.

Doch in einer solchen Situation gab es keine Alternative. Eine Absage hätte niemand, schon gar nicht die Familie Schleyer, verstehen können, zumal kein Mensch ernsthaft damit rechnen konnte, daß der Bundeskanzler auch nur auf die Idee kommen könnte, einen etwaigen Rat von Zahn zu nutzen, um die Verantwortung des Staates für eine wie auch immer geartete Entscheidung auf diesen abzuschieben.

Als ich von mir aus vorschlug, ihn zu begleiten, stimmte Zahn schließlich zu, und eine Maschine der Bundeswehr flog den baden-württembergischen Ministerpräsidenten Hans Filbinger und uns nach Bonn. Im Bundeskanzleramt wurde Zahn, während ich

Anfang September 1977 saß ich zum letzten Mal mit Hanns Martin Schleyer beim Mittagessen zusammen, der als mein Vorstandskollege und nun Arbeitgeberpräsident mit der Zeit zum Freund geworden war. Schmunzelnd meinte er, ich solle mir keine Sorge über seinen Nikotinverbrauch machen, er werde eines Tages aus ganz anderen Gründen sterben. Am Montag darauf haben die Terroristen seinen Fahrer und drei Sicherheitsbegleiter erschossen und ihn selber entführt. Nach wochenlanger qualvoller Geiselhaft wurde Hanns Martin Schleyer kaltblütig ermordet. Hier mit Werner F. Jessen, meiner Frau und Heinz Hoppe.

draußen wartete, in die Lagebesprechung gerufen. Erleichtert berichtete er mir anschließend, daß eine verbindliche Festlegung gar nicht von ihm verlangt worden sei, zumal die anwesenden Vertreter der drei im Bundestag vertretenen Parteien, einschließlich der CDU/CSU, Bundeskanzler Schmidt einhellig in seiner Haltung unterstützten, der Terroristenbande nicht nachzugeben (wie es bei der vorangegangenen Entführung des CDU-Politikers Peter Lorenz geschehen war).

Es war spät in der Nacht, als Helmut Schmidt zusammen mit einigen engen Vertrauten, darunter Hans-Jürgen Wischnewski, noch auf ein Glas Bier zu uns herüberkam. Das schreckliche Ereignis macht die Verwendung solcher Begriffe schwer, doch er hatte ganz offenbar das Bedürfnis, die Anspannung des Tages hinter sich zu lassen und Kraft für die bevorstehenden Entscheidungen zu sammeln. Ich sehe ihn noch heute vor mir, wie er da auf dem Sofa in der großen Halle saß, eine Mentholzigarette nach der anderen anzündete, dazwischen vom Handrücken Tabak schnupfte und ihm trotz seiner Übermüdung und der bewußt ablenkenden Gesprächsthemen von Minute zu Minute klarer wurde, daß es seine und allein seine Bestimmung war, in der einen oder der anderen Richtung Schuld auf sich laden zu müssen. Dieses Bild habe ich nie mehr vergessen; oft genug ist es mir in Erinnerung gekommen, wenn ich miterleben mußte, wie wenig manche Menschen, die es eigentlich wissen sollten, begriffen haben, was Verantwortung wirklich bedeutet.

Es folgten das wochenlange Martyrium Schleyers, die psychische Folter, die ihm angetan wurde, die Entführung der »Landshut« mit dem glücklichen Ausgang in Mogadischu und schließlich der kaltblütige Mord. Keiner, der noch mitzufühlen vermochte, konnte sich dem Schmerz entziehen, der die Familie quälte, als der Kanzler unnachgiebig blieb. Jeden Tag, jede Nacht kamen einem Tränen der Wut in die Augen, hilflos mit ansehen zu müssen, was dem Mann zugemutet wurde, den man nun schon so lange kannte, mit dem man seit Jahren menschlich verbunden war; die Gedanken an die Familie, »Trudsch« Schleyer und ihre Söhne, verfolgten einen bis in den Traum. Gut konnte ich verstehen, daß Eberhard von Brauchitsch versuchte, um jeden Preis, auch den der Nachgiebigkeit gegenüber den staatsgefährdenden Forderungen der Entführer, einen Weg zur Rettung des Freundes zu finden, daß sogar das Bundesverfassungsgericht, wenn auch erfolglos, angerufen wurde, um die Regierung zur Aufgabe ihrer Haltung zu zwingen. Doch ich wußte auch, daß es im Interesse des Gemeinwesens keine Alternative gab, genauso, wie ich in keiner Sekunde daran zweifelte, daß Hanns Martin Schleyer, wären sein Geist und sein Wille frei gewesen, dies nicht anders gesehen hätte.

Gewiß war er ein Mann, der in seinem Leben auch den dämonischen Zwiespalt unseres Jahrhunderts kennengelernt hatte; dazu gehörte, daß er in seinen jungen Jahren von braunen Versuchungen nicht frei geblieben war. Trotzdem durchzuckt mich bis heute die nackte Wut, wenn ihm selbst von denjenigen, die es besser wissen müßten, mit dem Hinweis, er sei »SS-Offizier« gewesen, nichts als ein billiges Klischee umgehängt wird. Er hatte nämlich aus der Erfahrung seiner Jugend gelernt, hatte mit der letzten Faser seines

Wesens begriffen, daß Freiheit und Demokratie Werte sind, für deren Erhalt jedes Opfer gerechtfertigt ist. Dieses Opfer hat er mit seinem Leben bringen müssen. Anläßlich der zehnjährigen Wiederkehr seines Todes habe ich in einer Ansprache versucht, daran zu erinnern:

»Wer ihn kannte wie wir, kannte seine weiche, seine menschliche Seite, die es unmöglich machte, ihn in das gängige Klischee vom Unternehmer, einsam und hart die Schwere der Entscheidung tragend, einzupressen. Seine Überzeugungskraft und seine Fähigkeit, Vertrauen zu geben und zu gewinnen, wurzelten im Respekt vor der Individualität des anderen. Darin lag für ihn die Substanz gemeinsam wahrzunehmender Verantwortung. Die Überzeugung, nicht der Befehl machte ihn zu einer Führungsgestalt, die auch im Konflikt anerkannt wurde ...

War das Morden auch sinnlos, so gilt dies nicht für das Opfer, das ihm auferlegt und seiner Familie zugemutet wurde. Das mörderische Kalkül der Erpresser konnte durchkreuzt, die verruchte Hoffnung verbrannter Seelen zerbrochen werden ... Niemand konnte damals wissen, ob mit dieser schweren Entscheidung wirklich der erstrebte Erfolg eintreten würde. Tapferkeit ist ein viel zu billiges Wort dafür, wenn einer sich in solcher Lage entschließt, nicht um seinen Austausch zu flehen. Um so schwerer wiegen deshalb jene fünf Worte, die Hanns Martin Schleyer niedergeschrieben hat: ›Das ist nicht meine Entscheidung.‹

Niemand konnte in solcher Situation der Räson rechtsstaatlicher Demokratie eine größere Ehre erweisen. Er ist für mich ein Mann, dem der Adelsbegriff eines Citoyen zusteht... Da könnte man fragen, ob mehr Grund gedacht werden kann, auf einen Menschen stolz zu sein, der uns geschenkt war. Ich weiß keinen.

Und doch fällt der Gebrauch des Wortes Stolz unendlich schwer. Es ist nicht allein die Trauer, die mich stocken läßt. Schwerer wiegt die Scham vor einem Opfer, das angeboten und nach der Überzeugung der Verantwortlichen angenommen, notfalls auch auferlegt werden mußte. Vielleicht können wir darin eine Signatur unseres Zeitalters erkennen: Die Helden dieses Jahrhunderts erwachsen nur noch aus dem Leiden.«

Das Urteil des Bundesverfassungsgerichts zur paritätischen Mitbestimmung stützt sich im Kern auf die in Artikel 14 des Grundgesetzes niedergelegte Garantie des privaten Eigentums. Dies ist eines jener Grundrechte, die durch die Väter unserer Verfassung für unantastbar erklärt worden sind: Kein Gesetzgeber darf sie so weit einschränken, daß sein eigentlicher Kern in Frage gestellt wird. Doch zugleich stellt das Grundgesetz klar, daß der Eigentümer bei der Ausübung seines unantastbaren Rechts an Schranken stößt, die den gleichen unabänderlichen Rang haben: Der zweite Absatz des gleichen Artikels besagt, daß »Eigentum verpflichtet«, daß »es zugleich dem Wohl der Allgemeinheit dienen« soll. Bei den in den letzten Jahren in Deutschland modisch gewordenen Diskussionen über den angeblich zwingenden Vorrang der Aktionärsinteressen, die aus den USA und aus England, präzise: von der City of London, zu uns herübergetragen worden sind, wird nach meinem Eindruck dieser einfache Zusammenhang allzuoft übersehen.

Zumindest hat mir eine mehr als primitive Vereinfachung, die mir völlig unerwartet bei einer feucht-fröhlichen Party begegnete, zu der sich Teile der Führungsmannschaft von Daimler-Benz am Abend meines Ausscheidens im Hause meines Nachfolgers zusammengefunden hatten, kalte Schauer über den Rücken gejagt. Ähnlich wie in den Jahren zuvor lag eine anstrengende, sich fast über zwölf Stunden hinziehende Aktionärsversammlung hinter mir, die meine ganze Kraft in Anspruch genommen hatte. Der Moderator der »Tagesthemen«, Ulrich Wickert, hatte gleich nach dem Ende der Veranstaltung ein kurzes Interview mit mir geführt, bei dem wir über die Probleme des Unternehmens und über seine Zukunft sprachen. Dabei hob ich hervor, daß wir im vorangegangenen Jahr eine massive Verbesserung unseres Ergebnisses um sechs Milliarden Mark erzielen konnten, und fügte wörtlich hinzu, daß »Gewinn, Verzinsung des Kapitals, das uns die Aktionäre ... zur Verfügung stellen sollen, ein völlig unverzichtbarer Bestandteil von Marktwirtschaft« sei. Zugleich hatte ich angemerkt, daß »Konzerne wie der unsere auch noch andere Verantwortung« hätten; es sei »nicht so einspurig, daß man einfach nur sagen kann: Profit, Profit, Profit«, jedenfalls sei das nicht »unsere Meinung bei Daimler-Benz«.

Wohl aus Höflichkeit gegenüber dem ausgeschiedenen Vorsitzenden hörten sich nun die Anwesenden die Nachrichtensendung im ARD-Programm an. Bei dieser Passage des Gesprächs brachen sie in ein lautes Gejohle offensichtlicher Mißbilligung aus. Ich war traurig, als wir bald darauf nach Hause fuhren, ahnend, was folgen würde. Inzwischen haben allerdings viele der Heißsporne von damals wieder angefangen, Kreide zu ihrer Lieblingsspeise zu wählen ...

Ich sagte schon, daß in einem marktwirtschaftlichen System ein Aktionär regelmäßig nur dann bereit sein wird, einem Wirtschaftsunternehmen Kapital, also sein Geld, zur Verfügung zu stellen, wenn er eine aus seiner Sicht angemessene Gegenleistung erhält. Dafür reicht es nicht aus, wenn die Verzinsung des Aktienkapitals nur auf gleicher Höhe mit den Erträgen liegt, die aus einer risikolosen Geldanlage, etwa in festverzinslichen Staatsanleihen, erzielt werden kann; Aktien können an Wert verlieren, und dafür bedarf es des Ausgleichs in Form einer Risikoprämie. Für mich bestand also nie die Spur eines Zweifels, daß Daimler-Benz es sich allenfalls für einen sehr überschaubaren Zeitraum leisten durfte, das Ziel einer marktgerechten Verzinsung zu verfehlen. Längst vor meinem Ausscheiden, schon Anfang 1994, gaben wir deswegen – gegen deutlich genug artikulierte Vorbehalte vor allem der DASA – für alle unsere Geschäftsfelder vor, daß sie eine Rendite von mindestens 12 Prozent, gemessen am eingesetzten Kapital, zu erwirtschaften hätten, und die Vorbereitungen für eine weitergehende Auffächerung nach oben waren nahezu abgeschlossen.

Um die Einhaltung dieser Vorgaben sicherzustellen, waren die verantwortlichen Leitungen gehalten, regelmäßig im Konzernvorstand über ihre Strategie und den Stand ihrer Umsetzung zu berichten. Dabei waren meine Kollegen und ich ausnahmslos davon überzeugt, daß es sich um nichts als Selbstverständlichkeiten handelte; erst später wurde mittels einer großen Propagandawalze gläubigen Journalisten und anderen zweifelhaften Experten weisgemacht, daß im Anschluß an die Hauptversammlung 1995 bei Daimler-Benz eine grundlegend geänderte Mentalität eingeführt und »knallhart« in die Tat umgesetzt worden sei.

Das ändert nichts daran, daß keiner ernst zu nehmen ist, der eine solche Selbstverständlichkeit als fundamental neue Entdeckung hinzustellen versucht. Nicht weniger dumm oder boshaft wäre es zu unterstellen, es gebe verantwortlich denkende Unternehmer, die nicht wüßten, daß die Aktionäre bei ihrer Entscheidung, dem Unternehmen das gewünschte Kapital bereitzustellen oder nicht, neben der eigentlichen Verzinsung vor allem auch die Wertentwicklung ihres Aktienbesitzes bedenken werden. Genau darauf aber bezieht sich jene fast infantile Variante, die lange genug die Diskussion über den »Shareholder value« in den Medien beherrscht hat; in Deutschland wurde und wird sie angeführt von professoralen Protagonisten, die es erfolgreich verstanden haben, eine für sie charakteristische Durchmengung von neurotischem Geltungsbedürfnis mit nackten eigenen Geschäftsinteressen zu nutzen, um den Eindruck zu erwecken, daß sich der Wert eines Unternehmens ausschließlich oder zumindest vorrangig am Börsenkurs der Aktie messen lasse. Andere sind ihnen, wenn auch aus unterschiedlichen Motiven, bereitwillig auf den Leim gegangen und haben damit weit mehr Schaden angerichtet, als sie es auch nur zu ahnen vermögen. Zu ernsthaftem Verantwortungsbewußtsein gehört eben mehr, als sein Fähnlein in jenen Wind zu hängen, der durch den billigen Beifall von Teilen der Öffentlichkeit erzeugt wird.

Jeder weiß, daß der Kurs einer Aktie aus den unterschiedlichsten Gründen von Tag zu Tag schwanken und damit von der durchschnittlichen Entwicklung anderer vergleichbarer Unternehmen abweichen kann. Kurzfristige Spekulationen, die sich auf die an allen Börsen dieser Welt so beliebte Gerüchteküche stützen, können dabei eine ebenso große Rolle spielen wie die Bekanntgabe von Verlusterwartungen oder der Abgabe bestimmter Geschäftsfelder. Fast immer gleichen sich die meisten solcher Ausschläge nach nicht allzu langer Zeit wieder aus, manche allerdings erweisen sich als dauerhaft. Doch niemand vermag ernsthaft zu sagen, welches denn eigentlich der Zeitpunkt ist, zu dem der Aktienkurs den Wert eines an der Börse notierten Unternehmens exakt wiedergibt. So hat man mir das Klischee angeklebt, ich sei der größte »Kapitalvernichter der deutschen Geschichte«, weil während meiner Amtszeit als Vorstandsvorsitzender der Börsenwert von Daimler-Benz gegenüber dem Durchschnittswert der führenden deutschen Industrieaktien, dem sogenannten DAX, um mehr als 30 Milliarden Mark zurückgeblieben sei.

Hält man sich an die Zufälligkeit der beiden Daten, den 1. September 1987 und den 24. Mai 1995, trifft diese Zahl tatsächlich zu. Etwas anders sieht es aus, wenn man den Zeitraum von Anfang 1980, als ich die Aufgabe des Finanzchefs übernommen habe, bis zum Höhepunkt der Kursentwicklung während der achtziger Jahre, nämlich Mitte 1986, im Gedächtnis behält: Im Vergleich zu dem Durchschnittswert anderer Aktien hatte der Börsenwert von Daimler-Benz um weit mehr als das Dreifache zugelegt (was einen Betrag von fast 34 Milliarden Mark ausmachte). Wieder eine andere Aussage ergibt sich, wenn man sich die Wegstrecke vom 2. Januar 1980 bis zum 31. Mai 1995 ansieht: Dann ist der Wert unserer Aktie um 433 Prozent – gegenüber dem Durchschnitt von 320 Prozent – angestiegen. Noch deutlicher schließlich wird die Aussagekraft solcher Zahlenspielereien, wenn man bedenkt, daß der angebliche »Unternehmenswert« von Daimler-Benz während eines einzigen Jahres nach meinem Ausscheiden schlagartig wieder um 1,5 Milliarden Mark zugenommen haben soll (was zweifellos angesichts eines für das Gesamtjahr 1995 ausgewiesenen Verlustes von 5,7 Milliarden Mark als respekteischende Leistung anzusehen wäre!).

In Wirklichkeit kann der Wert eines Unternehmens eben nicht mit der Latte des Aktienkurses gemessen werden. Darüber sind sich alle ernst zu nehmenden Betriebswirtschaftler einig. Sie diskutieren deswegen längst über Bewertungskriterien, die sich nicht an den kurzfristigen Zufälligkeiten von Börsenspekulationen, sondern an der längerfristigen Entwicklung eines Unternehmens ausrichten und damit auch die Berücksichtigung von strategischen Entscheidungen ermöglichen, die nach der Natur der Sache Vorleistungen für eine erfolgreiche Verbesserung der Wettbewerbsposition ermöglichen.

Freilich ist diese Diskussion nicht zu Ende, denn es gibt mächtige Interessenten, denen die Börse lieb und teuer ist. Dazu zählen alle diejenigen Unternehmensleiter, die über Aktienoptionen verfügen, deren Ausübung sie von einem Tag zum anderen zu zigfachen Millionären befördern kann; dieser einfache Mechanismus geht davon aus, daß ihnen zu einem früheren Zeitpunkt als Leistungsanreiz, »Incentive« genannt, das Anrecht eingeräumt worden ist, zu einem festliegenden Preis eine bestimmte Zahl von Aktien auch dann zu kaufen und anschließend weiterzuverkaufen, wenn der Kurs inzwischen massiv gestiegen ist (verursacht etwa durch die Bekanntgabe, daß die Belegschaft drastisch reduziert oder das Unternehmen in mehrere Teile aufgespalten werden solle).

Weit mehr als diese kleine Zahl von Entscheidungsträgern gehören zu den Interessenten aber jene mächtigen, außerhalb eines engen Kreises weitgehend unbekannten Gesellschaften, die auf den Finanzmärkten rund um die Welt unvorstellbar große Geldsummen bewegen und sie je nach der Entwicklung der Börsenkurse in Aktien anderer Wirtschaftsunternehmen anlegen: Neben den Lebensversicherern sind dies die Fondsgesellschaften, deren Aufgabe es ist, die zur Finanzierung von Pensionen angesammelten Beträge zu verwalten; ihr Management weiß, daß seine eigene Existenz wesentlich davon abhängt, eine von Vierteljahr zu Vierteljahr steigende Rendite zu erwirtschaften. Und nicht zuletzt zählen diejenigen Bankinstitute zu jenem erlauchten Kreis, deren Metier es ist, beim Kauf und Verkauf von Geschäftsfeldern durch die Unternehmen mitzuwirken und dafür mit Provisionen bezahlt zu werden, ein Vorgang, der in durchaus angenehmer Weise dadurch befördert wird, daß der am Börsenkurs gemessene »Shareholder value« den Markt für derartige Transaktionen in ständiger Bewegung hält.

Das erklärt übrigens auch, warum die Börsen heutzutage eine Firma wie General Electric, von der schon die Rede war, als wesentlich wertvoller einschätzen als ein vergleichbar großes, ähnliche Erträge abwerfendes Unternehmen, dessen Geschäftsfelder in einer Weise miteinander verknüpft sind, daß man es nicht ohne Schaden auseinanderreißen kann: Ihre einzelnen Bestandteile können jederzeit verkauft werden, ohne dadurch die Struktur des verbleibenden Unternehmens zu beeinträchtigen. Genau das aber war es, was wir bei Daimler-Benz seit Mitte der achtziger Jahre mit dem Aufbau eines integrierten Technologiekonzerns vermeiden wollten; wir wollten ein Unternehmen schaffen, dessen einzelne Teile so stark voneinander abhängig sind, daß es niemandem gelingen konnte, mit der Zerlegung des Konzerns mehr Geld zu verdienen, als er für den Erwerb des Ganzen auszugeben hätte.

Am Ende haben wir dieses Ziel nicht erreicht. Wenn eines Tages ernsthaft darüber nachgedacht werden sollte, warum dies so war, wird man vielleicht nicht falsch beraten sein, neben vielen anderen Einflüssen auch zu bedenken, inwieweit dabei die von niemandem mehr überschaubare Verquickung jener kurzfristigen Interessen von Institutionen der internationalen Finanzmärkte, von denen die Rede war und zu deren Tugend mit Sicherheit nicht die Geduld zählt, eine entscheidende Rolle gespielt haben könnte.

Es mag wohl sein, daß die handelnd beteiligten Unternehmer manches Mal solche Zusammenhänge nicht einmal ahnen. Vielfältige Ursachen sind dafür vorstellbar, von der Blindheit, die der Applaus von Medien bewirken kann, bis zum guten Glauben dessen, dem Erfahrung abgeht. Wer könnte denn auch regelmäßig auf Anhieb unterscheiden, ob ein Aufsichtsratsmitglied, das einem Industrieunternehmen zum schleunigen Verkauf eines Immobilienprojektes oder eines Softwareunternehmens rät, wirklich aus besserer eigener Erfahrung anstatt aus schierer Unkenntnis spricht oder gar nur von persönlichen Beweggründen getrieben wird? Ich selbst habe jedenfalls bei Daimler-Benz sehr konkret vergleichbare Situationen erlebt, die mich gelehrt haben, nicht nur am eigenen Urteil, sondern auch an solchen Ratschlägen gehörig zu zweifeln. Dabei will ich nicht verheimlichen, daß ich mich neben meiner hauptberuflichen Tätigkeit über viele Jahre hinweg mit allem mir möglichen Engagement für die Interessen einer Bankengruppe in Berlin eingesetzt habe; davon wird noch zu berichten sein.

Uns allen wird immer wieder eingeredet, solche Erscheinungsformen der modernen Marktwirtschaft seien unabänderlich, weil sie eine zwingende Folge der Globalisierung allen Wirtschaftens seien.

Als Ursache für diese Entwicklung, die in der Tat längst dazu geführt hat, daß die Welt in weiten Bereichen zu jenem vielberufenen Dorf geworden ist, wird die Telekommunikation ins Feld geführt. Sie hat dafür gesorgt, daß nicht nur die Nachrichten, sondern auch alle Errungenschaften des menschlichen Geistes, vor allem der Technik und der für ihre Anwendung benötigten Fähigkeiten, in Windeseile um die Erde gehen. So benötigte die technische Entwicklung eines qualitativ anspruchsvollen Personenkraftwagens noch vor wenig mehr als zehn Jahren das physisch unmittelbare Zusammenwirken von Konstrukteuren, Fertigungsingenieuren und Maschinenbauern; heute spielt sich das alles auf dem Bildschirm ab und benötigt, da es binnen 24 Stunden mindestens dreimal rund um die Erde von Team zu Team weitergereicht werden kann, nur noch ein Drittel des ehemals erforderlichen Zeitaufwandes.

Eine nicht minder entscheidende Rolle spielt jedoch das Geld, das längst nicht mehr nur die Aufgabe hat, den Austausch von Waren zu finanzieren, sondern zu einem davon völlig losgelösten, ganz und gar eigenständigen Objekt des Wirtschaftens geworden ist. Beide, die Telekommunikation wie die internationalen Finanzmärkte, entziehen sich zunehmend der Einflußnahme durch die einzelnen Staaten, die doch nach klassischem Verständnis immer noch die Träger nationaler Interessen und damit der in ihnen organisierten Menschen sein sollen. Mit Fug und Recht ist daher die Frage aufgekommen, ob es sich nicht bei dem von fast allen, auch von mir selbst, immer wieder so hochgelobten Prozeß der Globalisierung in Wirklichkeit um eine Falle handeln könnte. Wer nämlich nicht sieht oder doch leichtfertig verdrängt, daß dieser Zustand unaufhaltsam zu dem Zwang führt, irgendwann den Primat der Politik wiederzubeleben, auf welcher internationalen Ebene und in welcher Form auch immer, wer also ernsthaft meint, man dürfe, ja müsse die Zukunft der Welt allein den Märkten überlassen, der verdient nach meiner Überzeugung nicht die Qualifikation eines Unternehmers, der über den Tellerrand hinauszuschauen vermag.

Es bleibt dabei: Auch im Zeitalter der Globalisierung, in dem der Wettbewerb längst die Grenzen von Nationen und Kontinenten übersprungen hat, in dem völlig unterschiedliche Auffassungen über Selbstverständnis und Verantwortung aufeinanderstoßen, sind die gewachsenen sozialen Einbindungen der europäischen und nicht zuletzt der deutschen Unternehmen nicht aufgehoben. Nur wenn sie in angemessener Weise an die Anforderungen des 21. Jahrhunderts angepaßt werden, können sie uns auch weiterhin einen Wettbewerbsvorteil sichern.

Gewiß wird es auch zukünftig Zeiten geben, in denen einzelne Unternehmen größeres Gewicht darauf legen müssen, ihren Aktionären einen überdurchschnittlich hohen Wertzuwachs zu verschaffen. Unter anderen Umständen wiederum müssen sie überzeugend deutlich machen, daß sie der Beschäftigung ihrer Mitarbeiter Vorrang einräumen. Ausnahmslos alle werden sie sich als Mitglied einer politischen Gemeinschaft, als »corporate citizens«, zu verstehen haben, als gesellschaftsrechtlich organisierte Bürger, die bei ihrem Wirken aus eigener Verantwortung die Belange der Allgemeinheit berücksichtigen. Solches Verständnis ist und bleibt Bestandteil der gewachsenen Tradition, ja der Kultur jenes Zipfels eines Kontinents, der sich Europa nennt, und auch dafür gibt es einen modischen Begriff, der sich in die Diskussion eingeprägt hat: »Stakeholder value«, die Verpflichtung eines Unternehmens, bei seinen Entscheidungen jeweils nicht nur die Interessen der Eigentümer, sondern zugleich die Belange der bei ihm beschäftigten Menschen sowie des Gemeinwesens als solchem abzuwägen.

Bisher war diese Einstellung eine der ergiebigsten Quellen für die Kreativität und Innovationsfähigkeit der Europäer. Es gibt keinen Grund, warum das nicht so bleiben sollte. Außer einem: falls sich erweisen sollte, daß wir unfähig sind, das Gerümpel, das sich in unserem Gesellschaftssystem, ja in unseren Köpfen eingenistet hat, auf den Kehrichthaufen zu werfen, unfähig zu verstehen, daß das Beharren auf überholten Besitzständen, möge es früher einmal noch so gute Gründe gehabt haben, zum Schluß den Verlust alles dessen bewirken könnte, was den Kern unseres europäischen Verständnisses von menschenwürdigem Leben ausmacht. Zugleich ist damit jene Aufgabenstellung umschrieben, die im nächsten Jahrzehnt an vorderer Stelle auf der Prioritätenliste verantwortlicher Politik in den Mitgliedsländern der Europäischen Union stehen muß.

Vieles ist bereits in die Wege geleitet. Nicht, weil der Vertrag von Maastricht eine Teilhabe an der Währungsunion nur dann erlaubt, wenn bestimmte ökonomische Voraussetzungen erfüllt sind, sondern in der Erkenntnis des internationalen Wettbewerbsdrucks haben fast alle Regierungen energisch daran gearbeitet, ihre nationale Schuldenlast zu mindern, die Einnahmenseite mit der Ausgabenseite ihrer Haushalte zur Deckung zu bringen und die Entwertung ihrer Währung aufzuhalten. Die Unternehmen haben sich ihrerseits erfolgreich darangemacht, die Kostenlasten für ihre in Europa hergestellten Produkte auf ein wettbewerbsfähiges Niveau zu bringen.

Trotzdem bleibt unendlich viel zu tun, bevor wieder ausreichende Spielräume geschaffen sind, um alle jene Investitionen zu finanzieren, die für die Sicherung der Zukunft unverzichtbar sind. Europa braucht modernste Infrastrukturen für die Telekommunikation, für den Verkehr, für die Energieversorgung, und die in Europa tätigen Unternehmen brauchen, ob sie Waren herstellen oder Dienstleistungen anbieten, Produkte, die von den Kunden in aller Welt nachgefragt werden. Investitionen in die Zukunft aber, durch Staaten oder privatwirtschaftlich finanziert, setzen voraus, daß vorher dafür gespart wird, denn noch immer gilt jenes Grundgesetz des Wirtschaftens, wonach niemand auf die Dauer mehr Geld ausgeben kann, als er verdient hat.

Das zu ermöglichen ist Aufgabe der Unternehmer, es ist aber vor allem Aufgabe der Politik: Nur sie vermag die Voraussetzungen, die Rahmenbedingungen dafür zu schaffen, daß die Unternehmen im weltweiten Wettbewerb bestehen können. Sonst wird uns die Geißel der Arbeitslosigkeit, die uns seit Jahren zunehmend belastet, weiter quälen, um sich am Ende zu einer tödlichen Gefahr für das Gesellschaftssystem auszuwachsen, das den Westeuropäern in der zweiten Hälfte des 20. Jahrhunderts Wohlstand und Frieden gebracht hat.

Stupides Vertrauen darauf, daß der Markt schon alles richten werde, wird da nicht ausreichen. Gefragt sind Konzepte, die im Zusammenwirken von Staat und Wirtschaft, einschließlich der Gewerkschaften, neue Freiräume schaffen, indem alle Tabus auf den Prüfstand gestellt und alte Zöpfe abgeschnitten werden. Dazu gehört eine kritische Bestandsaufnahme unseres überkommenen Systems sozialer Sicherheit, geleitet von der Erkenntnis, daß es sich zukünftig auf die Unterstützung derjenigen beschränken muß, die wirklich hilfsbedürftig sind; dazu gehört eine Überprüfung, welche der unzähligen staatlichen Vorschriften, die das eigenverantwortliche Handeln der Bürger reglementieren, wirklich im Interesse der Allgemeinheit nötig sind; dazu gehört ein endlich erfolgversprechender Ansatz, unsere Bildungssysteme von Grund auf zu modernisieren; und dazu gehört eine neue Übereinkunft zwischen den Tarifvertragsparteien, unter Verzicht auf jegliche Absichten, den anderen zu vernichten, daranzugehen, die Lohnfindung und die Arbeitszeitregelungen so beweglich zu gestalten, daß sie sich nicht mehr erstickend auf die Beschäftigung auswirken. Erst wenn dies alles erreicht ist, wird es wieder möglich sein, eine ausreichende Zahl von Arbeitsplätzen bereitzustellen.

Alles in allem brauchen wir also für Europa etwas, was ich früher zum Ärger unzähliger Ideologen mehrfach als Industriepolitik bezeichnet habe, eine heute vielleicht zu stark einengende, weil nur auf die Industrie und nicht auch auf die übrigen Bereiche des Wirtschaftens zielende, ihrem eigentlichen Sinn nach aber unverändert zutreffende Aufgabenstellung. Ihren instrumentellen Charakter hat Karl Schiller einmal mit dem ihm eigenen Gespür für einprägsame Formeln als »Soviel Markt wie möglich, soviel Staat wie nötig« bezeichnet.

Die Herausforderung, vor der wir stehen, hat epochales Ausmaß. Niemand kennt bisher eine Antwort. Deswegen wäre es hohe Zeit, daß sich die besten Geister daranmachen. Schuldzuweisungen werden dabei nicht weiterführen. Doch was auch immer das Ergebnis sein mag: Jedenfalls werden wir Europäer lernen müssen zu verstehen, daß auch unser Wertesystem endlich wieder des Mutes zu politischer Führung bedarf, wenn wir nicht eines Tages der Gefahr erliegen wollen, uns den Weg durch neue Diktaturen vorgeben zu lassen.

Auch für einen modernen Staat sei es, so hat Georges Clemenceau einmal gesagt, unverzichtbar, daß sich die Allgemeinheit bewußt sei, regiert zu werden, »que le pays connaisse qu'il est gouverné«. Das ist bis heute richtig geblieben. Solche Führung kann freilich nicht gelingen, wenn die Verantwortlichen müde, wenn sie ausgelaugt sind.

Klaus Schütz hat mir einmal, als er schon fast zehn Jahre lang Regierender Bürgermeister von Berlin war, davon erzählt, wie sehr es ihn bedrücke, als gerade Fünfzigjähriger nur noch das Ziel einer endlosen Weiterführung dieses seine Kräfte erschöpfenden Amtes vor sich haben zu sollen. Nicht anders wird es Willy Brandt zeitweilig ergangen sein, und die berühmte Zusicherung von Helmut Schmidt über die Finanzierung der Rentenversorgung, die sich unmittelbar nach der Bundestagswahl des Jahres 1976 als falsch herausstellen sollte und ihm sogleich als »Rentenlüge« angehängt wurde, erklärt sich womöglich gleichfalls aus nachlassender innerer Dynamik. Könnte es nicht sein, daß die zunehmende Neigung von Helmut Kohl, die Deutschen an einem Tag mit Mahnungen, am nächsten mit Schulterklopfen zu beglücken, mit einem ähnlichen Verlust an überzeugender Führungsfähigkeit zusammenhängt?

Karl Schiller war einer derjenigen, die nicht nur die Fähigkeit, sondern auch den Mut zu politischer Führung hatten. Er hat die erste ernsthafte Rezession der Nachkriegszeit durch eine gezielte Steigerung der Staatsausgaben gemeistert und der Wirtschaft auf diesem Wege zu neuem Wachstum verholfen. Seitdem galt er als Keynesianer, als Anhänger der These, daß es in Zeiten rückläufiger Beschäftigung nicht nur vertretbar, sondern erforderlich ist, unter Inkaufnahme von Haushaltsdefiziten, also durch »deficit spending«, Nachfrage zu erzeugen. Zu einem erheblichen Teil waren die Erfolge der SPD bei den Bundestagswahlen 1965 und 1969 sein Verdienst, denn in der Tat hat Karl Schiller als Wirtschaftsminister in der von Kurt-Georg Kiesinger als Bundeskanzler geleiteten Regierung der Großen Koalition zusammen mit seinem damaligen Kollegen Franz-Josef Strauß, dem Finanzminister, beide als »Plisch und Plum« bekannt, entscheidend dazu beigetragen, daß die bedrohliche Wirtschaftskrise schnell überwunden werden konnte.

Zugleich setzte sich damit in der SPD für längere Zeit die Überzeugung fest, daß man nun endlich in den Besitz eines Patentrezeptes gegen konjunkturelle Schwankungen gelangt sei; der spätere Ausspruch von Helmut Schmidt, damals als »Superminister« verantwortlich sowohl für die Wirtschaft als auch die Finanzen, ihm seien »fünf Prozent Inflation lieber als fünf Prozent Arbeitslosigkeit«, ist nur aus dieser Einstellung heraus verständlich.

Trotzdem war der von vielen als legitimer Nachfolger von Ludwig Erhard bewunderte Hamburger Professor alles andere als ein blinder Anhänger der von Lord Keynes ohnehin nur für besondere gesamtwirtschaftliche Entwicklungsphasen empfohlenen Ausgabenpolitik: Zu Beginn der achtziger Jahre, als die Staatsquote, also der Anteil der öffentlichen Ausgaben am Bruttosozialprodukt, bedrohlich angewachsen war, setzte er sich immer wieder für eine Politik der Haushaltskonsolidierung und der Verbesserung der Angebotsbedingungen für neue Produkte, vor allem durch Verringerung der Steuerlast, ein.

Trotz all seiner Brillanz als Redner war Karl Schiller allerdings in Wirklichkeit nie ein professioneller Politiker, nie einer, dem es gelang, die von ihm intellektuell für richtig befundenen Maßnahmen unter Einschluß notwendiger Kompromisse nachhaltig in das jeweilige politische Umfeld einzubinden. Am deutlichsten wurde das, als er 1971, ohne ernsthafte Rücksicht auf die außenpolitischen Konsequenzen, durch mehr oder minder einseitiges Vorgehen dafür sorgte, daß das System von Bretton Woods, das zwar nach weitverbreiteter Ansicht tatsächlich nicht mehr zu halten war, aber der westlichen Welt bis dahin durch seine festen Wechselkurse ein erhebliches Ausmaß an stabiler Wirtschaftsentwicklung beschert hatte, durch ein System schwankender Kurse abgelöst werden mußte.

Ich bin Schiller vor allem in der Zeit unzählige Male begegnet, als er, nach seinem Rücktritt als Bundesminister im Jahre 1973, dem Leitungsgremium der EDESA vorsaß, einer Gesellschaft, die der südafrikanische Industrielle Anthony Rupert zur Förderung ausländischer Investitionsprojekte in den unterentwickelten Regionen Afrikas gegründet hatte und in der ich mitwirkte. Zu Beginn brillierte er auch hier mit gewohnt glanzvollen Formulierungen, die mich früher oft genug mit einem gewissen Mißtrauen erfüllt hatten, weil Begriffe wie »Konzertierte Aktion« oder »Soziale Symmetrie« allzuleicht dazu verlockten, nur um ihrer Erfüllung willen unbedacht zu handeln. Bald allerdings sollte er von der Erkenntnis seines politischen Scheiterns eingeholt werden: Mir steht noch vor Augen, wie erschüttert ich war, im Herbst jenes Jahres einen gebrochenen, bedauernswerten Mann vorzufinden; viel später erst, nach politischen und privaten Wirrungen, sollten seine Kräfte wiederkehren. Damals jedenfalls war seine ganze Eitelkeit von ihm abgefallen, die ihn bis dahin wie eine Mimose auf Anmerkungen hatte reagieren lassen, die er als auch nur angedeuteten Widerspruch gegen seine Autorität empfand.

An die Amtszeit dieses trotz aller seiner primadonnenhaften Eigenheiten bemerkenswerten Mannes als Bundesminister kann ich im übrigen nur schwer zurückdenken, ohne mich an seinen wahrscheinlich wichtigsten Mitarbeiter zu erinnen, Klaus-Dieter Arndt, den er als Parlamentarischen Staatssekretär in das Wirtschaftsministerium mitbrachte. Ich kannte ihn oberflächlich aus Berlin, wo er zuletzt das Deutsche Institut für Wirtschaftsforschung geleitet hatte (dem ich mich bis heute als Vorsitzender des Freundeskreises verbunden fühle).

Bei unserem ersten Zusammentreffen in seinem neuen Dienstzimmer fiel mir sogleich auf, wie deutlich er bestrebt war, ein betont distanziertes Verhalten an den Tag zu legen. Erst nach und nach verstand ich, daß er sein Amt nach dem Grundsatz führen wollte, von vornherein jeden Verdacht zu vermeiden, wonach Staatsaufgaben in irgendeiner Weise mit den Interessen einzelner Unternehmen vermengt würden. Dies war eine Einstellung, die nicht nur den allgemeinen Vorbehalten der meisten Sozialdemokraten gegenüber dem schmutzigen Geschäft kaufmännischen Geldverdienens entsprach, sondern auch den klassischen Vorstellungen des preußischen Berufsbeamtentums zur Ehre gereicht hätte. Daß sie angesichts der in damals unvorstellbarem Ausmaß gewachsenen Bedeutung unternehmerischen Wirkens jedenfalls in dieser Ausprägung nicht mehr fortgeführt werden kann, steht dem nicht entgegen.

Trotzdem fühlte ich mich nicht nur betroffen, sondern tief gekränkt, als ich Klaus-Dieter Arndt, wie es mir seine Sekretärin nahegelegt hatte, an einem Wochenende in irgendeiner nicht unwichtigen Angelegenheit zu Hause in Berlin telefonisch um seinen Rat und, wenn möglich, um seine Unterstützung bat, nur um in mehr als rüdem Ton gefragt zu werden, »in wessen Auftrag ich eigentlich« spräche; bald darauf mußte ich als Erklärung für sein Verhalten erfahren, daß er von einer Krankheit wußte, die ihn, jung wie er war, allzubald in den Tod treiben sollte.

Plötzlich und unerwartet starb auch Gerhard Prinz im Oktober 1983 den Sekundentod beim Rudern auf seinem Heimtrainer. Genau wie meine Kollegen erstarrte ich vor Schreck, als Werner Breitschwerdt uns am späten Abend telefonisch davon benachrichtigte. Für einige Stunden versammelten wir uns im Hause von

Prinz. Weder an diesem Abend noch während der nächsten Tage kam es mir in den Sinn, mir Gedanken über die Nachfolge zu machen. Vielleicht hielt ich sie unbewußt für selbstverständlich.

Wohl trieb mich hingegen wiederholtes Grübeln über die Gründe des überraschenden Todes um. Rückblickend bin ich davon überzeugt, daß sie unmittelbar mit der wirtschaftlichen Entwicklung von Daimler-Benz zusammengehangen haben könnten, mit der (wahrscheinlich unbewußten) Befürchtung, daß sich daraus in naher Zukunft öffentliche Diskussionen über den bis dahin makellosen Ruf von Gerhard Prinz als erfolgreichem und anerkanntem Unternehmer ableiten könnten. Ob die von Werner Niefer an mich herangetragenen Spekulationen zutrafen, wonach diesem Tod bereits ein früherer Infarkt vorausgegangen war, kann deswegen dahingestellt bleiben. Tatsächlich war Prinz ein Mann, den zwar unzweifelhaft hervorragende Voraussetzungen für die ihm übertragene unternehmerische Aufgabe auszeichneten, der aber in seinem innersten Wesen entscheidend auf das Gefühl der Macht ausgerichtet war, die sich damit verband.

In der Amtszeit von Joachim Zahn hatte sich die Übung eingebürgert, unangenehmer Kritik von außen soweit wie möglich vorzubeugen, auch wenn dafür Mittel eingesetzt wurden, die manch einer eher als fragwürdig empfunden hätte. Besonders betraf das jene Kleinaktionäre oder sogenannte Aktionärsvertreter, deren Auftreten in der jährlichen Hauptversammlung schon deswegen lästig werden konnte, weil gesetzliche Gründe es nahezu unmöglich machten, die stundenlangen Verzögerungen abzukürzen, die sie durch endlose Fragen und Diskussionsbeiträge verursachen konnten. Diese Perversion falsch verstandener Rechte hält bis heute an. Sie wird längst schamlos genutzt, um das berechtigte Interesse der Aktionäre an ausreichender und zutreffender Information für eigene kommerzielle Zwecke auszubeuten, indem man die Unternehmensleitungen mit allen zulässigen Mitteln unter Druck setzt.

Zu den harmloseren Wegen, Ausuferungen dieser Art vorzubeugen, gehörten damals Reiseeinladungen und sonstige persönliche Annehmlichkeiten, die den potentiellen Störern in reichem Maße gewährt wurden; der hochangesehene Bilanzchef des Hauses, Erich Feigenbutz, war auch auf diesem Gebiet ein Meister seines Faches. Entgegen meinen eigenen Bemühungen hatte Gerhard Prinz diese Übung fortgeführt und eher noch ausgebaut; Einschränkungen gelangen erst nach seinem Tod, bis ich, wenig freudige Reaktionen der Betroffenen bewußt in Kauf nehmend, schließlich ab 1987 endgültig damit Schluß machte.

Zutiefst erschüttert hat mich nach meiner Übernahme des Vorstandsvorsitzes allerdings ein Angebot eines Besuchers, das weit über alles hinausging, was ich bis dahin für möglich gehalten hatte: Unter Berufung auf namentlich genannte Referenzen ging es dabei um die Überwachung von Vorstandskollegen und anderen Personen, und bis heute möchte ich am liebsten glauben, daß dahinter nichts als ein übler Versuch steckte, sich auf diese Weise geschäftliche Aufträge zu verschaffen, über deren moralische Qualifikation sich jedes Wort erübrigt.

Anlaß zur Sorge, daß ein Schatten auf seinen makellosen Ruf fallen könnte, gab es für Gerhard Prinz tatsächlich. Von dem unmittelbar bevorstehenden Scheitern des Projektes Euclid und den bereits laufenden Verhandlungen zum Verkauf der Firma wurde schon berichtet; er war verbunden mit einem, verglichen mit dem seinerzeitigen Übernahmepreis, nennenswerten, wenn auch nicht dramatisch hohen Verlust. Viel bedrückender lasteten jedoch auf uns beiden die neuesten Ergebniszahlen.

Das Betriebsergebnis im Nutzfahrzeugbereich, dem die zu Beginn der achtziger Jahre so vielversprechenden Märkte im Nahen Osten längst wieder weggebrochen waren, bewegte sich auf einen gefährlich hohen Verlust zu; zudem hatte das bis dahin hervorragende Betriebsergebnis der Personenkraftwagen begonnen, drastisch zu schrumpfen und sich zudem nahezu ausschließlich auf die oberste Fahrzeugklasse auf der einen, den amerikanischen Markt auf der anderen Seite zu beschränken. Es schien also unvermeidlich, schnell und hart durchzugreifen, mit anderen Worten: entschlossen eine tiefgehende Neuordnung aller erfolgsverwöhnten Bereiche und der gerade deswegen so sehr verkrusteten Strukturen des Unternehmens in Angriff zu nehmen. Daß dies nicht möglich sein würde, ohne allen Beteiligten, der Belegschaft, dem Aufsichtsrat und damit auch der Öffentlichkeit, reinen Wein einzuschenken, war uns nicht weniger klar.

Von allen diesen Zusammenhängen ahnten allenfalls sehr wenige der Trauergäste etwas, die nach der Beisetzung von Gerhard Prinz auf dem Stuttgarter Waldfriedhof in das Untertürkheimer Museum eingeladen waren. Spätestens dort aber waren die Spekulationen über die Nachfolge in vollem Gange. So sagte mir der damalige Chefredakteur eines Magazins mit wissender Miene voraus, daß

»alles ganz anders« laufe, als ich »es mir vorstelle«. Wie recht er behalten sollte ...

Offensichtlich hatte längst hektische Betriebsamkeit eingesetzt, um einen Ausweg aus der anscheinend vor allem für Wilfried Guth schwierigen Lage zu finden. Nicht nur mir war aufgefallen, daß er wenige Tage zuvor eine Routinesitzung des Aufsichtsrates, bei der ich als dienstältestes Vorstandsmitglied über die Geschäftslage zu berichten hatte, zum Anlaß nahm, alle Anwesenden aufzufordern, sich jeglicher öffentlichen Aussage über die Nachfolge von Prinz zu enthalten. Auch jetzt stand er wieder mit der versteinerten Miene herum, die ihn immer dann kennzeichnete, wenn er versuchte, innere Unsicherheit durch den äußeren Eindruck von Härte zu überspielen.

Daß Renate Prinz nicht nur mir gegenüber versuchte, den Anschein zu erwecken, als hielte sie irgendwelche Fäden in der Hand, beeindruckte mich wenig. Wohl aber war es mehr als bemerkenswert, daß der Aufsichtsratsvorsitzende anschließend meine Kollegen und mich ausdrücklich bat, nicht etwa auf den Gedanken zu kommen, aus eigener Initiative einen Kandidaten aus unseren Reihen vorzuschlagen. Ich verstand das alles als jenes sehr deutliche Signal, als das es wohl auch gemeint war, denn zu diesem Zeitpunkt hatte ich nicht die Spur eines Zweifels, daß ich mehr oder minder einhellig benannt worden wäre.

Trotzdem blieb mir nichts, als mich in Gelassenheit zu üben, wobei mir von Tag zu Tag klarer wurde, daß die Wahl erneut auf einen anderen fallen würde. Gerüchte, wonach Werner Breitschwerdt inzwischen in die Favoritenrolle aufgerückt sei, vermochte ich trotzdem nicht ernst zu nehmen. Das änderte sich erst, als ich mit ungläubigem Staunen vernahm, daß diese Vermutungen tatsächlich zutrafen: Zum zweiten Mal setzte bald nach der Trauerfeier das Ritual der Begegnungen mit Guth ein, die nicht etwa einem ernsthaften Abwägen unterschiedlicher unternehmerischer Konzeptionen dienten, sondern von vornherein allein zum Ziel hatten, mir eine bittere Pille in möglichst genießbarer Verpackung schmackhaft zu machen.

Als wirkliche Neuheit hinzugekommen war dieses Mal lediglich ein umwerfend überzeugendes Argument, das der Vorsitzende schließlich sogar in der entscheidenden Aufsichtsratssitzung ins Feld führen sollte: Es lautete, der Verstorbene habe für den Fall, daß ihm etwas zustoßen sollte, den Entwicklungschef als seinen Nachfolger empfohlen.

Wieder bat Guth mich zu einem Gespräch nach Frankfurt. Auf dem Gang vor seinem Büro begegnete mir Joachim Zahn, der mir tuschelnd anvertraute, daß das Los auf Werner Breitschwerdt gefallen sei. Mir war das ohnehin klar; eigentlich interessierte mich nur noch, was mir der Aufsichtsratsvorsitzende dieses Mal auftischen würde. In der Tat gab er vor, noch nicht entschlossen zu sein, ob er sich für Breitschwerdt, Niefer oder mich entscheiden solle, klar sei lediglich, daß eine externe Lösung, schon gar eine Berufung von Alfred Herrhausen, nicht in Frage komme. Bald merkte Guth jedoch, daß ihn diese Taktik in eine schwierige Situation bringen würde: Anstatt mich zu den erwähnten personellen Alternativen zu äußern, erläuterte ich ihm nämlich die grundlegenden Herausforderungen, vor denen das Unternehmen inzwischen stand.

Die Entwicklung des Betriebsergebnisses machte das mehr als deutlich. Es war aus den erwähnten Gründen von 1982 auf 1983 massiv abgesunken, für 1984 zeichnete sich ein weiterer Rückgang ab, der zu größter Sorge Anlaß geben mußte. Dies galt eben nicht nur für die Nutzfahrzeuge, sondern auch für die Personenkraftwagen, wo mit einem Ergebnis zu rechnen war, das um ein gutes Viertel unter dem des Vorjahres lag, und alles in allem war die Gefahr unübersehbar, daß sich der eingetretene Trend in den kommenden Jahren fortsetzen könnte.

Guth war zwar anzumerken, daß ihn die konkreten Zahlen, die ich ihm nannte, erschreckten. Dennoch hatte ich nicht den Eindruck, daß er meinen Hinweis besonders ernst nahm, wonach es naheliege, zunächst ein strategisches Konzept für die Zukunft des Unternehmens zu erarbeiten und zu besprechen, bevor man über die Nachfolge von Gerhard Prinz entscheide. Dies hielt mich freilich nicht davon ab, ihm im einzelnen zu erläutern, welche Möglichkeiten mir selbst vorschwebten, um hinzuzufügen, es reiche »mit Sicherheit nicht aus, die Lage zu analysieren und strategische Konzepte zu entwerfen; ... es reiche nicht, (den Karren) zu schieben, sondern (er) müsse mit Tatkraft und Energie gezogen werden«.

Diese Hinweise hatte Wilfried Guth wohl ein wenig näher bedacht, als er mir zwei Wochen später wie erwartet mitteilte, daß er dem Aufsichtsrat vorschlagen wolle, Werner Breitschwerdt zum Vorstandsvorsitzenden zu bestellen. Abgesehen davon, daß ich möglicherweise für die akut anstehenden Probleme die bessere Lösung sei, werde mein Kollege doch von denjenigen, die er zu Rat gezogen habe, vorgezogen, weil seine Stärke in der langfristigen konzeptionellen Gestaltung liege. Was er damit meinte, umschrieb Guth mit einem Zitat von Karlheinz Kaske, dem Vorstandsvorsitzenden von Siemens, der gesagt habe, »wenn das Produkt nur in Ordnung ist, lösen sich alle anderen Probleme eines Unternehmens letzten Endes von selbst«.

Eine solche Sichtweise schien mir nun doch unvertretbar leichtfertig. Deswegen stellte ich drastisch klar, daß die Probleme unseres Hauses allenfalls in zweiter Linie mit den Produkten zusammenhingen, es sich vielmehr vor allem um Fragen der unternehmerischen Konzeption handele: einzig und allein aus diesem Grunde »wolle ich nicht den geringsten Zweifel daran lassen«, daß ich »die vorgeschlagene Lösung nicht für richtig« hielte und Wert auf die ausdrückliche Feststellung lege, daß mein Gesprächspartner selbstverständlich dafür die alleinige Verantwortung trage.

Natürlich ließ sich Guth nicht beeindrucken. Dieses Mal hatten nämlich tatsächlich politische Gesichtspunkte seine Entscheidung maßgeblich beeinflußt. Bei unserem ersten Zusammentreffen hatte er schon darauf hingewiesen, daß es, »ob man es wolle oder nicht, genügend Zeitgenossen (gebe), die manche (meiner) öffentlichen Äußerungen zum Anlaß nehmen, bei der Bank dahingehend vorstellig zu werden, daß man ... um Gottes willen einen solchen Mann wie mich nicht an die Spitze eines solchen Hauses berufen könne«; jetzt bestätigte er ausdrücklich die Intervention einiger »Großkopfeten« und widersprach meinem Hinweis nicht, wonach in »einschlägigen Kreisen sogar kolportiert werde, meine Frau sei links und würde mich ständig drängen, entsprechende Positionen zu vertreten«. Noch sehr viel drastischer kennzeichnete wenige Jahre später ein intimer Kenner der Zusammenhänge die Einschätzung von Guth, es handele sich bei der SPD um eine Partei, deren »brutalem Zugriff (sich) keines ihrer Mitglieder entziehen« könne; zudem sei der Aufsichtsratsvorsitzende von einer »zwangsläufigen Kumpanei« zwischen dem Betriebsratsvorsitzenden Herbert Lucy und mir ausgegangen.

Tatsächlich wählte der Aufsichtsrat Anfang Dezember 1983 gegen die Stimmen der Arbeitnehmervertreter, mit Ausnahme der Vertreterin der leitenden Angestellten, Werner Breitschwerdt zum Vorsitzenden des Vorstandes. Wie dieser es mir in seiner für ihn charakteristischen Offenheit und Geradlinigkeit vorher gesagt hatte, ging er seine neue Aufgabe »sportlich« an. Nicht zuletzt aus seinem häufigen Beisammensein mit Gerhard Prinz, der so oft wie möglich an Probefahrten mit neu entwickelten Fahrzeugmodellen teilgenommen und sich bis in die Einzelheiten für die stilistische Gestaltung interessiert hatte, war auch er davon überzeugt, daß der Schlüssel zur Lösung unserer Probleme eben vor allem bei den Produkten zu finden sei. Daraus leitete sich wohl sein Selbstvertrauen her. Er sollte sich täuschen: Es ging zwar auch darum – und doch um weit mehr.

An die knappen vier Jahre, während deren Werner Breitschwerdt den Vorsitz im Vorstand führte, denke ich mit durchaus zwiespältigen Gefühlen zurück. Menschlich hat er sich in dieser für ihn oft genug schwierigen, streckenweise auch schwer belastenden Phase seines Lebens vorbildlich verhalten. Er hat nicht intrigiert, nicht angeschwärzt, nicht mit gefälschten Karten gespielt, sondern blieb stets bemüht, unterschiedliche Auffassungen sachlich auszutragen. Zugleich umschreibt das allerdings jene Eigenschaft, die ihm, wahrscheinlich zu Recht, bald nachgesagt werden sollte: seine Führungsschwäche.

Richtig verstanden, kommt in diesem Wort zwar ein Mangel, jedoch beileibe kein Vorwurf zum Ausdruck. Nach dem deutschen Gesetz ist der Vorsitzende des Vorstandes einer Aktiengesellschaft nicht Vorgesetzter seiner Kollegen; formal ist seine Position allenfalls dadurch herausgehoben, daß er die Sitzungen leitet und das Unternehmen nach außen vertritt. Entwickelt er eine ausreichend starke persönliche Autorität, kann ihm dennoch eine intern unanfechtbare Stellung, eine klare Führungsrolle zufallen; gelingt ihm das nicht, besteht allerdings die Gefahr, daß sich die unterschiedlichen Interessen der übrigen Vorstandsmitglieder zu einem veritablen Flohzirkus auswachsen.

Die Autorität, die Werner Breitschwerdt hatte, beschränkte sich vor allem auf seinen unbestrittenen Rang als Entwicklungsingenieur. Dagegen tat er sich vom ersten Tag an schwer, sich auch auf anderen Gebieten mit einer unmißverständlichen eigenen Meinung durchzusetzen. Das lag nicht an mangelndem Willen, sondern eher an gewissen persönlichen Voraussetzungen, die ihm fehlten. So spürte jedermann schnell, daß er sich unwohl und unsicher fühlte, wenn er das Unternehmen außerhalb seiner schwäbischen Heimat oder gar fremdsprachig im Ausland vertreten mußte. Ähnliche Folgen hatte seine Angewohnheit, nicht nur zuzulassen, daß sich die

Manche starke Persönlichkeiten, die Daimler-Benz im Laufe der Jahre ihren Stempel aufdrückten, habe ich kommen und gehen sehen. Werner Breitschwerdt, obwohl oft genug in schwieriger Lage, hat nie intrigiert, niemals mit gezinkten Karten gespielt. War es, wie oft gesagt wurde, Führungsschwäche, daß er sich stets bemühte, unterschiedliche Auffassungen sachlich auszutragen? Niemand jedenfalls stellte Breitschwerdts außergewöhnlichen Rang als Entwicklungsingenieur in Frage, und das gab ihm seine unbestreitbare Autorität.
Daimler-Benz Pressekonferenz in Stuttgart Mai 1983. In der Mitte der Vorstandsvorsitzende Werner Breitschwerdt, rechts Werner Niefer.

Aussprachen in den Vorstandssitzungen regelmäßig in Detailfragen verloren, sondern selbst dazu beizutragen. Allzuoft endeten die Zusammentreffen damit, daß die Entscheidung hinausgeschoben wurde, bis das Ergebnis erneuter Untersuchungen oftmals belangloser Nebensachen vorlag. Belastend kam hinzu, daß von einem ruhigen Fahrwasser keine Rede sein konnte: Immer häufiger standen Fragen auf der Tagesordnung, die in massiver Weise die unterschiedlichen Interessen der Entwicklung auf der einen, der Produktion auf der anderen Seite sowie die damit verbundenen Verantwortlichkeiten berührten.

Anstatt sich auf die neutrale Rolle eines Vorsitzenden zu beschränken, der sich die kontroversen Auffassungen seiner Kollegen anhört, um schließlich eine konkrete Entscheidung vorzuschlagen, machte Breitschwerdt dabei von Anfang an den Fehler, die durch Werner Niefer mit großer Intensität innerhalb und außerhalb des Vorstandes vertretenen Angriffe gegen den Entwicklungsbereich auf sich persönlich zu beziehen, obwohl es doch nahegelegen hätte, die Auseinandersetzung zunächst durch seinen Nachfolger Rudolf Hörnig führen zu lassen. Da er der robusten Unbekümmertheit des Produktionschefs kaum etwas entgegenzusetzen hatte, führte das im Ergebnis bald dazu, daß das ganze Haus täglich mehr zu spüren begann, wie ihm seine Führungsautorität unaufhaltsam zu entgleiten drohte.

Selbst wenn Niefer in diesen Auseinandersetzungen mehr als einmal über das Ziel hinausschoß, stand ich doch auf seiner Seite. Das hatte vor allem damit zu tun, daß ich seine Sorgen teilte, wonach die weitgehend unkoordinierte, teilweise auch durch ständig ausufernde Wünsche des Vertriebs vorangetriebene Arbeitsweise der Entwicklung Gefahr lief, uns in ein nicht mehr beherrschbares Produktions- und damit auch Kostenchaos zu stürzen. Hinzu kam meine Befürchtung, daß wir uns auf dem besten Wege befanden, durch ständige und zum Schluß weitgehend ergebnislose Erörterung von Einzelheiten die Sicht auf die grundlegenden strategischen Herausforderungen zu verlieren, vor denen wir standen.

Dabei sah das Bild, das wir nach außen boten, bald viel besser als gedacht aus. Bedingt durch eine unvermindert zunehmende Nachfrage nach unseren Personenkraftwagen im In- und Ausland, begann sich das betriebliche Ergebnis, wenn auch auf einem gegenüber 1982 erheblich niedrigeren Niveau, entgegen den früheren Erwartungen zu stabilisieren; 1985 nahm es sogar wieder zu. Im Unterschied zu meinen Kollegen und mir machte sich dabei allerdings keiner unserer externen Ratgeber ernsthafte Sorgen, daß dieser Erfolg zu mehr als vier Fünfteln im Ausland erwirtschaftet wurde und damit entscheidend von der unkontrollierbaren und unvorhersehbaren Labilität der Wechselkurse abhing. Zwar sollten sich diese Sorgen allzubald, nämlich von 1987 an, bewahrheiten, doch zunächst konnten unsere Bilanzgestalter, an der Spitze Martin Berger als Nachfolger von Erich Feigenbutz, ihren Einfallsreichtum darauf beschränken, durch Bildung immer neuer Reserven die Begehrlichkeit der Aktionäre, die unvermeidlich eine nicht geringere Begehrlichkeit der Belegschaft nach sich gezogen hätte, in vertretbarem Rahmen zu halten.

Immerhin nahm der ausgewiesene Jahresüberschuß des Konzerns, der 1983 noch unter einer Milliarde Mark gelegen hatte, bis 1986 auf 1,8 Milliarden zu; der Cash flow, also der Überschuß der erwirtschafteten flüssigen Mittel über die Ausgaben, stieg im gleichen Zeitraum fast um eine Milliarde Mark an, und die extrem vorsichtig kalkulierten Pensionsrückstellungen beliefen sich 1986 auf 6,3 Milliarden. Alles in allem strotzte die Bilanz vor offenen und stillen Reserven aller Art. Zur Freude der Wirtschaftsjournalisten verglich ich sie, im Gegensatz zu einer Plastik von Giacometti, mit einem Gemälde von Rubens (ohne daß der Großteil meiner Zuhörer zunächst verstand, wovon die Rede war).

Intern sah die Situation freilich anders aus, denn wir kannten die Schwachstellen und die Gefahren, die sich daraus für die weiteren Jahre zwangsläufig ergeben mußten.

So verdeckte das nach außen glanzvolle Bild die geradezu katastrophale wirtschaftliche Entwicklung unserer deutschen Nutzfahrzeugwerke. Das 1982 noch durchaus erfreuliche betriebliche Ergebnis hatte sich inzwischen in einen wirklich drastischen Verlust verwandelt, und angesichts eines dramatischen Verfalls der Verkaufskonditionen auf allen wichtigen westeuropäischen Märkten war klar, daß wir mit massiven weiteren Einbrüchen rechnen mußten. Bei den Personenkraftwagen sah es zwar sehr viel besser, ja sogar hervorragend aus, denn wir näherten uns einem historischen Rekordergebnis, das seitdem nie wieder erreicht wurde. Doch wir durften eben nicht übersehen, daß das in diesem Bereich erwirtschaftete Ergebnis zu 70 bis 80 Prozent aus den USA stammte und zudem zu mehr als drei Vierteln von der obersten Fahrzeugklasse getragen wurde. In der Tat begann der Wechselkurs des amerikanischen Dollar, der für unseren Erfolg so entscheidend wichtig war und der am Jahresende 1984 noch bei 3,15 Mark lag, seit 1985 deutlich einzubrechen (um Ende 1987 nur noch bei 1,58 Mark zu liegen), während sich gleichzeitig die öffentlichen Diskussionen um unsere S-Klasse ständig verstärkten.

Vor diesem Hintergrund mußten die zunehmenden Auseinandersetzungen zwischen Entwicklung und Produktion im Zusammenhang mit dem bevorstehenden Anlauf einer neuen Modellreihe in der für uns lebenswichtigen Mittelklasse zu besonderer Sorge Anlaß geben. Im Vorstand dachten wir intensiv darüber nach, Meinungen wurden ausgetauscht, wir diskutierten und erörterten. Während die einen zumindest innerlich der Überzeugung waren, wir könnten im Grunde so fortfahren wie bisher, bestanden die anderen darauf, daß wir uns zu wirklichen unternehmerischen Weichenstellungen durchringen müßten. Werner Breitschwerdt schwankte zwischen beiden Auffassungen hin und her, gab der einen wie der anderen Seite recht, doch außer erneuten Diskussionen geschah kaum etwas.

Bis mir der Kragen platzte: Im August 1984 schickte ich meinen Kollegen eine fünfzehn Seiten lange Vorlage. Von Journalisten und anderen wurde sie später gern als »Strategiepapier« bezeichnet und mit der Aura des Geheimnisvollen umgeben, wohl nicht zuletzt in der Absicht, hier den Ursprung für jene abgehobenen Visionen eines weltfremden Träumers festzumachen, die den Konzern zum Schluß ins Unglück stürzen sollten. In Wirklichkeit ging es um etwas sehr Nüchternes: Ich wollte erzwingen, daß sich der Vorstand endlich konkret mit den grundlegenden Herausforderungen befaßte, vor die unser Geschäft mit Straßenfahrzeugen nach meiner Überzeugung gestellt war.

Bei den Personenkraftwagen ging ich davon aus, daß sich die mit unseren traditionellen Produkten erreichbaren Märkte der westlichen Welt immer mehr der Sättigungsgrenze näherten, daß also im Durchschnitt der kommenden Jahre kein wesentliches Wachstum mehr zu erwarten sei. Das deckte sich mit der in Fachkreisen allgemein verbreiteten Auffassung: Niemand rechnete ernsthaft damit, daß in Ostasien oder in Lateinamerika ein boomartiger wirtschaftlicher Durchbruch bevorstand, und erst recht ging niemand davon aus, dort könne binnen wenigen Jahre ein bedeutsamer Markt für Mercedes-Benz-Fahrzeuge entstehen. Den Ausweg, unser Angebot aus eigener Kraft und ohne Aufgabe unserer traditionellen Produktphilosophie »nach unten«, also um kleine Personenkraftwagen, zu ergänzen, sah ich nicht; die Übernahme eines anderen Herstellers mit einer anderen Marke hielt ich für problematisch.

Erst Jahre später, nach dem Zusammenbruch des kommunistischen Systems und vor dem Hintergrund des unvorhergesehen dramatischen Wachstums von Wirtschaft und Wohlstand in Ostasien, sollte Helmut Werner den Mut finden, dem Konzernvorstand die Realisierung von zwei Projekten vorzuschlagen, die sein Vorgänger Werner Niefer noch kurz vor seinem Tod in Übereinstimmung mit mir in die Wege geleitet hatte: die A-Klasse und das »Smart«-Auto.

Damals, im Jahre 1984, sah ich hingegen keine andere Lösung, als sich mit aller Macht darauf zu konzentrieren, unsere unmittelbar den Produkten zurechenbaren Kosten durch klare Zielvorgaben zu entlasten. Auch insofern ist allerdings ein wirklicher Durchbruch nach vorn erst zu Beginn der neunziger Jahre gelungen, als es unter der Federführung des Personenkraftwagen-Chefs Jürgen Hubbert, des Entwicklungschefs Dieter Zetsche und des damaligen kaufmännischen Leiters Manfred Remmel gelang, die Entwicklungsingenieure von Anfang an mit ihren Produktionskollegen und den Kaufleuten in klar definierten Projekten zusammenzuspannen, die auf verbindliche Kostenziele – man nennt das »Design to cost« – ausgerichtet waren. Meine 1984 gezogene Schlußfolgerung, daß wir uns auf eine rückläufige Ertragskraft des Geschäftsbereichs Personenkraftwagen einrichten mußten, sollte sich zwar bald genug bewahrheiten, doch offenbar war die Zeit um die Mitte der achtziger Jahre noch nicht reif, um alle Beteiligten erfolgreich aufzurütteln.

Handlungsbedarf bei den Nutzfahrzeugen erschien mir angesichts unserer Verluste noch viel dringender. Abgesehen von einer vergleichbaren Problematik bei den Herstellungskosten, ging es dort vor allem um die in ganz Europa katastrophalen Verkaufskonditionen. Die Konkurrenten überboten sich zunehmend mit Nachlässen auf die Listenpreise der Fahrzeuge, niemand war in der Lage, das eingesetzte Kapital auch nur im entferntesten ausreichend zu verzinsen. Der Grund lag für mich in den vorhandenen Überkapazitäten, und ich hielt es für dringend erforderlich, in Gesprächen mit den anderen europäischen Anbieterfirmen zu Absprachen über einen gleichmäßigen Abbau zu kommen (die selbstverständlich den Kartellbehörden vorzulegen gewesen wären); zugleich riet ich dazu, eine stärkere internationale Vernetzung unserer Produkte und unserer Produktion anzugehen, um die Kostenstrukturen mit Hilfe einer solchen Arbeitsteilung zu entlasten. Das Ergebnis meiner Überlegungen faßte ich in dem Satz zusammen, daß »ich es für unvertretbar halte, die Möglichkeit einer Dauersubvention des Nutzfahrzeugbereiches durch das Pkw-Ergebnis zu unterstellen«.

Das Erschrecken einiger meiner Kollegen über dieses Papier war groß, zumal anscheinend niemand eine Vorstellung davon hatte, was nun geschehen solle. Manche von ihnen kamen zwar meiner Anregung nach, auch ihre eigenen Vorstellungen zu Papier zu bringen. Doch beharrten die einen auf der von mir als »fundamental falsch« bezeichneten Strategie, unsere Nutzfahrzeugkonkurrenten durch preislichen Vernichtungswettbewerb in die Knie zu zwingen; andere runzelten die Stirn, weil ich vorgeschlagen hatte, die von mir für erforderlich gehaltenen Schritte rechtzeitig mit der Belegschaftsvertretung abzustimmen. Außer einem monatelangen Palaver im Vorstand und dem Auftrag an die Stabsabteilungen, unter Mitwirkung externer Berater eine umfassende Analyse über die Situation auf dem europäischen und später auch auf den internationalen Nutzfahrzeugmärkten zu erarbeiten, bewirkte meine Initiative jedenfalls nahezu nichts.

Kaum anderes galt für die Bemühungen der inzwischen auch für die Personenkraftwagen unterhalb der Ebene des Vorstandes eingesetzten Geschäftsbereichsleitung, vor allem des kaufmännischen Verantwortlichen Adolf-Heinz Fritz; bei den Nutzfahrzeugen sollten, trotz der kräftezehrenden Anstrengungen des kaufmännischen Leiters Horst Zimmer, weder die spätere organisatorische Anhebung auf Vorstandsebene noch die Berufung von Helmut Werner zum verantwortlichen Vorstandsmitglied und von Jürgen E. Schrempp zum stellvertretenden Mitglied des Vorstands von Daimler-Benz zu einer nennenswerten Verbesserung in Richtung auf eine ausreichende Kapitalverzinsung führen.

In anderer Hinsicht freilich kamen wir voran. In meinem »Strategiepapier« hatte ich zum Schluß eher beiläufig die Frage angesprochen, ob es nicht angesichts der problematischen Wachstums- und Ertragsentwicklung auf unseren traditionellen Arbeitsgebieten inzwischen an der Zeit sein könnte, entgegen unserer früheren Auffassung (die ich selbst stets geteilt hatte), nun doch »eine darüber hinausführende Diversifikation« in Erwägung zu ziehen. Falls meine Kollegen dies ähnlich sehen würden, riet ich allerdings zu einer Verbreiterung des Konzerns, die »ein langsames und behutsames ›Zuwachsen‹ ermöglicht, also eher in Richtung auf eine rechtzeitige Vorsorge für unsere Nachfolge- und Enkelgeneration«.

Die dadurch ausgelöste Diskussion führte dazu, daß wir, wie noch zu berichten sein wird, im Laufe des folgenden Jahres 1985 kurz nacheinander die Mehrheit an den Firmen MTU, Dornier und AEG erwarben. Doch auch hier zog der Erwerb kein entschlossenes Handeln nach sich. Inzwischen hatten sich nämlich im Zusammenhang mit dem Anlauf der neuen Modellreihe bei den mittleren Personenkraftwagen, der mit vielen technischen Problemen verbunden war und zudem beträchtliche Ertragseinbußen nach sich zog, die persönlichen Spannungen zwischen Werner Niefer und Rudolf Hörnig weiter verschärft. Das führte dazu, daß sich der Vorstand fast in zwei Fraktionen spaltete.

Ich sollte dies deutlich spüren, als ich Anfang 1986 in einem weiteren Papier meine Sorge ausdrückte, daß es »in Abweichung von früheren, auch meinen eigenen, Überlegungen nicht ausreichen (wird), die drei (neuen) Gesellschaften jeweils für sich zu sehen und zu führen. Sie müssen vielmehr Teil einer umfassenden Gesamtstruktur werden«. Da wir es uns keineswegs leisten durften, diese Frage sozusagen »auf die lange Bank« zu schieben, schlug ich vor, zwei Kollegen des Vorstandes (konkret dachte ich an Niefer als Techniker und mich selbst als Kaufmann) zu beauftragen, sich »mit einem großen Teil ihrer Arbeitskraft dringlich der Führung und Integration« der neuen Firmen anzunehmen. Als billiger Versuch, sich von den eigenen Aufgaben abzuwenden und sich dabei persönlich zu profilieren, wurde diese Anregung von der überwiegenden Mehrheit der Kollegen, an der Spitze Werner Breitschwerdt, abgelehnt; der seit Mitte 1985 amtierende neue Aufsichtsratsvorsitzende Alfred Herrhausen entschloß sich statt dessen zu der Lösung, die Vorsitzenden der Geschäftsleitungen der drei Gesellschaften, Hans Dinger (MTU), Johann Schäffler (Dornier) und Heinz Dürr (AEG), als Mitglieder in den Konzernvorstand zu berufen.

Allerdings war auch Herrhausen entschieden davon überzeugt, daß die neuen Firmen – schon um ihre Verantwortlichkeit für das erzielte Unternehmensergebnis nicht zu verwischen – zwar unbedingt »an der langen Leine« geführt werden müßten, daß es aber unverzichtbar war, sie in den Gesamtkonzern einzubinden, sie zu »integrieren«; vor allem ging es darum, die gegenseitige technische und kaufmännische Befruchtung, also die »Synergien«, die bei dem Erwerb eine wesentliche Rolle gespielt hatten, wirklich zu nutzen. Zu diesem Zweck schlug er im Frühjahr 1986 dem Vorstand die Einrichtung eines Struktur- und Synergieausschusses vor, der unter meinem Vorsitz geeignete Vorschläge für Entscheidungen des Gesamtvorstandes vorbereiten, gleichzeitig aber ihm selbst unmittelbar berichten sollte.

Bis heute bin ich davon überzeugt, daß Herrhausen seinen Vorschlag ehrlich meinte und nicht etwa auf eine Entmachtung des Vorstandsvorsitzenden zielte. Werner Breitschwerdt, der dem Ausschuß im Unterschied zu nahezu allen anderen Kollegen nicht angehören sollte, sah das allerdings anders. Schließlich fügte er sich doch, der Ausschuß nahm die Arbeit auf, und tatsächlich entwickelten sich die Schwergewichte bei der Führung des Unternehmens in die von Breitschwerdt befürchtete Richtung, nämlich immer mehr von ihm weg. In einem Gespräch, zu dem mich Alfred Herrhausen im Herbst 1986 gebeten hatte, machte er keinen Hehl daraus, daß er angesichts der inzwischen auch nach außen deutlich gewordenen Führungslosigkeit des Hauses an eine Ablösung des Vorstandsvorsitzenden gedacht, wegen des in der Öffentlichkeit zu erwartenden Eindrucks aber davon Abstand genommen habe. Nun ging es ihm darum, eine Arbeitsteilung zu finden, wonach der Vorsitzende das Unternehmen nach außen vertreten sollte, während mir unter gleichzeitiger Berufung zum stellvertretenden Vorsitzenden die interne Führung obliegen würde.

Nachdem ich mich damit einverstanden erklärt hatte, sprach Herrhausen kurz darauf noch einmal gemeinsam mit Breitschwerdt und mir. Dieser sträubte sich erneut. Eine einvernehmliche Lösung war trotz mehrfacher Versuche nicht möglich, einige andere Kollegen sprachen sich gleichfalls dagegen aus. Am Ende setzte der Aufsichtsratsvorsitzende seine Absicht durch, das Gremium berief mich im März 1987 zum stellvertretenden Vorstandsvorsitzenden.

Eine klare Aufgabenabgrenzung wurde dabei nicht festgelegt; wir bemühten uns im Struktur- und Synergieausschuß weiter um möglichst konkrete Ergebnisse, doch die internen Führungsprobleme blieben letzten Endes unverändert. So unschön es war: Alfred Herrhausen blieb im Sommer nichts anderes übrig, als Werner Breitschwerdt um seinen Rücktritt zu bitten. Dieser kam der für ihn mehr als bitteren Aufforderung in vornehmer Haltung nach. Obwohl Bundeskanzler Kohl angeblich noch mit dem Hinweis auf meine politische Zugehörigkeit interveniert haben soll, wurde ich mit Wirkung vom 1. September 1987 durch einstimmigen Beschluß des Aufsichtsrates zum Vorsitzenden des Vorstandes, Werner Niefer zu meinem Stellvertreter berufen.

*

Eine nicht geringe Zahl von außenstehenden Beobachtern, vor allem Journalisten und nicht unmittelbar beteiligte Bankiers, hat gemeint, Niefer und du hättet euch von Anfang an aus enttäuschtem Ehrgeiz gegen Breitschwerdt verschworen, hättet ihn mit vereinten Kräften demontiert. Manche sind sogar soweit gegangen zu behaupten, ihr hättet die Erweiterung des Konzerns angezettelt, um seine Führungsfähigkeit bewußt zu überfordern.

In der Tat hast du dir damals und bis heute oft genug Gedanken gemacht, ob du ihn menschlich so fair und anständig behandelt hast, wie er es verdiente. Manchen Gesprächen, die sich um ihn drehten, bist du nicht ausgewichen, manchen Tuscheleien hast du nicht widersprochen; vielleicht war es, ganz und gar unbewußt, eine Art innere Witterung, die dich nach allen deinen vorangegangenen Erfahrungen in deinem Innersten antrieb. Für Werner Breitschwerdt jedenfalls war es, das wußtest und das weißt du, eine bedrückende Zeit, konnte er sich doch gegen die vielen Gerüchte und Vermutungen, die über ihn umliefen und ihn teilweise lächerlich machten, kaum oder gar nicht zur Wehr setzen. Er hat dir schon deswegen leid getan, weil es ihm, im Unterschied zu seinen Amtsvorgängern, nie vorrangig um seine persönliche Macht, sondern darum ging, richtige Lösungen zu finden. Und doch warst du schon bald, nachdem er den Vorsitz des Vorstandes übernommen hatte, davon überzeugt, daß es ihm nicht gelingen würde, das Unternehmen durch die ins Haus stehenden Probleme hindurchzuführen.

Rückblickend mögen sich die Dinge am Ende des 20. Jahrhunderts anders darstellen. Damals, in den Jahren ab 1984, habt ihr alle, ob Werner Breitschwerdt, Manfred Gentz, Hans-Jürgen Hinrichs, Walter Ulsamer, Rudolf Hörnig, Peter Sanner, Gerhard Liener oder Werner Niefer und du, zum Schluß darin übereingestimmt, daß es hohe Zeit war zu handeln, wenn wir nicht unsere Verantwortung als vorausschauende Unternehmer verfehlen wollten. Über einzelne Fragen, wie etwa die Übernahme von Unternehmen, die sich mit militärischen Aufträgen befaßten, gab es aus moralischen Gründen Meinungsverschiedenheiten, doch über die Notwendigkeit als solche, den Konzern zu erweitern, bestanden bei keinem deiner Kollegen je Zweifel.

Du kannst auch insofern jederzeit mit gutem Gewissen in den Spiegel schauen: Nicht du hast, aus welchen Motiven auch immer, den Sturz von Werner Breitschwerdt betrieben oder gar herbeigeführt, es waren die Umstände um uns herum, die seinen Rücktritt unausweichlich machten.

*

Eine bewährte Faustregel besagt, daß Bankiers nur selten von den Unternehmen genug verstehen, die sie beaufsichtigen und beraten sollen.

Das trifft genauso auf den Bereich der Industrie im engeren Sinne wie auf die Dienstleistungen zu. Die Erklärung liegt darin, daß jede Unternehmensführung zwei Dimensionen hat: das intellektuelle Durchdringen des für ein erfolgreiches Wirken benötigten Einsatzes von Menschen, Maschinen und Geld, zugleich aber, und das ist ganz und gar unverzichtbar, das nur aus unmittelbarer Nähe entstehende Wissen um die Märkte und die potentiellen Kunden eines Unternehmens wie auch um die Menschen, die in aller Welt dafür arbeiten. Das erste mag man mit gesundem Menschenverstand wenigstens einigermaßen beherrschen können; das zweite erfordert ein Einfühlungsvermögen, das nicht auf Hörensagen, sondern nur auf konkretem Wissen beruhen kann.

Genau hier aber liegt das Problem: Viele Bankiers verwechseln jenes Hörensagen, das ein unverzichtbarer Bestandteil ihres eigenen Metiers ist, mit den wohlbegründeten Kenntnissen, die erforderlich sind, um daraus Beurteilung und Rat abzuleiten. Die Folge ist oft genug jenes auch für manche Unternehmensberater charakteristische Bestreben, sich selbst auf keinen Fall auf Entscheidungen festlegen zu lassen, die Risiken beinhalten. Hinter vorgehaltener Hand alles besser zu wissen wiegt leicht, dafür womöglich haftbar gemacht zu werden, schon schwerer.

Deswegen habe ich sehr große Zweifel daran, ob das vielzitierte Argument tatsächlich zutrifft, Bankiers seien allein schon wegen der Vielfalt und Breite ihrer Erfahrungen dazu berufen, guten Rat zu geben. Wenn es hart auf hart geht, wird solcher Rat nie über Fragen der reinen Finanzierung und der Kapitalmärkte hinausgehen können. Selbst dann ist freilich hie und da Vorsicht am Platz, kann doch das Interesse an einem eigenen finanziellen Engagement unter Umständen zu haarsträubenden Auswüchsen führen.

Alle diese Erfahrungen und Beobachtungen wurden wie in einem Brennspiegel deutlich, als mich, ich werde es nie vergessen, Wilfried Guth 1984 nach der Hauptversammlung von Daimler-Benz beiseite nahm, um mir als »ehrlicher Mensch« zu versichern, wie klar es ihm heute geworden sei, daß ich »die Sache« – gemeint war der Vorstandsvorsitz – »natürlich besser gemacht hätte«.

Alfred Herrhausen war eine der Ausnahmen, die die Regel bestätigen. Innerhalb der Deutschen Bank galt er nicht zuletzt deswegen als Außenseiter, weil er ursprünglich aus einem Unternehmen der Energieversorgung kam. Weit mehr als die zwangsläufig auch bei ihm nur begrenzt vorhandenen spezifischen Erfahrungen in der verarbeitenden Industrie unterschied ihn allerdings der Mut, sich festzulegen, von vielen seiner Kollegen – zumal er verstanden hatte, daß dafür die Bereitschaft unerläßlich ist, sich intensiv und in Ruhe mit den sachlichen wie personellen Problemen vertraut zu machen, anstatt sich auf ein Gefühl zu verlassen, wie es manches Mal eher an Stammtischen beheimatet sein mag.

IV.

Künstler und Komödianten

An jenem Januarabend im Jahr 1994 erstrahlte die nach amerikanischem Verständnis altehrwürdige, kurz zuvor restaurierte Carnegie Hall in ungewohntem Glanz. Wo das Auditorium an gewöhnlichen Tagen zu Beginn des Konzertes im Halbdunkel versinkt, tauchte jetzt das Flackern unzähliger Kerzen den großen Saal in gleichmäßig warmes Licht. Festlich gedeckte Tafeln ersetzten die Stuhlreihen im Parkett und auf den Rängen; fünf oder sechs davon standen auf der Orchesterempore, wo früher einmal die New Yorker Philharmoniker unter ihren Stardirigenten Arturo Toscanini, Leopold Stokowski und Bruno Walter ihre Triumphe erspielt hatten.

Inmitten seiner vielen Gäste saß ich nahe bei »Jim« Wolfensohn, der zur Feier seines 60. Geburtstages geladen hatte, in das Haus, in dessen Eingangshalle ein Bronzeschild an seine Verdienste um die Wiederherstellung erinnerte. Der Abend ist mir unvergeßlich geblieben, nicht allein, weil der damalige Privatbankier zusammen mit Isaac Stern, Pinchas Zukerman, Daniel Barenboim und Vladimir Ashkenazy eine beachtliche Kostprobe seines Könnens als Cello-Amateur gab oder weil gleich drei international hochberühmte Operndiven sich zum Ständchen für das Geburtstagskind vereinten, sondern vor allem wegen der unverwechselbaren Atmosphäre, die ich in dieser Art, in dieser unentrinnbaren Dichte noch nie vorher erlebt hatte.

Ich kannte Jim schon seit vielen Jahren. Er stammte aus Australien, von wo er nach London gekommen war. Seine steile Karriere in der City hatte ihn schließlich als Partner des Bankhauses Solomon Brothers nach New York geführt; inzwischen war er längst amerikanischer Staatsbürger. Im Verlauf dieser Wegstrecke hatte er mehr oder minder alle wichtigen Akteure der internationalen Finanzwelt kennengelernt, niemand bezweifelte, daß er zu den brillantesten, den verbindungsreichsten, aber auch den vertrauenswürdigsten Vertretern seines Metiers zählte. Deswegen war es keine Überraschung, als er mit Hilfe der sicherlich nicht unerheblichen Abfindung, die er erhielt, als er wegen irgendwelcher Meinungsverschiedenheiten bei Solomon ausschied, eine eigene Firma gründete. Ursprünglich sollte sie sich auf die Beratung von zehn bis fünfzehn internationalen Kunden in finanzwirtschaftlichen Fragen beschränken. Zu ihnen zählte auch Daimler-Benz.

Doch seit der erfolgreichen Mitwirkung an der äußerst komplexen Sanierung des kurz vor dem Bankrott stehenden Automobilkonzerns Chrysler wuchs und wuchs die Firma von Tag zu Tag mehr, begann, den Aufkauf und die Fusion von Unternehmen zu vermitteln, sorgte für die Finanzierung von Transaktionen aller Art und verfügte im Laufe weniger Jahre über eine beachtliche Zahl hochqualifizierter Mitarbeiterinnen und Mitarbeiter. Kurzum, »James D. Wolfensohn Inc.« wurde zu einem riesigen geschäftlichen Erfolg, der Eigentümer konnte zusätzliche Partner, an der Spitze den früheren Präsidenten der amerikanischen Notenbank, Paul Volcker, gewinnen, und vor allem: Er war rundum glücklich.

So schien es mir jedenfalls an diesem Abend. Seine ebenso warmherzige wie, im Gegensatz zu vielen Damen vergleichbarer gesellschaftlicher Kreise, unaufdringliche und bescheidene Frau erzählte mir, wie sehr die Familie während ihrer eigenen – inzwischen überwundenen – Krankheit zusammengerückt sei; alle würden sich darauf freuen, jetzt viel öfter in ihrem neuen Feriendomizil in Wyoming in Ruhe miteinander auszuspannen, nachdem ihr Mann, wie ich ja wisse, sich Schritt für Schritt aus der Tagesarbeit zurückziehen wolle. Auch die Tochter und der Sohn sprachen mit einer Zuneigung von ihren Eltern, die sich unverkennbar von jener oberflächlichen Floskelhaftigkeit unterschied, die oft genug die persönlichen Beziehungen von Amerikanern kennzeichnet.

Die vermeintliche Idylle kam mir allerdings nur bis zu einem gewissen Grad glaubhaft vor. Zwar wußte ich, daß es kaum schönere Plätze auf dieser Welt als Jackson Hole gibt, wo sich über der Ebene des jungen Snake River das gewaltige, gletscherbewehrte Massiv des Grand Teton erhebt, wo die Bisons in Freiheit weiden, wo die Pfade in Bergtäler hinaufführen, an deren Sohlen die Biber ihr unermeßliches Reich gebaut haben, wo die Bergadler in das strahlende Blau des Himmels steigen, das mit dem Grün der Matten und dem Weiß des Schnees uns Menschen immer neu auf unsere Grenzen zurückwirft. Doch zugleich hatte ich oft genug erlebt, welches

Feuer des Ehrgeizes, unverkennbar auf Anerkennung durch andere zielend, sich hinter der stets leisen, einfühlsamen, gebildeten Freundlichkeit des Jubilars verbarg.

Tatsächlich sollten nur wenige Monate vergehen, bis sich meine Skepsis bestätigte. Der Präsident der Weltbank, Lewis T. Preston, war unheilbar erkrankt. Als Wolfensohn eine Chance sah, daß Präsident Clinton ihn als Nachfolger vorschlagen könnte, begann er ohne Zögern, alle Hebel in Bewegung zu setzen, sowohl bei seinen vielen Freunden unter den amerikanischen Demokraten als auch im internationalen Bereich. Das Amt, das ihm dann 1995 übertragen wurde, bedeutete für ihn eine offensichtlich kaum mehr erträumte Erfüllung: Er konnte nun endlich eine öffentliche Aufgabe wahrnehmen, die weit über das rein kapitalistische Wirken einer privaten Bank hinaus mit großer unmittelbarer Verantwortung für das Wohl von Menschen in allen Teilen der Welt verbunden ist, und er konnte fortan auf jene Anerkennung rechnen, von der er sich bisher tief in seinem Innersten durch sein Herkommen ausgeschlossen wähnte und die für ihn so viel bedeutsamer war als aller noch so eindrucksvolle Krämererfolg.

Abgesehen davon, daß ich das alles nicht vorhersehen konnte, ist mir allerdings der Abend in der Carnegie Hall aus ganz anderen Gründen so unvergeßlich geblieben.

Nach der einen Seite unterhielt ich mich mit dem Führer der demokratischen Partei im amerikanischen Senat, George Mitchell, über die politische Entwicklung in Europa, nach der anderen hörte ich so höflich wie möglich den ebenso penetranten wie überheblichen Erzählungen der allseits gefürchteten Zeitungsherausgeberin Katharine Graham über all jene Staatsmänner der Welt zu, die sie vorgeblich zu ihren intimen Gesprächspartnern zählte. Ob ich es wollte oder nicht, schweiften derweil meine Gedanken immer wieder ab: Es mußte irgend etwas Besonderes sein, das die Atmosphäre und den Stil um mich herum von den unzähligen anderen gesellschaftlichen Veranstaltungen unterschied, die ich aus vergleichbaren Anlässen in den USA erlebt hatte.

Obwohl die Antwort nachgerade in der Luft lag, dauerte es doch geraume Zeit, bis ich endlich merkte, daß hier eine Mischung von Menschen beieinander war, die sich sehr grundlegend und sehr charakteristisch von derjenigen unterschied, die man sonst in New York aus ähnlichen Anlässen in Smoking und Abendkleid zu treffen pflegte. Dieses einzigartige Zusammentreffen von Wohlstand und Kultur, von Bankiers, Unternehmern, Rechtsanwälten und Ärzten mit Intellektuellen und Künstlern – war es nicht gerade deswegen, weil die konventionell großen Namen der amerikanischen Geschäftswelt, die der Jubilar doch alle gut genug kannte, nahezu vollständig fehlten, ganz einfach eine Reminiszenz an all das, was die Europäer als Folge deutscher Schandtaten verloren hatten und was, wenn es nicht gar unwiederbringlich ist, allenfalls erst in vielen Jahrzehnten wieder neu entstehen kann?

Werden wohl die Vereinigten Staaten oder wenigstens New York dieses Erbe weiter hüten können: die Juilliard School mit ihrem durch noch so schlimme Intrigen unzerstörbaren Anspruch; die Theatertradition der Alten Welt, die bis heute lebendig geblieben ist; den Einfluß europäischen Geistes mit seinen unzertrennbaren christlichen und jüdischen Wurzeln auf überhaupt alle jene Erscheinungsformen, die Kultur ausmachen? Oder werden die vielen, die wir aus Europa vertrieben haben, mit den in ihren New Yorker Wohnungen und Häusern bis heute vergrabenen Schätzen der bildenden Kunst und der Literatur unseres Jahrhunderts, mit ihrem Wissen und ihrer Weisheit, die letzten Zeugen einer langsam, aber unaufhaltsam versinkenden Epoche bleiben? Die zusammengerafften Braques und Picassos, Monets und Cézannes in den Prachtappartements europäischer Großmogule können eben die bescheidene Würde einer kleinen Wohnung in Manhattan nicht ersetzen, in der ein emigrierter jüdischer Bankier inmitten seiner Bilder von Schlemmer oder Beckmann an die Tage vor der nationalsozialistischen Barbarei zurückdenkt, umgeben von den Büchern, die ihn geistig am Leben gehalten haben.

*

Freilich gilt es auch hier zu unterscheiden. Wer versuchen wollte, den Kontinentzipfel Europa in den konventionellen Grenzen seiner Geographie als kulturelle Einheit zu definieren und zu verstehen, deren Einflüsse auf andere Kulturen abgrenzbar und erfaßbar sind, würde bald im Labyrinth landen. Das gilt nicht anders für die Elemente des Jüdischen, die dazu im Laufe der Geschichte so unterschiedlich beigetragen haben.

Du darfst, du willst dir darüber schon deswegen kein Urteil anmaßen, weil dir die Kenntnisse fehlen. Alles, was du weißt, sind deine subjektiven Erfahrungen und Erlebnisse. Sie türmen sich zu dem Eindruck, daß die Integration derjenigen, die sich als Juden verstehen dürfen, weil sie von einer jüdischen Mutter geboren oder jüdischen Glaubens sind, ob sie nun in Israel oder in anderen Teilen der Welt leben mögen, noch keineswegs vollendet ist. In Europa zumal hat die Geschichte Gräben gerissen, die bis heute unübersehbar geblieben sind. Die sephardischen Juden haben einen anderen Weg gehen müssen als die aschkenasischen, sie wiederum haben ein anderes Schicksal gehabt als die assimilierten Juden in Deutschland, Frankreich oder England. Gershon Scholem hat der Kabbala neues Leben eingehaucht, Paul Celan ist aus Trauer über das Versinken von Geist und Aufklärung aus dem Leben gegangen. Die Welt von Victor Klemperer, der das selbst womöglich nie als ein Problem verstanden hat, ist nicht die Welt des Schtetl gewesen ...

Solche Unterscheidungen waren dir während der Jahre in der Türkei noch fremd. Die große Mehrzahl der Familien, die du dort erlebt hast, waren deutsche Juden. Sie sind vermutlich nie auf die Idee gekommen, ihren Kindern, deinen Altersgenossen, langatmig zu erklären, daß oder gar warum sie anders seien als Menschen wie deine Eltern und du. Gewiß mag es auch schon vor der Machtergreifung durch die Nazis nicht unüblich gewesen sein, über unterschiedliche Abstammungen Bescheid zu wissen und darüber zu sprechen: Die qualvolle Geschichte der Mendelssohns oder Heines, überhaupt der jüdischen Emanzipation, des Leidens unter dem Schuldgefühl der Taufe, war dir nicht fremd. Und natürlich wußtest du von deinen Eltern, daß die Ecksteins, daß die Melchiors und die Zimmers, daß die Neumarks und die Marchioninis jüdische oder halbjüdische Familien waren. Irgendeine Rolle hat das nie gespielt, denn für euch zählte nur die politische Einstellung gegenüber dem Hitlerregime. Das ging soweit, daß du dich bis heute an eine Diskussion zwischen deinem Vater und seinem Skatfreund Benno Landsberger erinnerst, bei der sie darin übereinstimmten, ein gerade in das damalige Palästina weitergezogener jüdischer Bekannter sei ein so unerträglicher zionistischer Fanatiker, daß er, hätte er nur jener anderen Rasse angehört, einen makellosen Nazi abgeben würde.

Daniel Goldhagen mag noch so eloquent seine These verfechten, die Deutschen (welche »Rasse« unter ihnen, bitte?) seien im Vergleich zu anderen europäischen Völkern oder gar Nationen besonders zum Holocaust prädestiniert gewesen. Auch mag es zutreffen, daß sich die große Mehrheit zumindest über weite Strecken des Dritten Reiches als willige, als »einverständliche Untertanen« einer

Diktatur empfunden und benommen habe. Doch um zu belegen, daß die Assimilation der Juden in die deutsche Gesellschaft, an die Eberhard Jäckel in seinem »Deutschen Jahrhundert« so eindrucksvoll erinnert hat, in Wirklichkeit nicht gelungen war, wird es sehr viel überzeugenderer Nachweise bedürfen, als sie der amerikanische Historiker bisher vorgelegt hat.

Deutschland hat über weite Strecken seiner Geschichte hinweg, vor allem seit der Reichsgründung, mehrfach bewiesen, daß es nicht nur fremde Menschen aufnehmen, sondern sie auch integrieren kann. Als um so unseliger empfindest du schon seit langem die Diskussion, die sich immer noch um die Frage dreht, ob wir ein Einwanderungsland seien oder nicht.

Läßt man den von begeisterungsfähigen Idealisten immer wieder neu belebten Versuch beiseite, die in der Tat die Geschichte der Moderne prägenden Ziele der Französischen Revolution – Freiheit, Gleichheit, Brüderlichkeit – von ihren eher blutigen Auswirkungen freizuhalten, so waren es die Amerikaner, die seit der Unabhängigkeitserklärung des Jahres 1776 den Wurf gewagt haben, die soziale Gleichheit der Menschen Wirklichkeit werden zu lassen. Angesichts der bis heute ungelösten Probleme im Bildungssystem, beim Zugang zu Berufen, in der Krankheitsvorsorge mag eine solche Behauptung naiv erscheinen. Trotzdem hat es seinen guten Grund und seine tiefe moralische Berechtigung, daß die Amerikaner es sind, die in aller Welt immer wieder auf dem größten Abenteuer bestehen, zu dem der Geist der Aufklärung in der Neuzeit aufgerufen hat: die Gewährleistung der Menschenrechte. Dazu gehörte und gehört ihre Bereitschaft, ihr Land grundsätzlich für alle offenzuhalten, die dort leben wollen.

Gewiß muß sich ein Land wie Deutschland schon deswegen anders verhalten, weil es räumlich viel kleiner ist und zudem unmittelbar an Gebiete angrenzt, die zusammen über eine vielfach größere Bevölkerung verfügen. Doch wenn wir uns über die Aufnahme von Asylanten, aus gutem Grund durch das Grundgesetz in Aussicht gestellt, die Rückkehr von Auslandsdeutschen oder die Öffnung unserer Grenzen für Gastarbeiter die Köpfe heiß reden, sollten wir uns wenigstens hie und da an unsere zurückliegende Geschichte erinnern. Dabei brauchen wir noch nicht einmal daran zu denken, in welchem Ausmaß unser Land vor dem Ersten Weltkrieg seinen steigenden Wohlstand den Zuwanderern aus Polen und anderen Teilen Mitteleuropas verdankt hat; wenigstens sollten wir im

Gedächtnis behalten, was wir den Menschen türkischer Abstammung verdanken, die wir seit Mitte der fünfziger Jahre dieses Jahrhunderts zu uns gebeten haben.

Seit fast zwei Jahrhunderten verbindet die Türken und die Deutschen eine gemeinsame Geschichte. Emigranten, Flüchtlinge, die ihr wart, wurdet ihr als willkommene Zuwanderer in der Türkei aufgenommen. Natürlich, man erwartete umgekehrt auch etwas von den Gästen. Aber niemand hat euch je spüren lassen, daß ihr allenfalls gerade noch geduldete Fremde seiet. Die Türen nicht nur der Wohlhabenden, sondern der einfachsten Bauern, die mit euch ihre kärglichen Gaben teilten, standen offen, wann immer ihr in die Nähe kamt. Man war stolz auf das eigene Land, das eigene Herkommen, die eigene Kultur und wollte doch von den Fremden lernen, um gemeinsamen Gewinn daraus abzuleiten.

Ist es bei solchem Erleben verwunderlich, wenn du oft genug den Kopf darüber schüttelst, wie es dazu kommen konnte, daß hierzulande in politisch so dilettantischer Weise Einreisebeschränkungen verhängt wurden, daß nach so langen Jahren immer noch keine einigermaßen vertretbare Öffnung des Zugangs zur deutschen Staatsbürgerschaft gefunden werden konnte, daß in den Medien, wenn es um die Türkei geht, ständig von nichts anderem als von Folter und den Kurden die Rede ist? Haben wir wirklich angesichts des Bestrebens, unseren Wohlstand unter inzwischen widriger gewordenen Umständen zu wahren, vergessen, daß es auch noch Herausforderungen der Moral gibt?

Kulturen – wenn du darüber sinnst, kannst du nun einmal nicht anders, als an die Jugendjahre in der Türkei zurückzudenken. Die Moscheen, die der große Sinan in Istanbul, in Bursa und in Edirne gebaut hat, suchen ihresgleichen in der Baukunst der Europäer. Nichts anderes gilt für die uralte Kunst des Teppichknüpfens, die dir bei den Besuchen in dem damals noch wahrhaft orientalischen Basar von Istanbul nähergebracht wurde; bis heute erinnert ein einfacher Ring, den du trägst, an den Rausch, dort mit beiden Händen in Schalen wühlen zu dürfen, die bis zum Rand mit echten Edelsteinen angefüllt waren. Und natürlich die Sprache: Bis zur Heimkehr nach Deutschland hast du sie perfekt beherrscht, heute freust du dich, wenn du dich noch mit Taxichauffeuren oder dem kleinen Mädchen in Kekova verständigen kannst, das dich mit »Agabey«, »älterer Bruder«, anspricht, bist du stolz, wenn man dir bei schüchternen Versuchen, in einen Vortrag einige Sätze auf türkisch einzustreuen, zu verstehen gibt, du sprächest ja noch eine klassische (!) Version der Sprache.

Können, dürfen wir, die wir so grausam und zugleich leichtfertig die jüdischen Beiträge zu unserem kulturellen Erbe verschleudert haben, noch darauf hoffen, daß uns das moderne Deutschland, ja das vereinte Europa des neuen Jahrhunderts eines Tages wieder einen Fritz Stern schenken wird? Du willst ihn mit einem so wagemutigen Seufzer nicht beschämen, denn mit ihm zielst du doch eigentlich auf nichts anderes als einen Typus: den umfassend belesenen, nicht den durch schnell aufgenommenes Computerwissen gekennzeichneten Gelehrten. Bei ihm kommt hinzu, daß er bei aller fast schüchtern wirkenden Bescheidenheit immer zugleich ein Kämpfer geblieben ist, ein Kämpfer nicht mit dem Gewehr oder mit den Ellenbogen, sondern ein Kämpfer des Geistes für die Rechte der Menschen auf Freiheit, auf Erziehung, auf gleiche Chancen; ein Mann, dem Zivilcourage vor den Thronen der Mächtigen kein fremdes Wort ist, einer, dessen kleine Professorenwohnung im oberen Manhattan, gleich an der Columbia University, mit ihrer von Poelzig entworfenen Einrichtung so viel mehr Kultur ausstrahlt als jedes noch so kostspielig durchgestylte Managerhaus in Florida oder jede noch so exquisit ausgestattete Finca auf Mallorca. Auf türkisch würde man sagen: ein Hoca, ein Lehrer.

Gewiß, die Zeiten haben sich geändert, der Wandel wird sich weiter beschleunigen. Die zunehmende Flut von Informationen aller Art wird den menschlichen Verstand immer weiter überfordern, ihn versinken lassen, wenn er die modernen Hilfsmittel nicht zu beherrschen vermag. Doch genau wie der Begriff der Vernunft unendlich viel mehr meint als nur die Enge des Verstandes, gar dessen Beschränkung auf Technik und Geld, so bedeutet auch schöpferisches Denken allemal mehr als reine Mathematik, als kalte Logik. Von den in ihrer eigenen Dummheit gefangenen Jüngern des schnellen Wortes und der einfachen Lösungen, der medienwirksamen Floskeln brauchen wir jedenfalls Kreativität wohl kaum zu erwarten.

Nichts anderes aber hat dieses kleine, zerstückelte und verstrittene Europa vor anderen Regionen der Erde ausgezeichnet, nichts anderes hat es befähigt, den Menschen in aller Welt über Jahrhunderte hinweg Zeichen der Hoffnung zu setzen: Ohne die ständig neue Durchmischung von Rassen und Gewohnheiten, von Kulturen wäre das alles nicht möglich gewesen. Schwer fällt es, nicht in

Schwer fällt es mir, nicht in Melancholie zu verfallen, wenn ich an das einst so enge Verhältnis zwischen Politik und Kultur denke. Kein Historiker unserer Zeit hat es einfühlsamer als Fritz Stern verstanden, das Verlorene lebendig zu halten: Seine Arbeiten über Bleichröder und Bismarck, über Einstein und Haber, über Walter Rathenau sind Belege für die Arbeit eines großen Historikers. Er ist ein guter persönlicher Freund, der auch wesentlich dazu beigetragen hat, daß mich mit der großen alten Dame der deutschen Publizistik, Marion Gräfin Dönhoff, ein besonders enges Verhältnis verbindet.

Trauer zu verfallen, wenn man zurückdenkt an die Zeiten, bevor die braune Barbarei sich austoben konnte, und kein Historiker unserer Zeit hat es einfühlsamer als Fritz Stern verstanden, das Verlorene lebendig zu halten, in seinen Studien über Bleichröder und Bismarck, über Einstein und Haber, über Walter Rathenau.

*

Bis heute steht mir vor Augen, wie der bewunderte Yehudi Menuhin schon im September 1947 wieder nach Berlin kam, um den Menschen der Stadt neue Hoffnung zu bringen. Seitdem gibt es kein Musikdokument, das mich mehr zu bewegen vermag als seine Einspielung des Violinkonzertes von Beethoven mit den Berliner Philharmonikern unter Wilhelm Furtwängler. So haben persönliche Erlebnisse von Anbeginn an mein Verhältnis zur Kunst und zu Künstlern wesentlich beeinflußt. Unzählige davon kommen mir in den Sinn, nur wenige kann ich erwähnen.

Jedenfalls zählt die Begegnung mit Marlene Dietrich dazu, die uns 1958 bei der UFA besuchte. Es war ihr erster Aufenthalt in Deutschland nach dem Zusammenbruch des Hitlerregimes. Sie sollte mit ihren Liedern und Chansons im Titania-Palast auftreten. Unsere Werbeabteilung hatte arrangiert, daß sie vorher die Stätte ihres früheren Wirkens, die Ateliers in Tempelhof, besuchte. Dort hatten wir kurz zuvor ein nagelneues, mit allen technischen Finessen ausgestattetes Tonstudio gebaut. Nach einem kurzen Abstecher zu William (Wilhelm) Dieterle, der gerade »Die Fastnachtsbeichte« nach der Vorlage von Carl Zuckmayer drehte, sollten Helmut Meyer und ich sie hier offiziell begrüßen. Jung, wie ich war, und hingerissen von ihren vielen Filmen, erwartete ich, einem männerbetörenden Vamp zu begegnen. Um so größer war die Erleichterung, als ich merkte, wie spontan und wie ungezwungen sie in Wirklichkeit war. Umgeben von Reportern und einer Schar von Neugierigen unterhielten wir uns über die alten und die neuen Zeiten, bis über die Lautsprecher Friedrich Hollaenders »Ich bin von Kopf bis Fuß auf Liebe eingestellt ...« erklang. Sie hörte intensiv zu, um plötzlich anzumerken, wie hoch doch ihre Stimme geklungen habe. »Heutzutage«, sagte sie lachend, »muß es unbedingt viel tiefer sein, wenn es verführerisch klingen soll.« Ich atmete auf, die Berührungsängste waren überstanden – und seitdem habe ich nie mehr Scheu davor empfunden, angeblichen oder wirklichen Prominenten dieser Welt von gleich zu gleich zu begegnen.

1958 begleitete ich Marlene Dietrich bei ihrem Berlin-Besuch im Ufa-Studio, wo die Dreharbeiten von Zuckmayers »Fastnachtsbeichte« stattfanden. Regie führte ein anderer der großen Emigranten, der inzwischen zu Hollywood-Ruhm gekommene William Dieterle (auf dem Bild ganz rechts). Marlene Dietrich war der eigentliche Star der zwanziger Jahre, gefeiert vor allem als der »Blaue Engel« in der Sternberg-Verfilmung von Heinrich Manns »Professor Unrat«.

Die weiteren Begleitumstände dieses Besuches waren allerdings beschämend genug. Schon damals wurden jene törichten Stimmen laut, die meinten, Marlene Dietrich als Verräterin beschimpfen zu dürfen, weil sie ihre deutsche Abstammung vergessen habe, um mit dem Feind, also den Amerikanern(!), im Krieg gegen das eigene Land zusammenzuarbeiten – ein wahrhaft grotesker Vorwurf, der leider auch in jüngster Zeit wieder gegen den Berliner Senat ins Feld geführt wurde, als dieser sich Gott sei Dank entschloß, den Nachlaß der Künstlerin zu sichern und ihr in unserer Stadt eine letzte Ruhestätte zu geben. Alles das änderte im übrigen nichts daran, daß der von ihrer unvergleichlichen Ausstrahlung getragene Auftritt im Titania-Palast, gekrönt von Max Colpets »Sag mir, wo die Blumen sind«, mit stürmischem Beifall für Marlene Dietrich zu Ende ging.

Noch viele andere Auftritte hatte ich inzwischen auf dieser Bühne in Steglitz erlebt, darunter Maurice Chevalier mit seinem einzigartigen Charme und seinem urfranzösischen Genius, Ernstes mit Heiterem zu verweben. Vor allem aber packte mich dort zum ersten Mal die Zuneigung zum amerikanischen Musical, die mich bis heute nicht wieder losgelassen hat. Das Gastspiel einer Truppe, die »Oklahoma« gab, machte den Anfang, wobei der überwältigende Publikumserfolg sicherlich vor allem darin begründet lag, daß der strahlend-kitschige Optimismus der Inszenierung haargenau die Gefühlslage der deutschen Zuschauer traf. Ich machte keine Ausnahme, zumal ich neben aller Kritik an den Auswüchsen der amerikanischen Gesellschaft – etwa ihrer Neigung zu repressiver Provinzialität oder ihrer mangelnden Einsicht, daß auch bei ihnen Herkommen und Abstammung schwerste Hindernisse für das einzelne Individuum mit sich bringen können – immer bewundert habe, mit welcher Kraft und Zuversicht sich dieses einzigartige Land neuen Herausforderungen zu stellen vermag: Es liegt Wahrheit und berechtigter Stolz darin, wenn in der Nationalhymne von dem »Land of the Free and the Home of the Brave« die Rede ist.

Im übertragenen und sicherlich viel tieferen Sinn kam all dies bei einer Aufführung von »Porgy and Bess« zum Ausdruck, faszinierend zudem durch das unverwechselbare Timbre der Stimmen, die ich das erste Mal unmittelbar von der Bühne herab hören konnte, durch die Begabung zur rhythmischen Bewegung, durch das Temperament der dunkelhäutigen Darsteller und der Musiker; der »Sportin' Life« des Sammy Davis jr. wurde später zu einer meiner am meisten geliebten Darstellungen auf der modernen Musikbühne.

Viele Jahre später, noch bevor das alte Operngebäude in Glyndebourne umgebaut und erweitert worden war, sollte sich dieses Erlebnis bei einer musikalisch wie darstellerisch einmaligen Einstudierung in jenem Haus wiederholen, in dem Carl Ebert zusammen mit dem Dirigenten Fritz Busch in den dreißiger Jahren die berühmten Festspiele begründet hatte, bevor er in die türkische Emigration kam.

Sicherlich liegt dieses Werk von George Gershwin und seinen beiden Librettisten auf der Grenze zwischen einer durchkomponierten Oper und einem eher leichteren Musical (wobei die Auguren womöglich nicht ganz zu Unrecht bis heute darüber streiten, wo genau das eine oder andere Beispiel aus der modernen europäischen Musikliteratur einzuordnen wäre). Daran habe ich mich allerdings nie besonders gestört, wenn ich in London, vor allem aber in New York Aufführungen moderner Musicals besucht habe, nicht regelmäßig so vorbehaltlos applaudierend, wie es der jeweilige Publikumserfolg vielleicht nahegelegt hätte, stets aber beeindruckt von der unglaublichen Professionalität der Darstellung und der Inszenierung: Die Perfektion auf der Bühne, die gleichzeitige Beherrschung von Schauspielerei, Tanz und Gesang, die Präzision im Orchestergraben sind nur erklärlich, weil hier aus einem Fundus von nachdrängenden Begabungen gnadenlos nur die jeweils Besten zum Zuge kommen können.

Wenn ich darüber nachdenke, woher wohl meine Neigung zu den Künsten und nicht am wenigsten zu ihren darstellenden Erscheinungsformen stammen könnte, kommt mir irgendwann die Herkunft der Familie in den Sinn. Abgesehen von Vater und Mutter scheinen da freilich auf den ersten Blick kaum handgreifliche Belege herumzuliegen.

Am wenigsten auffällig ist die Linie der mütterlichen Abstammung: Hanna Reuter, rothaarig und aufmüpfig, seit ihrer in Hannover verbrachten Jugend den modernen Künsten einschließlich Kurt Schwitters und DADA zugetan, aus der katholischen Kirche ausgetreten, stammte zwar von einem Gastwirt, Johann Wilhelm (Hans) Kleinert, ab, der seine Kneipe vor den Toren der Continental-Werke hatte und von jeher sozialdemokratisch wählte; ansonsten aber gibt das Studium ihrer bis nach Oberschlesien und in den Taunus reichenden Vorfahren – Müller, Buchbinder, Freisteller – nichts Aufregendes her.

Nicht weniger muß der erste Blick auf das väterliche Erbe enttäuschen. Mein Großvater Karl Georg Wilhelm Reuter hatte Mathematik und Astronomie studiert, war Navigationslehrer an den Schiffahrtsschulen in Apenrade und Leer, verheiratet mit einer aus dem Waldeckschen stammenden Pastorentochter. Beide lasen die reichstreue »Kreuzzeitung« als Hauspostille, verbrachten ihren gutbürgerlichen Lebensabend in Aurich in Ostfriesland und verstießen ihren Sohn aus dem Haus, als er sich zur Sozialdemokratie bekannte und sich unter Berufung auf sein Gewissen weigerte, preußischer Lehrer zu werden.

Aber gemach! Das nähere Hinsehen birgt dann doch noch gewisse Überraschungen. Dabei will ich beileibe nicht so weit gehen wie jener liebenswürdige Ahnenforscher, der mich vor einigen Jahren damit vertraut gemacht hat, daß einer meiner Vorfahren namens Konrad Vaut mittelalterlicher Vogt in Bad Cannstatt gewesen sei (was mir natürlich ehrfürchtige Anerkennung bei einer Reihe schwäbischer Bekannter verschafft hat) oder daß ich über Seitenlinien sowohl mit Karl Marx als auch mit Georg Wilhelm Friedrich Hegel (der, neben vielen anderen Erkenntnissen, die mir mehr als dunkel vorkommen, auch dafür bekannt ist, das nahende Ende der Kunst und an ihrer Stelle den Beginn einer nur noch ästhetischen Kultur prognostiziert zu haben) sowie weiteren eher spekulativ veranlagten Geistesgrößen aus dem südwestdeutschen Raum verwandt sein soll. Nein, aber mein Urgroßvater Ludwig Wilhelm Maximilian Reuter stammte aus einer Vetternehe. Seine Mutter Luise war die Tochter von Friedrich Wilhelm Reuter, der ein bemerkenswerter Mann gewesen sein muß: Er hatte um die Wende vom 18. zum 19. Jahrhundert an der Berliner Kunstakademie studiert, den von Alois Senefelder erfundenen Steindruck als »Polyautographie« in die Kunst eingeführt, unterrichtete als »Hofmaler« die Königin Luise in Öl- und Miniaturmalerei, gab zusammen mit Gottfried Schadow ab 1804 die »Polyautographischen Zeichnungen« heraus und lebte bis zu seinem Tode in einer Dienstwohnung im Brandenburgisch-Ansbachischen Palais in der Wilhelmstraße zu Berlin.

Wenn der neugierige Blick weiterforscht, mag er entdecken, daß dessen Bruder Karl Bernhard Reuter, der Onkel von Luise und Vater meines Urgroßvaters, in Hildesheim ein veritables Schauspielhaus führte, das ihm gehörte und das 1822, nach der Aufführung des Trauerspiels »Julius von Sachsen« von Heinrich Zschokke, in Flammen aufging, um 1824 an anderer Stelle neu aufgebaut zu werden; Karl Bernhard hatte es von seinem Vater Maximilian Joachim Reuter geerbt, der nicht nur Ratsweinschenk und Gasthofbesitzer, sondern auch Meister vom Stuhl der Freimaurerloge »Ferdinand zur gekrönten Säule« war.

Lust könnte einen hier überkommen, der Fährte weiter nachzuspüren, doch bei diesen Andeutungen, wie leicht das Blut sein mag, das durch die eigenen Adern fließt, will ich es bewenden lassen – freilich nicht, ohne auf einen besonders aufmüpfigen Vorfahren zu deuten, dessen Name schon erwähnt wurde: Ludwig Wilhelm Maximilian Reuter, mein Urgroßvater.

Schlendert man heute über den Friedhof in Aurich, wird man womöglich einer Grabplatte ansichtig, die an die Familie Reuter erinnert; unmittelbar dahinter steht eine Säule mit den Lebensdaten des 1881 gestorbenen Rektors des Gymnasiums Ulricianum in Aurich, die von seinen Schülern gestiftet wurde und auf deren Rückseite eine Stelle aus dem 2. Korintherbrief eingemeißelt ist. Sie erinnert daran, daß dieser sicherlich hie und da halsstarrige und doch hochgeschätzte Lehrer nach einem mehr als fragwürdigen Disziplinarverfahren, bei dem ihm Denunzianten obrigkeitsscheltendes Verhalten angehängt hatten, mit großer Bitternis aus seinem geliebten Amt scheiden mußte. Rudolf Eucken, einer seiner Schüler, hat später geschildert, wie stark er durch ihn beeinflußt worden ist.

In den ersten Jahren in Berlin, nach der Rückkehr aus der Türkei, fand ich kaum Zeit, mich zu entscheiden, ob ich meine Neigungen mehr der Musik, vor allem ihrer Darstellung auf der Bühne, oder dem Theater zuwenden sollte. Begierig nahm ich alles auf, was in meine Reichweite geriet. Trotz der großartigen Stuttgarter Theaterinszenierungen von Peter Palitzsch und Claus Peymann in den sechziger und frühen siebziger Jahren ist mir davon bis heute vor allem die große Liebe zur Oper geblieben. Besser sollte ich sagen: zum Musiktheater, denn die bloß statischen Aneinanderreihungen von Gesangsnummern noch so berühmter Interpreten, die nicht durch intelligente Regie zu erkennbaren und nachvollziehbaren Menschendarstellungen verknüpft sind, haben mich, mag das Ambiente einschlägiger Festspiele andere auch besonders reizen, noch nie interessiert.

Von Carl Ebert und seiner »Zappelgotik« war schon die Rede, hinter der sich sein unnachahmliches Talent verbarg, vor allem Sängerinnen zu größter schauspielerischer Intensität zu führen und damit viele seiner Inszenierungen zu unvergeßlichen Erlebnissen zu gestalten. So erinnere ich mich noch wie heute an den »Don Giovanni«, mit dem 1961 die neuerbaute Deutsche Oper in Berlin eröffnet wurde: Unter seiner Regie und der Stabführung des anderen großen Dirigenten, den ich neben Celibidache besonders bewundert habe, Ferenc Fricsay, sangen Elisabeth Grümmer, Pilar Lorengar und Erika Köth die Frauenrollen; Dietrich Fischer-Dieskau, eine der großartigen Sängerpersönlichkeiten unserer Zeit, dessen Auftritt ich entgegengefiebert hatte, gab den Titelhelden in der sicherlich schwierigsten, für mich aber auch schönsten Mozart-Oper.

Aus dieser Zuneigung heraus empfinde ich es bis heute als besonderes Glück, über einige Jahre hinweg als Vorsitzender des Freundeskreises der Deutschen Oper dazu beigetragen zu haben, daß Götz Friedrich seine Vorstellungen eines modernen Musiktheaters im Rahmen seines Spielplanes und seiner eigenen Inszenierungen in die Tat umsetzen und damit den hohen internationalen Ruf, den das Haus in Charlottenburg genießt, weiter festigen konnte; er ist nun wahrlich ein einzigartiger Zauberer, dessen Interpretationen man verschieden beurteilen mag, der es aber doch immer wieder versteht, dem nachzuspüren, was Stoff, Rollen und Musik eines Werkes für unsere Zeit auszusagen vermögen. Sein »Rosenkavalier« in der Stuttgarter Inszenierung, mit seiner Frau Karen Armstrong als Marschallin, ist für mich die schönste Opernaufführung geblieben, die ich je erleben durfte, nie wieder hat das »Hab' mir's gelobt, ihn liebzuhaben ...« überirdischer gestrahlt...

Zu einer schweren Bürde kann es freilich werden, wenn so ernsthafte Künstler wie Götz Friedrich die zusätzliche Last übernehmen müssen, einem Opernhaus, einem Theater oder gar einem ganzen Bühneninstitut als Intendant vorzustehen. Die ohnehin kräftezehrende, wenn auch regelmäßig gutbezahlte und oft genug ruhmversprechende Aufgabe der einzelnen Inszenierung wird dann vielfach durch die ganze Breite der Verantwortung überlagert, die mit dem Wort »Kulturmanagement« zwar richtig umschrieben, aber doch allzuwenig lebendig gemacht wird.

Der Dirigent Wolfgang Gönnenwein, damals Generalintendant der Württembergischen Staatstheater, dessen Arbeit ich während einiger Jahre unterstützt habe, gehörte zu den Menschen, die es verstanden, durch ein Beziehungsnetz, das die ganze Welt erfaßte, internationale Talente heranzuholen, um gemeinsam mit ihnen und seinem hochqualifizierten Team ein Repertoire aufzubauen, das mit vollem Recht viele Blicke nach Stuttgart zog. Nicht anders war es mit seinem Vorgänger Hans Peter Doll; er war einer derer, die nie Wert darauf legten, sich selbst als Star in den Vordergrund zu spielen, und deswegen gern als Leichtgewicht abgetan wurden, obwohl sie doch, ohne hohen künstlerischen Anspruch zu vernachlässigen, ein solides Fundament zu schaffen vermochten, auf dem dann von anderen fast mit allzu leichter Hand Glanzlichter aufgesetzt werden konnten. Beide mußten schließlich aufgeben, weil sie von den üblichen Neidern zur Strecke gebracht wurden.

Davor hat das Schicksal Götz Friedrich bisher bewahrt. Das liegt sicher weniger in der Zahl der Zigaretten begründet, die er in den Jahren unseres Vertrautseins konsumiert hat (nach meiner Rechnung müssen es weit mehr als eine viertel Million gewesen sein), sondern eher darin, daß sein weltweit anerkannter künstlerischer

Rang ihn noch einmal deutlich von seinen beiden Stuttgarter Kollegen abhebt. Trotzdem habe ich mich oft genug gefragt, wie ein Mensch wie er, der noch mit der letzten Faser seines Wesens an der Aufgabe hängt, zu gestalten, den Druck von Künstlern, von der Öffentlichkeit, von Bürokraten und von Politikern ertragen kann, ohne den Bettel hinzuschmeißen: Mit Sicherheit unterscheidet sich die Anspannung, der einer wie er ausgesetzt ist, um kein Jota von dem, was ich in meinem eigenen Berufsleben erfahren und erlebt habe (wobei mir erspart geblieben ist, mitwirkenden Stars während der Pause zwischen zwei Akten im Briefumschlag überhöhte Gagen auszahlen zu müssen, um einen meiner Pläne, in seinem Fall Premieren, vor dem Abbruch zu retten!).

*

Die gesellschaftliche und politische Entwicklung der Bonner Republik ist natürlich auch an den Opernhäusern und Theatern Deutschlands nicht vorbeigegangen, der Aufstand der späten sechziger und ersten siebziger Jahre bald in der Beschaulichkeit und Saturiertheit einer ganzen Generation versickert. Berlin war da keine Ausnahme.

Im Gegenteil. Die Mentalität, zurückzuschauen und Wagemut anderen zu überlassen, hat auch hier bis zu der so unerwartet über uns gekommenen Wiedervereinigung fröhliche Urständ gefeiert. Zwar gab es allerorten Versuche, die bürgerliche Selbstgefälligkeit aufzubrechen, etwa durch die Steins, die Zadeks, die Peymanns, die Bondys, und doch ist das alles seltsam blaß, seltsam kurzlebig geblieben, hat genau wie die intellektuellen Herausforderungen von Thomas Bernhardt oder Botho Strauss kaum nennenswerte Spuren hinterlassen. Offenkundig hat das dazu geführt, daß sich die deutsche Gesellschaft, soweit sie nicht ohnehin ihre Zeit mit Fernsehserien und Talkshows totschlägt oder ihre Instinkte im Fußballstadion austobt, in zwei Ebenen durchaus vergleichbarer Beliebigkeit aufgespalten hat: diejenigen, die ihre Aufgeschlossenheit für Neues und Kreatives durch den Applaus für billige Provokation beweisen, und die anderen, die sich im kleinen Cercle der Arrivierten ihre Kultur und ihre Bildung mit süffisanter Borniertheit gegenseitig um die Ohren schlagen.

Mit beidem kannst du nichts anfangen, auch wenn du oft genug gute Miene zum bösen Spiel machen mußtest. Das gilt vor allem für manche jener Einladungen, die in den einschlägigen Kreisen so weit verbreitet sind und zu denen man eben schnell einmal das Flugzeug besteigt, um gemeinsam dieses oder jenes Festspiel zu besuchen oder zusammen mit wenigen Gleichgesinnten in einem exquisit möblierten Heim – Chippendale oder Louis-quinze – die Diner-genüsse der Firma Käfer zu genießen.

Da kommt das Gespräch mit der Tischnachbarin dann schnell auf den wundervollen Anschlag von Arthur Rubinstein oder auf das geheimnisvolle Licht, in dem kürzlich die Tiepolo-Fresken in Santa Maria del Rosario aufgeleuchtet sind, während die Herren beim anschließenden Whisky zungenschnalzend über die unvergleichlichen Vorzüge des Josephs-Romans gegenüber dem letzten Erguß des Martin Walser zu berichten wissen. Beim nächsten Mal kannst du dich darauf verlassen, mit dem bekannten Sammler von Erstausgaben und Verfasser tiefsinniger Anmerkungen zusammenzutreffen oder mit der weitgereisten Kennerin von Chinoiserien, die natürlich genauso über die Kunst der Gobelin-Herstellung Bescheid weiß. Geht wider Erwarten der Gesprächsstoff aus, kannst du jederzeit mit Leichtigkeit die Kulturlosigkeit der Zeit im allgemeinen und der jüngeren Generation im besonderen beklagen, natürlich mit Ausnahme der eigenen Töchter oder Schwiegersöhne.

Du willst auf diese zugegeben einseitige Weise keine ungerechten Urteile zum besten geben. Dies ist alles nicht mehr als ein – womöglich allzu einseitig gezeichnetes – Genrebild. Es gibt genügend Ausnahmen. Zu ihnen zählt zum Beispiel ein so nobler Mann wie der hochgebildete, an Geist und Kultur brennend interessierte Nachfolger von Hans L. Merkle bei Bosch, Marcus Bierich. Und doch: Verglichen mit den oberflächlich dahinplätschernden Gesprächen der vermeintlich oberen Schichten kann eine Begegnung mit einem alten Fahrensmann der Politik, der sich nie in das Rampenlicht gedrängt und dennoch dem gemeinen Wohl gedient hat, oder mit einem erfahrenen Gewerkschaftler, der über ein langes Leben hinweg alle Höhen und Tiefen des Kampfes kennengelernt hat, tausendmal anregender sein. Solche Menschen haben sich nämlich nicht anstecken lassen vom Virus der Überheblichkeit, wähnen sich nicht besser als andere, und wirkliche Kultur ist deswegen bei ihnen oft sehr viel verläßlicher aufgehoben als bei den meisten derjenigen, die ihre Kenntnisse wie ein Aushängeschild vor sich hertragen.

Noch weniger willst du allerdings pauschal über ganze Generationen richten. Soviel Borniertheit und Arroganz bei den Älteren auch verbreitet sein mag, so vielfältig sind die Ausnahmen, die schwer genug ins Gewicht fallen. Bei den Jüngeren stehen Hedonismus, Müdigkeit und Wohlstandsarroganz genausooft dicht neben Engagement, Begeisterungsfähigkeit und Wißbegierde. Unübersehbar bleibt trotzdem, wie sehr es unserer Gesellschaft inzwischen an der ethischen Glaubwürdigkeit gebricht: Der Hase liegt beileibe nicht nur im Pfeffer der Politik begraben, wir alle, an der Spitze vielleicht sogar diejenigen, die einmal zum »Marsch durch die Institutionen« aufgebrochen waren, sind zu faul und selbstgefällig geworden, um Neues zu wagen, um die Kraft zur Kreativität aufzubringen, ohne dabei die Grundlagen von Moral und Anstand zu verlassen.

Schmunzeln mußt du freilich bei der Niederschrift so ernster Anmerkungen, wenn du in deiner eigenen Vergangenheit zurückblätterst, dich an die eigene Nase faßt. Da findest du dann in der hochoffiziellen Eingabe, die du Anfang 1947 an das Berliner Hauptschulamt gerichtet hast, um zur Reifeprüfung zugelassen zu werden, den Hinweis, daß dich in der Türkei neben Mathematik und Physik »hauptsächlich Naturphilosophie und englische Literatur ... sehr stark interessiert« habe, und die beigefügte Liste der gelesenen Autoren macht dich auf Anhieb zaudern, ob darin nicht auch ein wenig großsprecherische Schummelei enthalten gewesen sein mag.

Bei forschendem Bemühen bestätigt sich allerdings deinem Gedächtnis, daß du tatsächlich in deiner Jugend nicht nur alle wesentlichen Teile der klassischen deutschen Theaterliteratur kennengelernt hattest und zumindest recht ordentlich in der Lyrik Bescheid wußtest, sondern daß du, zunächst angeleitet von deiner Lehrerin, dann aber aus eigenem Antrieb, aus eigener Neugier, in der englischen und amerikanischen Literatur des 19. und 20. Jahrhunderts zu Hause warst, von den Brontë-Schwestern über W. Somerset Maugham und Katherine Mansfield bis zu »Point Counter Point« des hochverehrten Aldous Huxley, von Keats und Shelley über Alfred Tennyson bis zu Siegfried Sassoon, daß dir Strophen von Walt Whitman genauso flüssig wie fast das ganze erste Buch von »Paradise Lost« aus dem Gedächtnis über die Lippen kamen.

Auf dem Fuß folgt solcher Erinnerung allerdings die Sorge, ob du wohl gut beraten sein könntest, bei der nächsten sich bietenden gesellschaftlichen Gelegenheit zu erzählen, mit welcher Anteilnahme du abends unter der Bettdecke nicht nur Karl May (da würdest du womöglich zustimmenden Beifall einheimsen), sondern in der »Neuen Zürcher Zeitung« auch die Captain-Hornblower-Romane von C.S. Forester in Fortsetzungen verschlungen, daß du dir von Eric Knight neben »This Above All« eben auch »Sam Small Flies Again« zu Gemüte geführt und das Tagebuch von Captain Robert Scott über seine Antarktis-Expedition, bis hin zu ihrem tragischen Ende, beheult hast: Denn mit der Begeisterung über die Tagebücher des Dichters aus Lübeck könntest du ganz sicher, selbst wenn du es wolltest, nicht mithalten!

*

Ob solche Neigungen und Vorlieben etwas mit überkommenen Veranlagungen zu tun haben, mag zweifelhaft sein. Bestimmt hängen sie hingegen mit frühen Erfahrungen zusammen, die auf meine Eltern zurückgehen.

Mein Vater fühlte sich wohl zeit seines Lebens eher zu Auffassungen und Interpretationen von Kunst hingezogen, die auf der klassischen, humanistisch geprägten Linie des deutschen Bürgertums lagen. Obwohl er sich über dessen persönliche Fragwürdigkeiten durchaus im klaren war, bedeutete Goethe für ihn den unübertrefflichen Höhepunkt dichterischen Schaffens; von Thomas Mann mochte er, trotz allen intellektuellen Vergnügens am »Doktor Faustus«, doch vielleicht am meisten die »Lotte in Weimar«, und in musikalischer Hinsicht erschienen ihm der »Ring« oder die »Meistersinger« als Höhepunkte des Opernschaffens (wobei ich vermute, daß der Stoff dabei für ihn eine Rolle spielte).

Dagegen pflegte meine Mutter ihren Mann gern wegen seiner Konventionalität zu hänseln. Sie hing mit allen Fasern an modernem Theater und moderner Musik: Ernst Křeneks »Jonny spielt auf« lag ihr allemal mehr am Herzen als das, wie sie es nannte, »Eiala-weiala-woga« der Wagnerschen Musik, und obwohl sie gern zuhörte, wenn ihr Mann uns aus dem West-östlichen Divan vorlas, fand sie an dem Jargon von Erich Kästner oder Kurt Tucholsky weit mehr Gefallen als an den ihr tief suspekten Ergüssen Friedrich Nietzsches.

In mir sind wohl diese ein wenig unterschiedlichen Neigungen, die freilich nie Anlaß zu ernsthaftem Zwiespalt gaben, zusammengeflossen, haben mir immer wieder Erlebnisse des Glücks wie der Herausforderung geschenkt. Dazu gehörte regelmäßig die Auseinandersetzung mit belletristischer Literatur. Unter dem Druck der

Papiermengen, deren Lektüre mein Beruf mir aufgezwungen hat, drohte sie in den späteren Jahren manches Mal zu versiegen. Trotzdem konnte und mußte ich sie weiterführen, sonst wäre ich geistig verhungert.

Eher in die väterliche Tradition gehörte da eine überraschende Wiederbegegnung mit Rudolf Hagelstange Mitte der sechziger Jahre in Dubrovnik. Heute ist er wohl weitgehend vergessen, und schon damals zehrte er von frühem Ruhm, der ihn in der ersten Nachkriegszeit bekannt gemacht hatte. Wir trafen ihn ganz zufällig auf der Placa, um anschließend im Café über seine Erfahrungen im Krieg, über seine Dichtung und über seine Bekanntschaft mit Ernst Reuter zu plaudern. Er war ein durch und durch unangepaßter und doch in seiner künstlerischen Auffassung unverkennbar konservativer Humanist, insofern vielleicht meinem Vater besonders verwandt, der vor allem sein »Venezianisches Credo« als eines der bedeutendsten literarischen Werke dieses Jahrhunderts in deutscher Sprache schätzte.

Noch heute trage ich die Zeilen des Dichters in meiner Brieftasche, auf längst vergilbtem Papier, aber unverändert geliebt:

»Hier gingst du oft. Das Auge zog die Linien
der nahen Berge nach.
Du tratest unters Laubendach,
von dem die violette Schleppe der Glyzinien
herabfiel, so als wär dein Stehen
schon damals nur ein Weitergehen,
an dem das Duften sich in Falten brach.
Doch diesmal schlug es stürzend, eine Welle,
zusammen über dir.
Nun hieltest du und wußtest: Hier
war einmal deines Weges eine Schwelle.
Nun wirst du augenblicks schon weitergehen
und, schon gegangen, dennoch stehn und stehen ...
Denn erst Verlorenes besitzen wir.«

Für den bald nach dem Krieg einsetzenden Literaturbetrieb war Rudolf Hagelstange wahrscheinlich zu leise. Sicher aber paßte er nicht in den Strom, in die Mode der Zeit. Lange, fast so lange wie in der bildenden Kunst, hatte man ohnehin warten müssen, bis sich die ersten Pflänzchen schöpferischen literarischen Schaffens wieder zu beleben begannen. »Tauben im Gras« von Wolfgang Koeppen war der erste zeitgenössische Roman, den ich in Berlin las und der mich durch seine eigenwillige Schilderung der Verquickungen und Verstrickungen, denen die Menschen auf der Schwelle zwischen der nazistischen und der heraufziehenden bundesrepublikanischen Ära ausgesetzt waren, bleibend beeindruckte. Viel weniger gilt das bis heute für die Arbeiten von Heinrich Böll, »Billard um halbzehn« oder »Doktor Murkes gesammeltes Schweigen«, die mir später in die Hand fielen: Mit seiner auf mich eher ein wenig dröge wirkenden Anständigkeit hat er sich womöglich das eine oder andere Mal Verdienste um den inneren Zusammenhalt der Gesellschaft, trotz des Nobelpreises aber vielleicht doch weniger um die deutsche Literatur erworben. Da hat die Fabulier- und Sprachkunst von Günter Grass, sosehr mir dessen manches Mal an Ignoranz grenzende politische Überheblichkeit auf die Nerven gefallen ist, doch mit Sicherheit tiefere Furchen gepflügt, auch wenn für mein Verständnis weder »Hundejahre« noch »Der Butt«, sondern allenfalls erst wieder die kleine, aber brillante Erzählung »Das Treffen in Telgte« den Höhepunkt der »Blechtrommel« erreicht hat.

Hinter allem literarischen Aufbruch, der sich immer deutlicher abzeichnete, stand eine Entwicklung, über die ein verläßliches Urteil vielleicht noch nicht zulässig ist: der Einfluß der von Hans Werner Richter ins Leben gerufenen Gruppe 47, die über lange Jahre hinweg künstlerische mit politischen Abwägungen verknüpfte und damit über Erfolg oder Mißerfolg von Autoren entschied. Eine Ausnahmeerscheinung unter den Mitgliedern ist für mich, vielleicht neben Günter Eich, immer Uwe Johnson geblieben, dessen gesamtes Werk ich, von »Ingrid Babendererde« bis zu den »Jahrestagen«, liebe und den ich, neben Friedrich Dürrenmatt auf dem Theater, für den einzigen wirklich originären Dichter deutscher Sprache der Nachkriegszeit halte: Wie kein anderer hat er es vermocht, das Zerrissensein unseres Jahrhunderts in Menschen lebendig zu machen und zu gestalten.

Die fragwürdige Seite der Gruppe 47 wird am Fall eines Mannes besonders deutlich, dem zum Schluß seiner langen Wegstrecke meine besondere Zuneigung gegolten hat: Hans Sahl.

Anfang der neunziger Jahre, nach dem Zusammenbruch des Kommunismus, durch eine kurze Besprechung auf ihn hingewiesen, fand sich unter den von meinen Eltern geerbten Büchern ein schmales Bändchen, »Die hellen Nächte«, mit einer aus dem Jahr

1953 stammenden Widmung für Ernst Reuter. Bald darauf besuchten wir den alten Mann, der fast gänzlich erblindet war, in Tübingen, wo er mit seiner Frau in einer winzigen Wohnung lebte. Geistig völlig ungebrochen, wie er war, erzählte er mit der ihm eigenen Gabe, Ernstes mit Heiterem zu verbinden und sich selbst dabei nicht zu verschonen, bei Kaffee und Kuchen aus seinem Leben. Er sprach vom jüdischen Elternhaus und über die zwanziger Jahre in Berlin, er berichtete von seinen frühen kommunistischen Träumen und der Emigration nach Prag, erinnerte sich an seine Erlebnisse in Frankreich, als er sich trotz großer Gefahren für sein Leben offen von den stalinistischen Verbrechen und damit von der Generallinie der Partei abwandte. Nachdem er geschildert hatte, wie ihm in letzter Minute Varian Fry (wie froh bin ich, daß ich die Berliner Behörden davon überzeugen konnte, wenigstens mit einem Sträßlein an diesen mutigen Schutzengel so vieler deutscher Emigranten zu erinnern!) zu Hilfe gekommen war, um die Flucht von Marseille nach New York zu ermöglichen, schloß er mit der Erwähnung seiner Freundschaft mit George Grosz, aber auch seiner Erfahrung mit anderen Zeitgenossen wie Bertolt Brecht.

Wer nicht genau zuhörte, hätte über der Faszination der Erzählung kaum wahrgenommen, wie bitter eine Episode für ihn gewesen ist, die er nur ganz kurz streifte: daß er bei seiner ersten Rückkehr nach Deutschland im Jahre 1953 mit seinem Lebenswerk auf eisiges Totschweigen gestoßen war; daraufhin hatte er sich entschlossen, lieber wieder nach New York zu gehen und Zeitungsrezensionen zu schreiben, anstatt in Deutschland als Ausgestoßener sein Leben zu fristen. Der Grund für dieses Verhalten von Verlegern und Kollegen, von Rundfunkanstalten und Kritikern war sonnenklar: Hans Sahl, der nie gezögert hatte, sich zu seiner Abkehr vom Kommunismus zu bekennen, war damals »unerwünscht«. Das Werk jedoch, das er hinterlassen hat, wird, auch wenn es sich in seiner Singularität womöglich stilistisch und literaturkritisch nur schwer einordnen läßt, als eines der aufrührendsten Zeugnisse unseres Jahrhunderts Bestand behalten.

1993 ist er im Alter von 91 Jahren gestorben. An seinem Grab habe ich gesagt: »Leiden und Geben – keiner verkörperte das eindringlicher als Hans Sahl, Jude und Deutscher, Schriftsteller und Kämpfer, unnachgiebig und einfühlsam, verletzlich und hart gegen sich selbst, verzweifelt und mutig, Weltbürger und Patriot, entschlossen und weise … Die Botschaft ist klar. Hört nur hin, hört

Hans Sahl war einer jener Intellektuellen, die sich nach 1933 ins Ausland retten mußten. In den letzten Jahren seines Lebens, als er in einer kleinen Wohnung in Tübingen wohnte, habe ich gelernt, ihn und sein Werk zu bewundern. Jude und Deutscher, Schriftsteller und politischer Kämpfer, war er Weltbürger und Patriot auch noch als Achtzigjähriger.
1993 ist er, 91 Jahre alt, gestorben. An seinem Grab dachte ich an seine Verse: »Ich gehe langsam aus der Zeit heraus/ in eine Zukunft jenseits aller Sterne/ und was ich war und bin und immer bleiben werde/ geht mit mir ohne Ungeduld und Eile/ als wär ich nie gewesen oder kaum«.

auf ihn: Gebt niemals auf, glaubt an die Kraft des Geistes, die Kraft des Mutes, die Kraft der Vernunft, die Kraft der Kameradschaft, die Kraft des Vertrauens, die Kraft der Liebe – und kämpft dafür, solange ihr könnt.«

Wie Hans Sahl haben unzählige in unserem Jahrhundert am eigenen Leib erfahren, was es heißt, wenn Utopien der Menschheit, die an ihrem Anfang noch so verheißungsvoll erscheinen mögen, in Revolutionen umschlagen und am Ende unweigerlich ihre eigenen Kinder fressen. Keiner hat dieses Phänomen, das sich in der Geschichte nicht nur einmal wiederholt hat, kenntnisreicher analysiert als Melvin J. Lasky, der Herausgeber des »Monats« und des späteren »Encounter«; auch er ist über Jahre hinweg geschmäht worden als Kommunistenfresser und unverbesserlicher kalter Krieger.

Dabei mag es, ich weiß es nicht, sogar zutreffen, daß der »Monat« irgendwann während der Zeit seines Erscheinens, zwischen 1948 und 1971, durch die CIA subventioniert worden ist. Verwunderlich wäre das nicht, denn Berlin lag nun einmal im Brennpunkt einer existentiellen Auseinandersetzung zwischen demokratischer Freiheit und Diktatur, und wo der KGB sich tummelte, waren sicher die entsprechenden Dienste der westlichen Alliierten nicht fern. Doch deswegen war Mel noch lange kein »Agent«, vielmehr einer derjenigen, deren kluger politischer Analyse und deren entschlossenem Eintreten die Stadt in dieser schwierigen Phase sehr viel zu verdanken hatte. Wie er hat auch Hans Sahl zeitweise von New York aus für den »Monat« gearbeitet, genau wie Arthur Koestler regelmäßig dazu beigetragen hat.

Koestlers frühe Romane, vor allem »Der Yogi und der Kommissar« und »Sonnenfinsternis«, kannte ich natürlich, als dieser faszinierende Mann 1950 anläßlich des »Kongresses für die Freiheit der Kultur« nach Berlin kam und dort für eine eindeutige Abgrenzung auch der Intellektuellen gegenüber allen kommunistischen Versuchungen plädierte; seine Ansprache gipfelte in der ebenso einfachen wie unmißverständlichen Aufforderung: »Deine Rede sei Ja, ja, Nein, nein«. Nicht anders als die anderen ist auch er fortan von allzu vielen in Deutschland offen oder zumindest hinter vorgehaltener Hand geschmäht und soweit wie möglich totgeschwiegen worden, obwohl niemand so einprägsam und unvergeßlich die innere Zerrissenheit der Sinowjews und der Bucharins, der Slanskys und der Rajks dieses Jahrhunderts geschildert und künftigen Generationen als hoffentlich bleibende Mahnung hinterlassen hat. Die Würde seines Freitodes hat den Rang dieses beispielhaften Mannes später erneut unterstrichen.

Noch viele andere Grenzgänger, wenn auch sehr unterschiedlicher Provenienz, habe ich erlebt. Einer davon war Erhard Eppler, der nach vielen Jahren des Nebeneinanders in Stuttgart doch noch, als er zum Vorsitzenden der baden-württembergischen SPD gewählt worden war, den Weg zu einem Gespräch fand. Es fiel mir nicht leicht, seine erkennbare innere Zurückhaltung zu überwinden. Doch dann hatte ich den Eindruck, daß ihn mein Bericht über die Situation der Automobilindustrie und die Sachzwänge, in die sie eingebunden war, zu interessieren begann. Er verabschiedete sich mit der gestelzten Bemerkung, der Gedankenaustausch habe ihm »zugesagt«, er »komme wieder«. Anschließend habe ich nie mehr von ihm gehört.

Ein weiterer, wenn auch vollständig andersgearteter Grenzgänger war Rudolf Bahro, der uns 1980 zu Hause besuchte. Für mich ist dieser Abend vor allem deswegen in Erinnerung geblieben, weil es mich im Anschluß daran schütteln machte, mit welchem Mangel an Zivilcourage Teile der etablierten Gesellschaftskreise der Bundesrepublik auf den Umgang mit dem Ungewohnten zu reagieren pflegten.

Bahro war kurz zuvor unter Zuhilfenahme der damals üblichen Druckmittel des Regimes aus der DDR herausgedrängt worden, weil er unter dem Beifall der westdeutschen Öffentlichkeit ein offen kritisches Buch veröffentlicht hatte, das unter anderem die Unhaltbarkeit des Systems der zentralen Wirtschaftssteuerung nachwies und dabei keinen Hehl daraus machte, welche zerstörerischen Auswirkungen die Planwirtschaft auf die gesamte Umwelt hatte. In der Bundesrepublik war er, wie zu erwarten, zunächst mit großem Beifall aufgenommen worden – bis man merkte, daß er ein versponnener Träumer war, der unverzüglich begann, auch das Wirtschafts- und Gesellschaftssystem der Bundesrepublik zu bemäkeln und teilweise abstruse ökologische Vorstellungen zu entwickeln.

Um so plausibler erschien es mir, als er im Verlaufe unseres abendlichen Gespräches fragte, ob ich ihm nicht eine Möglichkeit eröffnen könnte, bei Daimler-Benz oder Volkswagen einmal für zwei oder drei Wochen die Realitäten eines modernen industriellen Produktionsbetriebes in der Praxis kennenzulernen. Naiv genug, dies in menschlicher wie in sachlicher Hinsicht für eine gute Idee zu halten, gab ich die Anregung am nächsten Tag weiter, nur um Wochen später zu hören, daß die zuständigen beiden Personalabteilungen sie mit allen bürokratischen Finessen dem üblichen Stillschweigen überantwortet hatten.

Zumindest im übertragenen Sinne gibt es also auf allen Gebieten menschlichen Wirkens Künstler wie Komödianten. Dies schließt nicht nur die Politik und die Wirtschaft, sondern auch die Kirchen und beliebige sonstige Würdenträger ein. Die Grenzen sind zudem oft schwer zu ziehen, die Übergänge vage. Ganz besonders gilt das für die Betätigungsfelder des eigentlichen künstlerischen Wirkens, mit denen ich vor allem während meiner Zeit bei der UFA in Berührung gekommen bin.

Kurt Rupli war sterbenskrank, Paul Verhoeven noch nicht bei uns. Die Verantwortung für den Produktionsbereich der UFA lag allein bei mir. Neben den laufenden nervenzehrenden Verhandlungen mit Drehbuchautoren, Regisseuren und den für die Herstellung unserer Filme unmittelbar verantwortlichen Produktionsleitern hatte ich mich von früh bis spät mit den Firmen herumzuschlagen, die Auftragsproduktionen für uns drehten.

Von all ihren Inhabern ist mir vor allem Artur Brauner als unverwechselbare Persönlichkeit in Erinnerung geblieben. Der Nazibarbarei knapp entkommen, hatte er schon sehr bald nach Kriegsende mit der Herstellung von Filmen begonnen und sich in Spandau einen eigenen Atelierbetrieb aufgebaut. Alles, was in dieser hochspekulativen, zumindest damals nur in Grenzen mit modernen Organisationsmethoden betriebenen Branche an Gegensätzen denkbar war, vereinte er in sich: Ernsthafter, ja leidenschaftlicher Idealismus verband sich mit einem instinktiven, zwar keineswegs ausnahmslos, aber doch überwiegend treffsicheren »Riecher« für den Publikumsgeschmack, menschliche Wärme mit knallharter Wahrnehmung seiner kaufmännischen Interessen. All das war angesiedelt in einem komödiantischen Talent, das je nach Bedarf zwischen dem Anschein von Unerbittlichkeit und dem Werben um Mitleid hin- und herspringen konnte. Er war ein Meister im Feilschen um alles, was bei der Filmherstellung eine Rolle spielte, nicht nur um das Geld, das man selbst einsparen oder von Partnern zusätzlich verlangen konnte, sondern ebenso um die Einhaltung von Terminen, die Dauer von Außenaufnahmen oder die Gestaltung des Vor- und Nachspanns.

Freilich war Brauner nicht der einzige, mit dem ich zu tun hatte, denn der Filmverleih der UFA, mit dem wir zusammenarbeiteten, mußte jährlich ein Programm von fünfzehn bis zwanzig Neuproduktionen herausbringen. Entsprechend hoch war der Verschleiß meiner von Natur aus widerstandsfähigen Nerven. Er kulminierte in dem ersten und einzigen Kreislaufkollaps meines beruflichen Lebens. Eines Tages, als ich am Schreibtisch in meinem Büro saß und telefonierte, wurde mir nämlich plötzlich schwarz vor Augen. Es war nichts Schlimmes, nach wenigen Minuten kam ich wieder zu mir, doch der Arzt schärfte mir anschließend eindringlich genug ein, daß der Motor, der uns antreibt, ab und an der Erholung bedürfe; seitdem habe ich, bis heute überwiegend erfolgreich, versucht, die freie Zeit am Wochenende (damals ist die Welt allerdings noch nicht daran zugrunde gegangen, daß es erst am Samstagmittag begann) von beruflicher Arbeit freizuhalten und mich mit anderen Dingen zu beschäftigen, die meine körperliche und geistige Spannkraft erhalten.

Wenn ich mich recht erinnere, war an dem Zwischenfall eine Bagatelle schuld, wie sie im Grunde genommen jeden Tag vorkam. Wir drehten in unseren Ateliers gerade einen Film, in dem die junge, kurz zuvor entdeckte Sabine Sinjen, die sich später zu einer beachtlichen Schauspielerin entwickeln sollte, die Hauptrolle spielte. Ihr Partner, der Argentinier Carlos Thompson, verheiratet mit der international bekannten, gebildeten und künstlerisch anspruchsvollen Schauspielerin Lilli Palmer, sah das freilich anders, denn nach seiner Überzeugung kam allein ihm der Rang des Hauptdarstellers zu. Nun hätte man solche Eitelkeiten, die zudem nicht selten sind, als unerheblich abtun können, wäre es dabei nicht um sehr konkrete Auseinandersetzungen gegangen, die Zeit und damit Geld kosteten: ob der eigene Anteil am Dialog während der Dreharbeiten auch ja nicht ungebührlich gegenüber dem Drehbuch eingeschränkt wurde, ob die Kameras lange und nah genug auf das eigene Gesicht gerichtet und die entsprechenden Großaufnahmen richtig ausgeleuchtet waren, ob der im Atelier plazierte Wohnwagen ausreichende Absicherung gegen Störungen jeglicher Art gewährleistete.

Lautstarker Krach zwischen den unmittelbar Beteiligten – dem Schauspieler, dem Regisseur, dem Kameramann und dem Produktionsleiter – war (und ist wahrscheinlich bis heute) nicht unüblich. Doch in diesem Fall ging es um einen Protagonisten, der sich als internationaler Star wähnte und überdies während der Drehpausen Gedichte zu Papier brachte; ein solcher Mensch konnte sich natürlich nicht mit dem einfachen Volk um sich herum auseinandersetzen, sondern allenfalls mit dem Firmenchef. Das war ich, und so hatte ich im Verlauf dieser Wochen ununterbrochen die Freude, ihn beruhigen und zwischen ihm und seinen Kontrahenten, die gleichfalls keine Kinder von Traurigkeit waren, vermitteln zu müssen.

Die Regisseure waren in der Regel nicht weniger eigenwillig, wenn auch zumeist ungleich disziplinierter in ihrem Verhalten. Das galt vor allem für die bedeutenderen unter ihnen, mit denen ich eng zusammenarbeiten konnte, Wolfgang Staudte und Helmut Käutner. Abgesehen von der beträchtlichen Gage, die sie vor Beginn aushandelten, trat ihr Starrsinn überwiegend in der Vorbereitungsphase des Films zutage, also bei der Abfassung des Drehbuchs, das sie allein oder zusammen mit einem anderen Autor schrieben, bei der schauspielerischen Besetzung und bei der Festlegung des Budgets. Während der eigentlichen Dreharbeiten dagegen herrschten Ruhe und Professionalität.

Käutner war auch im täglichen Umgang der intellektuell brillante, stets auf Aperçus und gescheite Beobachtungen ausgerichtete Mensch, als der er schon aus seiner frühen kabarettistischen Zeit der zwanziger Jahre bekannt war; leider wurden die beiden Filme, die uns besonders miteinander verbanden, »Die Gans von Sedan« mit Hardy Krüger und Charles Aznavour sowie »Schwarzer Kies« mit dem neu entdeckten Helmut Wildt, keine Kassenerfolge. Etwas besser ging es mit der Kurt-Ulrich-Produktion »Rosen für den Staatsanwalt« von Wolfgang Staudte, der geistig zwar weniger leichtfüßig daherkam, mich aber um so mehr durch seinen mit politischem Engagement gepaarten künstlerischen Ernst beeindruckte.

Am Ende dieser kurzen und doch so erlebnisreichen Zeit war ich schließlich besonders traurig, daß eine von Hardy Krüger angeregte Zusammenarbeit mit dem amerikanischen Regisseur Joseph Losey, der zum Opfer der McCarthy-Hysterie in den USA geworden war und dessen künstlerische Intensität mich sofort vereinnahmt hatte, bei der Verfilmung einer israelisch-deutschen Liebesgeschichte nicht mehr zustande kam.

Daneben haben mir die Jahre bei der UFA die Bekanntschaft mit einer Reihe anderer Menschen geschenkt, die ich nicht vergessen habe. Zu ihnen zählen so kraftvolle Persönlichkeiten wie der Drehbuchautor und Produzent Walter Ulbrich oder der französische Firmeninhaber Henri Deutschmeister, zu ihnen zählen aber vor allem zwei der wenigen Freunde, die mir aus dem damaligen beruflichen Umkreis geblieben sind: Werner Mietzner und Hartmut Grund. Der erste, später Mitinhaber der zu Bertelsmann gehörenden UFA Fernsehproduktion, schwerblütiger Mecklenburger, bedachtsam und vorsichtig, verläßlich und warmherzig, mußte vor wenigen Jahren von uns gehen; der andere, erfolgreicher Drehbuchautor und Fernsehproduzent, ebenso sarkastischer wie einfallsreicher Literat, mit unbestechlichem künstlerischem Geschmack gesegnet, lebt und arbeitet bis heute in München.

Sie beide haben die wohl aufregendste Eigenproduktion begleitet, die wir damals bei der UFA gedreht haben: »Das Totenschiff«

von B. Traven. Juristisch einwandfrei abgesichert, hatte uns der Regisseur Georg Tressler die Verfilmungsrechte an dem berühmten und weltweit erfolgreichen Roman des anonym gebliebenen Verfassers verschafft. Es sollte eine sehr aufwendige Produktion mit Horst Buchholz in der Hauptrolle werden. Die Vorbereitungen waren weit gediehen, als bei uns ein unscheinbarer älterer Herr erschien, der sich als beglaubigter Bevollmächtigter des Autors vorstellte und das endgültige Drehbuch abnehmen wollte. Nach einigen nicht allzu gewichtigen Änderungen geschah das auch, und der Herr reiste wieder ab, keinen Zweifel zurücklassend, daß es sich um niemanden sonst als den von so vielen Geheimnissen umrankten Verfasser des Romans gehandelt hatte, den von so vielen Kolporteuren in aller Welt gesuchten Seemann, Goldsucher, Deutschen, Mexikaner, was auch immer, jedenfalls den Abenteurer unserer Zeit ...

Künstler und Komödianten – nahe an der Grenzlinie war das wohl alles angesiedelt. Ich habe gelernt und es hat mir Spaß gemacht. Nur bei zwei Begegnungen war das weniger der Fall: bei Ernst von Salomon und bei Veit Harlan. Theodor Eschenburg hat den Schriftsteller einmal als »unerträglich frech, obszön, kaschemmenhaft, im Auftreten wie ein Zuhälter«, kurz als »widerlich« bezeichnet; ganz so weit würde ich nicht gehen, aber auch ich empfand es – vielleicht beeinflußt durch meine politische Voreingenommenheit – als abstoßend, mit welcher Schamlosigkeit sich der Autor des nicht lange zuvor bei Rowohlt herausgekommenen »Fragebogens« an Kurt Hahne heranschmiß, nicht viel anders als Harlan, der es für geschmackvoll hielt, sich in umfänglicher Suada als Verfolgter des Naziregimes anzubiedern.

Wie auf so vielen anderen Gebieten haben sich auch in der Unterhaltungsindustrie seit den späten fünfziger und den frühen sechziger Jahren die Verhältnisse dramatisch geändert. Das hängt mit technischen Entwicklungen wie dem Heraufkommen des Fernsehens und der Digitalisierung ebenso zusammen wie mit dem immer schneller wachsenden Bedarf nach Produktionen und der sich rapide beschleunigenden Nivellierung des Publikumsgeschmacks rund um die Welt. Alle Bereiche der Unterhaltung, ob Film und Fernsehen oder die Musikproduktion, sind davon erfaßt. Damals kostete die Herstellung eines teuren, international besetzten europäischen Spielfilms vielleicht zwei Millionen Mark, heute wird in Europa von dreißig oder gar fünfzig Millionen Mark, in den USA sogar von Dollarbeträgen in ähnlicher Höhe geredet, ohne daß derartige Zahlen noch besondere Aufmerksamkeit hervorrufen.

Die Firmen, die nicht nur solche Spielfilme, sondern in hochrationalisierter Form auch eine Unzahl von Fernsehproduktionen herstellen oder zumindest finanzieren, sind zu immer größeren Gebilden herangewachsen. Im Vergleich zu früher, als noch schillernde Einzelgänger wie Louis B. Mayer oder David Selznick das Zepter führten, sind damit Organisationen entstanden, die tatsächlich den Namen einer Industrie verdienen. In Europa gibt es wenige, die angesichts der Übermacht von Hollywood noch einigermaßen mithalten können; nur in fremden Sprachräumen wie China oder Indien scheinen bisher Nischen für eigenständige Wettbewerber geblieben zu sein. Im verlegerischen Bereich hingegen – zumindest soweit es um Bücher geht – macht mir die gleichfalls unübersehbare Tendenz zu weltumspannenden Unternehmen weniger Sorge, weil hier der Druck zur Rationalisierung und zur Kommerzialisierung offensichtlich genug Raum für kreative Verleger im traditionellen Sinne des Begriffes läßt.

Der Preis für die Schnellebigkeit unserer Zeit ist jedenfalls in der eigentlichen Unterhaltungsindustrie beträchtlich: Wo gibt es noch Stars wie Glenn Miller, Tommy Dorsey oder Louis Armstrong, wie Spencer Tracy, Katherine Hepburn oder Gary Cooper, die sich über Jahrzehnte hinweg eingeprägt und bis heute nostalgische Erinnerungen zurückgelassen haben? Ich jedenfalls bin dankbar, daß es während meiner ersten Jahre in Berlin noch anders war. Gemeinsam mit meinen amerikanischen Freunden George Bailey, dem Journalisten, und Mortimer (»Monti«) Love, dem, nun ja, Geheimdienstler, frönte ich meiner Vorliebe für Humphrey Bogart und Jimmy Stewart – wenn wir uns nicht an Peter Ustinovs Kabinettstückchen wie dem »Grand Prix of Gibraltar« erfreuten oder bei Balalaikamusik in der »Orient-Bar« Unmengen von Wodka verzehrten.

*

Waren die Jahre bis 1964, deinem Eintritt bei Daimler-Benz, berufliche und menschliche Lehrjahre, so hat der Sport seinen dich prägenden Einfluß bis heute nicht verloren.

Auch hier gab und gibt es, beim sportlichen Wettkampf wie in den unzähligen Organisationen, Künstler und Komödianten, Ernst und Eitelkeit, Spaß und Ehrgeiz, die oftmals so eng nebeneinander angesiedelt sind, daß dem außenstehenden Beobachter, gar dem blinden Verehrer, Unterscheidungen schwerfallen. Das, was du daraus als Erfahrung mitgenommen hast, ist jedoch ganz einfach zu sagen: Nichts anderes kann eindringlicher lehren, mit Anstand und Fairneß zu verlieren, ohne die Niederlage sogleich in einen Sieg umzudeuten, sich damit abzufinden, daß es, im Augenblick oder dauerhaft, jemanden gibt, der besser ist als man selbst.

Natürlich ist es bitter, wenn dein Gegner, genauso erschöpft wie du, im letzten Satz eines langen Tennismatches mit Hilfe eines Netzrollers das entscheidende Pünktchen macht. Nicht weniger bitter ist es, wenn der erste von euch makellose Spuren in den unberührten Tiefschnee legt, während du selbst den Rhythmus zu spät findest und das ganze schöne Bild zerstörst. Genauso bitter ist es, wenn dir im Stechparcours am letzten Sprung ein blöder Fehler unterläuft. Und nicht viel süßer schmeckt es, wenn du während der Segelregatta im Flautenloch hängst, während fünfzig Meter weiter die Konkurrenz munter an dir vorbeizieht.

Das alles gehört zum fairen Wettkampf. Auch wenn du überall nichts als ein kleiner Amateur bist, ein Laie, erscheint dir solche innere Einstellung tausendmal befriedigender als die Selbstbespiegelung, auf Ehrentribünen zu sitzen und hinterher fachkundig mit den Stars, mögen sie Michael Schumacher oder Boris Becker heißen, zu parlieren. Denn vor allem hat sie dich gelehrt, Haltung zu bewahren, nach innen wie nach außen.

Psychologen mögen die Gladiatoren unserer Zeit ermuntern, die eigenen Gefühle, den eigenen – so wird es ja wohl genannt – »Frust« herauszuschreien. Mag sein, daß solches Verhalten für diejenigen förderlich ist, die damit ihr Geld verdienen. Menschliche Persönlichkeit hingegen, davon bleibst du überzeugt, kann sich nur formen, wenn sie rechtzeitig lernt und ihr hier und da bestätigt wird, daß innere Gelassenheit, daß Disziplin bei der Hinnahme unliebsamer Ereignisse Voraussetzung dafür ist, mit anderen Menschen in Anstand und Würde zusammenzuleben. Gottfried von Cramm oder Hans Günter Winkler werden für dich immer sportliche Vorbilder bleiben.

Wer seinen Ehrgeiz, ganz oben auf dem Siegespodest zu stehen, nicht zügeln kann, ist gefährlich. Andächtig standet ihr in Xian vor der ausgegrabenen Armee der tönernen Krieger. Du konntest es fast nicht glauben, als der Direktor des Museums, ein reizender alter chinesischer Archäologe, der die Ausgrabungen geleitet hatte, das

Gatter auf der Besucherempore öffnete und dich, was sonst aus konservatorischen Gründen niemandem gestattet ist, einlud, mit ihm die Treppe hinunterzusteigen, um die Figuren aus nächster Nähe zu betrachten. Zufällig traf sich dein Blick mit dem des jüngeren Kollegen, der dich begleitete und von diesem Beweis besonderen Wohlwollens ausgeschlossen war: Sein Gesicht schien für einen Moment vor Wut, vielleicht sogar vor Haß erstarrt. Vielleicht hättest du dich später rechtzeitig an diese Episode erinnern sollen ...

*

Von den Anfängen meiner sportlichen Begeisterung in der Türkei war schon die Rede.

Tennis stand auch nach der Rückkehr nach Berlin über lange Strecken im Mittelpunkt. In manchen Phasen meiner Ausbildung habe ich vermutlich auf dem Platz und im Clubhaus bei den Zehlendorfer Wespen in der Roonstraße mehr Zeit damit verbracht als mit der Vorbereitung auf den Beruf. Wir spielten in der obersten Spielklasse, mit meinem Doppelpartner und Freund Gernot (»Jenne«) Lindmüller wechselte ich mich, bevor uns jüngere Talente den Platz endgültig streitig machten, sowohl als Clubmeister wie auch in der Spitzenposition unserer 1. Herrenmannschaft ab. Welche unvergleichlichen Schlachten haben wir da geschlagen, wie haben wir Siege gefeiert, ohne uns von Niederlagen aus der Bahn werfen zu lassen ...

Doch nicht nur das Tennis, sondern auch das Reiten und das Skifahren haben ihre Wurzeln schon in der Türkei geschlagen. Mit den Pferden habe ich allerdings in Ankara nur verhältnismäßig kurze, wenn auch intensive Freundschaft geschlossen, als mir die Eltern irgendwann, ich muß dreizehn oder vierzehn Jahre alt gewesen sein, erste Unterrichtsstunden ermöglichten. Bis heute gehört das Reiten zu den Sportarten, die ich mit so großer Begeisterung betreibe, daß vermutlich manch einer meine Teilnahme an ländlichen Springturnieren als verirrten Ehrgeiz eines alten Mannes abtut. Genau wie jede wirklich ernsthaft betriebene sportliche Betätigung, vielleicht sogar eher noch ein wenig mehr, zwingt dieser Sport dazu, sich voll darauf zu konzentrieren, also alle Gedanken an andere Dinge zu verdrängen: Wer sich nicht, körperlich und geistig, loszulassen vermag, kann nicht mit dem Pferd zusammenwirken, kann nicht wirklich reiten.

Von der Jugend an galt dem Sport in vielerlei Gestalt meine Leidenschaft. Tennis habe ich bis zu meinem 30. Lebensjahr auch in hartem Wettbewerb gespielt. Danach hat meine berufliche Beanspruchung nicht mehr genügend Spielraum dafür gelassen. Trotzdem habe ich bis heute Freude am Reiten, am Skilaufen und am Segeln – und dies alles nicht ohne den Ehrgeiz, mich an anderen zu messen. Mit Lothar Späth, Heinz Dürr und Helmut Xander spiele ich auch heute noch gelegentlich Tennis.
Benefiz-Tennismatch im Juli 1984 in Stuttgart-Waldau.

Kaum anders ist es mit dem alpinen Skisport. Am Anfang waren es die Ecksteins, die mich als kleinen Jungen zusammen mit ihren beiden Söhnen Herbert und Peter zu den ersten Versuchen auf Brettern zu einer nahe bei Ankara gelegenen Erhebung mitnahmen. Albert Eckstein war ein bekannter Kinderarzt, seine Frau Erna gleichfalls Ärztin, beide ein ideales Elternpaar, das den Kindern Freiraum ließ, ohne die Zügel ganz aus der Hand zu geben. Ihr beruflicher Kontakt mit Angehörigen der amerikanischen Botschaft sollte sich später für uns Jungen als besonders nützlich herausstellen, eröffnete er uns doch, als wir etwas älter waren, die Möglichkeit, erste Erfahrungen mit Whisky und Camel-Zigaretten zu sammeln, die wir von den Eltern geklaut hatten.

Verglichen mit den heutigen hochmodernen Ausrüstungen waren wir für unser erstes Herumrutschen am Hang wahrhaft vorsintflutlich ausgestattet. Doch trotz Pappschnee, weicher Lederstiefel und abgewetzter Holzkanten reichte es, uns riesigen Spaß zu machen. Bald darauf sollte er in den Ehrgeiz münden, besser zu werden. Es gab die ersten Stahlkanten auf Hickory-Skiern, Kandahar-Bindungen wurden zu begehrten Objekten. Zugleich wurde das Gelände anspruchsvoller, als ein türkischer Bekannter, Celalettin D. Bükey, gleichfalls begeisterter Skifahrer, für uns alle – dazu gehörte auch sein Sohn Erol, heutiger Ehemann meiner Jugendfreundin Destine – Ausflüge zu organisieren begann, die uns im Omnibus zu einem weiter entfernt liegenden Bergmassiv führten, wo zumeist mehr und besserer Schnee zu finden war. Nachdem ich es unter erheblichen Mühen geschafft hatte, mir von einem kleinen Schneider, der noch nie in seinem Leben ein derartiges Kleidungsstück gesehen hatte, unter Verwendung von türkischem Offiziersgabardine eine zünftige Keilhose nähen zu lassen, fanden unsere Exerzitien schließlich ihre Krönung in jenem gemeinsamen Skiurlaub, den Erol und ich 1944 zusammen mit unserem Kumpel Bekir Arpag, der ein für damalige Verhältnisse hervorragender Skifahrer war, auf dem Uludag bei Bursa verbringen konnten.

In der Nachkriegszeit begann ich so bald wie möglich damit, meine Leidenschaft in den Alpen fortzusetzen, zuerst im Kleinen Walsertal, später in Zermatt und in Val d'Isère. Inzwischen sind wir seit mehr als zwanzig Jahren Stammgäste in Zürs am Arlberg, nicht nur, weil wir im »Sporthotel Lorünser« immer wieder mit netten Menschen zusammentreffen, sondern vor allem auch wegen Arnold Auernigg, dem Kärntner Bergführer und Freund, der uns das Fahren im unverspurten Gelände (bis hin zum Hubschrauberurlaub in den kanadischen Cariboos oder Monashees) und die Freude am Tourengehen beigebracht hat.

Segeln ist, jedenfalls bei der Regatta, ein ausgesprochener Mannschaftssport. Jeder ist auf den anderen angewiesen. Verhalten und Handgriffe müssen zueinander passen, denn das Boot und seine Segel, zusammen ein sehr kompliziertes Gebilde, sind unentrinnbar dem ständig – und manchmal sehr überraschend – sich ändernden Einfluß des Windes und der Wellen ausgesetzt.

Oft genug habe ich es bedauert, erst viel zu spät mit diesem so herausfordernden Sport vertraut geworden zu sein, und noch viel besser als bei meinen anderen Neigungen weiß ich, wie gering meine Kenntnisse und Fähigkeiten sind. Da hilft auch nicht die wunderschöne, schnelle Yacht, die Josef (»Sepple«) Martin auf sei-

Vielleicht ist die außerordentliche Konzentration, das ständig geforderte Reaktionsvermögen und die Körperbeherrschung das, was mich am Reitsport besonders fasziniert. Die einen oder anderen mögen es als verirrten Ehrgeiz eines alten Mannes abtun, wenn ich auch als Siebzigjähriger noch nicht von der Teilnahme an ländlichen Springturnieren lassen kann. Jedenfalls hat es mich immer gereizt, daß man nicht wirklich gut reiten kann, wenn man nicht jeden Gedanken an andere Dinge zu verdrängen vermag. Hier: Eine Runde mit dem berühmten Schimmel »Next Milton« im Oktober 1989.

ner Werft in Radolfzell gebaut, oder das perfekte Kohlefaserrigg, das mein Freund Rudi Magg mit seiner Firma »Speedwave« aus Langenargen (zusammen mit Kiel und Ruder) beigesteuert hat; Christian Rau, der andere Seglerfreund aus Konstanz, gibt sich allerdings nicht weniger Mühe als Rudi, uns ein wenig von dem abschauen zu lassen, was beide in ihrer hocherfolgreichen Karriere, gekrönt durch Weltmeisterschaft und Teilhabe am Gewinn des Admiral's Cup, gelernt haben.

Wollte ich einen Vergleich ziehen, wäre Segeln sicherlich diejenige Sportart, die am idealsten all jene Herausforderungen miteinander vereint, die für unsere Zeit charakteristisch sind: höchste Ansprüche an ein komplexes technisches System, körperliche und geistige Leistungsfähigkeit, Umgang mit der Natur, bedingungsloser Mannschaftsgeist.

Diese Überzeugung hatte Daimler-Benz 1992 bewogen, ein ursprünglich von Eckhardt Wagner initiiertes Projekt zu unterstützen, das auf die Förderung des deutschen Seglernachwuchses auf der einen, die Fähigkeit zur Entwicklung und zum Bau von hochmodernen, an der Spitze des internationalen Wettbewerbsniveaus stehenden Yachten auf der anderen Seite zielte. »Aerosail« wurde bald zu einem weltweit anerkannten und beneideten Erfolg. Wir konnten uns vornehmen, nun größere Aufgaben anzugehen, die unserem Haus gewichtige öffentliche Sympathien verschaffen sollten; dazu hätte möglicherweise die Teilnahme an einem der anspruchsvollsten und berühmtesten Wettbewerbe, dem in mehreren Etappen um die ganze Welt führenden »Whitbread Round the World«, zählen können.

Andererseits hätte ein solches Vorhaben, wenn auch verteilt über eine Reihe von Jahren, insgesamt sicher zwischen zehn und zwanzig Millionen Mark gekostet. Das war zwar unvergleichlich viel weniger als der für den Motorsport anfallende Aufwand bei Mercedes-Benz, der sicherlich schon in einem einzigen Jahr eine vielfache Größenordnung erreicht. Im Unterschied dazu handelte es sich freilich kaum um eine unmittelbare Werbung für Produkte des Unternehmens.

Um von vornherein jedem Gerede die Spitze zu nehmen, daß es sich in Wirklichkeit nur um die Förderung einer persönlichen Liebhaberei handele, habe ich deshalb, als mich meine Vorstandskollegen im Frühjahr 1995 in Kenntnis des zu erwartenden Aufwandes baten, mich nach meiner Pensionierung federführend um »Aerosail« zu kümmern, meine Zusage davon abhängig gemacht, daß es sich um einen einstimmigen Wunsch handelt. Wenige Monate später mußte ich dann eher zufällig hören, daß jede weitere Unterstützung eingestellt worden sei. Unter dem Eindruck der bei der DASA erforderlich gewordenen zusätzlichen Personaleinsparungen sowie der nun für das Gesamtjahr erwarteten Verluste war das sicherlich verständlich – und doch der Verzicht auf Früchte, die die vorangegangenen Anstrengungen eines Tages für das gesamte Unternehmen Daimler-Benz abgeworfen hätten.

Das tat freilich meiner Freude darüber keinen Abbruch, daß der sportliche Leiter von »Aerosail«, Jochen Schümann – ein großartiger Sportsmann, der aus der DDR stammt und es nach der Wiedervereinigung lange genug schwer hatte, sich in dem etablierten, durch Intrigen und Eigeninteressen gekennzeichneten westdeutschen Verbandsbetrieb zurechtzufinden –, zusammen mit seinen Mannschaftskameraden Bernd Jäckel und Thomas Flach 1996 bei den Solingwettbewerben vor Savannah die olympische Goldmedaille holte.

Vorher hatte ich, außer für einen Kurzbesuch 1992 in Barcelona, nie Zeit gehabt, als Zuschauer an olympischen Spielen teilzunehmen. Die anschließenden Tage als Gast des Internationalen Olympischen Komitees in Atlanta haben mir bestätigt, wie gut ich immer beraten war, mich von einem engeren Umgang mit den Sportfunktionären fernzuhalten. So locker, so verbindend der Umgang der Athleten untereinander auch sein mag, so abstoßend wirkt der Pomp und die eitle Selbstbespiegelung, die in diesen Kreisen vorherrschen.

Natürlich bin ich mir darüber im klaren, daß Juan Antonio Samaranch oder Primo Nebbiolo Vorsitzende von Vereinigungen sind, die keineswegs nur auf Völkerverständigung und Frieden, sondern zumindest genauso auf kommerziellen Erfolg zielen. Unverkennbar ist dennoch, daß die olympische Idee in sehr akuter Weise Gefahr läuft zu verkommen, wenn sie nicht bald aus dem Würgegriff von Funktionären aus aller Herren Länder befreit wird, die sich auf Kosten junger Menschen ein gutes Leben machen. Warum allerdings sollte da anderes gelten als in weiten Teilen unserer Gesellschaft überhaupt?

In diesem Sinne war Willi Daume, jahrzehntelang Präsident des deutschen Nationalen Olympischen Komitees, eine Persönlichkeit, die wie ein Fossil aus der Vergangenheit herausragte. Im breiten hu-

Willi Daume war jahrzehntelang Präsident des Nationalen Olympischen Komitees, eine Persönlichkeit, die wie ein Fossil aus der Vergangenheit herausragte. Sein Meisterwerk waren die Olympischen Spiele 1972 in München, die so traumhaft leicht begannen und mit der Tat der palästinensischen Terroristen so schrecklich endeten.
Hier bei den Spielen in Barcelona 1992; in der Mitte Matthias Kleinert.

manistischen Sinne gebildet, war er zum Schluß, vielleicht nicht ohne eigenes Zutun, ein einsamer, allein gelassener, bedauernswerter alter Mann geworden. Und doch verkörperte er etwas, was heute kaum noch irgendwo gefragt zu sein scheint: die Durchdringung kommerzieller Belange mit Menschlichkeit und Geist.

Mit niemandem habe ich mich so gut verstanden wie mit ihm, als wir gebeten wurden, an der Bewerbung von Berlin für die Spiele des Jahres 2000 mitzuwirken. Der Ablauf und das Ergebnis waren niederschmetternd. Immerhin bin ich auch nachträglich noch sicher, daß Eberhard Diepgen und ich in der Präsentation unserer Bewerbung in Monaco vor allem dank der Mitwirkung von zwei Sportlerinnen eine rundum gute Figur gemacht haben; bei den Vorbereitungen dafür hat mich jedenfalls Franziska van Almsick durch ihre jugendliche, hie und da gar bockige Eigenwilligkeit fast genauso belustigt, wie mich Steffi Graf durch ihr aufgeschlossenes, wenn auch durch ständige Interventionen ihres Vaters unterbrochenes Interesse für Dinge, die nichts mit ihrem Sport zu tun haben, beeindruckte.

Ob es allerdings gut gewesen wäre, wenn Berlin anstelle von Sydney die Ausschreibung gewonnen hätte, möchte ich inzwischen bezweifeln. Ähnlich geht es mir, wenn auch aus anderen Gründen, im Rückblick auf meine sich im nachhinein als leichtfertig erwiesene Bereitschaft, Bundeskanzler Kohl die Mitwirkung an Bestrebungen der Wirtschaft zuzusagen, die deutschen Sportorganisationen in sinnvoller Weise neu zu strukturieren und auf diese Weise dazu beizutragen, daß sich die Chancen der jungen Sportler auf internationale Spitzenplätze endlich wieder entscheidend verbessern.

*

Wenn du also die darstellenden Künste, die schöngeistige Literatur und den Sport seit deiner Jugend als die drei Seiten jenes gesellschaftlichen Phänomens erlebt und empfunden hast, das man gemeinhin als Kultur bezeichnet, so hängt dies selbstverständlich mit durchaus subjektiven Wertungen zusammen: Für dein eigenes geistiges und körperliches Wohlbefinden, du sagtest es schon, war und ist es kaum vorstellbar, ohne sie auszukommen.

Das gilt nicht weniger für eine weitere Erscheinungsform von Kultur: die bildenden Künste. Zu ihnen zählen die Malerei und die Plastik, der Städtebau und die Architektur. Vermutlich geht auch das auf frühe Einflüsse aus dem Elternhaus zurück.

*

So erinnere ich mich lebhaft an die Begegnungen in Istanbul mit Martin Wagner, dem früheren Stadtbaumeister von Berlin, mit dem Ernst Reuter bis zu seinem Weggang nach Magdeburg eng zusammengearbeitet hatte und dessen Ablehnung, nach dem Krieg zurückzukehren, um die alte Aufgabe neu zu übernehmen, meinen Vater so sehr enttäuschen sollte. Die vielen Berichte und Diskussionen, die im Elternhaus über die Konzeption moderner Städte auf der Tagesordnung standen (nicht zuletzt über das, was in der Nachkriegszeit gemeinhin als »sozialer Wohnungsbau« bezeichnet wurde), klingen bis heute in meinen Ohren nach; die »Grundlagen des Städtebaus« von Raymond Unwin, mit seinem Plädoyer für einen behutsamen Umgang mit gewachsenen Strukturen, oder die

Thesen von Lewis Mumford über die menschengerechte Gestaltung des architektonischen Umfeldes in modernen Städten habe ich verschlungen, über die idealistischen Utopien von Le Corbusier den Kopf geschüttelt.

Nicht weniger deutlich steht mir jener Nachmittag am Bosporus vor Augen, als Bruno Taut den Eltern auf der Terrasse seines Hauses voller Begeisterung von seinem vorangegangenen Aufenthalt in Japan erzählte und dies mit wunderschönen Architekturzeichnungen aus eigener Feder unterlegte, bevor die Sprache auf die Siedlungsbauten in Berlin – vor allem Onkel Toms Hütte – kam. Viele von ihnen waren Ende der zwanziger Jahre in enger Zusammenarbeit zwischen ihm und Ernst Reuter entstanden, dem damaligen Stadtrat für Verkehr, verantwortlich für den Ausbau des U-Bahn-Netzes in die Stadtperipherie. Manche Träume jener Zeit, nicht zuletzt die als so segensreich erstrebte Trennung von Arbeit und Wohnen, mögen sich später als Irrweg erwiesen haben. Dies gilt vor allem für viele Ausprägungen des Wiederaufbaus nach dem Krieg bis hin in die fünfziger und sechziger Jahre, als freilich noch niemand die zerstörerischen Auswirkungen des explodierenden Mobilitätsbedarfs vorhersehen konnte. Trotzdem bleibt es unvergeßlich für mich, mit welcher Ernsthaftigkeit in der Zeit der Weimarer Republik darum gerungen wurde, das Leben der Menschen vom Druck der Metropolen und der ungezügelten kapitalistischen Immobilienspekulation zu befreien.

Tiefenpsychologisch könnte es im übrigen ein allgemein lohnendes Thema sein, gelegentlich darüber nachzudenken, warum Städtebau und Architektur viele Menschen (Hitler nicht ausgenommen), die beruflich später ganz andere Wege gingen, so besonders faszinieren. Bei mir selbst haben jedenfalls die Einflüsse und Erlebnisse der frühen Jugend bewirkt, daß ich mich solchen Neigungen nie wieder ganz entziehen konnte. Das gilt bis ins einzelne: etwa für die Frage der Farbgestaltung in der Architektur, die von Bruno Taut so stark beeinflußt worden ist, ebenso wie durch den Bauhausmeister Hinnerk Scheper, nach dem Kriege Landeskonservator in Berlin; mit ihm und seiner Frau Lou Scheper-Berkenkamp haben sich nicht nur meine Eltern, sondern auch ich mich besonders verbunden gefühlt.

Sollte überhaupt eine derartige Trennlinie zulässig sein, stellt natürlich die Gestaltung eines ganzen Stadtbildes den Architekten vor noch weit komplexere Herausforderungen als das Entwerfen einzelner Bauten. Einen Vorgeschmack davon habe ich bekommen, als es um den Neubau des Verwaltungszentrums von Daimler-Benz in Stuttgart-Möhringen ging.

Mit dem leitenden Architekten Rudolf Maschlanka waren wir uns einig, daß es sich keinesfalls um ein pompöses, die Mitarbeiter oder Besucher erdrückendes Bauensemble handeln dürfe. Das ist uns später von Kritikern allen Ernstes mit dem Argument zum Vorwurf gemacht worden, unser Verzicht auf Gigantomanie sei durch nichts anderes als durch Heuchelei bestimmt. Das Gegenteil war der Fall: Es ging nur darum, daß sich die Menschen, die mit uns in Berührung kommen, wohl fühlen sollten. Deswegen sind die einzelnen Gebäude so bemessen, daß sich diejenigen, die darin arbeiten, gegenseitig von Angesicht zu Angesicht kennen, miteinander kommunizieren können. Zudem ist die ganze Anlage darauf angelegt, daß man sich darin entspannen und flanieren kann. Ich bin fest davon überzeugt, daß das gute Arbeitsklima (manche außenstehenden Neider haben daraufhin schnell von »Bad Möhringen« gesprochen), das hoffentlich bis heute dort zu Hause geblieben ist, wesentlich mit dieser Gestaltung zusammenhängt.

Um so größer ist meine Hochachtung, die ich seitdem für einen der einschlägigen »Großkritiker«, Mitarbeiter einer angesehenen Wochenzeitung, empfinde. Er hatte die fertige Anlage, ohne sie je von innen gesehen, geschweige denn sich über das Konzept informiert zu haben, bis ins Detail verrissen. Als seine Herausgeberin sich einige Zeit später bei einem Besuch spontan begeistert äußerte, lud ich ihn unter Hinweis darauf zu uns ein; das trug mir den hämischen Bescheid ein, das Musical »Cats« in Hamburg sei ein riesiger Publikumserfolg, woraus jedoch nicht folge, daß es sich um eine gute Oper handele. Für ihn war es also völlig belanglos, wie sich die Menschen in einem Gebäude fühlen, solange nur die Architektur nach seinem Befund »gut« ist ...

Mitte 1987 habe ich einmal versucht, meine Überlegungen zum Städtebau und zur Architektur in einem Vortrag im Rahmen der »Berliner Lektionen« zusammenzufassen:

»Die Kritik an der Unwirtlichkeit unserer Städte hat wahrlich gute Gründe. Aber kann man jene weithin unstrittige Unvernunft, die alte Baukunstwerke durch neue Betonkisten und bewohnbare Stadträume durch die Öde von Schlafquartieren ersetzt hat, wirklich einfach dem neuzeitlichen Rationalismus oder, etwas camoufliert, dem Fortschrittsgeist anlasten?

Die meisten modischen Autoren pflegen zwar bei ihrer Kritik das Bauhaus selbst und seine Ideen auszuklammern, indem sie nur seine unbedarften Adepten für die städteplanerischen Missetaten und architektonischen Barbareien unserer Zeit verantwortlich machen. Und doch klingt in jenen sich so schöngeistig und geschichtsbewußt gebenden Wiederentdeckungen überkommener Stadtkulturen immer wieder der Vorwurf durch, das konzeptionelle Denken und Bauen der großen Anreger der zwanziger Jahre lasse sich eben doch auf den alleinigen Gebrauch des rechten Winkels und der Geraden, auf das nackte Zweckkalkül und die Anbetung von Zement reduzieren ...

›Schön und praktisch bauen! Schluß mit der kalten Zweckmäßigkeit‹ – das ist nicht etwa eine aktuelle Erfindung, es ist die Überschrift einer 1930 veröffentlichten Stellungnahme von Mies van der Rohe. Was war denn nackter Rationalismus an der Onyxwand des Barcelona-Pavillons? Nur weil es eine gerade Wand war? Nein, Schmuck, Atmosphäre, Liebe zu den nicht zweckgerichteten Ansprüchen der Menschen an den Gebrauch von Gebäuden waren den Vätern der Bauhaus-Architektur nicht fremd, im Gegenteil: Sie waren Mittelpunkt und Ziel ihres Strebens. Das schöne Alte galt den meisten von ihnen von Herzen und Überzeugung als bewahrenswert.

Allerdings waren diese Meister radikale Gegner von Historismen, und insoweit entsprachen sie den funktionalen Anforderungen ihrer Zeit. Das frühe Industriezeitalter mit seiner beispiellosen städtischen Dynamik erlaubte nämlich nicht mehr einen feinfühligen, behutsam tastenden Eklektizismus, der zugleich die Schönheitsprinzipien der Griechen, die Inbrunst der Gotik und das Maß der Renaissance mit den Lebensabläufen seiner Zeit harmonisch zu vereinen wußte.

Und doch steht fest, daß diese bedeutendste geistige Strömung der Architektur in unserem Jahrhundert genau eines nicht liefern wollte: fertige Gebrauchsanweisungen für geschlossene, einem einheitlichen ästhetischen Konzept unterworfene Stadtensembles.

Natürlich scheinen radikale Vorwürfe auf der Hand zu liegen, schaut man auf die Zeugnisse ihres praktischen Wirkens, etwa jene Trabantensiedlung im Süden Berlins, die den Namen von Walter Gropius trägt. Wolf Jobst Siedler beklagt denn auch ›das wüste Gemäuer, das einmal Berlin war‹, entstanden nicht allein durch den Krieg, sondern zuletzt durch eine ›kommerzialisierte Vulgärmoderne‹. Sehr einverstanden mit solchem Urteil dieses kulturhistorisch singulär gebildeten Mannes, dem wir heute, in ruhigerem städtebaulichem Fahrwasser, durchaus einiges zugeben müssen, was er früh genug in die Wüste gerufen hat. In der Tat wäre Stadtreparatur, auch Restauration, vielfach besser gewesen. Dennoch: müssen wir uns nicht eingestehen, daß wir alle ein Bild von Stadt mit uns herumtragen, in dem das Ende überlieferter Urbanität noch immer nicht verarbeitet ist?

Ich meine, die vor rund hundert Jahren auch in Deutschland entstandene Notwendigkeit, Städte nicht mehr wachsen lassen zu können, sondern planen zu müssen, hat uns die Chance genommen, von der Geburt neuer Städte, atmosphärisch so dicht wie Siena und im Maß so human wie Potsdam, noch träumen zu dürfen. Schaut man indes genau hin, sieht man, daß bereits in den historischen Städten, die wir meinen, viele Zufälle zusammenkommen mußten, damit überragende Genies wie der preußische Baumeister eine die Zeiten überdauernde Wirkung entfalten konnten.

Seit mittelalterliche Statik und vorindustrielle Gemächlichkeit einem bis dahin ungekannten Lebensrhythmus gewichen sind, stößt alle jetzt notwendige Planung an eine unüberwindliche Grenze: es wird nie mehr möglich werden, durch gezieltes Handeln der Sehnsucht nach dem harmonischen Arkanum im Winkel eine neue Zukunft zu schaffen. Die Lösung auf Zeit, die Manifestation von Widersprüchen, die der Antwort harren, sind das wahre Gesicht der Moderne. Heimat ist nicht von ungefähr längst ein vielfach gebrochener Begriff geworden ...

Wer, bitte, hat denn heute die fehlenden Antworten? Wer bietet das Wissen, mit dem wir ebenso unerwünschte wie unvorhersehbare Nebenfolgen von Stadtentwicklung abwehren können?«

Schneller als gedacht sollte mich die Last einholen, diese Überlegungen in die Tat umsetzen zu müssen. Es war wohl im Frühsommer 1989. In Berlin regierte eine rot-grüne Koalition unter Walter Momper. Schon seit einiger Zeit hatte ich begonnen, mir Gedanken zu machen, in welcher Weise unser Konzern ein deutlich sichtbares Zeichen der Zuversicht in die wirtschaftliche und politische Zukunft der Stadt setzen könnte. Unverzichtbare Voraussetzung mußte selbstverständlich eine betriebswirtschaftlich zu rechtfertigende Investition sein, nicht anders, als es für den seit Jahren konsequent betriebenen Ausbau des Werkes in Marienfelde und der Verkaufsniederlassung am Salzufer gegolten hatte. Als ideale Lösung schwebte mir vor, gewisse Leitungsfunktionen des Konzerns nach Berlin zu verlegen, um auf diese Weise der Austrocknung entgegenzuwirken, die in der Nachkriegszeit so stark um sich gegriffen hatte.

Da selbst unter Berücksichtigung der im Gange befindlichen Neustrukturierung des Konzerns eine zusätzliche Verlagerung von vorhandenen industriellen Fertigungen von vornherein ausschied, konzentrierte ich mich bald auf die Möglichkeit eines Immobilienprojektes, in dem die Leitung des im Entstehen begriffenen neuen Unternehmensbereiches für Dienstleistungen, der späteren debis, neben möglicherweise weiteren nicht in Stuttgart angesiedelten Verwaltungsaufgaben (einschließlich der Zentrale der AEG) angesiedelt werden könnten.

Gemeinsam mit Peter-Hans Keilbach, der inzwischen das Werk Marienfelde leitete, machte ich mich auf die Suche nach einem geeigneten Areal. Zunächst konzentrierte sich unser Interesse auf das »Lenné-Dreieck« am Potsdamer Platz, bis sich herausstellte, daß die dortigen Eigentumsverhältnisse hoffnungslos unklar waren. Mit wesentlich geringerer Begeisterung zogen wir daraufhin ein vom Senat zur Diskussion gestelltes Grundstück am westlichen Rand des Tiergartens, das »Klingelhöfer-Dreieck«, in Betracht, bis wir uns entschlossen, eine anderweitige Möglichkeit am Potsdamer Platz zur Diskussion zu stellen, mit der sich der Senat bereits in der vorangegangenen Regierungszeit beschäftigt und auf die mich Eberhard Diepgen aufmerksam gemacht hatte. Obwohl die Lage unmittelbar an der Mauer angesichts unserer grundsätzlichen Zielsetzung hoch attraktiv schien, stellte sich jedoch bei näherem Hinsehen bald heraus, daß das Areal für unsere eigenen Zwecke viel zu groß war. Trotzdem nahmen wir konkrete Gespräche mit dem Senat auf.

Es würde ein weiteres Buch füllen, ihren Verlauf im einzelnen zu schildern (zumal Ende 1990 ein erneuter Regierungswechsel stattfand). Jedenfalls dauerte es bis Juli 1990, ehe unsere längst grundsätzlich erklärte Bereitschaft, federführend die gesamte Bebauung zu übernehmen, in ein endgültiges Vertragswerk umgesetzt werden konnte; ein Verfahren vor der Europäischen Kommission in Brüssel schloß sich an. Am Ende standen wir vor der Herausforderung, die Verantwortung für die Planung und Realisierung eines in der Mitte der inzwischen wiedervereinigten Stadt gelegenen neuen und doch durch eine einmalige geschichtliche Tradition geprägten

Stadtviertels mit einer Mischung von Wohnungen, Gewerbefläche und Büros zu tragen.

Im Sommer hatte der Senat beschlossen, für die Bebauung des mehr als sechs Hektar großen Geländes einen städtebaulichen Wettbewerb auszuschreiben. Weder an der Auswahl der eingeladenen Teilnehmer noch am Preisgericht waren wir selbst beteiligt; daher konnte es kaum verwundern, daß sich nicht nur die Durchführung hinzog, sondern auch das Ergebnis für uns wirtschaftlich kaum akzeptabel schien.

Bei den sich anschließenden Verhandlungen über eine zumindest beweglichere Anwendung der vorgesehenen Auflagen konnten wir uns auf einen überzeugenden Gegenentwurf des englischen Architekten Richard Rogers stützen, dem angesichts seines großen internationalen Rufes niemand Behutsamkeit im Umgang mit der Geschichte oder Bewußtsein für die Urbanität des neuen Quartiers absprechen konnte. Trotzdem dauerte es bis zum Frühjahr 1992, bis alle Einzelheiten geklärt waren und der eigentliche Bebauungswettbewerb endlich beginnen konnte.

Zusammen mit meinem Kollegen Manfred Gentz, damals Vorstandsvorsitzender der debis, der seitdem mit entschlossener Zähigkeit seine Hand über das Projekt gehalten und es über ständig neue Gefährdungen hinweg betreut hat, und mit Werner Breitschwerdt, den ich von Anfang an um die technische und organisatorische Begleitung gebeten hatte, wartete ich mit Spannung auf das Ergebnis. Es hat mir die Bekanntschaft und die Zusammenarbeit mit einem Mann beschert, den ich als einen der bedeutendsten Baumeister der Nachkriegszeit schätze: Renzo Piano.

Schon bei unserer ersten Begegnung, als wir darüber berieten, welche Architekten wir mit dem Entwurf für die einzelnen Gebäude beauftragen sollten, stellten wir fest, daß wir in jeder Hinsicht die gleiche Sprache sprachen. Vor allem waren wir beide davon überzeugt, daß die Menschen, die in einer Stadt leben und arbeiten sollen, nicht in das Korsett abstrakter Wunschträume oder gar irgendwelcher Ideologien geschnürt werden dürfen. Schnell und ohne große Worte kamen wir deswegen überein, daß die Baumassen und ihre Proportionen nur ein Gesetz kennen dürfen, nämlich das humane Maß, und daß zwischen der Gefahr eines chaotischen Fassadenwirrwarrs auf der einen, der Langeweile einer einheitlichen Vorgabe auf der anderen Seite durch behutsame Abstimmung des äußeren Erscheinungsbildes der Gebäude ein Mittelweg gefunden werden muß.

Fortan hat Renzo es mit tatkräftiger Unterstützung seines für die technische Planung und Ausführung verantwortlichen deutschen Partners Christoph Kohlbecker meisterhaft verstanden, mit seinen Kollegen Arata Isozaki, Raphael Moneo, Hans Kollhoff, Richard Rogers, Ulrike Lauber und Wolfram Wöhr (nur Oswald Mathias Ungers ist abgesprungen) über alle Auseinandersetzungen im Detail hinweg zu einem wirklichen Team zusammenzuwachsen, das zum Schluß eine in diesem Jahrhundert einmalige städtebauliche und architektonische Herausforderung erfolgreich bewältigt haben wird. Es bleibt zu hoffen, daß der wirtschaftliche Erfolg zeitlich nicht länger hinter den Planungen und Projektionen zurückbleibt, als es mangelnde unternehmerische Geduld zulassen kann ...

Zumindest im übertragenen Sinn gilt ähnliches für die Sammlung moderner und zeitgenössischer Kunst, die wir seit den frühen siebziger Jahren bei Daimler-Benz aufgebaut haben. Der Rang, der ihr inzwischen zukommen dürfte, wird vielleicht am eindrucksvollsten in der großen Eingangshalle der Konzernzentrale in Stuttgart sichtbar, deren lichte Architektur so vollendet mit der großartigen Plastik von Walter de Maria, der »Fünf-Kontinente-Skulptur«, zusammenklingt; die tonnenschweren weißen Steine waren ursprünglich als flächendeckende Installation in einem säulengetragenen Saal der Staatsgalerie installiert, bevor wir sie auf Anregung von Peter Beye, dem damaligen Direktor des Museums, für uns erwerben konnten und der Künstler sie zu dem riesigen Kubus umgestaltete, der soviel Schönheit, Ruhe und Erhabenheit ausstrahlt. Eine der letzten Arbeiten von Jean Tinguely, um deren Ankauf Manfred Gentz – der die Betreuung der Sammlung von mir übernommen hat – wohl lange kämpfen mußte, wird hoffentlich im Atrium des Verwaltungsgebäudes der debis am Potsdamer Platz eine vergleichbare, wenn auch künstlerisch ganz und gar andersgeartete Bedeutung erlangen können.

Die Anregung zu der Kunstsammlung geht ursprünglich auf Hans-Burchardt von Harling zurück, einen ehemaligen Assistenten von Joachim Zahn. Zusammen hatten wir mehr oder minder unter der Hand und »auf dem kleinen Dienstweg« damit begonnen, die eine oder andere Arbeit abstrakter Maler aus dem schwäbischen Umfeld anzukaufen. Der Galerist Dieter Müller-Roth bot uns dann eines Tages ein eindrucksvolles Bild von Willi Baumeister an, das in seiner Komposition und Thematik ideal zu unserem Unternehmen zu passen schien. Nach langem Zögern wagte ich schließlich, es dem versammelten Vorstand vorzustellen und den Ankauf zu empfehlen; seitdem nimmt es einen bedeutenden Platz in der Sammlung ein, für deren weiteren Aufbau ich freie Hand erhielt. Die unmittelbare Betreuung gab von Harling nach seiner Ernennung zum Geschäftsführer unserer in Zürich angesiedelten Tochtergesellschaft an meinen Nachfolger im Hauptsekretariat, Hans-Jörg Baumgart, ab, der bis heute als Kurator dafür verantwortlich ist.

Bei der Gesamtkonzeption ebenso wie bei wichtigen Ankäufen ließen wir uns natürlich fachkundig beraten, zumeist von Karin von Maur, der Leiterin der Abteilung für Malerei des 20. Jahrhunderts in der Staatsgalerie. Die eigentlichen Schwerpunkte haben wir jedoch nach sorgfältiger Abwägung selbst gesetzt: Sie liegen bei der konstruktiven und konkreten Malerei sowie neuerdings auch bei zeitgenössischer Kunst im engeren Sinne des Wortes. Als besonders fruchtbar erwies sich dabei eine jahrelange Zusammenarbeit mit Max Bill, die mit dem Erwerb einiger seiner wichtigen Arbeiten begann und ihren Höhepunkt darin fand, daß dieser unbestechliche, freilich auch durch einen gehörigen Schuß schweizerischer Dickköpfigkeit ausgezeichnete Künstler, einer der Großen unseres Jahrhunderts, den zentralen Hof der Möhringer Anlage gestaltete und dafür eine der schönsten und höchsten seiner durch ihre strengen Farbakkorde wirkenden Stelen schuf. So holte mich auch hier, über den Umweg der von Otl Aicher konzipierten und von Max Bill mitgeprägten, leider von einem kurzsichtigen Landesparlament 1972 aufgelösten Hochschule für Gestaltung in Ulm, das Bauhaus wieder ein, dem sich meine Eltern seit den zwanziger Jahren so eng verbunden gefühlt hatten.

Schlemmer und Kandinsky, Klee und Feininger, Albers und Moholy-Nagy sind mir von jung an durch unzählige Erzählungen und Diskussionen vertraut geworden, nicht weniger als durch die nach heutigen Maßstäben sicherlich nicht besonders werkgetreuen Wiedergaben in den Bildbänden der elterlichen Bibliothek. Genauso war es mit dem »Blauen Reiter« oder mit der russischen Avantgarde, zu der ich mich, sowohl in ästhetischer Hinsicht als auch aufgrund ihrer idealistischen Zukunftsbegeisterung, besonders hingezogen fühlte; eine allegorisch gemeinte Wiedergabe des »Scherenschleifers« durch die spanische Malergruppe Equipo Crónica mit dem programmatischen Zusatz »Malevich afila el cuchillo para cortar con el pasado« (»Malewitsch schleift das Messer, um die Vergangenheit abzuschneiden«) bildet noch heute eine Art Leitmotiv unserer privaten Bildersammlung.

Auch hierfür waren wohl eher die Neigungen von Hanna Reuter bestimmend, während die Reproduktionen an den Wänden der elterlichen Wohnung die Grenzen kennzeichneten, an die sich der Vater vorgewagt hatte: französische Impressionisten und, einen letzten Schritt weiter, van Gogh und Cézanne (nicht zu vergessen die geliebte Kopie der Goethe-Büste von Martin Gottlob Klauer auf seinem häuslichen Schreibtisch). Bei alledem gab es eine beiden Eltern gemeinsame Wetterscheide: den Kubismus, Braque und vor allem Picasso.

Zwar konnten sie die Entwicklungslinie, die dazu geführt hatte, natürlich mit dem Verstand nachvollziehen, doch ihr Empfinden war womöglich noch nicht soweit, sich ihr zu öffnen. Zum Teil mag das daran gelegen haben, daß sie die Bilder dieser Künstler kaum je im Original gesehen hatten. Im Falle von Picasso überwogen jedoch angesichts der Breite seines Talents auch die Zweifel, ob es sich nicht doch um einen genialen Scharlatan handeln könnte; daß es sich um den bedeutendsten bildenden Künstler unseres Zeitalters handelte, wäre ihnen jedenfalls nicht in den Sinn gekommen. Heute, nach den um die Welt gegangenen Retrospektiven seiner Werke, gehört diese Erkenntnis zum fast schon wieder verdächtigen Allgemeingut.

Vielleicht noch mehr als für alle anderen Hinweise bin ich meiner Mutter dankbar dafür geblieben, daß sie mich an Piet Mondrian herangeführt hat. Seine frühen, noch gegenständlichen Arbeiten habe ich erst viel später kennengelernt; trotzdem hat mich die gefühlsbetonte Sensibilität ihrer Komposition und ihrer Farbgebung nie überrascht, denn seine auf den ersten Blick geometrisch wirkenden abstrakten Bilder, für die er – bis hin zum Höhepunkt des »Broadway Boogie-Woogie« – berühmt geworden ist, waren für mich von Anfang an alles andere als kalte, an die reine Ästhetik des Farb- und Formgefühls appellierende Konstruktionen, sondern Ausdruck einer sich unmittelbar auf den Betrachter übertragenden tiefen Emotionalität. Sehr grundlegend unterschied er sich damit von den eigentlichen konstruktiven Malern, von Max Bill, Richard Paul Lohse oder Camille Graeser, aber auch von Karl Gerstner, den ich künstlerisch wie menschlich besonders schätze, so daß es mir kaum verwunderlich erscheint, wenn gerade Bill mit seinen Vorbehalten gegenüber Mondrian nicht hinter dem Berg zu halten pflegte.

Doch das waren und sind unterschiedliche Positionen, die an der grundsätzlichen Übereinstimmung nichts ändern, wonach die abstrakte Malerei und Bildhauerei unserem Zeitgefühl zumindest in gleicher Weise gerecht zu werden vermag wie die gegenständliche Kunst, die mit dem Aufkommen der Photographie in der zweiten Hälfte des 19. Jahrhunderts und dem Erstarren in der Salonmalerei an ihrem Ende angelangt schien. Ich vermute sogar, daß ihre noch nicht allzulange zurückliegende Wiedergeburt – nicht zuletzt in den spezifischen Formen eines neuen deutschen Expressionismus oder der inzwischen am Kunstmarkt etablierten »Großmaler« Georg Baselitz, Markus Lüpertz und Anselm Kiefer, aber auch bei so wichtigen Einzelgängern wie Gerhard Richter – nur durch die Vorstöße, Wagnisse und Erfahrungen der abstrakten Künstler möglich geworden ist. In gewisser Hinsicht könnte es sich also um eine Art synthetischer Auflösung jenes Konflikts mit dem Kunsthistoriker Will Grohmann handeln, der Karl Hofer, den Maler und Rektor der Hochschule der Künste in Berlin, unmittelbar nach dem Ende des Zweiten Weltkrieges in so große Vereinsamung und Verbitterung getrieben hat.

In Wirklichkeit ist eben die Kunst, und das gilt für alle ihre Ausdrucksformen, zu keinem Zeitpunkt je an einem Ende, an einer endgültigen Vollendung angelangt: Sie drückt nicht mehr und nicht weniger aus als den Zustand der Gesellschaft, in der sie zu Hause ist. Mangel an Kreativität, der Fähigkeit, Neues zu gestalten, müssen Gesellschaft und Kunst nicht unbedingt zum gleichen Zeitpunkt treffen: Womöglich mag sogar der Kunst in der Regel die Rolle zufallen, Entwicklungen der Gesellschaft anzukündigen, sie vorwegzunehmen. Doch allemal sind solche Entwicklungen untrennbar miteinander verknüpft. Deswegen liegt Wahrheit in dem Buchtitel, mit dem Hans-Jürgen Müller 1976 die etablierten Kreise der Kunstkenner und -liebhaber provoziert hat: »Kunst kommt *nicht* von Können«.

Das hat freilich nicht das geringste mit einer »grenzenlosen Macht des Beliebens« zu tun, von der Kierkegaard gesprochen hat, oder gar mit einer Zerstörung der Kunst, die Autoren wie Hans Sedlmayer hinter nahezu allen ihren modernen Erscheinungsformen vermutet haben. Vielmehr sind die zeitgenössischen Betrachter wohl unausweichlich dazu verurteilt, nach einem Sinn suchen zu müssen, dessen Erkenntnis ihnen zwangsläufig verschlossen bleiben muß, weil sie selbst durch die Erfahrungen und Traditionen der Vergangenheit geprägt sind.

Joachim Zahn etwa, belesen und gebildet, wie er ist, hatte seinen Augen nicht trauen wollen, als er 1976 unser in Sichtbeton gebautes Haus und die ersten Ansätze unserer Sammlung moderner Kunst zu sehen bekam – nicht anders als es ein Jahrhundert zuvor Jacob Burckhardt ergangen sein mag, der »Delacroix und Richard Wagner für die Protagonisten einer plebejischen Dekadenzkunst« hielt und dem »ein vorromantischer, ganz und gar ungebrochener Begriff des Schönen« vorschwebte, »der die Kunst als Trost, Verschleierung des Häßlichen und ›Erleichtern des Lebens‹ verstand« (wie es Joachim Fest mit gewohnter Meisterschaft formuliert hat).

Solche Einengungen waren mir von jeher fremd. Kunst, zumal die bildende Kunst, muß ihrem ganzen Wesen nach Auseinandersetzung bedeuten, wenn schon nicht mit dem jeweiligen Zustand der Gesellschaft, den sie zugleich kennzeichnet, so doch im Wechselspiel, in der Beziehung zwischen dem Kunstwerk und seinem Betrachter: eine Auseinandersetzung, die immer persönlich und geheimnisvoll bleiben wird und doch unausweichlich ist. »Denn Kunst dient der Erkenntnis, nicht der Unterhaltung, der Verklärung oder dem Spiel«, hat Max Beckmann 1938 geschrieben.

Der Reiz, den gegenständliche Werke auf mich ausüben können, ist durch meine Neigung zur Abstraktion in keiner Weise verschüttet. So ging mit dem allerersten Ankauf von zwei Originalen, den meine Frau und ich uns leisten konnten, ein ewig lange gehegter Wunschtraum in Erfüllung: ein Ölbild (1952) und ein collagiertes Aquarell (1951) von Werner Heldt, dem für seine Zeit einzigartig gebliebenen Berliner Maler, dem ich vor seinem Tod das eine oder andere Mal flüchtig begegnet war.

Gegenständlich im engsten Sinne ist auch das Œuvre etwa von Jan Peter Tripp, des von manchen mit dem Klischee eines Fotorealisten bedachten Malers. Nicht zuletzt schätzte ich seit langem seine herausragende Fähigkeit, hinter detailgenauen Porträts Menschen zum Vorschein zu bringen.

Eher aus einer Laune heraus fragte ich ihn eines Tages, was er davon hielte, das Ehepaar Reuter nach der Art alter Honoratiorenbilder des 18. oder 19. Jahrhunderts zu porträtieren. Im Verlauf des Gespräches merkte er wohl bald, daß damit zugleich die Herausforderung gemeint war, eine solche Darstellung – die Dame hoch aufgerichtet auf einem Sessel sitzend, der Herr, mit der Hand auf ihrer Schulter, würdevoll dahinter stehend – möglichst unmerklich ironisierend in unsere Zeit zu übertragen. Tripp sagte zu.

Schließlich entstand jedoch etwas ganz anderes: ein Triptychon, das meine Frau und mich, an einer nackten Mauer stehend und in unterschiedliche Ferne schauend, durch eine verknäuelte Schnur miteinander verbindet. Dem Besucher unseres Hauses bleibt das eigentliche Bild dennoch verborgen, weil es in geschlossenem Zustand nicht mehr als den Ausschnitt aus einer hölzernen Tür mit Schloß und Griff zeigt...

Ob abstrakt oder konkret, entscheidendes Kriterium bleibt in beiden Fällen nicht Wirklichkeitstreue oder gar vorgebliche, allzuoft nur vorgegaukelte Schönheit, sondern allein die Originalität des künstlerischen Wollens. Werner Heldt war einer, der Trauer, Einsamkeit, Verlorenheit gestalten konnte wie kaum ein anderer; Jan Peter Tripp (den wir inzwischen, wie seine langjährige Gefährtin, die hochbegabte Graphikerin und Zeichnerin M. Drea, zu unseren Freunden zählen) vermag es, seine ungewöhnliche handwerkliche Meisterschaft mit seiner Beobachtungsgabe zu einer Darstellung von Natur und Menschen zu verbinden, hinter deren oftmals pfiffiger Distanzierung die Elegie des Vergänglichen durchscheint. Nichts anderes gilt für die wirklich gültigen Werke der Abstraktion, ob in ihrer Ausprägung als Tafelbild, als Plastik oder in den Übergangsformen zwischen beiden (die in unserem Jahrhundert so bemerkenswerte Bedeutung gewonnen haben).

Eine Grenzziehung hat es freilich für mich bis heute gegeben: Den Arbeiten, die ich nicht als ästhetisch zu empfinden vermag, kann ich nichts abgewinnen. Dabei weiß ich wohl, daß ästhetisches Empfinden höchst subjektiv ist. Es kann durch Gewohnheiten, noch dazu wandelbare, geprägt sein und gesellschaftlichen Einflüssen unterliegen. Deswegen bleibt es geboten, sich gegen die Versuchung vorschneller Beurteilungen zu wehren. Letzten Endes aber kann die Entscheidung, ob einem eine Arbeit gefällt oder nicht, eben weder mit dem bloßen Verstand noch wegen des Rates eines (vermeintlichen) Experten getroffen werden, sondern nur vermittels des eigenen subjektiven Urteils.

Daran haben wir uns bei der eigenen Sammlung stets gehalten. Auch dann, wenn es unterschiedliche Auffassungen gab, wurde nie etwas erworben, was wir nicht gleichermaßen schätzen konnten. Schließlich ging es ja von Anfang an um die Atmosphäre, um das Umfeld, die unser Leben jeden Tag beeinflussen, wenn nicht sogar gestalten. Dabei muß ein Versuch, den Charakter, den inneren Zusammenhalt einer solchen Sammlung zu umreißen, unweigerlich die Gefahr der oberflächlichen Abkürzung in sich bergen, wenn nicht sogar der Verkitschung.

Dennoch wage ich die Aussage, daß nahezu alle unsere überwiegend abstrakten Arbeiten eines gemeinsam haben: Sie zielen darauf, die Seele des Betrachters in der Kommunikation, in der Zwiesprache mit ihnen zum Schwingen zu bringen. Den Schwerpunkt der Sammlung bilden die Künstler, die sich Mitte der sechziger Jahre zur Gruppe ZERO zusammengeschlossen hatten, in ihrem Kern Otto Piene, Heinz Mack und Günther Uecker, ergänzt um Werksbeispiele von ihnen nahestehenden nationalen und internationalen Künstlern. Wie immer in der Geschichte der Kunst ist auch diese Gruppe bald wieder auseinandergegangen; geblieben ist ihr gemeinsames Bestreben, Licht, also Schönheit an sich und zugleich Voraussetzung jeglichen Lebens, erfahrbar zu machen, zu »materialisieren«.

Gewiß ist dies nicht die einzige Möglichkeit, in einem Betrachter, der sich loslassen kann, Saiten anzuschlagen. Hermann Kasack hat in seiner meisterlichen Erzählung »Das Birkenwäldchen« zum Ausdruck gebracht, was ich meine, Karl Gerstner hat es, an Wassilij Kandinsky anschließend, versucht, indem er bestimmten Farben den Klang bestimmter Musikinstrumente zugeordnet hat; die Künstler um ZERO haben gleichfalls nicht nur mit Weiß, sondern auch mit Farben gearbeitet, doch bestimmend ist eben für sie letzten Endes immer das Licht als Medium der Anregung tiefster Stimmungen geblieben.

*

Diese Schwerpunkte standen beileibe nicht von vornherein fest. Noch weniger stand die feste Absicht am Anfang, im Sinne des Wortes eine private Kunstsammlung aufzubauen. Was ihr wußtet, war nur, daß es ein unvorstellbares Glück bedeuten könnte, anstelle noch so schöner Reproduktionen täglich mit dem einen oder anderen Original eines Kunstwerkes zu leben.

Der Zufall brachte euch mit dem Stuttgarter Ehepaar Scharpff zusammen. Sie hatten zu einem frühen Zeitpunkt begonnen, Arbeiten aus dem Bereich von ZERO und der französischen Nouveaux Réalistes zu sammeln. Anfänglich warst du beeindruckt, doch noch lange nicht davon überzeugt, daß sich auch euer Interesse dieser Ausprägung von Abstraktion zuwenden sollte. Um so mehr warst du auf einen gemeinsamen Besuch der Messe für zeitgenössische Kunst in Paris, der FIAC, gespannt, den ihr verabredet hattet.

Aus diesem Anlaß habt ihr zum ersten Mal die Hemmschwelle überwunden, Galerien aufzusuchen und sich dort Arbeiten anzusehen, ohne sich zu Käufen überreden zu lassen. Fast nach Art eines Teppichhändlers im Basar zauberte der alte, aus Izmir (Smyrna) stammende Galerist Tarica aus seinem Kellerdepot unglaubliche Beispiele zeitgenössischer Malerei hervor, von Fautrier über Wols bis zu Yves Klein. Anschließend an den Messebesuch habt ihr dann wahllos, aber begeistert bei Flinker eine kleine Arbeit von Martial Raysse, eine Zeichnung von Wolfgang Gäfgen und eine wunderschöne Gouache des Mexikaners Francisco Toledo gekauft. Bis heute zieren diese frühen Stücke die Sammlung. Bald genug habt ihr allerdings gemerkt, daß es so sprunghaft nicht weitergehen konnte.

Inzwischen hattet ihr nämlich begonnen, sehen zu lernen, Vorurteile zu vergessen, euch zu öffnen. Von Tag zu Tag fiel es leichter, bewußte oder auch unbewußte Gemeinsamkeiten zwischen den Arbeiten der Künstler aufzuspüren, beständig anhaltende eigene Neigungen von den Zufälligkeiten des augenblicklichen Eindrucks zu unterscheiden.

Ein entscheidender Anfang war schließlich getan, als der Mailänder Galerist Toninelli euch 1979 eine Arbeit von Lucio Fontana brachte, die ihr bei ihm gesehen und die euch beeindruckt hatte; der endgültige Weg war gewiesen, als Rotraut Klein-Moquay, die Witwe von Yves Klein, bei eurem Besuch auf ihrem Gehöft in der Nähe von Paris aus ihrem in einer Scheune untergebrachten Depot ein Bild nach dem anderen herauszog, Yves Kleins IKB-Monochromien, Anthropometrien und Kosmogonien (wie oft hast du dich später gefragt, warum du damals nicht mutig genug warst, ihr für das eine oder andere davon jenen Preis zu zahlen, der dir damals unerschwinglich überhöht erschien!). Es war ein bis dahin unbekannter Horizont, der sich euch öffnete; er hat dir seitdem stets neu bestätigt, daß es, wie immer man Kunst in ihrer Zeitlosigkeit umschreiben will, ein unverzichtbares Merkmal dafür gibt: daß sie aus der Neugier auf Menschen geboren sein muß.

Weil Kunst, bildende Kunst zumal, nur bestehen kann, wo sie vom Dialog mit dem Betrachter lebt, gibt ihr das immer den Charakter des Persönlichen, des Privaten. Deswegen wirst du nie ganz dein Mißtrauen ablegen, wenn Sammler bildende Kunst von vornherein mit dem Ziel erwerben, sie später einem Museum zu stiften. Die Intimität im Umgang mit dem einzelnen Werk muß dadurch zwangsläufig beeinträchtigt werden; genügend Beispiele beweisen, daß es schon allein die für Museen heutzutage als geeignet befundene Größe der Formate verbietet, einen Großteil der mit solcher Absicht gesammelten Arbeiten in den eigenen vier Wänden zu hängen, anstatt sie bis auf weiteres in verborgenen Lagern zu deponieren. Angesichts der immer schmaler werdenden Ankaufsetats kommt die Versuchung hinzu, die für öffentliche Sammlungen Verantwortlichen auf diese Weise unter Druck zu setzen: alles in allem ein Anzeichen dafür, wie eng der Grat zwischen willkommenem Mäzenatentum und selbstgefälliger Ruhmsucht geraten kann.

Noch gefährlicher können solche Wege werden, wenn sie gemeinsam mit einflußreichen Kunsthändlern beschritten werden. Ganz frei davon kann sich wahrscheinlich nur der Sammler fühlen, der den Mut hat, auf völlig unbekannte Künstler zu setzen, von deren Rang er auch dann überzeugt bleibt, wenn sich ihnen die Gunst des immer schnellebiger werdenden Marktes verschließt. Günther Scharein, mit dem du seit vielen Jahren befreundet bist, ist ein Beispiel dafür. Für diesen in seinen künstlerischen Mitteln unbeirrbaren Maler gilt exemplarisch, was Hans J. Frölich in seiner bemerkenswerten Schubert-Biographie über den Begriff der Inspiration gesagt hat: daß es keinen Einfall, keine göttliche Eingebung schlechthin gibt, sondern daß jede künstlerische Idee an die stilistischen und formellen Tendenzen der Epoche gebunden ist, »abhängig vom Bewußtsein der Zeit«.

Die Mittel, mit denen Scharein arbeitet, sind freilich ungewöhnlich. Mit Hilfe einer äußerst komplexen Technik bringt er kleinste Farbräume auf die Bildtafel auf, deren Zusammenspiel den Betrachter in einen Strudel von Gefühlen hineinzuziehen vermag. Im Vorwort zu einem seiner Kataloge hast du einmal darauf hingewiesen, daß expressive Musik, daß leidenschaftliche Emotionen eine für seine Arbeit entscheidende Rolle spielen und daß ihm deswegen Malewitsch oder Mondrian sicher viel näher als Bill oder Lohse stehen. Vielleicht sind es tatsächlich nur formale Tendenzen der Zeit, die seinen ganz großen Durchbruch bisher verhindert haben; ihr jedenfalls fühlt euch immer wieder neu von dem angerührt, was seine Bilder in euch zum Klingen bringen …

*

Der Hinweis macht deutlich, daß es Sammeln ohne Risiko nicht gibt. Wer Kunst zum Objekt sicherer Geldanlage ausersehen hat, mag als Spekulant Glück haben; den Titel eines Sammlers spreche ich ihm ab.

Zugleich wird damit die Grenzziehung deutlich, die privates Sammeln auf eigenes Risiko vom Aufbau einer Kunstsammlung durch ein Wirtschaftsunternehmen unterscheidet. Nicht anders als in einem öffentlichen Museum geht es hier um fremdes Geld, das sorgsam verwaltet werden muß. Risiko, das die engen Spielräume des Unvermeidlichen sprengt und sich zudem einzig und allein auf das subjektive Urteil eines einzelnen stützt, wäre damit nicht verträglich. Darin liegt die legitime Erklärung dafür, warum sich Museumsdirektoren nur mit größtem Augenmaß der zeitgenössischen Kunst des Augenblicks zuwenden dürfen.

Doch selbst bei einer noch so vorsichtigen Ankaufspolitik können Zufälligkeiten oder – etwa von Händlern wie von Auktionatoren – bewußt erzeugte Ausschläge der Marktnachfrage beträchtliche Wertschwankungen nach sich ziehen. Um keinen Deut geringer ist die Problematik, wenn eine Aktiengesellschaft, die einer großen Zahl von anonymen Eigentümern gehört, eine Kunstsammlung aufbaut.

Manche mögen sogar soweit gehen, dahinter die Mißachtung rechtlicher Grenzen zu wittern, denn auch bei sehr weitherziger Auslegung der Satzung dürfte es regelmäßig einiger Verrenkungen bedürfen, das Sammeln von Kunst als unmittelbaren Geschäftszweck eines Wirtschaftsunternehmens zu interpretieren. Hinzu kommt ein weiterer Ansatzpunkt, der unter dem Einfluß des augenblicklich vorherrschenden anglo-amerikanischen Verständnisses von der Verantwortung einer Firmenleitung zur Mode geworden ist: Er besagt, daß jegliche Ausweitung der in der Satzung festgeschriebenen Tätigkeit, etwa durch den Erwerb neuer Geschäftsfelder, noch nicht einmal durch demokratische Abstimmung in der Hauptversammlung beschlossen werden sollte, sondern allein der Entscheidung der individuellen Eigentümer überlassen bleiben muß, indem man das benötigte Geld zunächst an sie ausschüttet.

Dagegen steht das Argument, daß jegliches Wirtschaften eben nicht ausschließlich dem Profit dienen darf, sondern daß es zugleich mit Verantwortung gegenüber der Belegschaft und darüber hinaus auch gegenüber dem Gemeinwesen verbunden ist. Je nach der Bedeutung, die dem im Einzelfall zugemessen wird, kann das eigene Sammeln von Kunst genauso dazuzählen wie die mäzenatische Unterstützung Dritter. Mit traumtänzerischer Schwärmerei hat das nichts zu tun, vielmehr mit nüchternem Kalkül.

Freilich mag nicht jedermann ohne weiteres verstehen, daß ein Unternehmen ohne ein solches Selbstverständnis, ohne eine solche Kultur auf die Dauer seine eigene Kreativität verlieren, daß es innerlich austrocknen muß. Zu Anfang, wenn das Management und die Aktionäre noch hocherfreut einen steilen Anstieg ihrer Vermögen verzeichnen, wenn man noch meint, daß kumpelhaft lautes Schulterklopfen und die Atmosphäre des Stammtisches den schöpferischen Geist ersetzen können, geschieht dies vielleicht unmerklich – doch eines Tages, wenn es zu spät ist, unabänderlich und endgültig.

Daß sich Daimler-Benz seinerzeit dieser Zusammenhänge bewußt war, sollte von Anfang in der Kunstsammlung zum Ausdruck kommen; als Signal dafür war die großartig zurückgenommene Stele aus Edelstahl gedacht, die Heinz Mack für die Einfahrt zur Zentrale in Möhringen geschaffen hat.

Hinzu kommt, daß der sich auf durchschnittlich weniger als zwei Millionen Mark belaufende Ausgabenetat für eine solche Sammlung im Rahmen des normalen Ertragsvolumens von Daimler-Benz kaum ins Gewicht fiel. Trotzdem habe ich mich hie und da gewundert, daß die Schreihälse, die ihre Neurosen im Rahmen von Hauptversammlungen auszuleben pflegen, dieses Thema bisher noch nicht eines entsprechenden Spektakels für würdig befunden haben. Freilich würden sie sich wundern, wenn man ihnen daraufhin die tatsächliche Wertsteigerung der über die Jahre hinweg aufgebauten Kunstsammlung verriete.

Auf der anderen Seite der Barrikade stehen manche zeitgenössischen Künstler. Ich habe nicht wenige von ihnen erlebt, die es sogar für verwerflich hielten, ihre Arbeiten an einen kapitalistischen Kunden zu verkaufen. Noch darüber hinausgehend, hat Antoni Tàpies, der großartige spanische Maler, einmal behauptet, zumindest ein Übermaß von Förderung könne »die Stimme der Besten, die als wahre Führer der Gesellschaft gelten können, ersticken oder wenigstens dämpfen«.

Bis heute ist es mir nicht gegeben, eine solche Einstellung zu verstehen. Vielmehr habe ich 1990 in Stuttgart daran erinnert, daß »Kunst schon immer zum Inhalt (hatte), uns an die rational nicht erfaßbaren, mythischen Dimensionen unseres Daseins zu erinnern, die wir beherrschen müssen, um vernunftfähig zu bleiben«, um daraus den Schluß zu ziehen, wie sehr es darauf ankomme, »miteinander zu kommunizieren, wo nötig, auch miteinander zu ringen«, weil »es genau dieser kritische Dialog um das gemeinsame Projekt der Vernunft ist, der in letzter Konsequenz die Förderung der Kunst durch Unternehmen rechtfertigt«.

*

Dahinter steht deine aus der Erfahrung des Lebens gefestigte Überzeugung, daß das Projekt der Aufklärung trotz aller Unkenrufe eben nicht am Ende ist und daß dies die Tätigkeit von Wirtschaftsunternehmen einbezieht. Anläßlich einer Feierstunde an der Universität Hohenheim hast du 1985 versucht, das zu begründen, indem du die Irrwege von Mythokraten denjenigen von Technokraten gegenübergestellt hast.

»Den einen stellt sich die Frage überhaupt nicht«, so hast du gesagt, »sie halten den Markt für den zugewiesenen Platz, auf dem die Unternehmungen jene Leistungen erbringen, die die Gesellschaft beanspruchen darf. Die Betätigung an sich ist Dienst am allgemeinen Wohl. Gefragt ist nur der reine Verstand, der Antwort darauf zu geben hat, welche Mittel akkumuliert und kombiniert werden müssen, um im Wettbewerb bestehen zu können ... Diesen blauäugigen Anhängern eines zur Technokratie verkrüppelten Wirtschafts- und damit auch Kulturverständnisses setzen andere eine explosive Mischung aus rationaler Kritik an (deren) Mängeln und irrationaler Verallgemeinerung entgegen. Aus den niemals völlig aufhaltbaren Nebenwirkungen marktwirtschaftlicher Allokation auf Verteilungsgerechtigkeit, Freiheit oder Umwelt leiten sie eine umfassende Kulturkritik ab: die Unternehmen als Mitwirkende an menschlicher Selbstzerstörung.«

Du hast hinzugefügt, daß es nach deiner Überzeugung ein »gefährlicher Aberglaube« sei, wenn »ganzen Generationen von Studenten der Glaube an den Determinismus klarer Zahlen und Indikatoren eingebleut« werde, wenn »rationales Management jenseits aller Portfolio-Tafeln« solchem Denken unerreichbar erscheine; doch zugleich hast du davor gewarnt, Hölderlins »heiligen Wahnsinn« als Vehikel für die Lösung unserer Probleme zu mißbrauchen.

Der Ausweg aus diesem Widerspruch lag für dich klar zutage. Das hat sich bis heute trotz der Einwürfe, ja der Skepsis mancher zeitgenössischer Philosophen um kein Jota geändert: »Wirtschaftsunternehmen sind mehr als Instrumente einer partikularen Verstandesleistung von Technokraten. Der Zweck ihres Handelns muß moralisch verstanden werden und darf moralisch, nicht nur wirtschaftsstatistisch, bewertet werden. Ziel ist, um mit Kant zu sprechen, ›der Ausgang des Menschen aus seiner selbstverschuldeten Unmündigkeit‹ ... Sapere aude! Die Maxime der Aufklärung verweist den Menschen auf seine Fähigkeit, die Benutzung des Verstandes zu wagen. Viele haben dies als dürren Rationalismus kritisiert. Aber die Philosophie der Aufklärung anerkennt gerade jenen anderen Teil der menschlichen Persönlichkeit, die nicht reiner Verstand ist. Sie leugnet nicht, daß der Mensch zu schöpferischen Leistungen imstande ist, die aus der irrationalen Quelle der Vorstellungskraft entspringen. Aber sie stößt uns auch vor die Gewißheit, daß allein unsere Vernunft, unser Gefühl für Wahrheit und Wahrhaftigkeit, Schönheit und Gerechtigkeit, für Freiheit und Würde dem Verstand Maßstäbe für gut oder schlecht, für falsch oder richtig zu geben vermag.«

*

Zu den Mythokraten zählen für mich nicht nur solche auflagegierigen Schriftsteller wie etwa Fritjof Capra, sondern genauso all diejenigen Gurus, die meinen, die Globalisierung der Wirtschaft erzwinge es geradezu, daß sich die westlichen den östlichen Kulturen anpassen, zumindest aber deren soziale Ausprägungen übernehmen müßten, im Klartext: jegliche Rücksichtnahme auf andere Menschen oder gar Gemeinschaften, die nicht dem eigenen Familienverband angehören, aufzugeben hätten.

Umgekehrt sind mir blütenreine Technokraten in großer Zahl begegnet. Einer davon war Wernher von Braun, von dem mir in lebhafter Erinnerung geblieben ist, daß er – es muß um die Mitte der siebziger Jahre gewesen sein – beim Glas Rotwein in allem Ernst die für ihn einzig und allein verläßliche Möglichkeit zum besten gab, wie der Geburtenüberschuß in Indien eingedämmt werden könne: Man müsse dort nur genügend Fernsehsatelliten stationieren, um auf diese Weise die Bevölkerung nach Einbruch der Dunkelheit vom Liebesleben abzulenken ...

Neben dem Bemühen, das Verständnis der bei uns arbeitenden Menschen für die kulturellen Einbindungen des Unternehmens und die sich daraus ergebenden Verantwortungen lebendig zu halten,

Schon in den ersten Nachkriegsmonaten habe ich Shep Stone in Berlin kennengelernt, wo er als Mitarbeiter John McCloys oft mit meinem Vater zu tun hatte. In Berlin hatte er vor 1933 Geschichte studiert und seinen Doktor gemacht; sein Leben lang blieb er der Stadt verbunden. Hier gründete er das deutsche Aspen Institute, das er bis zu seinem Tod im Jahr 1990 leitete.
Sein amerikanisch-jüdisches Herkommen und seine europäischen Erfahrungen formten ihn zu einer einzigartigen Figur. Gescheite Intelligenz, Charme und zugleich warme wie bestimmte Freundlichkeit machten ihn unvergleichlich. Ich war sehr stolz, als er mich bat, den Vorsitz im Kuratorium seines Instituts zu übernehmen.

habe ich im Rahmen meiner zeitlichen Möglichkeiten immer wieder versucht, an Initiativen mitzuwirken, die der Förderung von Kultur und Kunst dienen.

Von den Bühnen war schon die Rede. Zwei andere Einrichtungen lagen mir nicht minder am Herzen: die Karl-Hofer-Gesellschaft und das Aspen-Institut in Berlin. Beide werden, wie ich hoffe, auch zukünftig wichtige Beiträge zum kulturellen Geschehen der Stadt leisten, die Karl-Hofer-Gesellschaft als bürgergetragene Unterstützung junger Künstler beim Übergang vom Abschluß ihrer Ausbildung zum Aufbau einer eigenen Existenz, das Aspen-Institut als Ort des Zusammentreffens von Menschen aus Nordamerika und allen Teilen Europas, die darin übereinstimmen, daß die politische, wirtschaftliche und soziale Entwicklung nur dann in eine friedliche Zukunft münden kann, wenn alle Bestrebungen auf Gemeinsamkeit, nicht auf Beherrschung gerichtet bleiben. Beide Institutionen haben mich mit Freunden zusammengebracht, die ich nicht vergessen werde.

Einer davon war der Bildhauer Bernhard Heiliger. Ich kannte ihn schon lange, aus den ersten Nachkriegsjahren; das von meiner Mutter hinterlassene Zementoriginal einer der Varianten seiner Büsten von Ernst Reuter, nach meinem Verständnis eines der unübertroffenen plastischen Meisterwerke unserer Zeit, steht im Eingang unseres Hauses. Eines Abends rief er an und fragte, ob ich helfen wolle, die Karl-Hofer-Gesellschaft, die daniederlag, wiederzubeleben. Seinetwegen sagte ich zu, und bis zu seinem Tode haben wir dann eng zusammengearbeitet. Ich habe keinen Künstler kennengelernt, der sich ernsthafter und selbstloser als er für junge Menschen eingesetzt hat, von deren Begabung er überzeugt war.

Der andere Freund war Shepard Stone. Wir hatten uns gleichfalls, wenn auch nur flüchtig, nach dem Ende des Krieges in Berlin kennengelernt, als er in seiner damaligen Eigenschaft als Mitarbeiter des amerikanischen Hochkommissars oftmals mit meinem Vater zusammentraf; nicht zuletzt war es sein Verdienst, daß die Ford Foundation so entschlossen zum Aufbau der Freien Universität beigetragen hat.

Jetzt trafen wir uns zufällig in Berlin wieder, und Shep fragte mich, ob ich bereit sei, den Vorsitz im Kuratorium des Aspen-Instituts zu übernehmen. Seitdem hat mir die Aufgabe nicht nur viel Arbeit, sondern auch die vertraute Bekanntschaft mit vielen faszinierenden Persönlichkeiten gebracht – ich nenne als Beispiele nur den Historiker Lord Alan Bullock und die große alte Dame der deutschen Publizistik, Marion Gräfin Dönhoff.

Inzwischen, nach dem Zusammenbruch des Kommunismus und der Wiedervereinigung Europas, stellen sich auch für ein Institut von so hohem internationalem Rang ganz neuartige Probleme. David Anderson, der Nachfolger von Shep Stone als Direktor, hat sich mit der bemerkenswerten Fülle seiner Erfahrungen und dem Einsatz seiner Kräfte erfolgreich darum bemüht, mit ihnen fertig zu werden; sein allzu früher Tod hat 1997 einen personellen Neubeginn erzwungen. Der Gründervater wird trotz allem unvergessen bleiben: Seine amerikanisch-jüdische Herkunft, die Einflüsse seines Studiums und seines Aufenthaltes in Berlin während der zwanziger Jahre, seine Gescheitheit, sein Charme, seine zugleich warme wie bestimmte Freundlichkeit, kurzum: sein einzigartiges Wesen werden, wie ich hoffe, in der demnächst erscheinenden Biographie von Volker Berghahn erneut aufleuchten.

Künstler, Komödianten – zu welcher Kategorie gehörten wohl die unzähligen Menschen, denen ich im kulturellen Umfeld begegnet bin? Ich selbst vermag das um so weniger zu sagen, als ich mich scheue, den Rang von Komödianten geringer einzuschätzen als den von Künstlern: Mag ihr Wirken hie und da skurril erscheinen, mag es noch so sehr auf Provokation angelegt sein, so bleibt doch beiden die Ernsthaftigkeit des Wollens, das Herzblut gemein, das sie treibt.

Anders ist das mit den Schmierenkomödianten. Auch solche habe ich zur Genüge kennengelernt. Zu ihnen gehört manch einer von denen, die auf den Hauptversammlungen deutscher Aktiengesellschaften nach billigem Beifall und der ihnen inzwischen sicheren Aufmerksamkeit der Medien gieren: ob es weißgekleidete Geistliche sind, die mit weihrauchgeschwängerter Stimme auf englisch den Rückzug des Unternehmens aus Südafrika anmahnen, um anschließend, ohne die Gegenargumente auch nur anzuhören, die Veranstaltung sofort wieder zu verlassen, oder Professoren, die erst am Nachmittag auftauchen, um durch ihr medienwirksames Gehabe den auf der Empore sitzenden Mitgliedern von Aufsichtsrat und Vorstand vermeintlich Furcht und Schrecken einzujagen, bevor sie ihren von den Fernsehkameras und Schreiberlingen der Tagespresse begierig verfolgten Auftritt zelebrieren.

Inzwischen zählt leider auch eine große Zahl von Journalisten zu dieser Kategorie. Zumindest gilt das für diejenigen, die über wirt-

Matthias Kleinert war für die Öffentlichkeitsarbeit des Unternehmens verantwortlich und in dieser Eigenschaft ein enger Vertrauter. Für seine Aufgabe brachte er alle nur denkbaren Voraussetzungen der Professionalität mit, war politisch erfahren und voller Begeisterung über den neuen Zuschnitt des Unternehmens, das er in seiner neuen Ausrichtung nach außen blendend »verkaufte«.

schaftliches Geschehen berichten und es kommentieren. Ernsthaftes und sorgfältiges Nachforschen wird regelmäßig ersetzt durch das Weitertragen von Gerüchten, das Bemühen um ernsthafte Zusammenhänge durch das Aufbauschen von Einzelinformationen, die aus anonymen Quellen stammen.

Angeführt wird dieses Wettrennen um den Ersatz von journalistischem Ethos zugunsten schlagzeilenträchtiger Spekulationen zumeist durch die wöchentlich, vor allem aber durch die monatlich erscheinenden Magazine. Gemeinsam ist den Vertretern dieser Zunft, der nach unserer Verfassung eine so hohe Verantwortung für das Gemeinwesen zukommt, daß ihre mangelhafte Sachkenntnis in umgekehrtem Verhältnis zu ihrer Voreingenommenheit steht: Einmal gefestigte Meinungsklischees, sind sie nur griffig genug, reichen ihnen allemal aus, um jedes ernsthafte Nachforschen, jedes ernsthafte Nachdenken, zumal wenn sie mit Arbeit und Mühe verbunden sein sollten, überflüssig zu machen.

Aufgrund ähnlicher Erfahrungen pflegt Helmut Kohl keinen

Hehl daraus zu machen, daß er einen Großteil der ihn umlagernden Journalisten verachtet. Entgegen manchen Ratschläge habe ich selbst es während meiner beruflichen Zeit versäumt, auf genügende Distanz zu achten. In der ersten Phase der Übernahme des Vorstandsvorsitzes bei Daimler-Benz mag das daran gelegen haben, daß mir die Berichterstattung in den Medien überwiegend positiv und deswegen schmeichelhaft erschien, später, als die kritischen Stimmen in den gezielten Versuch umschlugen, einen der vermeintlich Mächtigen der Republik abschießen zu können, daran, daß ich auf sachliche Argumentation vertraut habe. Eine nicht unwesentliche Rolle hat dabei sicherlich das Aufgabenverständnis meines während dieser Jahre engsten und vertrautesten Mitarbeiters, Matthias Kleinert, gespielt, der für die Öffentlichkeitsarbeit des Unternehmens verantwortlich war.

Bernd Gottschalk, der diese Aufgabe bis zu meiner Ernennung zum Vorstandsvorsitzenden wahrgenommen hatte, war für die Leitung unseres brasilianischen Tochterunternehmens vorgesehen (inzwischen ist er Präsident des Verbandes Deutscher Automobilhersteller). Eines Tages berichtete mir Werner Niefer, daß das früher besonders enge Verhältnis zwischen Lothar Späth, dem damaligen baden-württembergischen Ministerpräsidenten, und seinem Staatssekretär offenbar nicht mehr frei von Spannungen sei. Kurze Zeit darauf stellten wir Matthias Kleinert bei uns ein.

Für seine Aufgabe brachte er alle nur denkbaren Voraussetzungen mit; politisch erfahren, wie er war, kannte er weit über die engen Grenzen Stuttgarts hinaus alle wichtigen Vertreter der Medien, und er quoll fast über vor Begeisterung, das Unternehmen in seinem neuen Zuschnitt und seiner neuen Ausrichtung nach außen zu »verkaufen«. Freilich war er auch, ich sollte das im Laufe der Jahre immer mehr merken, kein Kind von Traurigkeit, wenn es darum ging, seinen Verantwortungsbereich und die ihm dafür zur Verfügung stehenden Mittel ständig weiter auszudehnen. Zumeist waren das wohlbedachte und unter normalen geschäftlichen Bedingungen auch durchaus vertretbare Ausgaben, die vor allem auf die Unterstützung allgemeiner gesellschaftlicher Anliegen, wie etwa des Sportes, zielten. Eingeschlossen war aber auch die offensichtlich aus der vorangegangenen politischen Tätigkeit von Kleinert mitgebrachte Überzeugung, man könne sich durch engen Umgang mit wichtigen Vertretern der Medien deren Zuneigung sichern.

Alles zusammen führte dazu, daß innerhalb und außerhalb des Unternehmens eine ständig zunehmende Zahl von Menschen begann, über ihn zu tuscheln und die Kritik an mir, die man nicht aussprach und die ich dennoch spürte, auf ihn zu übertragen; beide haben wir in der Schlußphase meiner beruflichen Laufbahn die Macht des Neides unterschätzt, die Lust zu stürzen, was vordem unantastbar schien.

Dabei werde ich womöglich nicht der letzte gewesen sein, dem das widerfährt. Ich konnte es ertragen, weil ich inzwischen mein inneres Urteil über den Charakter der Beteiligten abgeschlossen hatte. Besonders viele sind es jedenfalls nicht, die in den Medien arbeiten (oder hauptberuflich mit ihnen umzugehen haben) und vom Wurmstich der Charakterlosigkeit verschont geblieben sind – kaum mehr jedenfalls als die Zahl derjenigen Dunkelmänner, die sie unter dem Deckmantel der Verschwiegenheit mit angeblich wahren Informationen speisen …

V.

Mutige und Maulhelden

Am Donnerstag, dem 30. November 1989, sollte ich vormittags an einer Veranstaltung von Gesamtmetall, dem Arbeitgeberverband der metallverarbeitenden Industrie, in Düsseldorf teilnehmen. Auf dem Weg vom Flugplatz zu den Messehallen klingelte das Autotelefon. Entsetzt berichtete meine Sekretärin, auf Alfred Herrhausen sei ein Bombenattentat verübt worden; Näheres sei noch nicht bekannt, aber die Aussichten, daß er überleben werde, seien wohl gering.

Kurz darauf traf ich am Eingang auf den Bundeskanzler, der die Eröffnungsansprache halten sollte. Er wußte inzwischen, daß Herrhausen tot war. Verläßliche Anhaltspunkte über die Urheber des Mordes lagen noch nicht vor. Wir vereinbarten, daß Kohl die Teilnehmer nur kurz unterrichten und den Abbruch der Veranstaltung empfehlen sollte. Langer Worte bedurfte es an diesem Morgen zwischen uns beiden nicht: Auch ohne sie wußten wir, was dieser Tod für jeden von uns bedeutete.

Während der wenigen Minuten, die bis zum Beginn seiner Rede blieben, waren unsere Gedanken bei Traudl Herrhausen und ihrer Tochter. Helmut Kohl beschloß, anschließend zu ihnen nach Bad Homburg zu fahren. Bis heute erinnere ich mich nur verschwommen daran, wie mir, ohne daß ich mich wehren konnte, mit der Grausamkeit der Medien Fernsehkameras ins Gesicht gehalten wurden, während ich versuchte, meinen Schrecken und meine Abscheu herauszustammeln.

Nachmittags mußte ich in Berlin an einer Sitzung der Akademie der Wissenschaften teilnehmen, der ich angehörte, und anschließend vor der Weltwirtschaftlichen Gesellschaft sprechen. Viel mehr als eine wortarme Entschuldigung habe ich dort wohl nicht herausgebracht. Es sollte noch Tage, ja Wochen dauern, bis ich wenigstens einigermaßen begriffen hatte, was dieser erneute Beweis mörderischer Barbarei für Daimler-Benz und für mich nach sich ziehen könnte. Alles war jetzt anders als zuvor.

Neben Hermann Josef Abs war Alfred Herrhausen die stärkste Persönlichkeit unter jenen Männern, die in der Nachkriegszeit an der Spitze der Deutschen Bank standen. Als Heuchelei würde ich es empfinden, wenn ich sagte, persönliche Freundschaft habe uns verbunden. Doch als er ermordet wurde, war unser Umgang nahe daran gewesen, eine sehr persönliche Färbung anzunehmen.
Alfred Herrhausen war einer jener Männer, die es nicht nur ertrugen, sondern es für selbstverständlich hielten, daß man auch unterschiedliche Auffassungen offen aussprach, ohne falsche Rücksichten aufeinander. Am Ende kamen wir immer zu einem Ergebnis, das wir gemeinsam vertreten konnten; es war Verlaß darauf, daß er sich daran hielt.
Hauptversammlung von Daimler-Benz in Berlin im Juni 1989.

*

Anmaßend wäre es, wolltest du dich nachträglich damit brüsten, daß Alfred Herrhausen und du persönliche Freunde gewesen seien. Dazu fehlte nicht nur der ständige private Umgang miteinander, sondern auch die Öffnung für Beweggründe und Antriebe des Hoffens, des Leidens, der Freude und der Enttäuschung, die das Innerste von zwei Menschen ausmachen. Doch als er starb, wart ihr nahe daran. Dem Alter nach nicht allzuweit auseinander, war womöglich eure Herkunft zu unterschiedlich, vielleicht aber auch euer Wesen zu ähnlich, um solche gegenseitige Vertrautheit leichtzumachen.

Als hochbegabter Junge und sicher nicht ohne Zutun seiner Eltern für einige Jahre auf einer nationalsozialistischen Erziehungsanstalt, einer Napola, ausgebildet, hatte Herrhausen nach dem Krieg Betriebswirtschaft studiert und war nach einer umweglosen Karriere als knapp Vierzigjähriger in den Vorstand des Energieversorgungsunternehmens VEW aufgerückt. Dort war das Auge von Hermann Josef Abs auf ihn gefallen, der ihn in den Vorstand der Deutschen Bank geholt hatte.

Vermutlich war es vor allem diese fast nahtlose Laufbahn, die bewirkte, daß er Selbstzweifel, sollte er sie je gehabt haben, jedenfalls nach außen kaum erkennen ließ. Das galt in menschlicher Hinsicht nicht minder als in Sachfragen: Unbeirrbar verließ er sich auf die Kraft und die Klarheit seines Verstandes. Die Philosophie Karl Poppers war das Elixier, dem er manches Mal mit einer Einseitigkeit huldigte, die dich wundern machte, ob er ihre unverzichtbare Kehrseite, die Bereitschaft, ständig neu in Frage zu stellen, was gestern als endgültig erwiesen schien, mit gleicher Intensität begriffen hatte.

Auch darin lag wohl ein Teil des Unterschiedes zwischen euch begründet: daß du immer wieder dazu neigtest, die Ergebnisse und Schlußfolgerungen gedanklicher Analysen in Zweifel zu ziehen oder noch einmal zu bedenken, von denen er überzeugt war, daß sie sich selbst erklären würden. Dazu zählten nicht nur die schon auf die frühen Jahre eurer Bekanntschaft zurückgehenden Diskussionen über unternehmerische Entscheidungen bei Daimler-Benz, sondern auch eure Auseinandersetzungen über allgemeine Fragen jenseits des engeren beruflichen Umfeldes.

So irritierte es Herrhausen beispielsweise, daß du seiner öffentlich geäußerten Bestätigung, den Banken, insbesondere der Deutschen Bank, falle innerhalb des Gemeinwesens Macht zu, ebenso öffentlich widersprochen hast. Du hast nämlich darauf bestanden, daß ihnen, wie auch anderen großen Unternehmen, eben nicht Macht im Sinne der Fähigkeit, anderen gegen deren Willen die eigene Meinung aufzuzwingen, wohl allerdings Einfluß zukomme. Doch so lapidar er oft genug versuchte, seinen Standpunkt als unantastbar darzustellen, so selbstverständlich hattet ihr euch im Laufe der Zeit daran gewöhnt, unterschiedliche Auffassungen offen auszusprechen und sie sachlich, ohne Rechthaberei, aber auch ohne falsche Rücksichtnahme miteinander zu diskutieren.

Am Ende stand regelmäßig ein Ergebnis, das ihr gemeinsam vertreten konntet, und es war Verlaß darauf, daß ihr es auch tatet. So wart ihr zu Partnern geworden, die geschäftlich eng aneinander gebunden waren, die sich gemeinsame Ziele vorgenommen hatten und dabei wußten, daß sie sich gegenseitig vertrauen konnten.

Zum Schluß, wenige Monate vor seinem Tod, hatte euch ein langes Gespräch einander so nahegebracht, daß du mit dem Gefühl geschieden bist, ihr hättet nun doch eine innere Grenze überschritten, die nicht mehr der Worte bedurfte. Gemeinsam mit euren Frauen hattet ihr einen Nachmittag und Abend auf der Ferienhütte der Herrhausens auf dem Bödele bei Dornbirn verbracht, hattet einen langen Spaziergang gemacht, über alles mögliche geredet, gelacht und erzählt, ohne an Tiefsinniges zu denken. Zum ersten Mal hattest du den Eindruck, daß hinter der Fassade des selbstbewußten Verstandes der keineswegs mehr ganz so selbstsichere Mensch Alfred Herrhausen zum Vorschein kam, und plötzlich erschien es euch ganz selbstverständlich, euch für den kommenden Winter zum Skifahren zu verabreden.

Das nächste Zusammentreffen sollte anläßlich der Trauerfeier für den Ermordeten im Frankfurter Dom stattfinden, als sein Freund Pater Augustinus – mit bürgerlichem Namen Graf Henckel von Donnersmarck – zum Abschied sein Wirken und sein Wesen so eindringlich und liebevoll schilderte.

Seit jenem Novembertag 1989, seit dem Tode Alfred Herrhausens, hat das Verhältnis zu deinem Aufsichtsratsvorsitzenden, das bis dahin durch oftmals mühevolles, immer aber intensives Ringen um den richtigen Weg gekennzeichnet war, eine grundlegend andere Qualität bekommen. Oft genug hat dich seitdem das Gefühl geplagt, bei deinen unternehmerischen Entscheidungen weitgehend auf dich allein gestellt zu sein.

Über eine lange Strecke hinweg hast auch du zu denjenigen gezählt, die als besonders gefährdet galten, zum Ziel terroristischer Anschläge zu werden. Rund um die Uhr wurde euer Haus überwacht, zeitweise mußtet ihr euch angewöhnen, sporadisch in einem anonymen Ausweichquartier zu übernachten. Ständig waren Sicherheitsbegleiter um dich. Für manche deiner Berufskollegen, die sich in einer vergleichbaren Situation befanden, wurden sie bald zu einem Statussymbol, ja, manch einer dieser jungen Männer wurde sogar als privater Butler mißbraucht, dem es oblag, Koffer zu packen, Rechnungen zu begleichen und feucht-fröhliche Abende des Chefs zu einem einigermaßen würdigen Ende zu bringen. Bis heute scheint es trotz aller öffentlichkeitswirksamen Sparparolen hie und da schwerzufallen, sich von solchen liebgewonnenen Gewohnheiten zu verabschieden. Dir selbst waren sie nie etwas anderes als lästig.

Angst hast zumindest du selbst in dieser Zeit nicht verspürt. Mag sein, daß das auf Verdrängungsmechanismen zurückzuführen ist oder auf eine angeborene Leichtfertigkeit gegenüber Gefahren (die dir auch bei deiner sportlichen Tätigkeit nicht ganz fremd ist). Und doch hat der Mord an Alfred Herrhausen womöglich ganz andere innere Entwicklungen verstärkt, die schon vorher in dir angelegt waren. Vorangegangen war ja nicht nur der qualvolle Tod von Hanns Martin Schleyer, sondern auch der Mordanschlag auf Jürgen Ponto, den du aus deiner Zeit als Leiter des Hauptsekretariats gut gekannt hast, und die brutale Hinrichtung von Ernst Zimmermann, deinem ursprünglich von der MAN gekommenen jahrelangen Weggefährten, der die Geschäftsführung der MTU leitete.

Kann es womöglich sein, daß all das dazu beigetragen hat, fortan deiner inneren Feder die Spannung zu nehmen, den Antrieb, entschlossen zu handeln und zu kämpfen?

Gewiß, bewußt hast du das in den folgenden Jahren bis zu deinem Ausscheiden aus dem Unternehmen nie so empfunden. Und doch scheint es dir im nachhinein, daß ein Gefühl der Zwecklosigkeit allen menschlichen Tuns, das dich in Phasen deines Lebens schon früher befallen hatte, dein Verhalten seit jenen Tagen vielleicht folgenreicher als vorher beeinflußt haben könnte.

*

Am Ausbau der Daimer-Benz AG zu einem integrierten Technologiekonzern, der sich an meine Vorlage aus dem Sommer 1984 anschloß, hat Alfred Herrhausen seit seiner Übernahme des Vorsitzes im Aufsichtsrat wesentlich mitgewirkt. Wie vor und nach ihm geschah dies stets und ausnahmslos unter peinlicher Berücksichtigung möglicher Interessenüberschneidungen mit seiner hauptberuflichen Verantwortung. Versuchungen einer unzulässigen Vermengung mag es – nicht anders als bei sonstigen Mitgliedern des Aufsichtsrates – immer wieder gegeben haben, verstärkt womöglich, seitdem sich das Tätigkeitsgebiet der Deutschen Bank auf die klassische Unternehmensberatung (in Form der Firma Roland Berger) oder das Geschäft mit dem Kauf und Verkauf von Beteiligungen (in Form der Firma Deutsche Morgan Grenfell) verbreitert hat:

Nachgegeben haben ihnen zumindest die jeweiligen Vorsitzenden zu keinem Zeitpunkt.

Alfred Herrhausen dürfte das während seiner Amtszeit oftmals nicht leichtgefallen sein, wurde doch über lange Strecken immer wieder versucht, seine Bank in die hitzigen öffentlichen Diskussionen über unsere Konzernerweiterung hineinzuziehen, indem man ihr unterstellte, einen beherrschenden Einfluß auf Daimler-Benz auszuüben. Tatsächlich war dies nie der Fall. Das schließt nicht aus, daß es das eine oder andere Mal für mich erforderlich geworden sein mag, Herrhausen an die gesetzlich festgeschriebene Aufgabenteilung zwischen Aufsichtsrat und Vorstand zu erinnern. Damit, daß er diese Grenze bewußt mißachtet hätte, hatte dies freilich nichts zu tun. Vielmehr hing es mit seinem Temperament, vor allem aber mit einer Vorliebe zusammen, die er nicht immer verleugnen konnte: So, wie es ihn in früheren Jahren in den Vorstand von Daimler-Benz gezogen hatte, so konnte er sich bis zum Schluß, als er längst zu einem der bekanntesten und anerkanntesten Bankiers der Welt geworden war, nur schwer zurückhalten, wenn es um Entscheidungen von Unternehmen ging, deren Produkte ihm besonders am Herzen lagen.

Vor allem deswegen haben ihm viele seiner Kollegen – auch in dem Haus, dessen Sprecher er war – bis zu seinem Tod nie den Stallgeruch zugebilligt, wirklich einer der ihren zu sein. Spürbar genug wurde das, wenn er sich in übergreifenden finanzwirtschaftlichen Fragen (etwa im Zusammenhang mit der Verschuldung der Länder der damals noch so genannten Dritten Welt) für Vorgehensweisen aussprach, die grundlegend von dem abwichen, was die Banken in ihrer Mehrheit für richtig hielten. Betretene Verlegenheit pflegte dann die Mienen zu zeichnen, und die Kälte, mit der man noch lange nach seinem Tod bei der Deutschen Bank versuchte, die Erinnerung an ihn totzuschweigen, habe ich oft genug als erschreckend empfunden. Zeit seines Lebens war und blieb er eben anders als die anderen.

Seit Mitte 1985 überschlugen sich die Ereignisse. In meinem Diskussionspapier aus dem Jahre 1984 hatte ich angeregt, wir sollten der »Generation unserer Kinder und Enkel« zusätzliche Möglichkeiten für künftiges Wachstum eröffnen, die jenseits des traditionellen Automobilbereichs lagen. Zugleich hatte ich empfohlen, dabei mit »behutsamen Schritten« vorzugehen. Beides hatte keineswegs nur einen rein abstrakten Hintergrund.

Seit meinem Eintritt in den Aufsichtsrat der AEG hatte ich die dortige Entwicklung so aufmerksam wie möglich verfolgt. Dazu zählte das 1982 eröffnete und nach wenig mehr als zwei Jahren erfolgreich abgeschlossene Vergleichsverfahren. Vor allem aber hatte ich bei vielen Begegnungen das Urteil von zwei Männern schätzengelernt, die mich durch ihre Kenntnis der sachlichen und personellen Zusammenhänge stark beeindruckten: des durch seine bis ins Detail gehende Sorgfalt ausgezeichneten Vergleichsverwalters Wilhelm Schaaf und des nüchtern-kritischen, seit Ende 1984 amtierenden Aufsichtsratsvorsitzenden Klaus Kuhn (der als früherer Finanzchef des Hauses Thyssen allenthalben hoch geschätzt war). Nicht weniger gut kannte ich Hans Friderichs, den früheren Bundeswirtschaftsminister im Kabinett von Helmut Schmidt, der dem Aufsichtsrat vorsaß, bis er das Amt im Zusammenhang mit seinem Ausscheiden als Vorstandssprecher der Dresdner Bank niederlegte; und noch viel länger war ich mit Heinz Dürr bekannt, den Hans L. Merkle 1980 als Vorsitzenden des Vorstandes empfohlen hatte.

Aus diesen vielfältigen Kontakten und natürlich aus der Kenntnis der mir zugänglichen Unterlagen hatte ich den Eindruck gewonnen, daß die AEG zwar selbst unter den günstigsten Voraussetzungen nie mehr eine Chance haben würde, das in der Nachkriegszeit verlorengegangene Terrain als eines der führenden internationalen Elektrizitätsunternehmen wiederzuerobern, daß aber genügend Substanz verblieben war, um zumindest einzelne ihrer Geschäftsfelder durch konzentrierten und entschlossenen Einsatz von finanziellen und personellen Ressourcen wieder durchaus wettbewerbsfähig machen zu können.

Abweichend von eher skeptischen Äußerungen des einen oder anderen meiner Aufsichtsratskollegen leitete mich dabei auch die Überzeugung, daß der unter der Führung von Dürr neu formierte Vorstand qualifiziert war, das Unternehmen in diesem Sinne auszurichten, sofern nur die dafür benötigten Rahmenbedingungen gesichert waren. In erster Linie zählte dazu die aus einer Anlehnung an einen verläßlichen industriellen Partner zu erwartende Ruhe.

In diesem Sinne hatte ich schon im Frühsommer 1984 mehr oder minder nebenbei mit Heinz Dürr über eine mögliche Partnerschaft gesprochen; auf Anhieb schien er zumindest interessiert. Genau dies war der Hintergrund meiner Anregung in der »Strategievorlage« vom August desselben Jahres, bei einer möglichen Erweiterung unseres Konzerns an ein »industriell tätiges, mentalitätsmäßig mit uns ›verwandtes‹ Unternehmen (mit) guten Wachstumsmöglichkeiten, (einer) überschaubaren Größenordnung und gutem eigenem Management« zu denken. Konkret nennen konnte ich den Namen der AEG damals meinen Kollegen im Vorstand schon deswegen nicht, weil ich mit Dürr vereinbart hatte, unser Gespräch zunächst als rein persönlichen Gedankenaustausch zu betrachten; gegenüber Werner Breitschwerdt und Werner Niefer habe ich trotzdem eine entsprechende Andeutung gemacht.

So begann eine lange und ereignisreiche Wegstrecke, die erst 1996, nach meinem Ausscheiden aus dem Vorstand von Daimler-Benz, mit der sang- und klanglosen Auflösung der AEG, die immerhin ein ganzes Jahrhundert lang Industriegeschichte geschrieben hatte, ihr Ende finden sollte.

Am Anfang dieser Wegstrecke habe die verklärte Vision eines abgehobenen Unternehmers gestanden, der, wie sich zeigen sollte, von den Realitäten des Lebens keine Ahnung hatte oder doch zumindest zu energischem und kompromißlosem Handeln nicht geboren war. Stereotyp verkünden das die einen. Andere sind davon überzeugt, daß die Erweiterung unseres Konzerns in ihrem Kern darauf zielte, durch lukrative militärische Aufträge den Staat zu melken, wobei der Schöpfer dieser unternehmerischen Idee, die sich als Fehlspekulation erweisen sollte, nicht die Kraft gefunden habe, das Ruder zurückzustellen, bevor es zu spät war. Beides ist ausgemachter Humbug.

Die Wahrheit war viel weniger spektakulär. Am Anfang stand nämlich nicht eine fertige »Vision« davon, wie der Konzern am Ende der Wegstrecke, die auf lange Dauer und nicht auf Atemlosigkeit angelegt war, aussehen sollte. Vielmehr ging es ganz bewußt darum, als erstes einzelne Bausteine zusammenzutragen, um deren marktmäßige, technologische und personelle Potentiale genau kennenzulernen, bevor sie zum Bestandteil einer umfassenden Strategie gemacht werden konnten. Und selbst eine solche Strategie, die erst später, nach dem Erwerb der AEG, in ihren Grundzügen konzipiert und noch einmal später, nach dem Erwerb von Messerschmidt-Bölkow-Blohm, durch übereinstimmende Beschlüsse von Vorstand, Aufsichtsrat und Hauptversammlung festgeschrieben wurde, mußte dann, das war von vornherein klar, flexibel genug sein, um sich Schritt für Schritt und je nach den äußeren Umständen weiterentwickeln zu können.

Mit voller Überzeugung und offenen Augen sind wir also von

Zu einem der größten Projekte der zweiten Hälfte der achtziger Jahre gehörte die Übernahme der unter der Leitung von Heinz Dürr stehenden AEG durch Daimler-Benz. Es war einer jener Schritte, mit denen unsere Unternehmenstätigkeit über den Automobilbereich hinaus erweitert werden sollte, um, wie es in meiner »Strategievorlage« von 1984 hieß, unseren Konzern »durch die Zusammenarbeit mit einem industriell tätigen, mentalitätsmäßig uns verwandten Unternehmen mit guten Wachstumsmöglichkeiten, in überschaubarer Größenordnung und guten eigenem Management« auf eine breitere Basis zu stellen.
Mit Heinz Dürr und Werner Niefer, Hauptversammlung, Juli 1987.

Anfang an nicht einer träumerischen »Vision« gefolgt, sondern haben versucht, ein Rezept zu beherzigen, das Karl Popper so plastisch als »piecemeal engineering« beschrieben und empfohlen hat – ein Konzept, das ganz bewußt auch spätere Korrekturen zuließ.

Das Klischee bleibt vermutlich trotzdem unausrottbar: der intellektuelle Theoretiker, der Visionär, der Träumer, der ganz allein an allem schuld ist, was geschah oder veranlaßt wurde, weil er allen anderen Beteiligten mit Brachialgewalt sein Denken und Handeln aufgezwungen hat, bevor endlich diejenigen kamen, die, frei von solchen theoretischen Glasperlenspielen und gesegnet mit rücksichtsloser Brutalität, den entstandenen Scherbenhaufen als »Macher« oder gar »Sanierer« aufräumten ...

Von ähnlichen Unwägbarkeiten wie bei der AEG war auch unser Engagement bei der MTU in München und Friedrichshafen begleitet, das schließlich zur Übernahme aller Anteile führte. Nicht anders war es mit der Beteiligung an der Firma Dornier. Vorangegangen waren zudem Kontakte, die auf unseren konventionellen Automobilbereich zielten; nicht zuletzt ging es dabei um weit fortgeschrittene Gespräche über eine Beteiligung an dem Ulmer Omnibushersteller Kässbohrer, die der tatkräftige und mit hervorragendem unternehmerischem Verständnis ausgestattete Leiter der Stuttgarter Niederlassung der Deutschen Bank, Nikolaus Kunkel, vermittelt hatte, die aber schließlich wegen Meinungsverschiedenheiten innerhalb der Familieneigentümer abgebrochen werden mußten (erst ganz am Ende meiner Amtszeit sollte doch noch die Übernahme durch Daimler-Benz erfolgen).

Eine weitere Überlegung, die zu keinem Ergebnis führte, weil der Chairman des Mehrheitsaktionärs ITT, Rand V. Araskog, bei einem informellen Treffen in New York einen absoluten Phantasiepreis forderte, war eine Beteiligung an der Stuttgarter Traditionsfirma Standard-Elektrik-Lorenz (SEL), deren Potential vor allem auf dem Gebiet der Kommunikationstechnologie Werner Niefer besonders reizvoll erschienen war.

Ausnahmslos ging es jedenfalls bei allen diesen Ansätzen während der Jahre 1984 und 1985 um nichts anderes, als nach interessanten Möglichkeiten für eine behutsame Erweiterung des Konzerns im Sinne der in meiner Strategievorlage genannten Ziele Ausschau zu halten. Im Herbst 1985, nachdem wir nacheinander die MTU sowie die Mehrheit bei Dornier und an der AEG übernommen hatten, sollte der »Spiegel« daraus »Das große Fressen« machen, mit einem alles in allem für seine Verhältnisse mehr als anerkennenden Unterton (der den Artikel als Geschichtsmaterial auch heute noch ebenso lesenwert macht wie die beifälligen Äußerungen der meisten Aktionärssprecher in unseren folgenden Hauptversammlungen).

Die MTU-Gruppe hatte bis dahin je zur Hälfte uns und der MAN, unserem wichtigsten Wettbewerber für schwere Lastkraftwagen und Omnibusse auf dem deutschen Markt, gehört. Diese Ehe war 1970 vor allem auf Initiative von Joachim Zahn zustande gekommen. Begleitet von einer kurz darauf vertraglich vereinbarten Arbeitsteilung bei der Herstellung von Motoren und Achsen, sollte sie sicherstellen, daß die im Vergleich zu uns wesentlich kleinere und finanziell deutlich schwächere MAN, an der das Versicherungsunternehmen Allianz und die Commerzbank größere Anteile hielten, als eigenständiger Nutzfahrzeughersteller überleben konnte, ohne in die Hände eines bedeutenden internationalen Wettbewerbers – nicht zuletzt aus Japan – zu geraten.

Freilich fiel es weiten Teilen unserer eigenen Organisation, an der Spitze den Entwicklungsingenieuren und dem Vertrieb, nicht gerade leicht, solche eher feingesponnenen Überlegungen zu verstehen und sich danach zu richten. Trotzdem gelang es mit Hilfe gleichgerichteter Bemühungen aus dem Vorstand der MAN immer wieder, die vielfältigen Streitigkeiten beizulegen, bis das Bundeskartellamt 1981 die weitere Verlängerung des ursprünglich von ihm genehmigten Vertragswerkes verweigerte.

Als Bindeglied war damit die MTU geblieben, deren beide Teilbereiche in München und in Friedrichshafen durch ein und dieselbe Geschäftsführung geleitet wurden. Die Fabriken am Bodensee waren bereits in den sechziger Jahren – gleichfalls unter maßgeblicher Mitwirkung von Zahn – aus mehreren dort angesiedelten Firmen mit traditionellen Namen, insbesondere Maybach und Porsche-Diesel, zusammengefügt worden; dort wurden vornehmlich Großmotoren für militärische und zivile Zwecke hergestellt. Im Münchener Vorort Allach hingegen befand sich die Entwicklung und Fertigung von Flugtriebwerken, ursprünglich noch ganz überwiegend für Militärflugzeuge; dieses Werk hatte BMW gehört, bevor es im Zusammenhang mit den finanziellen Schwierigkeiten, in die unser bayerischer Wettbewerber in der Nachkriegszeit geraten war, in die alleinigen Hände der MAN fiel.

Mitte 1984 verdichteten sich unsere Informationen, wonach die bedenkliche Ertragssituation ihres Nutzfahrzeugbereichs die MAN in ernsthafte finanzielle Schwierigkeiten bringen könnte. Die Alarmglocken begannen schließlich zu schrillen, als wir hörten, daß der verantwortliche Bereichschef von General Motors in Kürze in Deutschland sein werde, um Übernahmegespräche zu führen.

In Abstimmung mit Werner Breitschwerdt machte ich mich auf den Weg und suchte Donald J. Atwood in seinem Münchener Hotel auf. Das Zusammentreffen mußte mit allen Mitteln geheimgehalten werden, weil mein amerikanischer Gesprächspartner wohl befürchtete, sich dadurch strafbar zu machen (wie das womöglich nach den Gesetzen der USA der Fall gewesen wäre). Nachdem ich ihm eindringlich die durch massive Überkapazitäten gekennzeichnete Situation der europäischen Nutzfahrzeugindustrie und den sich daraus unvermeidlich ergebenden Druck auf die Erträge geschildert hatte, meinte Atwood, daß sich General Motors zwar sein weiteres Vorgehen vorbehalten müsse, aber vor einem gegenwärtig ohnehin eher unwahrscheinlichen Schritt auf den europäischen Kontinent jedenfalls nochmals mit uns Verbindung aufnehmen werde.

Einigermaßen beruhigt kehrte ich nach Stuttgart zurück, um im Spätsommer eher zufällig zu hören, daß Werner Breitschwerdt begonnen hatte, mit dem damaligen Vorstandsvorsitzenden der MAN, Klaus Götte, über Wertvorstellungen für eine etwaige Übernahme der MTU-Beteiligung durch uns zu verhandeln. Dies stand in klarem Widerspruch zu einer Verabredung, die ich im Anschluß an das Zusammentreffen in München mit Wolfgang Schieren, dem Vorstandsvorsitzenden, und Friedrich Schiefer, dem Finanzchef der Allianz, getroffen hatte; sie lief darauf hinaus, zunächst unmittelbar mit dem von der MAN kommenden Vorsitzenden der MTU-Geschäftsführung, Otto Voisard, und dem Finanzchef der MAN, Gerd Wollburg, zu reden.

Breitschwerdt und ich vereinbarten daraufhin, daß ich zunächst einmal – und zwar gemeinsam mit Werner Niefer, der vor seinem Eintritt in unseren Vorstand Mitglied der MTU-Geschäftsführung gewesen und mit den dortigen Verhältnissen sowohl in sachlicher als auch in personeller Hinsicht eng vertraut war – die Gespräche weiterführen sollte, um gegebenenfalls Spielraum für eine Abschlußverhandlung der beiden Vorstandsvorsitzenden zu behalten. Wie sehr sich dies tatsächlich empfahl, wurde mir deutlich, als Götte bei einem im Spätherbst mit mir unter vier Augen geführten Gespräch einen Preis für die Beteiligung nannte, der so utopisch war, daß er beim besten Willen nicht ernst genommen werden konnte.

Schließlich kamen Niefer und ich kurz vor Weihnachten mit Voisard und Wollburg über eine für beide Seiten annehmbare Größenordnung überein. Einen Monat später konnten die Verhandlungen im Beisein unseres Kollegen Gerhard Liener mit einem Kaufpreis von etwa 550 Millionen Mark unterschriftsreif abgeschlossen werden; das war weit weniger als die auf die MAN entfallende Hälfte des Jahresumsatzes der MTU von rund 2,5 Milliarden Mark (wie er inzwischen für Unternehmenskäufe dieser Art zum internationalen Maßstab geworden ist).

Verglichen mit dem, was uns bei Dornier bevorstehen sollte, waren diese Verhandlungen freilich ein Kinderspiel, hatten wir es doch bei der MAN mit seriösen, erfahrenen und verläßlichen Partnern zu tun. Jetzt hingegen sollten wir, sollte vor allem ich, so will es das einschlägige Klischee, durch gierige Erben und eine skrupellose junge Rechtsanwältin hilflos »über den Tisch gezogen« werden. In Wahrheit kann davon nicht die Rede sein. Wohl aber blieb uns nichts anderes übrig, als darauf zu vertrauen, daß Geist und Sinn vertraglicher Vereinbarungen auch dann gelten, wenn darin nicht jede nur denkbare Einzelheit abschließend geregelt ist, daß es also Treu und Glaube verbieten, die Position derjenigen, die im Interesse eines Unternehmens zum Handeln gezwungen sind, zugunsten privater materieller Interessen rücksichtslos auszunutzen.

Die Vorgeschichte, das Zustandekommen und die weitere Entwicklung unserer Beteiligung an der Dornier GmbH mit Sitz in Friedrichshafen am Bodensee könnten mühelos Stoff für eine lange und publikumswirksame Fernsehserie liefern.

Anfang der achtziger Jahre hatte ich anläßlich eines Essens im Neuen Schloß in Stuttgart zufällig neben einem älteren Herrn gesessen. Es handelte sich um Claudius Dornier, der im Laufe des Abends begann, mir von den durch Familienstreitigkeiten unhaltbar gewordenen Zuständen in dem traditionsreichen Unternehmen zu erzählen, das seinen Namen trug und das für seine technologische Spitzenposition im Bereich der militärischen und zivilen Luft- und Raumfahrtindustrie bekannt war. Unverblümt merkte er an, daß er beabsichtige, sich von seiner Beteiligung in Höhe von knapp 17 Prozent zu trennen. Seinen fragenden Hinweis, ob das für Daimler-Benz nicht von Interesse sein könnte, ließ ich freilich unbeantwortet, wobei ich Anlaß und Art des Vorstoßes nicht ernst genug nahm, um Gerhard Prinz darüber zu berichten.

Erst geraume Zeit später, Anfang 1985, sollte ich erfahren, was dem vorangegangen war. Claudius Dornier, der älteste Sohn des genialen Erfinders und Firmengründers Claude Dornier, hatte das Unternehmen fast zwanzig Jahre geleitet, bevor er 1981 von einer Mehrheit der Familienmitglieder unter Führung seines wesentlich jüngeren Halbbruders Justus entmachtet und aus allen Gremien herausgedrängt worden war. Zum Teil ging es dabei wohl auch um schwerwiegende sachliche Meinungsverschiedenheiten, denn Claudius Dornier setzte auf den Bau von Flugzeugen, träumte gar von der Entwicklung eines riesigen Flugbootes ähnlich der legendären, von zwölf Motoren getriebenen Do X der späten zwanziger Jahre, während die meisten anderen Familienteilhaber – mit Claudius waren es sechs an der Zahl (eine Tochter des Gründers war mit ihrem Pflichtteil früher ausgeschieden) – darin ein unerträglich hohes Risiko sahen oder ein solches Projekt zumindest nicht für finanzierbar hielten, ohne fremdes Kapital aufzunehmen und damit die durch das Testament des Gründers vorgegebene Unabhängigkeit des Unternehmens aufs Spiel zu setzen.

Eine kaum geringere Rolle spielten aber offensichtlich die persönlichen Spannungen, die sich über Jahre hinweg aufgebaut hatten: Nach dem frühen Tod eines als hochbegabt geltenden weiteren Halbbruders, dessen Anteile nun bei seiner Witwe lagen, war es vor allem der mit einem ungebändigten Ehrgeiz und einem ungebrochenen Selbstwertgefühl ausgestattete Justus, der dem zu hemdsärmeligem Gehabe neigenden alten Herrn die Führungsrolle streitig machte und dafür Unterstützung bei zwei seiner Clangenossen gefunden hatte.

Daß sich die Familie schon seit längerer Zeit entschlossen hatte, den Vorsitz des Aufsichtsrates einem unabhängigen Außenstehenden zu überlassen, änderte an dieser Zerrissenheit ebensowenig wie an den laufenden gegenseitigen Intrigen, bei denen man auch nicht vor dem Versuch zurückschreckte, Vertreter der Belegschaft jeweils auf die eigene Seite zu ziehen.

Seinerseits von Lothar Späth angesprochen, dem baden-württembergischen Ministerpräsidenten, wies mich nun Werner Niefer darauf hin, daß die interne Situation bei Dornier anscheinend von Tag zu Tag unhaltbarer werde und große Sorge bestehe, ob diese für das Land wie für die gesamte Bundesrepublik so bedeutsame Gesellschaft ohne Anlehnung an ein leistungsfähiges industrielles Unternehmen überleben könne. Bestätigt wurde uns das durch den bisherigen Vorsitzenden der Geschäftsführung, Bernhard Schmidt, von dem man sich kurz zuvor gleichfalls wegen Meinungsverschiedenheiten mit einzelnen Familienmitgliedern getrennt hatte.

Schnell waren wir uns daraufhin einig, daß sich hier in der Tat eine Möglichkeit ergeben könnte, die weitgehend alle Kriterien meiner Vorstandsvorlage vom Sommer des vorangegangenen Jahres erfüllte. Nachdem wir Werner Breitschwerdt unterrichtet hatten, nahmen Niefer und ich im März 1985 eine Serie von unzähligen Gesprächen mit den einzelnen Mitgliedern der Familie Dornier und deren Anwälten auf. Bei einigen von ihnen stellte sich bald heraus, daß sie die Situation realistisch beurteilten und die Notwendigkeit eines Ausscheidens aller bisherigen Eigentümer einsahen, wenn das Unternehmen weiterbestehen sollte. Andere hatten Skrupel, ob darin nicht ein Verstoß gegen die testamentarischen Auflagen des Firmengründers zu sehen sei, dem sie sich nur anschließen wollten, sofern er durch einstimmigen Beschluß aller Beteiligten abgesegnet (und ihnen materiell ausreichend abgegolten) würde.

Auf völlige Ablehnung hingegen stießen wir sowohl bei Claudius als auch bei Justus Dornier. Beide beharrten darauf, daß die eingetretenen geschäftlichen Schwierigkeiten ausschließlich von dem jeweils anderen zu verantworten seien, die unverändert gesunde Substanz des Unternehmens nicht in Frage stehe und es also nur darum gehen könne, dem verhaßten Bruder endlich das Handwerk zu legen.

Natürlich wußten beide, daß dies ein Teufelskreis war, den keiner von außen durchbrechen konnte. Offensichtlich vertrauten sie jedoch darauf, daß niemand, an der Spitze der Staat, es sich leisten könne, das Unternehmen scheitern zu lassen und damit die vorhandenen hochqualifizierten Arbeitsplätze einschließlich des angesammelten technologischen Wissens aufs Spiel zu setzen. Auch ein vorher mit mir abgestimmter Besuch des bayerischen Ministerpräsidenten Franz Josef Strauß bei Claudius Dornier konnte diesen nicht umstimmen. Es war ein brutales Pokerspiel, das nach meinem Verständnis in seiner Mischung aus Machtgier und Rücksichtslosigkeit weit jenseits der Grenzen lag, die das Grundgesetz der Bundesrepublik dem Gebrauch des Eigentums setzt.

Zusätzlich kompliziert wurde die Situation dadurch, daß die Familienmitglieder verpflichtet waren, zunächst allen anderen ihre Anteile anzubieten, bevor eine Übertragung an Außenstehende zulässig war; selbst eine Minderheitsbeteiligung war also, wollte man nicht jahrelange Streitigkeiten in Kauf nehmen, nur möglich, wenn die verbleibenden Gesellschafter ihr zustimmten.

Unter diesen Umständen waren wir uns im Vorstand von Daimler-Benz schnell einig, daß eine Beteiligung an Dornier nur in Frage kommen konnte, wenn es gelänge, eine Mehrheit zu erreichen, die uns die unternehmerische Führung und damit die Möglichkeit sichern würde, die Geschäftsführung nach unseren eigenen Vorstellungen neu zu besetzen. Spätestens war dies allen Beteiligten an dem Tag bekannt, als Werner Niefer und ich auf Einladung von Lothar Späth am 15. April 1985 im Staatsministerium mit der überwiegenden Zahl der Familienmitglieder zusammentrafen; ein Ergebnis konnte freilich schon deswegen nicht erzielt werden, weil Justus Dornier kurzfristig abgesagt hatte. So mußte der Ministerpräsident, der natürlich nur als inoffizieller Vermittler handeln konnte, zu einem erneuten Treffen bitten.

Es fand eine Woche später statt und dauerte von neun Uhr morgens bis in die frühen Stunden des nächsten Tages. In der Tat war es, wie sich Hans Otto Eglau in seinem Buch über mich ausgedrückt hat, ein »bühnenreifes Spektakel« – hatte der Hausherr doch die Beteiligten, neben den eigentlichen Verhandlungsführern auch die Mitglieder der Geschäftsführung, Betriebsräte, Notare, Sachverständige und Schreibkräfte, auf eine Unzahl von Zimmern verteilt, zwischen denen sich ein ständiges Kommen und Gehen abspielte, während Lothar Späth hie und da auftauchte, um im Rahmen des für ihn Zulässigen zu vermitteln.

Für Niefer und mich begann jener 22. April 1985 mit einem Paukenschlag. Niemand hatte uns nämlich vorher gesagt, daß auch der Vorstandsvorsitzende von Mannesmann, Franz Josef Weisweiler, zusammen mit seinem Finanzchef (und späteren Nachfolger) Joachim Funk an diesem Tage in der Villa Reitzenstein anwesend sein würde, um parallel zu uns mit den Mitgliedern der Familie Dornier zu verhandeln.

Dabei war es uns keineswegs neu, daß Mannesmann an einer Beteiligung interessiert war. Für uns beide lag daher das Problem nicht so sehr in der Gefahr, daß uns die geschäftstüchtigen Eigentümer gegeneinander ausspielen könnten, wenn es um den Preis der Anteile ging. Darüber hatte Breitschwerdt schon vorher mit Weisweiler Übereinstimmung erzielt, und im Laufe des Tages, als mir die beiden Vertreter von Mannesmann zufällig auf dem Gang begegneten, haben wir uns das noch einmal bestätigt. Konkrete Zahlen brauchten wir dabei nicht zu nennen, denn schließlich handelte es sich nicht um ein Geschäft unter Teppichhändlern: Diese Spezies sollten wir erst später kennenlernen.

Was die beginnenden Verhandlungen wesentlich erschwerte, war jedoch das grundlegend unterschiedliche Konzept, von dem unsere Konkurrenten ausgingen. Während wir auf eine klare Führung hinauswollten, war Mannesmann mit einer Beteiligung von 25 Prozent zufrieden. Offensichtlich zählte man darauf, daß die andauernden Familienstreitigkeiten das Unternehmen ohnehin eines Tages wie eine reife Frucht in den eigenen Schoß fallen lassen würden; in der

Werner Niefer war vom Facharbeiter zum stellvertretenden Vorstandsvorsitzenden aufgestiegen. Neben hohem beruflichen Respekt verband mich bis zu seinem Tode im Jahr 1993 enge persönliche Freundschaft mit ihm.

Zwischenzeit würden allein schon die Beiträge aus der »Ideenfabrik« Dornier den Kaufpreis für eine solche Minderheitsbeteiligung rechtfertigen.

Abgesehen von denjenigen Gesellschaftern, die ohnehin nur daran interessiert waren, ihre Anteile möglichst günstig zu verkaufen, bedeutete dies natürlich gegenüber den beiden Kontrahenten Claudius und Justus Dornier insofern eine einfachere Verhandlungsposition, als es Spielraum ließ, jeweils einem von ihnen die Leitung des Unternehmens zuzusagen; ein entscheidender Vorteil ergab sich daraus angesichts der komplizierten Regelungen des Testaments allerdings nicht.

So vergingen die Stunden im Hin und Her. Zeitweise hatten wir den Eindruck, daß sich zur allseitigen Überraschung sogar eine Annäherung zwischen den beiden feindseligen Halbbrüdern abzeichnen könnte; zumindest sahen Niefer und ich von einem Fenster aus, wie die Rechtsanwältin Martine Dornier-Tiefenthaler, die ihren Schwiegervater Claudius Dornier beriet und offensichtlich dessen rückhaltloses Vertrauen genoß, im Garten versuchte, auf Justus Dornier einzuwirken.

Bald darauf schien alles Bemühen doch wieder vergeblich. Am Abend saßen wir noch einmal in der Bibliothek mit Claudius Dornier, seinem Sohn Conrado und dessen Frau zusammen, als sie plötzlich das Gespräch mit der Begründung abbrachen, der alte Herr sei jetzt zu erschöpft, man könne ja demnächst weiterverhandeln.

Kaum waren sie abgefahren, geschah freilich ein Wunder: Eine allerletzte Unterredung im Zimmer von Justus Dornier, deren taktischen Ablauf Werner Niefer und ich uns vorher noch einmal sorgfältig überlegt hatten, führte dazu, daß unser Gesprächspartner unvermittelt nachgab und sich zur Übertragung seiner Anteile bereit erklärte. Nachdem der verbliebene weitere Bruder, Silvius Dornier, zugesagt hatte, daß er verkaufen wolle, wenn auch alle anderen dies täten, war also tatsächlich nur noch Claudius Dornier übriggeblieben; vor dem Hintergrund unserer bisherigen Gespräche, bei denen er sich nie grundsätzlich gegen die Mehrheitsübernahme und Führung durch uns ausgesprochen hatte, konnte für Niefer und mich kein Zweifel sein, daß damit das Ziel erreicht war.

Morgens gegen zwei Uhr, auf der Treppe in der Villa Reitzenstein und auf dem Weg in das Amtszimmer des nimmermüde ausharrenden Lothar Späth, tauschten Niefer und ich zum ersten Mal das gegenseitige Du. Entgegen meiner Abneigung, diese zumeist heuchlerisch oder zumindest inhaltsleere Anrede im beruflichen Umgang zur allgemeinen Übung werden zu lassen (wie es inzwischen in manchen Unternehmen als Ausdruck angeblicher kameradschaftlicher Vertrautheit üblich geworden ist), war dies für mich die Bestätigung einer persönlichen Freundschaft, die bis zum Tode Werner Niefers ungetrübt fortdauern sollte.

Nach kurzem Schlaf unterrichteten wir am kommenden Morgen unsere Vorstandskollegen, um anschließend auf einer gemeinsamen Pressekonferenz mit dem Ministerpräsidenten offiziell bekanntzugeben, daß Daimler-Benz die Mehrheit bei Dornier übernehmen werde. Doch kaum zurück im Büro, erreichte mich ein wütender Anruf von Conrado Dornier, der unser Vorgehen als unverschämt bezeichnete und hinzufügte, sein Vater werde der ohne seine Mitwirkung erzielten Einigung nie und nimmer zustimmen, sondern eher von seinem Recht Gebrauch machen, die uns angebotenen Anteile selbst zu übernehmen.

Zunächst nahm ich das nicht weiter ernst, denn abgesehen davon, daß ich mir im Traum nicht vorstellen konnte, woher der alte Herr das nötige Geld beschaffen wollte, erschien es mir ganz und gar undenkbar, daß er ernsthaft mit dem Gedanken spielen könnte, durch sein halsstarriges Veto die Rettung eines so nahe an den Abgrund geratenen Unternehmens zu verhindern.

Um so überraschter war ich, als er seine Weigerung wenige Tage später im Rahmen eines Pressegesprächs publik machte. Nachdem Werner Breitschwerdt unserem Aufsichtsrat den Stand der Angelegenheit vorgetragen und dessen grundsätzliche Billigung eingeholt hatte, boten wir Claudius Dornier daraufhin ein weiteres Zusammentreffen an – in der Annahme, daß es um nichts anderes als die Aufklärung von Mißverständnissen über die mit den anderen Familienmitgliedern in Aussicht genommenen Vereinbarungen gehen würde.

Doch schnell mußten wir einsehen, daß wir uns geirrt hatten. Der alte Herr und seine Schwiegertochter ließen die Katze aus dem Sack: Trotz laufend wiederholter gegenteiliger Beteuerungen ging es ihnen allenfalls vordergründig um den Erhalt eines reinen Familienunternehmens, sondern vor allem um die materiellen Vorteile, die sie als Gegenleistung für ihre Zustimmung erreichen wollten.

Alle außenstehenden Beteiligten, von den Belegschaftsvertretern bis zu denjenigen, die für die Vergabe öffentlicher Aufträge aus dem Bereich der Verteidigung oder der Forschung verantwortlich waren, faßten sich immer wieder an den Kopf. Unsere Gesprächspartner störte das nicht im mindesten: Existenz des Unternehmens hin, kaufmännischer Anstand her, sie nutzten die Stärke ihrer Verhandlungsposition bis zum Letzten aus. Dabei machten uns freilich ihre ständigen Andeutungen, alternativ auch mit BMW zu verhandeln, weniger Sorgen als der öffentliche Erwartungsdruck, der nach Lage der Dinge auf uns lastete. Nach langem Tauziehen einigten wir uns schließlich am frühen Morgen des 15. Mai 1985 auf eine Lösung, der auch Silvius Dornier nach endlosen Telefonaten zustimmte; der Preis war hoch, doch für Partner, die sich gegenseitig fair behandeln würden, erschien er vertretbar.

Wir verfügten fortan über eine Mehrheit von 56 Prozent; eine kleine Minderheit von 4 Prozent sollte wie schon bisher durch das Land Baden-Württemberg – jedoch nun im weiteren Sinne treuhänderisch für uns – gehalten werden, während die Brüder Claudius und Silvius mit je 20 Prozent beteiligt blieben. Alles in allem hatten wir für unsere Anteile etwas mehr als 400 Millionen Mark aufzuwenden, was für die Mehrheit an einem hochrenommierten und nach den uns zugänglichen Informationen über lange Strecken wirtschaftlich erfolgreichen Technologieunternehmen mit einem Jahresumsatz von damals fast zwei Milliarden Mark selbst dann kein überhöhter Preis war, wenn man berücksichtigt, daß wir den im Unternehmen verbleibenden beiden Familienmitgliedern die Wertbeständigkeit ihrer Anteile und eine marktübliche Mindestverzinsung in Form einer Garantiedividende zusichern mußten. Dabei bestätigten alle Partner des Konsortialvertrages ausdrücklich, daß die industrielle Führung der Gesellschaft zukünftig allein in den Händen des Mehrheitseigentümers liegen sollte.

Genau diese Regelung ist freilich sehr bald, nachdem Claudius Dornier 1986 gestorben und seine Schwiegertochter zur Testamentsvollstreckerin über den Nachlaß ernannt worden war, zum Auslöser nervenzehrender und bitterer Streitereien geworden. Wir hatten nämlich den beiden verbliebenen Familiengesellschaftern ein Vetorecht gegen eine Reihe von Beschlußfassungen, vor allem bei Kapitalerhöhungen, Satzungsänderungen und Veräußerungen von Unternehmensteilen, einräumen müssen. Aufgrund der vielen Diskussionen vor Vertragsabschluß durften wir jedoch davon ausgehen, daß dieses Vetorecht nicht mutwillig mißbraucht werden würde, solange die entsprechenden Maßnahmen im Rahmen unserer unternehmerischen Führungsrolle sachlich gerechtfertigt waren. Wir sollten eines Besseren belehrt werden.

*

Was ist Erinnerung, was Wahrheit?

Nicht nur angesichts der Häme, die wegen dieses angeblich dilettantischen Vertragsabschlusses später über dich ausgegossen worden ist, hast du oft genug darüber nachgegrübelt, ob dich damals tatsächlich eine zielstrebige junge Juristin, aus welchen Motiven auch immer, ins Bockshorn gejagt hat.

Unzulässig wäre es natürlich, wolltest du dich auf den Hinweis beschränken, daß ihr das Ergebnis der Verhandlungen keineswegs etwa unter dem Druck der Erschöpfung oder gar in einem Rausch des Erfolgszwanges angenommen habt, sondern nach sorgfältiger Abwägung aller Konsequenzen und in voller Übereinstimmung mit euren hochkarätigen juristischen Beratern. Die Verantwortung, euren Kollegen im Vorstand diesen Abschluß vorzuschlagen, lag trotzdem und ohne Abstriche bei Werner Niefer und, im Hinblick auf die Fragenkomplexe, um die es besonders ging, bei dir.

Dafür, daß du diesen Vorschlag bis heute weder als unbedacht noch als leichtfertig empfindest, gibt es eine einzige Begründung, für die du unverändert einstehst: Du hattest offenbar keine ausreichende Erfahrung mit Menschen, die im Zweifelsfall hemmungslos entschlossen sind, das Wohl des betroffenen Unternehmens hinter ihren nackten persönlichen Interessen zurückzustellen. Dieser Vorwurf müßte dich allerdings nur dann treffen, wenn er von jemandem käme, der euch damals abgeraten hätte ...

*

Wilfried Guth stand noch an der Spitze des Aufsichtsrates, als dieser jeweils einstimmig die Vertragsabschlüsse zum Erwerb unserer Mehrheitsbeteiligungen an der MTU-Gruppe und an der Dornier GmbH billigte. Das schloß nicht aus, daß sein designierter Nachfolger gleichfalls schon frühzeitig damit befaßt war.

Die unmittelbar darauffolgende große Transaktion, die uns endgültig über die Phase hinausführen sollte, in der wir zunächst nur Bausteine für ein in sich schlüssiges Erweiterungskonzept des Konzerns sammeln wollten, spielte sich hingegen bereits unter unmittelbarer Mitwirkung und nach außen erkennbarer Mitverantwortung von Alfred Herrhausen ab, der inzwischen den Vorsitz im

Aufsichtsrat von Daimler-Benz übernommen hatte: der Mehrheitserwerb an der AEG.

Nach unserem ersten Gedankenaustausch im Frühsommer hatte mich Heinz Dürr Anfang September 1984 in Litzelstetten am Bodensee besucht. Während eines Spazierganges fragte ich ihn, ob er inzwischen über meine Idee einer Beteiligung von Daimler-Benz nachgedacht und möglicherweise auch mit seinem Aufsichtsratsvorsitzenden (damals noch Hans Friderichs) darüber gesprochen habe. Seiner vorsichtig bejahenden Antwort fügte Dürr hinzu, daß ein solches Signal, wenn es richtig gesetzt würde, für die AEG und ihre Mitarbeiter sicherlich einen entscheidenden Schub bewirken könne, ein Ende der so mühseligen Nachkriegsperiode und einen Aufbruch nach vorn.

Es leuchtete ihm wohl auch ein, als ich daraufhin ein Konzept entwickelte, das dem Unternehmen im Rahmen einer gemeinsam festzulegenden Gesamtstrategie zunächst weitgehende Unabhängigkeit lassen sollte; dabei erläuterte ich, daß wir bei Daimler-Benz keine freien Managementkapazitäten hätten und zudem von den Geschäftsfeldern der AEG im einzelnen nicht genug verstünden. Um auf diese Weise eine schrittweise Integration beider Unternehmen zu ermöglichen, stimmte Heinz Dürr schließlich zu, anfänglich nur eine 25prozentige Minderheitsbeteiligung von Daimler-Benz ins Auge zu fassen, die nach Ablauf eines bestimmten Zeitraumes mit Hilfe einer zu vereinbarenden Optionsregelung auf eine knappe Mehrheit aufgestockt werden könnte. Damit fuhr er heim. Es sollte Anfang 1985 werden, bevor wir auf dieses Gespräch zurückkamen und es anschließend gemeinsam mit Klaus Kuhn fortführten (der inzwischen zum Aufsichtsratsvorsitzenden der AEG gewählt worden war).

Um die gleiche Zeit hatte ich in einem unter vier Augen geführten Gespräch auch Alfred Herrhausen von unseren laufenden Überlegungen zur Verbreiterung des Konzerns unterrichtet; alle drei Projekte, die ich namentlich erwähnte – MTU, Dornier und AEG –, hielt er gleichermaßen für lohnenswert, wobei er unmißverständlich dazu riet, auch bei der AEG von Anfang an eine klare Mehrheit anzustreben, anstatt den mir vorschwebenden vorsichtigen Weg zu gehen. Gleichwohl schien es mir schon aus verhandlungstaktischen Gründen nicht geboten, meine Gesprächspartner bei der AEG zu einer Entscheidung zu drängen, sahen sie sich doch offenbar in der Rolle der Braut, die umworben werden wollte und zudem reiche Gegenleistungen für ihr Jawort erwartete.

Ein deutlicher Umschwung stellte sich erst im Juli 1985 ein, als Werner Niefer und ich Heinz Dürr die vielfältigen Vorteile einer engen Zusammenarbeit beider Häuser im einzelnen erläuterten (meine unter dem Kodenamen XYZ an Breitschwerdt und Liener gerichtete Informationsnotiz über das Gespräch erwähnt übrigens bereits die Möglichkeit, sich zu einem geeigneten Zeitpunkt von bestimmten Geschäftsfeldern der AEG – insbesondere den Hausgeräten, der Bürokommunikation, der Energieverteilung und den Elektrowerkzeugen – zu trennen, um sich dann voll auf die technischen und kommerziellen Synergien mit den für unseren künftigen Gesamtkonzern wichtigen Bereichen zu konzentrieren). Kaum weniger attraktiv mag es Dürr erschienen sein, daß wir ihm die Möglichkeit einer Berufung in den Vorstand von Daimler-Benz andeuteten.

Den entscheidenden Schritt vorwärts brachte schließlich ein unter vier Augen geführtes Gespräch mit Klaus Kuhn: Unter der Voraussetzung eines angemessenen Bezugskurses deutete er mir seine Bereitschaft an, dem Vorstand und dem Aufsichtsrat der AEG vorzuschlagen, uns unter Ausnutzung eines bestehenden genehmigten Kapitals eine Beteiligung von knapp 30 Prozent zu beschaffen, die durch Übernahme der vom Bankenkonsortium der AEG gehaltenen Aktien auf knapp über 50 Prozent erhöht werden konnte; bei einem Jahresumsatz von rund 11 Milliarden Mark sollte uns dies etwa 1,5 Milliarden Mark kosten.

Auf dieser Grundlage verabredeten Breitschwerdt, Liener, Niefer und ich Anfang September mit Herrhausen, sowohl das Unternehmen selbst als auch die vorgeschlagenen Transaktionen nochmals eingehend von Experten der Deutschen Bank prüfen und den detaillierten Ablauf anschließend durch ein gemeinsames Team vorbereiten zu lassen. Nach hektischen weiteren Besprechungsrunden unter Einschluß des Bankenkonsortiums, das die AEG als Kreditgeber durch das vorangegangene Vergleichsverfahren begleitet hatte, faßte der Vorstand von Daimler-Benz seinen endgültigen Beschluß, den der Aufsichtsrat in einer Sondersitzung am Sonntag, dem 13. Oktober 1985, einstimmig billigte.

Die gemeinsame Pressekonferenz mit dem AEG-Vorstand am folgenden Tag wurde allgemein als Sensation empfunden: In der Tat war dies der Abschluß einer Entwicklung, die während eines einzigen Jahres den Charakter unseres Unternehmens grundlegend verändert und Daimler-Benz mit einem Jahresumsatz von mehr als 65

Milliarden Mark an die Spitze aller deutschen Industrieunternehmen gebracht hatte.

Um so weniger kann ich der Verlockung widerstehen zu belegen, wie wenig mich dieses Ereignis, an dessen Zustandekommen ich keinen geringeren Anteil als an den vorangegangenen Transaktionen hatte, etwa in eine besinnungslos euphorische Stimmung versetzte.

Ich zitiere aus einer internen Aktennotiz, die ich schon Mitte Juli 1985 meinen Kollegen Breitschwerdt, Liener und Niefer zugänglich gemacht hatte: »Die Integration der Firma XYZ im Sinne eines dann wirklich nicht mehr wegzudiskutierenden ›dritten Beines‹ unseres Konzerns dürfte ungleich schwierigere Probleme aufwerfen, als dies ohnehin schon hinsichtlich MTU und Dornier der Fall ist. Angesichts der Synergieeffekte halte ich aber eine solche Integration für zwingend erforderlich. Sie kann nicht darin bestehen, daß die drei Unternehmen als ›selbständige‹ Einheiten nebeneinanderher geführt werden ... Das Hinzukommen der Fa. XYZ zu unserem Konzern würde also der ›Unternehmensgruppe Neue Technologie‹ zwangsläufig eine andere Qualität verschaffen ... Besonders schwierig dürfte die Lösung dieses Problems schon deswegen werden, weil keine der betreffenden Firmen durch eine andere ›vereinnahmt‹ werden oder gar ihr Name verschwinden dürfte ... Ein eher psychologisches, wenn auch damit keineswegs weniger schwieriges Problem sehe ich weiterhin in der Frage, ob unser Konzern mentalitätsmäßig einen solchen ›Kraftakt‹ bewältigen könnte. Wir müssen nämlich berücksichtigen, daß wir auf diese Weise ein ›drittes Bein‹ mit einem Gesamtumsatz (nach Bereinigung) in einer Größenordnung von 12 Milliarden Mark hätten. Ich halte die Gefahr nicht für gering, daß dann unsere Automobilbauer beginnen könnten, ihr für uns lebensnotwendiges Selbstvertrauen und ihre Zukunftsorientierung zu verlieren, weil wir eben einen gleichwertigen Konzernbereich hätten, dessen technologische Zukunftsbedeutung wir nicht mehr ›herunterspielen‹ können.«

Ich endete mit dem Hinweis, daß ich es »für zwingend erforderlich (halte), zunächst (intern) zu klären, ob wir uns ein solches Projekt überhaupt zutrauen wollen ... Nach meiner Auffassung handelt es sich um eine wahrscheinlich einmalige Chance, die uns aber ganz sicherlich nicht dazu verführen darf, uns ohne sorgfältiges Abwägen der damit verbundenen Risiken in ein Abenteuer zu stürzen.«

Tatsächlich sollte sich herausstellen, daß nahezu alle die Belastungen und Probleme, die uns in der ersten Hälfte der neunziger Jahre so intensiv beschäftigt und am Ende die Verantwortlichen dazu verführt haben, doch noch die Geduld zu verlieren, auf genau diese Ursachen zurückgingen, die ich geschildert hatte: Nicht die Konzeption, die »Vision« war falsch, sie hatte vielmehr unter einer teilweise mangelhaften Umsetzung durch das jeweilige Management, letztlich jedoch vor allem darunter zu leiden, daß es uns nicht ausreichend gelungen ist, bei den maßgeblichen Mitarbeitern die psychologischen oder – wenn man so will – kulturellen Voraussetzungen für eine wirkliche Integration des Konzerns zu schaffen.

Jedenfalls war es nun hohe Zeit für eine kritische Zwischenbilanz. In Übereinstimmung mit Werner Niefer, dessen technischem Urteil ich vorbehaltlos vertraute, schlug ich meinen Vorstandskollegen vor, Niefer und mich mit der Integration der neu in unseren Konzern aufgenommenen Firmen in eine »umfassende Gesamtstruktur« zu beauftragen. Wie erwähnt, stießen wir damit auf völliges Unverständnis. In der Diskussion wurde gar der Verdacht laut, wir würden die behaupteten Probleme übertrieben aufbauschen, um unserer Argumentation genügend Gewicht zu verschaffen.

Alfred Herrhausen als Vorsitzendem unseres Aufsichtsrates blieb es vorbehalten, 1986 die Einrichtung des Struktur- und Synergieausschusses sowie die Berufung der Vorstandsvorsitzenden der drei Gesellschaften in den Vorstand von Daimler-Benz durchzusetzen (zum Jahresbeginn 1987 sollte dann eine grundlegende Neuregelung der internen Führungsorganisation folgen). Bereits auf diesen Ausschuß geht jene später vom Gesamtvorstand intensiv fortgesetzte Übung zurück, die nach meinem Ausscheiden im Jahre 1995 öffentlich als grundlegende Neuerung ausgerufen werden sollte: nämlich eine sich in regelmäßigen Abständen wiederholende kritische Überprüfung der jeweiligen Strategien für alle Geschäftsfelder des sich neu formierenden Konzerns.

Wie also sah, zumindest in groben Strichen, auf die ich mich beschränken muß, unsere »Zwischenbilanz« aus?

Da war zunächst die MTU. Im Gegensatz zu Dornier und ganz besonders zur AEG bedeutete sie für den Konzern und seine Mitarbeiter nichts grundlegend Neues. Der Unterschied beschränkte sich darauf, daß sie uns nun nicht mehr nur zur Hälfte, sondern vollständig gehörte. Niemand kam auf den Gedanken, es für fragwürdig zu halten, daß die in Friedrichshafen gebauten Motoren auch Panzer oder Schnellboote antrieben und für diese Zwecke exportiert wurden; es waren eben Motoren und damit für Automobilbauer etwas Alltägliches.

Kaum größer waren die Bedenken, daß die in München hergestellten Flugtriebwerke damals noch nahezu ausschließlich militärischen Zwecken dienten; auch das waren ja Antriebsaggregate, die man zumindest aus der Kriegszeit kannte, mit denen sich der Entwicklungsbereich von jeher beschäftigt hatte und die ohnehin auch für die Anwendung in zivilen Straßenfahrzeugen erprobt wurden. Kurzum, niemand diskutierte darüber, ob es der unbestrittene Zuwachs an technologischem Wissen wirklich rechtfertigte, den Tätigkeitsbereich des Konzerns auf zusätzliche Rüstungsgüter auszuweiten, und niemand verfiel auf die Idee, in Motoren oder Flugzeugturbinen die Kernbestandteile von moralisch verwerflichen Waffen zu sehen.

Bedenken dieser Art waren hingegen beim Erwerb der Mehrheit an Dornier durchaus laut geworden; sie beschränkten sich keineswegs nur auf den Vorstand, wo sie vor allem von Manfred Gentz und Rudolf Hörnig angesprochen wurden, sondern wurden von manchen leitenden Angestellten nicht weniger diskutiert als von Betriebsräten und Teilen der Belegschaft. Das hing damit zusammen, daß unser Interesse in erster Linie einem Bereich des Unternehmens galt, der auch im Mittelpunkt der jahrelangen Familienstreitigkeiten gestanden hatte, weil einige der früheren Eigentümer ihm weit mehr Bedeutung für die zukünftige Entwicklung beimaßen als der von Claudius Dornier bevorzugten Herstellung von Flugzeugen: der Tochtergesellschaft Dornier System GmbH.

Im wesentlichen waren hier die anwendungsgerichtete Forschung und die Raumfahrt zu Hause. Beides wurde überwiegend durch öffentliche Aufträge der Bundesregierung finanziert (wobei diese Gelder selbstverständlich nicht einfach in der Kasse des Unternehmens versickerten, sondern den Aufträgen jeweils genau definierte Gegenleistungen in Form entsprechender Forschungsergebnisse oder Lieferungen gegenüberzustehen hatten). Da der größere Teil dieser Mittel nicht aus dem Etat des Bundesministers für Forschung und Technologie, sondern aus dem Verteidigungshaushalt stammte, konnte es kaum überraschen, daß die militärischen Projekte bei Dornier System überwogen.

Zugleich lag in dieser Struktur die Begründung dafür, warum

sich die verteidigungstechnische Industrie in allen Teilen der Welt bis dahin fast ausnahmslos so schwergetan hatte, ihre enormen technischen Kenntnisse und Fähigkeiten in Produkte für den zivilen Bedarf umzusetzen: Die lange Zeit übliche Abrechnung solcher Aufträge, bei denen die angefallenen Kosten zuzüglich eines festen Gewinnzuschlages vergütet wurden, führte einerseits dazu, daß niemand ernsthaft gehalten war, die Arbeitsabläufe energisch zu rationalisieren und darüber hinaus über die Möglichkeiten ziviler Anwendungen nachzudenken, und zum anderen unterlagen die Ergebnisse auch dann strenger Geheimhaltung, wenn dafür kein ernsthafter Grund bestand.

Bei uns in Deutschland – nicht anders als in England, Frankreich oder den USA – ging dies alles natürlich nicht zuletzt darauf zurück, daß die Luftfahrtindustrie ein Kind der beiden Weltkriege unseres Jahrhunderts und als solches traditionell mit den wehrtechnischen Interessen der beteiligten Länder verknüpft war; gleichfalls untrennbar hatte sich inzwischen die Raumfahrt dazugesellt.

Die darauf beruhende Mentalität hatte in der Folge eine ganze Generation von hochqualifizierten Ingenieuren und Firmengründern geprägt, deren Talent sich in erster Linie darauf richtete, ständig neue militärische Anwendungsmöglichkeiten zu erforschen, zu erfinden und zu entwickeln, um sie ihren öffentlichen Abnehmern mit gutem Gewissen »verkaufen« zu können. Das mag verwerflich klingen, war es aber keineswegs, denn allemal lag es in der Verantwortung der Auftraggeber zu entscheiden, ob sie solche Vorschläge annehmen wollten oder nicht.

Die Namen dieser deutschen Ingenieure waren und sind allesamt berühmt. Sie reichen von Hugo Junkers über Willy Messerschmidt und Claude Dornier bis zu Ludwig Bölkow, der sich seine ungewöhnliche technische Ingeniosität lange über seine Tätigkeit als Vorstandsvorsitzender von Messerschmidt-Bölkow-Blohm hinaus bewahrt hat; die Reihe der Namen in den anderen Ländern ist nicht kürzer, bis heute überleben sie in weltbekannten Firmenbezeichnungen.

Jedenfalls verfügte Dornier System über ein unerschöpflich scheinendes Arsenal an technischem Wissen, von dem wir überzeugt waren, daß es Schritt für Schritt sowohl für die Modernisierung der Automobiltechnik als auch für die Entwicklung ziviler Produkte eingesetzt werden könne; das reichte von Erkennungssystemen über die satellitengestützte Kommunikationstechnologie und die Mikroelektronik bis hin zu der für den Automobilbau gleichfalls immer wichtiger werdenden Werkstoffkunde.

Besonders ermutigt wurden wir in dieser Richtung durch einen spektakulären Erfolg, mit dem sich das Unternehmen damals einen weltweiten Ruf in der Medizintechnik erworben hatte, die Nierenlithotripsie. Ausgehend von der Beobachtung, daß eine besondere Art von Stoßwellen auf den vorderen Flügelkanten militärischer Überschallflugzeuge Spuren wie bei einem Hagelschlag erzeugt, ohne jedoch weichere, durchlässige Materie in ähnlicher Weise anzugreifen, hatten die Techniker von Dornier System eine Methode entwickelt, Nierensteine mit Hilfe eines Gerätes im menschlichen Körper berührungsfrei zu zerstören.

Natürlich war dieses Beispiel für die zivilen Anwendungsmöglichkeiten ursprünglich militärischer Technologien noch wesentlich eindrucksvoller als die berühmte, aus Erkenntnissen der Raumfahrttechnik abgeleitete Teflonpfanne, und wir waren mehr als zuversichtlich, daß hier sowohl ein Ansatzpunkt für den Aufbau eines neuen Geschäftsfeldes in unserem Konzern als auch eine handgreifliche Rechtfertigung für die nun einmal unauflösliche Vernetzung zwischen moderner Hochtechnologie im Bereich der zivilen Luft- und Raumfahrt auf der einen, der Verteidigungstechnik auf der anderen Seite liegen würde.

Eben einer solchen Rechtfertigung aber bedurfte es, denn auch die Hinweise auf andere beachtliche Erfolge von Dornier bei zivilen Anwendungen modernster Technologie – etwa bei der Systemführung für den ersten europäischen Erderkundungssatelliten ERS – hatten noch nicht ausgereicht, die in unserem Vorstand mit großem Ernst ins Feld geführten ethischen Argumente zu widerlegen. Dies gelang erst, als nicht nur Werner Niefer und ich, sondern auch Werner Breitschwerdt unseren zweifelnden Kollegen immer wieder vor Augen führten, daß Dornier ausschließlich an der Entwicklung und Herstellung von Waffen beteiligt war, die der Verteidigung dienten, und damit einem durch das Grundgesetz legitimierten Auftrag der Bundeswehr nachkam (die zudem in das Verteidigungsbündnis der NATO eingebunden war und ist).

Viel weniger Diskussionsbedarf ergab sich bei dem anderen wichtigen Baustein, den unser neues Unternehmen mitbrachte, der Herstellung von Flugzeugen. Wir stimmten schnell überein, daß dieses Geschäftsfeld für uns kaum von dauerhaftem Interesse sein konnte. Bei zwei der dort laufenden Programme handelte es sich um eine reine Lizenzproduktion von militärischen Flugzeugen, die nur in geringem Umfang eigenständiges technologisches Wissen einbrachte und zudem in absehbarer Zukunft auslaufen würde: das Minensuchflugzeug Breguet Atlantique und der auch nach Nigeria exportierte Düsentrainer Alpha Jet. Daneben hatte das Unternehmen, maßgeblich noch unter dem Einfluß des Firmengründers Claude Dornier, nach dem Krieg mit Erfolg ein kleines, propellergetriebenes Transportflugzeug entwickelt und gebaut, die Do 28, die anschließend durch die etwas größere, jedoch auch schon wieder veraltete Do 228 abgelöst worden war. Der Markt dafür war jedoch viel zu begrenzt, als daß hier interessante Wachstumsmöglichkeiten zu erwarten gewesen wären.

Jedenfalls war uns allen, einschließlich des begeisterten Fliegers Werner Niefer, klar, daß wir mit solchen Flugzeugen keine Chance haben würden, im Wettbewerb mit Firmen wie Boeing, Douglas, Lockheed oder Airbus in das uns allein lohnend erscheinende Geschäftsfeld der großen Verkehrsflugzeuge einzudringen. Die Schlußfolgerung aus unserer Bewertung lag auf der Hand: Es galt, die erfolgversprechenden Ansätze in der Medizin- und in der Weltraumtechnik weiterzuführen, während sich alle übrigen Anstrengungen darauf richten mußten, den bei Dornier System liegenden Fundus an technischem Wissen für unsere anderweitigen Arbeitsgebiete nutzbar zu machen und daraus neue Produkte für neue Märkte zu entwickeln.

Auch bei der AEG war die in hohem Maße durch staatliche Aufträge gekennzeichnete Forschungstätigkeit ein wichtiger Schwerpunkt, gleichfalls verknüpft mit der Herstellung von militärischen Produkten. Von vornherein war uns dabei klar, daß es eine Reihe von Überschneidungen mit Dornier gab. Um unnötige Kosten einzusparen, mußten sie bereinigt werden, selbst wenn in einem solchen Fall die Gefahr drohte, daß die öffentlichen Auftraggeber beginnen könnten, bei dem anderen großen Wettbewerber, Messerschmidt-Bölkow-Blohm, parallele Fähigkeiten aufzubauen, um von Fall zu Fall zwischen zwei Anbietern wählen zu können.

Fast zwangsläufig mußte die Bestandsaufnahme also zu dem Ergebnis führen, die nun so breit gefächerten Forschungsbereiche des Konzerns ohne unnötigen Aufschub unter einheitlicher Leitung von Überschneidungen zu bereinigen und sie zielstrebig auf die von uns gewünschten Gebiete auszurichten; nichts anderes hatte für die Verteidigungstechnik zu gelten.

Dabei gingen wir von Anfang an davon aus, daß die Rüstungsproduktion für uns auf die Dauer kein anzustrebendes Wachstumsfeld sein konnte: Im Gegenteil habe ich selbst, haben wir alle von Anfang an darauf gesetzt (und dies auch immer wieder öffentlich hervorgehoben), daß ihr Anteil an unserem Gesamtumsatz, vor allem bedingt durch ein überproportionales Wachstum im zivilen Bereich, kontinuierlich zurückgehen sollte.

Im Rahmen der jetzt anstehenden Analyse fiel es im übrigen nicht sonderlich schwer, die auf die Dauer für uns nicht interessanten Geschäftsfelder der AEG abzugrenzen. So bestand von Anfang an nicht der geringste Zweifel, daß wir irgendwann diejenigen Bereiche abgeben würden, die im engeren Sinne auf elektrotechnische Anwendungen zielten, wie etwa die Herstellung von Kabeln, aber vor allem auch die Energieverteilung (insbesondere Schaltanlagen für Hoch- und Mittelspannung). Zum Teil hatte sich die AEG hier dank ihres weltweiten Rufes und ihrer fortschrittlichen Technik eine beachtliche Marktposition sichern können, so daß wir nur vorsichtig sein mußten, den Verkaufswert solcher Geschäftsfelder nicht durch vorzeitige Gerüchte aufs Spiel zu setzen. In psychologischer Hinsicht kam freilich die Gefahr hinzu, daß eine sofortige Abgabe von traditionsreichen und zudem wirtschaftlich erfolgreichen Bereichen von den Mitarbeitern des gesamten Unternehmens als Bestätigung für die von vielen befürchtete Absicht des neuen Mehrheitsaktionärs Daimler-Benz ausgelegt werden konnte, die AEG für die eigenen Zwecke »ausschlachten« zu wollen, anstatt ihr eine neue Zukunft als eigenständige Unternehmenseinheit zu eröffnen.

Neben einer großen Zahl sonstiger, wenn auch wesentlich unbedeutenderer Geschäftsfelder – wie etwa den Elektrowerkzeugen – galt dies ganz besonders auch für die als »weiße Ware« bezeichneten Hausgeräte, also Herde, Spülmaschinen und Kühlschränke. Für das breite Publikum waren sie die eigentlichen Markenträger der AEG und spielten deswegen nicht nur nach außen, sondern vor allem auch bei der internen Selbstidentifikation eine große Rolle.

Doch dies alles betraf eben bereits die taktische und psychologische Seite unseres künftigen Vorgehens: Inhaltlich habe jedenfalls ich selbst nie auch nur eine Sekunde lang daran gezweifelt, daß diese Bereiche als künftige Bausteine des Gesamtkonzerns nicht von Interesse waren.

Deshalb richtete sich unsere eigentliche Aufmerksamkeit auf vier

Arbeitsgebiete, von denen wir annahmen, daß sie weltweite Wachstumsmöglichkeiten eröffnen und zum Teil auch dazu beitragen könnten, uns Wettbewerbsvorteile in der eigentlichen Automobiltechnik zu sichern: die bei der AEG Olympia in Wilhelmshaven angesiedelte Bürokommunikation, die Automatisierungstechnik für industrielle Fabriken, die Kommunikationstechnik und die Mikroelektronik; was das Geschäftsfeld Bahntechnik betraf, schienen uns weiterführende Untersuchungen des Marktes und des bei der AEG vorhandenen technologischen Potentials erforderlich, bevor wir uns zu einem abschließenden Urteil in der Lage sahen.

Die Schlußfolgerung aus dieser Zwischenbilanz war also klar: Wir mußten die unternehmerische Führung der drei neu übernommenen Gesellschaften MTU, Dornier und AEG auf eine schnelle und möglichst reibungslose Umsetzung der sich abzeichnenden Zielvorgaben ausrichten. Es galt, die Forschungsbereiche zu ordnen und deren Tätigkeiten untereinander abzustimmen, die Mikroelektronik und die Verteidigungstechnik, soweit es sinnvoll war, zusammenzuführen und die für uns interessanten Wachstumsfelder durch konzentrierten Einsatz so zu stärken, daß sie sich im internationalen Wettbewerb behaupten konnten; alle übrigen Geschäftsfelder hingegen sollten abgegeben werden, sobald sich dazu geeignete Möglichkeiten ergaben.

Bei alledem gab sich niemand der Illusion hin, diese Vorgaben könnten erreicht werden, ohne erhebliche weitere Mittel zu investieren; die dafür anfänglich benötigte finanzielle Ausstattung konnte nach Lage der Dinge nur von Daimler-Benz kommen. Als Ziel mußte jedoch klar sein, daß die betreffenden Konzernteile ihren darüber hinausgehenden Bedarf selbst zu erwirtschaften hätten. Für die AEG waren Heinz Dürr und Klaus Kuhn (der den Vorsitz des Aufsichtsrates an Werner Breitschwerdt abgegeben hatte, jedoch weiterhin beratend mitwirkte) davon überzeugt, daß die entsprechenden managementmäßigen Voraussetzungen im Vorstand und bei den leitenden Angestellten im wesentlichen gegeben waren oder doch geschaffen werden könnten; bei der MTU kannten wir die Geschäftsführung unter der Leitung von Ernst Zimmermann gut genug, um ihr ein entschlossenes Vorgehen zuzutrauen.

Dagegen mußte ich bei Dornier, wo ich den Aufsichtsratsvorsitz übernommen hatte, dem Vorsitzenden der Geschäftsführung, Manfred Fischer, sein Ausscheiden nahelegen. Nach einem langen

Gespräch, das Werner Niefer und ich mit Johann Schäffler, dem Produktionschef von Airbus in Toulouse, geführt hatten, stimmten unsere Kollegen dem Vorschlag zu, ihm den Vorsitz bei Dornier anzuvertrauen.

Wir konnten also an die Arbeit gehen. Sie sollte uns in den folgenden Jahren manche Erfolge, viele Überraschungen und nicht wenige Enttäuschungen bescheren.

Ich selbst habe allerdings bis zu meinem Ausscheiden nie einen Anlaß gesehen, das Ruder grundlegend herumzureißen und den einmal eingeschlagenen Weg wieder zu verlassen. Denn jetzt, nach Abschluß unserer Zwischenbilanz und als Ergebnis der sich abzeichnenden unternehmerischen Strategien für das weitere Vorgehen, stellte sich ein Bild, eine Vorstellung davon ein, wodurch unser Unternehmen zukünftig gekennzeichnet sein könnte: die Vision vom »Integrierten Technologiekonzern«. Über sie haben Werner Niefer und ich damals zum ersten Mal gemeinsam nachgedacht; zum Leitbild von Daimler-Benz wurde sie durch den Vorstand freilich erst geraume Zeit später erhoben, nach dem Erwerb der Mehrheit an Messerschmidt-Bölkow-Blohm.

Die Idee, die dahinterstand, war weder träumerisch noch theoretisch. Sie beruhte vielmehr auf sehr handgreiflichen Überlegungen. Es ging darum, die einzelnen Tätigkeitsbereiche des Unternehmens technisch und wirtschaftlich untrennbar miteinander zu verknüpfen, also zu integrieren. Zwei Ziele standen dabei im Vordergrund: Zum einen sollten für die Geschäftsfelder auf diese Weise Vorteile im internationalen Wettbewerb entstehen, zum anderen sollten – was angesichts vergleichbarer Vorgänge vor allem in den USA keineswegs aus der Luft gegriffen schien – Spekulanten abgeschreckt werden, die auf schnelle Gewinne aus waren, indem sie die Aktienmehrheit erwarben, um die einzelnen Bestandteile des Konzerns anschließend zu einem insgesamt höheren Preis zu verkaufen.

Heute mag dieser letzte Gesichtspunkt, dieser Widerwille gegen das gewaltsame Auseinanderreißen eines Unternehmens, bei manchen Kopfschütteln hervorrufen, denn aus dem modisch gewordenen »Shareholder-value«-Prinzip folgt ja gerade umgekehrt, daß Firmen, deren Bereiche miteinander vernetzt sind, an der Börse geringer bewertet werden als die theoretische Summe ihrer Teile. Eine solche Sicht setzt voraus, daß die langfristige Sicherung der Existenz eines Unternehmens als solchem für sich genommen eben keinen erstrebenswerten Zweck darstellen darf: Ohne Rücksicht auf die Folgen für die Beschäftigung oder das gesellschaftliche Umfeld geht es ausschließlich darum, seinen Wert für die Aktionäre zu steigern. Derartige Grundsätze waren uns allen damals fremd – für mich werden sie es immer bleiben.

Der erste Gesichtspunkt hingegen zielte darauf, technische und kaufmännische Fähigkeiten, die an jeweils anderer Stelle im Konzern vorhanden sind, rechtzeitig zu nutzen, um einer möglichst großen Zahl unserer Produkte Wettbewerbsvorteile zu verschaffen. Beispiele dafür waren auf technischem Gebiet die erwähnte Verwendung neuer Werkstoffe oder der zunehmende Einsatz von Mikroelektronik im Automobilbau. Genauso wichtig schien uns das vor allem aus der Verteidigungstechnik stammende Systemwissen: Es konnte interessante Chancen eröffnen, verschiedene unserer Produkte jeweils zu Angeboten »aus einer Hand« für bestimmte Kunden zu bündeln. Zusammen mit der inzwischen weit fortgeschrittenen Fähigkeit, solche technischen Systemangebote durch geeignete kaufmännische Instrumente – nicht zuletzt auf dem Gebiet der Finanzierung – zu ergänzen, ist in dieser Richtung eine Nachfrage entstanden, deren Bedeutung sich damals noch wenige vorstellen konnten (auch wenn die Chancen, die sich daraus für uns eröffnen konnten, womöglich nicht entschlossen genug wahrgenommen worden sein mögen).

Im Mittelpunkt aller dieser Bestrebungen, die auf das Entstehen eines integrierten Technologiekonzerns zielten, standen letzten Endes zwei Motive: das Vermögen der Eigentümer, also der Aktionäre, nicht nur zu erhalten, sondern soweit wie möglich zu mehren, gleichzeitig aber die Arbeitsplätze der bei uns beschäftigten Menschen so sicher zu machen, wie das angesichts des zur ständigen weiteren Rationalisierung zwingenden Wettbewerbs nur möglich war. Bei richtiger Betrachtungsweise liefen diese beiden Beweggründe in einem einzigen zusammen. Er lautete, die Existenz des Unternehmens Daimler-Benz als zusammenhängende Einheit auf Dauer zu erhalten und zu stärken.

Niemand verkannte dabei, daß es sich bei einem so großen, weltweit tätigen Unternehmen gleichsam um einen lebenden Organismus handelte, der – ganz selbstverständlich – laufend Veränderungen unterworfen war. Es konnte also nie einseitig darum gehen, etwa alle einzelnen Geschäftsfelder unverändert und für alle Zeiten weiterzuführen. Im Gegenteil: Jeder konnte, wenn er nur wollte, auch Mitte der achtziger Jahre schon sehen, daß ständiger Wandel die vor uns liegenden Jahrzehnte prägen würde. Genau das war denn auch der Grund, warum wir – trotz des starken Übergewichts, das dem Automobilbereich für alle absehbare Zukunft zufallen würde – nach intensiver Abwägung auf die zweifellos nach außen wie nach innen sehr viel plastischere Bezeichnung des Unternehmens als »Verkehrskonzern« verzichteten und statt dessen in bewußt neutraler Weise von Daimler-Benz als einem Technologiekonzern sprachen.

Mehr als zehn Jahre später, Anfang 1997, schienen diese grundsätzlichen Überlegungen einem der größten und erfolgreichsten Automobilhersteller der Welt, der japanischen Firma Toyota, immer noch (oder wieder) einzuleuchten. Unbeirrt von allen besserwisserischen Mahnungen etwa der »Financial Times« – jener Hohenpriesterin der Philosophie, man solle es gefälligst der persönlichen Entscheidung jedes Aktionärs überlassen, ob er sein Geld in einer Beteiligung an Unternehmen anderer Branchen anlegen wolle oder nicht – hat der Präsident dieser Gesellschaft, Hiroshi Okuda, nüchtern festgestellt, die weltweite Nachfrage nach Automobilen werde zwar weiter zunehmen, Toyota sei jedoch nicht so überheblich anzunehmen, daß diese Industrie im Gegensatz zu allen historischen Erfahrungen als einzige Ausnahme auf Ewigkeit angelegt sei ...

*

Was ist Erinnerung, was ist Wahrheit?

Auch im Rückblick scheint dir alles, was du über eure Gedanken und euer Handeln aufschreibst, in sich logisch und deswegen überzeugend. Doch ist das die ganze Wahrheit? Verklärst du die Dinge nicht vielleicht doch? Hast du dich womöglich nur durch den gewaltigen Berg von flüssigen Geldmitteln verlocken lassen, der bis 1987 bei euch angewachsen war, obwohl ihr inzwischen die Beteiligungen an MTU, Dornier und AEG erworben hattet? Haben dich die »stillen Reserven« von noch einmal vielen Milliarden Mark verführt, die in euren Bilanzen vor den neugierigen Blicken aller Außenstehenden gehütet wurden? Habt ihr euch von den immer wieder genüßlich verbreiteten Parolen der Politiker und Gewerkschaftsfunktionäre beeinflussen lassen, die Unternehmen sollten endlich ihren Wagemut wiederentdecken, anstatt ständig über die Unbeweglichkeit der deutschen Gesellschaft und die unerträglich gewordenen Kostenbelastungen zu klagen? Oder trifft gar die erwähnte Annahme von Teilen der Journaille – und hinter vorgehaltener Hand auch von vielen anderen Dunkelmännern – zu, du hättest, weil du zweimal übergangen worden warst, dein Mütchen nun zusammen mit deinem Kumpan Werner Niefer kühlen müssen, indem du durch besinnungsloses Aufkaufen fremder Unternehmen beweisen wolltest, daß Werner Breitschwerdt nicht fähig sei, einen Konzern zu führen, der immer komplexer wurde?

Wer vermag schon tief genug in sich hineinzublicken, um die letzten Wurzeln seines Wesens zu erfassen, um die verborgensten Motive seines Handelns aufzuspüren? Das gilt selbst dann, wenn es um Entscheidungen des Augenblicks geht. Noch viel schwerer fällt es, eine solche Frage zu beantworten, wenn du dich nach mehr als zehn Jahren, die noch dazu mit allem anderem als alltäglichen Belastungen, physischen wie psychischen, angefüllt waren, zurückerinnern willst.

Alles, was du verläßlich sagen kannst, ist, daß jeder dieser Beweggründe in bestimmten Phasen dein Gemüt für einen kurzen Augenblick beschäftigt haben mag und solche Fragen deswegen nicht ganz und gar unberechtigt sein könnten. Dennoch bist du sicher, daß der Kern deiner Beweggründe zu keinem Zeitpunkt in irgend etwas anderem als in dem Bestreben lag, durch rechtzeitiges unternehmerisches Handeln die Voraussetzungen dafür zu schaffen, daß Daimler-Benz auch in fernerer Zukunft im Wettbewerb bestehen und weiter wachsen konnte; zu keinem Zeitpunkt hast du dich der Illusion hingegeben, daß es innerhalb einer kurzen Spanne von wenigen Jahren oder gar ohne erhebliche Mühen und Anstrengungen gelingen könnte, neue Geschäftsfelder aufzubauen, die sich gleichgewichtig mit dem traditionellen Automobilbereich zu einem integrierten Technologiekonzern zusammenfügen ließen. Mehr als das: Daran hast du auch nie den geringsten Zweifel gelassen – und ohne Ausnahme haben das alle Mitwirkenden unmißverständlich gewußt.

Das schließt freilich nicht aus, daß es – trotz allen Bemühens, die Tatsachen sorgfältig abzuwägen – kein in die Zukunft gerichtetes Denken und Handeln geben kann, das gänzlich frei von den jeweils vorherrschenden Stimmungen und Einschätzungen, man kann getrost sagen: vom Zeitgeist, wäre. So ist es damals, in der zweiten Hälfte der achtziger Jahre, zweifellos auch euch, so ist es jedenfalls dir selbst ergangen.

Bei meinem ersten Besuch in der Volksrepublik China 1988 lernte ich auch Ministerpräsident Li Peng kennen, der durch die Ereignisse auf dem Platz des Himmlischen Friedens kurze Zeit später traurige Berühmtheit erlangen sollte. Der Besuch stand am Anfang unserer Bemühungen, den Weg von Daimler-Benz nach China zu ebnen.

*

Es war jene Zeit, die von Ronald Reagan auf der einen, von Michail Gorbatschow auf der anderen Seite geprägt war, jene Zeit, als niemand – allenfalls abgesehen von gelegentlichen Blicken in eine noch weit entfernt scheinende Zukunft, wenn die Volksrepublik China sich als dritte Macht dazugesellen könnte – Zweifel daran hatte, daß die USA und die UdSSR als die beiden Supermächte auch zukünftig das Geschehen in der Welt bestimmen würden.

Für die Westeuropäer und vor allem die Deutschen ließ es sich dabei gut leben. Mit den amerikanischen Verbündeten als Schutzmacht konnten sie es sich bequem machen, konnten ohne übertriebene Eile und in Gelassenheit den Gemeinsamen Markt voranbringen und im übrigen ihre Aufmerksamkeit darauf richten, im Rahmen der berühmten Triade – also des Dreiecks zwischen den USA, Japan und dem eigenen Kontinent – genügend wirtschaftliches Gewicht auf die Waagschale zu bringen. Gewiß gab es immer wieder einmal irgendwelche finanzwirtschaftlichen Verwerfungen, doch im großen und ganzen funktionierten die für solche Fälle vorhandenen Regelungsmechanismen, ohne zum Schluß bleibende Schäden zu hinterlassen.

Und gewiß auch zeichnete sich am Horizont die Vernetzung der freien Welt durch Nutzung der neuen Kommunikationstechnologien ab. Doch niemand ahnte offensichtlich, wie schnell sich das Wissen und das darauf gründende Können, bisher den westlichen Ländern vorbehalten, in wenigen Jahren rund um den Erdball verbreiten sollten. Die Märkte waren zwar offen, aber überwiegend nur in einer Richtung, keinem der Partner der Triade drohte unmittelbarer Wettbewerb aus den weniger entwickelten Ländern.

Alles in allem schien also die Welt auf gutem Wege. Die Westeuropäer konnten sich, allenfalls die einen mehr, die anderen weniger, alles leisten; in der Annahme, daß es, wenn man nur ein wenig aufpasse, schon so weitergehen werde, genoß man in großer Ruhe Frieden und Wohlstand. Vor allem die Deutschen waren ein sattes, ja ein fettes Volk geworden. Der Marsch der 68er Generation durch die Institutionen war an seinem Ende angelangt. Man hatte geheiratet, ein Kind gezeugt, fuhr viermal im Jahr in Urlaub, sah zufrieden seiner schönen Altersversorgung als Staatsdiener entgegen. Kurzum, es zeigte sich, daß man eben nicht die Institutionen erobert hatte, um sie erfolgreich umzugestalten oder gar zu revolutionieren. Das Gegenteil war geschehen, die Institutionen waren siegreich geblieben, gutbürgerliche Trägheit hatte sich als Merkmal der Zeit durchgesetzt. Der »Muff unter den Talaren«, den man hatte lüften wollen, hatte sich nach kaum zwei Jahrzehnten wieder neu angesammelt, dieses Mal freilich unter Talaren, die man nun selbst trug, ob an den Schulen, in den Büros oder an den Universitäten.

Unter dem Beifall der sogenannten Sozialpolitiker aller Parteien forderten die Gewerkschaften Jahr um Jahr mehr Leistungen, nach dem üblichen Wehgeschrei setzten die Vertreter der Unternehmerverbände ihre Unterschriften unter die aberwitzigsten Tarifverträge. Jahr um Jahr stiegen die Einkommen, die Arbeitszeit wurde kürzer, man bekam noch mehr Urlaub, zusätzliche Sozialleistungen machten persönliche Vorsorge überflüssig. Wenn einzelne Stimmen – wie ich – mahnten, das Rad nicht zu überdrehen, wurden sie regelmäßig als berufsmäßige Miesmacher abgekanzelt: Zwischen den verantwortlichen Politikern und den führenden Gewerkschaftern gab es kaum je Unterschiede in dem stereotypen Echo, wonach diejenigen, die solche Unverschämtheiten aussprachen, sich lieber, anstatt zu »jammern«, »etwas einfallen lassen« sollten.

Mit anderen Worten: Niemand schien zu ahnen, wie schnell unsere Selbstgefälligkeit umschlagen würde in die nur wenige Jahre später ausbrechende Diskussion über die Lebensfähigkeit Deutschlands (und Westeuropas) als Standort für Arbeitsplätze in der industriellen Gütererzeugung. Dabei war, mit Ausnahme des so bald bevorstehenden Zusammenbruchs der UdSSR und des teilweise damit in unmittelbarem Zusammenhang stehenden Durchbruchs marktwirtschaftlicher Grundsätze in weiten Teilen der Welt, um die Mitte der achtziger Jahre eben doch schon vieles vorgezeichnet, was das folgende, das letzte Jahrzehnt unseres Jahrhunderts prägen sollte: der sich drastisch verschärfende Wettbewerb durch Unternehmen aus Ländern und Regionen (wie etwa aus den damals als die »drei kleinen Tiger« bezeichneten ostasiatischen Staaten Südkorea, Taiwan und Singapur), der die in den westlichen Hochlohnländern angesiedelten Industrieunternehmen zu einer drastischen Rationalisierung ihrer Kostenstrukturen, zu einer energischen Beschleunigung ihrer Anpassungsfähigkeit und gleichzeitig zu einer entschlossenen Modernisierung ihres Produktangebotes zwingen würde.

Diese Entwicklung haben jedenfalls wir damals durchaus nicht falsch eingeschätzt und versucht, durch unser Handeln die Weichen entsprechend zu stellen. Keiner von uns ist freilich noch bis in das Jahr 1989 auf die Idee gekommen, daß das Ende des Kommunismus unmittelbar bevorstehen könnte – und bis heute ist mir niemand bekannt, der es ernstlich vorhergesagt hätte.

Zehn Jahre zuvor, Ende 1979, hatte die NATO ihren berühmten Doppelbeschluß gefaßt. Nachdem die Wirksamkeit der transkontinentalen Nuklearwaffen, die über lange Zeit die Europäer vor der militärischen Übermacht der UdSSR geschützt hatten, als Folge des amerikanisch-russischen SALT-II-Abkommens eher fragwürdig geworden war, hatte die sowjetische Seite kurz darauf mit der Stationierung hochmoderner Mittelstreckenraketen, der SS-20, begonnen. Die Antwort der westlichen Allianz war der Beschluß, in mehreren Mitgliedsstaaten der NATO so bald wie möglich die mit Mehrfachsprengköpfen ausgerüsteten amerikanischen Pershing-II-Raketen zu stationieren, sofern die gleichzeitig angebotenen Verhandlungen zu keinem akzeptablen Ergebnis führen würden.

Zu Recht hat Gregor Schöllgen in seinem meisterhaften Überblick über die weltpolitische Entwicklung zwischen 1941 und 1991 darauf hingewiesen, daß der Rüstungswettlauf, der Ende der siebziger Jahre begonnen hatte, zwar in engem Zusammenhang mit dem späteren Untergang der UdSSR stand, daß dies aber für westliche Beobachter damals kaum abzusehen war. Nicht anders war es Mitte der achtziger Jahre.

Noch lag es kaum fünf Jahre zurück, daß der Warschauer Pakt um ein Haar militärisch in Polen interveniert hätte, noch war nicht zu erkennen, wie sich das im Frühjahr 1981 von Präsident Ronald Reagan angekündigte und bald darauf tatsächlich eingeleitete SDI-Projekt (»Strategic Defense Initiative«, populär auch »Star Wars« – »Krieg der Sterne« – genannt) auf die sich immer höher schraubende beiderseitige Rüstungsspirale auswirken würde, und noch war nicht vorhersehbar, zu welchem Ergebnis die im Frühjahr 1985 in Genf aufgenommenen amerikanisch-sowjetischen Verhandlungen über eine beiderseitige Abrüstung (oder doch zumindest eine Rüstungsbegrenzung) führen könnten.

Leonid Breschnew, über so lange Jahre russischer Staats- und Parteichef, den die Staaten der westlichen Allianz als wenigstens einigermaßen berechenbaren Gesprächspartner kennengelernt hatten, war Ende 1982 gestorben; seine beiden Nachfolger, Jurij Andropow und Konstantin Tschernenko, waren ihm nach kurzer Amtszeit schnell hintereinander gefolgt. Unmittelbar nach dem Beginn der Genfer Verhandlungen hatte Michail Gorbatschow die höchsten Ämter der UdSSR übernommen. Zwar wurde bald darauf klar, daß er mit seinen beiden Vorhaben »Perestroika« (Umbau) und »Glasnost« (Offenheit) auf eine grundlegende gesellschaftliche, wirtschaftliche und politische Reform der Sowjetunion aus war, aber niemand hat während der folgenden drei Jahre vorausgesehen, daß am Ende dieses Prozesses der Zusammenbruch des gesamten kommunistischen Systems in weiten Teilen der Welt stehen würde – geschweige denn, welchen Wandel die gesamte Welt während des folgenden Jahrzehnts erleben sollte.

Auch wir waren noch nicht auf die Idee gekommen, daß sich die Großwetterlage der gesamten Nachkriegszeit in Kürze ändern würde, als der damalige Bundeswirtschaftsminister Martin Bangemann im Frühjahr 1987 Werner Breitschwerdt ansprach, ob Daimler-Benz möglicherweise an einer Beteiligung an Messerschmidt-Bölkow-Blohm (MBB) interessiert sein könnte. Im Vorstand waren wir uns ohne lange Diskussion einig, daß wir schon aus taktischen Gründen gut beraten wären, dieses Angebot zunächst äußerst zurückhaltend zu behandeln; doch Mitte des Jahres – der Aufsichtsrat befaßte sich gerade mit meiner Berufung zum Vorstandsvorsitzenden – wurde ich mir in Übereinstimmung mit Werner Niefer und Johann Schäffler klar, daß es richtig wäre, unseren Kollegen vorzuschlagen, die Möglichkeit einer mehrheitlichen Beteiligung ernsthaft in Betracht zu ziehen. Dem waren vielfältige Erfahrungen vor allem mit unserer Beteiligung an Dornier, aber auch an der AEG vorausgegangen.

Was Dornier anging, hatten wir natürlich alles darangesetzt, uns schon vor Abschluß der Übernahmeverhandlungen so gut es ging über die dortige Auftrags- und Ertragssituation zu informieren. Dabei mußten wir uns weitgehend auf die Angaben der Geschäftsleitung verlassen, auch wenn diese sich in einem erkennbaren Loyalitätskonflikt zwischen uns und einzelnen Familieneigentümern befand (die teilweise vor massiven Drohungen nicht zurückschreckten). Im Ergebnis hatten wir den Eindruck, daß es sich, abgesehen von einzelnen kleineren Problemen, um ein im Kern gesundes Unternehmen handelte. Die Auskünfte von Günter Vogelsang, damals noch Mitglied unseres Aufsichtsrates, und von Johannes Steinhoff unterlegten das ebenso wie die durch den damaligen Chef der European Space Agency (ESA), Reimar Lüst, bestätigte Leistungsfähigkeit des Unternehmens im Bereich der Raumfahrt.

Das hieß zwar nicht, daß Dornier, soweit es um die Systemführung des deutschen Anteils an internationalen Kooperationsprojekten – vor allem im militärischen Bereich – ging, seinem um ein Dreifaches größeren Wettbewerber MBB ebenbürtig oder gar voraus war; da wir davon ausgehen mußten, daß die dafür benötigten Kenntnisse trotzdem vorhanden waren, hatten wir jedoch wenig Zweifel, dieses Ungleichgewicht zukünftig mit Hilfe der Eingliederung in unseren Konzern ändern zu können.

Bei näherem Hinsehen mußten wir jetzt allerdings feststellen, daß die Lage des Unternehmens keineswegs nur wegen der bisherigen Querelen zwischen den Familienmitgliedern alles andere als rosig war. Konkret lag das weniger an der Situation bei Dornier System als im Bereich des Flugzeugbaus, der mit der Entwicklung und Konstruktion in Immenstaad am Bodensee und mit der eigentlichen Produktion in München-Neuaubing (sowie teilweise auch in

Montagehallen auf dem nahe gelegenen Flughafengelände Oberpfaffenhofen) angesiedelt war. Im Verlauf unserer vorausgegangenen Diskussionen im Vorstand hatten wir diese Probleme offensichtlich zu sehr auf die leichte Schulter genommen, weil wir eben davon ausgegangen waren, daß wir ohnehin am Bau von Flugzeugen dieser Art und Größe kein dauerhaftes Interesse haben sollten.

Anstatt einen schrittweisen Auslauf dieses Geschäftsfeldes in Angriff zu nehmen, standen wir im Gegenteil jetzt vor der Frage, wie es weitergeführt werden könnte. Dabei spielte die sehr bald nach dem Abschluß unserer Verträge einsetzende Politik von Claudius und Silvius Dornier eine nicht geringe Rolle, uns durch ständige Nadelstiche bei der industriellen Führung des neuerworbenen Unternehmens zu stören. Hinzu kam die Erkenntnis, daß der traditionelle und von den öffentlichen Auftraggebern bewußt geförderte Wettbewerb nun tatsächlich von der Geschäftsführung von MBB und mit Unterstützung einiger staatlicher Teilhaber des Unternehmens um das Argument erweitert wurde, Dornier sei duch die Einbeziehung in unseren Konzern bevorzugt, so daß man Anspruch auf einen gewissen Vorrang bei der Erteilung von Aufträgen habe. Überschneidungen stellten sich zudem mit dem verteidigungstechnischen Bereich der AEG heraus. Doch im eigentlichen Sinne überraschend für uns alle war eben die unerwartete Notwendigkeit, so schnell wie möglich über die weitere unternehmerische Strategie für den Flugzeugbau von Dornier entscheiden zu müssen.

Die Geschäftsleitung mit Johann Schäffler an der Spitze kam dabei bald zu dem Ergebnis, daß sich der Bau von mittelgroßen, propellergetriebenen Passagierflugzeugen als weltweit interessante Marktnische erweisen könne. Inzwischen, mehr als zehn Jahre später, hat sich herausgestellt, daß diese Einschätzung in gewisser Hinsicht durchaus zutraf: Der Bedarf für Flugzeuge, die geeignet sind, Passagiere zuverlässig, wirtschaftlich, schnell und bequem von kleineren Provinzflughäfen zu den großen Knotenpunkten des Luftverkehrs zu befördern, steigt steil an. Auf einem anderen Blatt steht freilich, daß sich die Nachfrage vornehmlich auf Düsenflugzeuge mit einer Transportkapazität von mehr als siebzig Passagieren richtet, während die Do 328, deren Entwicklung die Geschäftsführung von Dornier vorschlug, als Propellerflugzeug nur auf eine Größenordnung von etwa dreißig Passagieren ausgelegt war.

Immerhin schien das Konzept durch sorgfältige Marktuntersuchungen belegt, und die kalkulierten Kosten sowie die daraus abgeleiteten Preisvorstellungen klangen plausibel genug, um das angestrebte Absatzziel von 400 Flugzeugen für realistisch zu halten. Zusammen mit der Hoffnung, daß sich im militärischen Bereich in nicht allzu ferner Zukunft die Möglichkeit ergeben könnte, an Lizenzaufträgen für neue Projekte der Bundeswehr teilhaben zu können, war damit eine Lösung absehbar, die es ermöglichte, den Flugzeugbau von Dornier zumindest so lange weiterzuführen, bis sich dafür – etwa im Rahmen eines Kooperationsmodells mit einer potenten ausländischen Herstellerfirma – eine grundlegende Alternative ergeben würde.

Doch wir hatten die Rechnung ohne den Wirt gemacht. Die nach dem Tod Claudius Dorniers von Martine Dornier-Tiefenthaler als Testamentsvollstreckerin angeführte Erbengemeinschaft und in ihrem Gefolge Silvius Dornier wehrten sich mit Händen und Füßen gegen das Projekt Do 328.

Dabei führten sie sachliche Argumente ins Feld, die nicht einfach von der Hand zu weisen waren. So versuchte die Erbengemeinschaft, den Marktbedarf für das vorgeschlagene Projekt und damit dessen Wirtschaftlichkeit in Frage zu stellen; Silvius Dornier hingegen riet dazu, die für ein so riskantes Projekt benötigten Geldmittel lieber für den Ausbau der Medizintechnik oder für die marktreife Entwicklung anderer ziviler Produkte der Dornier System GmbH einzusetzen.

Unsere Frage nach möglichen Alternativen für den Flugzeugbau beantworteten die Testamentsvollstreckerin und ihr Mann mit dem Vorschlag, statt der Do 328 ein Vorhaben aufzunehmen, das Claudius Dornier außerhalb der Gesellschaft vor längerer Zeit auf eigene Rechnung begonnen hatte: die Entwicklung und den Bau eines kleinen, erstmals vollständig aus Kunststoffteilen bestehenden Amphibienflugzeugs mit dem Namen »Seastar«. Dies wiederum kam weder für die Geschäftsführung noch für uns in Frage, weil es aus technischen wie wirtschaftlichen Gründen allzu abenteuerlich schien und zudem in keiner Weise ausgereicht hätte, um den Flugzeugbau in seinem damaligen Zuschnitt am Leben zu erhalten.

In Wirklichkeit ging es jedoch bei diesen Auseinandersetzungen, die sich über weit mehr als ein Jahr hinzogen, nicht um sachliche Meinungsverschiedenheiten, sondern ums schiere Geld. Anders ausgedrückt: Der reine Wortlaut der abgeschlossenen Verträge ließ es zu, Daimler-Benz als Mehrheitseigentümer, bei dem die alleinige industrielle Führung von Dornier liegen sollte, in eine äußerst unangenehme Situation zu bringen. Davon wurde rücksichtslos Gebrauch gemacht.

Vorangegangen waren erste Störversuche, die uns stutzig gemacht hatten. Die Berufung von Johann Schäffler in den Vorstand von Daimler-Benz hatte Martine Dornier-Tiefenthaler beispielsweise zum Anlaß genommen, in einer solchen Doppelverantwortung eine unzulässige Vermengung von Interessen des Mehrheitsgesellschafters mit denen des Hauses Dornier zu sehen, dessen firmenrechtliche Unabhängigkeit vertraglich zugesichert war.

Jetzt aber, im Frühjahr 1988, wurde die Zustimmung zu einer Kapitalzufuhr in Höhe von 300 Millionen Mark – die unbestritten für die Durchführung des Projektes Do 328 benötigt wurde – schlichtweg verweigert. Der Grund war klar: Die verbliebenen Familiengesellschafter waren nicht willens, den auf sie entfallenden Anteil einzuschießen, hätten aber bei einer einseitigen Einzahlung durch Daimler-Benz den größten Teil ihrer vertraglich zugesicherten Minderheitsrechte verloren. Damit war das Vorhaben blockiert. Tragfähige Lösungen zeichneten sich trotz vielfältiger Kompromißversuche nicht ab. Allzu verständlich war, daß die Belegschaft begann, sich vernehmbar über das Verhalten der Familienmitglieder zu erregen.

Dies galt um so mehr, als sich unsere bis dahin unverbindlichen Gespräche über eine mögliche Beteiligung an MBB inzwischen soweit konkretisiert hatten, daß nun die eigentlichen Verhandlungen beginnen konnten. Auch hier hatte sich vor allem die Erbengemeinschaft mit dem zwar in der Rechtsprechung keineswegs unbestrittenen, aber doch äußerst gefährlichen – weil möglicherweise durch einstweilige Verfügungen durchsetzbaren – Argument quergelegt, daß eine gleichzeitige Beteiligung an dem Konkurrenzunternehmen gegen unsere Pflichten als Gesellschafter von Dornier verstoßen würde. Wenn ein öffentlicher Skandal, längst schon von den Medien herbeigewünscht und von den verantwortlichen Politikern in Bonn, Stuttgart und München befürchtet, vermieden werden sollte, mußte etwas geschehen.

Dabei war klar, daß es längst nicht mehr nur um das umstrittene Flugzeugprojekt ging, sondern das unhaltbare Verhältnis zu den Mitgliedern der Familie Dornier grundlegend bereinigt werden mußte. Mit diesem Ziel und allein unter dieser Voraussetzung ermächtigten wir Gerhard Liener, der mir inzwischen als Finanzchef nachgefolgt und gleichzeitig für die Verwaltung unserer Beteiligungen verantwortlich war, Verhandlungen mit den Familiengesellschaftern aufzunehmen und in diesen Zusammenhang auch die vertraglich vorgesehene Möglichkeit einzubeziehen, daß die für die Do 328 benötigten Mittel einseitig durch Daimler-Benz als eine Art Gesellschafterdarlehen (konkret: als »Kapitalrücklage«) zur Verfügung gestellt werden könnten. Es sollte anders kommen.

Im Juli waren meine Frau und ich Gäste unseres damaligen Aufsichtsratsmitgliedes, des von mir besonders geschätzten Gerhard Tremer, im Münchener Nationaltheater. Nach der Aufführung gingen wir zu Fuß in unser Hotel. Auf der Straße vor der Oper überfiel mich der vor Aufregung fast sprachlose Johann Schäffler mit der Nachricht, Liener habe schriftlich zugesagt, in der für den nächsten Tag angesetzten Gesellschafterversammlung zunächst nur über die Einzahlung der Kapitalrücklage durch Daimler-Benz zu beschließen und die Verhandlungen über die grundlegende Bereinigung der Gesellschaftsverhältnisse erst danach fortzusetzen. Wie sich am nächsten Tag herausstellen sollte, hatten die Anwälte der Familienmitglieder tatsächlich in den vorangegangenen Gesprächen (bis hin zu ersten schriftlichen Entwürfen) ihre Bereitschaft erklärt, in ernsthafte Verhandlungen einzutreten. Irgendein Unterpfand hätten wir jedoch bei einer solchen einseitigen Vorleistung nicht mehr in der Hand gehabt, sondern wären noch weit mehr, als das ohnehin schon der Fall war, uferlosen Erpressungen ausgesetzt gewesen.

Nach kurzer Abstimmung mit unserem anderen Aufsichtsratsmitglied, Johannes Semler, der mit uns die Opernaufführung besucht hatte, mußte ich daher am nächsten Morgen vor Beginn der Gesellschafterversammlung Martine Dornier-Tiefenthaler um Verständnis dafür bitten, daß ich mich an die Zusage meines Kollegen nur dann gebunden fühlen könne, wenn sie formal darauf bestehen sollte; ich fügte hinzu, daß wir unverändert daran interessiert seien, ohne Verzug die aufgetretenen Streitpunkte im Rahmen einer grundlegenden Neufassung unserer vertraglichen Vereinbarung zu bereinigen, der Startschuß für das Projekt Do 328 aber nach Lage der Dinge bis dahin in der Schwebe bleiben müsse.

Alfred Herrhausen, den ich am Abend telefonisch von dieser Entwicklung in Kenntnis setzte, war von dem verhandlungstaktischen Verhalten Gerhard Lieners ebenso überrascht wie ich, wobei ich nicht umhinkonnte hinzuzufügen, daß ich mich verpflichtet gefühlt hätte, meinen Rücktritt als Vorstandsvorsitzender anzubieten, hätten unsere Gesprächspartner auf einer Einhaltung seiner Zusage bestanden.

In der Tat begann nun eine neue Runde nervenzehrender Verhandlungen. Sie waren geprägt durch ein Wechselbad von sachlichen Erörterungen, um die sich zumindest einige der beteiligten Anwälte bemühten, und von hochemotionalen Gefühlswallungen. Selten gingen sie vor Mitternacht zu Ende, mehrfach dauerten sie bis in die Morgenstunden.

Ich selbst war nicht immer dabei, doch derartige Zusammentreffen – einschließlich der Tränenausbrüche, der Beschimpfungen und der laut zugeworfenen Türen, mit denen wir bedacht wurden – habe ich zur Genüge miterlebt. Bis heute weiß ich nicht bis ins letzte, worum es dabei mehr ging: um den immer wieder mit größter Vehemenz und nicht geringerer Arroganz ins Feld geführten Stolz, als Eigentümer und als (angebliche) Familienunternehmer auf einer höheren Ebene moralischer und sachlicher Kompetenz zu stehen als die angestellten und noch dazu branchenfremden Vertreter einer Kapitalgesellschaft, oder schlichtweg um die Gier nach Geld.

Damals hat mich diese eigenartige Mischung angeekelt. Heute könnte ich sie eher verstehen, nachdem amerikanische und in Zukunft womöglich auch deutsche Firmenchefs (die schon davon träumen) offensichtlich nichts daran finden, unter Ausnutzung explodierender Börsenkurse durch Ausübung von Aktienoptionen in kürzester Zeit private Vermögen in Höhe von mehreren hundert Millionen Dollar anzusammeln, ohne umgekehrt den geringsten persönlichen Nachteil zu erleiden, wenn das von ihnen geleitete Unternehmen später an den Rand des Ruins kommen sollte.

Die bittere Pille, einen Schlußstrich zu ziehen, blieb mir selbst überlassen: Mit Martine Dornier-Tiefenthaler, die natürlich viel höhere Vorstellungen hatte, einigte ich mich schließlich auf eine Zahlung von je 285 Millionen Mark an die Familiengesellschafter dafür, daß sie nun wirklich – bis auf die Zusage, Dornier als getrennte Gesellschaft weiterzuführen – auf alle ins Gewicht fallenden Rechte verzichteten.

Der endgültige Abschluß der Verhandlungen Anfang August 1988 lag in den Händen meiner Kollegen Gerhard Liener und Werner Niefer, die entgegen meiner ausdrücklichen Bitte zu allem anderen auch noch die Übernahme der Anwaltshonorare (teilweise handelte es sich um eine Größenordnung von zehn Millionen Mark) durch Daimler-Benz zubilligten. Auch jetzt war aber der Gesamtbetrag der durch Daimler-Benz für den Erwerb von Dornier aufgewendeten Mittel noch durch den Wert des Unternehmens gerechtfertigt, so daß der Aufsichtsrat – wenn auch bei Stimmenthaltung der Arbeitnehmervertreter – dem Ergebnis zustimmte; die Versuche freilich, unter Beharren auf angeblichen Rechtspositionen später weitere Zugeständnisse herauszuholen, sollten damit noch immer nicht zu Ende sein.

Nicht weniger mühselig und nervenaufreibend, wenn auch aus sehr unterschiedlichen Gründen, waren die Vorgespräche und die sich anschließenden Verhandlungen zum Erwerb der Mehrheit an MBB.

Der Druck, den meine Kollegen und ich selbst dabei auszuhalten hatten, war alles andere als alltäglich. Monatelang fielen die Medien über uns her; wir stießen auf grundlegende Vorbehalte im Aufsichtsrat; in der Belegschaft und bei vielen leitenden Angestellten gab es tiefgehende Zweifel; eine Unzahl beteiligter Politiker verfolgte über weite Strecken nichts als ihre kleinkarierten Interessen; die unternehmensbezogenen Probleme technischer und kaufmännischer Art, die wir zu berücksichtigen hatten, waren komplexer denn je. Wenn wir dennoch mit letzter Zähigkeit daran festgehalten haben, so deshalb, weil wir davon überzeugt waren, daß dieser Erwerb den entscheidenden Baustein bereitstellen würde, um die inzwischen von uns allen geteilte Vision vom integrierten Technologiekonzern Wirklichkeit werden zu lassen. Um dieses Ergebnis zu erreichen, war freilich etwas mehr gefragt als nur intellektuelle Träumerei. Nicht zuletzt hat Franz Josef Strauß entscheidend dazu beigetragen, daß es schließlich zustande kam.

Messerschmitt-Bölkow-Blohm war einige Jahre zuvor aus einer Fusion der drei namensgebenden Gesellschaften entstanden; bedingt durch diese Vorgeschichte, waren seine Standorte für Entwicklung und Produktion über ganz Deutschland, vornehmlich aber auf die beiden norddeutschen Stadtstaaten und auf Bayern verteilt. Bei einer großen Zahl internationaler Verteidigungsprojekte, nicht zuletzt im Flugzeugbau und bei Lenkwaffen, hatte man Erfahrungen als Systemführer erlangt. Die Zusammenarbeit mit Partnern außerhalb der deutschen Grenzen – in erster Linie mit der französischen Staatsfirma Aérospatiale – gehörte, anders als bei Dornier, zur täglichen Übung. Und nicht zuletzt konnte man sich auf eine Gesellschafterstruktur stützen, bei der Bayern (24 Prozent), Hamburg (18 Prozent) und Bremen (10 Prozent) die Mehrheit hielten und damit in der Lage waren, die Vergabe öffentlicher Aufträge aus Bonn zumindest zu beeinflussen.

Andererseits war seit langem bekannt, daß die Bundesregierung eine Lösung suchte, um weitere Verpflichtungen für das teure Airbus-Programm von sich abzuwälzen. Dieses Projekt zur Entwicklung europäischer Verkehrsflugzeuge war Anfang der siebziger Jahre als französisch-deutsches Vorhaben aus der Taufe gehoben worden. Bald darauf hatten sich – neben MBB und Aérospatiale – die später privatisierte Firma British Aerospace und das spanische Staatsunternehmen CASA daran beteiligt. Inzwischen konnte das gemeinschaftliche Vorhaben auf bravouröse Erfolge bei den internationalen Fluggesellschaften zurückblicken. Zugleich hatte es freilich die beteiligten Staaten vielfältige Subventionen in Milliardenhöhe gekostet.

Obwohl offenbar sowohl Siemens als auch BMW bis dahin eine Beteiligung an MBB abgelehnt hatten, war nach Lage der Dinge nicht auszuschließen, daß die Bestrebungen der Bundesregierung in Richtung auf eine Privatisierung des Unternehmens doch irgendwann Erfolg haben könnten. Trotz unserer Überzeugung, mit Dornier und der AEG durchaus wettbewerbsfähige internationale Partnerschaften aufbauen zu können, hätte dies für uns zweifellos erhebliche Probleme mit sich gebracht. Schon lange bevor der Bundeswirtschaftsminister Werner Breitschwerdt ansprach, hatten Schäffler und ich daher Anfang 1986 Gespräche mit dem Vorsitzenden der MBB-Geschäftsführung, Hanns-Arnt Vogels, aufgenommen, den ich seit vielen Jahren gut kannte und von dessen Kompetenz ich seit langem beeindruckt war.

Natürlich konnte seine anfängliche Zurückhaltung nicht überraschen. Im Ergebnis waren Vogels und wir jedoch übereingekommen, zu versuchen, beiderseits Schwerpunkte unserer geschäftlichen Tätigkeiten zu bilden und auf diese Weise unnötige Überschneidungen abzubauen. Um sicherzugehen, daß ein solches Vorgehen auf der politischen Seite mitgetragen wurde, schlug ich dem bayerischen Ministerpräsidenten vor, unseren früher im Zusammenhang mit Dornier begonnenen Gedankenaustausch nun weiter zu vertiefen. Das geschah im Verlauf einer ganzen Reihe von Gesprächen, die regelmäßig im Beisein des mit Franz Josef Strauß gut bekannten Leiters der Münchener Niederlassung von Merce-

Den bayerischen Ministerpräsidenten Franz Josef Strauß hatte ich zum ersten Mal Mitte der fünfziger Jahre kennengelernt, als er in einer Vortragsreihe, die den Namen meines Vaters trug, eine Rede als Atomminister im Kabinett Adenauer hielt. Als ich ihn eine ganze Generation später auf diese Begegnung ansprach, war er sofort im Bilde: Wie aus der Pistole geschossen konnte er sein damaliges Thema nennen, und in seinem unverwechselbar bayrischen Tonfall fügte er hinzu: »Mei, waren das damals noch Sozis!« Jetzt, dreißig Jahre später, führte ich die Verhandlung mit ihm über die Übernahme von Messerschmidt-Bölkow-Blohm, des Unternehmens, das von Hanns-Arnt Vogels vorzüglich geleitet wurde. Die vielen Zusammentreffen mit Strauß waren immer wieder belebend, und bald verband uns gegenseitige Sympathie, auch wenn wir in Sachfragen oder auch politischen Einschätzungen unterschiedlicher Meinung waren.

des-Benz, Karl Dersch, stattfanden und an denen mitunter auch Werner Niefer teilnahm.

Es lag nun schon einige Zeit zurück, daß wir beide uns das erste Mal wiedergesehen hatten. Bei dieser Gelegenheit hatte ich Strauß daran erinnert, daß wir uns bereits Mitte der fünfziger Jahre begegnet waren; als Atomminister im Kabinett Adenauer hatte er seinerzeit in Berlin im Rahmen einer Vortragsreihe gesprochen, die den Namen von Ernst Reuter trug.

Wie aus der Pistole geschossen nannte er sein damaliges Thema und fügte in seinem charakteristischen bayerischen Tonfall spontan hinzu: »Mei, was waren das damals noch für Sozis ...« Nicht weniger bayerisch-burschikos war sein Gelächter, als ich erwiderte, daß seine eigene Partei heutzutage doch wohl auch nicht mehr so ganz das »Gelbe vom Ei« sei. Es folgte ein drastischer Hinweis auf eine frühere (mir nicht bekannte) Zusage von Gerhard Prinz, unser nächstes Automobilwerk in Bayern zu bauen, dem ich ebenso drastisch entgegnete, ich sähe keine Möglichkeit, meinen Kollegen zu empfehlen, unsere in der Zwischenzeit beschlossene Festlegung auf Rastatt in Baden-Württemberg zurückzunehmen.

Seitdem verstanden wir uns glänzend, auch wenn von mir dabei hie und da gehörige Geduld des Zuhörens gefordert war. Denn nicht anders als Willy Brandt oder dessen außenpolitisches Alter ego, Egon Bahr, nicht anders aber auch als Helmut Schmidt oder Henry Kissinger, liebte Franz Josef Strauß es, die weltpolitische Situation zu analysieren und daraus Handlungsrezepte für die deutsche Politik abzuleiten. Daraus, wie sehr er sich Helmut Kohl intellektuell und politisch überlegen fühlte, machte er nie einen Hehl. Zugleich vertrug er durchaus Widerspruch, wie überhaupt Charme und Höflichkeit seinen Umgang auszeichneten; regelmäßig waren seine Monologe, zu denen man manches Mal kaum mehr als Stichworte beisteuern konnte, von profunden geschichtlichen Kenntnissen und von großer geistiger Klarheit geprägt. Mein Mißtrauen, daß solche Eigenheiten auch zu gewissen Stammtischweisheiten verleiten können, ist damit allerdings nicht geringer geworden – und mehr als einmal dachte ich daran zurück, wie andächtig die Mitglieder seines »Freundeskreises« wohl in den siebziger Jahre an seinen Lippen gehangen haben mögen.

Bei alledem war Strauß zweifellos ein Mann, der manches Mal die Grenzlinien zwischen den Verpflichtungen eines hohen öffentlichen Amtes auf der einen, privaten Interessen (einschließlich der Bevorzugung persönlicher Freunde) auf der anderen Seite eher eigenwillig ausgelegt haben mag. Doch nicht anders als viele andere – zu denen auch Helmut Schmidt als sein unmittelbarer Kontrahent im Bundestagswahlkampf 1980 zählte – habe ich ihn als eines der ganz wenigen herausragenden politischen Talente in der deutschen Nachkriegsgeschichte hochgeschätzt, und ich war stets davon überzeugt, daß seine gefürchtete Sprunghaftigkeit und Unberechenbarkeit, die ihm in seiner anfänglichen Zeit als Bundesverteidigungsminister im Kabinett Adenauer, während der »Spiegel-Affäre«, soviel Ungemach verschafft hatte, schnell verschwunden wären, hätte ihm die Geschichte die Verantwortung an der Spitze einer Bundesregierung zugedacht.

Nach einer Reihe unverbindlicher Gespräche im Winterhalbjahr 1987/88, an denen auch der bayerische Finanzminister Max Streibl beteiligt war, nahmen wir Ende April 1988 konkrete Vorverhandlungen über eine Beteiligung an MBB zunächst mit einem Partner auf, der über gar keine Anteile an dem Unternehmen, wohl aber eben über gehörige mittelbare Hebel verfügte und auf eine baldige Ablösung des bis dahin überwiegenden staatlichen Einflusses drängte: der Bundesregierung. Niefer und ich trafen uns dazu in Stuttgart mit Martin Bangemann und seinem für die Koordination der deutschen Luft- und Raumfahrtinteressen zuständigen Staatssekretär Erich Riedl.

Im Grunde ging es bei dieser ersten förmlichen Begegnung um zwei Themenkreise, deren Klärung aus unserer Sicht unverzichtbare Vorbedingung dafür war, daß wir uns überhaupt auf nähere Einzelheiten einlassen konnten: die Frage, ob nach der zu erwartenden Untersagung durch das Bundeskartellamt mit der gesetzlich zulässigen, allein in der Verantwortung des Bundeswirtschaftsministers (also nicht der Bundesregierung als solcher) liegenden »Ministergenehmigung« zu rechnen war, und die Notwendigkeit, uns verläßlich gegen die unabsehbaren Risiken aus der Beteiligung an dem Airbus-Projekt abzusichern.

Beides lag auf der Hand. Denn sowenig wir uns auf einen Weg begeben durften, von dem von vornherein klar war, daß er höchst kontroverse öffentliche Auseinandersetzungen auslösen mußte, ohne uns wenigstens einigermaßen auf den ernsthaften Willen der Bundesregierung verlassen zu können, sowenig konnten wir unbesehen darangehen, uns die bisherigen gigantischen Kosten für die Flugzeugfamilie fortan selbst aufzulasten: Die Bundesregierung hatte in den etwa fünfzehn Jahren seit Beginn des Projektes immerhin (wenn auch rückzahlbare) Zuschüsse von nahezu sieben Milliarden Mark sowie Bürgschaften von noch einmal mehr als drei Milliarden Mark zur Verfügung gestellt – hinzu kam, daß der wirtschaftliche Erfolg des daran beteiligten deutschen Unternehmens entscheidend vom Wechselkurs der deutschen Währung gegenüber dem amerikanischen Dollar abhing.

Die Aussagen, die der Bundeswirtschaftsminister bei unserer Begegnung machte, schienen uns immerhin beruhigend genug, auch wenn sie aus überzeugenden rechtlichen Gründen nicht verbindlich sein konnten. Um ganz sicher zu gehen, empfahlen wir unseren Kollegen die Aufnahme offizieller Verhandlungen mit den an MBB beteiligten Landesregierungen allerdings erst, nachdem Ende Mai in der Bayerischen Staatskanzlei in München ein weiteres Zusammentreffen mit Bangemann und Strauß stattgefunden hatte. Ich war froh, daß Alfred Herrhausen meine Anregung aufgriff, daran teilzunehmen, denn angesichts der Brisanz des Vorhabens lag es auf der Hand, ihn so früh wie möglich einzubinden. In der Folge faßte der Vorstand von Daimler-Benz Anfang Juni 1988 den Beschluß, nunmehr in förmliche Verhandlungen einzutreten; in dem dafür gebildeten Projektteam, das schon seit dem vorangegangenen Herbst an der Arbeit war, sollte neben Gerhard Liener der für Fragen der Unternehmensübernahmen verantwortliche Karl Schirner eine maßgebliche Rolle spielen.

Wie zu erwarten, explodierte nun, angeheizt von einem großen Teil der Medien (allen voran der »Spiegel«, die »ZEIT« und der »Stern«), die veröffentlichte Meinung. Unter ihrem Druck mußten nicht nur die äußerst komplexen und schwierigen Verhandlungen mit der Bundesregierung und den Landesregierungen, die teilweise massiv gegenläufige Interessen verfolgten, geführt, sondern auch die Möglichkeit einer sorgfältigen Abwägung der endgültigen Entscheidung durch die verantwortlichen Gremien unseres Unternehmens offengehalten werden.

Es war ein Unterfangen, das meine Kräfte bis zum äußersten forderte. Das galt nicht zuletzt in psychischer Hinsicht. Zum einen hatte ich es mit für mich ungewohnten Äußerungen und Darstellungen in der Öffentlichkeit zu tun, die ich im Sinne des Wortes als diffamierend empfand; zum anderen mußte ich Sorge tragen, daß zumindest die Kapitalvertreter im Aufsichtsrat – Alfred Herrhausen eingeschlossen – durchhalten und das Ergebnis unserer Verhandlungen schließlich mittragen würden. Wenn man sich heute daran zurückerinnert, daß genau diejenigen, die schon immer gewußt haben, welche Schwierigkeiten und Belastungen sich eines Tages für Daimler-Benz aus seinem massiven Engagement im Bereich der Luft- und Raumfahrt ergeben würden, damals mit dem gerade umgekehrten Argument einer unerträglichen Dominanz unseres Unternehmens durch die Lande zogen, dann muß einem die Hitze der damaligen Auseinandersetzung wohl kaum anders als lächerlich erscheinen...

Seinen Kommentar zu einem im Frühjahr 1988 mit mir geführten Gespräch überschrieb der »Spiegel« mit der Frage: »Übernimmt sich der Riese?« In diesem Interview habe ich hervorgehoben, daß »wir prinzipiell ein Automobilhersteller (sind) und das auch (bleiben)«. Dem Hinweis, daß unser Vorhaben »ein langfristig angelegtes Konzept« sei, fügte ich hinzu, wir seien »doch nicht so hirnverbrannt zu meinen, daß wir zwei oder drei Jahre nach einer solchen Akquisition (gemeint waren MTU, Dornier und AEG) bereits sagen könnten: Hier sind die ersten Früchte, die vom Baum der Erkenntnis runterfallen«.

Im August folgte eine Titelgeschichte desselben Magazins, die den »Rüstungsriesen Daimler-Benz« als »Waffenschmiede der Nation« bezeichnete und »die neue deutsche Rüstungsmacht« ausgemacht haben wollte. Dieses Mal stand zudem die (angebliche) Sorge um unser Automobilgeschäft im Vordergrund, das unter einem solchen Image leiden müsse.

Geschmückt mit einem Bild, das an den »Mercedes-Freund Hitler« erinnerte, war die Rede von dem »Verdacht, das Unternehmen wolle, nach gut vierzig Jahren Schonfrist, dort wieder anknüpfen, wo es durch den alliierten Sieg über den Faschismus gestoppt wurde«, um mir schließlich zu prophezeien, ich würde mich »verkalkulieren«, wenn ich davon ausginge, »nach einiger Zeit (werde) die Übernahme von MBB als selbstverständlich hingenommen«; vielmehr werde »der Sturm diesmal so rasch nicht abflauen«. Dem Bundeswirtschaftsminister wurde vorgeworfen, daß »der Bonner Industrie-Amateur die Management-Profis (gemeint waren Herrhausen und ich) unterschätzt« habe und Bangemann, indem er »der Bundesrepublik zu einem militärisch-industriellen Komplex verhilft, dessen Macht und Einfluß noch gar nicht abzuschätzen sind«, nun »auf dem Schutthaufen seiner Industriepolitik« stehe.

Das alles verband das Magazin mit der Warnung, wenn sich als Folge der kürzlich vorgelegten Angebote der UdSSR »das Rüstungsgewerbe (als) schrumpfende Branche« erweisen sollte, »hätten Herrhausen und Reuter ihre Milliarden in die falschen Unternehmen gesteckt«; dann könnten »die Daten, mit denen die Daimler-Generäle zuletzt noch ihr Rüstungsreich planten, bald Makulatur sein«.

Diese Polemik, später noch ergänzt durch die unsinnige Dramatisierung, unser Konzern werde durch seine schiere Größe zu einer Gefahr für die marktwirtschaftliche Ordnung der Bundesrepublik, hat mich tief getroffen, zeigte sie mir doch, daß man vor nichts zurückschreckte, wenn es darum ging, die eigene Auflage zu steigern. Noch mehr geschmerzt hat es mich allerdings, als auch aus der Bundestagsfraktion der SPD heraus behauptet wurde, es handele sich bei Daimler-Benz um einen entscheidenden Teil des »militärisch-industriellen Komplexes«; dieser Begriff stammte ursprünglich aus dem Vokabular von Lenin und wurde mit Vorliebe von den Terroristenbanden der RAF verwendet. Erst Hans-Jochen Vogel, der damalige Fraktionsvorsitzende, dem ich mich bis heute in hoher Achtung vor seiner Sachlichkeit und seinem Anstandsgefühl eng verbunden fühle, mußte dann dafür sorgen, daß sich solche beleidigenden Unterstellungen nicht wiederholten.

Bei alledem nutzte es denn auch nichts, daß Alfred Herrhausen in einem Interview in derselben Ausgabe des »Spiegels« versuchte, die Dinge geradezurücken, indem er hervorhob, daß »selbst nach einer vollzogenen Beteiligung an MBB der Anteil der Wehrtechnik im Daimler-Benz-Konzern immer noch (nur) etwa bei zehn Prozent liegt« und »bei den gegenwärtigen politischen Entwicklungen tendenziell zurückgehen« werde. Gleichzeitig wies er darauf hin, »daß wir es hier und da mit Dimensionen zu tun haben, die weit über ... die Bundesrepublik hinausreichen«, weil wir »doch immer mehr in das Ausland hineinwachsen, ob Sie die europäische Entwicklung ... oder die Entwicklung zu einer trilateralen Welt ... nehmen« – und er fügte die entscheidende Bemerkung hinzu: »Die eigentliche Frage ist Europa ..., nicht die deutsche Luft- und Raumfahrtindustrie; da (sie) ein Bestandteil der europäischen werden wird, müssen wir sie in Vorbereitung auf die europäische ordnen.«

Im voraufgegangenen Monat hatte ich den Bundeskanzler in einem vertraulichen Gespräch über unsere grundsätzliche Bereitschaft unterrichtet, die unternehmerische Verantwortung für MBB zu übernehmen. Mit großer Klarheit unterstützte Helmut Kohl unsere Absicht, als nächsten Schritt auf eine Europäisierung der Luft- und Raumfahrtindustrie hinzuwirken und dabei vor allem die Partnerschaft mit französischen Firmen ins Auge zu fassen. Dabei stimmten wir nahtlos überein, daß am Ende der Wegstrecke die Straffung der Verteidigungsindustrie in ganz Europa und parallel dazu ein entschlossener Ausbau der damit eng zusammenhängenden zivilen Geschäftsfelder stehen müsse (wobei er unmißverständlich anmerkte, daß wir uns wegen der Realisierung des Kampfflugzeuges »Jäger 90« keine Sorgen zu machen brauchten).

Geschichtlich gesehen entbehrt es übrigens nicht einer gewissen

Ironie, daß die Europäisierung der Verteidigungsindustrie schon in den fünfziger Jahren Gegenstand einer innenpolitischen Kontroverse in Frankreich gewesen ist. Damals wurde versucht, dem entscheidend von Jean Monnet getragenen Gedanken einer supranationalen europäischen Entwicklung das Konzept einer auf bestimmte industrielle Sektoren beschränkten Integration entgegenzusetzen. Inzwischen, am Ende der achtziger Jahre, dachte niemand mehr daran zurück: Die Vereinigung Europas im Rahmen der Europäischen Union war längst zum gemeinsamen, nirgendwo ernsthaft bestrittenen Ziel der Deutschen und Franzosen geworden.

Trotz der positiven Einstellung aller beteiligten Gesprächspartner zogen sich die Verhandlungen noch lange genug hin. Ohne die unermüdliche Vermittlung durch Erich Riedl wären sie vermutlich nicht einmal mehr im selben Jahr zu Ende gebracht worden. Erst im Oktober 1988 zeichnete sich schließlich eine Lösung ab, mit der wir leben konnten.

Die Bundesregierung sagte zu, wesentliche Teile der noch zu erwartenden finanziellen Lasten zu übernehmen, bis Airbus über ein komplettes und wettbewerbsfähiges Flugzeugprogramm verfügen würde. Inzwischen ist dieses Ziel weitgehend erreicht, allerdings mit Ausnahme des erst in jüngster Zeit konzipierten Projektes (dessen Finanzierung noch offensteht), die Monopolstellung des großen »Jumbo«, der Boeing 747, durch ein eigenes Airbus-Flugzeug aufzubrechen. Darüber hinaus war man bereit, über einen längeren Zeitraum etwaige Währungsverluste aus dem Bundeshaushalt auszugleichen. Entgegen der öffentlichen Polemik, wonach es angeblich um eine »Sozialisierung von Verlusten« zu unseren Gunsten gehe, war es dabei gänzlich unbestreitbar, daß diese wirtschaftlichen Lasten – und zwar ohne jegliche zeitliche Begrenzung – ohnehin von der Bundesregierung zu tragen gewesen wären, falls wir uns nicht zu einer Beteiligung bereit gefunden hätten.

Bis dahin hatte nicht nur die Freie Hansestadt Bremen, sondern auch ein großer Teil der übrigen Eigentümer von MBB (neben der französischen Firma Aérospatiale vor allem Siemens, Allianz, Bosch und zwei Banken) zugesagt, uns ihre Anteile zu verkaufen. Zur Unterstützung unseres uneingeschränkten Führungsanspruches konnten wir also über eine ausreichende Mehrheit verfügen. Ähnlich wie im Falle Dornier setzte dies jedoch die Zustimmung der beiden Eigentümer voraus, die in dem Unternehmen verbleiben wollten: Bayern und Hamburg.

Keiner dieser beiden staatlichen Partner kam zwar auf den Gedanken, eine solche Position in vergleichbarer Weise auszunutzen, wie wir es bei den Familiengesellschaftern von Dornier erlebt hatten. Trotzdem zog sich die Klärung der damit verbundenen Einzelfragen bis weit in das Jahr 1989 hin. Vor allem versuchten der Hamburger Bürgermeister Henning Voscherau und der – Franz Josef Strauß nachgefolgte – bayerische Ministerpräsident Max Streibl, für sich Mitwirkungsrechte bei Standortentscheidungen zu erlangen, die für uns keinesfalls akzeptabel waren; das Mißtrauen zwischen den nord- und den süddeutschen Partnern spielte dabei eine wesentliche Rolle. Dieser Gesichtspunkt war es auch, der Helmut Schmidt dazu bewog, Bedenken anzumelden, als Werner Niefer und ich ihn im Sommer 1988 in seinem Ferienhaus am Brahmsee besuchten und um seinen Rat baten.

Immerhin konnten wir nun Anfang November 1988 unseren Aufsichtsrat über den Stand der geführten Verhandlungen einschließlich eines inzwischen vorliegenden Grundsatzbeschlusses der Bundesregierung unterrichten. Um uns nicht dem Vorwurf auszuliefern, das Gremium unter Zugzwang zu setzen, wählte ich dabei in Abstimmung mit Alfred Herrhausen ganz bewußt den Weg einer Zwischeninformation. Sie gab Anlaß zu einer Diskussion, wie ich sie in dieser Intensität und Länge nie vorher erlebt hatte. Angesichts der vorangegangenen öffentlichen Auseinandersetzungen in den Medien konnte das freilich nicht überraschen.

Als Ergebnis der informellen Vorgespräche, die ich geführt hatte, mußte damit gerechnet werden, daß die Arbeitnehmervertreter massive Bedenken vorbringen würden. Das geschah nun. Der Vorsitzende des Gesamtbetriebsrates und stellvertretende Aufsichtsratsvorsitzende, Herbert Lucy, hob darauf ab, daß wir bei den bisherigen Beteiligungsvorhaben immer auf eine technologische Stärkung des Automobilbereichs, nicht jedoch auf den Aufbau eines eigenständigen Bereichs in der Luft- und Raumfahrt gezielt hätten; Franz Steinkühler, der Vorsitzende der IG Metall, unterstrich die Skepsis der Arbeitnehmer mit dem Hinweis auf die Gefahren, die sich aus den öffentlichen Reaktionen für unser traditionelles Automobilgeschäft ergeben könnten.

Mit Unterstützung einiger Vertreter der Anteilseigner hielt ich dem entgegen, daß sich inzwischen mit großer Klarheit eine Europäisierung der Luft- und Raumfahrtindustrie abzeichne, mit der Folge, daß in Deutschland nicht nur wertvollstes, über Jahre hinweg mit öffentlichen Mitteln aufgebautes Wissen, sondern auch die entsprechenden Arbeitsplätze verlorengehen müßten, wenn wir bei einer solchen Entwicklung nicht über Firmenstrukturen verfügten, die denjenigen in Frankreich und England als unseren wichtigsten Partnerländern wenigstens einigermaßen ebenbürtig seien; zugleich bedeute dies für unser Unternehmen eine einmalige Chance, auf einem Gebiet, das durch höchsten technologischen Anspruch gekennzeichnet sei und über eindrucksvolle Zukunftschancen verfüge, in eine ernstzunehmende Rolle auf den Weltmärkten hineinzuwachsen. Ich fügte hinzu, daß die kürzlich von der IG Metall geäußerten Befürchtungen hinsichtlich der Zukunft der deutschen Automobilindustrie gerade insofern für sich selbst sprächen; im Zusammenhang mit den in der Öffentlichkeit immer wieder geäußerten Sorgen wegen einer (angeblichen) volkswirtschaftlichen Dominanz unseres Konzerns wies ich darauf hin, daß der Anteil unserer Wertschöpfung am Bruttoinlandsprodukt, der bisher bei 1,5 Prozent gelegen habe, sich durch eine Beteiligung an MBB um sage und schreibe 0,1 Prozent erhöhen werde.

Während Stunden um Stunden mit dieser Diskussion verstrichen, wartete ich natürlich immer ungeduldiger auf eine helfende Intervention des Aufsichtsratsvorsitzenden. Sie blieb aus. Unter Berufung auf seine eigenen Erfahrungen hob Herrhausen vielmehr hervor, wie unsicher es sei, ob die vor uns stehende Aufgabe tatsächlich gelöst werden könne; dabei unterstrich er nicht zuletzt die ordnungspolitischen Bedenken, die aus seiner Sicht allenfalls dann hintangestellt werden könnten, wenn unser Engagement tatsächlich vor dem Hintergrund einer europaweiten Lösung zu sehen sei. Er schloß mit der Feststellung, die Frage, ob Daimler-Benz der richtige Partner sei, hänge unter diesen Umständen von einer überzeugenden Klärung der damit verbundenen Risiken ab.

*

Was ist Erinnerung, was ist Wahrheit?

Bis heute weißt du nicht, welches der Grund für diese mehr als ungewöhnliche Zurückhaltung von Alfred Herrhausen war. Er hat es dir nie gesagt. Als taktische Meisterleistung könnte man es womöglich verstehen, wenn es ihm darum gegangen sein sollte, die übrigen Mitglieder des Gremiums auf diese Weise davon zu überzeugen, daß auch er dem Vorhaben nicht leichtfertig, sondern nur nach sorgfältiger Abwägung von Zweifeln und Bedenken zustimmen wolle. Andererseits hattest du in den vorangegangenen Wochen mehrfach gespürt, daß seine ursprünglich vorbehaltlose Unterstützung in ein deutliches Zögern umgeschlagen war.

Dies stand in erkennbarem Zusammenhang mit dem Druck, dem Herrhausen innerhalb der Deutschen Bank ausgesetzt war. Offensichtlich gab es im dortigen Vorstand massive Meinungsunterschiede, ob es aus der Sicht des Instituts vertretbar sei, unserer Übernahme der Mehrheit an MBB zuzustimmen. Das war verständlich, denn zum einen stellte die Beteiligung an Daimler-Benz den bei weitem wertvollsten Vermögensposten in der eigenen Bilanz dar, und zum anderen war klar, daß Teile der Öffentlichkeit die Bank wegen ihrer angeblich beherrschenden Position bei Daimler-Benz in die Schmähungen einbeziehen würden.

Am späten Nachmittag vor unserer Aufsichtsratssitzung hatte dir Alfred Herrhausen mit spürbarer Erregung am Telefon gesagt, er sei sich nicht sicher, ob ihm seine Kollegen in der noch laufenden Vorstandssitzung grünes Licht geben würden, im Aufsichtsrat für unseren Vorschlag zu stimmen; jedenfalls werde man wohl darauf bestehen, mich förmlich davon zu unterrichten, daß die Bank nach Lage der Dinge beabsichtige, ihre Beteiligung an Daimler-Benz so bald wie möglich auf unter 25 Prozent zu reduzieren. Nicht nur einmal hatte er im übrigen schon davor mit erkennbarer Beunruhigung in der Stimme erwähnt, daß er sich mit dem Gedanken trage, in nicht allzu ferner Zeit aus dem Vorstand der Deutschen Bank auszuscheiden, um eine Professur zu übernehmen.

Dennoch war es wohl nicht nur die konkrete Situation in der Bank selbst, die Herrhausen bewegte. Er zauderte tatsächlich, ob er das Vorhaben unterstützen sollte oder nicht. Das reichte weit bis ins folgende Jahr hinein, als er ohne dein Wissen gegenüber dem Vorsitzenden der F.D.P., Otto Graf Lambsdorff, angedeutet hat, daß er nicht allzu ungehalten wäre, falls der neue Bundeswirtschaftsminister, Helmut Haussmann, die Ministergenehmigung für das inzwischen vom Bundeskartellamt untersagte Vorhaben verweigern sollte. Vor allem aber ist dir das in einer Konfrontation deutlich geworden, die unvermeidlich wurde, als er im April 1989 aus Anlaß einer vertraulichen Besprechung mit den Anteilseignervertretern in eurem Aufsichtsrat Auffassungen vortrug, die nicht mit dir abgesprochen waren und denen du, genauso wie deine Kollegen im Vorstand, unter keinen Umständen zustimmen konntest.

Es ging dabei um mögliche Auflagen, deren Erfüllung der Bundeswirtschaftsminister im Zusammenhang mit der Erteilung der Erlaubnis verlangen könnte. Alfred Herrhausen legte sich dabei spontan darauf fest, daß wir von uns aus den Rückzug aus den verteidigungstechnischen Bereichen nicht nur von MBB, sondern auch von Dornier und AEG anbieten sollten. Es blieb dir nichts übrig, als diesem Rat massiv zu widersprechen.

Wenige Tage später bist du in einem langen persönlichen Brief darauf zurückgekommen. Du hast darin versichert, daß du kein Betonkopf seist, der ohne Gefühl für den »Zeitgeist« wie ein »Panzer durchs Gelände fährt«, jedoch hinzugefügt, daß dieser »Zeitgeist« letzten Endes »durch diejenigen, die wissen, was sie wollen, und genügend starke Nerven haben, geprägt wird« – im Gegensatz zu denjenigen, die von Neid und Eigeninteressen oder gar von der Befriedigung geleitet seien, den »Großen und Mächtigen etwas kaputtzumachen«. Gleichzeitig hast du daran erinnert, daß seit dem Beginn eurer gemeinsamen Überlegungen nie ein Zweifel an dem unauflöslichen Zusammenhang zwischen der in den drei Unternehmen angesiedelten Verteidigungstechnik auf der einen, der Luft- und Raumfahrt auf der anderen Seite bestanden habe. Weiterhin hast du die denkbaren Wege zu einer engeren europäischen Kooperation erläutert, um zusammenfassend um sein Verständnis zu bitten, daß das Vorhaben zum Schluß nur gelingen könne, wenn alle Beteiligten fortan äußerste Disziplin wahren und dabei die Verantwortung des Vorstandes respektieren würden.

Natürlich war dir die Unruhe, die Alfred Herrhausen umtrieb, mehr als verständlich. Oft genug hattet ihr alle – vor allem aber ihr beide – das Gefühl, am öffentlichen Pranger zu stehen, so als wärt ihr, wie weiland der Herzog Wallenstein, brutale Kriegsunternehmer, die nur eines im Sinn hätten: schreckliches Unheil über die Menschen zu bringen, um damit Profit zu machen. Da mußte es verlockend erscheinen, einen großen Befreiungsschlag zu versuchen, der euch von solchem Tort entlastet hätte. Doch gerade das war so gefährlich: Wenn man nicht den Brei für alle verderben wollte, mußte man schon sehr genau wissen, wie kompliziert die Dinge in Wirklichkeit miteinander verknüpft waren.

Die Reaktion von Alfred Herrhausen empfindest du bis heute als Beweis für seinen noblen Charakter. In seinem Antwortbrief vom nächsten Tag gab er dir in der Sache weitgehend recht; vor allem aber brachte er warmherzig seine Wertschätzung eures persönlichen Verhältnisses zum Ausdruck, indem er sich für deine Offenheit bedankte und betonte, es »könne und werde keine Rede davon sein, daß unser persönliches Vertrauen durch einen solchen Vorgang beeinträchtigt« werde. Er war eben keiner der üblichen Vertreter deiner Zunft der Manager, sondern allemal ein Mensch, der nachzudenken pflegte, bevor er sich festlegte, dem zugleich aber auch Zweifeln und Schwanken nicht fremd waren.

Und zum Schluß war er einer, auf den man sich verlassen konnte.

*

All dies geschah, obwohl der Aufsichtsrat bereits in einer Sondersitzung, die kurz vor Weihnachten 1988 stattfand, nach nochmaliger eingehender Diskussion auf Vorschlag des Vorsitzenden der Übernahme einer Beteiligung an MBB von zunächst 30 Prozent zugestimmt hatte; durch Ausübung einer zusätzlichen Option konnte sie auf 50,1 Prozent erhöht werden. Auf der Grundlage einer eingehenden Vorlage, in der auch der Kaufpreis für den Mehrheitserwerb in Höhe von 1,7 Milliarden Mark sorgfältig begründet war, wurde der Beschluß gegen die Stimmen der Arbeitnehmervertreter gefaßt, mit Ausnahme der Vertreterin der leitenden Angestellten. Es folgte das langwierige Kartellverfahren, es folgten die zähen Verhandlungen mit den Landesregierungen, bis schließlich im Dezember 1989 die Erlaubnis des Bundeswirtschaftsministers vorlag; die darin enthaltenen Auflagen waren zwar aus unserer Sicht nicht sinnvoll, erschienen aber hinnehmbar.

Alfred Herrhausen hat diesen Abschluß nicht mehr erlebt. Das Konzept, in voller Kenntnis der damit verbundenen unternehmerischen Risiken eine weitreichende Neuordnung der deutschen Luft- und Raumfahrtindustrie zu wagen und Daimler-Benz auf diese Weise neues technologisches Potential und aussichtsreiche Wachstumsmöglichkeiten zu eröffnen, trägt dennoch unverwechselbar auch seine Handschrift. Dies gilt nicht zuletzt, wenn man sich vor Augen hält, daß er es war, der darin von Anfang an mit großer Klarheit nur einen ersten Schritt gesehen hat, dem als nächster die Einbindung in eine grenzübergreifende europäische Lösung folgen mußte.

Nach dem Zusammenbruch der UdSSR und den dadurch grundlegend veränderten Rahmenbedingungen, bedingt aber auch durch vermeidbare eigene Fehler, mag sich das Gewicht, das Daimler-Benz dabei heute auf die Waagschale bringen kann, nicht ganz so bedeutsam entwickelt haben, wie wir es damals erhofften. Wie richtig diese Vorstellung, diese »Vision« trotzdem war, liegt am Ende des Jahrhunderts schon deutlich genug zutage.

Den Weg allerdings, den Alfred Herrhausen 1988 in vertraulichen, anfangs ohne meine Kenntnis geführten Gesprächen mit dem früheren französischen Verteidigungsminister André Giraud konzipiert hatte und der auf eine sofortige Zusammenführung mit der Firma Aérospatiale hinauslief, hielt ich nicht zuletzt wegen der in einem solchen Falle weiter bestehenden (und möglicherweise übermächtigen) staatlichen Beteiligung für verfrüht. Daß meine Skepsis mehr als berechtigt war, sollte ich erfahren, als mir Präsident François Mitterrand Anfang 1989 in einem unter vier Augen geführten Gespräch bestätigte, daß der französische Staat niemals daran denken werde, sich aus dieser für ihn strategisch bedeutsamen Industrie zurückzuziehen. In ähnlicher Weise, wenn auch aus anderen Gründen, haben wir uns zurückgehalten, als der Chairman der schon privatisierten British Aerospace, Roland Smith, später auf eine Zusammenführung unserer beiderseitigen Interessen in der Luft- und Raumfahrtindustrie drängte: Abgesehen von dem schließlich durch BMW übernommenen Fahrzeugbereich Rover, der uns nicht aussichtsreich erschien, brauchten wir zunächst Zeit für die angestrebte Straffung der drei neu übernommenen Firmen MBB, Dornier und MTU einschließlich der verteilungstechnischen Tätigkeitsbereiche der AEG, bevor wir uns auf so weitreichende Vorhaben einlassen konnten.

Mit anderen Worten: Von Anfang an war ich fest davon überzeugt, daß das Vorhaben, den Konzern von Grund auf neu auszurichten, nur dann zum Erfolg führen konnte, wenn wir zuallererst für eine Führungsstruktur sorgten, die klare Entscheidungsbefugnisse sicherstellte und die jeweils damit verbundenen Verantwortlichkeiten deutlich erkennbar machte.

Diesem Ziel sollte die Gliederung des Konzerns in vier als Aktiengesellschaften organisierte Unternehmensbereiche dienen, die unter dem Dach der zu einer Holdinggesellschaft umgewandelten Daimler-Benz AG zusammengefaßt waren. Die hierfür formal erforderlichen Beschlüsse wurden Mitte 1989 gefaßt; intern haben wir uns schon seit Jahresbeginn danach gerichtet. Es handelte sich dabei um eine entscheidende Weiterentwicklung der bisherigen Organisationsform, die sich bei der Bewältigung der durch die Konzernerweiterung entstandenen Führungsaufgaben nicht ausreichend bewährt hatte.

Noch bevor Hans Dinger, Heinz Dürr und Johann Schäffler in den Vorstand berufen worden waren, hatte sich Alfred Herrhausen massiv dafür eingesetzt, nun endlich auch im Automobilbereich eine klare Aufgabenabgrenzung zwischen den beiden Geschäftsfeldern Personenkraftwagen und Nutzfahrzeuge vorzunehmen. Angesichts einer Reihe von übergreifenden Verantwortlichkeiten, nicht zuletzt für das Personalwesen, den Einkauf und den Vertrieb (beide Produktfamilien wurden weltweit über dieselbe Organisation verkauft, was sich bis heute nicht geändert hat), war eine solche Lösung mit erheblichen Schwierigkeiten verbunden; das hatte sich schon seit den siebziger Jahren im Zusammenhang mit der damals eingerichteten Geschäftsbereichsleitung Nutzfahrzeuge immer wieder bestätigt. Trotzdem hatten wir auf Drängen des Aufsichtsratsvorsitzenden beschlossen, zum Jahresbeginn 1987 eine sogenannte Matrixorganisation einzuführen, in deren Rahmen Werner Niefer für die Personenkraftwagen, Gerhard Liener für die Nutzfahrzeuge sowie die für die drei neuerworbenen Gesellschaften zuständigen Kollegen als Leiter entsprechender, jeweils für ihr Ergebnis verantwortlicher »Divisionen« mit den übergreifend für die Finanzen, das Personalwesen, den Einkauf und den Vertrieb verantwortlichen »Funktionalvorständen« unter der Gesamtleitung des Vorstandsvorsitzenden zusammenarbeiten sollten.

Wenn auch vermutlich in abgewandelter Form, scheint man nach meinem Ausscheiden aus dem Vorstand auf eine ähnliche Organisationsform zurückgekommen zu sein. Gegenüber Alfred Herrhausen hatte ich von Anfang an keinen Zweifel daran gelassen, daß ich sie damals nicht für geeignet hielt, eine weitgehende Strukturbereinigung durchzuführen und zur gleichen Zeit mit den sich deutlich abzeichnenden Problemen in einzelnen Geschäftsbereichen fertig zu werden. Das sollte schon vor dem Hinzukommen von MBB deutlich genug erkennbar werden; danach und vollends nach der Mitte 1990 vorgenommenen Ausgliederung der bisherigen internen Dienstleistungen in die Daimler-Benz Interservices AG, die debis, war es unübersehbar.

Die nun beschlossene Holdingstruktur beruhte auf einer ersten Skizze, die ich Alfred Herrhausen im April 1988 gegeben hatte. Intensive Untersuchungen der Firma McKinsey schlossen sich an. Mit diesem Beratungsunternehmen hatten wir schon seit langem eng zusammengearbeitet. Dabei gab es hie und da Enttäuschungen und Widerstände, wenn die jeweiligen Berater in allzu durchsichtiger Form nur das zusammenfaßten, was sie vorher bei unseren Mitarbeitern abgefragt hatten. Überwiegend hielten wir jedoch die Vorschläge für nützlich, ganz abgesehen davon, daß weite Bereiche unseres Unternehmens dabei gelernt haben, mit modernen Methoden zunächst für Offenheit und Durchsichtigkeit der Arbeitsabläufe und der Marktanforderungen zu sorgen, um anschließend daraus überzeugende Schlußfolgerungen, etwa für die Produktpolitik oder das Kostenmanagement, ziehen zu können. Alfred Herrhausen hat, wie ich weiß, den Rat des langjährigen Chefs von McKinsey in Deutschland, Herbert Henzler, nicht weniger geschätzt als ich selbst.

Jedenfalls zielte die neue Konzernstruktur darauf, daß die Daimler-Benz AG als »geschäftsführende Holding« für die Gesamtstrategie des Konzerns, aber auch für grundlegende strategische Entscheidungen in den einzelnen Geschäftsfeldern verantwortlich und zu diesem Zweck gegenüber den vier Unternehmensbereichen weisungsbefugt sein sollte. Die ungeschmälerte Verantwortung für das Tagesgeschäft einschließlich des wirtschaftlichen Ergebnisses sollte hingegen beim Vorstand der jeweiligen Tochtergesellschaft liegen, deren Gewinne oder Verluste im übrigen im Rahmen der Jahresabschlüsse von der Holdinggesellschaft zu übernehmen waren. Neben dem Vorsitzenden, dem Finanzchef, dem für die Forschung und die Koordination des technischen Austausches zuständigen Kollegen sowie dem Personalchef sollten dem Vorstand die Vorsitzenden der vier Bereichsgesellschaften angehören, um auf diese Weise (nach dem Aktiengesetz sind alle Vorstandsmitglieder gemeinsam für alle Beschlüsse verantwortlich) die angestrebte Integration des Konzerns sicherzustellen.

Als wir im Herbst 1988 das Konzept für die neue Führungsstruktur in Berlin mit den Direktoren aus der Ebene unterhalb des Vorstandes erörterten, waren sich die meisten der Anwesenden darüber im klaren, daß jegliche Organisationsform für ein komplex gegliedertes Unternehmen immer eine Kompromißlösung darstellen wird. In diesem Falle lag es auf der Hand, daß diejenigen Mitglieder des Holdingvorstandes einschließlich des Vorsitzenden, die keine unmittelbare Verantwortung für die einzelnen Produkte des Unternehmens zu tragen hatten, leicht den Kontakt sowohl zu den Märkten als auch zu den Mitarbeitern in den Bereichsgesellschaften verlieren könnten; noch viel stärker galt das für die Mitarbeiter der Obergesellschaft, die für die Prüfung und Abstimmung der strategischen Konzepte verantwortlich waren und Gefahr liefen, in den Unternehmensbereichen als angebliche Theoretiker nicht ausreichend ernst genommen zu werden; in der Denunziation der ungeliebten Konzernzentrale als »bullshit castle« hat sich das später ebenso drastisch wie stillos niedergeschlagen.

Umgekehrt erscheint es mir freilich bis heute unvorstellbar, wie ein weit größeres Vorstandsgremium jemals in der Lage sein soll, gemeinsame Verantwortung für das geschäftliche Ergebnis einer Aktiengesellschaft zu tragen, ohne daß die einzelnen Mitglieder auch nur eine Chance haben, sich ausreichend mit den Eigenheiten ihrer breitgefächerten Geschäftsfelder vertraut zu machen.

*

Diese Tagung des Führungsteams in Berlin hat sich auch noch aus einem anderen Grund tief in dein Gedächtnis eingegraben.

Als sie zu Ende war, hast du die Mitglieder und deren Begleitung zu einem Wochenendausflug nach Dresden eingeladen: Du warst überzeugt, daß ausnahmslos alle darauf brennen würden, bei dieser Gelegenheit den anderen Teil deines Vaterlandes kennenzulernen. Am Ende war die Begeisterung über das Erlebnis auch tatsächlich groß und einhellig. Trotzdem warst du erschüttert über die allgemein vorherrschende Unkenntnis nicht nur der Geschichte, sondern auch der Gegenwart. Die aus den schwarzgeräucherten Trümmern unübersehbar herausschauende Vergangenheit, das erkennbar gebliebene kulturelle Erbe der Stadt, die Schönheit ihrer Lage und der Umgebung, vor allem aber die hellwache, wenn auch zwangsläufig nur zurückhaltend geäußerte politische Einstellung unserer sächsischen Mitbürger: alles das schien für die meisten eine gänzlich unerwartete Überraschung.

Fast hattest du den Eindruck, daß eine nicht geringe Zahl eurer Mitarbeiter, die doch aufnahmefähige, gutausgebildete und oft weitgereiste Zeitzeugen waren, nicht ernsthaft damit gerechnet hatte, auf Menschen zu treffen, die genauso deutsch sprachen wie sie selbst. Anscheinend waren Kommunismus und DDR für sie Synonyme nicht nur für eine unfreie Gesellschaftsordnung, sondern man hielt es auch für naheliegend, daß in einem solchen Land andersartige Wesen lebten. Die Deutschen, das hast du damals begriffen, hatten sich weit auseinandergelebt, und die Befürchtung trieb dich um, ob die langen Jahre der Trennung nicht doch Bleibendes bewirkt haben könnten.

In den folgenden Jahren sollte sich das vielfältig erweisen...

*

Schon Anfang 1988, also ein Jahr vor der Einführung der neuen Holdingstruktur, war Helmut Werner zu uns in den Vorstand gekommen. Er war mir von Alfred Herrhausen empfohlen worden. Ich kannte ihn von einer früheren Begegnung; er war kein Neuling im Automobilgeschäft, sondern hatte jahrelang für den Reifenhersteller Continental gearbeitet, dessen Vorstand er zuletzt leitete.

Da ich davon überzeugt war, daß er gut in unseren Kreis passen würde, war ich sofort mit Herrhausens Vorschlag einverstanden. Unser neuer Kollege übernahm die Leitung des Geschäftsbereiches Nutzfahrzeuge, die seit dem Wechsel von Gerhard Liener in das Finanzressort vakant war; Chef des Nutzfahrzeugvertriebs wurde Jürgen E. Schrempp, der gleichzeitig zum stellvertretenden Vorstandsmitglied berufen wurde. Ähnlich sah die Lösung für den Pkw-Bereich aus: Er wurde von Werner Niefer als meinem Stellvertreter im Vorstandsvorsitz geleitet und fortan im Vorstand zusätzlich durch Jürgen Hubbert vertreten.

Natürlich gab die Berufung von Helmut Werner Anlaß zu vielfältigen Gerüchten und Spekulationen, zumal ihm eine enge Freundschaft zu Alfred Herrhausen nachgesagt wurde. Werner Breitschwerdt hatte mir anvertraut, er halte es für naheliegend, daß auch ich nur als Interimslösung gedacht sei, bis Werner zum Vorstandsvorsitzenden berufen werde. Ungefragt hatte mir Herrhausen demgegenüber erklärt, es gebe keinerlei entsprechende Absichten oder gar Zusagen; er hoffe lediglich, daß dem neuen Kollegen nach meiner Pensionierung eine faire Chance gegeben werde, was ich als selbstverständlich zusagte.

Die bald danach eingeführte Holdingstruktur erforderte freilich auch eine Änderung in der personellen Zusammensetzung des Vorstandes. Voraussetzung dafür war die Neuordnung der Geschäftsfelder, wie sie sich seit dem damals schon absehbaren Hinzukommen von MBB abzeichnete; als Kriterium mußten zuallererst die Gemeinsamkeiten am Markt, in zweiter Linie aber auch technologische oder traditionsgebundene Vernetzungen gelten.

Zu diesem Zweck hatten wir beschlossen, alle Bereiche der Luft- und Raumfahrt einschließlich der Verteidigungstechnik unter dem Dach der Deutschen Aerospace AG (DASA) als eines der Unternehmensbereiche des Konzerns zusammenzufassen; den zweiten Unternehmensbereich bildete die AEG, welche die mit der Mikroelektronik befaßten Geschäftsfelder der DASA übernehmen und

Zu der Konzeption eines »integrierten Technologiekonzerns« gehörte maßgeblich auch die Luft- und Raumfahrt einschließlich der Verteidigungstechnik, die wir unter dem Dach der Aerospace (DASA) zusammenführten. Als Chef für die DASA schlug ich den jungen, dynamischen Jürgen E. Schrempp vor, auch weil er die Mentalität und die Denkweise von Mercedes-Benz bereits kannte. Schrempp zögerte anfangs mit dem Argument, er sei ein »Automobilmann« und wolle es bleiben. Zum Schluß gelang es mir jedoch, ihn für diese neue Aufgabe zu faszinieren, wobei ich ihm die Chancen und die sich daraus ergebenden Möglichkeiten für seine weitere berufliche Zukunft vor Augen führte. Einige Jahre später wurde er mein Nachfolger als Chef des Daimler-Benz-Konzerns.
Gründungsversammlung der DASA in München, Mai 1989, mit J. Schäffer und Jürgen E. Schrempp.

gleichzeitig ihre eigene Forschung, ebenso wie die DASA, auf die Holdinggesellschaft übertragen sollte. Die Rolle des wichtigsten, auf absehbare Zeit auch größten Unternehmensbereiches fiel selbstverständlich der neu zu gründenden Mercedes-Benz AG zu, die für den gesamten Automobilbereich verantwortlich sein sollte; dabei legte es die Zuordnung einer jeweils umfassenden Ergebnisverantwortung an die beiden Geschäftsbereiche Pkw und Nutzfahrzeuge nahe, auf ein übergreifendes Vertriebsressort zu verzichten, so daß der dafür verantwortliche Hans-Jürgen Hinrichs, den ich menschlich sehr schätzte, ausscheiden mußte.

Das Ergebnis war, daß dem Vorstand der Daimler-Benz AG ab Mitte 1989 Werner Niefer als mein Stellvertreter und zugleich Vorstandsvorsitzender von Mercedes-Benz, Helmut Werner für den Nutzfahrzeugbereich, Heinz Dürr für die AEG, Jürgen E. Schrempp für die DASA, Manfred Gentz für das Personalwesen, Gerhard Liener für Finanzen und Material, Rudolf Hörnig für Forschung und Technik sowie ich selbst als Vorsitzender angehörten. Mitte 1990 wurde das Personalressort, nachdem Gentz die Leitung des inzwischen neugeschaffenen vierten Unternehmensbereichs, der debis, übernommen hatte und fortan diesen Bereich im Vorstand vertrat, Wolfgang Hirschbrunn übertragen; auf Hörnig folgte Hartmut Weule.

Einige dieser Personalentscheidungen waren alles andere als einfach. Manfred Gentz sträubte sich lange genug gegen die Last, mit der debis einen von Grund auf neuen und bisher für den Konzern ungewohnten Unternehmensbereich aufbauen zu sollen; so schwer es ihm fiel, sich von seinen Aufgaben im Personalwesen zu trennen, dem er in weiten Bereichen seine Handschrift aufgedrückt hatte, sosehr kann er mit Stolz darauf zurückblicken, was er schließlich erreicht hat.

Vor allem aber machte es große Schwierigkeiten, einen geeigneten Chef für die DASA zu finden. Das hing nicht zuletzt damit zusammen, daß Werner Niefer und ich grundsätzliche Vorbehalte hatten, jemanden vorzuschlagen, dessen bisherige Laufbahn ihn allzueng in jene besondere Mentalität verstrickt hatte, die in der Luft- und Raumfahrtindustrie vorherrschte. Vor allem anderen kam es nämlich darauf an, zielstrebig ein Konzept für die notwendige Neuordnung und organisatorische Straffung der unter dem Dach dieses Unternehmensbereiches zusammengeführten Firmen und Geschäftsfelder zu entwickeln und es anschließend umzusetzen, ohne sich dabei allzusehr durch die zu erwartende Fülle betriebsblinder Argumente und eigensüchtiger Ablenkungsmanöver beirren zu lassen. Ideal schien es uns zudem, einen Kandidaten zu finden, dem Kultur und Denkweise des für das Mutterhaus wichtigsten Unternehmensbereichs Mercedes-Benz nicht fremd waren.

All diese Merkmale trafen nach unserem Eindruck auf Jürgen E. Schrempp zu, dessen jungenhaftes, dynamisch wirkendes Auftreten zudem geeignet schien, die Mitarbeiter, die es bis dahin gewohnt waren, gegeneinander zu arbeiten, auf gemeinsame Ziele einzuschwören. Doch bei einem ersten Gespräch, das ich im Herbst 1988 während einer Reise in die Volksrepublik China, anläßlich eines Bootsausfluges auf dem Huangpo bei Shanghai, mit ihm führte, zeigte er wenig Begeisterung; vielmehr zog er sich darauf zurück, daß er ein »Automobilmann« sei und bleiben wolle.

Ein außenstehender Kandidat, den Alfred Herrhausen zur Diskussion gestellt hatte (und der inzwischen anderweitig eine blendende Karriere gemacht hat), wäre als Persönlichkeit der Aufgabe zwar durchaus gewachsen gewesen, hätte aber kaum auf den Rückhalt der übrigen Vorstandskollegen rechnen können; noch ein anderer, dem seine jahrelangen Erfahrungen mit unserem Hause zugute gekommen wären, traute sich die Aufgabe nicht zu.

Eines wurde bei allen diesen Überlegungen und Gesprächen deutlich: Die Verlockung, diese zunächst nicht besonders glanzvolle und dazu risikoreiche Aufgabe zu schultern, schien niemandem allzu groß. Ein intensives weiteres Gespräch bei mir zu Hause, in dem ich Schrempp noch einmal im einzelnen die zweifellos großen Herausforderungen und die begeisternden Chancen, aber auch die sich daraus ergebenden Möglichkeiten für seine weitere berufliche Laufbahn vor Augen führte, brachte dann die Entscheidung. Er sagte zu.

Damit waren nun alle Voraussetzungen geschaffen, um die »Vision« vom integrierten Technologiekonzern in die Tat umzusetzen. Dabei war mir mehr als deutlich bewußt, daß die vor uns liegende Herkulesarbeit nur gelingen konnte, wenn sie von allen wichtigen Gremien des Unternehmens, vom Aufsichtsrat bis hin zu den Betriebsräten, vor allem aber von den leitenden Führungskräften, nicht nur mitgetragen, sondern als eigenes Anliegen aufgenommen wurde. In diesem Sinne war es unverzichtbar, daß den Mitgliedern des Vorstandes ein ausreichender »Stallgeruch« anhing oder daß sie zumindest nicht als gänzlich Außenstehende abgestoßen wurden. Bei Heinz Dürr und Helmut Werner bestand in dieser Hinsicht Grund genug, zuversichtlich zu sein, während alle übrigen Kollegen dem nun in der Mercedes-Benz AG zusammengefaßten Automobilbereich entstammten.

Von Anfang an war ich allerdings davon überzeugt, daß diese Voraussetzungen allein für sich noch keineswegs ausreichen würden, jenes Gefühl der Zusammengehörigkeit im Vorstand zu sichern, das gleichfalls unerläßlich war, wenn wir unser Ziel erreichen wollten. Die Wegstrecke, die vor uns lag, war voller Gefahren und Risiken. Sie konnten den einen Unternehmensbereich mehr treffen als den anderen. Die Versuchung, unsere gemeinsame Verantwortung für das ganze Unternehmen zwar als Bekenntnis auf den Lippen zu führen, sich aber innerlich auf den jeweiligen eigenen Bereich zurückzuziehen, war nicht zu übersehen. Mut und Loyalität waren daher Charaktereigenschaften, die alle Beteiligten mitbringen mußten, wenn wir erfolgreich sein wollten. Wie sich herausstellen sollte, konnten Werner Niefer und ich auch überwiegend darauf zählen.

Dabei lagen die Probleme, mit denen wir es zu tun hatten, als wir an die Arbeit gingen, klar auf dem Tisch: Sie betrafen keineswegs nur die Neuausrichtung der AEG und die Zusammenführung der DASA, sondern vor allem die Situation bei Mercedes-Benz.

Gleichwohl machte ich mir schon damals über die Entwicklung bei der AEG große Sorgen. Durch eine Kapitalerhöhung, die überwiegend wir selbst gezeichnet hatten, waren dem Unternehmen erhebliche Mittel zugeflossen; kurze Zeit später sollte die Übertragung der Verteidigungstechnik an die DASA und der Forschung an die Daimler-Benz AG weiteren finanziellen Spielraum schaffen. Dennoch kam die Konzentration auf diejenigen Geschäftsfelder, auf die sich unser eigentliches Interesse richtete, nur mühselig voran. Das hing nicht zuletzt damit zusammen, daß sich – trotz vielfacher Beratung von hochrenommierter Seite und trotz intensivster Bemühungen um eine grundlegend neue Ausrichtung – unsere (und meine) ursprüngliche Einschätzung der bei AEG Olympia angesiedelten Bürokommunikation als falsch herausstellte: Allzu lange hat es gedauert, bis wir uns endlich zu der bitteren Erkenntnis durchgerungen haben, daß dieses Geschäftsfeld trotz erheblicher Investitionen und großer persönlicher Anstrengungen nicht zu retten war.

Doch auch auf den anderen Tätigkeitsgebieten gingen wir viel zu zaudernd vor, anstatt wohlbedacht, dann aber entschlossen zu handeln. Trippelschritte, die zudem einmal vorwärts, kurze Zeit später aber schon wieder rückwärts gerichtet waren, schienen eine klare Strategie ersetzen zu sollen. Das führte soweit, daß das sogenannte Präsidium des AEG-Aufsichtsrates den dortigen Vorstand immer wieder drängen mußte, seine strategischen Vorstellungen auf den Tisch zu legen, damit alle Beteiligten erfahren konnten, wohin die Reise gehen sollte; besonders trug hierzu der Justitiar der IG Metall, Michael Kittner, bei, der diesem Gremium angehörte und dessen mutiger Loyalität die AEG außerordentlich viel zu verdanken hatte.

Hätten sich hinter dem beanstandeten Zögern taktische Überlegungen verborgen, wäre dies womöglich verständlich gewesen. Doch das war allenfalls vordergründig der Fall. So beschäftigte sich der AEG-Vorstand über einige Zeit ernsthaft mit der Möglichkeit, ein traditionsreiches Kabelwerk in Berlin-Oberschöneweide zu übernehmen, um auf diese Weise den eigenen Kabelbereich, die AEG-Kanis in Essen, an der wir nicht das geringste dauerhafte Interesse hatten, für einen möglichen Käufer attraktiver zu machen. Der Bereich der Elektrowerkzeuge wurde zwar wie vorgesehen verkauft; bei den (allerdings für die AEG viel wichtigeren) Hausgeräten – die wir von vornherein zu einem geeigneten Zeitpunkt hatten abgeben wollen – wurden hingegen zeitraubende und zum Schluß erfolglose Gespräche mit dem Ziel geführt, sie in eine gleichberechtigte Kooperation mit einer der beiden führenden deutschen Wettbewerberfirmen einzubringen.

Abgesehen von der TEMIC mit Sitz in Heilbronn, bei der unter dem Dach der AEG alle Tätigkeitsbereiche des Konzerns zusammengefaßt wurden, die sich mit anwenderorientierten Halbleitern und Mikroprozessoren befaßten, geschah währenddessen in den Bereichen, auf die wir uns, abgesehen von der Bürokommunikation, eigentlich konzentrieren wollten, nur allzuwenig.

Auf dem Gebiet der Bahntechnik, die wir nach sorgfältigen Untersuchungen als einen der künftigen Kernbereiche des Konzerns vorgesehen hatten, war zwar ein erfolgversprechender Schritt nach vorn gelungen, indem die AEG das Geschäftsfeld der amerikanischen Firma Westinghouse erwarb, das auf dem Gebiet des automatischen Personentransportes tätig war. Zugleich konnte ich mich kaum des Eindrucks erwehren, daß ein kostspieliges, wenngleich sicher nicht uninteressantes Herumexperimentieren mit der Magnetbahntechnologie an die Stelle mutiger unternehmerischer Konzepte getreten war. In Wirklichkeit wäre es nämlich notwendig gewesen, den gesamten Bahnbereich durch eigene Investitionen oder durch eine geeignete Zusammenarbeit weltweit wettbewerbsfähig zu machen.

Noch viel mehr galt das auf dem Gebiet der Automatisierungstechnik. Bei internen Präsentationen wurde wiederholt der Eindruck erweckt, als würde die AEG über alle Voraussetzungen verfügen, aus eigener Kraft eine international wettbewerbsfähige Position aufbauen zu können. Obwohl diese Möglichkeit von der Konzernplanung nicht grundsätzlich in Frage gestellt wurde, herrschte dort allerdings gehörige Skepsis, ob nicht ganz andere Schritte nach vorn erforderlich seien, um dieses Ziel tatsächlich erreichen zu können. Doch kaum anders als bei der Bahntechnik wurde in der Folge auch auf diesem Gebiet mehr geredet als gehandelt.

Dabei ist nicht zu leugnen, daß es sich um teilweise äußerst komplexe Zusammenhänge handelte. Es war leichter gesagt als getan, ausnahmslos schnelle und handgreifliche Lösungen zu realisieren. Doch anstatt entschlossen die sich damals bietende Chance zu ergreifen, mit der amerikanischen Firma Allan Bradley einen der weltweiten Marktführer auf dem Gebiet der Automatisierungstechnik zu erwerben, beschränkten wir uns auf den Versuch, den Zutritt zu diesem wichtigen Markt durch die Übernahme von zwei mehr oder minder bedeutungslosen Firmen, Modicon und Modcomp, zu erreichen (was sich später als außerordentlich kostspieliger Fehler erweisen sollte).

Nicht anders verhielt es sich mit der anschließenden Überlegung, die Automatisierungstechnik ebenso wie die ohnehin für eine spätere Abgabe vorgesehene Energieverteilung in eine partnerschaftliche Zusammenarbeit mit der französischen Firma Schneider einzubringen: Obwohl sich bei meinen mehrfachen Gesprächen mit dem Chef des Unternehmens, Didier Pineau-Valencienne, den ich seit langem kannte und schätzte, durchaus akzeptable Lösungen dafür abzuzeichnen schienen, führten die monatelangen Verhandlungen des AEG-Vorstandes schließlich zu keinem greifbaren Ergebnis.

Noch weit beunruhigender war eine Erfahrung, die sich trotz intensivster Bemühungen unserer Mitarbeiter aus Stuttgart ständig wiederholen sollte: Jahr um Jahr stellten sich die Ergebnisprognosen der AEG als weitgehend unzuverlässig heraus. Wir hatten von Anfang an gewußt, daß es sich dabei um eine alte Tradition handelte, die für erhebliche Mißgeschicke der Vergangenheit verantwortlich war. Daher überraschte es uns nicht, daß die Einführung des bei Daimler-Benz seit vielen Jahren bewährten Systems der Ergebnisrechnung anfänglich auf erhebliche Widerstände stieß und (nicht anders als bei MTU und Dornier) erst etwa 1988 abgeschlossen werden konnte.

Doch auch danach setzte sich die bisherige Übung nahezu ungebrochen fort: Am Anfang des Jahres wurden jeweils positive Einschätzungen der geplanten Entwicklung vorgestellt, die sich im weiteren Verlauf immer weiter einzutrüben pflegten. Bei aller Bereitschaft, die Unberechenbarkeit der Marktnachfrage anzuerkennen, konnte es dafür nur eine Erklärung geben: daß der AEG-Vorstand offenbar außerstande war, seine Geschäftsbereiche zu einer ausreichenden Planungsdisziplin zu erziehen. Heinz Dürr stimmte unter diesen Umständen meinem Vorschlag zu, den damaligen Chef von Freightliner, Ernst E. Stöckl, so bald wie möglich zu seinem Stellvertreter zu berufen und ihm die Verantwortung für das Controlling zu übertragen. Kurze Zeit später, Anfang 1991, unterrichtete mich Dürr, daß er das Angebot von Bundeskanzler Kohl annehmen wolle, den Vorstandsvorsitz der Deutsche Bahn AG zu übernehmen.

Auch bei der DASA wartete eine Menge Arbeit auf uns. Dabei war das Ziel klar: Über die Grenzen der unter ihrem Dach zusammengefaßten Einzelfirmen hinaus mußten so schnell wie möglich homogene, straff organisierte, kostengünstig arbeitende und damit zumindest in europäischem Rahmen wettbewerbsfähige Bereiche geschaffen werden. Konkret ging es um die Großmotoren, die Flugtriebwerke, die zivile und militärische Luftfahrt, die Verteidigungstechnik, die Raumfahrt und um jene Geschäftsfelder, die wir für neue zivile Märkte entwickeln wollten. Alles in allem nahmen wir uns vor, den Anteil privater Kunden, der sich anfänglich noch auf weniger als die Hälfte des gesamten Umsatzes belief, in überschaubarer Zukunft möglichst auf drei Viertel zu steigern.

Beträchtliche Bedeutung fiel dabei den Düsentriebwerken zu. Angesichts der dafür benötigten technischen Fähigkeiten und des hohen Mittelbedarfs (die Entwicklung einer einzigen Triebwerksfamilie kann Finanzmittel in einer Größenordnung von mehreren Milliarden Mark binden) schien freilich auf diesem Gebiet eine enge Zusammenarbeit mit einer der weltweit führenden Firmen, General Electric, Rolls Royce oder Pratt & Whitney, unverzichtbar.

Nachdem wir mit der Übernahme von MBB nun auch die Verantwortung für den knapp 38prozentigen deutschen Anteil an der Airbus-Industrie übernommen hatten und alle uns zugänglichen Prognosen von einem weit überdurchschnittlichen Wachstum der Nachfrage nach großen Verkehrsflugzeugen ausgingen, mußte jedoch das Schwergewicht unserer Bemühungen auf dem Gebiet der zivilen Luftfahrt liegen. Dabei waren wir uns alle darüber im klaren, daß die Mitwirkung an der Entwicklung und Herstellung von Flugzeugen wegen der damit verbundenen hohen Aufwendungen und der langen Rückflußzeit der eingesetzten Mittel eine erhebliche Finanzkraft voraussetzen würde. Im übrigen bezweifelte niemand mehr, daß der Luftfahrtbereich von Dornier in seinem bisherigen Zuschnitt nicht lebensfähig war und daher dringend eine anderweitige Lösung dafür gefunden werden mußte.

Die Leitidee für die DASA, die über allem anderen stand, blieb bei alledem unverändert: Am Ende einer nicht allzu langen Wegstrecke sollte eine wettbewerbsstarke, übernationale, privatwirtschaftlich organisierte europäische Luft- und Raumfahrtindustrie stehen, in deren Rahmen wir eine mitentscheidende Rolle anstrebten.

Neben den erwähnten Gesprächen mit British Aerospace hatte ich bereits seit längerer Zeit frühere Kontakte mit dem französischen Unternehmer Jean-Luc Lagardère vertieft, mit dem ich in dieser Hinsicht sehr weitgehend übereinstimmte. Schon Ende 1987 entschlossen wir uns, bei Daimler-Benz eine Beteiligung von knapp fünf Prozent an der maßgeblich unter dem Einfluß der Familie Lagardère stehenden Firma Matra zu übernehmen, die in der Vergangenheit vor allem eng mit Dornier zusammengearbeitet hatte. Aus diesem Anlaß wurden Jean-Luc und ich zu einer Unterredung mit Edouard Balladur gebeten, der damals als Finanzminister im Louvre residierte und unser Vorhaben genehmigen mußte. Noch heute erinnere ich mich lebhaft daran, wie er uns empfing, als wir von dem livrierten Lakaien in sein Dienstzimmer geführt wurden: Hinter seinem Schreibtisch stehend, hatte er die eine Hand zwischen die beiden obersten Knöpfe seines geschlossenen Jackets geschoben und erwartete uns mit der napoleonischen Würde eines französischen Staatsmannes...

Weit gewichtiger als die bei der AEG und der DASA ins Haus stehenden Aufgaben waren freilich die Probleme bei Mercedes-Benz. Hätte jemand dazu geneigt, die Nerven zu verlieren, hätten jene Jahre, die dem Zusammenbruch des sowjetischen Reiches und der deutschen Wiedervereinigung unmittelbar voraufgingen, dafür guten Anlaß geben können. Die Entwicklung im Automobilbereich, gegen die wir uns mit der Konzernerweiterung erst sehr langfristig wappnen wollten, schien uns nämlich nun von heute auf morgen und in dramatischem Ausmaß überfallen zu haben.

Zwar machte das Nutzfahrzeuggeschäft unserer ausländischen Gesellschaften erfreuliche Fortschritte, so daß der Betriebsverlust des gesamten Bereichs (also einschließlich der inländischen Werke) zwischen 1986 und 1990 um zwei Drittel zurückging. Abgesehen davon, daß sich dies in den folgenden Jahren als vorübergehender Scheinerfolg herausstellen sollte, lag das negative Ergebnis freilich immer noch auf vergleichbarer Höhe wie bei der AEG (während die DASA nach ihrer Gründung noch einen klaren Betriebsgewinn erwirtschaftete).

Fast unverständlich erscheint es mir da auch noch im Rückblick, daß die meisten unserer kritischen Wegbegleiter ihre Aufmerksamkeit in den folgenden Jahren nahezu ausschließlich auf die Entwicklung der neu hinzugekommenen Konzernbereiche richteten und dabei regelmäßig übersahen, daß es sich bei dem Nutzfahrzeugbereich um ein in vielerlei Hinsicht weit bedeutsameres Sorgenkind handelte. Sicherlich hatte dies mehrere Ursachen. Eine davon war wohl, daß man sich an den Ausgleich der dort entstehenden Verluste durch die Gewinne aus dem Personenkraftwagengeschäft gewöhnt hatte; eine andere mag womöglich damit zusammengehangen haben, daß es schwerer fiel, mich dafür unmittelbar verantwortlich zu machen...

Abgesehen davon war es nach Lage der Dinge unausweichlich, nun wirklich alle Anstrengungen auf eine Verbesserung der Erträge aus der heimischen Produktion zu richten. Im wesentlichen standen dafür drei Möglichkeiten offen: eine drastische Rationalisierung aller Arbeitsabläufe, die Entwicklung neuer, kostengünstiger herstellbarer Produkte und die verbesserte Auslastung der vorhandenen Fertigungskapazitäten.

In Richtung auf die beiden ersten Ziele waren wir bis dahin nur wenig vorangekommen: Alle noch so großen Anstrengungen waren immer wieder am unnachgiebigen Widerstand der Belegschaftsvertreter auf der einen Seite, an der in ihrer jahrzehntelangen Tradition befangenen Mentalität der Entwicklungsingenieure auf der anderen Seite gescheitert. Auch nachdem Helmut Werner die Leitung des Bereichs übernommen hatte, änderte sich daran zunächst nicht das geringste. In Übereinstimmung mit mir konzentrierte er sich in der Folge auf die Möglichkeit, größere Stückzahlen zu produzieren und auf diese Weise die Fabriken besser auszulasten.

Freilich war uns dabei klar, daß der Weg dorthin kaum über eine Erhöhung unseres Marktanteils in Westeuropa oder gar in Deutschland führen konnte, denn auf dem am stärksten ins Gewicht fallenden Gebiet der großen Lastkraftwagen waren wir ohnehin seit langem Marktführer, und als wesentliche Waffe im Wettbewerb hatten sich die massiven Preisnachlässe längst abgenutzt, die den Kunden gewährt wurden. So blieb uns nur der Versuch, den ich schon lange vorher, wenn auch ohne Erfolg, empfohlen hatte: die Zusammenarbeit mit dem einen oder anderen unserer Konkurrenten zu suchen und auf diese Weise durch größere Produktionsserien die beiderseitigen Kosten zu senken. Übertrieben große Hoffnungen durften wir allerdings auch mit dieser Möglichkeit kaum verbinden.

Bereits in den siebziger Jahren hatten wir versucht, ein entsprechendes Vorhaben mit der österreichischen Firma Steyr-Daimler-Puch zu vereinbaren. Davon übriggeblieben war nur die gemeinsame Produktion eines Geländefahrzeugs, das zwar in seiner technischen Auslegung allen Wettbewerbern weit voraus war, mit dem aber nie ein Pfennig verdient wurde, weil die erzielbaren Preise deutlich hinter den Kosten zurückblieben.

Einen erneuten Ansatz unternahmen Werner und ich jetzt bei dem französischen Nutzfahrzeughersteller Renault (zu dem seit langem auch die Firma Berliet gehörte, mit deren Kauf durch uns Hanns Martin Schleyer und Ulrich Raue schon in den siebziger Jahren geliebäugelt hatten). Raymond Levy, den damaligen Chef, kannte ich nicht nur gut, sondern ich mochte ihn persönlich besonders gern: ein ebenso sachkundiger wie aufrechter und mutiger Mann, der in seinem französischen Umfeld spürbar unter seiner jüdischen Abstammung zu leiden hatte.

Idealer Anknüpfungspunkt war unsere gemeinsame Mitgliedschaft im Präsidium des Verbandes der europäischen Automobilhersteller (CCMC). Obwohl unsere vorsichtig abtastenden Gespräche anfangs erfolgversprechend schienen, zerschlug sich jedoch bald die Hoffnung auf ernsthafte Verhandlungen; Levy und sein Nachfolger Louis Schweitzer mußten erkennen, daß der französische Staat – dem Renault gehörte – einer Zusammenarbeit mit der schwedischen Volvo-Gruppe den Vorzug gab. Erst Jahre später, nach dem Scheitern dieser Ehe, konnte Helmut Werner unter grundlegend geänderten Verhältnissen die Gespräche wiederaufnehmen.

Die Ergebnisbelastungen aus dem Nutzfahrzeugbereich, vor allem aus den deutschen Werken, blieben also auch zu Beginn der neunziger Jahre eines unserer größten Sorgenkinder. Gleichzeitig schien jedoch alles darauf hinzudeuten, daß nun die Entwicklung bei den Personenkraftwagen tatsächlich zu einem existentiellen Problem werden könnte.

1986 hatte unser Personenkraftwagenbereich das beste betriebliche Ergebnis aller Zeiten erwirtschaftet: Es lag weit über vier Milliarden Mark. Davon stammte allerdings immer noch fast die Hälfte aus den USA (obwohl der durchschnittliche Wechselkurs des Dollar gegenüber der Deutschen Mark im Vergleich zum Vorjahr um mehr als ein Viertel verloren hatte). Bei einem weiter auf 1,80 Mark rückläufigen Kurs war der betriebliche Gewinn dann 1987 um mehr als 30 Prozent geschrumpft. Diese Tendenz hatte sich seitdem in nahezu furchterregender Geschwindigkeit fortgesetzt: 1990 lag das Ergebnis nur noch bei knapp über einer halben Milliarde Mark, im amerikanischen Geschäft schrieben wir – bei einem Dollarkurs von inzwischen 1,70 Mark – rote Zahlen. Als Konsequenz rutschte das Betriebsergebnis des Gesamtkonzerns zum ersten Mal knapp unter die Nullinie. So, wie diese Meßlatte bei uns definiert war, reichte das zwar immer noch aus, um eine angemessene Dividende ausschütten zu können, aber die dahinterstehende Entwicklung mußte tief erschrecken: Hätte sie sich fortgesetzt, wäre das unternehmerische Konzept, behutsam und Schritt für Schritt neue Wachstumsfelder aufzubauen, solange die Ertragsstärke der Personenkraftwagen dies noch zuließ, von Grund auf in Frage gestellt gewesen. Dringendes Handeln schien geboten.

Dabei lagen die Ursachen der eingetretenen Entwicklung auf der Hand. Trotz aller Warnungen hatten wir uns allzulange auf den hohen Dollarkurs und auf die besondere Ertragskraft der S-Klasse verlassen. Das hatte jetzt zur Folge, daß wir schlagartig gezwungen waren, an mehreren Fronten auf einmal zu kämpfen. Nicht zuletzt hing das auch damit zusammen, daß BMW inzwischen sehr erfolgreich dazu angesetzt hatte, uns zu überholen: Das erste Mal überhaupt war es unseren Münchener Wettbewerbern gelungen, mit ihrer neuen 7er Reihe ernsthaft in unser bisheriges Monopolgebiet der Luxusfahrzeuge einzubrechen. Zwar wurde dies vor allem unter Zuhilfenahme von rabiaten Preisnachlässen erreicht – was aber nichts daran änderte, daß sowohl unsere Absatz- als auch unsere Ergebniszahlen spürbar unter Druck gerieten.

Noch entscheidender war, daß Werner Niefer mit seinen Warnungen recht behalten hatte, wonach die aufwendige Konstruktion der neuen Mittelklasse – die ab 1985 eingeführt worden war – massive Qualitätsprobleme nach sich ziehen werde. Das wirkte sich jetzt aus: Auf der einen Seite wandten sich viele unserer traditionellen Kunden von Mercedes-Benz ab, auf der anderen Seite mußten wir Jahr für Jahr zunehmende Beträge in vielfacher Millionenhöhe für Garantieverpflichtungen aufwenden.

Auch im Rückblick ist die Feststellung nicht übertrieben, daß es damals – wie nie zuvor und nie danach – um die Zukunft unseres gesamten Unternehmens ging. Der Kampf, den wir begannen, sollte in den folgenden Jahren – trotz einer kurzen Erholungsphase während des nach der Wiedervereinigung einsetzenden, bis 1992 andauernden Nachfragebooms auf dem deutschen Markt – noch mehrfach auf des Messers Schneide stehen. Es galt, nun endlich all das in Angriff zu nehmen, was während der achtziger Jahre, in denen ganz Deutschland vor sich hin geträumt hatte, auch bei uns liegengeblieben war: die drastische Rationalisierung aller Abläufe, grundlegende Änderungen in der Verkaufspolitik gegenüber den Kunden und die Durchsetzung einer neuen Mentalität in den Entwicklungsbereichen.

Die Anstrengungen und die Entschlossenheit, die erforderlich waren, um ein solches Vorhaben zum Erfolg führen zu können, vermag sich ein Außenstehender vermutlich kaum vorzustellen. Die Zahl derer, die das Ziel dennoch gemeinsam erreicht haben, war klein. Manfred Remmel mit seiner zähen Entschlossenheit zählt dazu. Vor allem aber sind es zwei Namen, ohne die der Erfolg nicht denkbar gewesen wäre: Werner Niefer und Jürgen Hubbert.

Beide waren es auch, die schon damals jene Strategie zu entwickeln begannen, die in der zweiten Hälfte der neunziger Jahre auf eine kühne Erweiterung der traditionellen Modellpalette von Mercedes-Benz zielen sollte, die sogenannte »Modelloffensive«.

Die debis hingegen war ein noch ganz und gar unbeschriebenes Blatt. Dabei war mir der Gedanke, die Bereiche unseres Konzerns, die sich mit Dienstleistungen befaßten, in ein eigenständiges Unternehmen auszugliedern, erst nach der Bestandsaufnahme gekommen, die sich an die Übernahme der Mehrheiten an MTU, Dornier, AEG und MBB anschloß.

Noch 1984 hatte ich in meiner »Strategievorlage« von einer Ausweitung unserer Tätigkeit auf solche Gebiete abgeraten. Inzwischen wurde jedoch ein neuer Gesichtspunkt immer deutlicher: Der Aufwand, mit dem wir in unseren industriell tätigen Gesellschaften Daten verarbeiteten, die dafür benötigte Software entwickelten und Rechenzentren betrieben, war beträchtlich, und er konnte offensichtlich durch eine Zusammenfassung dieser Aufgaben erheblich gemindert werden.

Daneben gab es noch eine Reihe anderer Beispiele aus dem Bereich der Dienstleistungen. Sie waren zwar nicht ganz so spektakulär, legten es aber gleichfalls nahe, darüber nachzudenken, durch eine geeignete Bündelung Kosten zu sparen. Auf längere Sicht galt das ganz besonders für das Gebiet der Absatzfinanzierung unserer Produkte: Veranlaßt durch den verantwortlichen Direktor, Hans Adams, hatten wir schon seit Anfang der achtziger Jahre im Finanzressort mit erheblichem Erfolg begonnen, Schritt für Schritt eine weltweite Organisation aufzubauen, die unseren Kunden für die Finanzierung von Automobilkäufen zur Verfügung stand; jetzt lag es nahe, an eine vorsichtige Ausdehnung etwa auch auf den Flugzeugbereich zu denken.

Um die Ergebnisverantwortung der drei industriellen Unternehmensbereiche nicht unziemlich einzuschränken, mußte es allerdings von vornherein einen objektiven Maßstab dafür geben, wann und unter welchen Bedingungen sie gehalten sein sollten, von den Dienstleistungsangeboten der debis Gebrauch zu machen. Da es sich dabei jedenfalls auf die Dauer nur um die marktüblichen Preise handeln konnte, ergab sich als zwangsläufige Schlußfolgerung, daß sich unser neuer Dienstleistungsbereich das Ziel setzen mußte, mit wettbewerbsfähigen Preisangeboten auch bei externen Kunden erfolgreich sein zu können.

Mit welch beeindruckendem Erfolg dies – entgegen allen anfänglichen Bedenken vieler außenstehender Beobachter – gelungen ist, beweisen die Zahlen: Erzielte die debis 1991, in ihrem ersten vollen Geschäftsjahr, noch die Hälfte ihres Umsatzes von knapp über fünf Milliarden Mark mit internen Kunden, belief sich der Anteil der externen Kunden schon 1994 auf siebzig Prozent des auf elf Milliarden Mark angewachsenen Umsatzes (wobei die 1991 begonnene enge Zusammenarbeit mit der Firma Cap Gemini nun endlich begonnen hatte, erste sichtbare Ergebnisse hervorzubringen).

Nicht zuletzt habe ich mich der debis von Anfang an deswegen so besonders verbunden gefühlt, weil ich Manfred Gentz (und anschließend meine übrigen Kollegen) damals davon überzeugen konnte, den Hauptsitz dieses neuen Unternehmensbereiches an den Potsdamer Platz in Berlin zu legen. Erst dadurch bekam unsere Entscheidung, dort ein großes Immobilienprojekt durchzusetzen, Signalcharakter.

Noch bevor die Verlegung der Hauptstadt von Bonn nach Berlin entschieden war, hatte sich nämlich das größte deutsche Unternehmen entschlossen, sein Vertrauen in die Zukunft der Stadt zu unterstreichen und einen bedeutsamen Beitrag zu ihrer Wiederbelebung als wirtschaftliches Zentrum zu leisten. Für die debis selbst, die mit der Durchführung des Bebauungsprojektes betraut wurde, bedeutete im übrigen diese Entscheidung zugleich die Chance, ein interessantes zusätzliches Geschäftsfeld, das Immobilienmanagement, aufzubauen (wobei ich nicht ganz sicher bin, ob jemand zu guter Letzt nicht doch noch auf die Idee kommen könnte, ihr diese Möglichkeit wieder zu nehmen).

Um so mehr bedaure ich, daß es mir bis zum Ende meiner Amtszeit nicht gelungen ist, den Widerstand von Ernst G. Stöckl – und wahrscheinlich nicht nur den seinen – zu überwinden und eine kleine, auf etwa fünfzig Mitarbeiter beschränkte Hauptverwaltung der AEG von Frankfurt am Main wieder an ihren traditionellen Firmensitz in Berlin zu verlagern. Manches wäre vielleicht später anders verlaufen...

So gingen die achtziger Jahre, die Jahre der Zeitenwende, zu Ende. Im November 1989 war die Mauer gefallen, ein knappes Jahr später war Deutschland wiedervereinigt. Die über so lange Jahre der Nachkriegszeit allmächtig erscheinende UdSSR brach Ende 1991 vollends auseinander, nachdem der Moskauer Putsch im vorangegangenen August endgültig das Scheitern des Versuchs von Michail Gorbatschow besiegelt hatte, den sowjetischen Kommunismus demokratisch zu reformieren. Zehn Jahre vor dem Anbruch des dritten Jahrtausends nach Christi Geburt war zwar nicht, wie Francis Fukuyama meinte, die Geschichte, wohl aber eine Ära zu Ende gegangen. Das Zeitalter einer weitgehend stabilen Ordnung – gekennzeichnet durch behutsame Entwicklungen und Übergänge, die sich allenfalls schrittweise vollzogen – wurde abgelöst durch ein Zeitalter des sich überschlagenden Wandels, durch das Zeitalter der Globalisierung.

Doch so paradox es im Rückblick auch klingen mag: Bei Daimler-Benz bewegte uns an dieser Schwelle nur in zweiter Linie die begonnene Neustrukturierung des Konzerns, die alles in allem voranzukommen schien. Weit im Vordergrund stand die Sorge um den eigentlichen Kern unseres Unternehmens, den Automobilbereich.

Maulhelden sind mir auf der zurückliegenden Wegstrecke zur Genüge begegnet. Das sollte auch in Zukunft nicht anders sein. Regelmäßig waren sie mit dabei, wenn es galt, sich für Erfolge feiern zu lassen; lief etwas schief, hatten sie nie etwas damit zu tun gehabt. Ihr Mut erschöpfte sich darin, zu kläffen, solange ihnen die Hufe der Pferde nicht gefährlich werden konnten. Für die Mutigen hingegen (so ähnlich hat es wohl Victor Hugo einmal formuliert) bedeutet Zukunft, furchtlos Chancen zu ergreifen.

Viele waren es nicht. Alfred Herrhausen gehörte zu ihnen, auch Werner Niefer – und Herbert Lucy.

VI.

Herren und Heuchler

Herbert Lucy war von 1973 bis 1989 Vorsitzender des Gesamtbetriebsrates von Daimler-Benz und zugleich in allen wichtigen Angelegenheiten Sprecher der Arbeitnehmervertreter im Aufsichtsrat. Mit Erich Schäfer und Karl Hauff waren ihm zwei eindrucksvolle Persönlichkeiten vorausgegangen; seinen Nachfolger Karl Feuerstein – den die grundlegend geänderte Konzernstruktur in den folgenden Jahren vor gänzlich neue Aufgaben, aber auch Versuchungen stellen sollte – hatte er über lange Jahre hinweg »aufgebaut«.

Alle von ihnen hat Herbert Lucy durch die Stärke und Kraft seiner Persönlichkeit überragt. In einzigartiger Weise war er befähigt, umfassendes, immer wieder hart erarbeitetes Sachwissen mit Verantwortungsbewußtsein für die ihm anvertrauten Menschen und für das Unternehmen als Ganzes zu vereinen. Unbestechliche persönliche Bescheidenheit kennzeichnete zudem sein ganzes Wesen. Auf ihn traf vorbehaltlos zu, was Richard von Weizsäcker 1989 auf dem Gewerkschaftstag der IG Metall gesagt hat: »Ohne den entscheidenden Beitrag der Arbeitnehmer ... wäre die Bundesrepublik Deutschland nicht zu jenem Land voll anziehender Kraft geworden, als das sie heute überall in der Welt gilt.«

Im geschichtlichen Rückblick mag ein solches Urteil womöglich allzu undifferenziert klingen. In Herbert Lucy aber bündelten sich wie in einem Brennglas all jene Eigenschaften, die es erst möglich gemacht haben, daß die vielfältigen Regelungen über die Mitwirkungsrechte der Arbeitnehmer in den deutschen Unternehmen entscheidend zu der insgesamt so positiven wirtschaftlichen und sozialen Entwicklung unseres Landes beitragen konnten.

Heute ist es bei manchen zur Mode geworden, die Belastungen, unter denen die Bundesrepublik Deutschland zu leiden hat, nicht zuletzt die unerträglich angewachsene Arbeitslosigkeit, pauschal auf all das zurückzuführen, was mit dem Begriff der Mitbestimmung verbunden werden kann. Kaum zu übersehen ist, daß es in

In der zweiten Hälfte der achtziger Jahre begann eine Entwicklung, die niemand in der ganzen Welt vorausgesehen hatte: Glasnost und Perestroika des neuen sowjetischen Generalsekretärs Michail Gorbatschow führten zur Beendigung des Kalten Krieges. Er war und blieb eine faszinierende Persönlichkeit, auch wenn die Entwicklung über ihn und seine Konzeption bald hinweggegangen ist.
Der Zusammenbruch des sowjetischen Reiches hat zwar nicht zum »Ende der Geschichte« geführt, wohl aber die weitere Entwicklung unseres Konzeptes, Daimler-Benz zu einem »integrierten Technologiekonzern« umzubauen, wesentlich beeinflußt. Das hängt nur teilweise mit dem Wegfall militärischer Aufträge zusammen, denn diese haben für unsere Überlegungen nie eine wirklich entscheidende Rolle gespielt. Wohl aber hat das Ende des kommunistischen Systems eine Beschleunigung der Globalisierungstendenzen bewirkt, die uns gezwungen haben, die eigenen Strategien jeden Tag neu zu überdenken.
Besuch Michail Gorbatschows in Stuttgart, Juli 1989.

der Tat Ausuferungen gibt, die uns im Zeitalter der Globalisierung besonders zu schaffen machen. Dazu zählen die Flächentarifverträge, denen es zu verdanken ist, daß Vereinbarungen über Löhne oder Arbeitszeiten, die für bestimmte Unternehmen erträglich sein mögen, regelmäßig für »allgemeinverbindlich« erklärt werden und damit für ausnahmslos alle Betriebe der gleichen Branche gelten, ob groß oder klein, ob im Norden, Süden, Osten oder Westen gelegen. Doch nicht nur das: Zu diesen Mißhelligkeiten zählen genauso die unzähligen Beispiele dafür, daß die eigenen verknöcherten Strukturen viele Verbände – auch die der Arbeitgeber – immer wieder zur kurzsichtigen Wahrnehmung von einseitigen Interessen ihrer Funktionäre verführen.

Andererseits habe ich oft genug erlebt, daß es ohne die Sachkunde, den Mut und die Charakterstärke von Belegschaftsvertretern unvorstellbar gewesen wäre, Lösungen zu finden, die für die Sicherung der Wettbewerbsfähigkeit unverzichtbar und zugleich für alle Beteiligten erträglich waren. All diejenigen, die – zusammen mit der notwendigen Bereinigung von Mißbildungen – das System der Mitwirkung der Arbeitnehmer an Unternehmensentscheidungen grundsätzlich in Frage stellen wollen, wissen also nicht, was sie anrichten würden, sollten sie je erfolgreich sein. Dem steht nicht entgegen, daß dieses System oft genug dazu geführt hat, notwendige Entscheidungen allzulange hinauszuzögern. Ein Musterbeispiel dafür war der Mannheimer Omnibusbereich von Daimler-Benz.

Schon Anfang der siebziger Jahre hatte ich vorgeschlagen, ihn in eine eigenständige Gesellschaft auszugliedern, weil ich davon überzeugt war, daß die erheblichen Verluste nur dann in den Griff zu bekommen wären, wenn wir die Arbeitsabläufe und mit ihnen die gesamte Kostenstruktur grundlegend umgestalteten. Keiner meiner Vorstandskollegen traute sich freilich damals, das heiße Eisen anzufassen: Herbert Lucy war in diesem Bereich groß geworden, und es war klar, daß er sich bis aufs äußerste wehren würde.

Später, Mitte der achtziger Jahre, als die Ergebnissituation der Nutzfahrzeuge im Grunde genommen unerträglich geworden war, wagte Werner Niefer endlich einen – anfangs sogar erfolgversprechenden – Vorstoß. Er wurde jedoch im Vorstand zurückgepfiffen, denn er hatte eigenmächtig gehandelt, vor allem aber das Sakrileg begangen, sich nicht vorher mit dem Personalbereich abzustimmen. Bis 1995 sollte es dauern, ehe im Zusammenhang mit der Übernahme der Firma Kässbohrer doch noch eine sinnvolle Lösung gefunden werden konnte, der nun auch der gleichfalls aus dem Omnibusbereich stammende Karl Feuerstein zustimmte.

Dieser sich über mehr als zwanzig Jahre hinziehende Kreuzweg ist jedoch eine Ausnahme geblieben. Im großen und ganzen gelang es dank der Verantwortungsbereitschaft der Belegschaftsvertretungen immer wieder, auch die schwierigsten Entscheidungen rechtzeitig und in gegenseitiger Übereinstimmung zu treffen und umzusetzen. Sicher hätten manche der in den Medien so beliebten »Macher« sie gern schneller und ohne viel Federlesens herbeigeführt, sicher hätte es manchem Vertreter der »Profit-Profit«-Philosophie gefallen, wenn sie mit geringeren Kosten verbunden gewesen wären. Doch die Berücksichtigung der Interessen von arbeitenden Menschen ist und bleibt ein hohes Gut, der Erhalt von sozialem Konsens rechtfertigt seinen Preis.

Die durch das Mitbestimmungsgesetz von 1976 geregelte Mitwirkung der Arbeitnehmervertreter in den Aufsichtsräten von Kapitalgesellschaften macht da keine Ausnahme. Zwar mag es zutreffen, daß ein Gremium, dem zumeist zwanzig Mitglieder (je zur Hälfte Anteilseigner und Arbeitnehmer) angehören, zu groß ist, um einen Teil seiner gesetzlichen Aufgaben – vor allem die Überwachung der Geschäftsführung und die Beschlußfassung über deren Vorschläge in Fragen der Unternehmensstrategie – mit ausreichender Sorgfalt, Sachkunde und Vertraulichkeit zu behandeln. Bei etwas genauerem Hinsehen stellt sich jedoch bald heraus, daß dieser Mangel weniger mit der Größe des Gremiums als mit der Qualifikation seiner Mitglieder zusammenhängt. Insofern aber wäre es verfehlt, etwa ausschließlich auf die Vertreter der Arbeitnehmer zu sehen. Im Gegenteil, fehlender Sachverstand, Einschränkungen in der zeitlichen Verfügbarkeit oder die Neigung zu Indiskretionen sind nach meiner Erfahrung – um es höflich auszudrücken – zumindest gleichmäßig auf beide »Bänke« verteilt.

In Wirklichkeit verbirgt sich hinter den meisten der Klagen über die paritätische Mitbestimmung kaum etwas anderes als das von mir in St. Gallen apostrophierte Bestreben, »sich aus den Fesseln abwegiger Interessen von Belegschafts- und Gewerkschaftsvertretern (zu) befreien«. Selbst vor dem Hintergrund der inzwischen grundlegend geänderten Wettbewerbsverhältnisse könnte ich daher derartigen Einwänden allenfalls insoweit zustimmen, als sie sich auf die Sonderrechte beziehen, die das Gesetz den Gewerkschaften bei der Vertretung der Arbeitnehmer in den Aufsichtsräten einräumt. Die Gewerkschaftsvertreter können nämlich, ob sie es wollen oder nicht, leicht in einen Zwiespalt zwischen den Interessen des Unternehmens und denen ihrer eigenen Organisation geraten; damit unterscheiden sie sich allerdings in keiner Weise von manchen Anteilseignervertretern, insbesondere von Bankiers.

Auch eine solche Anmerkung darf natürlich nicht als Pauschalurteil mißverstanden werden. Menschen handeln nun einmal aus unterschiedlichen Motiven, und diejenigen, die sich aus ideologischer Voreingenommenheit oder mangelnder eigener Erfahrung dazu hinreißen lassen, jemand anderem allein aus der Zugehörigkeit zu einer (vermeintlichen oder wirklichen) Interessengruppe bestimmte Verhaltensweisen zu unterstellen, irren sich regelmäßig. In allen Lagern finden sich nämlich Persönlichkeiten mit genügendem Verantwortungsbewußtsein, die sich eben nicht nur von vorgeblichen Gruppenegoismen leiten lassen. Sie haben es freilich in der Regel schwerer als die vielen angepaßten Mitläufer.

Zu letzteren zählte Franz Steinkühler, der langjährige Vorsitzende der IG-Metall, mit Sicherheit nicht. Zwar hat er es während seiner Zugehörigkeit zum Aufsichtsrat der Daimler-Benz AG (1978 bis 1993) immer anstandslos akzeptiert, daß Herbert Lucy der erste Sprecher der Arbeitnehmervertreter war, aber im Hintergrund hat er an den maßgeblichen Entscheidungen zur Neustrukturierung des Konzerns wesentlich mitgewirkt. Schon deswegen habe ich ihn im Lauf der Jahre gut kennengelernt.

Oft genug hat er mich in mancher Hinsicht an Werner Niefer erinnert. Beide kamen aus sogenannten »einfachen Verhältnissen«, beide hatten sich ohne eigentliche akademische Ausbildung über den Weg einer betrieblichen Lehre hochgearbeitet, beide waren intelligent und von schneller Auffassungsgabe, robust und durchsetzungsfähig – und beide wollten »dazugehören«.

Dem einen hatte das Schicksal den Weg in die oberste Ebene der Unternehmensleitung, dem anderen eine Karriere bis an die Spitze der größten Industriegewerkschaft der Welt bestimmt. Werner Niefer, der seine Zugehörigkeit zur Schicht der Wirtschaftsgewaltigen gern durch gemeinsame Auftritte mit seiner gutaussehenden Frau, durch stolz zur Schau getragene Orden und Ehrentitel und durch Duzfreundschaften mit den Granden der Welt herauszustellen pflegte, fühlte sich doch innerlich viel wohler, wenn er in kameradschaftlichem Kreise seine manches Mal recht derben Scherze machen konnte; Franz Steinkühler hingegen, der bei Tarifauseinandersetzungen den umgänglichen »Arbeitskumpel« zu spielen und zugleich virtuos mit den Medien umzugehen wußte, fand Befriedigung darin, in teuren Restaurants zu speisen, erlesene Weine zu genießen und Havannazigarren zu rauchen.

Mögen solche Neigungen noch so anstößig erschienen sein: Wer durfte schon allzuleicht die Nase rümpfen, wenn dem einen wie dem anderen Dinge unterliefen, die sie lieber hätten seinlassen sollen. Dennoch blieb ein Unterschied: Dem einen sah man bereitwillig seine menschlichen Schwächen nach, während der andere dafür am öffentlichen Pranger büßen mußte.

Herbert Lucy war anders. Gewiß wollte auch er sein Auskommen haben, sein Alter gesichert sehen. Der Versuchung, seiner Herkunft zu entfliehen oder, besser gesagt, sie zu leugnen, ist er keine Sekunde erlegen. Er trug den Kopf oben, ohne daß die Würde seiner Bescheidenheit je davon beeinträchtigt wurde. In seinen letzten Jahren litt er unter einer schweren Krankheit, von der er ahnte, daß sie zum Tode führen würde; seinen Schalk und seinen Humor hat er trotzdem nie verloren. Bis heute klingt sein in schönstem »mannhemerischem« Dialekt gesprochenes »Alla« in meinen Ohren, mit dem er auch die schwierigsten Gespräche zu beenden pflegte.

»Wer so (wie er) handelt, sucht kein einfaches Leben«, habe ich anläßlich seiner Verabschiedung in den Ruhestand gesagt. »Und ich scheue mich nicht, ganz persönlich hinzuzufügen, daß es Menschen wie Herbert Lucy waren, die es mir in bestimmten Situationen leichter gemacht haben, in diesem Unternehmen frei durchzuatmen. Die Art, wie er mir in einer persönlichen Stunde über die Quälerei von Zwangsarbeitern berichtet hat, die er in seiner ersten Lehrlingszeit beobachten mußte, gehört für mich unvergeßlich dazu. Ein Leben aus einem Guß – ich denke, es ist keine unzulässige Legendenbildung, wenn mir diese Kurzformel im Zusammenhang mit Herbert Lucy einfällt.«

*

Sofern nicht außergewöhnliche Umstände zum unbestechlichen Vergrößerungsglas werden: Wie schwer, fast unmöglich ist es doch zumeist, den Unterschied zwischen Herren und Heuchlern, nicht anders als den zwischen Mutigen und Maulhelden, zu erkennen?

In allen Berufen, in allen Schichten, unter Frauen und Männern, Armen und Reichen, Gebildeten und Ungebildeten, unter Politikern, Gewerkschaftlern, Wirtschaftsführern und Kirchenmännern, unter Schwarzen, Gelben und Weißen, sind dir über ein langes Leben hinweg immer wieder Menschen begegnet, die sich von Neid, Mißgunst und Heuchelei treiben ließen, von dem Drang nach Bereicherung und Macht. Andere hast du gefunden, Bekannte oder Unbekannte, denen die Gabe geschenkt war, jene tief in uns allen eingegrabenen Urinstinkte zurückzudrängen, sie in den Rahmen ethischer und moralischer Grundsätze der Vernunft oder der Religion einzubinden – Menschen also, die ihren Charakter zu Anstand und Würde gebildet hatten.

Wenig Zweifel sind dir freilich geblieben, daß die weit überwiegende Mehrheit der Menschen dazu geboren ist, immer neu verführt zu werden. Erziehung, Vorbild, Einsatz von Verstand oder auch religiöser Glaube sind die einzigen Gegenmittel, die du kennengelernt hast, wenn es darum geht, solchen Versuchungen entgegenzuwirken. Sie haben den Nachteil, daß sie nicht dauerhaft oder gar ewig wirken, sondern unter steter Anstrengung lebendig erhalten werden müssen. Die Fähigkeit mitzuleiden, den anderen Menschen zu verstehen, anstatt ihn zu hassen, muß hinzukommen.

Männer tun sich da womöglich noch schwerer als Frauen. Diejenigen, die in den obersten Chefetagen Verantwortung tragen, bilden jedenfalls keine Ausnahme. Schein-Freundlichkeit, Schein-Mitgefühl, Schein-Verbundenheit, Schein-Heiligkeit: wenn Männer sich zu Gemeinschaften zusammentun, erweisen sich solche Eigenschaften offenbar als unabänderliche Merkmale, geprägt durch ihre Geschichte, geprägt durch ihr Wesen. Herren finden sich selten, Heuchler hingegen zuhauf...

*

Nach dem Mord an Alfred Herrhausen hatte der Vorstand der Deutschen Bank Hilmar Kopper zu dessen Nachfolger als Sprecher bestimmt. Anfang 1990 wurde er durch das zuständige Amtsgericht zum Mitglied unseres Aufsichtsrates bestellt und anschließend zum Vorsitzenden gewählt.

In den folgenden Jahren konnte ich ihm immer wieder, wenn auch in eher unregelmäßigen Abständen, über die Entwicklung unserer Geschäftslage und über die anstehenden strategisch wichtigen Vorhaben berichten. Ein vertiefter Gedankenaustausch hat sich daraus nur in jenen seltenen Ausnahmefällen ergeben, in denen er zu einer sachlich begründeten Erörterung Anlaß sah; überwiegend war dies dann der Fall, wenn es um Personalangelegenheiten ging.

So drehte sich gleich unser erstes längeres Gespräch im April 1990 um die künftige Zusammensetzung des Vorstandes. Dabei waren wir uns ohne jede Einschränkung einig, die Konzeption eines integrierten Technologiekonzerns weiterzuverfolgen und zu diesem Zweck im Konzernvorstand ein Ressort zu behalten, das neben eigenständigen Forschungsaufgaben vor allem die technische Vernetzung aller Unternehmensbereiche zu verantworten hatte. Darüber hinaus stimmten wir nahtlos überein, daß die Daimler-Benz AG als Holdinggesellschaft in ihrem Verhältnis zu den Tochtergesellschaften keineswegs – wie ich in meiner Notiz festgehalten habe – zu einem »Kuponschneider degenerieren« dürfe und daher nach meiner damals noch für Ende 1993 vorgesehenen Pensionierung von einer starken Persönlichkeit geführt werden müsse (wobei wir für die etwa zum gleichen Zeitpunkt anstehende Nachfolge von Werner Niefer als Chef von Mercedes-Benz schon damals vorrangig an Helmut Werner dachten).

Schließlich sagte mir Kopper, er lege entschieden Wert darauf, daß ich selbst nach meinem Ausscheiden aus dem Vorstand den Vorsitz im Aufsichtsrat übernehme; dies halte er nicht nur wegen meiner Person, sondern auch wegen der erforderlichen Kontinuität in der Lösung der vor uns liegenden Aufgaben »für nichts anderes als selbstverständlich«. Wörtlich fügte er hinzu: »Was gut und richtig für die Deutsche Bank oder die großen Chemieunternehmen ist, hat Daimler-Benz allemal verdient.«

Ein knappes Jahr später, Anfang 1991, bekräftigte er das erneut und schlug mir vor, darüber nachzudenken, ob ich wirklich schon mit meinem 65. Lebensjahr oder nicht doch erst ein wenig später in Pension gehen wolle. Dabei berief er sich darauf, daß ihm mein zeitgleiches Ausscheiden mit Werner Niefer »kaum akzeptabel« erscheine. Begleitet wurde diese Überlegung von der jovialen Anmerkung, wonach es daran »insofern eine negative Seite« gebe, als er selbst »entgegen seinem (mir) bekannten und unveränderten Wunsch dann (eben) noch zwei weitere Jahre den Vorsitz im Aufsichtsrat behalten« müsse.

Wiederum ein knappes Jahr später, im Dezember 1991, kamen wir endgültig überein, Helmut Werner, der bereits Anfang 1992 die Leitung des Pkw-Bereichs übernehmen sollte, für Mitte 1993 als Nachfolger von Werner Niefer vorzuschlagen und meine eigene Bestellung bis zum Jahresende 1995 zu verlängern. Tatsächlich faßte der Aufsichtsrat im folgenden Frühjahr die entsprechenden Beschlüsse. Noch ein weiteres Jahr sollte es dauern, bis sich abzuzeichnen begann, wie verläßlich die vollmundigen Vertrauenserklärungen des Aufsichtsratsvorsitzenden waren. Dies wiederum hing eng mit der Entwicklung der Welt um uns herum und ihren Auswirkungen auf Daimler-Benz zusammen.

Anfang August 1990 hatte der Irak das benachbarte Kuwait gewaltsam besetzt und anschließend annektiert. Gestützt auf eine

Anzahl von Resolutionen der Vereinten Nationen, begann bald darauf unter amerikanischer Führung der Aufmarsch alliierter Streitkräfte aus 28 Nationen in der Region um den Persischen Golf. Im Januar 1991 wurde die Aktion »Desert Storm« mit einer Luftoffensive eröffnet, um sechs Wochen später mit der politischen und militärischen Kapitulation des Aggressors zu enden.

Das wiedervereinigte Deutschland, dessen eine Hälfte gerade zuvor durch ein glückliches Schicksal – und nicht zuletzt dank der mutigen Unterstützung von Präsident Bush – vom Joch der Diktatur befreit worden war, beteiligte sich daran zwar mit einer nicht unerheblichen finanziellen Unterstützung, vermied jedoch peinlich jeden Anschein einer aktiven Teilnahme. Dafür gab es gute verfassungsrechtliche Argumente. Die Diskussion, die darüber in der Öffentlichkeit und nicht zuletzt unter den politischen Parteien geführt wurde, erreichte trotzdem zeitweise ein Ausmaß an antiamerikanischer Scheinheiligkeit, das mich förmlich anwiderte. Auch ich konnte freilich nicht mehr tun, als dem in Deutschland stationierten Oberkommandierenden der 7. amerikanischen Armee demonstrativ die Betreuung von Angehörigen der im Irak eingesetzten Soldaten anzubieten.

Die Folgen des Golfkrieges und des damit verbundenen Anstiegs der Erdölpreise sollten Daimler-Benz in den nun vor uns liegenden Jahren noch schwer genug beschäftigen.

Nahezu ohne Ausnahme hatte jedermann nach dem Zusammenbruch des sowjetischen Reiches und dem schnellen Sieg über den irakischen Aggressor einen weltweiten Wirtschaftsaufschwung erwartet. Das Gegenteil war der Fall. Die USA, Großbritannien und die skandinavischen Länder befanden sich schon seit 1990 in einer wirtschaftlichen Rezession. Die westeuropäischen Länder näherten sich der Stagnation, die japanische Wirtschaft verlor gleichfalls an Schwung. 1992 zeichnete sich zwar in den USA endlich ein Silberstreif am Horizont ab, mit Ausnahme von Großbritannien hatte Westeuropa jedoch ebenso wie Japan unter einem deutlichen weiteren Rückgang der Nachfrage zu leiden. Daran änderte sich auch 1993 nur wenig.

Alles in allem durchlebten die Industrienationen der Triade während dieser Jahre eine der schwersten Wirtschaftskrisen der Nachkriegszeit. Bis 1992 war im wesentlichen nur die Bundesrepublik Deutschland davon ausgenommen. Der durch die Wiedervereinigung ausgelöste Nachfrageschub überdeckte hierzulande weitgehend die weltwirtschaftlichen Schwächen und machte zudem manche Unternehmen, die vornehmlich für den Binnenmarkt arbeiteten, blind für die Realitäten um uns herum. Trotzdem mußten sich die eher auf den Export ausgerichteten Unternehmen große Sorgen machen, zumal der Wechselkurs zum US-Dollar schon Ende 1990 auf weniger als 1,60 DM abgerutscht war und die Mark auch gegenüber allen anderen wichtigen Exportwährungen immer stärker wurde.

Besonders davon betroffen war die deutsche Automobilindustrie, die sowohl unter der schwachen Nachfrage in allen wichtigen Abnehmerländern als auch unter der ungünstigen Währungsentwicklung zu leiden hatte (was durch die deutsche Binnennachfrage zwar vorübergehend überdeckt wurde, aber nicht grundlegend aus der Welt geschafft werden konnte).

Kaum besser erging es den Firmen, die an der Herstellung von Verkehrsflugzeugen beteiligt waren. Obwohl unverändert niemand bezweifelte, daß es sich längerfristig um einen der kräftigsten Wachstumsmärkte der Welt handelte, brach die Nachfrage der großen internationalen Fluggesellschaften fast von einem Tag zum anderen zusammen; angesichts der Wechselkurse gegenüber dem amerikanischen Dollar wäre im übrigen keines der europäischen Herstellerunternehmen selbst bei einer vollen Auslastung seiner Kapazitäten in der Lage gewesen, noch ernsthaft Geld zu verdienen.

Nur eine Region der Welt war während dieser so ungewöhnlich kritischen Jahre von wirtschaftlichen Schwierigkeiten ausgenommen: Südostasien. Über Jahrzehnte hinweg hatten jedoch die meisten westlichen Unternehmen die dortigen Märkte mehr oder minder vernachlässigt (so galt etwa Indonesien, das inzwischen zu einem der bedeutendsten erdölerzeugenden Länder zählte, noch in den sechziger Jahren als größtes Armenhaus der Welt und damit als potentieller Explosionsherd); statt dessen hatten sie ihre Aufmerksamkeit – genau wie Daimler-Benz – viel stärker auf Lateinamerika, nicht zuletzt auf Brasilien, gerichtet. Mit dem Durchbruch marktwirtschaftlicher Systeme und dem damit einhergehenden Wegfall früherer Handelsbarrieren entstand nun plötzlich von Südkorea bis Singapur, von der Volksrepublik China bis zu den Philippinen ein Boom, der größte Erfolge für alle diejenigen versprach, deren Produkte in dieser Region wettbewerbsfähig waren.

Erstmals zeichnete sich damit jener tiefgreifende strukturelle

Wandel der gesamten Weltwirtschaft ab, der das letzte Jahrzehnt unseres Jahrhunderts entscheidend prägen sollte. Er wurde freilich durch weit tiefer gehende Ursachen und Einflüsse als nur durch die Öffnung der bis dahin bestehenden Grenzen ausgelöst.

In vorderster Linie gehörte die sich überschlagende Entwicklung der Datenverarbeitungs- und Kommunikationstechnologien dazu, die ihrerseits durch die explosionsartigen Fortschritte der Mikroelektronik ausgelöst wurde. In der Folge schwand der Vorsprung an Kenntnissen und Können, der die hochentwickelten Industrieländer bis dahin vor den anderen Regionen der Erde geschützt und für eine weitgehend einseitige Ausrichtung der Warenströme gesorgt hatte, schneller dahin als Schnee in der Sonne.

Oft zitiertes Beispiel dafür ist die Fähigkeit zur Entwicklung von Computerprogrammen: Noch zehn Jahre zuvor einem hochqualifiziert ausgebildeten Personal in den westlichen Ländern vorbehalten, gibt es inzwischen beliebig viele Fachkräfte in den ehemals unterentwickelten Regionen von Zentraleuropa bis Indien, die diese Arbeit zu einem Bruchteil der bisherigen Kosten ausführen können. Zugleich haben die modernen Technologien bewirkt, daß das für die Finanzierung von Investitionen und Handel benötigte Geld – früher ein knappes Gut und jetzt im Überfluß vorhanden – nun rund um die Welt hin und her bewegt werden konnte und in Sekundenschnelle dort zur Verfügung stand, wo es gerade benötigt wurde.

Als Folge all dieser Geschehnisse – des Zusammenbruchs des sowjetischen Kommunismus und der damit einhergehenden Öffnung der Märkte auf der einen, des Siegeszuges der Wissensverbreitung und der überall verfügbaren finanziellen Mittel auf der anderen Seite – ist die Welt tatsächlich binnen kürzester Frist im Sinne des Wortes zu einem Wirtschaftsdorf geworden, in dem die Nachbarn so eng aufeinander leben, daß sie sich den Luxus, anders zu sein als die anderen, in Zukunft nicht mehr leisten können.

Der Einbruch, den die Wirtschaft der Bundesrepublik Deutschland um die Mitte des Jahres 1992 erlebte und der nahezu das ganze folgende Jahr andauerte, war so hart, daß es fast schien, als wollte die Weltwirtschaft nun mit einem Schlag alles nachholen, was sie den anderen Regionen der Triade während der Jahre zuvor zugedacht hatte. Daimler-Benz wurde davon mit voller Härte getroffen. Hatten wir den ausgewiesenen Jahresüberschuß des Konzerns, der 1988 und 1989 bei jeweils etwa 1,7 Milliarden Mark lag, trotz der nicht gerade sorgenfreien Entwicklung der betrieblichen Ergebnisse bis 1991 auf über 1,9 Milliarden Mark und den Cash-flow während des gleichen Zeitraumes von etwa 6 Milliarden auf 7,8 Milliarden Mark steigern können, ging der Überschuß trotz des Einsatzes von vorhandenen Reserven 1992 um nahezu 500 Millionen, im Folgejahr sogar noch einmal um mehr als 800 Millionen Mark zurück.

Obwohl der Cash-flow weiter auf fast 10 Milliarden Mark zunahm, mußten wir daraufhin die Dividende für das Geschäftsjahr 1993 um nahezu 30 Prozent auf acht Mark je Aktie kürzen. Viel schlimmer als das: Unser internes Betriebsergebnis, das sich 1991 gerade ein wenig erholt hatte, rutschte 1992 wieder in die roten Zahlen, um sich 1993 wahrhaft besorgniserregend weiter zu verschlechtern. Die DASA trug dazu inzwischen mehr als die AEG bei – doch bei weitem an der Spitze lag Mercedes-Benz, und zwar mit seinen Personenkraftwagen kaum weniger als mit den Nutzfahrzeugen.

Erst das Jahr darauf sollte eine Wende zum Besseren bringen. Doch auch da waren wir noch weit von den Zielen entfernt, die wir längst mit aller Entschlossenheit, wenn auch unter Verzicht auf allzu lautes Getöse, ansteuerten. Mir selbst blieb es vorbehalten, sowohl in der Öffentlichkeit als auch im Aufsichtsrat den Kopf für all das hinhalten zu müssen, was auf uns einstürzte; dies schloß manche Gegenmaßnahme in unseren Unternehmensbereichen ein, die über Gebühr Zeit in Anspruch nahm, bevor sie nach außen sichtbar wurde. Die Einführung unserer Aktie an der New Yorker Börse im Herbst 1993 und die in diesem Zusammenhang eingeführte Übung, Jahresabschlüsse unter Berücksichtigung amerikanischer Bilanzierungsregeln zu veröffentlichen, hat dazu nicht wenig beigetragen.

Dieser Schritt war das Werk von Gerhard Liener. Bis zu seiner Bestellung zum Finanzchef im Jahre 1987 war unsere Aktie außerhalb der deutschen Grenzen nur an der Börse in Zürich notiert gewesen. Ohne großes Aufsehen hatte er seitdem die Zulassung an der größten europäischen Börse, in London, betrieben. Da wir an einer behutsamen Internationalisierung des Kreises unserer Anteilseigner interessiert sein mußten, bedurfte es darüber kaum einer ernsthaften Diskussion im Vorstand. Die anschließende Einführung an der Börse in Tokio schien mir angesichts des damit verbundenen Aufwandes schon weniger plausibel; ich ließ mich je-

In den frühen neunziger Jahren entwickelte sich das interne Betriebsergebnis in besorgniserregender Weise. Mehr noch als die DASA und die AEG trug dazu der Automobilbereich von Mercedes-Benz bei. Erst 1994 kam die Wende zum Besseren. So fiel die Einführung unserer Aktien an der New Yorker Börse im Herbst 1993 in eine schwierige Zeit, und wie immer mußte ich als Chef den Kopf hinhalten.
Inzwischen gehören diese Turbulenzen der Vergangenheit an, aber damals erschütterten sie das ganze Gefüge des neu konzipierten Industriekonzerns.

doch durch den Hinweis auf die zunehmende Bedeutung dieses Platzes überzeugen (wobei auch unsere Überlegungen über eine vertiefte Zusammenarbeit mit Firmen der Mitsubishi-Gruppe eine Rolle spielten).

Völlig unvorbereitet traf mich jedoch die Mitteilung von Liener, er sei inzwischen in Abstimmung mit Ronaldo Schmitz, dem zuständigen Vorstandsmitglied der Deutschen Bank, zu einer Übereinkunft mit der amerikanischen Börsenaufsicht und der Geschäftsleitung der Börse an der Wall Street gekommen, wonach die

Notierung unserer Aktien zugelassen würde, ohne daß wir mit unvertretbar aufwendigen Anpassungen unserer Jahresabschlüsse an die Vorschriften der amerikanischen Rechnungslegung zu rechnen hätten.

Ich war mehr als erstaunt, denn ich wußte von meinen früheren Kontakten, daß die Finanzvorstände der wichtigsten deutschen Großunternehmen weit überwiegend eine gegenteilige Auffassung vertraten. Als Liener mir versicherte, daß aus diesem Kreis zwar keine begeisterte Zustimmung, aber auch keine offene Ablehnung zu erwarten sei (was sich bald als Irrtum herausstellen sollte), stimmte ich dennoch zu. Einerseits wollte ich ihm den Erfolg seiner Bemühungen, auf die er sichtlich stolz war, nicht verderben, andererseits maß ich der Angelegenheit angesichts der sonstigen Probleme, mit denen ich mich zu beschäftigen hatte, keine allzu große Bedeutung bei.

Als Beweis dafür, daß wir im Zeitalter der Globalisierung den Handel mit unseren Aktien auf dem bei weitem wichtigsten Anlegermarkt der Welt ernst nahmen, mag dieser Schritt im Rückblick durchaus gerechtfertigt gewesen sein; damals trug er uns (und damit auch mir) bei vielen Vertretern der deutschen Wirtschaft einiges Kopfschütteln ein. Zudem sollte die mit der Notierung verbundene Notwendigkeit, Jahr um Jahr zwei unterschiedliche Abschlüsse (nach deutschem und nach amerikanischem Recht) zu veröffentlichen, nicht wenig zur allgemeinen Verwirrung bei der Wertung unserer Unternehmensentwicklung beitragen.

Ich selbst hatte in diesen Jahren in der Tat genug mit allen jenen ungewohnten Belastungen zu tun, die nun plötzlich von überall her auf uns hereinstürzten. Vorrang vor allem anderen mußte dabei die Entwicklung bei unseren Personenkraftwagen haben, auf deren anhaltender Ertragsstärke das gesamte Konzept eines schrittweisen und behutsamen Umbaus unseres Unternehmens ruhte. Jeder, der die Zusammenhänge auch nur einigermaßen kannte, an der Spitze natürlich Werner Niefer, sah dies genauso. Zwei Zielsetzungen standen im Vordergrund: zum einen die Verbesserung unserer Kosten- und Ertragsstrukturen (einschließlich unserer übermäßigen Abhängigkeit von den Wechselkursen), zum anderen die Modernisierung und Verbreiterung unserer Angebotspalette.

Abgesehen von der Entwicklung des Betriebsergebnisses waren die Fakten erdrückend genug: Verglichen mit dem 1987 erzielten Produktionsrekord von nahezu 600 000 Fahrzeugen hatten wir

1992 nur noch 530 000 und 1993 sogar nur noch 480 000 Einheiten herstellen können. Angesichts der Dramatik dieser Situation grenzt es für mich bis heute an ein Wunder, daß es in den Folgejahren tatsächlich gelingen sollte, das Ruder herumzureißen und wieder an die früheren Erfolge anzuschließen. Daß dies über weite Strecken hinweg weder von Teilen unseres Aufsichtsrates noch von der breiten Öffentlichkeit erkannt wurde und diejenigen, deren Verdienst es war, dann später sehr unterschiedlich ins Licht gerückt worden sind, steht auf einem anderen Blatt.

Schon 1990 hatten wir damit begonnen, alle organisatorischen Abläufe im Konzern – von der Verwaltung bis zur Produktion, vom Einkauf bis zum Vertrieb – auf Einsparungsmöglichkeiten zu durchforsten. Das galt vor allem für Mercedes-Benz. Im Ergebnis konnten wir bekanntgeben, daß wir unser Kostenniveau schrittweise um jährlich mehr als vier Milliarden absenken würden. Unter dem Eindruck der Mitte 1992 einsetzenden Entwicklung wurde dieses Programm nochmals drastisch aufgestockt, so daß wir allein für den Pkw-Bereich mit einem Einsparungsvolumen in der bis dahin ganz und gar unvorstellbaren Größenordnung von jährlich etwa sechs Milliarden Mark rechnen konnten.

Der Preis dafür war ein massiver Abbau von Personal: Bis zu meinem Ausscheiden aus dem Vorstand ging die Beschäftigungszahl bei Mercedes-Benz, obwohl die Produktion inzwischen wieder die alte Spitzenhöhe erreicht hatte, um weit mehr als 40 000 (im Gesamtkonzern sogar um mehr als 50 000) Menschen zurück; trotz nochmals steigender Produktion war eine beträchtliche weitere Reduzierung fest eingeplant. Wenn auch nach teilweise langwierigen Auseinandersetzungen gelang dies in Übereinstimmung mit den Belegschaftsvertretern und fast ohne Kündigungen – ein Erfolg, der nicht nur die Vorteile eines auf Konsens ausgerichteten betrieblichen Klimas, sondern auch das Ausmaß an Rationalisierungsreserven bestätigte, die sich in den vorausgegangenen Jahrzehnten angesammelt hatten.

Ein nicht unwesentlicher Teil davon hing mit den Fortschritten zusammen, die nun endlich in Richtung auf eine konstruktive Vereinfachung unserer Fahrzeuge (bei sogar noch verbessertem Gebrauchsnutzen für die Kunden) erreicht werden konnten. Neben den aus allen beteiligten Bereichen zusammengesetzten Projektteams war dies auch das Verdienst des neuen Entwicklungschefs Dieter Zetsche; wir hatten ihm schon in jungem Alter die Leitung unserer argentinischen Tochtergesellschaft und kurz darauf die Führung von Freightliner anvertraut, bevor wir ihm 1992 diese neue Aufgabe in Deutschland übertrugen.

Mit alledem untrennbar verknüpft war eine neue Strategie, zu der wir uns entschlossen, obwohl sie wagnisreich und umstritten war: Um unsere Absatzzahlen zu steigern und damit die vorhandenen Kapazitäten besser auslasten zu können, nahmen wir uns vor, das Preisniveau unserer Produkte im Vergleich zu den Wettbewerbern auf keinen Fall weiter ansteigen zu lassen, sondern im Gegenteil maßvoll abzusenken, wo immer das vertretbar schien. Dies wiederum war nur denkbar vor dem Hintergrund einer entschlossenen Modernisierung und darüber hinaus einer Verbreiterung unserer Angebotspalette.

Am kritischsten war der Anfang. Nicht nur traf die 1991 eingeführte neue Fahrzeugreihe in der obersten Klasse auf eine allgemein schwache Marktnachfrage, sondern zu unserer Bestürzung stieß sie zumindest anfänglich auf sehr zurückhaltende Reaktionen bei den Kunden, von denen sich eine nicht geringe Zahl entschloß, zu BMW zu wechseln. Angesichts der herausragenden Bedeutung dieses Segments für die Ertragskraft des Pkw-Bereichs lagen bei uns die Nerven blank, bevor es schließlich in den Folgejahren gelang, den größten Teil des verlorenen Terrains wieder wettzumachen.

Die Anfang 1993 in Produktion gegangene Nachfolgereihe in der Kompaktklasse wurde dagegen, nicht anders als die 1995 folgende neue Fahrzeugreihe der Mittelklasse, von Anfang an zu einem ungewöhnlichen Erfolg. Bei der dann voll laufenden Produktion aller Reihen konnten wir für 1996 fest damit rechnen, den nun fast zehn Jahre zurückliegenden Rekord endlich wieder zu übertreffen. Trotz allem aber blieb eine entscheidende Frage ganz vorn auf der Tagesordnung. Sie lautete, ob und wie es uns zum Schluß gelingen würde, auch die Ertragskraft des Pkw-Bereichs wieder dauerhaft auf eine zufriedenstellende Höhe zu bringen.

Es gab darauf nur eine Antwort: Wir mußten unser Fahrzeugangebot zukünftig so verbreitern, daß wir unsere hohen Aufwendungen für Forschung und Entwicklung, für die weltweite Vertriebsorganisation und nicht zuletzt für die Herstellung der benötigten Aggregate (vor allem der Motoren, Achsen und Getriebe) auf eine ausreichend große Stückzahl umlegen konnten. Dies wiederum mußte gelingen, ohne den immateriellen Wert der Marke »Mercedes« – die für höchste Qualität, für höchsten Kundennutzen und damit für höchstes Prestige stand – aufs Spiel zu setzen.

Als ersten Schritt beschlossen wir Ende 1993, das seit längerer Zeit intensiv vorbereitete Projekt der A-Klasse von der zweiten Jahreshälfte 1997 an in unserem Werk Rastatt anlaufen zu lassen (das zwar hochmodern konzipiert, jedoch seit seiner Errichtung nie befriedigend ausgelastet war). Vorausgegangen war eine Betriebsvereinbarung, die das benötigte Kostenniveau sicherstellte. Dabei gab es von Anfang an im Vorstand keinen ersthaften Zweifel, daß diese neue Reihe den Markennamen Mercedes-Benz, also den »Stern« tragen sollte, ja müßte, handelte es sich doch um ein Fahrzeugkonzept, das zwar auf andere Kundenkreise als die bisher üblichen zielte, sich jedoch mit seinem ungewöhnlichen Anspruch an Sicherheit und Komfort nahtlos in die Tradition der Marke einfügte.

Das zweite grundlegend neue Vorhaben wurde 1994 begonnen. Es ging dabei um das kleine Stadtauto SMART, das wir gemeinsam mit der schweizerischen Firma SMH entwickeln und herstellen wollten.

Die lange Vorgeschichte dieses Projektes kann ich hier nicht im einzelnen erzählen. Sie begann damit, daß Nicolas Hayek, der Mehrheitseigentümer von SMH, mich 1992 nach Grenchen einlud, um mir die Produktionsanlagen der Swatch-Uhren zu zeigen, mit denen er die lange totgesagte schweizerische Uhrenindustrie wieder zum Leben erweckt hatte. Bei dieser Gelegenheit ließ er mir ein Konzept für kleinvolumige Ottomotoren vorführen, die von seinem jungen Ingenieurteam als Antriebsaggregat für ein Kleinauto gedacht waren, das gleichfalls mit hochrationalisierten Methoden hergestellt werden sollte.

Obwohl ich wußte, daß Volkswagen sich kurz zuvor aus dem Vorhaben zurückgezogen hatte, bat ich Werner Niefer – der Hayek gut kannte –, sich möglichst bald mit der Angelegenheit vertraut zu machen (wobei mir gut in Erinnerung war, daß ich in den achtziger Jahren ungläubig mit dem Kopf geschüttelt hatte, als mir unser Forschungsbereich erste Entwürfe für ein vergleichbar kleines Fahrzeug vorstellte). Nach langem Hin und Her, bei dem es um Fragen der gesellschaftsrechtlichen Struktur, der Arbeitsaufteilung und des künftigen Marketingkonzepts ging, wurde schließlich grundsätzliches Einvernehmen erzielt, das Projekt tatsächlich in Angriff zu nehmen.

Da es bei der Kalkulation auf jeden Pfennig ankam, mußten allein die Kostenstrukturen über den auszuwählenden Produktionsstandort entscheiden. Alle Untersuchungen bestätigten, daß die

Bundesrepublik Deutschland dafür nicht in Frage kam. Bewußt auch in der Absicht, damit ein Signal zu setzen, nahmen wir die erwarteten wütenden Proteste von Belegschaftsvertretern, Gewerkschaften und Politikern in Kauf und legten uns auf den kleinen Ort Hambach im benachbarten Lothringen fest. Als Bezeichnung einigten wir uns nach langer und sorgfältiger Abwägung aller Chancen und Risiken auf den Namen SMART.

Diesen Namen hatte Helmut Werner, der inzwischen Werner Niefer nachgefolgt war, vorgeschlagen; auch jene begeisterungsfähigen Kollegen, die ursprünglich schon nach einer einzigen Probefahrt dem neuen Produkt spontan den Mercedes-Stern zubilligen wollten, fügten sich den dagegen sprechenden Argumenten. So wichtig es für den Erfolg eines neuartigen Produktes sein mag, daß das Unternehmen ohne Vorbehalte zu ihm steht, sosehr mußten wir nämlich berücksichtigen, daß ein etwaiger Mißerfolg den Ruf der Marke Mercedes und damit unser gesamtes übriges Pkw-Programm gefährden konnte.

Meine wiederholten Fragen, auf welche Weise es möglich sein werde, den anfänglich zweifellos mehr als eindrucksvollen technischen Vorsprung des SMART bei einer später erforderlichen Ablösung durch ein Nachfolgemodell aufrechtzuerhalten, blieben unbeantwortet. Trotzdem hatte ich mich schließlich vor allem deswegen entschlossen, die Freigabe des Projekts vorzuschlagen, weil das wirtschaftliche Risiko überschaubar blieb. Von ganzem Herzen hoffe ich auf einen großen Erfolg dieses kühnen Unterfangens.

Daran, daß auch ein weiteres, noch unter der Leitung von Werner Niefer eingeleitetes Vorhaben erfolgreich sein wird, nämlich die 1997 in den USA angelaufene Herstellung der geländegängigen M-Klasse, zweifele ich im übrigen keine Sekunde.

Allerdings gab und gibt es eine Voraussetzung, von der das Gelingen dieser wahrhaft umfassenden »Modelloffensive« entscheidend abhängt. Die für den Pkw-Bereich Verantwortlichen und deren leitende Mitarbeiter dürfen ihre Kräfte nicht verzetteln. Anfänglich – und vor allem auf den ersten Blick – haben nun einmal alle neuen Einzelprojekte die Eigenheit, vielversprechend zu erscheinen. Die Probleme entstehen regelmäßig erst später. Sie können schneller als gedacht gefährliche Ausmaße annehmen. Nicht von ungefähr erinnere ich mich noch sehr lebhaft an Berichte, wie groß die Sorgen waren, als Daimler-Benz gegen Ende der fünfziger Jahre all seinen Ehrgeiz auf Erfolge in der Formel 1 konzentriert und darüber die technische Qualität seiner Serienprodukte vernachlässigt hatte…

Mit all diesen Maßnahmen und Beschlüssen waren die Weichen im Pkw-Bereich nun richtig gestellt. Das Betriebsergebnis war wieder positiv, die Planungen wiesen weiter nach oben (auch wenn einige Mitglieder des 1993 neugewählten Aufsichtsrates hie und da deren Verläßlichkeit anzuzweifeln schienen). Bei den Nutzfahrzeugen hingegen lagen die Verluste immer noch höher als in allen übrigen Geschäftsbereichen; 1993 hatten sie sogar einen bis dahin unvorstellbaren Betrag erreicht. Für die folgenden Jahre schien sich zwar der Horizont auch dort etwas aufzuhellen, aber die Planungsrechnung wies trotzdem aus, daß die Renditen auf das eingesetzte Kapital noch für lange Zeit das vorgegebene Ziel von 12 Prozent verfehlen würden.

Natürlich hatten sich Helmut Werner und seine Kollegen im Nutzfahrzeugbereich seit Jahren bemüht, die Abläufe und die damit verbundenen Kostenstrukturen in den deutschen Werken zu verbessern. Ließ man die überwiegend positiven Ergebnisbeiträge der ausländischen Werke, nicht zuletzt von Freightliner, außer Betracht, liefen sie jedoch ihren Vorgaben immer wieder wie der Hase dem Igel hinterher.

Das hing zum einen damit zusammen, daß die Verkaufskonditionen auf den europäischen Märkten unter dem Druck der geringen Nachfrage und der bei allen Wettbewerbern vorhandenen Überkapazitäten immer weiter verfielen, so daß in weiten Bereichen Rabatte von 40 Prozent und mehr auf die Listenpreise üblich wurden; zum anderen hatte es damit zu tun, daß es aus vielerlei Gründen wesentlich länger als im Pkw-Bereich dauerte, neue Produkte auf den Markt zu bringen. Immerhin wird jedoch auch hier die damals eingeleitete umfassende Erneuerung und Verbreiterung des Angebotsprogramms – von den bereits so erfolgreichen leichten Transportern bis zu den schweren Lastkraftwagen, von den Motoren über die Achsen bis zu den Getrieben – Schritt für Schritt zu einer deutlichen Verbesserung und zur Erreichung der Zielrendite führen (auch wenn dann weder Helmut Werner noch Bernd Gottschalk, der den Nutzfahrzeugbereich von 1993 bis 1996 geleitet hat, noch der unermüdliche Horst Zimmer das Verdienst dafür einstreichen werden).

*

Du selbst hast während dieser Jahre von 1991 bis 1995 ständig darauf gedrungen, daß für beide Teile des Fahrzeugbereichs, die Personenkraftwagen wie die Nutzfahrzeuge, wirklich grundlegende Weichen für die Zukunft gestellt werden. Es kam dir also entscheidend darauf an, daß eure Aufmerksamkeit nicht nur auf kurzfristige Kosteneinsparungen, sondern auf die Erarbeitung langfristig tragfähiger strategischer Konzeptionen gerichtet wird.

Manches Mal hast du dir dabei gewisse Sorgen gemacht, ob Helmut Werner uneingeschränktes Verständnis für diese Notwendigkeit hatte. Mehrfachen Initiativen, die ihn bewegen sollten, eine umfassende Strategie vor allem für den Nutzfahrzeugbereich auszuarbeiten und im Konzernvorstand zur Diskussion zu stellen, begegnete er regelmäßig mit dem Argument, die einzige überzeugende Strategie sehe er darin, kurzfristig auf Veränderungen am Markt oder in der Landschaft der Wettbewerber reagieren zu können. Für dich hat hingegen schon sehr früh jene Herausforderung im Vordergrund gestanden, die sich aus der fortschreitenden Globalisierung der Wirtschaft ergab.

Nicht nur bei den Nutzfahrzeugen, sondern auch bei den Personenkraftwagen mußte angesichts dieser Entwicklung von Grund auf neu bedacht werden, was während der ganzen Nachkriegszeit als unumstößlich gegolten hatte. Welche Konsequenzen würde es haben, wenn eure Produkte zukünftig nicht nur in Deutschland, sondern auch an anderen Standorten hergestellt werden? Was wären die Folgen, wenn das »Made in Germany« durch »Made by Mercedes-Benz« ersetzt werden müßte? War es richtig, eine »Vernetzung« von Produktionswerken rund um die Erde anzustreben? Welche Bedeutung würden künftig die Wechselkurse für euer Ergebnis haben, was für Konsequenzen könnten sich aus der Internationalisierung eurer Zulieferer ergeben? Sollten wir eine Verbreiterung des Angebotes auf zusätzliche Marken neben Mercedes-Benz oder auch strategische Allianzen mit gleichgewichtigen Partnern für interessante Wachstumsmärkte (wie die Volksrepublik China oder Indien) in Betracht ziehen?

Alles das waren Fragen, auf die wir über kurz oder lang eine Antwort finden mußten. Im Rückblick bist du froh, daß solche Überlegungen von den Fahrzeugbereichen schließlich doch aufgegriffen worden sind. Ob überall und ausnahmslos die Entschlossenheit vorhanden ist, sie auch umzusetzen, bleibt freilich abzuwarten.

*

Daß wir bei der DASA, die 1990 noch mit einem positiven betrieblichen Ergebnis abgeschlossen hatte, in den folgenden Jahren Probleme bekommen würden, war absehbar gewesen.

Neben einer Reihe anderer Ursachen hatte das mit einem spürbaren Verfall der in den vorangegangenen Jahren beträchtlichen Beiträge aus der Medizintechnik von Dornier zu tun. Allzulange hatte man dort tatenlos zugesehen, wie die internationale Konkurrenz auf dem Gebiet der Lithotripsie aufholte; jetzt mußten wir entdecken, daß der Zeitpunkt verpaßt worden war, um unser Engagement entweder unter Einsatz erheblicher zusätzlicher Mittel auszubauen oder den Bereich, der auf sich allein gestellt nicht überlebensfähig war, zu verkaufen.

Eine wesentlich größere Rolle spielten freilich der Rückgang in der Verteidigungstechnik und die Belastungen aus dem Flugzeuggeschäft. Streichungen von bisher fest eingeplanten Aufträgen und absehbare Verzögerungen bei so bedeutsamen Militärprojekten wie dem Jäger 90 (dem heutigen Eurofighter) – der von vier europäischen Nationen gemeinsam entwickelt und gebaut werden sollte – führten nicht nur zu unmittelbaren Umsatz- und Ergebnisausfällen, sondern zogen auch die Notwendigkeit nach sich, kostspielige Anpassungsmaßnahmen bei den Beschäftigten durchzuführen und in den Bilanzen erhebliche Rückstellungen für weitere absehbare Maßnahmen zu bilden. Bei den zivilen Flugzeugen lagen die Entwicklungskosten für die Do 328 weit über den ursprünglichen Planungen; hinzu kamen bald darauf die Aufwendungen für die 1992 mehrheitlich übernommene holländische Herstellerfirma Fokker.

Vor allem aber drückten uns die bilanziellen Vorsorgemaßnahmen für den Airbus-Bereich. Obwohl sich die entsprechenden Beträge allenfalls teilweise auf die interne betriebliche Rechnung auswirkten, mußten nämlich nach den Grundsätzen deutscher Rechnungslegung (im Unterschied zur amerikanischen) bei der externen Bilanzierung hohe Rückstellungen für die Verluste gebildet werden, die sich theoretisch in den folgenden Jahren ergeben würden, wenn der damals sehr beachtliche Auftragsbestand von mehr als tausend Airbus-Flugzeugen zu dem am jeweiligen Bilanzstichtag gültigen Verrechnungskurs zum US-Dollar ausgeliefert werden müßte (der bei weitem nicht mehr ausreichte, um die in D-Mark anfallenden Herstellungskosten abzudecken). Der unmittelbar folgende Einbruch bei den internationalen Fluglinien führte darüber hinaus zu massiven Stornierungen und zwang auch hier zu einem aufwendigen Personalabbau.

Wiederholt leitete der DASA-Vorstand eine (regelmäßig als endgültig bezeichnete) Straffung der internen Organisation ein, indem er Geschäftsfelder neu ordnete und Hierarchieebenen abbaute. All dies änderte jedoch kaum etwas daran, daß sich die ursprüngliche Zuversicht, ab 1993 wieder ein positives Betriebsergebnis zu erwirtschaften, schnell ins Gegenteil verkehrte. Die Folge war, daß nach meinem Ausscheiden die notwendigen Rückstellungen für ein weiteres – DOLORES genanntes – Einsparungsprogramm wesentlich zu dem für 1995 ausgewiesenen Verlustergebnis des Gesamtkonzerns in Höhe von 5,7 Milliarden Mark beitrugen.

Selbst wenn man diese Entwicklung nicht nur unter dem ebenso kurzfristigen wie kurzsichtigen Gesichtspunkt eines am Börsenkurs der Daimler-Benz-Aktie ablesbaren »shareholder value« betrachten mag, liegt eine eher kritische Schlußfolgerung nahe. Sie ergibt sich, wenn man den strategischen Ansatz in Erinnerung ruft, der seinerzeit für den Entschluß maßgeblich war, unter dem Dach der DASA die wesentlichen Bereiche der deutschen Luft- und Raumfahrtindustrie zusammenzufassen: Wir wollten erreichen, daß die DASA bei der bevorstehenden europäischen Neuordnung und Integration eine mitentscheidende Rolle spielen konnte.

Aus heutiger Sicht befürchte ich, daß dieser – sicherlich ehrgeizige – Vorsatz allenfalls noch in Teilbereichen gelingen kann. Nicht zuletzt mag das mit dem Scheitern vielfältiger Bemühungen des DASA-Vorstandes zusammenhängen, die darauf hinausliefen, gemeinsam mit festen Partnern in den europäischen Ländern ein Netzwerk von Beteiligungsgesellschaften zu gestalten, in denen die einzelnen Geschäftsfelder im Sinne sogenannter »centers of competence« unter der jeweiligen Führung des einen oder anderen Partners zusammengefaßt sind. Der einzige Versuch, der in dieser Richtung gelungen ist, war die Gründung der Firma Eurocopter, in die Aérospatiale und DASA ihre Hubschrauberbereiche eingebracht haben; eine Führungsrolle der DASA auf einem vergleichbar wichtigen Geschäftsfeld konnte dagegen während meiner Amtszeit (und wohl auch danach) nirgendwo erreicht werden.

Meine mehrfachen eigenen Initiativen, weitere Möglichkeiten zu finden, sollten im Ergebnis gleichfalls fruchtlos bleiben, ob es sich um Gespräche mit unseren Kollegen von Siemens, mit dem Chef der englischen General Electric Corporation (GEC), Lord Arnold

Weinstock, mit Alain Gomez von der französischen Thompson CSF oder im politischen Bereich mit den Premierministern Michel Rocard und Edith Cresson handelte. Woran oder an wem die Erfolglosigkeit unserer Bestrebungen gelegen hat, wird die spätere Geschichtsschreibung aufzuzeigen haben. Bei langfristiger Betrachtung ist jedenfalls dieses Scheitern – viel mehr als die vorübergehenden Ertragsschwächen – die eigentliche Ursache, warum ich die Frage bis heute nicht schlüssig beantworten kann, ob unsere ursprüngliche strategische Weichenstellung richtig war oder nicht.

Mit anderen Worten: Der (angeblich oder wirklich vorhersehbare) Wegfall von Verteidigungsaufträgen wäre in meinen Augen ein allzu billiges Argument der Rechtfertigung; entscheiden wird sich die Antwort erst dann, wenn sich ein endgültiges Ergebnis der inzwischen erkennbar begonnenen europäischen Neuordnung abzeichnet.

Immerhin haben wir mit Sicherheit selbst dazu beigetragen, daß die Rolle der DASA auf dem Wege zu diesem Ziel nicht leichter geworden ist. Denn das angeborene beiderseitige Mißtrauen zwischen den denkbaren deutschen und französischen Partnern ist, wie ich fürchte, durch unser eigenes Verhalten und Auftreten psychologisch eher noch verstärkt worden. Die Übernahme von Fokker spielt dabei eine wesentliche Rolle, denn die Art und Weise unseres Vorgehens hing eng mit dem partnerschaftlichen Klima im Rahmen der Airbus-Industrie zusammen.

Airbus-Industrie war Anfang der siebziger Jahre durch eine Vereinbarung zwischen der deutschen und der französischen Regierung ins Leben gerufen worden. Seitdem hatte sich das Unternehmen – über viele Aufs und Abs – hervorragend entwickelt. Es war der einzige Hersteller von zivilen Verkehrsflugzeugen, der im Wettbewerb mit dem amerikanischen Marktführer Boeing ernsthaft mithalten konnte.

Inzwischen waren Aérospatiale und die DASA mit je knapp 38 Prozent an der Airbus-Industrie beteiligt, während bei der englischen British Aerospace 20 und der spanischen CASA 4 Prozent lagen. Dabei waren die Arbeitsaufgaben für jedes einzelne Flugzeug zwischen den Partnern genau entsprechend ihren Firmenanteilen aufgeteilt. Um so größer war der Erfolg des DASA-Vorstandes – vor allem von Johann Schäffler und Hartmut Mehdorn, seinem Nachfolger als Leiter unseres Luftfahrtbereiches – zu werten, daß es ihnen gelang, mit dem neuen Modell A 319 erstmals die technologisch wichtige und bisher traditionell in Toulouse stattfindende Endmontage eines großen Verkehrsflugzeugs nach Hamburg zu holen.

Anstatt sich damit für einige Zeit zufriedenzugeben, setzte man nun alles daran, die Federführung für ein weiteres Programmsegment, das auch für die französischen und englischen Gesellschafter von Bedeutung war, gleichfalls bei der DASA anzusiedeln: den Bereich der düsengetriebenen Regionalflugzeuge. Diese Absicht fand zwar meine volle Unterstützung; allerdings ging ich davon aus, daß sie nur in freundschaftlicher Abstimmung – also nicht gegen die unmittelbaren Interessen der betroffenen Partner – weiterbetrieben würde. Erst später sollte ich zu ahnen beginnen, daß bereits der Erwerb von Fokker auch in dieser Hinsicht äußerst problematisch gewesen sein muß. Obwohl dafür von der DASA ebenso wie vom Finanzbereich von Daimler-Benz sehr überzeugend klingende Argumente auf den Tisch kamen, galt das schon für die gesamten Kaufbedingungen. Noch weit bedeutsamer war jedoch, daß der Erwerb offensichtlich bei der DASA als Hebel verstanden wurde, um sich eine Führungsrolle bei den regionalen Düsenflugzeugen und damit mittelbar auch ein Übergewicht bei der Airbus-Industrie zu verschaffen.

Am Ende führte dieser Versuch zu nichts anderem als dazu, daß es den Airbus-Partnern besonderes Vergnügen bereitete, die DASA bei der Bewältigung der nun aufkommenden Probleme in ihrem eigenen Saft schmoren zu lassen. Der Aufwand für den nach meinem Ausscheiden angemeldeten Konkurs von Fokker – den man trotz der vorangegangenen kostspieligen, jedoch immer wieder mit gleicher Zuversicht in Angriff genommenen Umstrukturierungen und Sanierungsversuche der DASA nun für angebracht hielt – sollte neben dem DOLORES-Programm schließlich wesentlich zu dem für 1995 ausgewiesenen Konzernverlust beitragen.

Das andere kühne Vorhaben, ohne vorherige konkrete Abstimmung mit den drei europäischen Partnern den möglichen gemeinsamen Bau eines noch über dem »Jumbo« angesiedelten großen Passagierflugzeuges gemeinsam mit Boeing zu untersuchen, hat hingegen lediglich immaterielle Schäden verursacht. Man sollte auch diese freilich nicht geringschätzen: Verläßlichkeit und Anstand sind eben Güter, die man nicht leichtfertig aufs Spiel setzen sollte, indem man statt dessen auf teutonische Leutseligkeit vertraut.

Mehr oder minder unerklärlich ist mir übrigens bis heute ein Vorgang geblieben, der sich Anfang der neunziger Jahre im Zusammenhang mit der DASA abgespielt hat.

Noch auf Anregung von Alfred Herrhausen hatten wir Martine Dornier-Tiefenthaler in den Aufsichtsrat unserer damals neugegründeten Tochtergesellschaft Mercedes-Benz berufen. In den Folgejahren nahm sie laufend mit Anregungen und Fragen zur Geschäftspolitik an der Arbeit des Gremiums teil. Dies wiederum trug dazu bei, daß sich das Klima zwischen der Dornier-Erbengemeinschaft und dem Vorstand der DASA spürbar entspannte; wegen interner Streitigkeiten der Erben legte sie schließlich sogar ihr Amt als Testamentsvollstreckerin nieder.

Trotzdem kamen bald darauf im Rahmen der DASA neue Streitigkeiten auf. Dies hing damit zusammen, daß sich bei der Abfassung eines weiteren Vertragswerkes – das auch eine von Schrempp und mir zugesagte Unterstützung für das bis dahin immer noch nicht realisierte amphibische Flugzeug von Conrado Dornier (»Seastar«) umfassen sollte – Meinungsverschiedenheiten ergaben. Um so größer war meine Überraschung, nach dem Konkurs der Trägergesellschaft für das Seastar-Projekt zu hören, daß Daimler-Benz einer kreditgebenden Bank eine Bürgschaft in der Größenordnung von zwanzig Millionen Mark zur Verfügung gestellt hatte, die nun fällig wurde.

Es stellte sich heraus, daß die entsprechende Zusage ohne jegliche Abstimmung im Hause – geschweige denn aufgrund eines Beschlusses des Vorstandes – mit der alleinigen Unterschrift unseres Kollegen Liener gegeben worden war. Zur Rede gestellt, erklärte dieser mir, daß er in dem guten Glauben gehandelt habe, die Bürgschaft liege in unserem Interesse. Nach Lage der Dinge blieb es danach mir überlassen, den Vorgang in der folgenden Hauptversammlung von Daimler-Benz als normalen Teil unseres laufenden Geschäfts zu verteidigen.

Der einzige Unternehmensbereich, der in diesen Jahren keine grundlegenden Sorgen bereitete, war die debis. Zusammen mit dem Umsatz wuchs auch ihr von Anfang an positives Betriebsergebnis stetig an. Es schien also offenkundig zu gelingen, dem Industriekonzern Daimler-Benz einen Unternehmensbereich anzugliedern, der auf dem weltweit wichtigsten Wachstumsmarkt der Zukunft, dem Gebiet der Dienstleistungen, tätig war. Freilich wollte niemand – weder die Medien noch die meisten Mitglieder unseres Aufsichtsrates oder gar die Aktionäre, die sich in den Hauptversammlungen zu Wort meldeten – dies so recht anerkennen; im Gegenteil, die Mäkeleien waren unüberhörbar.

Eines der beliebtesten Argumente war der Hinweis, daß der überwiegende Teil des Geschäftes der debis auf alle Arten von Absatzfinanzierung für die Produkte von Mercedes-Benz entfiel, also eigentlich dem Automobilbereich zuzurechnen sei. Das Ausmaß des darin liegenden gedanklichen Fehlers wird jedoch sofort klar, wenn man bedenkt, daß die bei weitem größte und ertragreichste Beteiligung des allenthalben hochgelobten amerikanischen Konzerns General Electric – nämlich die GE Capital Corporation – eine Finanzierungsgesellschaft ist, die im Prinzip die gleichen Geschäfte wie die debis betreibt (ohne allerdings an einen bestimmten Automobilhersteller gebunden zu sein).

Ein anderer, oft wiederholter Hinweis zielte darauf, daß die Breite der von der debis angebotenen Leistungen zur Verzettelung führen könne, zumal es sich mitunter um unbedeutend kleine Geschäftsfelder handele. Obwohl ein solches Dienstleistungsunternehmen – wie der erfolgreiche Aufbau von Telefondiensten im Rahmen der debitel eindrucksvoll gezeigt hat – immer wieder Möglichkeiten suchen muß, auf neu entstehenden Arbeitsgebieten mit kleinen Ansätzen zu beginnen, stimmten Manfred Gentz und ich bald darin überein, daß dieser Ratschlag ernst zu nehmen war und eine gewisse Bereinigung wünschenswert sei.

Die übrigen Einwendungen hingegen, die manche der ab 1993 in unseren Konzernaufsichtsrat neu hinzugekommenen Anteilseignervertreter hinter vorgehaltener Hand und unbeirrt durch sachliche Argumente wie eine Gebetsmühle wiederholten, richteten sich vor allem gegen die Beteiligung der debis an dem französischen Softwarehaus Cap Gemini.

Der frühere amerikanische Finanzminister und Vorsitzende der Firma Unisys, W. Michael Blumenthal (der zusammen mit Dietger Hahn – Professor für Betriebswirtschaftslehre und unser oftmaliger Berater in methodisch schwierigen Fragen der Erfolgsrechnung oder auch der strategischen Steuerung unseres Unternehmens – sowie unserem langjährigen Ratgeber Rolf-Dieter Leister als auswärtigem Anteilseignervertreter dem Aufsichtsrat der debis angehörte), hatte uns 1991 in seiner Eigenschaft als Partner des Pariser Bankhauses Lazard Frères auf diese Möglichkeit aufmerksam gemacht. Es handelte sich bei Cap Gemini um das führende französische Softwareunternehmen, das von seinem Mehrheitseigentümer Serge Kampf gegründet und zum Erfolg geführt worden war. Uns erschien eine Zusammenarbeit reizvoll, weil dem zur debis gehörenden Systemhaus damit der von Anfang an angestrebte Weg in eine europaweite Dimension eröffnet werden konnte.

Die daraufhin begonnenen Verhandlungen, die vornehmlich von Manfred Gentz und Gerhard Liener geführt wurden, sicherten uns mit einer Beteiligung von 34 Prozent nach französischem Recht einen maßgeblichen Einfluß. Die Übernahme einer knappen Mehrheit sollte uns zu einem späteren Zeitpunkt im Rahmen einer Option offenstehen; dabei war klar, daß angesichts des hohen Anteils an öffentlichen Aufträgen hierfür nicht nur die Zustimmung der französischen Regierung, sondern auch die vorherige Klärung einer Fülle steuerlicher und gesellschaftsrechtlicher Fragen angestrebt werden mußte. Der für beide Schritte vereinbarte Preis war alles andere als gering, jedoch das Ergebnis einer mit größter Sorgfalt durchgeführten Analyse der uns beratenden Firma James D. Wolfensohn Inc., die alle einschlägigen Daten geprüft und mit Lazard Frères, der Beraterfirma der Verkäufer, abgestimmt hatte.

Abgesehen davon, daß Liener trotz seiner unmittelbaren Mitwirkung an dem gesamten Vorgang – einschließlich der Festlegung des Preises – womöglich gewisse innere Vorbehalte hatte, die er jedoch nie offen aussprach, hatte es mich bereits stutzig gemacht, mit welcher erkennbaren Zurückhaltung unser Aufsichtsratsvorsitzender reagierte, als wir die Einzelheiten der vorgesehenen Transaktion mit ihm besprachen: Nach meinem Eindruck schien er über Informationen zu verfügen, die möglicherweise von der (durch uns nicht eingeschalteten) Londoner Investmentbank der Deutschen Bank, Morgan Grenfell, stammten.

Als Cap Gemini später – nicht zuletzt bedingt durch rückläufige Staatsaufträge und die Auswirkungen der allgemeinen wirtschaftlichen Rezession – eine unerwartete Durststrecke durchzumachen hatte, fiel es daraufhin noch leichter, die strategische Rechtfertigung unserer Beteiligung anzuzweifeln. Manfred Gentz mußte sich in der Folge ständig darum bemühen, mit großer Zähigkeit an dem Engagement festzuhalten, das uns für die Zukunft der debis so wichtig schien; den Kopf dafür habe ich gern und voller Überzeugung gemeinsam mit ihm hingehalten.

Obwohl auch hier nach 1995 eine Wende herbeigezaubert wurde, auf die man zunächst bei Daimler-Benz sichtlich stolz war, hat man inzwischen beschlossen, sich von dieser Beteiligung wieder zu trennen. Der Zeitpunkt und die Auswirkungen eines solchen Schrittes, der mit einer auf vielen anderen Gebieten nicht unproblematischen Phase der deutsch-französischen Beziehungen zusammenfällt, wurde dabei sicherlich genauso sorgfältig bedacht wie die Konsequenzen für die Wettbewerbsfähigkeit des debis Systemhauses auf diesem hochinteressanten Markt...

Ein besonderes Sorgenkind hingegen blieb während der ganzen ersten Hälfte der neunziger Jahre die AEG.

Zwar beschloß der dortige Vorstand unter seiner neuen Leitung 1991 nun endlich, sich aus der Bürokommunikation zurückzuziehen. Nach so vielen fehlgeschlagenen Versuchen, die Marktposition der AEG Olympia zu festigen, war dies die endgültige Bestätigung einer grundlegenden Fehleinschätzung, der auch ich anfangs erlegen war. Die Durchführung des Beschlusses sollte danach noch mühsam genug werden, betraf sie doch mit Wilhelmshaven einen Standort, der ohnehin unter mangelnder Beschäftigung litt; langwierige Demonstrationen bis hin zu einer monatelang währenden »Mahnwache« vor dem Einlaßtor unserer Zentralverwaltung in Möhringen und flammenden Auftritten des niedersächsischen Ministerpräsidenten Gerhard Schröder gehörten dazu.

Unsere Hoffnung, daß damit die entscheidende Verlustquelle bei der AEG gestopft sein würde, hat leider getrogen. Unverändert trieb mich nämlich auch weiterhin mit fast hilfloser Sorge das Problem um, daß sich die zu Anfang eines Jahres positiven Ergebniserwartungen regelmäßig am Ende als Schall und Rauch erwiesen. Nicht anders erging es dem Aufsichtsrat, in dem als auswärtige Anteilseignervertreter so unabhängige und hochqualifizierte Männer wie der frühere Vorstandsvorsitzende der Ölgesellschaft BP, Hellmuth Buddenberg, der Betriebswirtschafter Horst Albach sowie der Unternehmensberater Wolfgang Bernhardt mitwirkten (Bernhardt zähle ich seit dessen lange zurückliegender Tätigkeit für das Haus Flick zu den wenigen persönlichen Freunden, die ich aus dem beruflichen Umgang heraus kennengelernt habe).

Zwar ging es 1992 ein wenig bergauf, doch prompt folgte 1993 und 1994 ein erneuter Einbruch. Obwohl ich schon im Vorwort zum Geschäftsbericht unseres Gesamtkonzerns deutlich genug angekündigt hatte, daß »in Ihrem Unternehmen ständig analysiert wird, wo Abgaben (von auslaufenden Geschäftsfeldern) geboten sind, bevor es die Spatzen von den Dächern pfeifen«, und daß wir

»Strategieprojekte solcher Art ... auf vielen Feldern ... vorangetrieben« hätten, »ohne darüber nach außen Verlautbarungen zu produzieren«, kamen wir mit der angestrebten Konzentration auf die eigentlich für die AEG vorgesehenen Kerngebiete – neben der Mikroelektronik eben die Automatisierungstechnik und die Bahnsysteme – viel zu langsam voran.

Immerhin konnten Ende 1992 die Kabelwerke und Mitte 1994 die Hausgeräte verkauft werden, wie überhaupt eine objektive Wertung nicht daran vorbeigehen kann, daß die AEG in dem Zeitraum von 1991 bis Anfang 1995 fast zehn Geschäftsfelder abgegeben und im Gegenzug zur Abrundung ihrer eigentlichen Kernaufgaben etwa die gleiche Zahl von Firmen neu hinzugekauft hat. Doch auch die im Jahre 1994 nach Abgabe der Hausgeräte vorgenommene Übertragung der von der DASA gehaltenen MTU Friedrichshafen auf die AEG und die in diesem Zusammenhang vorgenommene Umbenennung in AEG Daimler-Benz Industrie änderten nichts daran, daß es bis dahin nicht gelungen war, die Automatisierungstechnik, die für die ursprüngliche Gesamtkonzeption eine entscheidend wichtige Rolle gespielt hatte, so auszubauen, daß sie an der Spitze des internationalen Wettbewerbs mithalten konnte. Die Abgabe der von Anfang an nicht in unseren Konzernrahmen passenden Energietechnik war gegen Mitte 1995 längst fest verabredet; auf dem für die zukünftige Ausrichtung des Konzerns besonders bedeutsamen Feld der Bahnsysteme war uns sogar zu Anfang dieses Jahres eine entscheidende Weichenstellung geglückt.

Über Jahre hinweg hatte Klaus Oertel als für die Bahnsysteme zuständiges Vorstandsmitglied der AEG versucht, das vorher nur in Teilbereichen und auf wenigen Märkten tätige Geschäftsfeld durch behutsame Zukäufe auszubauen; nach der Wiedervereinigung war das alte Stammwerk der AEG in Hennigsdorf bei Berlin hinzugekommen. Ein wirklicher Durchbruch nach vorn war trotzdem nicht gelungen; auch meine eigenen Bemühungen, die Kollegen von Siemens mit Heinrich von Pierer an der Spitze zur Abgabe ihres bahntechnischen Bereiches an uns zu bewegen, waren fehlgeschlagen.

Anfang 1995 wurde Ernst Stöckl dann plötzlich angedeutet, daß einer der europäischen Marktführer, die schweizerisch-schwedische ABB, an einer Zusammenarbeit interessiert sein könnte. In Abstimmung mit ihm und meinem designierten Nachfolger traf ich mich daraufhin mit dem Chef des Unternehmens, meinem alten Bekannten Percy Barnevik. Eine intensive Untersuchung der beiderseitigen geschäftlichen Potentiale und Ertragsaussichten schloß sich an; auf unserer Seite wurde sie von dem mir zugeordneten Leiter der Konzernplanung, Eckard Cordes, durchgeführt, der vorher über mehrere Jahre für die strategische Ausrichtung der AEG mitverantworlich gewesen war.

Nach ein oder zwei weiteren Begegnungen mit Barnevik einigte ich mich schließlich mit ihm auf einen – vorher mit Schrempp und Stöckl abgestimmten – Preis, den wir an ABB zu zahlen hatten, um bei der vereinbarten Fusion der beiden Bereiche eine hälftige Beteiligung zu erreichen. Hinzu kam eine zeitlich befristete Option, die es uns ermöglichen sollte, zu einem bestimmten Zeitpunkt die Anteile von ABB zu übernehmen, während sie umgekehrt dem Partner das Recht einräumte, seine Anteile an uns abzugeben. Der Preis war zweifellos hoch, doch angesichts der mehr als sorgfältig durchgeführten Untersuchungen, vor allem aber der Tatsache, daß er uns mit einem Schlag in die Lage versetzte, zum weltweit führenden Hersteller von Bahnsystemen aufzusteigen, schien er durchaus gerechtfertigt.

Bei der Argumentation gegenüber dem Vorsitzenden unseres Aufsichtsrates und anschließend im Plenum des Gremiums ließen mich die beteiligten Kollegen dennoch weitgehend allein. Im Gegenteil befürworteten sie sogar eine Nachverhandlung der Optionsbedingungen (die nach meinem Ausscheiden aus dem Vorstand vermutlich außer einer geringfügigen optischen Verbesserung kaum mehr als eine willkommene Feder am Hut erbracht haben dürfte). Immerhin hat dieser Vorgang, mit dem der AEG Daimler-Benz Industrie als eigenständigem Unternehmensbereich des Konzerns neue Legitimation zugewachsen wäre, gezeigt, daß es nicht erst seit dem später so gerühmten Abbau von Hierarchiestufen möglich war, in kurzer Zeitspanne grundlegende strategische Entscheidungen zu treffen und umzusetzen...

*

Damit endet dein allzulang geratener und dir doch unverzichtbar erscheinender Bericht über die nüchternen geschäftlichen Vorgänge. Nur eher beiläufig hast du darin erwähnt, daß euer internes Betriebsergebnis im Jahre 1993 – als Mercedes-Benz erstmals seit unvordenklichen Zeiten Verluste erwirtschaftete, die deutlich höher als diejenigen in den anderen drei Unternehmensbereichen lagen – massiv eingebrochen war. Du hast auch nicht besonders hervorgehoben, daß schon 1994 mit einer Verbesserung um fast drei Milliarden Mark eine spektakuläre Wende erreicht wurde; in der externen Berichterstattung schlug sie sich sogar in einem Anstieg des Ergebnisses aus der betrieblichen Tätigkeit um sechs Milliarden auf einen Gewinn von 2,7 Milliarden Mark nieder. Und schließlich hast du nicht berichtet, daß eine Anfang 1995 vorliegende Planung zwar für dieses Jahr einen kleinen Rückgang beim betrieblichen Ergebnis, für die Folgejahre bis 1999 aber eine stetige Zunahme bis auf das Vierfache vorsah.

Warum auch? Nach deiner Pensionierung hat man sich zu einem angeblich radikalen Wandel der gesamten Unternehmenspolitik entschlossen. Man hat den Konzern »saniert«, hat den »größten Unternehmensumbau in der Nachkriegszeit« (so die Nachrichtenagentur dpa) durchgeführt – indem man sich von kaum mehr als einem Zehntel des vorherigen Konzernvolumens trennte! Neben der mit soviel Engagement und Überzeugung eingekauften Beteiligung an der Firma Fokker befanden sich darunter auch einige andere Bereiche, deren Abgabe schon lange zuvor eingeleitet war. Dafür sowie für einen weiteren drastischen Abbau der Beschäftigten bei der DASA wurden im Abschluß des Jahres 1995 zu Lasten des laufenden geschäftlichen Ergebnisses gewaltige Rückstellungen gebildet.

Die Geschichte wird zeigen, was an jenem als so grandios gefeierten Umschwung Schein, was Wirklichkeit war. Sie wird auch ein Urteil darüber fällen, welche Bewandtnis es mit den überschwenglichen Lobpreisungen jenes vermeintlichen Wunders hatte, daß schon ein einziges Jahr später aus einem Verlust von 5,7 Milliarden wieder ein ansehnlicher Gewinn von 2,3 Milliarden Mark werden konnte. Was für dich zählt, ist allein, ob du guten Gewissens in den Spiegel schauen kannst. Du kannst es.

Am 12. September 1993 starb Werner Niefer. Nach Erreichen seines 65. Lebensjahres war er auf eigenen Wunsch schon mit der Ende Mai vorangegangenen Hauptversammlung aus dem Vorstand ausgeschieden. Als dein persönlich Bevollmächtigter hatte er jedoch weiter für das Unternehmen gearbeitet, sich um den Aufbau neuer Märkte, vor allem im Nahen Osten und im Bereich der ehemaligen Sowjetunion, gekümmert. Unverändert hattest du also auf seinen Freundesrat zählen können.

Auf einmal fiel er nun weg. Für die letzten beiden Jahre warst du ganz auf dich selbst angewiesen; alle anderen hatten sich längst zur Schlacht um deine Nachfolge und die Zeit danach aufgestellt. Die Belastungen der zurückliegenden Jahre hatten deine Kräfte fast über Gebühr in Anspruch genommen. Zwar lag die Verantwortung für die tägliche operative Geschäftsführung ebenso wie für die Vorschläge zur laufenden Anpassung der jeweiligen Strategien bei den Vorständen der Unternehmensbereiche und damit zu allererst bei den jeweiligen im Konzernvorstand mitarbeitenden Vorsitzenden. Doch nun, nach dem Tode Werner Niefers, wurde der psychische Druck fast unerträglich. Hinzu kamen die Anstrengungen, mit denen die ständigen Reisen in alle Teile der Welt zwangsläufig verbunden waren.

Rückblickend bist du fast sicher, daß sich der eine oder andere deiner »Freunde« darob durchaus ins Fäustchen gelacht hat: Gar manches heimlich hinter deinem Rücken unter Kollegen ausgetauschte – und eher hämisch gemeinte – Grinsen hast du jedenfalls mit mehr oder minder großem Erstaunen zur Kenntnis genommen. Freilich war es da schon zu spät.

*

Alles hatte Werner Niefer in seinem Leben erreicht. Er war wohlhabend, wurde von jedermann respektiert, mehrfache Ordensverleihungen hatten ihn öffentlich ausgezeichnet, er trug den Titel eines Professors und eines Doktors ehrenhalber, hatte Freunde in allen Lagern und wurde, in welche Fertigungshalle er auch kam, von den Arbeitern als einer der ihren begrüßt. In allen Teilen der Welt war er ein willkommener Gesprächspartner. Für Außenstehende mußte es scheinen, als hätte ein gütiges Schicksal alles Glück auf Erden über ihn ausschütten wollen. Und doch war in den letzten Jahren seines Lebens immer stärker zu spüren, daß ihn etwas bedrückte, ihn umtrieb. Mehr als einmal schien er ratlos, ja verstört, so als hätte er vor irgend etwas Angst.

Sorgen bereiteten ihm offensichtlich die in der Presse breitgetretenen Vorwürfe, wonach es beim Erwerb und beim Ausbau seines großzügigen Wohnhauses auf dem Stuttgarter Killesberg nicht mit rechten Dingen zugegangen sei; anderen Andeutungen entnahm ich, daß er Probleme mit den für ihn zuständigen Finanzbehörden befürchtete. Vor allem aber plagten ihn körperliche Schmerzen, die er mir gegenüber als vorübergehende Gichtanfälle bagatellisierte. Obwohl ich hie und da dem Ausdruck seiner Augen zu entnehmen

Wenige Monate vor dem Zusammenbruch des ostdeutschen Staates fand im Juni 1989 die Hauptversammlung von Daimler-Benz in Berlin statt. Im Mittelpunkt stand der Ausbau von Daimler-Benz zu einem »integrierten Technologiekonzern«, der unter seinem Dach die Firmen AEG, DASA, Debis und die Mercedes-Benz AG vereinigte.
Diese Politik wurde nicht nur von Werner Niefer und mir, sondern einhellig von allen unseren Kollegen im Vorstand und durch den gesamten Aufsichtsrat mitgetragen. Sie sollte uns manche Erfolge, viele Überraschungen und nicht wenige Enttäuschungen bringen. Bis zum Ende meiner Arbeitszeit sah ich keine Notwendigkeit, das Ruder völlig herumzureißen, um den Weg in neue industrielle Dimensionen zu verlassen; ob das Vorgehen, zu dem sich meine Nachfolger entschlossen haben, richtiger war, muß die Geschichte zeigen.

meinte, daß er freundschaftliche Anlehnung, womöglich Trost suchte, waren ihm jedoch nie klare Worte zu entlocken.

Bald hatte ich mir eine Erklärung zurechtgelegt: Ich schob das alles mehr oder minder darauf, daß ihn die Angst umtrieb, Abschied aus dem Scheinwerferlicht nehmen zu müssen, in dem er so lange gestanden hatte, Angst vor dem Verlust der gewohnten Wertschätzung und Bewunderung, Angst, daß der Zeitpunkt nahte, in dem er aus dem Leben abberufen werden könnte. Andere, die bis dahin vorgegeben hatten, ihm nahezustehen, begannen jedenfalls die Achseln zu zucken, wenn die Rede auf ihn kam, ihn in die Schublade des Emporkömmlings einzuordnen, dem nun die gerechte Strafe für seinen Lebenswandel zuteil werde.

Von ihm selbst vorbereitet, sollte ich im Frühherbst 1993 mehrere zentralasiatische Staaten besuchen. Nicht lange vor dem geplanten Reisetermin eröffnete er mir, daß an einem seiner Lungenflügel ein bösartiger Tumor entdeckt worden sei; ich solle mir jedoch keine Sorgen machen, die behandelnden Ärzte in einer Stuttgarter Spezialklinik seien zuversichtlich, daß die anstehende Operation gut verlaufen werde.

In Taschkent mußten wir dann hören, daß alles ganz anders war: Es bestand keine Hoffnung mehr. Kurz danach war der Freund tot.

Wenige Tage später nahmen wir Abschied von Werner Niefer. Die Trauerfeier fand in einer Halle des Werkes Untertürkheim statt, in dem er vor mehr als fünfzig Jahren seinen Weg bei Daimler-Benz begonnen hatte. An keiner Rede habe ich je so intensiv gearbeitet; besser als mit den hier im Auszug wiedergegebenen Worten, die ich damals sprach, kann ich bis heute nicht ausdrücken, was mich bewegte.

»Es war vor wenigen Tagen. Wir standen in der ehrwürdigen Stadt Samarkand, so alt wie Theben oder Athen, in dem Mausoleum Gur Emir, an den Sarkophagen der Timuriden. Heute kommt mir ein Spruch voll morgenländischer Stille und Weisheit in den Sinn, an den man uns dort erinnerte: ›Glücklich, wer seine Grabstelle gestalten kann, solange er noch lebt – und glücklich, wer die Menschen verläßt, bevor sie ihn vergessen haben.‹

Es gibt Leben, die Spuren hinterlassen wie aus einem Guß. Sie wirken, als seien sie von vornherein auf ein großes, ein in sich abgeschlossenes Werk angelegt. Mit einem Paukenschlag betreten solche Menschen die Bühne der Geschichte, sie verlöschen, wenn der Wurf vollendet ist. Solch ein Leben war dieses nicht. Im Gegenteil. Hier hat einer von Anbeginn seines Wirkens an, seit dem Aufbruch aus Notzingen in die Welt der Automobile, immer wieder neu begonnen, voll der Einfälle und der Begeisterung, voll der Kreativität und des Mutes – einer, der gespeist schien von nie erlahmender Energie, gewiß gespeist auch von Ehrgeiz, von kaum verhohlenem Stolz auf das Erreichte, ja, auch von Geltungsbedürfnis, gespeist vor allem anderen aber von der Liebe zu den Menschen, die für ihn immer im Mittelpunkt standen.

Auch an Werner Niefer ist nicht vorbeigegangen, mit Klischees beklebt zu werden. Seines lautet, er sei ein hemdsärmeliger Macher gewesen. Welche bornierte Überheblichkeit in solchen Verkürzungen liegt, weiß jeder, der ihn lange genug gekannt hat. Die Stationen seines Lebens belegen das. In einer Reihung klingen sie wie die Bilderbuchgeschichte eines Rührstücks, das vom nahtlosen Aufstieg eines aus bescheidenen Verhältnissen stammenden Lehrjungen zum großartigen Unternehmenschef erzählt. Sicherlich hat er selbst, wie sollte es auch anders sein, hie und da dieses Bild ganz gern betrachtet, ihm Farbstriche und -tupfer hinzugefügt. Und doch war bei näherem Hinsehen alles ganz anders, gesellten sich zu hart erarbeitetem Können und eisernem Willen auch Glück und Pech, Zufall und Enttäuschung, genutzte Beziehungen und gescheiterte Erwartungen, Irrtum und Umweg.«

Nach einer Schilderung seines beruflichen Weges fuhr ich fort: »Dieser Mann hat es nicht nötig, von geschönten Legenden zu leben. Zeit seines Lebens war er ein ganz und gar runder Mensch, voll von Leistungskraft und Können, voll von Einsatz und Energie, aber natürlich auch voll von knitzer Hellhörigkeit, von der Fähigkeit, Chancen zu wittern, und voll von Geschicklichkeit, persönliche Beziehungen aufzubauen und zu nutzen. Ich weiß, daß es aus einem solchen Anlaß anmaßend klingen mag, von mir selbst zu sprechen, aber ich vermag es nun einmal nicht, die persönlichen Elemente unserer Zusammenarbeit hinter vermeintlicher Objektivität zu verbergen. Wir haben gestritten. Er hat sich über mich geärgert, ich mich über ihn. Wir haben in Phasen unterschiedliche Verbündete gesucht, und doch haben wir immer wieder in der Sache und bald auch von Mensch zu Mensch zusammengearbeitet. (Das) Werden und die Organisation des integrierten Technologiekonzerns sind nicht denkbar ohne Werner Niefer. Er war von Anfang an und bis zum Ende von der Richtigkeit unseres Weges überzeugt, genauso wie wir alle es sind. Doch auch hier gab und gibt es, jeder weiß es, Rückschläge, Enttäuschungen, Fehler.

Und so gewiß es ist, daß dieser Mann es genossen hat, in der Öffentlichkeit als wirkungsmächtiger Industrieller dargestellt zu werden, so gewiß ist es auch, daß Werner Niefer in keinem Augenblick gezögert hat, sich selbst zu korrigieren. Dazu zählt die Erkenntnis, daß wir wohl in jenen so erfolgreichen achtziger Jahren auf allzu weiche Ruhekissen gebettet waren. (Er ist) ohne Zögern darangegangen, nicht nur eine entschlossene Modernisierung des Produktionsprogramms, sondern auch eine energische Überprüfung unserer gewachsenen Kostenstrukturen sowie unserer gesamten Arbeitsorganisation ins Visier zu nehmen.

Doch eben: Welch ein Irrtum zu meinen, er sei nur ein ›Macher‹ gewesen. Ein Mann von einem Rang und einer Bedeutung wie Werner Niefer wäre ohne (seine) geistigen, also intellektuellen Beiträge (zur Führung unseres Unternehmens) gar nicht vorstellbar.

Es gibt aber auch noch ein weiteres Grundelement seines Wesens. Ich meine sein Verhältnis zu den Frauen und Männern, denen unser Unternehmen seine Größe, seinen Stolz und seine Zukunft verdankt, ich meine unsere Belegschaft. (Er war) nicht der hohe Herr aus der Vorstandsetage, der mittels eines Schwarmes von Mitarbeitern Weisungen ›nach unten‹ weitergibt, (vielmehr) ein unmittelbarer, warmherziger, offener, empfindlicher, sensibler Mensch wie du und ich, mit Stärken und Schwächen, fähig zum Lachen wie zum Weinen, einer, der Zuversicht genauso kennt wie Verzweiflung. Und einer, auf den man sich verlassen konnte...«

Und ich schloß: »Ich sage es noch einmal: Werner Niefer war ein ganz und gar runder Mensch voller Licht und Schatten, bei weitem nicht frei von Fehlern und Versuchungen, und doch ganz und gar ungewöhnlich in seiner Wirkungsmacht. Da wäre es dann vor ihm, aber auch vor mir selbst eine unerträgliche Heuchelei, wenn ich ein Thema ausklammern wollte, das ihn gequält und geschunden hat. In nahezu allen Medien kann man in diesen Tagen (hören), daß (er) einer der bedeutendsten Unternehmer der Nachkriegszeit gewesen sei. Ich will nicht verhehlen, daß ich mich (bei einem Teil) dieser Würdigungen innerlich schüttele, ja daß ich sie widerlich finde. Gewiß, (Werner Niefer ist) vielleicht das eine oder andere Mal zu sehr der Versuchung erlegen, (Fehler) vertuschen zu wollen. Alles das hätte aber zu keiner Sekunde jene (vorangegangenen) gemeinen Versuche rechtfertigen können, diesen Mann bewußt und gewollt fertigzumachen, ihn abzuschießen.

Kritik und Härte wollen (wir) uns bewußt stellen. Wenn aber Welle um Welle ein Gebräu von Falschem und Wahrem, von Richtigem und Erfundenem, von Unterstellung und Vermutung zusammengekocht wird, mit keinem anderen Ziel als dem, aus Neid und Mißgunst den Triumph über einen der Mächtigen dieser Welt auskosten zu wollen, dann mögen wohl (meine) Worte verständlich werden. Werner Niefer hat (unter all dem) unsäglich gelitten. Zum Schluß gab es Augenblicke der Trauer, der Wehmut, der Müdigkeit, ja: der Angst. Doch das waren Augenblicke, die vorübergingen. Er hat bis zum Schluß nie nachgegeben. Er blieb ein Kämpfer. Bis zuletzt.

Unser Unternehmen, unser Land hat einen großartigen Mann verloren, einen Mann, der Geschichte gestaltet hat. Er wird uns fehlen. Danke, Werner!«

Heute ist längst dafür gesorgt, daß allenfalls noch einige übriggebliebene alte Kämpen aus nostalgischen Anlässen an Werner Niefer denken. Die mit den neunziger Jahren einsetzende neue Zeit hat inzwischen auch die frühere Kultur unseres Unternehmens nicht verschont. Ein neuer Geist breitet sich aus, von dem ich hoffe, daß er denjenigen Luft zum Atmen läßt, für die neben dem materiellen Erfolg noch andere Werte zählen.

Für mich wurde es nun jedenfalls Zeit, mein Haus zu bestellen.

Die Hauptversammlung von Daimler-Benz hatte im Mai 1993 einen neuen Aufsichtsrat gewählt. Neben Hilmar Kopper, der unverändert den Vorsitz führte, gehörten ihm wiederum zwei Mitglieder an, die uns vor allem auf naturwissenschaftlichem und forschungspolitischem Gebiet berieten: der deutsche Nobelpreisträger Gerd Binning und der frühere französische Wissenschaftsminister Hubert Curien; mit ihnen wurden wiederbestellt der Stuttgarter Wirtschaftsanwalt Roland Schelling, der die Interessen der Kleinaktionäre vertreten sollte (und im übrigen seit vielen Jahren mit unbeirrbarer Zähigkeit an seinem Sitz festhielt), sowie als Vertreter der MAH deren Vorstandsmitglied Johannes Semler (der es vor dem Hintergrund einer Unzahl von Reisen in alle Teile der Welt verstanden hatte, die Interna des Unternehmens besser als irgendein anderes Aufsichtsratsmitglied kennenzulernen). Neu hinzu kamen die Präsidentin der Berliner Treuhandgesellschaft, Birgit Breuel, und je ein Vertreter der drei deutschen Großbanken: Michael Endres für die Deutsche Bank, Martin Kohlhaussen für die Commerzbank und Jürgen Sarrazin für die Dresdner Bank; auf den gleichfalls gewählten Werner Niefer folgte nach dessen Tod Manfred Schneider, der Vorstandsvorsitzende der Bayer AG.

Über die Bedeutung dieses Wechsels machte ich mir zunächst kaum Gedanken. Bald genug sollte ich mich jedoch daran erinnern, daß ich mit zwei der neuen Mitglieder früher persönliche Erfahrungen gesammelt hatte, an die sie womöglich mit eher zwiespältigen Gefühlen zurückdachten: Einem von ihnen, der mir durch einen Personalberater empfohlen worden war, als ich in meiner Eigenschaft als Aufsichtsratsvorsitzender einer anderen Gesellschaft nach einem Vorstandssprecher suchte, hatte ich mitteilen müssen, daß die Wahl nicht auf ihn gefallen war; bei dem zweiten war ich auf empörten Widerwillen gestoßen, als ich ihn nach unserer Mehrheitsübernahme an einem anderen Unternehmen bitten mußte, den bis dahin von ihm gehaltenen Sitz im Aufsichtsrat für unser Haus frei zu machen.

Anfang November, als meine Kollegen und ich zum ersten Mal mit den Anteilseignervertretern im Aufsichtsrat zu einer eingehenden Besprechung zusammenkamen, wurde mir jedenfalls schlagartig klar, daß zumindest die neubestellten Mitglieder nicht daran dachten, sich an die Einmütigkeit zu erinnern, mit der ihre Vorgänger nach sorgsamen Abwägungen ausnahmslos alle der vom Vorstand vorgeschlagenen Schritte begleitet hatten.

Dabei durfte es keineswegs verwundern, daß jemand ohne genauere Kenntnisse der längst eingeleiteten Maßnahmen besorgt sein mußte. Das betraf die Situation bei der DASA, die sich in diesem Krisenjahr anschickte, einen betrieblichen Verlust in der Größenordnung von einer Milliarde Mark zu erwirtschaften, vor allem aber betraf es die Entwicklung bei Mercedes-Benz, wo ein zu 40 Prozent aus dem Personenkraftwagenbereich stammender Verlust von weit mehr als dem Dreifachen dieses Betrages erwartet wurde.

Doch der Ton machte die Musik. Die Art, in der Fragen an den Vorstand gerichtet, und das kaum verhohlene Mißtrauen, mit dem meine Antworten und Erläuterungen aufgenommen wurden, sprachen – verbunden mit dem skeptischen Mienenspiel, das die gesamte Atmosphäre des Treffens kennzeichnete – eine deutliche Sprache. Unter dem Druck der Ereignisse, die uns nun schon seit mehr als einem Jahr eine Hiobsbotschaft nach der anderen beschert hatten, ließ ich mich dadurch zu einer sicherlich unklugen Nervosität hinreißen, zumal es meine unmittelbar verantwortlichen Kollegen vorzogen, mehr oder weniger zu schweigen und alle wesentlichen Erwiderungen und Klarstellungen mir zu überlassen.

Fast hatte ich den Eindruck, daß der Vorstand mit Klippschülern verwechselt wurde. Anstatt ruhig zu argumentieren und all das, was wir früher schon mehrfach ausgiebig erläutert hatten, nochmals geduldig zu wiederholen, reagierte ich darauf in einer sicherlich viel zu schroffen Art und Weise. Derweil ließ der Aufsichtsratsvorsitzende den Dingen ihren Lauf; von den wiedergewählten Mitgliedern kam gleichfalls kaum Hilfe.

In meinem Büro hängt das Bild eines Dinosauriers mit dem Titel »History is full of giants who couldn't adapt«. Abstand zu sich selbst, ja eine gewisse Selbstironie können manchmal helfen, wenn man Gefahr läuft, billigen Lobpreisungen allzu willfährig Glauben zu schenken – oder sich durch heuchlerische Anfeindungen niederdrücken zu lassen.

Seit dieser Sitzung war der Bruch vollzogen. Daran änderte sich auch nichts mehr, als wir Anfang des folgenden Jahres begannen, die Vertreter der Anteilseigner in sorgfältiger Detailarbeit mit den Problemen unserer einzelnen Geschäftsfelder, den uns vorschwebenden Strategien und den jeweils eingeleiteten Maßnahmen vertraut zu machen. Zumindest ich selbst galt seitdem als »dünnhäutig«, was mir Semler bald darauf im Zusammenhang mit meinen Reaktionen auf die üblen, jedoch äußerst medienwirksamen Auftritte einiger sogenannter Vertreter von Kleinaktionären in manchen Hauptversammlungen andeuten sollte (wo beispielsweise Kopper und ich von einem Universitätsprofessor als »Duo infernal« beschimpft wurden, während ein anderer Sprecher mein Wirken bei Daimler-Benz durch einen Luftballon kennzeichnete, den er auf der Rednertribüne aufblies und dann platzen ließ).

Instinktiv begann ich zu ahnen, daß die Daumen jetzt nach unten wiesen. Niemanden scherte es, was wir auf den Weg gebracht hatten, niemanden interessierte es, daß sich für einen Aktionär, der

Anfang 1991 eine unserer Aktien gekauft hatte, diese Anschaffung bis 1993 mit jährlich mehr als 16 Prozent verzinst hatte.

Es ging nicht mehr um sachliche Argumente, es ging um Gefühle – und bei manchen wohl auch um etwas ganz Ähnliches wie jene »klammheimliche Freude«, die nach dem Mord an dem Generalbundesanwalt Buback seinerzeit einen gewissen »Mescalero« überfallen hatte...

*

Der Kreis hatte sich geschlossen. Du hast darauf beharrt, daß euer Weg trotz aller Fehler, die euch im einzelnen unterlaufen sein mögen, grundsätzlich richtig war. Wie leicht fiel es da, dir achselzuckend nachzusagen, daß du ursprünglich zwar recht gehabt haben mochtest, daß dir nur leider keine Fortune beschieden gewesen sei. Und wie einfach schien es, dir eine abgehobene Halsstarrigkeit zuzusprechen, die dich daran hindere, die geänderten Tatsachen zur Kenntnis zu nehmen und endlich entsprechend zu handeln. Zudem brauchte man dir das alles ja nicht ins Gesicht zu sagen, konnte sich darauf beschränken, es hinter vorgehaltener Hand mit wissender Miene unter seinesgleichen zu verbreiten.

Doch steckte nicht in Wirklichkeit noch mehr hinter der seltsamen, auf dich manchmal gespenstisch wirkenden Atmosphäre, die sich jetzt ausbreitete? Hattest du dir nicht genug Mühe gegeben, dir deine neuen Berater persönlich gewogen zu machen, hattest du dich zuwenig gebeugt, hattest du gar wieder einmal den Eindruck verbreitet, anders zu sein als die anderen?

»In keiner Gilde kann man sein,
Man wisse denn zu schultern fein;
Das, was sie lieben, was sie hassen,
Das muß man eben geschehen lassen;
Das, was sie wissen, läßt man gelten,
Was sie nicht wissen, muß man schelten,
Althergebrachtes weiterführen,
Das Neue klüglich retardieren;
Dann werden sie dir zugestehen,
Auch nebenher deinen Weg zu gehen.«

Es lag wohl an dir selbst, daß du dir diese Mahnung des weisen Weimaraners bis zum Schluß nicht zu Herzen nehmen wolltest.

Je mehr dir das klar wurde, desto stärker warst du andererseits dagegen gefeit, über die Mechanismen des Systems enttäuscht zu sein, das die Verhaltensweisen der maßgeblichen Akteure bestimmte. Deine Enttäuschung über einzelne Personen ist deswegen nicht geringer geworden.

*

Ende 1993 mußte eine außerordentliche Hauptversammlung über die vorgeschlagene Zusammenführung der Daimler-Benz AG mit der Holdinggesellschaft MAH befinden.

Eine Gruppe von Kleinaktionären zwang uns zu einer Erweiterung der Tagesordnung: Es ging um die Ausschüttung von Reserven in Milliardenhöhe und eine anschließende Kapitalerhöhung, zu denen uns die Antragsteller aus steuerlichen Gründen veranlassen wollten. Obwohl sich andere deutsche Unternehmen – bei denen allerdings nicht im entferntesten vergleichbare Größenordnungen zur Diskussion standen – tatsächlich zu diesem Weg entschlossen hatten, folgten die Aktionäre im Ergebnis mit überwältigender Mehrheit unserem nach intensiver Abstimmung mit den drei Großbanken vorgelegten Vorschlag, bei Daimler-Benz darauf zu verzichten. Der Aufsichtsratsvorsitzende und ich wurden daraufhin in bewährter Manier mit persönlichen Vorwürfen überzogen; in sachlicher Hinsicht blieb es allerdings im wesentlichen mir selbst überlassen, gegen die Antragsteller zu argumentieren.

Unmittelbar nach dem Jahreswechsel (ich hatte den Eindruck, daß er mich über die Weihnachtstage »verschonen« wollte) kam dann Kopper – ohne daß wir seit nun schon fast zwei Jahren je wieder darüber gesprochen hatten – für mich völlig überraschend auf den Zeitpunkt meiner Pensionierung zurück.

Unter Hinweis auf den Ablauf der vorangegangenen Hauptversammlung meinte er, daß doch – so habe ich in meiner Notiz wörtlich festgehalten – »eigentlich die ständigen Angriffe in der Öffentlichkeit für mich kaum noch zumutbar« seien. Er fügte hinzu, daß »die Entscheidung selbstverständlich ganz allein bei mir« liege, gab jedoch zu bedenken, ob es nicht nach Lage der Dinge und »nicht zuletzt unter Berücksichtigung meiner psychischen Belastung sinnvoll sein könnte, ein umfassendes Paket zu schnüren... Es könnte bestehen aus der Bekanntgabe, mir den Vorsitz im Aufsichtsrat zu übertragen, aus der Benennung von Schrempp als meinem Nachfolger (sowie) aus dem Ausscheiden von Liener (und) der Berufung

Nicht jeden Tag haben meine Frau und ich uns in solchen Abenteuern wie dem gemeinsamen Fallschirmabsprung geübt. Auch ohne sie wußte ich, daß das tägliche Leben weiche Landungen, aber auch Sturzflüge mit schmerzhaften Folgen bereithält.

eines (geeigneten) Nachfolgers«. Wir kamen überein, diese Überlegungen so bald wie möglich weiter miteinander zu beraten, wobei Kopper hervorhob, daß er es »selbstverständlich als seine Aufgabe ansehe, die (danach) erforderlichen Gespräche mit Liener zu führen«.

Nach einer telefonischen Beratung mit Semler, der gleichfalls dem für solche Fragen formal zuständigen Präsidium unseres Aufsichtsrates angehörte, teilte ich Kopper wenige Tage später mit, ich sei mit dem besprochenen »Paket« unter der Bedingung einverstanden, daß es dem Aufsichtsrat in einer nach der Hauptversammlung 1994 stattfindenden Sitzung zur Beschlußfassung vorgelegt und mit der darauffolgenden Hauptversammlung des Jahres 1995 in die Tat umgesetzt werde. Der Vorsitzende stimmte dem ohne Vorbehalte zu. Er merkte lediglich an, daß er sich nunmehr ebenso sorgfältig wie konkret Gedanken über erforderliche Abstimmungsgespräche innerhalb des Aufsichtsrates machen müsse; dabei gebe es einige Mitglieder, auf die er »seine besondere Aufmerksamkeit« zu richten habe, »letzten Endes würden (sie jedoch) das tun, was er vorschlage«.

Über die denkbaren Kandidaten für meine Nachfolge hatten wir schon früher mehrfach gesprochen. Bei unserem Zusammentreffen, das Anfang Januar 1994 stattfand, trug ich Kopper nochmals meine Sicht der Dinge vor, wobei ich dringend dazu riet, sich nicht ohne sorgfältige Abwägung nur auf eine einzige Lösung festzulegen. Konkret regte ich an, alternativ an eine tatkräftige, wenn auch durch gewisse persönliche Eigenheiten gekennzeichnete Persönlichkeit auf der einen, an einen eher bedachtsamen, dafür aber durch einwandfreie Charaktereigenschaften geprägten Kandidaten auf der anderen Seite zu denken. Der Vorschlag, auf den wir uns schließlich einigten, war das Ergebnis dieser Abwägung; zugleich führte sie uns zu der gemeinsamen Auffassung, Manfred Gentz als Nachfolger von Gerhard Liener vorzusehen. Das »Paket« als solches wiederum sollte sicherstellen, daß die grundlegende strategische Ausrichtung des Konzerns auch zukünftig durch eine in sich ausgewogene Mischung von sorgfältiger Abwägung und entschlossenem Handeln gekennzeichnet sein würde.

Bis zu unserer im folgenden Mai stattfindenden Hauptversammlung hörte ich nichts mehr von Kopper. Vielmehr blieb es an mir, ihn an diesem Tage erneut anzusprechen. Nachdem er etwas erstaunt gefragt hatte, was ich wohl meinte, erwiderte er lediglich, daß man Gentz die Nachfolge von Liener keinesfalls zumuten könne; Feuerstein hingegen berichtete mir, Kopper habe gegenüber Bernhard Wurl, einem anderen Arbeitnehmervertreter, erkennen lassen, daß er für die Ende Juni folgende Aufsichtsratssitzung keinen Zweifel an der Ernennung von Schrempp habe, es jedoch bei den »Anteilseignervertretern erhebliche Widerstände« dagegen gebe, mich zum Vorsitzenden des Gremiums zu wählen.

Daraufhin bat ich den Aufsichtsratsvorsitzenden dringlich um ein Gespräch. Es fand eine Woche später in aufgeschlossener Atmosphäre in seinem Büro statt. Kopper eröffnete mir, daß er es für ausgeschlossen halte, in der bevorstehenden Sitzung über das Ausscheiden von Liener und dessen Nachfolge zu beschließen; es bedurfte meiner ganzen Überzeugungskraft, ihn schließlich dazu zu bewegen, wenigstens an der Person von Gentz festzuhalten. Hinsichtlich des künftigen Vorsitzes im Aufsichtsrat gebe es, wie Kopper darlegte, zu seiner völligen Überraschung bei der Mehrzahl der Anteilseignervertreter Widerstände; sie richteten sich zum einen auf die Frage, ob es tatsächlich ratsam sei, gerade bei Daimler-Benz von der bisher bewährten Übung abzuweichen, und zum anderen gegen meine Person.

Zum Schluß vereinbarten wir, daß ich nur dann für eine Zuwahl durch die Hauptversammlung 1995 in den Aufsichtsrat bereitstehen würde, wenn Kopper mir nach weiteren Unterredungen mit den Anteilseignervertretern versichern könne, daß ich einhellig zum Vorsitzenden gewählt würde. Wenige Tage später sagte mir Schrempp, daß Kopper anscheinend hoffe, die gegen mich gerichteten Bedenken der Anteilseignervertreter bis zum Jahresende zu überwinden, wobei ich – so wörtlich – »jedenfalls seiner (Koppers) Stimme sicher sein« könne.

Eine lange Kette von Gesprächen, Zusammentreffen und sicher auch Intrigen – an denen, wie ich wohl weiß, vielerlei Akteure beteiligt waren, die sich als meine besonders engen Freunde zu bezeichnen pflegten – schloß sich an. Einen der Beteiligten bezeichnete Kopper mir gegenüber ausdrücklich als »Rädelsführer« des Widerstandes; ein anderer, dessen persönliche Interessen nun gesichert waren, krümmte – um es gelinde auszudrücken – keinen Finger mehr zu meinen Gunsten. Das »Paket«, das der Aufsichtsratsvorsitzende so vollmundig schnüren wollte, war jedenfalls um die Mitte dieses Jahres 1994 längst in seine Bestandteile zerfallen.

Das einzige, was zunächst davon übrigblieb, war, daß der Aufsichtsrat im Juni Jürgen E. Schrempp einstimmig zu meinem Nachfolger bestellte. Zu einem Gespräch mit Liener entschloß sich Kopper erst zwei Monate später. Nachdem Schrempp – der Kopper und mir ausdrücklich bestätigte, daß auch er die Ablösung für längst überfällig ansah – darum gebeten hatte, gegenüber seinem, so wörtlich, »persönlichen Freund« davon keinen Gebrauch zu machen, hielt mein Finanzkollege als Ergebnis dieses Gesprächs offensichtlich mich für den Bösewicht, der sein Schicksal im Alleingang herbeigeführt hatte...

Was mich selbst anging, mußte ich im übrigen einer unmißverständlichen Anmerkung von Kopper, die er anläßlich einer Besprechung im Aufsichtsratspräsidium Ende September machte, entnehmen, daß er sich inzwischen entschlossen hatte, entgegen unserer Vereinbarung den Vorsitz im Aufsichtsrat weiterzuführen. Mit mir hatte er darüber allerdings seit Ende Juli kein einziges Wort mehr gesprochen.

Ich verlor nun endgültig die Lust, mich lächerlich machen zu lassen. Journalisten gegenüber bestätigte ich mit Vorbedacht, daß Kopper mir in dieser Angelegenheit eindeutige Zusagen gemacht habe. Die Brücken waren damit abgebrochen. Fortan fiel es denjenigen, die »dazugehörten«, leicht, mir die Verantwortung für das, was geschehen war, zuzuschreiben. Bis heute kann ich mir kaum erklären, warum ich trotzdem so kurzsichtig war, mich durch die Hauptversammlung 1995 in den Aufsichtsrat und anschließend in das Präsidium wählen zu lassen. Jedenfalls wurde mir wohl erst dann endgültig klar, was um mich herum vor sich gegangen war, als jenes deutsche Monatsmagazin im Sommer 1995 das unsägliche Pamphlet von Gerhard Liener aus der Schublade zog.

Obwohl ich mich an keinen Fall erinnern konnte, in dem der Aufsichtsrat gegenüber einer klaren Empfehlung des Vorstandes jemals sein Ohr verschlossen hatte, ließ mir Jürgen E. Schrempp bei dieser Gelegenheit mitteilen, der Vorstand sehe keine Möglichkeit, den Aufsichtsrat zu einer Ehrenerklärung zu veranlassen. Persönlich riet mir mein Nachfolger zudem davon ab, einen solchen Wunsch mit einer Rücktrittsdrohung zu verbinden. Das reichte mir. Ich entschloß mich, zum ersten mir geeignet erscheinenden Zeitpunkt die Konsequenzen zu ziehen. Nach einem weiteren Zwischenspiel, als Kopper es offensichtlich für geschmackvoll hielt, mich mürbe zu machen, indem er einfach keine Sitzungen des Aufsichtsratspräsidiums mehr einberief, legte ich im Februar 1996 mein Mandat nieder.

Seitdem ist Daimler-Benz seinen eigenen Weg gegangen. Dazu zählt der bilanzielle Verlust für das (zur Hälfte noch von mir mit zu verantwortende) Geschäftsjahr 1995 in der schon erwähnten, nahezu unvorstellbaren Höhe von 5,7 Milliarden Mark. Weit überwiegend kam er – wie berichtet – durch außerordentliche Rückstellungen zustande, die nicht durch das laufende Geschäft verursacht waren. Zum Teil waren diese eine Folge von Maßnahmen, die mit der AEG und deren Ende 1995 beschlossener Auflösung zusammenhingen; vor allem aber wurden sie durch die spektakulären Vorgänge bei der DASA erforderlich, für die Jürgen E. Schrempp seit ihrer Gründung die unmittelbare Führungsverantwortung getragen hatte.

Während meines letzten Amtsjahres war es für mich selbstverständlich gewesen, alle wesentlichen Fragen der Unternehmensführung, seien sie sachlicher oder personeller Natur, mit meinem designierten Nachfolger zu besprechen. Von einer Änderung unserer grundlegenden Strategie, von einer Aufgabe des Konzeptes eines integrierten Technologiekonzerns, gar von einer »Sanierung« war dabei nie die Rede, auch nicht von einer Auflösung der AEG. Kein einziger meiner Kollegen hatte im Vorstand je Überlegungen vorgetragen, die in eine solche Richtung hätten führen können. Niemand empfahl eine Überarbeitung unserer Leitsätze, die wir nach sorgfältiger Abstimmung mit den leitenden Führungskräften 1992 verabschiedet und seitdem unseren Geschäftsberichten vorangestellt hatten.

Abgesehen von Details gab es auch keinerlei Änderungswünsche, als ich den Entwurf meiner einleitenden Rede für die Hauptversammlung 1995 herumschickte, in der ich nochmals in großen Zügen unseren Weg und unsere Vorstellungen umreißen wollte. Sicherlich erklärte sich dieses Verhalten nicht zuletzt aus der Einstellung, mit der ein scheidender Chef nun einmal zu rechnen hat. Im Rückblick vermute ich dennoch, daß noch etwas mehr dahintersteckte. Von Anfang an hatte ich wohl zuwenig wahrhaben wollen, daß der Erfolg oder Mißerfolg eines solchen Unterfangens, wie wir es uns seit der zweiten Hälfte der achtziger Jahre aufgebürdet hatten, letzten Endes nicht allein von sachlichen Gesichtspunkten, Überlegungen und Argumenten, sondern vermutlich weit mehr von selbstsüchtigen, oftmals sogar unbewußten Interessen der beteiligten Menschen abhängen.

Deutlich genug wurde dies am Verhalten der für die einzelnen Unternehmensbereiche verantwortlichen Kollegen gegenüber der Daimler-Benz AG als der Holdinggesellschaft des Konzerns und damit auch gegenüber mir selbst. Während es Manfred Gentz und Helmut Werner (übrigens auch schon vor dem Tod von Werner Niefer) für selbstverständlich hielten, alle wesentlichen Vorgänge ohne den äußeren Zwang formeller Sitzungen rechtzeitig und umfassend mit mir abzustimmen, bedurfte es bei den beiden anderen Kollegen zumeist einer mehr oder minder deutlichen Nachfrage.

Dieser Unterschied hing allerdings wohl nur zum Teil mit persönlichen Eigenheiten zusammen. In zumindest gleichem Maß ließ er sich auf die Organisationsstruktur zurückführen, zu der wir uns entschlossen hatten. Ihre Stärke bestand darin, daß die für das Tagesgeschäft verantwortlichen Unternehmensbereiche so nah wie möglich an ihren Märkten und Kunden tätig sein und damit die Chancen und Risiken ihrer Geschäftsfelder ungleich verläßlicher beurteilen konnten als eine weitgefächerte Einheitsgesellschaft, die eine große Palette von völlig unterschiedlichen Geschäften unmittelbar selbst führt. In dieser Stärke lag freilich zugleich ihre Schwäche: Die übergeordnete strategische Führung durch eine Holdinggesellschaft kann nur gelingen, wenn alle Beteiligten sich ständig neu um eine vertrauensvolle und unbürokratische Zusammenarbeit bemühen.

Fortschritte, ja Erfolge hat es bei uns in dieser Richtung zweifellos gegeben. Rundum gelungen ist es nicht, weder auf der Ebene der Mitarbeiter (obwohl sich eine erhebliche Zahl von ihnen mit all ihrem Können und mit großer Begeisterung dafür einsetzte) noch im Vorstand selbst.

Bis heute frage ich mich, ob ein Unternehmen wie Daimler-Benz tatsächlich – nach innen wie nach außen – reif für den Weg war, zu dem wir uns entschlossen hatten. Eines bleibt nämlich unübersehbar: Alles sachliche Argumentieren, alle emotionalen Beschwörungen, alle bis an die Grenze der eigenen Erschöpfung getragenen Versuche zur Kommunikation mit den Mitgliedern der verschiedenen Führungsebenen, alle noch so ausgeklügelten Methoden der Beteiligung am wirtschaftlichen Erfolg führten letzten Endes nicht zu einer ausreichenden Identifikation zumindest der überwiegenden Zahl der Beteiligten mit der unternehmerischen Strategie und deren tragender Idee: der Vision eines integrierten, untrennbar vernetzten Gesamtunternehmens.

Das zeigte sich deutlich genug daran, wie mühselig es war, die unmittelbar verantwortlichen Mitarbeiter von Mercedes-Benz zur Zusammenarbeit mit der TEMIC auf dem für die Automobilentwicklung immer wichtiger werdenden Feld der Mikroelektronik oder mit der AEG auf dem Gebiet der Automatisierungstechnik zu bewegen; das Ergebnis der Versuche, neue Geschäftsfelder, etwa im Bereich der Verkehrssysteme oder der Absatzfinanzierung, zu erschließen, bildet einen weiteren Beleg.

Nach meinem Eindruck handelte es sich bei alledem um einen womöglich grundlegenden Mangel, den ich weit unterschätzt hatte: die Unfähigkeit zur partnerschaftlichen Zusammenarbeit nach innen wie nach außen, hinter der sich mit Blick auf die inzwischen so klar zutage liegenden Folgen der Globalisierung tatsächlich eine gewisse Unreife des Unternehmens verborgen haben mag. Das Schicksal des eingeleiteten Projekts einer umfassenden unternehmerischen Allianz mit vier wichtigen Unternehmen der japanischen Mitsubishi-Gruppe könnte zumindest in eine ähnliche Richtung weisen.

Ursprünglich ging dieses ehrgeizige Vorhaben auf eine Anregung von Herbert Henzler und seinem japanischen Kollegen Kenichi (»Ken«) Ohmae zurück, die uns auf vielfältige Parallelen unserer Interessen bei den Straßenfahrzeugen, in der Luft- und Raumfahrt, der Mikroelektronik und möglicherweise bei gewissen Dienstleistungen hinwiesen. Werner Niefer und ich trafen uns daraufhin in Paris mit dem Chef der Mitsubishi Corporation, Shinroku Morohashi.

Dabei war uns durchaus bewußt, daß es sich bei den unzähligen Unternehmen, die den Namen Mitsubishi tragen, in formaler Hinsicht nicht um einen einheitlich geführten Konzern handelt; dies hätte dem nach Kriegsende durch die Amerikaner erlassenen Verflechtungsverbot widersprochen. Ein abgestimmtes Verhalten in grundlegenden strategischen Fragen stand dem jedoch nicht entgegen (wobei wir von Anfang an nicht daran zweifelten, daß vor allem die für Fragen der Luft- und Raumfahrt zuständige Firma Mitsubishi Heavy Industries in vielfältige, auf amerikanischen Einfluß zurückzuführende Auflagen des japanischen Industrieministeriums MITI eingebunden war).

Immerhin wurden wir uns im Verlauf des Abends bald einig, daß es aussichtsreich wäre, eine umfassende Allianz beider Gruppen ins Leben zu rufen. Womit Niefer und ich nicht gerechnet hatten, war die bald darauf aus japanischen Quellen herrührende Meldung, Daimler-Benz sei mit einem entsprechenden Ansinnen – also gleichsam als Bittsteller – an die Mitsubishi-Gruppe herangetreten. Es war unsere erste Lehrstunde in einer uns fremden Kultur. Eine ganz anders geartete Überraschung sollte folgen, als unsere Bestätigung, daß wir tatsächlich entsprechende Gespräche führten, zu einem veritablen internationalen Aufschrei führte. Er gipfelte in der vor allem in französischen Medien verbreiteten Behauptung, es gehe dabei um eine Wiederbelebung der »Achse Berlin-Tokio« aus dem Zweiten Weltkrieg!

Trotzdem: Ein vielversprechender Anfang war gemacht. Unzählige Treffen auf allen Ebenen sollten folgen. Sie führten in Einzelfragen zu teilweise bemerkenswert positiven Ergebnissen. Doch im großen und ganzen erwiesen sich die Hoffnungen, die manche von uns an dieses ungewöhnliche Vorhaben geknüpft hatten, zum Schluß weitgehend als Schall und Rauch. Die Gründe könnten die gleichen gewesen sein, die dem inneren Zusammenwachsen unseres Konzerns entgegenstanden. Womöglich fehlte es nämlich am entschlossenen Willen aller Kollegen im Vorstand, den zähen Widerstand unserer Unternehmensbürokratie, die um ihren Einfluß und ihre Macht fürchtete, mit überzeugenden Argumenten und entschlossenem Führungswillen zu überwinden.

Auch auf japanischer Seite gab es Schwierigkeiten, die alles in allem kaum geringer waren. Anders als bei uns hingen sie jedoch weniger mit einer grundsätzlichen Abneigung als vielmehr damit zusammen, daß die dortige Tradition der Entscheidungsfindung, die im Prinzip von unten nach oben verläuft, sehr viel mehr Zeit erfordert als der bei uns übliche Weg von oben nach unten.

Für mich bleibt es jedenfalls bei der Schlußfolgerung, daß es mir während der Zeit, als ich für Daimler-Benz gearbeitet habe, nicht gelungen ist, unser Unternehmen zu Allianzen mit gleichwertigen internationalen Partnern zu befähigen. Das Scheitern eines weiteren Ansatzes, den ich noch 1994 eingeleitet hatte, um endlich ernsthaft auf dem so wichtigen Zukunftsmarkt Indien Fuß fassen zu können, hat mir das später erneut vor Augen geführt.

Kaum anders ist es mir – trotz tatkräftiger Unterstützung durch einige wenige Kollegen und Mitarbeiter – mit meinen wiederholten Versuchen ergangen, Frauen in unserem Unternehmen gleiche Chancen wie den Männern zu eröffnen. Die Ursachen dürften vergleichbar sein: Solchen Vorhaben stehen festgefügte Interessen entgegen, die Gummiwände des Widerstandes sind undurchdringlich. Mögen die betreffenden Frauen noch so intelligent, noch so gut ausgebildet, noch so kreativ sein: Solange sie bereit sind, sich anzupassen, ja sich zu unterwerfen, sind sie, nicht zuletzt als Aushängeschild, willkommen. Unterstehen sie sich jedoch, eigene Wege zu gehen, eine eigene Handschrift zu schreiben, sich von der Heerschar der grauen Mäuse unterscheiden zu wollen, sind sie verloren. Das Ende der anfänglich so vielversprechenden Karriere meiner früheren Assistentin Gerrit Huy, die es ohne irgendeine »Protektion« (und schon gar nicht durch mich) schließlich 1996 bis zum Vorstandsmitglied der debis gebracht hat, nur um bald darauf mit ihrer unkonventionellen Art an hartem Beton zu scheitern, spricht da eine genügend deutliche Sprache.

*

Spätestens seit 1993, nach der Neuwahl des Aufsichtsrates und dem Ausscheiden von Werner Niefer, verstärkt durch die für dich so gänzlich überraschenden Verhaltensweisen des Aufsichtsratsvorsitzenden, bist du, ob du es wolltest oder nicht, täglich mehr zu einer flügellahmen Ente, zu einer »lame duck«, geworden.

Gewiß gab es dazwischen Phasen, in denen du versucht hast, dich zu wehren, deine nachlassenden Kräfte neu zu beleben. Doch du hattest es nun einmal mit ganz normalen Menschen zu tun. Wir alle sind von Natur aus eigensüchtig, habgierig, mißgünstig, feige, wir hassen, wir lügen – und vor allem anderen werden wir durch eines getrieben: Neid. Genauso kennen wir freilich auch Liebe, Mut, Opferbereitschaft, Demut, Anstand und Wahrhaftigkeit. Keiner, der sich zu einem tätigen Leben entschlossen hat, kann sich diesem Zwiespalt entziehen. Es lag also allein an dir, dich zurechtzufinden, deinen Weg weiterzugehen.

Wenn aber die Daumen erst einmal nach unten zeigen, wenn du zum Verlierer, zum »Loser« abgestempelt bist, hast du im Grunde genommen keine Chance, Autorität zu wahren. In der Welt der Wirtschaft sind es die Banken und zunehmend auch die institutionellen Geldanleger als die professionellen Aktionäre, die darüber entscheiden; in den Medien, neuerdings sogar an manchen Hochschulen, finden sie jederzeit ihre willigen Nachkläffer. Argumente zählen nicht mehr, wenn der Stab gebrochen ist, niemand hört dir mehr zu, das Herdenvieh feiert fröhliche Urständ.

Doch sind das nicht Banalitäten? Wer darf am Ende eines solchen Jahrhunderts wie des deinen noch überheblich genug sein, seine lächerlich kleinen Erfahrungen aus der vergänglichen Sekunde eines individuellen Lebens zu verallgemeinern, gar daraus Ursache und Maßstab menschlichen Verhaltens abzuleiten?

*

Im Februar 1995 hatte der Aufsichtsrat unsere Planung für die Jahre bis 1997 verabschiedet und von unseren weiterführenden Überlegungen für die beiden verbleibenden Jahre des Jahrhunderts Kenntnis genommen. Selbst für den Fall, daß noch einige bis dahin nicht berücksichtigte Aufwendungen für die längst vorgesehene strukturelle Bereinigung von Geschäftsfeldern der AEG hinzukamen, rechneten wir für das begonnene Geschäftsjahr mit einem weiter steigenden Jahresüberschuß; er schien es allemal zu rechtfertigen, unsere Aktionäre durch Anhebung der Dividende auf elf DM an der 1994 erreichten Ergebnisverbesserung teilhaben zu lassen.

Kurz vor der Hauptversammlung im Mai gab es allerdings

Warnzeichen, daß die völlig unerwartet immer schwächer gewordene amerikanische Währung zu einer gewissen zeitlichen Verschiebung der geplanten Entwicklung führen könnte. Auf Grund der vorliegenden Planung sollte sie an sich bis 1997 zu einem Umsatzwachstum auf nahezu 130 Milliarden und einem Jahresüberschuß von mehr als fünf Milliarden Mark führen; für 1999 liefen unsere Zielvorstellungen auf einen Umsatz in der Größenordnung von fast schon 150 Milliarden hinaus. 1996, spätestens 1997, sollte die Mindestrendite von 12 Prozent für den Gesamtkonzern, 1998 für alle dann noch in unserem Portefeuille befindlichen Geschäftsfelder erreicht sein (mit geringfügigen Ausnahmen bei der AEG). Auch wenn seitdem die Methoden der Rechnungslegung geändert worden sind, empfiehlt es sich, diese Zahlen im Gedächtnis zu behalten, wenn die neuesten Erfolgsfanfaren ertönen.

Daß der bilanzielle Abschluß für das Jahr 1995 dann als Folge der nach meinem Ausscheiden für richtig gehaltenen Maßnahmen – von denen schon die Rede war – ganz anders aussah, wurde mir mit einer Strafanzeige eines der bekannten Aktionärsdarsteller an den Hals gehängt. Er behauptete, ich hätte die Hauptversammlung durch meine Berichterstattung wissentlich getäuscht. Inzwischen ist die Haltlosigkeit der Anzeige rechtskräftig bestätigt. Doch es ist eben zu einem Charakteristikum unserer Zeit geworden, daß man ohne eigenes Risiko andere Menschen unter Zuhilfenahme jahrelang andauernder Verfahren zum Freiwild machen kann...

Um so mehr habe ich versucht, dort, wo ich die Dinge wenigstens einigermaßen beeinflussen konnte, alles zu tun, damit andere Menschen von ähnlichen Erfahrungen verschont bleiben. Als Beispiel denke ich an die Bankgesellschaft Berlin.

Nach jahrelangen Geburtswehen ist sie Anfang 1994 aus einem Zusammenschluß der mit einer knappen Mehrheit dem Land Berlin gehörenden Berliner Bank, der öffentlich-rechtlichen Landesbank Berlin und der Berliner Hypothekenbank entstanden. Die gesellschaftsrechtliche Konstruktion, die dem zugrunde liegt, ist bisher in Deutschland einmalig geblieben. Sie war das Ergebnis einer bewundernswerten politischen Anstrengung auf der einen, der Initiative und der Zähigkeit zweier mutiger Bankiers auf der anderen Seite: von Wolfgang Steinriede als Sprecher der Berliner Bank und von Hubertus Moser als Vorsitzendem der Landesbank.

Ich selbst war als Aufsichtsratsvorsitzender der Berliner Bank an dem Vorhaben beteiligt und sitze seit der Neugründung dem Aufsichtsrat der Bankgesellschaft Berlin vor. Mein Stolz auf das Vertrauen, das mir die Aktionäre entgegenbringen, hat allerdings einen nicht unbeträchtlichen Dämpfer erlitten, als gegen Ende des Geschäftsjahres 1996 erkennbar wurde, daß Wertberichtigungen auf vergebene Kredite in Höhe von weit mehr als zwei Milliarden Mark gebildet werden mußten. Natürlich haben sie das auszuweisende Jahresergebnis schwer belastet, und unglücklicherweise fiel das mit einem ohnehin aus Altersgründen geplanten Wachwechsel an der Spitze des Unternehmens zusammen.

Anstelle der eigentlich im Anschluß an die Hauptversammlung 1997 vorgesehenen Übertragung der Sprecherrolle von Steinriede und Moser auf Wolfgang Rupf als ihrem Nachfolger mußten wir uns entschließen, die Ablösung schon zum Jahresanfang vorzunehmen. Mehr als verständlich war es, daß nicht zuletzt die Kommentare in den Medien zu tiefgehenden menschlichen Kränkungen bei beiden Betroffenen führten. Wolfgang Rupf hat versucht, dem mit einer Geste des Anstands entgegenzuwirken. Unterzeichnend mit seinem Namen, schrieb er in der Mitarbeiterzeitung der Bankgesellschaft an die Adresse seiner beiden Vorgänger: »Eine Ära ist nun zu Ende gegangen. Es ist Zeit, Ihnen Dank auszusprechen. Sie haben Ihre Vision verwirklicht und ... eine Institution geschaffen, die in ihrer Struktur wie ... in ihrem unternehmerischen Anspruch eine einzigartige Herausforderung darstellt. Denn Sie haben die zündende Idee gehabt. Wir schulden Ihnen großen Dank.« Andere Unternehmen, andere Sitten!

Eine große Menge von Hausaufgaben war allerdings auch bei diesem Wachwechsel noch unerledigt. Noch immer gab es eine Fülle von Überschneidungen zwischen den drei Teilbanken; damit konnten Verantwortlichkeiten verwischt werden, Möglichkeiten zur Beschleunigung und Verbilligung der Geschäftsabläufe blieben ungenutzt. Nicht selten entstanden Reibungsverluste, indem sowohl nach innen wie nach außen – zumal gegenüber den Kunden – nicht miteinander, sondern gegeneinander gearbeitet wurde. Die Synergien, auf die wir gehofft hatten, stellten sich nur sehr langsam ein, von einer gemeinsamen Unternehmenskultur konnte nicht ernsthaft die Rede sein. Unverändert bestand die Bank aus einer Addition von Instituten anstatt aus einem neuen Unternehmen, das mehr und anderes war als die Summe seiner Teile.

Natürlich waren sich alle Beteiligten von vornherein darüber klar gewesen, daß eine lange Wegstrecke vor ihnen lag. Sie kann auch in diesem Fall nur dann erfolgreich bewältigt werden, wenn systematisch und mit höchster Priorität daran gearbeitet wird. Dies ist der Fall. Deswegen wird das Ziel schließlich selbst dann erreicht werden, wenn zusätzliche Herausforderungen hinzukommen sollten. Zugleich müssen noch ganz andere Probleme bewältigt werden. Sie sind Folge der weltwirtschaftlichen Globalisierung, in deren Zentrum die Banken stehen.

So haben die modernen Kommunikations- und Informationstechnologien dazu geführt, daß täglich neue Finanz- und Dienstleistungsprodukte entstehen; auf die Dauer können nur noch solche Institute im Wettbewerb überleben (es sei denn, daß man sich auf lokale Marktnischen beschränken will), deren Größe es zuläßt, entschlossen die Kosten zu senken und trotz sinkender Gewinnmargen mit einem riesigen Investitionsaufwand ertragssichernde Geschäftszweige neu aufzubauen. Gleichzeitig kommen fast täglich neue Anbieter aus anderen Branchen hinzu.

Es bleibt also nichts anderes übrig, als mit den Wölfen zu heulen, mit anderen Worten: eine Breite des Produktangebotes und ein Geschäftsvolumen anzustreben, die im internationalen Vergleich mithalten können. Trotzdem sollte niemand die Augen davor verschließen, daß eine solche Logik mitten in einen Teufelskreis führen kann. Das hängt weniger mit dem Bankgeschäft als solchem, sondern eher mit dem äußeren Rahmen zusammen, in den dieses inzwischen – gewollt oder ungewollt – eingebettet ist, nämlich jene offensichtlich unaufhaltsame Entwicklung, den Wert von Unternehmen allein am Börsenkurs ihrer Aktien zu messen. Ich will versuchen, dies zu erklären.

Ein entscheidend wichtiger Teil der internationalen Finanzmärkte ist inzwischen in ein Phänomen eingebunden, das Naturwissenschaftler als »geschlossenes System« bezeichnen würden. Ein solches System ist dadurch gekennzeichnet, daß es ausschließlich seinen inneren Gesetzen folgt, seine Abläufe also von außen nur wenig zu beeinflussen sind. Deswegen läuft es Gefahr, sich eigenständig zu beschleunigen, gleichsam wie eine Lawine den Hang hinabzurasen. Ob sich das Geröll eines Tages an einem Gegenhang fängt oder direkt in den Abgrund führt, ist offen.

Beteiligt an diesem Teilsystem sind vornehmlich drei Gruppen von Akteuren: die als institutionelle Anleger bezeichneten Pensionsfonds und Versicherungen, die Banken sowie die Geschäftsführungen der international tätigen Unternehmen. Sie alle haben ähnliche Interessen, sie alle arbeiten in die gleiche Richtung, ohne daß ihnen bisher irgendwelche Zügel angelegt worden sind. Ihr gemeinsames Ziel lautet, ständig die Gewinne zu steigern – und nur so lange, wie dies ohne nennenswerte Rückschläge gelingt, kann das System, in das sie eingebunden sind, vor schweren Verwerfungen, womöglich sogar vor Katastrophen, bewahrt bleiben.

Der Mechanismus ist einfach zu verstehen. Die institutionellen Anleger (»institutional investors«) verwalten unvorstellbar große Vermögensbeträge, die aus den Einzahlungen von Millionen von Menschen für ihre Altersversorgung stammen. Überwiegend sind diese Gesellschaften in den angelsächsischen Ländern, vor allem in den USA, zu Hause. Auch in anderen Teilen der Welt, nicht zuletzt in Westeuropa, gewinnen sie jedoch zunehmend an Boden, und zwar desto schneller, je mehr das System der privaten Pensionsvorsorge die traditionellen staatlichen Versorgungssysteme zurückdrängt. Oberstes Ziel dieser Vermögensverwaltungen ist eine laufende Wertsteigerung, die den Teilnehmern in Gestalt ihrer Altersbezüge zugute kommt.

Die Arbeitsbedingungen der internationalen institutionellen Anleger unterscheiden sich damit grundlegend von den klassischen europäischen Regelungen. Das gilt besonders für die Anlage der Beträge, die innerhalb von Wirtschaftsunternehmen für die Altersversorgung ihrer Mitarbeiter angesammelt wurden. Während hier stets die Sicherheit der Geldanlage gegenüber einer möglichst hohen Rendite im Vordergrund stand, sind die institutionellen Investoren in ihrer Anlagepolitik weitgehend frei. Angesichts der hohen Wertsteigerungen standen daher in den letzten Jahren die Aktien von börsennotierten Unternehmen im Mittelpunkt ihres Interesses.

Der Erfolg dieses Systems setzt freilich voraus, daß der am reinen Börsenkurs gemessene »Wert« jener Unternehmen ständig weiter zunimmt, deren Aktien man im eigenen Portefeuille hat. Mehr als das: Die jeweilige Anlagegesellschaft kann sich nur dann vor ihren Wettbewerbern hervorheben, wenn dies in einem Ausmaß geschieht, das die durchschnittliche Wertsteigerung aller wichtigen börsennotierten Aktien übertrifft. Ob der Anstieg des Börsenwertes eines Unternehmens für dessen langfristige Existenz förderlich ist oder nicht, braucht diese Anleger hingegen wenig zu interessieren, können sie sich doch jederzeit – sofern dies nur gewinnbringend, also rechtzeitig, geschieht – wieder von ihrem Aktienbesitz trennen.

Inzwischen liegen sehr erhebliche Prozentanteile am Aktienkapital vieler großer – auch deutscher – Unternehmen in den Händen solcher institutionellen Anleger. Zumindest in den USA scheuen diese sich längst nicht mehr, auf allen möglichen Wegen mehr oder minder unmittelbaren Druck auf die Geschäftsleitungen auszuüben, das heißt sie zu Schritten zu veranlassen, die ausschließlich im Interesse einer kurzfristigen Vermögensmehrung liegen. Manche Beobachter – der deutsche Hochschullehrer Uwe Schneider hat zu Recht die Frage aufgeworfen, ob wir uns »auf dem Weg in den Pensionskassenkorporatismus« befinden – gehen sogar davon aus, daß heutzutage eine kleine Zahl von nicht mehr als zweihundert Chefs dieser institutionellen Investoren über das Wohl und Wehe der wichtigsten amerikanischen Unternehmen bestimmt; einige der großen europäischen Publikumsgesellschaften sind womöglich längst nicht mehr frei von solchen Einflüssen.

Genau hier aber setzen die Interessen der internationalen Banken ein. Schon längst, seit mehr als einem Jahrzehnt, ist die Ära zu Ende, in der sie ihr Geld vornehmlich auf klassischem Weg, nämlich durch die Vergabe von Krediten, verdienten. Heute leben sie zum großen Teil von ihren Provisionseinnahmen. Deren Höhe wiederum wird wesentlich beeinflußt durch den Handel mit Wertpapieren auf der einen, die Mitwirkung an Unternehmenstransaktionen – also dem Kauf und Verkauf von Beteiligungen oder Zusammenschlüssen – auf der anderen Seite. Die Umschichtung von Aktienanlagen durch die institutionellen Anleger kann jedoch den Börsenkurs eines Unternehmens, also seinen (angeblichen) »Wert«, genauso beeinflussen wie der Verkauf eines Teilbereiches oder ein Übernahmeangebot für einen Konkurrenten.

Deswegen sitzen die Investoren und die Banken in ein und demselben Boot. In ihm gibt es jedoch zunehmend auch noch weitere Insassen: die Vorstandsmitglieder und die übrigen Mitwirkenden in den obersten Geschäftsleitungen der betroffenen Unternehmen. Deren persönliches Einkommen wird gleichfalls durch die Entwicklung des Aktienkurses bestimmt; ein in verhältnismäßig kurzen Zeiträumen erzielter Anstieg des Börsenwertes kann sie schnell zu vielfachen Millionären machen, die sich über die weitere Zukunft des Unternehmens oder gar über die Arbeitsplätze der dort beschäftigten Menschen kaum mehr Sorgen zu machen brauchen. Sie alle, die Investoren, die Banken und die Unternehmensleiter, könnten also womöglich die Mahnung der Zahmen Xenie allzu wörtlich verinnerlicht haben: »Das ist eine von den alten Sünden; / Sie meinen: Rechnen, das sei Erfinden.«

Damit jedenfalls schließt sich der Kreis. Das System funktioniert, solange das Börsenspiel stetig steigende Kursgewinne abwirft. Freilich kann es selbst in einer friedlichen Welt und bei einem von jeglichen Verwerfungen freien Wachstum der Wirtschaft da sehr viel schneller ein böses Erwachen geben, als manche meinen. Auch wenn man alle ethischen und moralischen Fragen, die offenkundig damit verbunden sind, gänzlich beiseite lassen wollte, liegt es nämlich auf der Hand, daß unübersehbare Probleme spätestens dann auftauchen müssen, wenn die anlagesuchenden Geldmittel der institutionellen Investoren eines Tages den realen Wert der für Geldanlagen zur Verfügung stehenden Unternehmen übersteigen sollten. Die unmittelbar interessierten Teilhaber des Systems werden trotzdem fortfahren, es als Allheilmittel für eine sorgenfreie Zukunft der Welt anzupreisen. Noch haben sie damit uneingeschränkt Erfolg, zumal sich nur wenige derjenigen, die politische Verantwortung tragen, für den Sprengstoff zu interessieren scheinen, der hier herumliegt: geht es doch nur um eine jener unangenehmen strukturellen Folgewirkungen eines ungebändigten kapitalistischen Systems, deren ernsthafte Diskussion jedenfalls bis auf weiteres keine populistischen Lorbeeren zu versprechen scheint.

Allerdings will ich gern zugestehen, daß es in der Welt der Wirtschaft auch Beispiele dafür gibt, wie gefährlich es umgekehrt werden kann, wenn der Druck marktwirtschaftlicher Mechanismen nicht ausreicht, um die Unternehmen zu zwingen, sich durch eigene Leistung dem Wettbewerb um Kapitalanleger zu stellen. Die nun schon seit Jahren andauernden Bemühungen, die Airbus-Industrie zusammen mit den für sie arbeitenden Betriebsteilen der vier Partnerunternehmen in eine einheitliche Aktiengesellschaft umzubilden, sprechen eine allzu deutliche Sprache. Trotz der großartigen Markterfolge – die auf den Einsatz der für den Verkauf verantwortlichen Geschäftsleitung unter der Führung des tatkräftigen Korsen Jean Pierson nicht weniger als auf das Können der beteiligten Ingenieure aus den vier Nationen zurückzuführen sind – grenzt es nämlich an ein Wunder, daß sich das Unternehmen bis heute im Wettbewerb behaupten konnte, ohne sich einer solchen Reform an Haupt und Gliedern zu unterziehen.

Bisher handelt es sich bei der Airbus-Industrie um nichts anderes als um einen Verein, in dem die Eigentümer unter Beachtung gewisser Regeln zusammenarbeiten. Dabei muß der weit überwiegende Teil aller notwendigen Entscheidungen unter Einschaltung einer Unzahl von Komitees einmütig getroffen werden. Das wirtschaftliche Ergebnis der entsprechend ihrer Beteiligungsquote auf die vier Partner verteilten Aufgaben kennt – außer dem jeweils unmittelbar Betroffenen – niemand genau: Weder gibt es eine alle diese Tätigkeiten erfassende übergeordnete betriebswirtschaftliche Steuerung, noch bestehen verbindliche Maßstäbe für deren Effizienz.

Unter diesen Umständen fällt es nicht schwer zu erkennen, daß dieses stolze europäische Gemeinschaftsunternehmen in naher Zukunft Schiffbruch erleiden muß, wenn es nicht organisatorisch straff und durchsichtig gegliedert und auf diese Weise in die Lage versetzt wird, die für die Entwicklung neuer Flugzeuge benötigten Mittel entweder selbst zu verdienen oder sie sich über die Kapitalmärkte zu beschaffen; die von manchen immer noch erträumten staatlichen Mittel wird es dafür schon allein wegen der längst aus allen öffentlichen Haushalten verschwundenen Spielräume nicht mehr, zumindest aber nicht mehr ausreichend geben.

Inzwischen scheinen das die meisten Mitarbeiter der nationalen Teilunternehmen begriffen zu haben, deren hartnäckige Verteidigung eigener Besitzstände lange Zeit unüberwindlich schien. Offen ist bei der Niederschrift dieser Zeilen noch die Frage, ob sich auch die Geschäftsleitungen und die Eigentümer der eigentlichen Partnergesellschaften dazu durchringen können, die Anfang 1997 endlich unterzeichnete Absichtserklärung wahr zu machen: Es geht darum, das Unternehmen bis 1999 grundlegend neu zu strukturieren und es in eine börsenfähige Aktiengesellschaft umzuwandeln.

Als Vorsitzender des Aufsichtsrates – in der Nachfolge des in Toulouse unvergessenen Franz Josef Strauß, dessen unermüdlichem Einsatz Airbus besonders viel zu verdanken hat, und von Hans Friderichs – habe ich seit 1995 versucht, zu diesem Ziel beizutragen. Mein Entschluß, mich – gleichzeitig mit Jean Pierson – in den ersten Monaten des Jahres 1998 aus dieser Aufgabe zurückzuziehen, liegt in der Hoffnung begründet, daß die Beteiligten wenigstens in diesem so wichtigen Teilbereich wirklich die Zeichen der Zeit zu verstehen vermögen: Wir Europäer müssen im Zeitalter der Globalisierung lernen, gemeinsam zu handeln – oder wir werden nichts sein.

VII.

Von Schein und Wirklichkeit

Dieses Buch berichtet von Erfahrungen, Beobachtungen und Erinnerungen. Es hat nicht den Ehrgeiz, Lösungen für Probleme der Zukunft – sei es in der Wirtschaft , in der Gesellschaft oder gar in der allumfassenden Politik – vorzuschlagen.

Trotzdem: ob du es willst oder nicht, du kannst dich den Lehren deines Lebens nicht entziehen, kannst nicht einfach so tun, als hättest du keinen Rat weiterzugeben. Gewiß mögen die Schwierigkeiten, die der Alltag immer wieder neu auftürmt, manches Mal furchterregend erscheinen. Gleichwohl ist dieser Rat einfach genug. Er lautet, gelassen darauf zu vertrauen, daß die Kraft der Europäer ihnen auch zukünftig einen bestimmenden Platz in der Geschichte sichern und daß das Licht der Aufklärung trotz aller Versuchungen und Anfeindungen weiter leuchten wird.

*

Für viele zeitgeschichtliche Kommentatoren ist es längst zur Mode geworden, den europäischen Kontinent als rückständig, zerrissen und handlungsunfähig abzutun, ihm zu prophezeien, daß er keine Chance habe, im Wettbewerb mit den aufstrebenden, selbstbewußten, kreativen und wandlungsfähigen Regionen dieser Welt zu bestehen. Zumeist geschieht das mit einem Unterton von bedauerndem Mitleid, manches Mal auch mit spürbarer Schadenfreude.

In der Tat fällt es alles andere als leicht, jenen Eindruck zu widerlegen, den eine Momentaufnahme der europäischen Zustände und Mentalitäten erweckt: Die Europäische Union ebenso wie die Mehrzahl ihrer Mitgliedsländer zeichnen sich durch weitgehend erstarrte gesellschaftliche und politische Strukturen aus, vermögen es allenfalls äußerst mühevoll, sich von kleinkarierten Interessen zu lösen, finden kaum Ansätze zu dem so dringend benötigten gemeinsamen Handeln.

Dennoch – oder gerade deswegen – kann niemand, der sich das

geringste Gespür für geschichtliche Zusammenhänge bewahrt hat, an der Frage vorbeigehen, wie es wohl zu erklären sein mag, daß Zersplitterung und Schwerfälligkeit von Anfang an das Wesen dieses Kontinents und das Zusammenleben seiner Völker geprägt haben, während gleichwohl seit dem Ende des Mittelalters fast ausnahmslos alle Impulse des Fortschritts und der Vernunft von diesem winzigen Teil der Erdoberfläche und den hier lebenden Menschen ausgegangen sind.

Die gelehrten Antworten darauf füllen ganze Bibliotheken. Sie schließen durchaus gerechtfertigte Hinweise auf die Leistungen anderer Kulturkreise, des buddhistisch-konfuzianischen wie des islamischen, mit ein. Keine von ihnen wird mich von der Überzeugung abbringen, daß die Kreativität der Europäer ihre Wurzeln genau in jenem Nebeneinander von Sprachen, Denkweisen und Traditionen hat, das heutzutage allzuleicht mit den erwähnten Eigenheiten verwechselt wird.

Seit dem Abschluß der Römischen Verträge sind mehr als dreißig Jahre vergangen, bis der damalige Traum ihrer Initiatoren – an der Spitze der große Jean Monnet – von einem einheitlichen europäischen Markt Wirklichkeit geworden ist. Vermutlich nicht kürzer wird die Zeit dauern, bis aus der auf dann über 25 Mitglieder (hoffentlich unter Einschluß der Türkei) angewachsenen Union eine Einheit werden kann, deren weltpolitisches Gewicht wenigstens einigermaßen ihrer wirtschaftlichen Bedeutung gerecht wird. Auf der Strecke dorthin wird es Enttäuschungen geben, auch Rückschläge – und viele von uns werden gar Trauer darüber empfinden, was uns die Zeichen der Zeit auferlegen.

Dazu zählt, daß es im Zeitalter der Globalisierung nur dann gelingen wird, die Vielfalt unserer Kulturen und Traditionen – also die Wurzeln europäischer Kreativität – zu bewahren, wenn wir zugleich begreifen, daß jedes unserer Länder viel zu klein ist, um für sich allein im internationalen Wettbewerb bestehen zu können. Auf den ersten Blick scheint dieser Widerspruch unauflöslich. Er ist es nicht. Die Antwort liegt in jenem geheimnisvollen Phänomen, das mit den Kriterien reiner Logik nur schwer zu umschreiben ist und doch seine Wirkungsmacht oft genug bewiesen hat: Einheit in Vielfalt.

Nationale oder (womöglich eher noch) regionale Identitäten werden nämlich zukünftig nur unter der Voraussetzung erhalten bleiben können, daß sich die Europäer im Sinne des Wortes als Teil eines Ganzen verstehen. Eine große Zahl von Unternehmen hat längst gelernt, daß der wirtschaftliche Erfolg kleiner, überschaubarer Einheiten und deren Zusammenfassung unter dem Dach eines gemeinsamen Hauses sich gegenseitig bedingen können. Viele derjenigen, die politische Verantwortung tragen, sind davon nicht weniger überzeugt – die anderen werden es schließlich gleichfalls begreifen. Dann aber wird sich schnell erweisen, daß die europäische Währungsunion nur ein erster Schritt war, dem konkrete Ansätze zu einer einheitlichen Außen- und Verteidigungspolitik folgen müssen. Diese Entwicklung ist längst nicht mehr umkehrbar, zumal es dazu keine Alternative gibt. Und deswegen wird das alte Europa – von manchen voreilig abgeschrieben – auch in Zukunft ein Eckpfeiler des Weltgeschehens bleiben.

Gemeinsam mit vielen Partnern in anderen Ländern, ob in Frankreich, in Großbritannien, in Spanien, in Italien oder in Schweden, die allesamt ähnlich dachten wie ich, habe ich mich immer wieder nach Kräften darum bemüht, daß dieses Selbstbewußtsein lebendig bleibt. Ein Beispiel dafür sind die regelmäßigen »Begegnungen« in Evian am Genfer See, die Marcus Bierich, Jean François-Poncet und Antoine Riboud (der ebenso liebenswerte wie eindrucksvolle Chef der Danone-Gruppe) zusammen mit mir ins Leben gerufen haben und bei denen sich einmal im Jahr deutsche und französische Unternehmer mit Politikern beider Länder zum vertraulichen Gespräch treffen.

Die Haudegen unserer Zeit pflegen freilich voller Selbstvertrauen – oder von Blindheit geschlagen! – ins Feld zu führen, daß im Zeitalter der Globalisierung jegliches Nachdenken über die kulturellen, an Geschichte und Tradition gebundenen Wurzeln von Kreativität und Leistungsfähigkeit in die Mottenkiste längst überholter Gefühlsduselei gehört. Was allein für sie zählt, sind Argumente, die in Wachstumsraten oder Geldbeträgen ausgedrückt werden können.

In der Tat darf ein gewisses Selbstbewußtsein gegenüber den Geheimnissen der Zukunft empfohlen werden. Das dürfte auch eine gesunde Zurückhaltung gegenüber »Visionen« jeglicher Art einschließen – gäbe es da nicht ein offenes Problem. Manche unserer Zeitgenossen sind freilich überheblich genug, es leichtfertig in Kauf zu nehmen, mehr noch: der Versuchung nachzugeben, es achselzuckend als Tagträumerei abzutun.

Dieses Problem entspringt einer alten und doch immer wieder

neu bestätigten Erkenntnis: daß die Menschen nicht allein gelassen werden dürfen, daß sie es nicht ertragen können, auf die Dauer anonymen, für sie undurchschaubaren Kräften ausgeliefert zu sein. Denn quer durch die Generationen nimmt inzwischen erkennbar das Gefühl zu, daß Mächte wirken, gegen die man sich nur mit dem rabiaten Einsatz der Ellenbogen wehren kann: Chancengerechtigkeit, Solidarität und Gemeinsinn verlieren täglich mehr an Wert.

Wer bestimmt den weiteren Ablauf der Geschichte, wer entscheidet über mein eigenes Schicksal? Bin wirklich ich selbst das, wie die Apologeten einer zügellosen Marktwirtschaft mir einzutrommeln pflegen? Oder vielleicht doch die Interessen von riesig großen, in ihren Dimensionen nicht mehr »faßbaren« Wirtschaftsunternehmen? Sind es Terrorbanden? Sind es irgendwelche Erfinder in ihren Labors, die sich mit immer neuen Produkten eine goldene Nase verdienen? Wie soll ich in der Flut von Informationen oder auch nur Behauptungen, die täglich auf mich einstürzen, noch Wahres von Falschem, noch Schein von Wirklichkeit unterscheiden?

Forscht man nach den Ursachen solcher fragenden Befürchtungen, so stößt man ebenso unweigerlich darauf, daß womöglich die Politik ihren Rang und ihre Bedeutung angesichts eines entfesselten Übergewichts des wirtschaftlichen Geschehens täglich mehr einzubüßen droht. Am Ende könnte das demokratische System als solches seine Legitimation verloren haben.

Mit dieser Sorge soll beileibe kein Ruf nach einer Wiederbelebung des allgegenwärtigen, des allfürsorgenden Staates verbunden sein. Doch gerade ein so grundlegender Vorgang wie die Globalisierung bedarf eben der für die Menschen verständlichen, von ihnen gewollten und mitgetragenen Bedingungen, das heißt der Steuerung auf der Grundlage demokratisch festgelegter Zielvorstellungen, wenn er nicht zum Schluß im Chaos enden soll. Diese Bedingungen zu finden und festzulegen ist und bleibt die eigentliche politische Herausforderung des neuen Jahrhunderts. Zumindest für uns Europäer geht es dabei um eine Schicksalfrage.

Deren Dimension wird deutlich, wenn man sich vor Augen hält, daß keineswegs nur der Schutz vor kriegerischen Auseinandersetzungen oder der Erhalt der Umwelt dazu zählen. Genauso geht es um die Notwendigkeit, den politischen Institutionen – seien sie nationaler oder überstaatlicher Natur – durch ausreichende Steuereinnahmen die benötigte Handlungsfreiheit zu sichern, oder darum, die Durchsetzbarkeit ihrer gesetzlichen Vorschriften, etwa zur Regulierung der internationalen Finanzmärkte, zu gewährleisten. Vor allem aber geht es darum, ob alle diejenigen, die dies wollen oder müssen, Arbeit finden können.

Ich wiederhole, was ich dazu schon an früherer Stelle angemerkt habe: Ohne die dafür benötigten politischen Rahmenbedingungen werden wir keine dieser Herausforderungen bewältigen können. Mit anderen Worten: Es geht um die Wiederherstellung des weltweiten Primates der Politik – und eben nicht um dessen bedingungslose Aushändigung an den Markt.

So unbestreitbar es ist, daß sich die Europäer der Last einer grundlegenden Umstrukturierung ihrer liebgewordenen Gewohnheiten und Erwartungen – mehr noch: ihres bisher so erfolgsverwöhnten Gesellschaftssystems – nicht werden entziehen können, so sehr wird es also allerhöchste Zeit, daß endlich eine ernsthafte Diskussion darüber beginnt, wie der Weg aussehen soll, der aus der sich abzeichnenden Sackgasse hinausführen könnte. Wenn wir nicht die Grundlagen unserer Kultur und unserer Zivilisation aufs Spiel setzen wollen, wird die ach so bequem erscheinende Lösung, die Menschen einfach dem Markt oder sich selbst zu überlassen, nicht dazu zählen können.

*

Der allfürsorgende Sozial- und Wohlfahrtsstaat ist am Ende, gewiß. Getrost darf den Bürgern zugemutet werden, künftig weit mehr als bisher für Krankheit und Alter selbst vorzusorgen. Zumindest gilt dies für die normalen Abläufe eines Lebens und für die große Zahl derjenigen, denen durch Erbschaft die Nutzung von Vermögen zufällt, die ihre Eltern und Großeltern in den langen Jahren der friedlichen Nachkriegszeit angesammelt haben. Doch dies kann eben nicht für unvorhersehbare Katastrophen gelten, genausowenig wie für diejenigen, die nicht durch das Privileg ihrer Herkunft gesegnet sind.

Vor allem aber: was willst du den jungen Menschen eigentlich antworten, wenn sie dich fragen, ob ihr eine Gesellschaft geschaffen habt, die ihnen neben Wohlstand und Sicherheit auch die Chance gibt, ihr künftiges Leben mit Zufriedenheit und innerer Würde selbst zu gestalten? Was willst du ihnen sagen, wenn sie darauf hinweisen, daß es die Begüterten, die Vermögenden sind, die ihren Kindern alle Möglichkeiten bieten können, während die durch eine andere Geburt Benachteiligten längst wieder das Nachsehen haben? Willst du dann darauf antworten wie Otto Graf Lambsdorff, der sich – trotz seiner Empfindsamkeit für den gesellschaftspolitischen Sprengstoff der Arbeitslosigkeit – nicht dazu bewegen lassen würde, seinen nüchternen weltwirtschaftlichen Sachverstand durch den »Sozialklimbim« des Mitleids mit individuellen Schicksalen trüben zu lassen?

Du bleibst dabei: der Primat der Politik ist unverzichtbar, wenn der Grundgedanke eines demokratischen Staatswesens nicht in Frage gestellt werden soll. Sein Ziel ist einfach. Es lautet, sicherzustellen, daß das gemeine Wohl Vorrang vor den eigensüchtigen Interessen des einzelnen hat. Dies und nichts anderes ist die Aufgabe von Führungseliten, die einen solchen Namen verdienen. Diejenigen, die für Wirtschaftsunternehmen verantwortlich sind, zählen dazu.

Für dich sind es drei elementare Vorhaben, die lebenswichtig sind und deren Durchsetzung deswegen gewährleistet sein muß: Der Grundsatz der Chancengleichheit muß gesichert werden (was bei allem dringend notwendigen Streit über die Reform unseres Ausbildungssystems allzuleicht vergessen wird); die gewachsenen Sozialsysteme müssen schrittweise vom System des Generationenvertrages auf individuell zumutbare Eigenvorsorge umgestellt und durch eine Grundsicherung für alle Bürger begleitet werden; und die Integration der hierzulande lebenden Ausländer in unsere Gesellschaft muß endlich gelingen, denn Europa wird eine ethnische oder gar an der Hautfarbe festgemachte Spaltung wie in den USA niemals aushalten (nach eurem Tod wird das Vermögen, das deine Frau und du hinterlassen, einer privaten Stiftung zur Verfügung stehen, die ihr für diesen Zweck gegründet habt).

Nicht Aussitzen, und sei es noch so routiniert, nicht populistisches Geschrei, nicht unbedachtes Machertum ist gefragt, sondern wohlüberlegtes und sorgsames Handeln, das auf mehr zielt als billigen Beifall der Medien. »Gewinn ist gut, aber nicht alles«, soll Hermann Josef Abs laut »Spiegel« gesagt haben, um hinzuzufügen: »Die Wirtschaft wird an ihren Leistungen für die Gesellschaft gemessen« – wie wahr!

Selbstverständlich wird und muß immer wieder neu darum gestritten werden, was das Gemeinwesen unter seinem eigenen Wohl verstehen will. Daß dieses Gemeinwohl anderes und mehr ist als nur die Summe von Eigeninteressen, bleibt für dich unbestreitbar.

Durch politische Willensbildung gesetzte Rahmenbedingungen haben genau diese Aufgabe: sicherzustellen, daß jegliches Eigeninteresse in jedem Augenblick seine Grenzen findet an den Vorstellungen, die die jeweilige Mehrheit der Stimmberechtigten für richtig befindet.

Ohne eine Vision, wohin diese Vorstellungen zielen, an welchen Werten sie gemessen werden sollen, wird das auf die Dauer kaum erreichbar sein. Im Zeitalter der Globalisierung wird eine solche Vision den Menschen aufzeigen müssen, welche Chancen sie haben, im weltweiten Wettbewerb ihren Traum von einem würdigen Leben Wirklichkeit werden zu lassen, anstatt das Gefühl haben zu müssen, Sklaven von Entwicklungen zu sein, denen sie, wie der Wassertropfen dem Ozean, hilflos ausgeliefert sind. Visionen zu entwickeln, sie den Menschen realistisch, nüchtern, schnörkellos und erst dadurch glaubhaft anzubieten, ohne die dafür nötigen Opfer auszusparen, war aber nun einmal seit den Zeiten von Perikles die vornehmste Aufgabe demokratischer Politik.

Heute ist das nicht anders. Im Gegenteil, in unserem Zeitalter der medienwirksamen Verkürzung aller Werte, Gedanken und Argumente ist diese Gabe lebensnotwendiger denn je.

*

Verantwortliche Politiker, die mit der Fähigkeit zur Vision gesegnet waren, hat es zum Ende dieses Jahrhunderts in den westlichen Demokratien nur noch selten gegeben. Der amerikanische Präsident John F. Kennedy war einer derjenigen, die sich darum bemüht haben; freilich konnte er sein Amt nur viel zu kurz ausüben, als daß sich sagen ließe, ob er damit erfolgreich geblieben wäre. Andere, wie Ronald Reagan, sind ihm gefolgt, mit hohem Anspruch und fragwürdigen Ergebnissen zumeist.

Nicht wenige von ihnen sind auf der Strecke geblieben, weil ihnen die Geschichte in die Quere kam, bevor sie sich endgültig beweisen konnten. Dazu zählen auch solche, deren Augenmerk vornehmlich auf das unmittelbar Erreichbare gerichtet war. Den einen oder anderen von ihnen habe ich aus unmittelbarer Nähe erlebt.

Lothar Späth war einer der begabtesten deutschen Politiker der Nachkriegszeit, die ich kennengelernt habe. In vielerlei Hinsicht war er ein mustergültiger Ministerpräsident, der die wirtschaftliche und kulturelle Entwicklung seines Landes entscheidend mitgestaltet und damit Spuren hinterlassen hat, die bis heute nachwirken.

Bei aller marktwirtschaftlichen Überzeugung hat er sich dabei nie durch ideologische Scheuklappen behindern lassen, sondern war sich immer klar, daß ein sinnvolles Zusammenwirken von Staat und Unternehmen keinen Verstoß gegen heilige Lehren bedeutet.

Zu seinem frühzeitigen Bestreben, seiner Region internationale Wettbewerbsfähigkeit zu sichern, gehörte das Wissen, daß ein modernes Ausbildungssystem und technologische Innovationsfähigkeit unerläßlich sind, wobei diese wiederum eng mit einem Klima der allgemeinen kulturellen Aufgeschlossenheit verknüpft sein müssen. Mag sein, daß er persönliche Eigenheiten hatte, die schließlich zu seinem Sturz beigetragen haben: Woran er wirklich gescheitert ist, war jenes fehlende Quentchen an Mut, das womöglich mit ausreichender menschlicher Brutalität gepaart sein muß, wenn man sich heutzutage bis an die Spitze politischer Verantwortung hochkämpfen will.

Im Unterschied zu Lothar Späth, dem über lange Strecken alle Türen offenzustehen schienen, dessen politisches Schicksal letzten Endes aber doch weitgehend von ihm selbst abhing, habe ich Hans Modrow als eher tragisches Beispiel für die Wege deutscher Geschichte in unserem Jahrhundert empfunden. Kennengelernt haben wir uns im Herbst 1988, als die Führungsmannschaft von Daimler-Benz Dresden besuchte.

Als Bezirksleiter der SED gehörte Modrow damals zu den herausragenden politischen Führungspersönlichkeiten der DDR. Ein Regierungsamt hatte er allerdings nicht (wobei ihm ein eher gespanntes Verhältnis zu den Apparatschiks im Zentralkomitee und zum Politbüro der SED, an der Spitze Erich Honecker, nachgesagt wurde). Die meisten westlichen Beobachter zählten ihn zu jenen Anhängern einer weitgehenden Reform, die im Kielwasser von Michail Gorbatschow auch in der DDR auf eine gewisse Liberalisierung des Regimes drangen.

Deswegen war ich gespannt, als wir uns – nur im Beisein von Matthias Kleinert und eines Mitarbeiters von Modrow – im Dresdner Gästehaus der SED zum persönlichen Gespräch trafen. Nachdem ich kurz die Möglichkeiten breiter geschäftlicher Beziehungen mit dem im Entstehen begriffenen neuen Daimler-Benz-Konzern erläutert hatte, kamen wir schnell zur Sache: der politischen Entwicklung in Europa und den sich daraus ergebenden Chancen einer Annäherung zwischen den beiden Systemen.

Modrow schien beeindruckt von meiner Darstellung, wieviel

mehr eine erfolgreiche wirtschaftliche Zusammenarbeit zur Festigung des Friedens beitragen könne als die bisherige Politik der militärischen Konfrontation. Um ihm Gelegenheit zu geben, sich näher mit den Vorteilen einer sinnvollen Arbeitsteilung unter gleichberechtigten Partnern vertraut zu machen, lud ich ihn daraufhin zu einem Besuch bei uns in Stuttgart ein. Das wiederum veranlaßte ihn zu Hinweisen auf die Unbeweglichkeit der vorhandenen politischen Strukturen in der DDR und der dafür stehenden Personen, die zwar verschlüsselt formuliert, aber trotzdem unüberhörbar waren.

Ein Austausch über unsere beiderseitigen Lebenswege schloß sich an. Ausgehend von meinem Erleben der Rückkehr nach Deutschland und der Blockade Berlins, erzählte ich ihm von meinen Eltern und meiner Jugend; er nahm dies zum Anlaß für eine Schilderung seines eigenen Lebensweges, der den in letzter Minute einberufenen Luftwaffenhelfer als Folge der Zufälligkeiten des Krieges in die damalige sowjetische Besatzungszone und von dort in eine politische Kaderschmiede nach Moskau geführt hatte. Ich war beeindruckt von der offensichtlichen Aufrichtigkeit, mit der er sich zu seiner andauernden kommunistischen Überzeugung bekannte, ohne dabei im geringsten die Augen vor den schrecklichen Folgen des stalinistischen Wahnsinns und der, wie er es sah, weltweiten Entartung des »real existierenden« Systems zu verschließen.

Vor allem war aus jedem seiner Worte zu verspüren, daß es ihm nicht um das Wohl irgendwelcher Bonzen, sondern um die Frau und den Mann auf der Straße ging. In seiner Weise und auf dem Boden seiner Überzeugungen, mögen sie noch so falsch gewesen sein, schien er mir ein aufrechter Patriot.

Mehrfach habe ich Hans Modrow später wiedergesehen – auch in der kurzen Zeit, als er um die Jahreswende 1989/1990 die letzte nicht demokratisch gewählte Regierung der DDR anführte und ebenso redlich wie hilflos bemüht war, sich dem Gewicht der Geschichte entgegenzustemmen, um dem Staat, für den er sich verantwortlich fühlte, wenigstens während einer längeren Übergangszeit ein Mindestmaß an Selbständigkeit zu sichern. Gegen die Übermacht und die Hemdsärmeligkeit, mit denen die Entwicklung über ihn hinwegfegte, hatte er keine Chance.

Das galt wohl auch für die Entscheidungen, die er für seinen weiteren politischen Weg zu treffen hatte. Noch Anfang 1990 habe ich im Verlauf einer Rede, die ich in Hamburg hielt und deren Text ich ihm schickte, versucht, ihm – verschlüsselt und doch unmißverständlich – den Mut zur Abkehr vom kommunistischen Irrweg und zu einem wirklichen Neubeginn nahezulegen. Vergebens: Die Verstrickungen seines Lebens waren wohl so stark, daß sich Hans Modrow entgegen meiner Hoffnung doch nicht dazu entschließen konnte, der PDS – also der neuentstehenden Nachfolgepartei der SED – den Rücken zu kehren. Meine Achtung vor seiner Person hat das nicht beeinträchtigt.

Sie hat eher noch zugenommen, als er mir Anfang 1996 in Saigon wiederbegegnete und am Rande unseres Gesprächs beiläufig erwähnte, nach seinem Ausscheiden aus dem Bundestag – dem er nach der Wiedervereinigung für kurze Zeit angehört hatte – lebe er nun von einer Rente von monatlich weniger als 1800 Mark. Auch so kann ein Land mit Menschen umgehen, die sich geirrt haben mögen, die sich aber doch mit großem Verantwortungsbewußtsein und nach bestem Wissen gemüht haben...

Andere Politiker, ja Staatsmänner unserer Zeit mußten ein unvollendetes Werk hinterlassen, weil ihr persönliches Schicksal von großer, von geschichtlicher Tragik bestimmt war. Jitzhak Rabin zählt dazu. Mit ihm und seinem Nachfolger, dem damaligen israelischen Außenminister Shimon Peres, habe ich – genauso wie bald darauf mit ihrem palästinensischen Gegenüber Yassir Arafat – 1992 lange über die Rolle gesprochen, die vertiefte wirtschaftliche Beziehungen über die Grenzen einzelner Nationalstaaten hinaus für die Sicherung des Friedens spielen können, indem sie die Völker im Sinne des Wortes miteinander verbinden. Meine Hoffnung war groß, daß Daimler-Benz zu einer solchen Entwicklung im Nahen Osten tatkräftig beitragen und damit gleichzeitig Arbeit und Beschäftigung schaffen könnte. Ob sich eine solche langfristig angelegte Unternehmensstrategie mit kurzfristigen Zielen vereinbaren läßt, steht freilich heute mehr denn je auf einem anderen Blatt.

*

Unterschiedlichere Persönlichkeiten als die drei gemeinsamen Träger des Friedensnobelpreises sind dir kaum je begegnet. Sicherlich waren sie alle von mehrfachen Federn getrieben. Der eine stärker, der andere weniger, kannten sie neben Aufrichtigkeit und Menschenliebe auch Ehrgeiz, Eitelkeit, Rücksichtslosigkeit, Heuchelei und Lüge, bis hin zu Verrat und Grausamkeit. Was sie, als du sie kennenlernen durftest, geeint hatte, war etwas anderes: die Einsicht

1992 schien die israelische Friedenspolitik von Ministerpräsident Rabin und Außenminister Shimon Peres auf dem besten Weg zu sein. Mit beiden – wie auch mit ihrem palästinensischen Gegenüber Yassir Arafat – habe ich damals intensive Gespräche geführt. Einige Jahre später sollte die Ermordung von Rabin durch einen fanatischen israelischen Studenten einen gefährlichen Bruch in diese Politik bringen.

und die aus ihr geborene Entschlossenheit, einen neuen Weg der Versöhnung zwischen ihren Völkern zu beginnen, um endlich dem sinnlosen Sterben Unschuldiger ein Ende zu machen.

Alle drei wußten, daß auch ihnen nicht mehr beschieden sein würde, als es das Schicksal zu allen Zeiten und auf allen Gebieten – in der Politik, in der Wirtschaft oder auf den Feldern der Kultur – immer wieder denen bestimmt hat, die sich aufmachen, grundlegenden Wandel zu bewirken. Niemand kann in der kurzen Spanne eines Lebens mehr erreichen, als Grundlagen zu schaffen, auf denen die folgenden Generationen aufzubauen vermögen. Umsetzen, ändern, hinzufügen müssen immer andere. Ob daraus Bleibendes entsteht, hängt von vielerlei ab – vom unvorhersehbaren Verlauf der Geschichte allemal.

In deiner letzten Rede vor der Hauptversammlung von Daimler-Benz, im Mai 1995, hast du versucht, davon zu sprechen.

»Daimler-Benz ist heute, 1995, nicht mehr dasselbe Unternehmen wie 1985. Doch das Leben geht weiter. Vieles bleibt zu tun, vieles zu bereinigen, vieles zu straffen, vieles zu vollenden, vieles zu investieren und vieles neu zu konzipieren. In weiteren zehn Jahren, 2005, wird Daimler-Benz erneut anders aussehen als 1995. Was ich persönlich hoffe, ist, an den Voraussetzungen mitgearbeitet zu haben, die sichern werden, daß wir auch dann noch ein stolzes, ein wettbewerbsfähiges, ein erfolgreiches Unternehmen sein können.«

Du hast dann an das Leitbild erinnert, das ihr euch gegeben hattet: »(Es) besagt, daß im Mittelpunkt aller Bemühungen unsere Kunden in aller Welt zu stehen haben. Ohne sie sind wir nichts. Wer es anders wollte, wäre ein Gegner des Marktes. Doch«, so hast du hinzugefügt, »es gibt Lehren und Lehrer, die diese Erkenntnis, diese Überzeugung zu einem Dogma ausweiten. (Danach sind) die Unternehmen in einer Marktwirtschaft einzig und allein der Mehrung des Ertrages oder, populistischer ausgedrückt, des Profits verpflichtet. Belange des Gemeinwesens, soweit sie nicht durch Gesetze vorgeschrieben sind, interessieren diese Lehrer genausowenig wie die Belange der Menschen, die ihren Arbeitsplatz in den Unternehmen finden. Mit anderen Worten: Dies ist die pure, die reine Lehre der Marktwirtschaft, die Einbindungen jeglicher Art, auch sozialer Natur, als unerlaubte Verwässerung, ja als Teufelswerk ablehnt.«

»Wir bei Daimler-Benz«, hast du weiter gesagt, »haben dieser Lehre nie angehangen. Mehr als das: Wir halten sie, möge sie logisch noch so wohlbegründet erscheinen, für menschenunwürdig. Logisch mag für manche auch die Lehre des Marxismus klingen. Ihre Anwendung hat trotzdem Generationen von Menschen ins Unglück gestürzt. Genauso meinen wir, daß der Gewinn zwar ein unverzichtbares Regulativ allen Wirtschaftens sein muß, daß diese Meßlatte aber nur dann menschenwürdige Ergebnisse hervorbringen kann, wenn die Unternehmen zusätzlich eine Last aufnehmen, die man mit einem einzigen Wort umschreiben kann: Verantwortung.

Diese Verantwortung hat vier Adressaten: Die Eigentümer, die dem Unternehmen ihr Geld anvertrauen, gewiß – aber dann sind es eben auch die Menschen, die bei uns Arbeit und Brot finden, die uns ihr Schicksal anvertrauen, es sind die Gemeinwesen, deren Bürger wir in allen Teilen der Welt sind, und nicht zuletzt ist es die natürliche Umwelt, in der wir leben. Wir haben diese Verantwortung, diese Verpflichtung gleichfalls in das Leitbild aufgenommen, nach dem Ihr Unternehmen handeln will und soll – und ich bin stolz darauf.«

Am Schluß dieser Rede stand eine persönliche Anmerkung: »In den 31 Jahren meiner Zugehörigkeit zu diesem Unternehmen habe ich mich immer wieder bemüht, mit den mir gegebenen Kräften dieser Verantwortung gerecht zu werden. Ich füge hinzu, daß so verstandene Führung auf die Dauer nur gelingen kann, wenn sie durch zwei Dinge geprägt bleibt: durch menschliche Würde und durch menschlichen Anstand. Was ich versucht habe, jeden Tag neu zu leben, kommt vielleicht am gültigsten – und, anders als im Text, ganz und gar nicht doppelzüngig gemeint – in jener bekannten Stelle aus dem Auftrittsmonolog des Kreon in der Antigone von Sophokles zum Ausdruck, die in der Übersetzung von Roman Woerner lautet: ›Unmöglich ist's wohl: klar erkennen jeden Mannes / Gemüts- und Sinnesart und Ansicht, eh er mit / Staatsführung und Gesetzen sich vertraut gezeigt. / Mir scheint, wenn jemand Lenker ist des ganzen Staats / und wagt nicht festzuhalten stets am besten Rat, / nein, gar aus Feigheit seinen Mund verschlossen hält, / der scheint – und schien von je mir – der Verächtlichste. / Auch wer des Vaterlandes Heil nicht höher stellt / als ein Freundes Wohl, für nichts eracht' ich den‹.«

Ausnahmslos klatschten alle deine Kollegen, genau wie die Mitglieder des Aufsichtsrates, Beifall: Schein oder Wirklichkeit?

*

Der Hinweis auf das Sophokles-Zitat stammte aus den Erinnerungen von Nelson Mandela. Sie waren erschienen, kurz bevor ich ihn 1994 in Pretoria kennenlernen sollte. Es war die letzte meiner offiziellen Reisen, die mich in den Jahren zuvor immer wieder nach Südafrika geführt hatten.

Wie oft hatte ich in Hauptversammlungen unsere Überzeugung begründen und gegen wütende Anwürfe verteidigen müssen, daß es im ureigenen Interesse der nichtweißen Bevölkerung lag, wenn wir uns dem von den Vereinten Nationen empfohlenen Embargo nicht anschlossen, sondern unsere Betriebe – freilich unter bewußtem Verstoß gegen viele der Apartheidvorschriften – weiterführten! Und wie genau erinnerte ich mich während des Fluges nach Johannesburg an meinen viele Jahre zurückliegenden ersten Besuch, als meine offenen und wohl auch herausfordernden Stellungnahmen gegen die damals vorherrschende Einstellung, jegliche Oppositionsversuche gegen die menschenunwürdige Rassentrennung als kommunistische Unterwanderung zu denunzieren, dazu geführt hatten, daß einer meiner Gesprächspartner – er gehörte dem Lager der »verkrampten« Buren an – beim Abendessen begann, sich vor Wut die Fleischbrocken mit den nackten Händen in den Mund zu stopfen!

Um so gespannter war ich, nun den Mann kennenzulernen, der über so viele Jahre hinweg das Joch schwerster Gefangenschaft auf sich genommen hatte, um schließlich doch noch das Scheitern der rassistischen Unterdrückung erleben zu können, den Beginn eines neuen Miteinander, dessen Gelingen entscheidend von seiner Kraft abhing.

Zwei längere Zusammentreffen mit den beiden Vizepräsidenten – Thabo Mbeki, dem Vertreter des African National Congress (ANC), und F.W. de Klerk, dem Vorsitzenden der National Party, den ich Jahre zuvor als betonten Anhänger einer rigorosen Apartheid kennengelernt hatte und der inzwischen zu einem der wesentlichen Architekten der neuen Republik herangereift war – überzeugten mich jetzt davon, daß alle Beteiligten aus den negativen Erfahrungen in einigen der schwarzafrikanischen Länder gelernt hatten. Gemeinsam waren sie entschlossen, alles in ihren Kräften Stehende zu versuchen, um ein friedliches Nebeneinander der in Südafrika lebenden Rassen zu erreichen.

Die Begegnung mit dem Präsidenten war für den dazwischenliegenden Tag angesetzt. Aus der Morgenzeitung mußte ich allerdings entnehmen, daß er an einem Gipfeltreffen in Marokko teilnahm. Ich war enttäuscht, den Mann, dessen Erinnerungsbuch mich tief ergriffen hatte, nun doch nicht mehr persönlich kennenlernen zu können. Doch es kam ganz anders: Mit exquisiter Freundlichkeit bat sein Sekretariat um Verständnis für die notwendige Verschiebung des für den Vormittag vorgesehenen Zusammentreffens und lud uns im Namen des Präsidenten zum Abendessen in seine Residenz ein.

Wir – das waren Jürgen E. Schrempp, Christoph Köpke, der Leiter der Mercedes-Benz of South Africa, Matthias Kleinert, meine Assistentin Kirstin Hegner und ich – fuhren pünktlich vor dem englischen Landhaus vor, in dem unser Gastgeber offiziell residierte. Groß war meine Überraschung, daß Nelson Mandela in einem Wohnraum bereits auf uns wartete, um uns zu begrüßen. Seine Be-

Der Rückblick auf das Jahrhundert, das nun zu Ende geht, muß schaudern machen. Es scheint auf den ersten Blick so, als sei unsere Zeit längst zur Zeit der eiskalten Rechner, der von Emotionen unbelasteten jungen Analysten, der von den Medien so sehr geliebten Machtmenschen geworden, zu einer Zeit also, in der Vernunft – die ohne Kultur nicht denkbar ist – kaum noch eine Chance hat. Doch: wenn irgendetwas durch wellenartige Bewegungen gekennzeichnet ist, dann ist es die Geschichte von Geist, Moral und Verantwortung.

gleitung setzte sich nach Kopfzahl und Geschlecht genau so zusammen wie die Besucher: darunter waren Canele Mbeki, die Frau des Vizepräsidenten, sowie Mac Maharaj, indischer Abstammung und einer der längsten politischen Weggefährten von Nelson Mandela.

Einen gelösteren, heitreren, warmherzigeren Abend als diesen habe ich nie zuvor als offizieller Gast eines hochgestellten Staatsmannes erlebt. Dabei war er keineswegs nur von einem Austausch oberflächlicher Höflichkeiten geprägt. Nachdem der Präsident von seinen Zusammentreffen in Rabat und seiner Sorge über die Entwicklung in einigen der beteiligten afrikanischen Staaten berichtet hatte, erkundigte er sich ebenso sachkundig wie interessiert nach den jüngsten politischen und wirtschaftlichen Entwicklungen in Westeuropa und vor allem nach den Folgen der deutschen Wiedervereinigung.

Das Eis war vollends gebrochen, als ich ihn auf sein Buch und die darin geschilderten Stationen seines Lebens ansprach. Die gerade erschienene deutsche Übersetzung hatte er noch nicht gesehen, und puterrot wurde der Kopf meiner Assistentin, als er auf meine Bitte eine persönliche Widmung für sie in das erste Exemplar schrieb, das ich mitgebracht hatte.

Bereitwillig nahm Mandela dann das Thema auf, als ich ihn unter Hinweis auf die Erlebnisse meines Vaters im Konzentrationslager nach den physischen und psychischen Lasten seiner Gefangenschaft fragte. Zeitweise war ich fast sprachlos, wie eindrucksvoll es ihm gegeben war, über die schreckliche Erfahrung dieser langen, mehr als fünfundzwanzig Jahre währenden Zeit des Leidens und der Entbehrung mit einer Mischung von Ernst und Scherz zu sprechen, ohne dabei auch nur eine einzige Sekunde lang seine menschliche Wärme zu vergessen, die so viel Verständnis für die Schwächen anderer einschloß. Als er schließlich erwähnte, daß Maharaj mehr als siebzehn Jahre mit ihm auf Robben Island verbracht habe, fiel ihm dieser mit dem Hinweis ins Wort, offensichtlich verführe das hohe Amt des Präsidenten nun doch zu einer gewissen Verklärung: in Wirklichkeit habe es sich nur um fünfzehn Jahre gehandelt. Großes Gelächter schloß sich an.

Beim Essen, nach den Trinksprüchen, setzte sich das angeregte Gespräch fort. Es führte schließlich dazu, daß ich es nicht mehr als unangebracht empfand, an unser Verhalten während des seinerzeit vom ANC so dringlich eingeforderten Embargos zu erinnern und meine Überzeugung zu erläutern, daß wir damit letzten Endes vielleicht doch mehr zugunsten der nichtweißen Bevölkerung und zum Zusammenbruch des Apartheidregimes beigetragen hätten als manche andere jener westlichen Unternehmen, die sich damals zumindest formal aus dem Land zurückgezogen hatten. Nie werde ich den Ausdruck seiner Augen vergessen, mit dem Nelson Mandela mich ansah, bevor ein Schmunzeln über sein Gesicht glitt und er mit leiser Stimme anmerkte, natürlich müsse er mir nun in seiner offiziellen Eigenschaft widersprechen...

*

Nun, am Ende dieser Niederschrift, magst du weiter darüber nachsinnen, ob deine Arbeit, ob dein Bemühen eines Tages vor der Geschichtsschreibung Bestand haben wird. Denn ist dir nicht spätestens in jenen unvergeßlichen Augenblicken, in denen du staunend das Wunder der Höhle von Lascaux erleben durftest, für immer bewußt geworden, daß die Spanne deines Daseins ein Nichts im Ablauf der Zeit ist? Oder gibt es zum Schluß etwas, was bleiben könnte, von dem du meinst, daß es aus den Erfahrungen deines Lebens folgt, um deren Wiedergabe du auf diesen langen Seiten gerungen hast?

In der Tat: so etwas gibt es. Es läßt sich zusammenfassen in der gewachsenen – und trotz aller noch so klug daherkommenden Einwände mancher zeitgenössischer Intellektueller immer wieder neu gefestigten – Überzeugung, daß jene Idee, die für dich zu den bewundernswerten Schöpfungen des menschlichen Geistes zählt, ihre Strahlkraft auf ewig weiterbehalten wird: die Idee der Aufklärung.

Nein, entgegen allen Unkenrufen ist die Zeit des aus dem Geist der Aufklärung geborenen Fortschritts der Menschen nicht zu Ende. Im Gegenteil. Es gibt keinen anderen Weg, wenn die unübersehbaren Probleme der Zukunft beherrschbar, wenn Frieden, Wohlstand und Erhaltung der Umwelt unverrückbare Ziele bleiben sollen. Das Projekt der Aufklärung aber – verkörpert durch Immanuel Kant und erneuert durch Karl Popper – ist aus der europäischen Kultur erwachsen und wird bis zum Ende mit ihr verbunden bleiben. Das wird noch stärker deutlich werden, wenn es eines Tages gelingen sollte, das aus dem Zusammenfluß von christlichen und jüdischen mit den klassischen griechischen und römischen Elementen entstandene europäische Erbe (dessen Einmaligkeit schon Melanchthon so klar gesehen hat) mit den Kernbestandteilen eines reformierten Islam zu vereinen.

Sicherlich, der Rückblick auf das Jahrhundert, das nun zu Ende geht, muß schaudern machen. Unsere technischen Fähigkeiten sind in einem Ausmaß explodiert, wie es sich niemand je vorstellen konnte. Zwar haben sie dazu geführt, daß für weite Teile der Menschheit Wohlstand, Bequemlichkeit und Frieden an die Stelle von Armut, Not und Krieg getreten sind. Doch zugleich haben sie entscheidend zu alledem beigetragen, was dieses Zeitalter an Irrsinn hervorgebracht hat, an Versuchungen und Möglichkeiten, die Mitmenschen physisch und psychisch zu quälen, sie grausam zu vernichten, ihnen nicht nur ihr Hab und Gut, sondern ihre Partner, ihre Kinder und ihre Enkel, ja ihre Würde zu nehmen. Am Ende weiß, wie es scheint, keiner mehr zu sagen, ob der Dschinn nicht endgültig aus der Flasche entwichen ist, ob unsere Hervorbringungen nicht längst dabei sind, uns vollends aus der Hand zu gleiten, sich ganz und gar von der Beherrschung durch ihren Schöpfer, den Menschen, frei zu machen, um am Schluß die lebenserhaltende Umwelt vollends zu zerstören. Ist also das Projekt nicht vielleicht doch gescheitert?

Du bleibst dabei: im Gegenteil! Dieses großartige Vorhaben lief nie darauf hinaus, die Entwicklung der eigenen Fähigkeiten, gar den Lauf der Technik sich selbst zu überlassen. Die Zuversicht, es werde immer wieder neu gelingen, sie in menschliches Maß und menschliche Werte einzubinden, ist freilich kaum dadurch zu rechtfertigen, daß man sich auf intellektuelle Spinner oder auf geistfreie Macher verläßt – wohl aber durch das Vertrauen auf das Bemühen von Frauen und Männern, die zwar mit beiden Beinen auf dem Boden stehen, denen aber die Verantwortung für ihre Mitmenschen oberstes Gesetz und letzte Triebfeder ihres Wirkens ist.

Gewiß scheint es auf den ersten Blick so, als wäre unsere Zeit längst zur Zeit der eiskalten Rechner, der von Emotionen unbelasteten jungen Analysten, der von den Medien so sehr geliebten Machtmenschen geworden, zu einer Zeit also, in der Vernunft – die ohne Kultur nicht denkbar ist – kaum noch eine Chance hat. Doch gemach! Wenn irgend etwas durch wellenartige Bewegungen gekennzeichnet ist, dann ist es die Geschichte von Geist, Moral und Verantwortung. Jener Aberglaube, wonach die Zukunft der Menschheit erst dann gesichert sein werde, wenn auch noch die letzte ihrer Fähigkeiten – ganz zu schweigen von den Errungenschaften der Technik – allein und ausschließlich den Mechanismen des Marktes unterworfen ist, wird eines nicht allzu fernen Tages wieder umschlagen in die Erkenntnis, daß nicht etwa irgendwelche spirituellen Hirngespinste, sondern eben einzig und allein die Gabe der Vernunft den Weg in eine hellere Zukunft offenhalten kann.

Vielleicht wurzelt solche Überzeugung in deinem Verdacht, daß womöglich schon der Versuch wenig sinnvoll ist, persönliche Erfahrungen, sei es mündlich, sei es schriftlich, an andere »weiterzugeben«. Erfahrungen müssen nun einmal immer wieder neu gemacht, immer wieder neu erlebt werden, im Leid wie in der Liebe. Das »sapere aude« wird dennoch weiterleuchten, solange es Menschen gibt, die ihre Sinne wach und ihre Augen offenhalten.

Glaube keinem, der dir einen allzu schönen Schein vorgaukelt! Traue keinem aus der Gilde der Unternehmer, der Politiker, der Gewerkschaftler, der Kirchenfürsten oder der Medienpäpste, nur weil er einen hohen Rang vor sich her trägt! Verlasse dich auf niemanden, von dem du nicht ganz sicher sein kannst, daß er die Wirklichkeit kennt und den Mut hat, sich zu ihr zu bekennen!

Der Stab wird weitergereicht, der Kampf nie zu Ende gehen. Weder der »Hey Joe« von Samuel Beckett, der seine Einsamkeit als Ziel akzeptiert, noch der greise Faust, der vom Trockenlegen der Sümpfe als endgültiger Erfüllung träumt, werden obsiegen, das stete Ringen um den nächsten Schritt voran, Erfolg und Versagen werden auch weiterhin den Weg prägen. Für denjenigen, der den Mut hat, die Herausforderung anzunehmen und die Last zu schultern, muß es freilich ethische und moralische Maßstäbe geben, denen er sich selbst unterwirft.

Schon früh, in der Zeit nach eurer Rückkehr in die deutsche Heimat, bei der Vorbereitung auf das Abitur und während des Studiums in Göttingen hast du begriffen, daß du dein Dasein – von dem du überzeugt bist, daß es mit deiner Anwesenheit auf Erden erloschen sein wird – nur dann in Würde und ohne Scham vor dir selbst bewältigen kannst, wenn du es unter ein Gesetz stellst, das über deine eigenen Vorteile hinausweist. Darum hast du dich gemüht.

Wie sagen doch die Chinesen: »Alles kommt zu dem, der warten kann.« Deine eigene Wegstrecke neigt sich ihrem Ende zu. Das ändert nichts an deiner Zuversicht, daß du in einem übertragenen Sinn auch dann warten kannst, wenn du nicht mehr bist. Dennoch bleibt es dabei, daß der Preis für alles das, was in diesem Buch über deine Eindrücke, Erlebnisse und Erfahrungen berichtet wurde, hoch ist. Er wird unerbittlich eingefordert.

Andere werden eine andere Rechnung bekommen, die manches

Mal auch den Preis für verlorenen Anstand, für vergessene Würde, für verschmähte Verantwortung umfaßt: diesen wenigstens wirst du nicht zu zahlen haben.

Und schließlich weißt du von Theodor Fontane: »Die Zeit heilt alles; nur ein leises Weh bleibt, das in sich selbst ein Glück ist ...«

Register

kursive Ziffern: Abbildungen

Abbildungsnachweis

Bilderdienst Süddeutscher Verlag: 67, 307
J. H. Darchinger: 205, 207, 209, 423
Stefan Kock: 268
Stern: 429
Ullstein Bilderdienst: 53, 55, 73, 81, 85, 463 und Umschlag
Die übrigen Abbildungen entstammen
dem Privatarchiv Edzard Reuter.

Der Siedler Verlag ist ein Unternehmen
der Verlagsgruppe Bertelsmann.

Schutzumschlag: Venus & Klein, Berlin
Satz und Reproduktionen: Bonge+Partner, Berlin
Druck und Buchbinder: GGP, Pößneck
Printed in Germany 1998
ISBN 3-88680-607-3